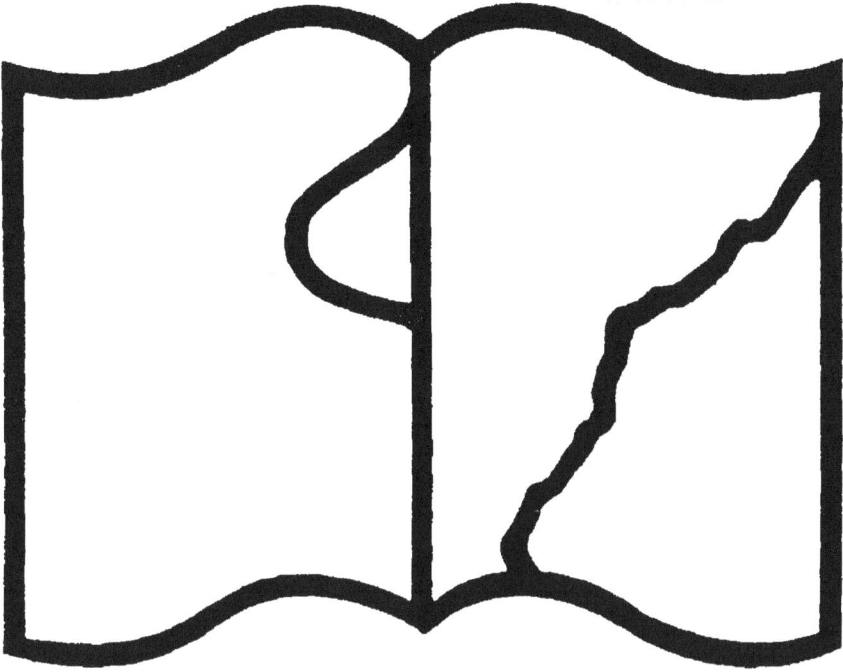

Texte détérioré — reliure défectueuse

NF Z 43-120-11

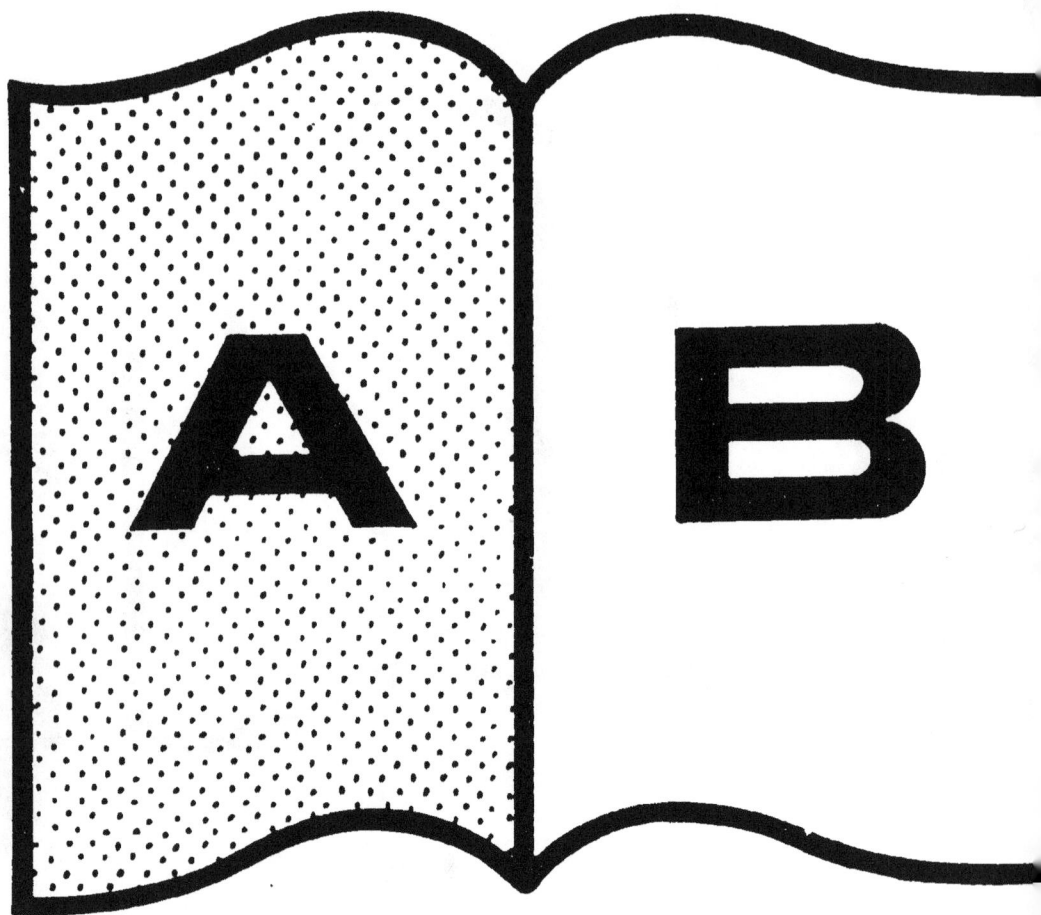

Contraste insuffisant

NF Z 43-120-14

L'AFFAIRE DREYFUS

La Revision du Procès de Rennes

DÉBATS DE LA COUR DE CASSATION

(CHAMBRES RÉUNIES)

15 Juin 1906 - 12 Juillet 1906

RAPPORT DE M. LE CONSEILLER MORAS

RÉQUISITOIRE DE M. LE PROCUREUR GÉNÉRAL BAUDOUIN

PLAIDOIRIE DE Mᵉ HENRY MORNARD

L'ARRÊT

ANNEXES

TOME I

1906

LIGUE FRANÇAISE
POUR LA DÉFENSE DES DROITS DE L'HOMME ET DU CITOYEN
1, RUE JACOB
PARIS

Revision
du Procès de Rennes

DEBATS DE LA COUR DE CASSATION

(CHAMBRES RÉUNIES)

L'AFFAIRE DREYFUS

La Revision
du Procès de Rennes

DÉBATS DE LA COUR DE CASSATION

(CHAMBRES RÉUNIES)

15 Juin 1906 - 12 Juillet 1906

RAPPORT DE M. LE CONSEILLER MORAS

RÉQUISITOIRE DE M. LE PROCUREUR GÉNÉRAL BAUDOUIN

TOME I

1906
—

LIGUE FRANÇAISE
POUR LA DÉFENSE DES DROITS DE L'HOMME ET DU CITOYEN
1, RUE JACOB
PARIS

L'AFFAIRE DREYFUS

Deuxième Revision

Les Débats de la Cour de Cassation

15 Juin 1906 — 12 Juillet 1906

Rapport de M. le Conseiller Moras[1]

Monsieur le Premier Président,

Messieurs,

A l'une des audiences du Conseil de guerre que vous aviez chargé de se prononcer sur l'accusation de trahison dirigée contre Alfred Dreyfus, M. le général Zurlinden, appelé en témoignage, s'est exprimé en ces termes :

Comme la Nation, l'Armée n'a qu'un intérêt ici, mais un intérêt bien haut : c'est de voir la lumière éclater, c'est de voir les débats planer au-dessus des colères et des passions et de savoir enfin si, oui ou non, le Conseil de Guerre a devant lui un officier qui a trahi sa patrie.

Le vœu formé au nom de la Nation et de l'Armée par M. le général Zurlinden sera réalisé ici. La modération, l'impartialité,

---

[1] La deuxième Revision du procès Dreyfus est venue le 15 Juin devant la Cour de Cassation, chambres réunies, sous la présidence de M. Ballot-Beaupré, Premier Président. Les audiences du vendredi 15 et du samedi 16 juin ont été consacrées à l'examen du dossier secret. C'est à l'audience du lundi 18 juin que M. le Conseiller Moras a commencé la lecture de son rapport. Il l'a terminée le 22 Juin.

l'indépendance trouveraient au besoin devant votre haute juridiction leur dernier refuge. Quant aux colères et aux passions,
elles n'ont jamais troublé vos délibérations.

Au moment où la première demande de revision de la condamnation prononcée contre A. Dreyfus vous fut soumise, de graves
incidents venaient de se produire qui avaient soulevé au dehors
une agitation violente ; ses échos pouvaient arriver jusqu'à vous.

Aujourd'hui, cette agitation s'est éteinte ou s'éteint. Le temps
a accompli son œuvre d'apaisement et d'oubli, favorisée d'ailleurs par la loi d'amnistie du 27 décembre 1900.

L'affaire Dreyfus, trop longtemps égarée dans la politique,
en a été exclue par un vote de la Chambre des Députés du
7 avril 1903. Elle appartient désormais au seul domaine judiciaire.

Il me sera donc aisé de suivre l'exemple de mes prédécesseurs, d'éviter, comme eux, les questions irritantes qui peuvent
survivre encore autour de cette affaire, de poursuivre la solution
du problème judiciaire qu'elle soulève, sans autre souci que de
rechercher la vérité à l'aide de nos méthodes habituelles de
critique impartiale et rigoureuse.

I

Nous exposerons d'abord les principales phases des procédures qui ont précédé la demande de revision dont vous êtes
aujourd'hui saisis, les circonstances dans lesquelles elle a été
formée et déclarée recevable et le but auquel elle tend.

Par un premier arrêt des Chambres réunies du 3 juin 1899,
vous avez ordonné la revision du Jugement du premier Conseil
de guerre du Gouvernement militaire de Paris qui avait, le
22 décembre 1894, condamné à l'unanimité Alfred Dreyfus, alors
âgé de 35 ans, capitaine breveté au 14e régiment d'artillerie,
stagiaire à l'Etat-Major général de l'Armée, à la déportation
dans une enceinte fortifiée et à la dégradation militaire comme
coupable d'avoir, en 1894, à Paris, livré à une puissance étrangère ou à ses agents un certain nombre de documents secrets ou
confidentiels intéressant la défense nationale et avoir ainsi
entretenu des intelligences avec cette puissance ou ses agents
pour lui procurer le moyen de commettre des hostilités ou

d'entreprendre la guerre contre la France, crime prévu et puni par les art. 76 du Code pénal, 7 de la loi du 8 octobre 1830, 5 de la Constitution du 4 novembre 1848, 1 de la loi du 8 juin 1850, 17 du livre 1er du Code pénal, 189 et 267 du Code de justice militaire.

Par le même arrêt, vous avez, conformément aux dispositions de l'art. 445 du Code d'instruction criminelle, renvoyé Alfred Dreyfus devant le Conseil de guerre de Rennes pour être jugé sur la question fixée par vous.

Le 9 septembre 1899, le Conseil de guerre de Rennes, à la majorité de 5 voix contre 2, et après avoir admis l'existence de circonstances atténuantes, a condamné Alfred Dreyfus à dix ans de détention et à la dégradation militaire par application des art. 76 et 463 du Code pénal et 1 de la loi du 8 juin 1850.

Le condamné s'est pourvu contre cette décision devant le Conseil de revision ; mais il s'est désisté de son recours et ce désistement a été suivi de sa grâce, qui lui a été accordée par décret du 19 septembre 1899.

A. Dreyfus n'a pas abandonné cependant l'espoir de faire proclamer son innocence et il s'est efforcé de réunir les éléments d'une nouvelle revision.

Le 21 avril 1903, il s'adressait à M. le Ministre de la Guerre, en qualité de chef suprême de la Justice militaire et lui demandait de faire procéder à une enquête :

1° Sur l'usage qui avait été fait contre lui au procès de Rennes d'un prétendu bordereau annoté de la main du souverain d'une nation voisine, document qui était faux ;

2° Sur le caractère mensonger et frauduleux du témoignage du sieur Cernusky, l'un des témoins entendus par le Conseil de guerre de Rennes.

Le 26 novembre 1903, il présentait à M. le Garde des Sceaux une requête en revision fondée sur les faux témoignages des sieurs Cernusky et Savignaud, de l'archiviste Gribelin, sur l'usage des pièces fausses et, enfin, sur les déclarations des attachés militaires étrangers, lesquels avaient solennellement affirmé qu'ils n'avaient jamais eu aucun rapport avec lui.

De son côté, le général André, Ministre de la Guerre, s'était personnellement livré à l'examen détaillé des documents relatifs à cette affaire existant dans les archives de son Ministère et dont une partie avait servi à en constituer le dossier secret. Il s'était ainsi convaincu que des pièces importantes, favorables à l'accusé, avaient été l'objet soit d'altérations matérielles, soit de commentaires erronés qui en dénaturaient la portée, que des affirmations inexactes avaient été produites devant la Justice par des officiers et par le commissaire du Gouvernement en ce qui concernait une personnalité étrangère dont les rapports avaient été invoqués en 1894 et 1899 devant les Conseils de guerre. Enfin, M. le Ministre de la Guerre avait pu constater que trois officiers, qui avaient déposé comme témoins, s'étaient livrés à des agissements qui rendaient suspects leurs témoignages.

Le résultat de ces recherches fut porté à la connaissance de M. le Président du Conseil des Ministres par un rapport du 19 octobre 1903, dont M. le Garde des Sceaux fut saisi le 21 octobre.

Tous les faits exposés par A. Dreyfus et par M. le Ministre de la Guerre n'ont pas paru à M. le Garde des Sceaux susceptibles de motiver une demande de revision. Deux de ces faits seulement ont été retenus par lui comme éléments légaux de revision et il en a abandonné un troisième à votre appréciation. Par une lettre du 25 décembre 1903, il a chargé votre procureur général, conformément aux art. 443, § 4, et 444 du Code d'instruction criminelle, de déférer à votre Chambre criminelle le jugement rendu par le Conseil de guerre de Rennes et d'en requérir la revision.

Nous plaçons sous vos yeux la partie de cette lettre qui comprend l'exposé des faits signalés par M. le Garde des Sceaux :

Le 26 novembre 1903, Alfred Dreyfus m'a adressé une requête en revision enregistrée le 27 à ma chancellerie. D'autre part, le 21 novembre 1903, j'ai été saisi par M. le Ministre de la Guerre de divers procès-verbaux relatifs à des constatations faites à son Ministère en octobre et novembre 1903.

Après examen de la requête et des procès-verbaux, et après avoir, conformément à l'article 444 du Code d'instruction criminelle, pris l'avis de la Commission instituée auprès de ma chancellerie, j'ai cru devoir retenir deux faits qui me paraissent de nature à établir l'innocence du condamné dans les conditions prévues par l'article 443 § 4 du Code d'instruction criminelle :

A. — Au nombre des pièces du dossier secret produit contradictoirement entre la défense et l'accusation figurait sous le N° 371, une lettre de l'agent A à l'agent B, datée, au bureau des renseignements, de mars 1894, ainsi conçue :

« Mon très cher ami, hier au soir, j'ai fini par faire appeler le médecin qui m'a défendu de sortir. Ne pouvant donc aller chez vous demain, je vous prie de venir chez moi dans la matinée, car D m'a porté beaucoup de choses très intéressantes, et il faut partager le travail, ayant seulement dix jours de temps. Tâchez donc de dire à l'ambassadeur que vous ne pouvez pas monter. — Tout à vous : A. »

Malgré les réserves formulées au cours de l'enquête à laquelle a procédé la Cour de Cassation sur l'initiale D figurant dans cette lettre, il en a été fait état contre Dreyfus devant le Conseil de guerre de Rennes.

L'expert Bertillon, chargé par la Chambre criminelle de l'examen de ladite pièce, y avait constaté un grattage ou gommage, mais avait conclu cependant à l'existence, sous le D majuscule, d'un autre D.

M. le commandant Carrière, commissaire du Gouvernement, dans son réquisitoire n'a pas abandonné cette charge, et M. le général Mercier en a tiré argument dans sa déposition.

Or, il appert d'un procès-verbal dressé le 6 octobre 1903, au Ministère de la Guerre par le capitaine Targe et MM. Gribelin et Dautriche, officiers d'administration, qu'à cette date, ayant procédé à des. recherches aux archives de la section des renseignements, ils ont trouvé dans un cartonnier portant l'indication : « 1894, bordereau du cabinet du Ministre, N° 1 au N° 48 », un bordereau portant le N° 33, daté du 21 mars 1894, signé du lieutenant-colonel Sandherr, contenant deux documents secrets et huit autres documents. Ils ont constaté, en outre, que l'un des documents secrets était la copie, faite à la machine à écrire de la lettre de mars 1894, de l'agent A à l'agent B, avec cette différence que, au lieu de « car D m'a porté », on lit sur la copie : « Car P m'a porté ». Il a été vérifié enfin que les deux documents secrets étaient contenus dan une chemise portant leur analyse et la date du 21 mars 1894, le tout écrit de la main de M. Gribelin.

Il ressort des constatations qui précèdent les présomptions les plus graves que l'initiale D figurant dans la lettre précitée constitue une altération d'écriture et, par conséquent, un faux. Il a été fait usage de ce faux contre Dreyfus devant le Conseil de guerre de Rennes. De l'ensemble de ces circonstances paraît donc résulter un fait de nature à établir l'innocence du condamné.

B. — Une autre pièce du dossier secret, portant le N° 26, paraît avoir constitué, devant le Conseil de guerre de Rennes l'une des charges les plus importantes relevées contre l'accusé. C'est une lettre signée « Alexandrine », adressée par l'agent B à l'agent A, et ainsi conçue :

« Mon cher, j'ai reçu. Merci. Il faut que vous ayez l'obligeance de m'envoyer de suite ce que vous avez copié, car il est nécessaire que je finisse, parce que, pour le 31, je dois envoyer à Rome et, avant ce temps-là, vous avez encore à copier la partie copiée par moi. Je vous annonce que j'aurai l'organisation des chemins de fer. »

Cette pièce porte, à l'encre rouge, dans son angle inférieur gauche, la date « avril 1894 » ; cette mention serait de la main du lieutenant-colonel Henry. Devant le Conseil de guerre de Rennes, de nombreux et importants témoins ont fait porter sur cette lettre l'un des efforts les plus puissants de leur argumentation. On a insisté particulièrement sur la date (avril 1894) en faisant remarquer qu'à cette époque Dreyfus avait récemment (1er janvier 1894) quitté le quatrième bureau de l'Etat-Major, où se traitent spécialement les questions d'organisation militaire des chemins de fer et des transports stratégiques, pour entrer au deuxième Bureau.

On a rapproché l'arrivée de cette lettre au service des renseignements d'une information parvenue au même service en mars 1894, et provenant d'un personnage désigné sous les initiales V C, et qui signalait la présence au deuxième Bureau de l'Etat-Major d'un officier qui trahissait.

Plusieurs témoins sont venus attester la connaissance parfaite que l'accusé avait de l'organisation militaire des chemins de fer et de la concentration. Enfin, le réquisitoire du commissaire du Gouvernement s'est attaché à faire remarquer qu'un officier d'Etat-Major était seul en situation de fournir des renseignements sur cette organisation.

Or, d'un procès-verbal dressé au Ministère de la Guerre le 17 octobre 1903 par M. le capitaine Targe et MM. Gribelin et Dautriche, officiers d'administration, il résulte que la date d'avril 1894 apposée sur la pièce dans les archives du service des renseignements ont fait découvrir un bordereau établi le 1er avril 1895, signé du lieutenant-colonel Sandherr, et contenant entre autres documents, une copie de la pièce 26 faite de la main de Gribelin au moment de l'arrivée de cette pièce dans le service, de laquelle il appert que la lettre était datée du 28 mars 1895, 3 heures du soir. L'authenticité de cette copie est affirmée par son auteur, l'archiviste Gribelin, et confirmée par l'énumération du Bordereau, signée du lieutenant-colonel Sandherr, et par la date des autres pièces entre lesquelles elle figure et qui s'échelonnent du 21 au 31 mars 1895.

L'examen matériel de la lettre en question, dont l'angle supérieur gauche a été enlevé et paraît l'avoir été après qu'elle a été recollée, et dont la date, avril 1894, serait de la main du lieutenant-colonel Henry, confirme également l'authenticité de la copie.

Des constatations qui précèdent résultent les présomptions les plus graves que la date de la pièce N° 26 du dossier secret est un faux. Il a été fait usage de ce faux contre Dreyfus devant le Conseil de guerre de Rennes ; la découverte me paraît donc constituer un fait nouveau d'une importance exceptionnelle et de nature à établir l'innocence du condamné.

Il y a un troisième fait qui, considéré isolément, apparaît peut-être comme insuffisant pour constituer un fait nouveau, mais qui, rapproché du fait précédent, me semble devoir être utilement signalé à la Cour de Cassation, qui appréciera s'il doit être retenu comme élément légal de révision.

Devant le Conseil de guerre de Rennes, les principaux témoins ont fait appel à l'autorité de l'informateur désigné au service des renseignements sous les initiales V C qui, en mars 1894, ainsi que je l'ai indiqué plus haut, avait signalé la présence au deuxième bureau de l'Etat-Major d'un officier qui trahissait, et ont rendu hommage à son désintéressement et à la confiance que méritaient ses indications.

Ils ont représenté cet informateur comme un personnage considérable, d'une honorabilité parfaite, guidé principalement par son attachement à la France, n'acceptant que l'équivalent de ses déboursés et ne touchant pas de mensualités.

Le commissaire du Gouvernement, dans son réquisitoire, a insisté particulièrement sur le caractère absolument désintéressé des informations de ce personnage, qui en garantissait la sincérité, en déclarant qu'il n'était pas un homme à gages, ne touchait pas de mensualités et ne faisait payer que ses déboursés.

Or, l'archiviste Gribelin, dans une déclaration écrite et signée de lui le 17 octobre 1903, a révélé que V C avait touché régulièrement, au service des renseignements, depuis le début de l'année 1895, c'est-à-dire aussitôt après la condamnation de Dreyfus, et jusqu'au mois d'août 1898, des mensualités de 400 francs, et que vers la fin de 1897, le lieutenant-colonel Henry avait fait recopier le journal de caisse afférent à la période du 1er janvier 1896 au 31 octobre 1897, en remplaçant les initiales V C par un nom de fantaisie, afin, aurait-il dit, de pouvoir démentir le lieutenant-colonel Picquart pièces en main.

L'examen de la comptabilité du service des renseignements, auquel il a été procédé, à la suite de cette déclaration, par le directeur du contrôle au Ministère de la Guerre, a fait constater que le journal de caisse, relatant les recettes et dépenses du 1ᵉʳ janvier 1896 au 30 juin 1900, n'avait été ouvert, en réalité, qu'au mois de novembre 1897, et qu'on y avait reporté, en les modifiant, les inscriptions du journal de caisse ouvert régulièrement le 1ᵉʳ janvier 1896 et tenu jusqu'au 31 octobre 1897, c'est-à-dire pendant une période de 22 mois.

M. le contrôleur général Crétin a vérifié que, sur le livre-journal fabriqué en novembre 1897, on avait fait figurer sous le nom de Juana les mensualités qui, sur le registre régulièrement tenu au jour le jour, étaient inscrites tantôt sous les initiales V C, tantôt sous la mention Vésigneul (service V C) et que, de plus, pour donner à ce registre falsifié un caractère exceptionnel d'authenticité, on y avait apposé des visas à la fin de chaque compte mensuel de novembre 1896 à octobre 1897, lesquels avaient été nécessairement apposés en une seule fois, ledit registre n'ayant été ouvert qu'en novembre 1897. Enfin, sur un autre journal de caisse afférent aux années 1891 à 1895, il a été constaté qu'on avait, de décembre 1894 au 31 décembre 1895, surchargé les inscriptions V C en les transformant en H G.

Il ressort suffisamment de ce qui précède que l'informateur V C était en réalité, depuis le commencement de 1895, un agent ordinaire du service des renseignements, touchant des mensualités, et que, pour dissimuler ce fait important à ceux qui, dès novembre 1897, poursuivaient la revision de la condamnation prononcée en 1894 contre Dreyfus, on n'a pas craint d'avoir recours à des fabrications et à des altérations d'écriture.

Il est donc permis de penser que les divers faits qui viennent d'être exposés, s'ils avaient été connus des juges du Conseil de guerre de Rennes, auraient été susceptibles de modifier leur opinion sur le procès.

Devant la Chambre criminelle, notre éminent et si regretté collègue, M. le conseiller Boyer a, dans son rapport, passé en revue et discuté tous les faits et tous les documents invoqués à l'appui de la revision par le condamné, par M. le Ministre de la Guerre et par M. le Garde des Sceaux.

Il a successivement écarté comme n'étant pas nouveaux ou comme n'étant pas de nature à établir l'innocence tous les faits autres que les falsifications des pièces 371 et 26 du dossier secret.

Quant à la fabrication d'une fausse comptabilité en vue de dissimuler des paiements de mensualités à M. de Val Carlos, les révélations pouvant résulter de l'examen de cette comptabilité ne lui ont pas paru susceptibles de constituer un fait nouveau, même après avoir reçu d'une enquête judiciaire leur entière confirmation. A ses yeux, le Conseil de guerre n'avait pas pu douter, après les débats qui s'étaient déroulés devant lui, du caractère véritable des rapports ayant existé entre M. de Val Carlos et la section de statistique.

M. le conseiller Boyer estimait cependant que la falsification des pièces 371 et 26 du dossier secret, bien qu'attestée par les documents placés sous les yeux de la Cour, n'était pas juridiquement établie. Les pièces elles-mêmes et les originaux de l'enquête administrative ordonnée par M. le Ministre de la Guerre n'étaient pas, en effet, représentés. Il lui paraissait indispensable qu'il fût procédé à une enquête judiciaire, au cours de laquelle il appartiendrait à la Cour d'étendre ses investigations à tous les faits dont la connaissance lui paraîtrait utile pour la manifestation de la vérité.

M. le Procureur général, sans partager sur tous les points l'opinion de M. le conseiller Boyer, concluait aussi à une enquête.

Enfin, Mᵉ Mornard, au nom d'Alfred Dreyfus, demandait à la Cour d'ordonner une instruction générale et complète « par tous moyens propres à mettre la vérité en évidence », une instruction qui, « projetant sur toutes les tristesses de cette affaire une lumière complète et définitive, permettrait à tout homme de bonne foi de reconnaître les erreurs commises et de tendre loyalement la main à ses adversaires de la veille ».

Le 5 mars 1904, votre Chambre criminelle a rendu l'arrêt suivant :

Sur la recevabilité en la forme de la demande en revision :
Attendu que la Cour est saisie par son Procureur général en vertu d'un ordre exprès du Ministre de la Justice, agissant après avoir pris l'avis de la Commission instituée par l'article 444 du Code d'instruction criminelle ; que la demande rentre dans les cas prévus par le dernier paragraphe de l'article 443 ; qu'elle a été introduite dans le délai fixé par l'article 444 ; qu'enfin le jugement dont la revision est demandée est passé en force de chose jugée ;
Sur l'état de la procédure :
Attendu que les pièces produites ne mettent pas la Cour en état de statuer au fond et qu'il y a lieu de procéder à une instruction supplémentaire.
Par ces motifs,
Déclare la demande recevable en la forme ; dit qu'il sera pocédé par la Cour à une instruction supplémentaire.

En conformité de cet arrêt, votre Chambre criminelle a procédé à l'instruction qu'elle avait ordonnée.

Cette instruction a été aussi large, aussi complète que possible. Elle ne laisse dans l'ombre aucun des faits de cette affaire depuis son origine et ce sont ses résultats qui vont être discutés devant vous.

D'après Mᵉ Mornard, quatre moyens de cassation et treize moyens de revision ressortent de l'enquête.

Quatre illégalités principales auraient été commises dans la procédure instruite devant le Conseil de guerre de Rennes :

1° Violation des art. 445 du Code d'instruction criminelle et 108 du Code de justice militaire, en ce qu'aucun nouvel acte d'accusation n'avait été rédigé pour servir de base aux débats devant la juridiction de renvoi.

2° Violation des art. 445 du Code d'instruction criminelle, des règles de la compétence et de la chose jugée, en ce que le Conseil de guerre a évoqué des questions qui n'étaient pas renvoyées à son examen, et dont certaines étaient tranchées par arrêt définitif.

3° Violation des art. 7 et 128 du Code de justice militaire, 270, 315 et 321 du Code d'instruction criminelle, en ce que les fonctions de commissaire du Gouvernement ont été remplies en fait, non par un officier supérieur, mais par des officiers généraux, plus élevés en grade dans la hiérarchie militaire que le Président du Conseil de guerre, officiers qui comparaissaient en qualité de témoins, mais qui, au lieu de déposer sur des faits positifs à leur connaissance personnelle, formulaient après prestation de serment les réquisitions mêmes du commissaire du Gouvernement.

4° Violation des droits de la défense à laquelle on imposait, d'une part, la continuation des débats après la tentative d'assassinat qui avait mis l'un des deux défenseurs dans l'impossibilité de remplir sa mission, et contre laquelle on renouvelait d'autre part, sous une autre forme, le guet-apens de 1894, par la production d'articulations ou pièces clandestines.

Comme en 1899, cette dernière illégalité fournit d'ailleurs, en sus du moyen de cassation, un moyen de revision.

Mais l'instance engagée étant une instance en revision, l'honorable défenseur n'insiste pas, avec raison, sur ces moyens de cassation dont le Conseil de revision aurait seul pu connaître, si Dreyfus ne s'était pas désisté de son pourvoi.

Quant aux treize faits nouveaux, le mémoire de Me Mornard les oppose à treize chefs d'accusation relevés, après un examen minutieux, dans le système d'accusation présenté à Rennes contre Dreyfus. Chacun de ces griefs étant détruit, il ne reste plus rien de l'accusation.

Il nous paraît utile, afin que, dès le début de ce rapport, vous puissiez rapprocher les faits que nous aurons à exposer des questions soulevées par Me Mornard, d'indiquer sommairement ces treize faits :

1° L'inanité de la légende des aveux de Dreyfus est démontrée par la découverte du télégramme officiel du commandant Guérin, du 5 janvier 1895 rendant compte au Gouverneur militaire de Paris de la dégradation ;

Par la découverte d'une lettre du colonel Risbourg, du 6 janvier 1895 et par la révélation de la fausseté des dates apposées par le général Gonse sur les pièces constituant son dossier « des aveux »;

2° Les affirmations prêtées à M. de Val Carlos qu'il y avait, au printemps de 1894, un officier traître au deuxième bureau s'écroulent devant son témoignage reçu sous la foi du serment le 22 mars 1904, ainsi que devant la découverte de la falsification de la comptabilité ;

3° L'argumentation technique relative au Bordereau, présentée comme une charge par l'accusation devant le Conseil de guerre de Rennes, se transforme en une preuve d'innocence, grâce à la découverte soit de l'existence de nombreux documents dissimulés aux juges de Rennes, soit de la dénaturation de pièces visées devant ces mêmes juges ;

4° La falsification de la pièce N° 371, où l'initiale accusatrice D a été substituée à la lettre réelle P a été prouvée au cours de la dernière enquête. Autour de ce fait nouveau se groupent plusieurs dissimulations de pièces et la falsification de la date portée sur la pièce « Ce canaille de D »;

5° La révélation de pièces dissimulées anéantit aussi les charges relatives à l'obus Robin et au chargement des obus en mélinite ;

6° Le lieutenant-colonel Rollin a commis à Rennes un faux témoignage en déposant sur la prétendue livraison des cours de l'Ecole de guerre par Dreyfus ;

7° Le chef d'accusation portant sur la livraison des documents relatifs à l'attribution de l'Artillerie lourde aux armées reposait sur la prétendue disparition d'une minute confidentielle. Cette minute a été retrouvée ;

8° Ce huitième fait consiste dans la falsification de la date de la pièce 26 du dossier secret ;

9° Le faux témoignage du sieur Cernusky, dont on peut rapprocher les inexactitudes de certaines dépositions et le raccolage de témoins contre Dreyfus, constitue le neuvième fait ;

10° La fausseté matérielle de toutes les prétendues constatations et de toutes les planches de M. Bertillon a été démontrée au cours de la dernière enquête. Cette révélation ruine entièrement l'œuvre de M. Bertillon ;

11° Un faisceau de déclarations officieuses et privées provenant des agents étrangers qualifiés pour connaître personnellement la vérité sur les faits de l'accusation démontrent l'innocence de Dreyfus. Parmi ces déclarations, il en est même qui contiennent l'aveu formel des relations de l'agent A avec Esterhazy ;

12° Les juges de Rennes ont fait état d'un bordereau annoté par le chef d'une nation étrangère. Il est certain aujourd'hui que ce bordereau n'a jamais existé ;

13° Les révélations relatives au rôle joué respectivement par Henry et Esterhazy donnent lieu à une reconstitution toute différente des faits servant de base à l'accusation, qui seraient ainsi dépouillés de tout caractère criminel ou délictueux.

De ces treize faits autour desquels Me Mornard fait graviter l'affaire toute entière, se déduit l'obligation pour la Cour d'annuler la condamnation prononcée contre Dreyfus.

Mais quelles doivent être les conséquences de cette annulation prononcée par voie de revision ?

Pour Me Mornard, de multiples raisons d'ordre juridique s'opposent au renvoi devant une nouvelle juridiction.

Le dernier acte valable de poursuite exercé contre Dreyfus remonterait à l'arrêt du Conseil de revision en date du 31 décembre 1894. Le fait criminel serait donc prescrit et aucune action judiciaire ne serait désormais possible aux termes des art. 637 et suivants du Code d'instruction criminelle.

D'ailleurs, les faits imputés à Dreyfus n'étaient en réalité que des actes d'espionnage, c'est-à-dire des délits et aucun acte de poursuite, valable ou nul, n'ayant été exercé depuis trois ans, l'action publique serait éteinte.

Le décret de grâce du 19 septembre 1899 ferait encore obstacle au renvoi.

Toutefois, Me Mornard, s'inclinant devant la volonté formelle de son client, déclare ne prendre aucunes conclusions basées sur les principes concernant la prescription, la qualification légale des faits, le décret de grâce ou la peine exécutée.

Mais après cette concession aux sentiments chevaleresques d'Alfred Dreyfus, Me Mornard invoque deux principes juridiques qui lui paraissent commander, dans l'espèce, la cassation sans renvoi « et dont la violation ferait des nouveaux débats tout à la fois un traquenard tendu à la bonne foi des juges et une comédie indigne de la justice ».

En premier lieu, vous devez statuer au fond, sans cassation préalable ni renvoi, parce qu'il ne peut être procédé à de nouveaux débats oraux entre toutes les parties. Esterhazy, convaincu d'avoir écrit l'acte incriminé, acculé à l'aveu par la force de l'évidence, n'est pas seulement, en l'état des faits établis par l'instruction, une partie, il est la partie principale dans toute poursuite criminelle basée sur le bordereau. Or, poursuivi pour ce fait, il a été acquitté. En ce qui le concerne, de nouveaux débats oraux sont impossibles.

En second lieu, M⁰ Mornard soutient que le dernier paragraphe de l'art. 445 du Code d'instruction criminelle vous donne le droit de proclamer l'innocence de Dreyfus et que vous devez la proclamer, l'annulation de l'arrêt de condamnation.ne laissant rien subsister qui puisse être qualifié crime ou délit, en ce qui le concerne. A plus forte raison en serait-il de même si l'on admettait que l'envoi du bordereau est dépouillé de tout caractère criminel ou délictueux.

L'annulation sans renvoi étant prononcée, vous devriez encore examiner une dernière question qui engage les intérêts privés d'Alfred Dreyfus : la question d'indemnité. Mais elle ne se pose pas.

Alfred Dreyfus ne réclame que son honneur d'officier.

Soldat avant tout, dit M⁰ Mornard, le capitaine Dreyfus estime qu'ayant consacré sa vie à sa Patrie, celle-ci a pu disposer de lui et lui infliger des douleurs imméritées. Il a supporté toutes les angoisses, toutes les misères de l'Ile-du-Diable, comme il eût supporté toutes les souffrances d'une campagne atroce.

Arrivé au terme de cette lutte épouvantable, le capitaine Dreyfus, en soldat qui a loyalement fait son devoir, et qui toujours l'accomplit simplement, repousse l'indemnité qui lui est due, et ne veut que son honneur.

L'arrêt de revision doit proclamer que son honneur est intact, que toujours depuis 1894 son nom devait continuer à figurer aux contrôles de l'armée, parmi ceux de nos officiers les plus dignes de l'estime des chefs et de la confiance de la Patrie.

Le capitaine Dreyfus ne veut pas autre chose ; et l'on ne peut que rendre hommage à cette haute conception des devoirs et de la dignité du soldat.

Toutefois, ajoute M⁰ Mornard, pour qu'au point de vue de la réhabilitation l'arrêt de revision produise tout son effet, il importe de lui assurer une large publicité. Il vous demande, en conséquence, d'ordonner l'affichage de votre arrêt dans toutes les communes de France et son insertion au *Journal officiel* et dans cent journaux.

Dans son réquisitoire écrit, M. le Procureur général écarte tous les faits révélés par l'instruction qui ne font que confirmer ce qui était déjà connu en 1899 et que le Conseil de guerre de Rennes a pu dès lors apprécier en pleine connaissance de cause. Ce ne sont pas là des faits nouveaux au sens de l'art. 443, § 4 du Code d'instruction criminelle.

Six faits seulement lui paraissent présenter le caractère juridique de faits nouveaux et doivent être retenus.

Ce sont :

1° La découverte du télégramme adressé le 5 janvier 1895 à 9 heures du matin, de l'Ecole militaire au Gouverneur militaire de Paris, par le commandant Guérin et dans lequel il n'est pas question des prétendus aveux de Dreyfus ;

2° La découverte dans les archives du Ministère de la Guerre de la minute du commandant Bayle sur l'attribution de l'artillerie lourde aux armées qu'on imputait à Dreyfus, devant le Conseil de guerre de Rennes, d'avoir livrée à l'étranger ;

3° Les incidents relatifs à la déposition du témoin Cernusky ;

4° Les incidents qui se rattachent aux déclarations attribuées à M. de Val Carlos ;

5° et 6° Enfin, la falsification des pièces 26 et 371 du dossier secret.

M. le Procureur général estime que ces faits nouveaux imposent la revision. Sans admettre l'ensemble des théories juridiques de Mᵉ Mornard, il requiert cependant l'annulation sans renvoi, l'affichage de l'arrêt à Rennes et à Paris, son insertion au *Journal officiel* et sa publication dans cinq journaux au choix du demandeur. Ces réquisitions se fondent sur ce qu'il serait établi que l'envoi du Bordereau, imputable à Esterhazy, ne constituerait qu'un acte fictif de trahison et que, d'ailleurs, la trahison fût-elle réelle, il est absolument prouvé que Dreyfus en est innocent.

M. le Procureur général se rallie donc à la thèse de Mᵉ Mornard sur la portée juridique du dernier paragraphe de l'art. 445 du Code d'instruction criminelle.

La justification des propositions de M. le Procureur général et de l'honorable défenseur de Dreyfus a exigé un examen approfondi non seulement des faits nouveaux, mais encore de tout le procès. Aussi, dans leur désir de faire passer leur conviction dans vos esprits, de saisir et de réfuter toutes les objections, ont-ils, tout en suivant des méthodes différentes, fouillé cette affaire jusque dans ses replis. Leur étude juridique est ainsi devenue l'une des pages les plus émouvantes de l'histoire de ce temps. Elle vous a été distribuée ; vous avez apprécié l'étendue et la pénétration de ses recherches, son argumentation puissante, sa documentation précise.

Notre œuvre sera nécessairement plus modeste. Il nous sera permis de glisser sur les points qui n'offrent plus qu'un intérêt d'histoire ou de polémique et de borner nos observations à l'examen des questions essentielles de fait et de droit dont les solutions nous paraîtront pouvoir servir de base à votre arrêt.

II

Les faits nouveaux, dont nous venons de vous donner un rapide aperçu, ne renferment aucune de ces révélations éclatantes qui ont précédé et motivé la première revision. Il en est même parmi eux qui ne constituent que des arguments nouveaux produits à l'appui d'une cause mieux connue et par suite, plus profondément étudiée.

Il suffit cependant que certains d'entre eux présentent le caractère de nouveauté exigé par l'art. 443, § 4, du Code d'instruction criminelle et qu'ils soient en même temps de nature à établir l'innocence, c'est-à-dire, suivant votre jurisprudence, à provoquer les doutes les plus sérieux sur la culpabilité ou, en d'autres termes, à faire naître de graves présomptions d'erreur, pour qu'il y ait lieu à revision.

Mais, pour que des faits ou des pièces inconnus à l'époque des premiers débats et révélés depuis soient susceptibles de faire naître de graves présomptions d'erreur, il faut, de toute évidence, qu'aucune preuve décisive de culpabilité ne résulte de l'examen du procès et n'oppose à la revision un obstacle insurmontable.

Nous devons donc, au préalable, rechercher si cette preuve existe. Elle n'existait pas lorsque vous avez rendu votre arrêt du 3 juin 1899. A-t-elle été produite dans les débats du Conseil de guerre de Rennes ?

Il semble *a priori* peu vraisemblable que cette question puisse recevoir une réponse affirmative. Les enquêtes qui ont précédé votre arrêt de 1899 ont porté, en effet, à la fois sur les charges relevées contre l'accusé au cours du procès de 1894 et sur celles qui, après sa condamnation, ont été réunies contre lui. Les premières, découvertes par une instruction hâtive, superficielle, entachée d'erreurs et de flagrantes illégalités, avaient été sinon abandonnées, du moins entièrement transformées au cours de vos enquêtes, et des charges nouvelles, inconnues des premiers juges, s'y étaient ajoutées. Vous aviez dû apprécier la valeur de ce nouveau système d'accusation et vous aviez pensé qu'il ne renfermait aucune preuve de culpabilité faisant obstacle à la revision.

Or, c'est ce même système qui a été développé devant la juridiction de renvoi. Il ne nous est pas permis cependant, aujourd'hui, d'invoquer ce préjugé et c'est directement que nous rechercherons la solution de cette question.

La condamnation prononcée en 1899 étant seule en jeu devant vous, il paraîtrait rationnel de prendre pour point de départ de cet examen le moment où la revision a été ordonnée. En réalité, cette méthode n'abrégerait pas notre tâche et la rendrait plus difficile.

Le procès de Rennes ne doit pas être coupé de ses racines. Pour en avoir une claire compréhension et juger en pleine connaissance de cause les griefs qui y furent formulés, il faut nécessairement en connaître la genèse.

Nous serons ainsi amenés à vous entretenir de la première demande de revision et des faits qui l'ont précédée. Nous analyserons ensuite les débats devant le Conseil de guerre de renvoi. L'examen des faits nouveaux et des conséquences que doit entraîner la revision, si vous la prononcez, termineront notre travail.

Toutefois, nous sommes arrêtés, au seuil de cette étude, par une question que soulève au début de son réquisitoire écrit M. le Procureur général; sa solution serait de nature à réduire singulièrement le débat, si des faits nouveaux vous permettaient, comme le soutient Me Mornard, de vous prononcer dans le sens qui vous est proposé.

Les faits incriminés présentent-ils le caractère d'un acte réel de trahison ?

Tel est le point sur lequel votre attention est, en premier lieu, appelée.

III

Les menées d'espionnage contre lesquelles nous avons été obligés de nous défendre en 1893 et 1894 sont bien connues. Elles ont été exposées d'ailleurs devant le Conseil de guerre de Rennes. A Paris, notamment, elles étaient pratiquées par les attachés militaires de deux ambassades que nous continuerons à désigner par les lettres A et B.

Le colonel Sandherr, chef de la section de statistique, dénomination officielle du Service des renseignements dépendant du 2ᵉ bureau du ministère de la Guerre, avait dû répondre à ces menées par des mesures de contre-espionnage.

La surveillance des menées de l'agent A à Paris était exercée par un officier supérieur attaché à la Section, le commandant Henry ; il en connaissait seul l'organisation. On sait aujourd'hui qu'une dame Bastian, employée au service de l'attaché A, faisait parvenir au commandant Henry les papiers de rebut, déchirés et jetés au panier par son maître ; ils arrivaient dans un cornet, généralement apporté par une autre personne. Le commandant Henry, seul et sans contrôle, les triait et les reconstituait. Il pouvait donc introduire au Ministère, ainsi que l'a reconnu M. Cavaignac, un document frauduleux ; il n'y avait même que lui qui pût y introduire un document de cette nature.

La mission confiée au commandant Henry exigeait qu'il fût investi de la confiance absolue de ses chefs.

Il la possédait, en effet.

Le colonel Henry, a dit de lui le général de Boisdeffre, était un officier en qui j'avais toute confiance, je peux dire une confiance absolue. Il avait été longtemps officier d'ordonnance du général de Miribel, il m'avait été recommandé par lui tout particulièrement. Le général en faisait un cas énorme, tèllement grand qu'il en avait fait, en cas de mobilisation, le commandant du Grand Quartier général des armées de l'Est, ce qui était une position beaucoup au-dessus du grade du commandant Henry. J'avais fait observer au général de Miribel que c'était un bien gros poste pour un commandant, et c'est l'estime très grande que le Général avait pour le commandant Henry qui lui avait fait maintenir son choix et donner à Henry cette grosse position.

Le commandant Henry était très « en faveur » au Ministère. Il avait été imposé au colonel Sandherr, d'après le lieutenant-colonel Cordier. Ses relations à l'Etat-Major étaient très hautes. « Il pouvait facilement causer au grand chef », ce qui n'était pas le cas de ses supérieurs.

On devine aisément quelle devait être son autorité en matière de documents secrets provenant de l'ambassade A, qui étaient tous passés entre ses mains, qu'il avait reconstitués, classés et étudiés.

Son ignorance des langues étrangères ne lui permettait pas d'utiliser pour des travaux sérieux la plupart des documents qu'il recevait ; mais nul, au point de vue de la police de contre-espionnage, ne paraissait être en état, comme lui, d'en déterminer l'origine et la portée. Son opinion à cet égard ne rencontrait pas et ne pouvait pas rencontrer de contradiction.

On s'est aperçu un peu tard que la confiance aveugle qu'on mettait en lui n'était pas justifiée par son intelligence, sinon par son caractère.

C'était un officier très brave assurément, très dévoué à son service et à ses chefs, profondément pénétré des devoirs qu'imposent l'obéissance et la discipline militaires, mais d'esprit étroit et inculte.

D'humble origine, n'ayant reçu qu'une instruction rudimentaire, il était entré au service en 1865, comme remplaçant de son frère et sans rêver une brillante carrière. La guerre de 1870, pendant laquelle il fut fait deux fois prisonnier, en avant d'Orléans et à Pontarlier et s'évada chaque fois pour rejoindre son corps, lui valut l'épaulette de sous-lieutenant. Le hasard le plaça ensuite sur le chemin du général de Miribel, qui trouva en lui le serviteur le plus reconnaissant et le plus fidèle. Il suivit son général à Paris en 1877. Puis, jusqu'en 1880, il fut attaché avec le grade de lieutenant au Service des renseignements, où il rencontra Esterhazy, lieutenant comme lui, et le capitaine de réserve Weil.

Il avait ensuite guerroyé en Algérie, au Tonkin, dans le Sud-Oranais, partout où un militaire pouvait aller.

Les notes extrêmement élogieuses que lui avait données le général de Miribel le suivaient partout. Elles ont été reproduites jusqu'à sa mort par tous ses chefs, y compris le lieutenant-colonel Picquart.

Mais ce soldat énergique, d'aspect rude et grossier, très certainement inférieur à sa situation et à la crise qu'il a traversée, n'avait, au dire du commandant Lauth, qu'un gros bon sens paysan, une certaine finesse avec la roublardise du paysan. Il avait essayé de combler les lacunes de son instruction et le commandant Lauth a rappelé, non sans ironie, qu'on avait trouvé chez lui un volume de Marc Aurèle dont il avait souligné certains passages, et notamment cette pensée « que les intérêts particuliers n'existent plus, lorsque les intérêts d'une nation sont en jeu ». Quand il commit le faux célèbre auquel son nom reste attaché, « il crut faire une chose bien maligne. Puis, quand il se trouva en face de lui-même et de son faux, il se tua ».

Le commandant Henry, tel que nous le dépeignent les témoins qui l'ont vu de plus près et qui l'ont, en réalité, le mieux connu, n'était certainement pas l'homme qui convenait à la place où on l'avait mis. La sagacité éclairée et affinée qui lui eût permis de démêler les intrigues savamment dissimulées dont il ne recueillait que de vagues indices, lui faisait défaut.

L'excès de son zèle et de sa ténacité, la violence de sa nature l'exposaient, en revanche, à tomber dans de fatales erreurs et à y persévérer quand même.

Vers la fin du mois de septembre 1894, le 26, très probablement, le commandant Henry présenta au Ministre une lettre missive, non datée, non signée, écrite sur papier pelure quadrillé, qu'il avait trouvée, disait-il, déchirée en quatre ou cinq fragments, dans un cornet rempli de papiers provenant du panier de l'attaché militaire A. Il avait reçu ce cornet par la voie ordinaire, c'est-à-dire par la voie que nous avons indiquée.

Cette lettre-missive est devenue fameuse sous le nom de « bordereau »; les termes en sont bien connus. Il nous paraît cependant indispensable de les reproduire ici :

Sans nouvelles m'indiquant que vous désirez me voir, je vous adresse cependant, Monsieur, quelques renseignements intéressants :
1° Une note sur le frein hydraulique du 120 et la manière dont s'est conduite cette pièce ;
2° Une note sur les troupes de couverture (quelques modifications seront apportées) ;
3° Une note sur une modification aux formations de l'artillerie ;
4° Une note relative à Madagascar ;
5° Le projet de manuel de tir de l'artillerie de campagne (14 mars 1894).
Ce dernier document est extrêmement difficile à se procurer et je ne puis l'avoir à ma disposition que très peu de jours. Le Ministère de la Guerre en a envoyé un nombre fixe dans les corps, et ces corps en sont responsables. Chaque officier détenteur doit remettre le sien après les manœuvres.
Si donc vous voulez y prendre ce qui vous intéresse et le tenir à ma

disposition après, je le prendrai. A moins que vous ne vouliez que je le fasse copier *in extenso* et ne vous en adresse la copie.

Je vais partir en manœuvres.

Ce document tirait toute sa valeur de la provenance qui lui était attribuée. Saisi chez l'attaché militaire A, il constituait la preuve d'une trahison, à moins qu'il n'eût été envoyé par une personne autorisée à faire acte de contre-espionnage.

S'il était inexact, au contraire, qu'il eût été trouvé parmi les papiers de l'attaché A, une seule hypothèse était admissible, celle d'une machination ourdie contre une personne qui serait plus tard accusée de l'avoir écrit.

Mais, dans cette dernière hypothèse, comme dans celle d'un acte de contre-espionnage, il n'y avait plus aucune trace de trahison. Si l'une ou l'autre de ces hypothèses était vérifiée, l'affaire Dreyfus, qui depuis onze ans agite si cruellement les consciences, ne serait plus qu'une mystification.

D'après M⁰ Mornard, la preuve de cette mystification, soupçonnée déjà en 1899 par M. Charles Dupuy, qui présidait en 1894 le Conseil des ministres, serait faite aujourd'hui.

M. le Procureur général, dans son réquisitoire écrit, estime, lui aussi, qu'il n'y a eu dans cette affaire ni crime, ni délit.

Indiqué en 1899, ce système aurait été aussitôt abandonné. Voici ce que nous lisons à ce sujet dans le rapport de M. le Président Ballot-Beaupré :

En présence des documents soumis à notre examen il n'est pas possible que l'envoi du Bordereau — quel qu'en soit l'auteur — ne constitue ni crime ni délit. Le mémoire de M⁰ Mornard le reconnaît (p. 181) : « Dans l'hypothèse d'un document forgé, parvenu au Ministère par les soins d'Henry, il est hors de doute que les faits nouveaux ne ruineraient pas seulement la base de la condamnation prononcée contre Dreyfus, ils feraient même disparaître toute base d'accusation possible ; mais il faut reconnaître que l'hypothèse présentant le Bordereau comme document forgé et présentant Henry comme recevant ou apportant lui-même cette pièce au Ministère, ne peut plus guère se concilier avec les résultats de l'instruction.

M. le Procureur général Manau, qui avait d'abord éprouvé des doutes sur l'origine du Bordereau, a déclaré formellement dans son réquisitoire que les déclarations faites à l'enquête ne permettaient plus de la suspecter.

Ce système a été néanmoins repris devant vous. Il s'appuie surtout sur les déclarations dans lesquelles le commandant Esterhazy reconnaît avoir écrit le Bordereau.

Vous trouverez dans le réquisitoire de M. le Procureur
général les indications les plus complètes sur la genèse de ces
déclarations, qui remontent au procès Zola.

Après son acquittement par le Conseil de guerre, le 11 janvier 1898, et sa mise en réforme, Esterhazy est à Londres. Un
journal anglais publie, en septembre 1898, un récit de lui dans
lequel il dit avoir écrit le Bordereau sur l'ordre du colonel
Sandherr afin de fournir une preuve matérielle contre le capitaine Dreyfus, à l'égard duquel il n'y avait que des preuves
morales. Il dément ce récit ; mais le 2 juin 1899, la veille de
votre arrêt, il fait à M. Serge Basset, rédacteur au journal Le
Matin, une déclaration qui le confirme ; il la répète le lendemain
à M. Deffès, rédacteur au journal Le Temps et, depuis, ne cesse
de la reproduire. C'est en ce sens que, pendant le procès de
Rennes, il écrit aux juges, au commissaire du Gouvernement,
au général Roget. Il maintient sa déclaration les 22, 26 février,
1er et 5 mars 1900 devant le Consul de France à Londres, qui
l'entend sur l'ordre de notre Ministre des Affaires étrangères.

Dans sa lettre du 6 août 1899 à M. le commandant Carrière,
commissaire du Gouvernement devant le Conseil de guerre de
Rennes, il s'exprime ainsi :

J'entrai donc, à la demande du colonel Sandherr, en relations avec
M. de S... et ceci, je le répète, en juillet 1894.

Très infatué de lui-même, infiniment moins au courant que je ne l'eusse
cru des choses les plus élémentaires de notre système militaire, cet officier n'était pas très difficile à abuser. Je m'y employai de mon mieux, en
me conformant strictement aux prescriptions qui m'avaient été données,
aux indications que je recevais.

Et c'est dans une discussion très vive, voulue par mon chef et amenée
par moi, sur la supériorité du service des renseignements allemand
comparé avec le service français, que M. de S..., qui affirmait avoir à
son service un grand nombre d'officiers français, fit allusion en propres
termes à un officier dont il disposait au Ministère de la Guerre, un capitaine ! et un artilleur encore ! (sic).

Je rendis immédiatement compte au colonel Sandherr de cette conversation. « Je sais qui c'est et je tiens mon homme, me dit-il. » Quelques
jours après, il me dictait le Bordereau que j'écrivis au crayon et recopiai
chez moi, et que, conformément à mes instructions, je portai ensuite
à l'ambassade, profitant d'une époque où nous savions l'attaché absent
de Paris, en congé.

Je ferai remarquer que ce Bordereau ne pouvait en aucune manière
s'appliquer à ma personnalité, que je n'ai jamais fourni et n'ai jamais été
à même de fournir, quelles que soient les discussions qui aient eu lieu à
ce sujet sur les documents qui y sont énumérés, aucun renseignement,
et n'ai jamais été, et n'ai jamais dû être désigné à aucune époque de
l'année 1894 pour aller prendre part aux manœuvres.

Ce document a été pris à l'ambassade dans la loge du concierge, il a été pris intact, dans son enveloppe, et apporté par un sujet et employé allemand, notre agent. Il a été déchiré, pour faire croire qu'il venait du cornet. Telle est la vérité absolue.

Toutes les discussions sur l'écriture de cette pièce, sur le papier pelure qu'on trouve très aisément dans le commerce, sont imbéciles.

La lettre du 25 octobre 1897, qui m'a été dictée par le Ministre de la Guerre, l'histoire du capitaine Bro qui y fait suite prouvent que c'est moi qui ai écrit, dans les conditions que j'affirme, cette pièce. Vous avez saisi dans les bureaux du *Matin* l'article dans lequel je raconte en détail ces faits. Cet article est de ma main, je n'ai rien à y changer et je jure qu'il est l'expression de la vérité.

J'ajoute que juste en face la porte de l'ambassade est un local dépendant du Ministère de la Guerre, et d'où l'on surveille aisément toutes les allées et venues de l'ambassade ; j'y entrais couramment, sans me cacher, on savait parfaitement que j'y allais et quand j'y allais.

Le Bordereau fut donc pris dans les conditions que je viens de dire et remis au colonel Henry. Henry était mon ami, j'avais vécu à côté de lui pendant longtemps, il me connaissait fort bien et si Sandherr connaissait parfaitement mon écriture, Henry la connaissait encore mieux. Si Henry avait été, comme d'indignes calomniateurs ont osé le prétendre, coupable avec moi d'actes criminels, il n'avait qu'à faire disparaître cette pièce, personne n'en eût rien su, et s'il ne la faisait pas disparaître, étant innocent, il ne serait pas resté mon ami ! Henry était un soldat loyal incapable d'une félonie, lui aussi, d'un aveugle dévouement à ses chefs, dévouement qu'il a payé de sa vie. Entre nous, il ne pouvait y avoir aucun lien criminel. Y en eût-il eu, que la pièce disparaissait: Un de vos témoins, le lieutenant-colonel Cordier, a prétendu qu'il n'avait pas trouvé mon nom sur ses registres, et en a tiré des conclusions !

Puérile raison et raison de mauvaise foi.

Je n'ai jamais dit que le colonel Sandherr, chargeant d'une telle mission un officier supérieur son ami, le traitât comme un agent quelconque, et il va de soi que, lorsque je l'ai acceptée, c'était sous la restriction expresse qu'elle serait toute confidentielle et qu'elle ne serait pas criée sur les toits.

Cette déclaration ne recèle aucun acte de contre-espionnage. Si le Bordereau a été envoyé, il a été immédiatement repris et son envoi n'a pas été suivi de la livraison des pièces qu'il énonce. Ces pièces étaient déjà livrées. C'est ce qu'il affirme dans sa lettre du 29 août 1899 au général Roget.

J'affirme encore de toutes mes forces et la culpabilité de Dreyfus et mon innocence et mon dévouement ; si les pièces ont été livrées, comme on me l'a toujours laissé entendre, elles l'ont été par Dreyfus.

Le sens de ces déclarations est donc très net : Esterhazy a écrit le Bordereau pour fournir contre Dreyfus une preuve de sa trahison.

M. le Procureur général pense que cette version, traitée de « rocambolesque » par M. Bertillon, n'a en elle-même rien d'invraisemblable, et qu'elle cadre, de plus, avec les faits matériels qui ont pu être contrôlés.

Il y a, en effet, dit M. le Procureur général, identité absolue

entre l'écriture du Bordereau et celle d'Esterhazy, il le reconnaissait même avant son aveu. Le Bordereau n'est pas seulement
de son écriture, mais de sa main. Aucun doute ne peut subsister
sur ce point après l'expertise de MM. Meyer, Molinier et Giry,
experts désignés par la Chambre criminelle en 1899, après la
rétractation de M. Charavay, qui avait d'abord attribué le bordereau à Dreyfus et qui s'est déjugé depuis qu'il a étudié l'écriture
d'Esterhazy. Et ces constatations ont puisé une force irrésistible
dans cette autre circonstance que le papier du Bordereau présentait la plus grande analogie avec celui de deux lettres des
17 avril 1892 et 17 août 1894, celle-ci contemporaine du Bordereau, toutes deux émanées d'Esterhazy qui, en décembre 1897,
avait nié s'être jamais servi de papier calque.

D'autre part, le Bordereau n'est ni chiffonné, ni plissé,
comme les pièces parvenues au Service des renseignements par
le cornet. Il a été simplement déchiré pour faire croire qu'il avait
la même provenance que ces pièces.

Aussi l'attitude d'Henry est-elle singulière au moment où le
Bordereau apparaît entre ses mains. Au lieu de le porter sur te
champ au chef de Service, il le montre à l'archiviste Gribelin,
au capitaine Lauth, et celui-ci ne peut s'empêcher de remarquer
combien cette attitude est anormale.

N'est-il pas d'ailleurs manifestement impossible qu'un semblable document ait été jeté au panier incomplètement déchiré
par son destinataire, qui était homme à en apprécier toute la
valeur? On comprend ainsi l'observation que lui prête M. Casella
dans une déclaration publiée par le journal *Le Siècle* du
7 avril 1898 :

(Que n'a-t-on pas dit dans cette affaire ?) On a affirmé, par exemple,
que ce fameux Bordereau avait été trouvé dans mon panier à papiers.
Eh bien ! je puis, moi, donner ma parole de gentilhomme que ce Bordereau
n'a jamais été en mes mains ni dans celles d'aucun des membres de
notre « maison ». Ce Bordereau... Non, je ne veux pas parler... a été intercepté avant qu'il n'arrivât à destination. Trouvé dans mon panier ! C'est
rigolo... Croyez-moi, si j'avais eu l'habitude de jeter au panier les documents que l'on m'expédiait, je vous garantis que l'on aurait trouvé quelque
chose de plus important.

L'on soutiendrait vainement, ajoute M. le Procureur général,
que l'honorabilité d'Henry et du colonel Sandherr ne permet pas
d'admettre qu'ils se soient prêtés à la manœuvre racontée par
Esterhazy.

Les faux qu'Henry a commis ou fait commettre disent assez

ce dont il était capable. Quant au colonel Sandherr, il avait pris au Bureau des Renseignements l'habitude de ne reculer devant rien, dès qu'il s'agissait de rechercher et d'établir un acte de trahison ou de dépister une manœuvre d'espionnage. De plus, c'était un ardent antisémite et il était déjà atteint de la maladie cérébrale qui a causé sa mort.

Objecterait-on, dit M. le Procureur général, que le Bordereau était inutile puisque le colonel Sandherr savait dès l'origine que le traître qu'il cherchait était Dreyfus et qu'on ne s'explique plus les recherches auxquelles il a été procédé dans les bureaux de l'Etat-Major, lorsque la photographie du Bordereau y a été communiquée aux chefs de service pour chercher à découvrir quel en pouvait être l'auteur?
L'objection ne semble pas irréfutable. Si le colonel Sandherr a eu recours à la manœuvre révélée par Esterhazy, il devait à tout prix la dissimuler et ne pouvait, par suite, ne désigner Dreyfus ni apparaître, au cours des investigations prescrites, tant que les soupçons ne s'égaraient sur aucun autre que sur Dreyfus, et l'exclamation qu'il aurait poussée, lorsque le nom de celui-ci a été indiqué : « J'aurais dû m'en douter », ne serait que l'exécution naturelle et logique du plan qu'il avait conçu.

M. le Procureur général s'efforce ensuite de réfuter l'objection tirée de ce que les documents énoncés au bordereau ont été livrés à une puissance étrangère et que la réalité de la trahison est ainsi démontrée.

D'abord, cette livraison n'est pas certaine, M. le général Gonse a reconnu que le Service des renseignements n'en avait pas la preuve écrite.

Il est vrai que M. le comte Tornielli a dit à M. le sénateur Trarieux que les documents énoncés au Bordereau avaient bien été communiqués à l'agent A ; mais il a en même temps ajouté qu'ils l'avaient été par un autre officier que Dreyfus et cela va de soi, si le Bordereau est de la main d'Esterhazy. M. Paléologue a, d'autre part, entendu dire que des quatre notes énumérées au Bordereau, trois étaient entre les mains de la nation de A : une, celle relative à Madagascar, entre les mains de la nation de B, à qui A l'aurait remise.

M. le Procureur général estime qu'il n'y a rien à tirer de ce que les documents sont parvenus à l'étranger tandis que le Bordereau est entre nos mains. Il déduit de certains témoignages que les documents accompagnaient le Bordereau, qui seul a été saisi. Quant aux documents, c'étaient des pièces de contre-espionnage comme il en avait été plusieurs fois communiqué à l'attaché militaire A, ainsi que l'a établi l'enquête de la Chambre criminelle. Esterhazy a donc participé à un acte de contre-espionnage, et c'est ce qui explique qu'il n'ait pas déguisé son écriture, qu'il ne se soit pas caché pour se rendre même, en uniforme, chez l'attaché A, qu'il ait enfin été couvert par une protection incessante de l'Etat-Major.

Le système que nous venons d'exposer et auquel s'est arrêté M. le Procureur général est, en réalité, formé de deux hypothèses qui se contredisent.

La première est seule conforme, et en partie seulement, à la version d'Esterhazy. Elle admet que le Bordereau a été écrit par Esterhazy pour servir de preuve contre Dreyfus ; qu'il a été porté, seul, à l'ambassade A, qu'il y a été repris aussitôt et présenté au Ministère comme provenant de la voie ordinaire.

Dans la seconde, au contraire, il accompagnait, contrairement à la version d'Esterhazy, dés documents de contre-espionnage. Ce n'est donc plus une machination contre Dreyfus ; car, pour le succès de cette machination, la livraison des documents était inutile. Il suffisait même que le Bordereau fût remis à Henry sans passer par l'ambassade, puisque nul ne pouvait le contredire s'il affirmait qu'il l'avait trouvé dans le cornet.

Il faut donc choisir entre ces deux hypothèses, elles ne peuvent être admises l'une et l'autre.

C'est ce qu'a fait Mᵉ Mornard qui, dans son mémoire, et sans insister outre mesure sur les conséquences juridiques qu'elle devrait avoir, se prononce pour la seconde. C'est d'ailleurs la seule à l'appui de laquelle on puisse invoquer des documents jusqu'à ce jour inconnus.

Il réfute en ces termes la déclaration d'Esterhazy sur laquelle se fonde la première hypothèse :

Une partie de cette déposition se heurte à l'évidence. Que le colonel Sandherr eût des soupçons sur Dreyfus, et que, pour créer un document servant de base aux poursuites judiciaires, il ait fait établir le Bordereau par Esterhazy, écrivant de son écriture naturelle, c'est manifestement une absurdité.

On a surveillé un certain nombre d'officiers du Ministère de la Guerre, en 1894, et notamment le général Roget lui-même. On n'a exercé aucune surveillance sur Dreyfus. Tous les témoins de l'accusation ont été unanimes à reconnaître qu'avant la découverte de la similitude d'écriture existant entre le Bordereau et les pièces écrites par Dreyfus, rien n'avait fait soupçonner l'infortuné capitaine. Si le colonel Sandherr avait eu des indices quelconques sur la culpabilité de Dreyfus, avant l'arrivée du Bordereau, il aurait fait de ces indices l'objet d'un rapport au chef d'Etat-Major.

D'autre part, créer un faux pour édifier sur ce faux une poursuite judiciaire, est non seulement un acte abominable, mais un acte criminel ;

et, jusqu'ici, on a représenté le colonel Sandherr comme un honnête homme.

Enfin, l'acte eût été aussi absurde que criminel. On concevrait qu'un faussaire, pour perdre Dreyfus, eût fabriqué un document reproduisant l'écriture même de Dreyfus ; mais que le faussaire emploie sa propre écriture naturelle et courante, dans la fabrication du document, c'est évidemment inadmissible. Cependant, c'est là la thèse d'Esterhazy. Le colonel Sandherr présente au Ministre, comme preuve de la culpabilité de Dreyfus un papier qu'il a fait revêtir de l'écriture d'Esterhazy ; puis, il fait sur ce document procéder à une expertise en écriture qui deviendra la base des poursuites contre Dreyfus. C'est de la folie pure : le commandant Esterhazy est obligé d'en convenir.

Je n'ai rien à répondre, dit-il, à ce Bertillon, à ce fou misérable dont la place est à Bicêtre ou au bagne, et qu'en six lignes je clouerais sans réplique autrement que par les discours idiots du juif Paraf... Il est désolant de ne pas avoir voulu dire la vérité, et le rôle de Sandherr qui exliquait tout. Que ce soit odieux et stupide, comme dit cet invraisemblable Gendron! Cela est. Que Sandherr ait cédé à un moment de folie, que j'ai été fou d'y consentir, tout cela est possible ; mais cela est.

Il semble que, pour admettre des actes odieux, stupides et fou, à la charge du colonel Sandherr, il faille autre chose que la parole d'Esterhazy.

Cette partie des assertions d'Esterhazy n'a été imaginée par le bandit, que pour venir au secours des accusateurs de Dreyfus. Il leur devait bien cela, puisqu'eux-mêmes étaient venus à son secours auparavant, et puisque, comme il le disait, il y avait entre eux « une partie liée devant être gagnée ou perdue ensemble. »

Ces absurdités sont donc inventées uniquement pour permettre l'affirmation de la culpabilité de Dreyfus, tout en reconnaissant la paternité du Bordereau impossible à désavouer.

Mᵉ Mornard repousse donc l'hypothèse d'une machination ourdie contre Dreyfus et rejette comme absurde la version d'Esterhazy. Il en retient toutefois certains détails, qui auraient trouvé dans la dernière enquête de sérieux points d'appui, et en fait la base de l'hypothèse suivante :

Esterhazy a écrit le Bordereau et les documents ont été livrés ; mais Esterhazy a agi d'accord, sinon avec le colonel Sandherr, du moins avec le commandant Henry, avec lequel il était lié, qu'il connaissait depuis l'époque où, lieutenants l'un et l'autre, ils avaient été attachés en même temps au Service des renseignements.

Il a joué le rôle d'espion double, que bien d'autres avaient joué auparavant et jouaient même à ce moment. Son correspondant ne recevait de lui que des renseignements insignifiants ou faux, destinés à le tromper.

C'était Henry qui les lui communiquait. Peut-être faisaient-ils ensemble un trafic qui avait l'avantage de rapporter des émoluments, puisque, frelatée ou non, l'agent A payait évidemment la marchandise qu'on lui apportait. Mais ce trafic illicite n'était pas une trahison.

Cette hypothèse se heurte aussitôt à cette objection : Pourquoi Henry n'a-t-il pas alors détruit le Bordereau qui venait d'arriver par la voie ordinaire ?

La raison en est, d'après M⁰ Mornard, que le Bordereau n'est pas arrivé par la voie ordinaire, qu'il n'a pas été d'abord remis à Henry, mais au colonel Sandherr et qu'Henry, pour ne pas avouer l'incorrection qu'il avait commise, a laissé les soupçons s'égarer sur un officier juif dont la condamnation devait donner satisfaction aux violentes passions antisémites de l'Etat-Major.

Aucun des faits invoqués à l'appui de cette assertion ne nous paraît la confirmer.

L'état matériel du Bordereau, qui n'aurait été ni froissé, ni plissé, ne prouve rien. M. le commandant Lauth a déposé que bien souvent les pièces trouvées dans les paquets étaient dans un état analogue.

C'était, sans doute, un document important ; mais il est arrivé par la voie ordinaire des documents auxquels l'attaché A devait attacher tout autant d'importance.

Henry a toujours dit qu'il avait reçu le Bordereau par la voie ordinaire, et de ce qu'il l'a répété en avouant son faux, bien qu'aucune question ne lui fût posée sur ce point, on ne saurait conclure qu'il l'a reçu ou qu'il a été reçu par une autre voie.

Rien ne nous semble suspect dans la manière dont il a montré le Bordereau au commandant Lauth et à l'archiviste Gribelin. S'il paraissait surpris, « abasourdi » même, d'après l'un des témoins, c'est qu'il venait de découvrir une trahison qu'il ne soupçonnait pas et son émotion explique assez qu'il se soit laissé entraîner à montrer le document à deux officiers de son service, avant de le porter au colonel Sandherr.

Car c'est bien lui qui a, le premier, reçu le Bordereau et c'est lui qui l'a communiqué au colonel Sandherr, ainsi que l'a affirmé le lieutenant-colonel Cordier devant le Conseil de guerre de Rennes. Toute version contraire est démentie par les témoignages.

Voici les termes de la déclaration du commandant Lauth devant la Chambre criminelle, le 11 janvier 1899 :

R. — Le Bordereau dont il est question a dû arriver au Bureau dans les derniers jours de septembre 1894. Le commandant Henry était à ce moment le seul officier du Bureau qui connût l'agent qui nous fournissait les documents de ce genre et qui fût connu de lui. Il avait ses rendez-vous avec cet agent à peu près exclusivement le soir, après dîner, vers 8 ou 9 heures, tantôt en un point, tantôt en un autre. De sorte qu'il lui était impossible de remettre, le soir même, les papiers touchés à notre chef, le colonel Sandherr, et qu'il les gardait chez lui pendant la nuit, pour ne les apporter au Bureau que le lendemain matin.

Très souvent, en raison du peu de liberté dont disposait l'agent, les rendez-vous avaient lieu à la fin de la semaine, c'est-à-dire le samedi soir, et j'incline beaucoup à croire, sans pouvoir toutefois l'affirmer absolument, que le ou les paquets, dans lesquels se trouvait le Bordereau, ont été donnés au commandant Henry le samedi 22 septembre, et qu'il a dû les apporter au Bureau le lundi 24 au matin.

Un matin, est-ce le 24 ou une autre date, mais il ne doit pas y avoir grand écart, je suis arrivé au Bureau, et immédiatement avant que je pusse entrer dans la pièce où je travaillais d'ordinaire, le commandant Henry, qui circulait dans un couloir intérieur à nos bureaux, m'appela et me fit entrer dans la pièce où il travaillait d'ordinaire. En même temps que moi arrivait le capitaine Matton, aujourd'hui chef d'escadron au 16e régiment d'artillerie, à Clermont-Ferrand ; à peine fûmes-nous entrés dans la pièce du commandant, qu'il nous montra des paquets dont il avait pris livraison la veille ou l'avant-veille, et, nous montrant quelques fragments recollés par lui, il nous dit : « C'est effrayant, voyez donc ce que j'ai trouvé dans les paquets ! »

Nous nous mîmes près de la fenêtre, écartant les rideaux qui donnent sur la rue de l'Université, et, tous les trois, nous nous mîmes à lire le contenu de cette pièce, qui n'était autre que le Bordereau.

Diverses réflexions furent échangées au sujet de celui qui pouvait en être l'auteur, en raison de la nomenclature des pièces qui étaient indiquées, et de la possibilité pour des officiers de telle ou telle arme, de telle ou telle fonction, de se les procurer.

J'ajoute que, soit pendant que nous étions près de la fenêtre, soit au moment où le commandant Henry nous a appelés, M. Gribelin, l'archiviste du Bureau, est également entré dans la pièce et a eu connaissance, à peu près en même temps que nous trois, de l'existence de cette pièce.

Le Bordereau n'a été montré au chef de service, le colonel Sandherr, qu'une demi-heure ou trois quarts d'heure plus tard, dès son arrivée au Bureau, attendu qu'il ne venait que vers dix heures et notre chef de service a dû en rendre compte à ses chefs, soit dans la matinée, soit dans l'après-midi.

La déposition du commandant Lauth dans la dernière enquête (30 avril 1904) est moins précise, peut-être, mais elle ne contredit pas la première et le témoin estime toujours qu'Henri a eu, le premier, le Bordereau. Les témoins n'étaient inexacts que sur un point, la présence du capitaine Matton.

Cet officier, en effet, n'a vu le Bordereau qu'entre les mains du colonel Sandherr.

Voici comment j'ai eu connaissance du Bordereau, a-t-il dit. En entrant comme tous les jours, ainsi que j'avais l'habitude de le faire, dans le

Bureau du colonel Sandherr, pour lui présenter mes pièces à signer, il sortit du milieu de ses papiers une pièce et me dit « Tenez lisez ». Je pris la pièce, je la lus ; c'était le Bordereau en question. Quand j'eus fini cette lecture, je dis au colonel Sandherr : « Cela me paraît très grave ; celui qui a fait cela doit être de par ici, c'est-à-dire du Ministère, et ce doit être un artilleur ». Voilà la première impression que j'exprimai immédiatement. Le colonel Sandherr ne répondit rien. Il reprit la pièce, la remit dans ses papiers, et ne m'en parla plus.

A quelle heure le capitaine Matton est-il entré chez le colonel Sandherr ? c'est ce qui n'a pas été précisé ; mais comme il est certain que la scène entre Henry, le capitaine Lauth et Gribelin a eu lieu vers huit heures et demie du matin, qu'à cette heure le colonel Sandherr n'était pas au Ministère, et que c'est au moment de la signature, c'est-à-dire à une heure assez avancée de la journée, que le capitaine Matton a vu le Bordereau, il faut en conclure que c'est Henry qui, le premier, a eu entre les mains ce document.

C'est l'évidence même, à moins qu'il ne soit établi que, avant le 26 septembre, date à laquelle se place son exhibition, le Bordereau était déjà entre les mains du colonel Sandherr.

M° Mornard tente cette preuve à l'aide d'un argument qui nous semble bien faible. C'est la lettre suivante d'Henry à la dame Bastian, inconnue lors des débats du Conseil de guerre, dont l'existence n'a été révélée que le 4 mai 1904 par le journal l'*Eclair*, et qui a été saisie par ordre de votre Chambre criminelle :

Mardi, 25 septembre (1894)

Ma cousine,

Me voici rentré en bonne santé, après avoir beaucoup chassé et beaucoup tué de perdrix. Je viens vous prier de présenter mes amitiés au cousin Auguste.

Si, dit M° Mornard, Henry n'est rentré de vacances à Paris que le 25 septembre, il n'a pu avoir de rendez-vous avec la dame Bastian que le 26 septembre. Or, le 26 septembre, il est en possession du Bordereau ; donc cette pièce avait été remise directement, en son absence, au colonel Sandherr. Elle n'avait pas été apportée par la dame Bastian.

Nous ferons remarquer, d'abord, que le véritable sens de cette lettre nous échappe. Il y est question de chasse ; mais la dame Bastian devait s'intéresser beaucoup plus à la chasse des documents où elle jouait un rôle si important qu'à la chasse aux perdrix.

De plus, elle ne dit pas qu'Henry est rentré à Paris le 25 septembre ; elle constate seulement qu'il est à Paris le 25 septembre.

Enfin, rien ne démontre que la dame Bastian, qui livrait ses papiers trois ou quatre fois par semaine, n'ait pas antérieurement transmis à Henry le Bordereau, qui n'aurait pas été immédiatement reconstitué.

Mᵉ Mornard argumente encore d'une lettre du 25 septembre d'Henry à la dame Bastian, publiée et saisie dans les mêmes conditions que la précédente. Cette lettre est ainsi conçue :

> Ma cousine,
>
> Je vous prie de ne rien faire pendant une quinzaine de jours au moins. Restez bien tranquille et écoutez-moi bien. Ne faites rien, nous avons le temps et nous pouvons bien nous reposer pendant quelque temps. Je vous expliquerai peut-être cela la première fois que j'aurai le plaisir de vous voir. Amitiés au cousin Auguste.

Henry aurait, par cette lettre, empêché la vérité de se faire jour. Les mementos que l'agent A jetait dans sa corbeille auraient pu être décisifs pour la découverte du coupable ; il prescrit à la dame Bastian de ne pas les recueillir.

Cette interprétation est certainement erronée, puisque personne que lui ne recevait les papiers provenant de la corbeille et qu'il était en son pouvoir de supprimer tout ce qui aurait pu le gêner.

En revanche, la découverte du Bordereau explique les instructions d'Henry. L'agent A, que l'on suppose informé par des agents du Ministère, peut en être instruit ; il peut se demander comment il a été livré et porter ses soupçons sur la dame Bastian ; il faut qu'elle s'abstienne jusqu'à nouvel ordre.

Cette pièce n'apporte donc aucun secours à la thèse de Mᵉ Mornard.

Rien n'empêchait Henry de supprimer ce Bordereau; il n'avait même pas à redouter les indiscrétions de son agent. La dame Bastian se bornait à ramasser les papiers ; c'est ce qu'elle a déclaré devant votre Chambre criminelle ; elle n'en a jamais reconstitué aucun et si elle a, un jour, averti Henry par un petit bleu qu'il trouverait dans le cornet une lettre signée F. S., offrant de vendre le secret de la poudre sans fumée, c'est qu'elle avait pu lire cette lettre, abandonnée sur un bureau avant qu'elle fût déchirée.

Si, pouvant impunément détruire le Bordereau, Henry ne l'a pas détruit, c'est évidemment qu'il ne se livrait pas, d'accord avec Esterhazy, au trafic de documents que lui prête M° Mornard.

Au surplus, si l'on admet que le Bordereau a été d'abord remis entre les mains du colonel Sandherr et qu'il ne constitue qu'un acte de contre-espionnage, la conduite d'Henry resterait inexplicable.

Il n'avait rien à craindre de ses chefs pour avoir, avec le concours d'Esterhazy, envoyé des documents faux ou insignifiants. C'était là une pratique habituelle, que le Ministre ignorait d'ailleurs, très probablement. Selon l'expression du lieutenant-colonel Cordier, qui a passé plus de huit ans au Service des renseignements, on « gavait les attachés militaires des diverses puissances de faux renseignements ».

Henry ayant agi même de son propre mouvement et sans ordres, pouvait tout dire sans risques, au colonel Sandherr.

Pourquoi aurait-il gardé le silence ?

Par passion antisémite ?

Mais, rien dans le dossier de cette affaire n'autorise les véhémentes affirmations qui prêtent au colonel Henry, au colonel Sandherr (honnête homme, nous le savons) et ensuite à tout l'Etat-Major de l'Armée des haines religieuses assez féroces pour vouer sciemment un officier juif innocent à un effroyable supplice. Pour attribuer ces sentiments d'un autre âge et d'un autre pays à tout un corps d'officiers, qui proteste, il faudrait, ce nous semble, autre chose que deux ou trois paroles adressées par le colonel Sandherr à M. Lalance et à M. Risler dans l'abandon d'une conversation privée ou que quelques autres indices du même genre.

Admettons d'ailleurs, pour un moment, ces passions antisémites ; elles n'expliqueraient le silence d'Henry que s'il avait pu prévoir que les soupçons se porteraient sur Dreyfus. Or, il n'en pouvait rien savoir. Jamais, et rien n'est mieux établi dans cette affaire, Dreyfus n'avait été soupçonné.

A quelque point de vue donc que l'on se place, il faut redire avec M. le Président Ballot-Beaupré, qu'il n'est pas possible d'affirmer que l'envoi du Bordereau, quel qu'en soit l'auteur, ne constitue, en soi, ni crime, ni délit.

Nous le redisons avec lui, avec M. le Procureur général Manau et aussi avec M° Demange et M° Labori, qui se sont nettement exprimés sur ce point.

Une trahison a donc été commise. Nous allons rechercher d'abord s'il a été prouvé que Dreyfus en fût l'auteur.

Nous ferons usage, au cours de cette étude, des documents contenus au dossier de cette affaire et des affaires qui lui sont connexes, ainsi que des procès-verbaux de vos enquêtes.

Nous devrons aussi fréquemment nous reporter au compte rendu sténographique du procès de Rennes publié en trois volumes. Ainsi que l'a fait remarquer M. le conseiller Boyer, ce compte rendu n'est pas un document officiel comme les notes d'audience dont la tenue devant les tribunaux correctionnels est prescrite par l'art. 155 du Code d'instruction criminelle. Cependant, il paraît avoir été revisé par les témoins et contrôlé par le Président du Conseil de guerre et il présente par suite des garanties d'exactitude qui nous autorisent à y puiser des renseignements.

IV

Remis au général Renouard, qui faisait alors fonction de Chef d'Etat-Major en l'absence du général de Boisdeffre, le Bordereau fut présenté aux divers chefs de service, qui n'en reconnurent pas l'écriture.

Le 6 octobre, le colonel Fabre, chef du 4ᵉ Bureau, en montra un exemplaire photographique à son sous-chef, le lieutenant-colonel d'Aboville, qui rentrait de permission.

L'examen qu'en fit cet officier supérieur l'amena à penser qu'il avait été écrit, ainsi que l'idée en avait déjà été émise, par un officier d'artillerie très versé dans les questions techniques, ayant eu successivement des relations dans les divers bureaux de l'Etat-Major, et, par conséquent, *d'un stagiaire*.

En outre, le colonel d'Aboville, traduisant le mot « manœuvres », par « voyage d'état-major », estimait qu'il fallait chercher parmi les officiers ayant fait partie d'un voyage d'Etat-Major aux mois de juin et juillet 1894. La date du bordereau était ainsi fixée aux mois d'avril ou de mai 1894.

Parmi les officiers d'artillerie stagiaires qui avaient participé à un voyage d'Etat-Major en juin 1894, se trouvait Alfred Dreyfus.

Il appartenait à une famille israélite et était né à Mulhouse en 1859. Son père, riche industriel, avait opté pour la nationalité française en 1872 et cette option avait entraîné celle de deux de ses enfants qui étaient alors mineurs. Il était venu résider en France.

Alfred Dreyfus était entré en 1878 à l'Ecole Polytechnique. Devenu capitaine d'artillerie, il avait été admis à l'Ecole de guerre avec le N° 67 et en était sorti avec le N° 9 et la mention « très bien ». Il avait espéré obtenir un numéro de sortie supérieur et se serait cru victime d'une injustice qu'il attribuait à sa qualité d'israélite. La déception qu'il aurait alors éprouvée serait, ainsi que nous le verrons, l'unique mobile auquel puisse se rattacher l'acte de trahison qui lui a été imputé.

Aux inspections générales de 1891 et 1892, il avait reçu de M. le général Le Belin de Dionne des notes très élogieuses qui restent, bien que celui qui les avait données en ait eu un peu perdu le souvenir devant le Conseil de guerre de Rennes. D'ailleurs, sa nomination à l'Etat-Major de l'Armée est la meilleure preuve de la confiance qu'on avait en lui, ainsi que l'a écrit le général Niox à M. Mathieu Dreyfus dans une lettre produite par Mᵉ Mornard.

Il passa au 1ᵉʳ Bureau le premier semestre de 1893. Son chef, le colonel de Germiny, disait de lui :

Officier très intelligent, rédige très bien, a déjà des connaissances fort étendues et est à même de traiter bien des questions avec ses idées personnelles : veut et doit arriver.

Pendant le 2ᵉ semestre de 1893, il travailla au 4ᵉ Bureau, auquel ressortissait le service des chemins de fer. Certaines familiarités, certaines questions considérées, à tort ou à raison, comme déplacées ou indiscrètes, une tendance à négliger la besogne ordinaire du bureau pour se consacrer trop exclusivement au perfectionnement de son instruction personnelle déplurent à son chef immédiat, le commandant Bertin-Mourot, et paraissent avoir seules motivé les notes qui lui furent alors données et que le colonel Fabre, chef du Bureau, reproduisit en ces termes :

Officier incomplet. Très intelligent et très bien doué, mais prétentieux et ne remplissant pas au point de vue du caractère, de la conscience et de la manière de servir les conditions nécessaires pour être employé à l'Etat-Major de l'armée.

Il était entré au 4ᵉ Bureau le 1ᵉʳ janvier 1894. A la fin du semestre, il avait reçu du colonel de Sancy les notes suivantes :

Officier très intelligent, saisissant vite les affaires, travaillant facilement et peut-être un peu trop sûr de lui. Sait très bien l'allemand et a
utilisé consciencieusement son stage au 2ᵉ Bureau.

Depuis le 1ᵉʳ juillet 1894, il se trouvait au 3ᵉ Bureau et, au
moment où le Bordereau fut saisi, il faisait un stage de trois
mois dans un régiment en garnison à Paris.

Ses notes du 4ᵉ Bureau ne paraissent avoir fait aucune
impression sur l'esprit des généraux Gonse et de Boisdeffre.
Leurs appréciations pour l'année 1893 et pour l'année 1894, au
moment où Dreyfus allait quitter le Ministère de la Guerre, se
résument en ces mots formulés de la main du général de Boisdeffre :

Bon officier. Esprit vif, saisissant rapidement les questions, zélé,
travailleur, favorablement apprécié partout où il a passé. Fera un bon
officier d'Etat-Major.

L'ensemble de ces notes n'autorisait certes pas des soupçons
de trahison contre Dreyfus.

Les restrictions mêmes des chefs du 4ᵉ Bureau n'avaient, à
ce point de vue, aucune valeur et c'est ce qu'a dit avec raison
devant le Conseil de guerre de Rennes M. le lieutenant-colonel
d'Aboville.

Il fallait autre chose.

Aucun soupçon n'avait donc effleuré, après la découverte du
Bordereau, le capitaine Dreyfus. Sur ce point, il n'existe aucune
discordance.

Les soupçons ne naquirent qu'après la constatation par les
colonels Fabre et d'Aboville d'une ressemblance, d'ailleurs certaine, entre l'écriture du Bordereau et celle de Dreyfus. Ils
furent portés à la connaissance du général Mercier, Ministre de
la Guerre, qui ordonna une vérification immédiate et rapide des
écritures.

M. Gobert, expert de la Banque de France, tout d'abord
désigné, affirme, contrairement aux déclarations du général
Mercier, que sa première impression avait été que l'on se trouvait
en présence « d'une fumisterie ». Deux jours après, le 13 octobre,
il résumait ainsi le résultat de son examen :

L'écriture de l'anonyme en cause présente avec celle de comparaison
exactement le même type graphique. L'analyse des détails montre des ana-

logies assez sérieuses, mais elle révèle en même temps des dissimilitudes nombreuses et importantes dont il convient de tenir compte. Dans ces conditions, et étant donnée la rapidité de nos examens, commandée par une extrême urgence, je crois devoir dire : la lettre anonyme incriminée pourrait être d'une personne autre que celle soupçonnée. Je dois faire ressortir que le document en question n'est pas tracé d'une écriture déguisée, mais bien au contraire d'une manière naturelle, normale et avec une grande rapidité : ce dernier trait exclut la possibilité d'une étude ou d'un déguisement graphique.

Un second expert, M. Bertillon, auquel un rapport adminis‑ tratif fut alors demandé, conclut en ces termes :

Si l'on écarte l'hypothèse d'un document forgé avec le plus grand soin, il ressort manifestement de la comparaison des pièces ci-dessus signalées que c'est la même personne qui a écrit la lettre et le pièces communiquées.

Est-ce sur la simple constatation d'une similitude d'écritures et en la fondant sur deux expertises administratives contradic‑ toires que le général Mercier s'est décidé à donner suite à cette affaire ?

On a pu le penser, si singulière que parût une résolution si peu motivée sur une affaire aussi grave, alors que la constitution d'un dossier secret et sa communication illégale aux juges était obstinément niée.

Aujourd'hui, la lumière est faite à cet égard et l'exacte recons‑ titution des faits est aisée. Elle donne l'explication des résolu tions qui furent alors malheureusement prises.

Dès les premiers soupçons, le Service des renseignements n'était pas resté, il ne pouvait pas d'ailleurs rester inactif. Le colonel Sandherr avait prescrit au commandant Henry de fouiller dans les pièces secrètes du Service et de réunir toutes celles qui, directement ou indirectement, pouvaient avoir trait à la trahison présumée de Dreyfus. Henry se mit à l'œuvre et le dossier secret, qui a entraîné la condamnation de Dreyfus, fut le fruit de ses investigations et de sa clairvoyance.

Il avait, depuis longtemps, un collaborateur portant le titre d'attaché civil au Service des renseignements au Ministère de la Guerre. C'était un ancien agent des mœurs du nom de Guénée. Pour savoir à quelle besogne Guénée était employé et le degré de confiance que méritaient ses rapports, il faut lire la dépo‑ sition de M. le commandant Targe dans la dernière enquête.

Il faut lire aussi la déposition ou plutôt la confession que, peu de temps avant sa mort, les 18 et 27 janvier 1899, Guénée a faite devant M. le conseiller Laurent-Atthalin, commis pour l'entendre.

Nous en extrayons les passages suivants :

18 janvier.

Je fréquente la haute société, les grands bars, les grands hôtels, les villes d'eaux. Je connais beaucoup de personnages haut placés, et c'est ainsi qu'un jour, en mars 1894, un très grand seigneur ayant le titre d'Excellence, lequel aime beaucoup la France, me rencontrant, me fit monter dans son coupé et me dit : « Vous avez à l'Etat-Major un homme qui communique, soit directement, soit indirectement, avec S et le renseigne. »

Je prévins aussitôt le colonel Sandherr qui me dit simplement : « C'est bien, suivez cela prudemment. »

. . . .

4° D. — Avez-vous été en rapport avec une personne qui avait des relations dans le monde et qui, parfois, rapportait au lieutenant-colonel Henry, tantôt directement, tantôt par votre entremise, ce qu'elle entendait dire par des étrangers?

R. — Il est exact que j'ai été en rapport avec une personne dont je ne peux dire le nom ; nous la désignerons, si vous le voulez bien, par la lettre B, laquelle avait des relations dans le monde. Je ne sais si cette personne a été en rapport avec le lieutenant-colonel Henry ; mais je peux affirmer que cette personne m'a donné certains renseignements importants que j'ai aussitôt communiqués au lieutenant-colonel Henry, comme cela était mon devoir. Mais cette personne ne m'a rien dit sur l'affaire Dreyfus soit avant, soit depuis la condamnation. Je suis certain que cette personne, qui est immensément riche, n'a pas reçu de rémunération particulière. Cette personne, qui me connaît depuis plus de vingt ans, m'a fourni ces renseignements par sympathie pour la France.

27 janvier.

D. — Dans votre déposition du 18 janvier, vous avez fait allusion à une scène qui se serait produite chez une femme entre Dreyfus et un commandant étranger. Ce commandant étranger aurait reproché à Dreyfus de devenir trop exigeant et aurait menacé de le perdre. Pouvez-vous nous faire connaître d'où vous vient cette information et comment il serait possible de la contrôler? Pouvez-vous nous citer des noms de personnes qui pourraient appuyer de leurs déclarations celles que vous avez faites?

R. — Je ne puis citer aucun nom. J'ai été mis au courant de cette scène par des racontars, par les dires de personnes, soit françaises, soit étrangères, qui fréquentaient chez cette femme, c'est-à-dire la Bodson. Je ne saurais vous citer aucune personne pouvant étayer de sa déposition ma déclaration.

D. — Vous nous avez déclaré qu'après l'arrestation de Dreyfus vous vous étiez rendu compte que certains renseignements, que vous aviez été mis à même de fournir au Bureau des renseignements, se rapportaient à Dreyfus. Quels sont ces renseignements, et quelle en était la source?

R. — Ces renseignements pouvaient se rapporter aussi bien à Dreyfus qu'à un autre ; mais, comme seul Dreyfus était inculpé, tout retombait sur lui, « c'était la tête de Turc ».

Les renseignements, auxquels Guénée faisait allusion, avaient été consignés par lui dans deux rapports des 28 mars et 6 avril 1894 (pièces 33 et 34 du dossier secret).

Le grand seigneur, dont il rapportait les propos, était M. le marquis de Val Carlos, attaché militaire à l'ambassade d'Espagne, dont on peut désormais citer le nom, qui a été maintes fois divulgué. Après lui avoir donné certaines indica tions sur les relations de plus en plus suivies des attachés militaires A et B, M. de Val Carlos aurait terminé la conversation par ces mots :

> Dites bien de ma part à M. le commandant Henry, qui pourra le répéter au colonel, qu'au Ministère de la Guerre il y a lieu de redoubler de surveillance ; car il résulte de ma dernière conversation avec le capitaine de S...., que les attachés allemands ont, dans les bureaux de l'Etat-Major de l'armée, un officier qui les renseigne admirablement. Cherchez Guénée ; si je connaissais le nom, je vous le dirais.

Dans son rapport du 6 avril, Guénée rappelait qu'un officier espagnol, le commandant de Mendigorria, dont il avait fait connaître le départ en mission pour la Suisse sans que son gouvernement l'eût accrédité, avait, dès que ce renseignement avait été reçu par le Ministère de la Guerre, été accrédité par télégramme. M. de Val Carlos en concluait que le renseignement avait été révélé à l'attaché A et il avait ajouté :

> Donc, voilà encore une preuve que vous avez un ou plusieurs loups dans votre bergerie... Cherchez, je ne saurais trop vous le répéter, car je suis certain du fait.

D'autre part, Henry a déclaré devant le Conseil de guerre et il a dû nécessairement déclarer, dès le début, que

> « vers le mois de juin 1894, un officier du service avait eu l'occasion de se mettre en rapport avec une personne appartenant au monde diplomatique et d'amener la conversation sur le personnel des attachés militaires étrangers ; qu'au cours de cette conversation, cette personne avait affirmé plusieurs fois qu'un officier appartenant alors au 2ᵉ Bureau de l'Etat-Major de l'armée ou, dans tous les cas, y ayant appartenu en mars et avril 1894, renseignait les attachés militaires A et B. » (Pièce 35. Dossier secret.)

Nous verrons plus tard ce qu'il faut penser de la véracité et de la portée des rapports de Guénée et des affirmations d'Henry. Nous ne les mentionnons, en ce moment, qu'afin de déterminer les charges recueillies contre Dreyfus avant son arrestation.

On avait fouillé les archives du Ministère. Si l'on ne s'était pas encore décidé à appliquer à Dreyfus toutes les pièces qui furent plus tard communiquées au Conseil de guerre, on avait certainement retenu contre lui la lettre suivante de A à B, écrite en français :

Mon cher ami,

Je regrette bien de ne pas vous avoir vu avant mon départ ; du reste je serai de retour dans huit jours. Si (*sic*) joint, douze plans directeurs de Nice que ce canaille de D m'a donnés pour vous. Je lui ai dit que vous n'aviez pas l'intention de reprendre les relations. Il prétend qu'il y a eu un malentendu, et qu'il ferait tout son possible pour vous satisfaire. Il dit qu'il s'était entêté, et que vous ne lui en vouliez pas. Je lui ai répondu qu'il était fou, et que je ne croyais pas que vous voudriez reprendre les relations avec lui. Faites ce que vous voudrez. Au revoir, je suis très pressé.

ALEXANDRINE.

C'est, en effet, cette pièce, depuis longtemps reçue par le service, d'après les souvenirs du colonel Cordier, bien qu'elle porte la date du 16 avril 1894, qui fut appliquée la première à Dreyfus et que seule a pu viser M. Cochefert dans sa déposition à Rennes. Il a déclaré que, s'il avait eu, au début de l'instruction à laquelle il fut mêlé comme chef de la Sûreté, l'impression que Dreyfus était coupable, il le devait aux affirmations de M. Bertillon, ainsi qu'à la conviction qu'une longue enquête avait déjà été faite par le Service des renseignements. Il croyait, a-t-il dit, qu'il existait aussi d'autres documents à la charge de Dreyfus que le Bordereau lui-même, car, dans un court entretien qu'il avait eu avec le colonel Sandherr, celui-ci lui avait parlé d'un autre papier où le nom de Dreyfus était prononcé par un agent étranger et nous verrons que ce n'est pas seulement dans cette circonstance qu'on a laissé supposer que dans la pièce dont nous venons de citer le texte, le nom de Dreyfus se trouvait en toutes lettres à la place de l'initiale D.

Ainsi, le Service des renseignements avait réuni, dès le début, les présomptions suivantes :

Un officier stagiaire de l'Etat-Major de l'Armée trahit.

Cet officier a appartenu en mars 1894 au 2e Bureau.

Dreyfus a fait partie de ce bureau à cette époque.

Un expert affirme que le document qui constitue la preuve de la trahison est de son écriture.

Le nom du traître commence par l'initiale D.

C'est cet ensemble de coïncidences, de présomptions réunies à la hâte, dont une vérification approfondie faite par un homme voulant rechercher sincèrement la vérité et capable de la discerner, aurait fait apparaître l'inanité, qui a décidé les poursuites.

Il avait aisément convaincu le commandant Henry, qui, depuis longtemps, cherchait en vain avec l'aide de Guénée l'auteur insaisissable des fuites qui se produisaient au Ministère de la Guerre. Il le tenait enfin, grâce à M. Bertillon, et il n'entendait pas le lâcher. La conviction d'Henry fut acceptée par le colonel Sandherr. Les chefs de l'Etat-Major et le Ministre se rendirent sans difficulté à l'opinion en apparence presque vraisemblable de leurs bureaux.

C'est ainsi que semble pouvoir être expliqué ce qui va suivre, la précipitation des poursuites et leur acharnement.

Se conformant à la tradition du Ministère de la Guerre, le général Mercier avait prévenu le Président de la République et demandé au Président du Conseil une réunion des ministres de la Justice, de l'Intérieur et des Affaires étrangères. Elle eut lieu le jeudi 11 octobre.

M. Hanotaux, qui était alors ministre des Affaires étrangères, a fait connaître en 1899, devant votre Chambre criminelle, les décisions qui furent prises au cours de cette réunion. Devant le Conseil de guerre de Rennes, il a déposé une note, écrite par lui le 7 décembre 1894, où sont exposées les circonstances dans lesquelles les poursuites furent engagées malgré lui, contrairement aussi à l'avis du général Saussier. Celui-ci estimait que

tout était préférable au déshonneur jeté sur un officier français et aux soupçons qui en rejailliraient sur tous nos officiers.
...Dans la réunion des quatre ministres, dit cette note, le général Mercier précisa l'objet de son enquête et, en communiquant les documents dévoilant son origine, il nous dit que d'une comparaison faite entre les écritures il était amené à conclure que l'auteur de la communication était probablement un officier attaché à l'Etat-Major dont il ne nous dit pas le nom. Il nous demanda notre avis sur ce qu'il restait à faire. Sans insister sur le détail de la conversation et en m'en tenant uniquement à mon rôle, je déclarai au général Mercier que, s'il n'y avait pas d'autres preuves que celle à laquelle il faisait allusion et une comparaison d'écritures à laquelle nous ne pouvions procéder, puisque nous n'avions nulle compétence, il me paraissait de toute impossibilité d'ouvrir une poursuite judiciaire. Je fis valoir énergiquement les considérations d'intérêt public et national qui s'opposaient à une pareille procédure et j'obtins de lui l'engagement que s'il ne trouvait pas d'autres preuves contre l'officier dont il s'agissait et dont nous ignorions le nom, la poursuite n'aurait pas lieu... »

M. Hanotaux, le soir de ce même jour, se rendit auprès du général Mercier pour lui demander encore de renoncer à cette procédure. Malgré son insistance, il ne put rien obtenir. Le général Mercier ne crut pas devoir accueillir ses prières et lui donna les deux raisons suivantes :

« 1° La loi ordonne de poursuivre l'espionnage et la trahison. J'ai des présomptions assez fortes pour supposer l'un ou l'autre. Je dois obéir à la loi ;

2° Le fait est déjà connu par tous les officiers qui ont été mêlés au début de l'enquête, connu d'un ou des deux experts qui ont eu à procéder à la vérification des écritures. Il est vrai qu'ils ne connaissaient pas le nom de l'officier.

Dans ces conditions, un scandale en sens inverse se produirait, et nous serions accusés d'avoir pactisé avec l'espionnage. »

La première de ces raisons était certainement excellente, à la condition que des indices suffisants de culpabilité fussent déjà réunis.

La seconde était purement politique ; elle signifiait que le Ministre de la Guerre, au point où en étaient les choses, ne croyait pas pouvoir s'exposer et exposer le Gouvernement avec lui à subir, sur un terrain défavorable, une violente campagne de presse.

La politique a parfois de cruelles exigences ; toutefois, si elle peut imposer à un ministre de laisser aux Tribunaux la responsabilité de se prononcer pour la non-culpabilité dans une affaire douteuse, elle n'a jamais pu exiger que les poursuites fussent engagées de manière à rendre impossible la défense de l'accusé et à compromettre la manifestation de la vérité.

Obligé, admettons-le, de poursuivre pour crime de haute trahison cet officier, dont vous connaissez la carrière et l'avenir, le ministre avait pour premier devoir d'observer la loi qu'il invoquait, d'agir avec prudence, de laisser à l'accusé toute la liberté de sa défense. C'était là ce qu'ordonnaient impérieusement le souci de la Justice et le respect de l'honneur de l'Armée.

Voyons ce qui a été fait.

Interrogé par voie de commission rogatoire pendant le procès de Rennes, le lieutenant-colonel du Paty de Clam a déposé ainsi qu'il suit :

Arrestation du capitaine Dreyfus. — Les détails de l'arrestation du capitaine Dreyfus furent décidés dans une réunion qui eut lieu chez le général Mercier, ministre de la Guerre, dans son cabinet, le 14 octobre 1894, à six heures du soir. M. le général de Boisdeffre, M. le colonel Sandherr, M. Cochefert, et, je crois, M. le général Gonse, assistaient à cette réunion.

M. le général Mercier me prescrivit d'arrêter le capitaine Dreyfus le lendemain matin, après avoir procédé à l'épreuve de la dictée. L'ordre d'arrestation était donné ferme, indépendamment de l'épreuve de la dictée.

Le général Mercier me prescrivit aussi de procéder à un interrogatoire du capitaine Dreyfus, de le remettre ensuite entre les mains du commandant Henry, et de faire avec M. Cochefert une perquisition au domicile du capitaine Dreyfus.

Au cours de l'enquête de votre Chambre criminelle, en 1899, M. du Paty de Clam avait, il est vrai, déclaré que l'épreuve de la dictée avait eu pour but de lui permettre de surseoir à l'arrestation de Dreyfus si celui-ci n'avait manifesté aucun trouble en écrivant ; mais la seconde version, qui ne comporte pas cette restriction, nous semble confirmée par les faits établis. Nous savons, en effet, par la déclaration précitée de M. Cochefert, que l'arrestation était absolument décidée après la remise du rapport de M. Bertillon. D'un autre côté, c'est la veille même de l'arrestation, que le ministre, usurpant les droits du Gouverneur militaire, avait, par avance, signé l'ordre d'écrou. Enfin, la déposition du commandant Forzinetti à Rennes et les instructions qu'il reçut dans la matinée du 15 octobre du lieutenant-colonel d'Aboville, ne permettent pas de douter que le sort de Dreyfus ne fût irrévocablement fixé avant même qu'il eût été appelé à fournir une explication quelconque.

M. du Paty de Clam, alors commandant attaché à l'Etat Major, avait, par ordonnance du 14 octobre, été délégué pour procéder à l'instruction en qualité d'officier de police judiciaire. L'archiviste Gribelin lui avait été adjoint comme greffier.

Nous n'avons pas ici à faire le procès de M. du Paty de Clam. Nous ne pouvons cependant nous dispenser de rappeler qu'au cours de votre enquête de 1899, M. le commandant Cuignet a porté contre lui les plus graves accusations. Il aurait été, notamment, l'inspirateur du faux Henry.

Sur son rôle comme officier de police judiciaire, M. le commandant Cuignet s'est exprimé en ces termes :

Au sujet des mobiles qui ont pu guider du Paty dans ses agissements, je suis obligé de me borner à des hypothèses qui me paraissent cependant être très près de la vérité : du Paty est un garçon orgueilleux, vaniteux même, dont la vanité s'est encore accrue par des succès de carrière ; il a toujours été, au dire de ceux qui le connaissent, à l'affût de toutes les circonstances susceptibles de le mettre en lumière ; il était en même temps d'un caractère souple, d'un esprit insinuant, sachant se faire bien venir de ses chefs, ce que nous appelons, en argot militaire, un fumiste. Il était au mieux avec le général de Boisdeffre ; et, lorsque l'affaire Dreyfus se produisit, c'est lui qui poussa à l'arrestation et qui se fit désigner comme officier de police judiciaire. Lorsque Dreyfus fut arrêté dans le bureau du général de Boideffre, M. Cochefert, présent à l'arrestation, dit au général : « Laissez-le-moi un temps que je ne puis fixer ; mais d'ici une heure ou vingt-quatre heures, je saurai ce qu'il a dans le ventre. » Du Paty se récria, fit remarquer que l'affaire était purement militaire ; il craignait évidemment que l'honneur de l'aveu lui échappât, et il imagina, séance tenante, la scène de la dictée, espérant, par ce moyen, obtenir les aveux de Dreyfus. Plus tard, quand le procès de 1894 fut attaqué dans la presse, du Paty de Clam se crut visé personnellement ; ce n'était pas un procès ordinaire qu'on attaquait, c'était son œuvre à lui, du Paty, et il se mit à vouloir défendre cette œuvre par des moyens personnels que lui suggérait son imagination. C'est ainsi qu'il fit les articles de l'*Eclair* des 10 et 15 septembre, en réponse à un article du *Figaro* du 5 septembre : cet article du *Figaro* était conçu dans un esprit bienveillant pour le condamné, et l'auteur, tout en affirmant la culpabilité de Dreyfus, cherchait visiblement à apitoyer l'opinion sur son compte.

Entendu pendant votre dernière enquête, M. du Paty de Clam a protesté contre ces assertions. Il a tenu à établir qu'il n'était pas une sorte d'officier louche, entré au Ministère par protection. Sorti des Ecoles de Saint-Cyr et d'Etat-Major avec le N° 2, il avait toujours été très bien noté par ses chefs et s'il a fait partie de l'Etat-Major de l'Armée, c'est grâce aux titres les plus sérieux.

C'est le général de Boisdeffre qui lui a imposé la mission d'instruire contre Dreyfus. Il essayait de l'éviter ; le général fit cesser sa résistance par un dernier mot :

Il y a une dernière raison, mon ami : il y a un danger.

M. du Paty de Clam répondit alors :

Mon général, cette dernière raison suffit ; je n'ai qu'à exécuter vos ordres.

Mais les explications de M. du Paty de Clam ont, en même temps, démontré qu'il n'avait, dans tous les cas, aucune idée du but que doit légalement poursuivre un officier de police judiciaire et des moyens qu'il peut employer. Il ne s'est pas douté que son devoir était de rechercher personnellement, en toute indépendance, la vérité.

J'ai agi, a-t-il dit dans l'enquête de votre Chambre criminelle, comme j'ai cru devoir agir dans des fonctions pour lesquelles j'étais un juge improvisé ; je manquais d'expérience. Je suis parfaitement d'accord là-dessus ; j'ai tâché simplement une chose, de faire de mon mieux. Et puis, je n'étais pas libre ; j'ai reçu des instructions de mes chefs qui m'ont indiqué de quelle manière je devais opérer ; quels procédés je devais employer. J'ai eu des ordres, j'étais militaire, je les ai exécutés et je ne vois pas pourquoi on vient m'attaquer personnellement quand je ne suis par l'auteur des faits, mais simplement l'exécuteur.

On ne peut guère s'étonner, après cet aveu, de la façon -dont cette étrange enquête a été conduite. Elle ne comprend aucune déposition de témoins, mais seulement des expertises, des recherches sur la vie privée de l'inculpé et une série d'interrogatoires. L'unique préoccupation de M. du Paty de Clam est d'obtenir des aveux et il emploie toute son ingéniosité à envelopper l'inculpé dans un réseau de questions insidieuses, à le troubler par des procédés bizarres, dont il n'aurait certainement pas fait usage, s'il avait eu conscience des devoirs et de la dignité de sa mission. On voit clairement, à lire ces interrogatoires, que M. du Paty de Clam ne recherche pas les moyens de former sa conviction, mais que sa conviction est faite *a priori*, peut-être par ordre, et que, quoi que dise et fasse l'inculpé, ses paroles, son silence, son attitude, seront toujours interprétés contre lui.

Le commandant du Paty de Clam échoua d'ailleurs complètement.

Je défens mon honneur d'officier, lui avait dit Dreyfus, et je le défendrai jusqu'au bout.

Il ne cessa de protester, avec la plus grande énergie, de son innocence.

Ce fut le 22 octobre que, par ordonnance du préfet de police agissant en vertu de l'art. 10 du Code d'instruction criminelle, des expertises furent confiées à :

MM. Teyssonnières, ancien conducteur des ponts et chaussées ;

Charavay, archiviste-paléographe ;

Et Pelletier, expert en écritures près le Tribunal de la Seine.

Opinion de M. de Teyssonnières (Rapport du 29 octobre) :

La pièce incriminée, N° 1, émane de la même écriture qui a tracé les pièces de comparaison N° 2 à N° 30. En effet, l'ensemble de l'écriture et le graphisme donnent pour la pièce N° 1 comme pour les pièces de comparaison et particulièrement la pièce N° 8, l'impression d'une même écriture.

Et plus loin :

L'écriture de la pièce N° 1 présente tous les caractères d'un déguisement, mais dans laquelle le naturel reprend quand même le dessus.

Et enfin :

Nous déclarons, sur notre honneur et conscience, que l'écriture de la pièce incriminée N° 1 émane de la même main qui a tracé l'écriture des pièces 2 à 30.

Opinion de M. Charavay :

En somme, les ressemblances d'aspect général et de détails, malgré une évidente préoccupation de déguiser l'écriture, sont si frappantes, et l'emportent tellement sur les dissemblances, qu'il est raisonnable d'attribuer la pièce N 1 à la même main qui a tracé les pièces 2 à 30. Pour soutenir l'hypothèse contraire, il faudrait admettre une coïncidence extraordinaire de graphisme. Mais, s'il existe, en effet, dans les écritures comme dans les physionomies, des sosies, on n'a chance d'en rencontrer que dans un ensemble considérable de documents émanés de nombreuses personnes, et non dans un cercle restreint.

Conclusion : étant données les constatations notées dans le présent rapport, je, expert soussigné, conclus que la pièce incriminée N° 1 est de la même main que les pièces de comparaison 2 à 30..

Opinion de M. Pelletier :

Le document en cause ne semble nullement déguisé ; il a toute l'apparence d'une pièce écrite franchement et d'un façon normale ; en d'autres termes, il doit représenter, pensons-nous, le graphisme usuel de son auteur.

Et plus loin :

Il est évident que l'on peut retrouver entre les pièces de comparaison et le document incriminé quelques analogies de détail ; mais on remarquera qu'elles sont banales, c'est-à-dire qu'elles pourraient se retrouver sous la main de beaucoup d'autres écrivains expérimentés... A côté de ces analogies vagues, on pourrait citer de sérieuses dissemblances.

Et :

En résumé, nous ne nous croyons pas autorisé à attribuer, ni à l'une ni à l'autre des personnes soupçonnées, le document incriminé.

(On avait soumis à M. Pelletier, pour servir de comparaison, des pièces écrites par Dreyfus et par une autre personne.)

Quant à M. Bertillon, il avait, le 20 octobre, affirmé l'identité entre l'écriture du Bordereau et celle de Dreyfus, mais en indiquant que Dreyfus avait, dans le Bordereau, contrefait son écriture par une combinaison particulière, pour se ménager « la possibilité d'arguer d'une pièce forgée, d'une pièce calquée ».

Ainsi, sur cinq experts, deux, MM. Gobert et Pelletier, mettaient Dreyfus hors de cause. Trois se prononçaient contre lui, MM. Bertillon, Teyssonnières et Charavay. Ce dernier n'a pas hésité à se rétracter, dès qu'il a connu l'écriture d'Esterhazy et qu'il a pu la rapprocher de celle du Bordereau.

Quant aux investigations du commandant du Paty de Clam sur la vie privée de Dreyfus, elles apprirent qu'il était très honorablement marié, qu'il était père de famille, que son ménage disposait de 25 à 30.000 francs de revenus, était ordonné et menait un train de vie apparent proportionné à ses ressources. Elles révélèrent aussi que Dreyfus avait eu, peut-être, quelques velléités passagères d'indépendance conjugale.

Mais, en somme, ces révélations indiscrètes, qui étaient sans portée et sans utilité dans l'instruction ; une contradiction d'experts et de violentes protestations d'innocence, tel fut le bilan de cette information préliminaire.

C'était « un fiasco » complet, suivant l'expression employée par un témoin à propos de la perquisition qui, le jour même de l'arrestation, avait été opérée chez Dreyfus et chez M. Hadamard, son beau-père.

Il est superflu de le démontrer, car il faut rendre cette justice au commandant du Paty de Clam qu'il a eu le courage de reconnaître l'inanité de son œuvre au moment même où il la terminait.

Nul ne connaissait alors cette affaire aussi bien que lui, dossier secret, expertises, interrogatoires ; il avait pu juger l'attitude de Dreyfus pendant qu'il se débattait dans les pièges qui lui étaient tendus.

Voici cependant une note dont la minute a été déposée pendant la dernière enquête sur le Bureau de la Cour et que M. du Paty de Clam affirme avoir adressée, le 29 octobre 1894, au chef d'Etat-Major. Cette note a d'ailleurs été vainement recherchée au Ministère ; elle ne figure plus aux archives.

L'officier de police judiciaire chargé de l'enquête sur les faits reprochés au capitaine Dreyfus a l'honneur de rendre compte qu'il a fait connaître à cet officier que M. le Ministre est disposé à le recevoir s'il consent à faire des aveux. Le capitaine Dreyfus a répondu que même si on lui offrait un million, il n'avouerait pas. Il paraît certain maintenant qu'il n'avouera pas.

Or, il semble très difficile d'exposer devant un tribunal certains faits qui sont de nature à amener des complications extérieures pouvant coïncider avec le changement de plan.

D'autre part, la fragilité de la preuve matérielle qui servira de base à l'accusation pourrait fort bien déterminer un acquittement.

En conséquence, l'officier de police judiciaire estime, en l'état actuel de son information, qu'il y aurait peut-être lieu d'abandonner les poursuites en prenant toutefois les précautions nécessaires contre le capitaine Dreyfus pour l'empêcher de communiquer avec les agents étrangers jusqu'à mise en vigueur du nouveau plan.

Signé : Commandant DU PATY DE CLAM.

On ne pouvait dire avec plus de ménagement, mais aussi

plus clairement au Ministre qu'on avait fait fausse route et qu'il fallait battre en retraite.

Mais les motifs politiques qui avaient fait introduire les poursuites avant l'arrestation en exigeaient la continuation après l'arrestation, qui, tôt ou tard, devait être connue. On le fit sans doute comprendre au commandant du Paty de Clam, et, le 31 octobre, il adressait au Ministre de la Guerre un rapport qui, sans conclure expressément à la culpabilité de Dreyfus, la faisait cependant pressentir.

A ce moment, d'ailleurs, la presse commençait à s'occuper de cette affaire. Il est incontesté aujourd'hui qu'elle avait été révélée au journal *La Libre Parole*, par la lettre suivante, adressée à M. Papillaud, le 28 octobre :

> Mon cher ami,
>
> Je vous l'avais bien dit : c'est le capitaine Dreyfus, celui qui habite avenue du Trocadéro, 6, qui a été arrêté le 15 pour espionnage, et qui est en prison au Cherche-Midi. On dit qu'il est en voyage : mais c'est un mensonge, parce qu'on veut étouffer l'affaire. Tout Israël est en mouvement. A vous.
>
> HENRY.
>
> Faites compléter ma petite enquête au plus vite.

Le signataire de cette lettre, dont la communication a été refusée par le destinataire et dont, par suite, l'écriture n'a pu être vérifiée, était-il le commandant Henry ? M. le général Mercier a déclaré à Rennes qu'il avait entendu dire que « cette lettre n'était pas du tout de son écriture ». D'après le commandant Cuignet, elle serait l'œuvre du commandant du Paty de Clam, qui aurait voulu ainsi forcer la main au Gouvernement.

M. Papillaud a déclaré qu'il ne connaissait pas le signataire de cette lettre et qu'elle n'avait eu pour lui que la valeur d'une lettre anonyme. *La Libre Parole* n'en publiait pas moins, le 29 octobre, l'entrefilet suivant :

> Est-il vrai que récemment une arrestation fort importante ait été opérée par ordre de l'autorité militaire ? L'individu arrêté serait accusé d'espionnage. Si la nouvelle est vraie, pourquoi l'autorité militaire garde-t-elle un silence absolu ? Une réponse s'impose.

Le 31 octobre, l'*Eclair* annonçait, de son côté, l'arrestation d'un officier israélite et, le 1er novembre, en tête de *La Libre Parole*, on lisait en grosses lettres : « Haute trahison : Arrestation de l'officier juif A. Dreyfus. »

Le même jour, le Conseil des Ministres était réuni au complet sur la demande du général Mercier, qui lui rendait compte de la situation, des expertises et de la position de la question. Il fut décidé à l'unanimité que Dreyfus serait déféré à la Justice militaire.

Une information fut ouverte le 3 novembre sur l'ordre du Gouverneur militaire de Paris et M. le commandant d'Ormescheville en fut chargé.

Pas plus dans cette information que dans l'enquête de M. du Paty de Clam, nous ne voyons apparaître le dossier secret, que Dreyfus ignorera jusqu'au bout. Deux instructions parallèles sont donc dirigées contre lui : l'une, légale, dont il connaîtra les charges qu'il pourra discuter; l'autre, occulte, contre laquelle il n'aura aucun moyen de défense.

Le commandant d'Ormescheville entendit trente-trois témoins; il en a résumé les dépositions « en les accentuant bien plutôt qu'en les affaiblissant », dans son rapport du 3 décembre, tendant à la mise en jugement.

D'après ce rapport, la base essentielle de l'accusation était le bordereau ; il était établi par cette pièce que des documents militaires confidentiels avaient été livrés à l'agent d'une puissance étrangère et la culpabilité de Dreyfus résultait de ce que son écriture authentique, sauf des dissemblances volontaires, présentait une similitude complète avec l'écriture du Bordereau.

Au point de vue technique, le rapport se contentait de discuter la possibilité qu'avait eue l'accusé de se procurer les documents énoncés au Bordereau.

Il s'exprimait ainsi :

...Quant aux preuves relatives à la connaissance qu'avait le capitaine Dreyfus des notes ou documents énumérés dans la lettre missive incriminée, et qui l'ont accompagnée, le premier interrogatoire, aussi bien que celui qu'il a subi devant nous, établissent, malgré les dénégations subtiles qu'il y a opposées, qu'il était parfaitement en mesure de les fournir. Si nous examinons ces notes ou documents, nous trouvons d'abord la note sur le frein hydraulique du 120.

L'allégation produite par le capitaine Dreyfus au sujet de cet engin tombe, si l'on considère qu'il lui a suffi de se procurer soit à la direction de l'artillerie, soit dans des conversations avec des officiers de son arme, les éléments nécessaires pour être en mesure de produire la note en question.

Ensuite vient une note sur les troupes de couverture, avec la restriction que quelques modifications seront apportées par le nouveau plan. Il nous paraît impossible que le capitaine Dreyfus n'ait pas eu connaissance des modifications apportées au fractionnement du commandement des troupes de couverture au mois d'avril dernier, le fait ayant eu un caractère confidentiel, mais non absolument secret, et les officiers employés à l'Etat-

Major de l'armée ayant par suite pu s'en entretenir entre eux et en sa présence.

En ce qui concerne la note sur une modification aux formations de l'artillerie, il doit s'agir de la suppression des pontonniers et des modifications en résultant. Il est inadmissible qu'un officier d'artillerie, ayant été employé au premier Bureau de l'Etat-Major de l'armée, ait pu se désintéresser des suites d'une pareille transformation au point de l'ignorer quelques semaines avant qu'elle ne devienne officielle. Pour ce qui est de la note de Madagascar, qui présentait un grand intérêt pour une puissance étrangère, si, comme tout le faisait déjà prévoir, une expédition y avait été envoyée au commencement de 1895, le capitaine Dreyfus a pu facilement se la procurer. En effet, au mois de février dernier, le caporal Bernollin, alors secrétaire de M. le colonel de Sancy, chef du 2ᵉ Bureau de l'Etat-Major de l'armée, fit une copie d'un travail d'environ vingt-deux pages sur Madagascar, dans l'antichambre contiguë au cabinet de cet officier supérieur.

L'exécution de cette copie dura environ cinq jours, et, pendant ce laps de temps, minute et copie furent laissées dans un carton placé sur la table-bureau du caporal précité à la fin de ses séances de travail. En outre, quand, pendant les heures de bureau, ce gradé s'absentait momentanément, le travail qu'il faisait restait ouvert et pouvait par suite être lu, s'il ne se trouvait pas d'officier étranger au 2ᵉ Bureau ou inconnu de lui dans l'antichambre qu'il occupait.

Ce gradé nous a déclaré dans sa déposition, mais sans préciser de date, que le capitaine Dreyfus, qu'il connaissait, était venu quatre ou cinq fois dans cette antichambre pour voir M. le colonel de Sancy, pendant qu'il faisait son stage à la section allemande. Ce document a encore pu être lu par le capitaine Dreyfus quand il a été réintégré à la section anglaise, qui s'occupait alors de Madagascar, en raison de ce qu'il a été temporairement dans un carton de casier non fermé. Quant au projet de manuel de tir de l'artillerie de campagne du 14 mars 1894, le capitaine Dreyfus a reconnu, au cours de son premier interrogatoire, s'en être entretenu à plusieurs reprises avec un officier supérieur du 2ᵉ Bureau de l'Etat-Major de l'armée.

L'accusation ainsi formulée était si peu sérieuse que nous verrons plus tard les accusateurs de Dreyfus, jugeant ses conjectures par trop simples et naïves, la transformer entièrement en dépit des termes formels du Bordereau.

La date de ce document était fixée au mois d'avril ou mai 1894. On savait, en effet, que Dreyfus n'avait pas assisté aux manœuvres de septembre, tandis qu'il était allé en voyage d'Etat-Major au mois de juin et l'on considérait alors l'expression « Partir en manœuvres » comme l'équivalent de « partir en voyage d'Etat-Major ». Les documents secrets ou confidentiels livrés étaient donc antérieurs à avril ou mai 1894.

L'accusation invoquait aussi des éléments moraux : le trouble que l'inculpé aurait manifesté pendant l'épreuve de la dictée, l'impression que, pendant ses interrogatoires, il avait souvent voilé la vérité, la suspicion dans laquelle ses habitudes de furetage, ses recherches indiscrètes le faisaient tenir par ses camarades, la prétendue facilité qui lui avait été accordée pour se rendre en Alsace.

Quant au mobile du crime, il fallait le chercher dans ses relations douteuses, dans l'incorrection de sa conduite privée, dans sa passion du jeu, qui lui créait d'impérieux besoins d'argent, enfin dans la déception qu'il avait éprouvée en n'obtenant que le N° 9 à sa sortie de l'Ecole de guerre.

Le rapport se termine par ces mots :

> En dehors de ce qui précède, nous pouvons dire que le capitaine Dreyfus possède, avec des connaissances très étendues, une mémoire remarquable ; qu'il parle plusieurs langues, notamment l'allemand qu'il sait à fond, et l'italien dont il prétend n'avoir plus que de vagues notions ; qu'il est, de plus, doué d'un caractère très souple, voire même obséquieux, qui convient beaucoup dans les relations d'espionnage avec les agents étrangers. Le capitaine Dreyfus était donc tout indiqué pour la misérable et honteuse mission qu'il avait provoquée ou acceptée, et à laquelle, fort heureusement peut-être pour la France, la découverte de ses menées à mis fin.

Les charges morales invoquées par l'acte d'accusation de M. le commandant d'Ormescheville ne résistent guère à l'examen.

Il est possible que Dreyfus se soit troublé, bien que l'état matériel de la dictée ne le démontre pas. Ce trouble était prévu, nous le savons, dans le programme de M. du Paty de Clam et il était, en somme, assez naturel. Convoqué pour une inspection générale dans la matinée du 15 octobre, ignorant qu'il fût accusé, il était, tout à coup, soumis à une scène qu'il a, avec raison, qualifiée de fantastique, où, pour simplifier les choses, on plaçait sous sa main un revolver, en lui laissant entendre qu'il n'avait plus qu'à se suicider. Si maître de lui qu'il ait toujours été, il pouvait éprouver une surprise légitime et même quelque trouble sans être un traître.

On lui reprochait des mensonges. Il s'était borné à tenter de pénétrer le sens de questions dans lesquelles il devinait des pièges et à répondre avec prudence.

Ses prétendues habitudes d'indiscrétion et de furetage ne l'avaient jamais fait soupçonner par ses chefs ou par ses camarades. Les soupçons sont nés de l'accusation et non l'accusation des soupçons.

Ses voyages fréquents et faciles en Alsace ? C'était là une affirmation dénuée de toute justification, à laquelle il pouvait répondre, sans être contredit, qu'il n'était jamais allé à

Mulhouse, avant la loi des passeports, sans une permission régulière ; que, depuis, pendant sept ans, il n'avait jamais pu obtenir de passeport et qu'il n'avait pu aller voir les siens que deux ou trois fois, en passant par Bâle et en restant caché dans sa famille.

En décembre 1893, il avait perdu son père. Il avait obtenu, pendant sa maladie, un permis de quelques jours. Le jour même de sa mort, il avait dû partir, sans que l'autorisation d'assister aux obsèques lui fût accordée.

Enfin, Guénée avait fourni sur sa vie privée, ses habitudes de jeu, ses besoins d'argent, les renseignements les plus inexacts. Nous savons aujourd'hui que la Préfecture de police avait été invitée à les vérifier, qu'elle avait procédé à une enquête consignée dans deux rapports du 4 et du 19 novembre 1894, que cette enquête avait établi que l'on avait confondu l'inculpé avec d'autres homonymes, qu'il était personnellement inconnu dans les cercles de jeu de Paris et, qu'en ce qui concernait les relations galantes, la conclusion était très dubitative. Ces rapports, transmis à l'Etat-Major, avaient été reçus, suivant toutes les vraisemblances, par le commandant Henry. Ils furent supprimés et leur existence n'a été révélée qu'en 1899, au cours de votre enquête.

Ils n'étaient pas d'ailleurs nécessaires pour fournir la preuve que les renseignements de Guénée ne méritaient aucune créance. Il était aisé à Dreyfus et à son défenseur de les réfuter. Ils n'en laissèrent rien subsister devant le Conseil de guerre, ainsi que l'atteste le colonel Picquart.

Il ne restait donc plus, comme mobile de la trahison, que le mécontentement éprouvé par Dreyfus de n'avoir pas été, à sa sortie de l'Ecole de guerre, classé suivant le mérite qu'il s'attribuait. C'était, pour un grand crime, une cause bien invraisemblable et bien futile. Que d'officiers, à ce compte, seraient exposés à devenir des traîtres !

Le Bordereau subsistait seul comme charge, et, dans le Bordereau, l'écriture, puisqu'on admettait alors que, si Dreyfus avait pu se procurer les documents énumérés, d'autres avaient pu se les procurer comme lui.

C'était pour l'accusation une base bien fragile, suivant l'expression du M. du Paty de Clam.

Le 4 décembre, sur les conclusions conformes du commandant Brisset, commissaire du Gouvernement, le Général Gouverneur de Paris ordonnait la mise en jugement de Dreyfus et la convocation du Conseil de guerre pour le 19 décembre.

Les débats eurent lieu à huis-clos ; mais, dans votre enquête de 1899, vous avez, en vertu des pleins pouvoirs que la loi vous confère pour l'instruction des affaires de revision, entendu des témoins qui vous en ont fait connaître la physionomie.

Le lieutenant-colonel Picquart, alors sous-chef du 3ᵉ Bureau de l'Etat-Major, avait été officiellement délégué pour renseigner à l'issue de chaque séance, au fur et à mesure des opérations du Conseil, le Président de la République, le Ministre de la Guerre et le général de Boisdeffre, chef d'Etat-Major général.

Voici en quels termes le lieutenant-colonel Picquart a exposé devant le Conseil de Guerre de Rennes, les impressions que lui avaient laissées les débats :

Je renseignai régulièrement M. le général de Boisdeffre, le Ministre et quelquefois même le Président de la République, à l'issue de chaque séance.

De plus, lorsqu'il y avait quelque fait intéressant, j'en avertissais pendant une suspension d'audience soit M. le général de Boisdeffre, soit le Ministre.

Le premier jour, le commandant Lauth avait été mis à ma disposition pour ce service.

Ce que je devais donner surtout au Ministre, c'est l'impression qui se dégageait des débats. Cette impression a été pour moi la suivante, et elle n'a été que s'accentuant d'un bout à l'autre : c'est que les charges n'étaient pas suffisantes, et qu'un acquittement était possible ou probable.

J'ai même dit au général de Boideffre et au Ministre que je ne croyais pas la condamnation certaine, si on ne tirait pas parti des pièces qu'il était convenu de montrer secrètement.

En dehors de la déposition sensationnelle d'Henry, et en dehors d'une déposition embarrassée de du Paty, les débats ont été assez ternes.

Vous connaissez, je crois, la déposition d'Henry. Désirez-vous, mon colonel, que je vous là répète ?

LE PRÉSIDENT. — Si vous le jugez utile.

LE COLONEL PICQUART. — Si le Conseil ne la connaît pas ?

LE PRÉSIDENT. — Le Conseil ne connaît rien. Il ne connaît que ce qu'on lui dit.

LE COLONEL PICQUART. — Je crois qu'il est essentiel alors, mon colonel, que je vous dise dans quelles conditions s'est fait ce témoignage d'Henry.

Henry avait déposé ; je ne me souviens plus exactement de sa déposition ; il avait dit, je crois, d'une façon générale que, par son service, il était avisé qu'il y avait un traître à l'Etat-Major de l'armée, etc. ; mais voyant que les débats prenaient une mauvaise tournure pour l'accusation, il résolut de frapper un coup. Il me dit avant l'une des audiences :

Vous êtes placé derrière l'un des juges, derrière Gallet, dites-lui de me faire rappeler.

J'ai refusé absolument, j'ai jugé que mon rôle n'était pas de servir d'intermédiaire entre les juges et les témoins, je lui ai dit de faire sa communication lui-même.

Henry s'est fâché beaucoup ; mais, dans une suspension d'audience, il a prié (ou fait prier par le général Gonse) Gallet de lui faire poser une question, et Gallet a posé la question à laquelle Henry a répondu :

« Je sais, par une personne honorable, qu'un officier trahissait au 2ᵉ Bureau, et cet officier » ou bien « le traître » (je ne sais plus exactement), le voici !

En même temps il montrait du doigt Dreyfus, parlant d'une façon véhémente, et il a dû produire pour le moment une certaine impression.

Je sais que la défense a demandé alors au commandant Henry quelle était la personne honorable dont il tenait ce renseignement, et Henry frappant sur son képi a dit :

« Il y a des secrets dans la tête d'un officier qui doivent être ignorés de son képi. »

La déposition a été extrêmement théâtrale, et si les juges ont cru qu'Henry était absolument de bonne foi, s'ils ont cru en sa parole, qu'il tenait réellement d'une personne honorable qu'il y avait un traître au 2ᵉ Bureau, évidemment une déposition faite ainsi a dû les frapper.

« Moi qui savais quelle était la personne honorable, la déposition a fait moins d'effet sur moi, même à ce moment-là, et, peut-être, me suis-je trompé quand j'ai dit, le soir, au Ministre, qu'Henry avait fait une déposition véhémente, mais qu'enfin il semblait tout de même qu'un acquittement était possible.

Du reste, vous devez entendre un des juges de 1894. Vous saurez mieux que par moi l'impression qu'a pu lui faire cette déposition.

Une autre chose qui m'a frappé, bien que la scène eût été un peu confuse, a été l'embarras de du Paty, quand la défense lui a fait remarquer que la dictée faite par Dreyfus ne présentait pas de caractères de trouble.

Devant l'évidence, il a bien été forcé de s'incliner et il a dit une phrase extraordinaire qui est à peu près celle-ci :

« Je voulais voir s'il était prévenu ; interpellé brusquement par moi, il aurait dû trembler. Or, il n'a pas tremblé : donc il simulait, il était prévenu. Un individu innocent qui serait arrivé là sans avoir rien à se reprocher aurait tremblé à mon interpellation ou aurait fait un mouvement. »

Je trouvai l'explication bien extraordinaire et bien embarrassée, et je la gardai précieusement dans ma mémoire.

La déposition du capitaine Freystætter, l'un des juges du Conseil de guerre, entendu par les Chambres réunies le 24 avril 1899, confirme les déclarations du lieutenant-colonel Picquart sur l'intervention et le témoignage du commandant Henry.

M. Lépine assistait aussi aux audiences en qualité de Préfet de police. Voici une partie des souvenirs qu'il rappela devant les Chambres réunies en 1899 :

La déposition du commandant Henry fut très courte : elle dura quelques minutes à peine ; elle porta sur les soupçons de l'État-Major, sur la découverte du Bordereau. Quelques phrases brèves, catégoriques ; il me serait impossible de citer de mémoire les termes de cette déposition sensationnelle ; mais le ton, le geste, l'attitude du commandant, je les vois encore. C'était l'apparition du justicier. Quand je me remémore, au bout de quatre ans, cette vision d'Henry levant la main, la croix de la Légion d'honneur sur sa large poitrine, il me semble qu'il n'y ait eu que deux mots dans sa déposition : « C'est lui, je le sais, je le jure ! »

Je passe à la déposition Bertillon : je connaissais Bertillon pour un esprit réfléchi et consciencieux, d'une ingéniosité confinant par certains côtés au génie, je le dis sans croire exagérer, et lorsque M. le Ministre de la Guerre me demanda de l'adjoindre aux experts désignés, j'accédai volontiers à ce désir, dans la pensée que le travail personnel de M. Bertillon pourrait servir à la manifestation de la vérité. Les conclusions auxquelles il aboutit après un labeur acharné étaient très savantes : mais, à l'audience, ses déductions parurent embrouillées, ses raisonnements compliqués et nuageux : il n'a pas de facilité d'élocution. Il ne fut pas compris. M° Demange ne fit dans sa plaidoirie qu'une allusion dédaigneuse à cette déposition ; le Ministère Public n'en fit pas mention ; quant aux juges, il me semblait lire sur leurs figures cette pensée que je vous demande la permission de traduire en langage familier : « Il nous ennuie, ce civil ; nous n'avons pas besoin de tant de raisonnements pour savoir de qui est le Bordereau.. »

. . . .

Sur la demande d'un conseiller :

D. — La déposition de M. Bertillon n'a-t-elle pas paru impressionner vivement Dreyfus ? Est-il dans les souvenirs du témoin qu'elle ait arraché une exclamation à l'accusé ?

R. — La déposition de M. Bertillon a duré deux heures ; et ce n'est qu'à un passage de cette déposition que j'ai entendu, dans la bouche de Dreyfus, une exclamation indistincte, et c'est à cela que je faisais allusion tout à l'heure en parlant d'une contraction de la figure de l'accusé. Quant à l'expression : « Ah ! le misérable ! » que M. Bertillon, dans sa déposition devant la Cour, place à ce moment dans la bouche de l'accusé, j'en ai entendu parler depuis, mais par M. Bertillon lui-même.

M. le colonel Maurel, président du Conseil de guerre, a contredit sur un point les souvenirs de M. Lépine.

L'expertise de Bertillon, a-t-il déclaré, s'adressa à la fois à l'esprit et aux yeux des juges. On a dit qu'elle n'avait pas été comprise ; c'est inexact.

Le Conseil de guerre fut alors plus heureux que M° Demange, qui n'y comprit rien, et que M. le Président Casimir-Perier, qui, sur les instances du Ministre de la Guerre, avait reçu le 14 et le 15 décembre M. Bertillon et qui n'avait jugé sa démonstration et ses comparaisons d'écritures, ni très intéressantes, ni très concluantes. Elles étaient, d'ailleurs, sous certains rapports, à cette époque, d'après la déclaration de M. Bertillon lui-même devant le Conseil de guerre à Rennes, « d'une insuffisance manifeste ».

Quoi qu'il en soit, l'acquittement paraissait probable à l'officier supérieur qui avait précisément pour mission d'apprécier la tournure des débats. Le ministre pensa alors, comme lui, qu'il fallait « tirer parti des pièces qu'il était convenu de montrer secrètement ».

Dans les bureaux du Ministère, l'opinion générale était qu'elles apportaient une clarté absolue dans l'affaire et qu'elles écrasaient l'accusé. D'ailleurs, on ne les connaissait pas.

Le général Mercier fit mettre un certain nombre de ces pièces sous pli cacheté et, le 21 décembre, après l'audition des témoins et au moment où les plaidoiries allaient commencer, le commandant du Paty de Clam remit ce pli au colonel Maurel, en lui faisant savoir que si le Ministre n'avait pas le droit de lui donner un ordre positif, il lui donnait un ordre moral, sous sa responsabilité, de donner communication des pièces ainsi transmises aux juges du Conseil de guerre.

Cette communication a été longtemps déniée ; les pouvoirs publics ont même, dans de nombreuses circonstances, solennellement affirmé que Dreyfus avait été légalement, régulièrement condamné. Elle était, toutefois, devenue certaine, lors de la première revision, malgré le silence du général Mercier.

Les faits révélés par votre dernière enquête ne démontrent pas seulement que vous aviez découvert la vérité sur ce point ; ils précisent les conditions dans lesquelles la communication fut faite et font ressortir l'influence décisive qu'elle devait exercer sur l'esprit des juges militaires. Il faut donc que vous les connaissiez.

Le général Mercier avait, a-t-il dit à Rennes, fait faire de ces pièces un commentaire pour son usage personnel ; « il estima qu'il était indispensable que les juges prissent connaissance de ces pièces et de ce commentaire ». En réalité, ce commentaire, expression de l'opinion du Ministre, était tout ; les pièces, vous le verrez, n'étaient rien.

C'est en vain qu'il a été recherché. Le général Mercier, oubliant sans doute qu'il avait donné l'ordre de le communiquer au Conseil de guerre et qu'il en avait, dans ce but, fait modifier la rédaction qu'il ne trouvait pas assez nerveuse, a déclaré que, l'ayant fait faire pour son usage personnel, il avait eu le droit de le détruire, ainsi que les copies qui en avaient été dressées.

Mais M. le commandant Targe, qui a retrouvé, en reconstituant le dossier secret, des pièces prétendues détruites, a émis la pensée, devant votre Chambre criminelle, que le lieutenant-colonel du Paty de Clam avait certainement conservé une copie de ce document, comme du surplus du dossier secret.

La Chambre criminelle a voulu obtenir cette copie ; elle s'est heurtée d'abord à un refus ; enfin, M. du Paty de Clam a déposé le brouillon du commentaire qu'il avait été chargé de préparer. Il a, d'ailleurs, dégagé sa responsabilité en déclarant qu'il n'avait été qu'un porte-plume dans cette affaire.

Ce brouillon ne paraît pas reproduire intégralement le commentaire. D'après les premières indications fournies au procès de Rennes par M. du Paty de Clam, les pièces suivantes furent communiquées :

1° Une pièce dite « Doutes-Preuve » (N° 23 du dossier secret). C'est un memento saisi chez l'agent A, écrit par lui au crayon dans la langue de son pays. En voici les termes :

Doutes : preuve. Lettre de service (ou brevet). Situation dangereuse pour moi avec un officier français. Ne pas conduire personnellement négociations. Apporter ce qu'il a. Absolue... (*Absolute ge...*). Bureau des renseignements. (Ces mots en français)... aucune relation avec corps de troupes. Importance seulement... sortant du Ministère. Déjà quelque part ailleurs.

Ce memento, dont les morceaux ont été apportés au Service des renseignements au commencement de janvier 1894, avait été traduit par le colonel Sandherr. Il a toujours été considéré comme un projet de réponse à un télégramme du 27 décembre 1893 adressé à l'agent A par son chef d'Etat-Major, en langue étrangère, mais en clair et ainsi conçu :

Choses. Aucun signe d'Etat-Major.

2° Une lettre, dite « Davignon » parce que le nom du colonel Davignon y est prononcé (N° 40 du dossier secret). Elle est écrite en français, adressée par l'agent B à l'agent A. Les fragments qui en ont été livrés ont été ainsi reconstitués :

Je vous envoie ce que vous savez... Dès que vous êtes parti... j'ai étudié la question... appels et j'ai vu que certaines questions du domicile, etc., sont toutes subordonnées à celle principale dont voici la direction. Sur un appel partiel... dire limité seulement... ques régions, les manifestes publiés seulement dans les régions intéressées ou dans l'Etat? J'ai écrit encore au... colonel Davignon, et c'est pour ça que je vous prie, si vous avez l'occasion... ne s'occuper de cette question avec votre ami, de le faire en façon que Davignon ne vient pas à le savoir. Du reste, il répondrait pas, car il faut jamais faire voir qu'un at... s'occupe de l'autre.

Cette pièce n'est pas datée. Elle porte simplement l'indication inscrite par le service de : janvier 1894. Une copie qui en a été faite porte la date du 15 février 1894.

3° La pièce « ce canaille de D » (N° 25 du dossier secret), dont vous connaissez le texte. Elle est attribuée, dans le commentaire, à l'agent B, par suite d'une erreur peut-être volontaire. Elle est en réalité de l'agent·A. Quant à la date, elle est controversée. D'après M⁰ Mornard et le lieutenant-colonel Cordier, cette pièce avait, en 1894, depuis longtemps été livrée.

4° Une déclaration du colonel Henry relative aux propos que lui aurait tenus une personne honorable.

5° Des pièces, dont M. du Paty de Clam ne se rappelait plus la teneur, ni l'objet, mais qui se rapportaient toutes à des faits contemporains du séjour de Dreyfus à l'Etat-Major de l'Armée.

Aucune de ces pièces n'avait trait à un télégramme chiffré de l'agent B à son gouvernement, ni à la fabrication d'un obus.

Quant au commentaire, il avait pour but d'établir une corrélation entre les pièces énumérées sous les paragraphes 1 à 5 ci-dessus, de montrer qu'il y avait un traître à l'Etat-Major de l'Armée, que ce traître était un officier, qu'il appartenait ou qu'il avait appartenu au 2ᵉ Bureau et que ce pouvait être le capitaine Dreyfus. Ce sont les propres expressions du commandant du Paty de Clam.

Le document déposé devant la Chambre criminelle ne s'explique que sur trois faits. Les observations qui le terminaient et qui se référaient à deux notes de l'agent Guénée d'après le général de Boisdeffre n'y figurent pas. Mais, en ce qui concerne les trois faits visés, il est identique au fond au commentaire soumis au Conseil de guerre.

Ce document, même incomplet, tel qu'il est représenté aujourd'hui nous découvre le mécanisme de la condamnation prononcée en 1894.

Le commandant Henry fait d'abord, en qualité d'officier spécialement délégué par le Ministre pour déposer au nom du Service des renseignements, le témoignage que vous connaissez et dont la pièce N° 35 du dossier secret renferme une reproduction détaillée qui corrobore ce qu'en ont dit M. Lépine et le lieutenant-colonel Picquart.

Un second officier, délégué encore par le Ministre, apporte des pièces secrètes. Parmi ces pièces, il s'en trouve une qui désigne le traître par l'initiale D. Cet officier transmet, au nom du Ministre, l'ordre moral au Président du Conseil de communiquer ces pièces ; il en remet un commentaire écrit dont vous allez entendre la conclusion. Peu importe qu'elle ne soit pas, dans la forme, absolument affirmative. Le Conseil de guerre n'était-il pas nécessairement amené à penser que cette intervention impérative du Ministre dans ses délibérations était la manifestation d'une conviction absolue qui s'imposait à lui, encore qu'il ne fût peut-être pas possible de lui en divulguer tous les éléments ?

Voici les termes de la pièce déposée par M. du Paty de Clam, sauf les initiales remplacées par les lettres A et B :

NOTE

Les papiers que possède la section de statistique permettent d'établir :

1° Qu'il y a eu des fuites au Ministère ;
2° Qu'elles se sont produites à l'Etat-Major de l'armée ;
3° Qu'elles ont eu lieu successivement dans les différents bureaux.
4 pièces A. Note memento de A... (sans date).
(Texte et traduction joints.)

Commentaire. — Mon correspondant m'inspire des doutes. Il me faut des preuves. Par exemple : son brevet (?).

Peu clair ! — Les relations directes sont bien compromettantes pour moi. « Eviter de négocier personnellement », comme je l'ai déjà fait (?) ou avais l'intention de le faire, car « apporter ce qu'il possède » prouve qu'il y aura des entrevues. (Comparer la lettre incriminée : « Sans nouvelles... me voir »). « Absolue... » (?) « secret trop long : « puissance » peu compréhensible. (Douteux, réservé). N'ayons aucun rapport avec les corps de troupes.

N'attachons de valeur qu'à ce qui provient du Ministère.

Résumé. — 1° Un officier fait des propositions de trahison à A ; 2° Celui-ci se méfie, il lui faut des garanties ; il ne négociera pas lui-même et se contentera de se faire apporter les documents. L'officier ne se nomme pas, puisque A a des doutes sur son identité ; 3° A pose en principe : si c'est un officier de troupes, c'est inutile d'entrer en rapports ; si c'est un officier du Ministère, alors seulement les documents ont de la valeur.

Conclusion. — 1° A tiré des renseignements du Ministère, puisqu'il fait fi des renseignements qui pourraient provenir d'une autre source ; 2° Mais il y a peut-être un officier de troupe qui lui a fait des propositions ; 3° Applicable aux deux cas.

B. 1re lettre de B à A écrite fin janvier 1894, probablement le 31.
(Texte joint.)

Commentaire. — Il s'agit d'une question de mobilisation. Un officier appartenant ou ayant appartenu au 1er Bureau de l'Etat-Major de l'armée est bien qualifié pour y répondre.

La lettre du colonel Davignon dont il est question ici est datée du 4 février. — B avait donc écrit déjà quand il a expédié la lettre ci-jointe. On ne peut faire que des conjectures sur l'interversion des dates de ces deux lettres. Peut-être B aura-t-il réfléchi avant d'envoyer sa lettre au colonel Davignon, et ne l'aura-t-il expédiée que quelques jours plus tard, après avoir parlé à A. Peu importe, d'ailleurs, pour les conclusions à tirer.

Le colonel Davignon, alors chef du 2ᵉ Bureau de l'Etat-Major de l'armée, en l'absence du colonel de Sancy, était par cela même chargé des relations officielles avec les attachés militaires étrangers.

On craint que le colonel Davignon ne vienne à s'apercevoir que A s'occupe de cette question avec son ami.

Son ami ne peut être autre que l'officier dénoncé par V qui, au mois de mars 1894, a avisé secrètement notre service des renseignements que ses collègues allemands et italiens (V étant attaché espagnol) ont un officier à leur dévotion au 2ᵉ Bureau de l'Etat-Major de l'armée. Il tient le renseignement de (se reporter à l'original). Il a confirmé son dire devant témoin tout récemment. (Note jointe D.)

L'officier ami de A doit être en relations assez suivies avec le colonel Davignon pour que ce dernier soit en mesure de remarquer qu'il s'occupe d'une question ayant fait l'objet d'une correspondance officielle avec B. On est donc amené à conclure que l'ami de A est un des collaborateurs habituels du colonel Davignon qui, en dehors de l'absence du colonel de Sancy, s'occupait plus spécialement de la section allemande au 2ᵉ Bureau.

Résumé : 1° A, en février dernier, a un ami initié aux travaux confidentiels du 1ᵉʳ Bureau ; 2° cet ami est, en ce moment, dans l'orbite du colonel Davignon.

Conclusions. — Grandes chances pour que ce soit un stagiaire ayant passé par le 1ᵉʳ Bureau et, à ce moment, à la section allemande du 2ᵉ Bureau.

C. 2ᵉ lettre de B à A datée du 16 avril 1894
(Texte joint.)

Commentaire. — L'absence annoncée rejette à la fin d'avril toute correspondance ultérieure sur le même objet. Fait à noter. Les plans directeurs sont en dépôt :

1° A la section des lévés de précision du Service géographique.
2° (Partiellement) au Service du Génie.
3° (Partiellement) à la section des places fortes au 1ᵉʳ bureau de l'Etat-Major de l'armée.

Dès qu'on eut saisi la lettre ci-jointe, on ouvrit une enquête discrète au Service géographique et au Service du Génie. Cette enquête n'aboutit pas. On omit de faire des recherches au 1ᵉʳ Bureau de l'Etat-Major de l'armée. Là, les plans directeurs sont enfermés dans une pièce où ils sont dans une armoire dont le mot de cadenas n'a pas été changé depuis le 1ᵉʳ janvier 1893, jusqu'au 1ᵉʳ juillet 1894.

Ces plans n'étant pas consultés souvent, on n'a pu avoir que peu de renseignements sur la question de savoir si on a pu les retirer sans qu'on le sache pour les calquer ou les photographier.

(L'initiale D caractéristique peut désigner le capitaine Dr... qui avait travaillé pendant plusieurs semaines à la section des places fortes pendant son stage au 1ᵉʳ Bureau.)

Il y a donc (d'après la lettre) eu relations, puis brouille : l'auteur de la trahison cherche à renouer.

Il se peut donc que la lettre incriminée marque la fin de la brouille et que ce « canaille de D » soit la même personne que l'auteur de ladite lettre incriminée.

Résumé. — 1° L'officier (ou la personne), qui a livré les plans directeurs de Nice en avril 1894, peut avoir appartenu à la section des places fortes du 1ᵉʳ Bureau, puisque les plans s'y trouvaient.

2° Le nom du traître commence par un D.

3° Le personnage alors brouillé avec A cherche à renouer avec lui.

Conclusions générales :
Les faits énumérés ci-dessus B C D peuvent s'appliquer au capitaine Dr...

Dans ce cas, l'ami que A a près du colonel Davignon, le D qui a livré les plans de Nice, l'auteur de la lettre incriminée et le capitaine Dr... ne seraient qu'une seule et même personne.

Si ce commentaire et les pièces qui l'accompagnaient avaient été soumis à l'examen et à la discussion de la défense, qu'en serait-il resté ?

Le télégramme du 27 décembre 1893, du chef de l'Etat-Major de l'attaché A était peut-être relatif à un document d'espionnage.

S'il en était ainsi, l'attaché A était déjà en relations avec le traître et le connaissait, puisque le Bordereau atteste qu'ils avaient ensemble des relations directes et personnelles. Et de ce que ce document constate que les pièces livrées ne portaient aucun signe d'Etat-Major, on n'en pouvait conclure qu'elles émanaient d'un officier appartenant à l'Etat-Major de l'Armée.

Si l'attaché A connaissait le traître et si ce traître était Dreyfus, il ne pouvait ignorer sa qualité d'officier d'Etat-Major et, dès lors, le memento (pièce 23), qui émet des doutes sur la qualité du traître, bien loin d'être une présomption de culpabilité contre Dreyfus, constituait une présomption d'innocence en sa faveur.

Le colonel Davignon interrogé sur le sens que pouvait présenter la pièce (N° 40), où son nom est prononcé a déclaré qu'il ne comprenait rien à « ce grimoire, tellement complexe et compliqué qu'il dépasse son entendement ».

Comment, en effet, prétendre déterminer le sens exact d'un document dont on ne possède que quelques mots, séparés par des lacunes telles que sa reconstitution est nécessairement toujours conjecturale ?

On a cependant fait remarquer, en réponse au commentaire, qu'il ne s'agit dans cette affaire que d'un de ces renseignements non confidentiels qui n'étaient jamais refusés aux attachés militaires étrangers. B suppose qu'un renseignement du même genre peut être demandé par A; pour quelle raison, ce dernier, qui pouvait l'obtenir aisément et régulièrement, se serait-il adressé à un traître ?

En écrivant ce billet, B n'a eu d'autre but que de mettre A en garde contre toute démarche qui aurait permis de soupçonner, non pas qu'il avait un ami au Ministère, mais qu'il existait entre eux une collaboration qu'ils avaient intérêt à tenir secrète. B admet que l'ami de A peut s'entretenir avec le colonel Davignon, sous-chef du 2ᵉ Bureau, du renseignement demandé. Cet ami n'est donc pas un traître ; s'il l'était, il ne risquerait pas de révéler ses relations clandestines et criminelles avec A.

D'un autre côté, si c'est Dreyfus qui est traité de « canaille » dans la pièce N° 25, est-il admissible que, dans une pièce contemporaine, il soit traité d' « ami », alors d'ailleurs qu'il n'existe aucune trace de relations mondaines entre lui et les attachés A et B et que ces relations n'auraient même pas pu se nouer en raison de sa qualité d'israélite, ainsi que l'a déclaré le commandant Cuignet.

En revanche, il est certain que les attachés A et B étaient en relations parfois très étroites, absolument avouables et honorables, avec un certain nombre d'officiers de l'Etat-Major de l'Armée. Le commandant Cuignet a même cité les noms du colonel de Sancy et du commandant d'Astrog, l'un chef, l'autre chef de section au 2ᵉ Bureau, et du commandant du Paty de Clam.

Les attachés militaires étaient reçus au 2ᵉ Bureau environ une fois par semaine. Ils y étaient accueillis « avec la courtoisie qu'il est d'usage de montrer à ces agents diplomatiques, aussi bien chez nous que dans les pays étrangers ».

N'est-il pas alors vraisemblable que l' « ami » de la pièce 40 était l'un de ces officiers qui se trouvaient en relations suivies avec l'attaché A et auquel il était autorisé à demander un renseignement non confidentiel ?

Un indice en faveur de cette hypothèse nous paraît se trouver dans la lettre suivante, qui nous amène aussi à l'examen de la pièce « ce canaille de D ». Cette lettre a été produite à Rennes par le général Mercier ; elle est écrite en allemand, au crayon, de la main de l'attaché A. Nous la reproduisons d'après le compte rendu du procès de Rennes, 1 p. 77, en indiquant que le compte rendu revisé par le général Mercier remplacera le mot « Sancy » par l'initiale « S ».

Paris, 29/12 1893, soir.

Cher.....

Au moment de partir je reçois la réponse de Sancy au sujet du nettoyage des armes Schombin. J'emporte la chose et répondrai de Berlin. Idem pour les journaux et coupures de journaux. L'homme des fortifications de la Meuse m'a laissé complètement en plan ; s'il devait venir pendant mon absence et s'il apporte quelque chose, vous pouvez, sur sa demande, lui donner une avance de 300 francs au maximum, sans cela pas un sou. Il faut qu'il apporte au moins : 1° le reste des forts de la Meuse ;

2° les deux plans de Toul ; 3° le dossier « chargeur » ; 4° le dessin de Manonvilliers ; 5° le dessin de gare ; 6° les fortifications de Malzéville.

Si la mère venait, donnez-lui la même chose, mais ne donnez aucune avance sans livraison. S'il vous arrivait quelque chose, donnez le dessin du chargeur à B et envoyez-moi le tout le plus tôt possible. On pourrait peut-être envoyer pour cela un courrier de cabinet à...

Mes meilleurs vœux pour la nouvelle année. J'espère qu'elle vous apportera l'épaulette à franges et que vous resterez ici. Mille amitiés et au revoir.

Je descendrai au Kaiserhof.

Tout à vous.

A.

L'intérêt de cette lettre n'est pas seulement dans l'indication qu'elle fournit sur les relations de service qui existaient entre le colonel de Sancy et l'attaché 'A. Il réside surtout dans la nomenclature des nombreux plans qui devaient être livrés et dans la fixation du prix de cette livraison.

Déjà en avril 1893, le Service des renseignements avait été mis en possession d'une note de A ainsi conçue :

Restituerai les feuilles 24 et 27 de Toul déjà livrées en noir, demandées en couleur. Restituerai également feuille de Reims 102, levé de 1880 déjà livré : demandé une levée (*sic*) plus récente. Demandé encore nouveaux levés indicant (*sic*) les fortifications Toul, Nancy, 6, 7, 13-77, 78, 82, 85, 86. Canevas, tableaux d'assemblage Langres, 27. Neufchâteau, 16, 21. N° 20 *bis*, dossier secret.)

En janvier 1894, une autre note avait été saisie ; elle portait:

Vous avez encore 600 francs d'avances. Je prendrai pour les 600 francs des plans d'Albertville, Briançon, mais seulement à 10 francs la pièce. Je prendrai tous les plans de Mézières, Langres, Givet, Ayvelles, Montmédy, Péronne, ainsi que les feuilles neuves des deux rives de la Moselle et de la Meurthe sur lesquelles se trouvent dessinées les fortifications. Les nouveaux plans de Verdun (276-450) devraient être pris, ainsi que ceux de Mézières.

Des renseignements provenant d'une source différente prou-vaient aussi que d'autres attachés militaires se procuraient, à peu près au même prix, les feuilles qui, réunies, formaient les plans des places fortes.

Et l'on sait par la pièce N° 17 du dossier secret que, le 1er décembre 1892, avant l'entrée de Dreyfus au Ministère, l'Etat-Major auquel appartenait l'attaché A lui offrait des fonds, cinq à six mille francs, pour lui permettre de renouer « d'anciennes relations avec le fournisseur des plans directeurs ».

La pièce 25 où il est question de la livraison de douze plans directeurs de Nice devait être, à quelque époque qu'elle ait été apportée, rattachée à cet ensemble de documents.

Si ce rapprochement avait été fait en octobre 1894, on aurait constaté que bien avant 1892 des plans directeurs avaient été livrés par un autre que par Dreyfus et à des prix qui ne pouvaient le tenter ; aussi, ces livraisons avaient-elles toujours été attribuées à des subalternes. Le malheureux que l'attaché A traitait de « canaille », qui avait mécontenté l'attaché B et qui suppliait qu'on acceptât de nouveau ses services ne pouvait être cet officier de l'Etat-Major de l'Armée capable, au dire de ses chefs, de pénétrer les secrets de notre organisation militaire ; son concours était trop précieux pour qu'il fût obligé de l'offrir avec cette insistance humiliée.

Qui était « ce canaille de D » ? C'était probablement un individu nommé Dubois. M. le comte Tornielli l'a dit à M. le sénateur Trarieux, au cours de l'année 1898, dans les termes suivants :

L'agent B ne se rappelle aucunement avoir écrit cette pièce (N° 25). Quant à l'agent A, il peut l'avoir écrite sans en avoir gardé le souvenir. De deux choses l'une ou cette pièce est fausse, ou elle est vraie. Si elle est fausse elle doit être l'œuvre d'un certain Lemercier-Picard que nous savions très expert dans l'imitation des écritures, et qui, notamment, en maintes circonstances, a su imiter l'écriture de A. Si, au contraire, cette pièce est vraie, si elle a été écrite vraiment de la main de l'agent A, qui peut très bien ne plus s'en souvenir, l'épithète « ce canaille de D » ne peut s'appliquer qu'à un personnage qui avait des relations avec les attachés militaires pour leur procurer, non pas à proprement parler des éléments d'espionnage caractérisant la haute trahison, mais des plans et des cartes topographiques, qu'on ne pouvait trouver dans le commerce. Ce personnage se nommait Dubois.

M. le général Mercier a fait observer à propos de cette pièce que la diplomatie est parfois obligée de faire des déclarations absolument contraires à la vérité. « Ce canaille de D » est, à ses yeux, Dreyfus et non Dubois.

Ce n'est pas non plus Dubois pour le général Roget, qui, cependant, n'affirme pas que ce soit Dreyfus.

M. le commandant Cuignet, au contraire, s'est exprimé en ces termes au cours de votre enquête de 1899 :

Quant à la pièce « ce canaille de D », rien ne prouve qu'elle désigne Dreyfus, et je serais plutôt de l'avis de M. Picquart, qui estime qu'elle ne peut s'appliquer à lui, étant donné le sans-gêne avec lequel l'auteur de la lettre traite ce D.

M. le commandant Cuignet a ajouté que rien n'indique dans le dossier que des plans directeurs aient été livrés. Cependant, il admet que Dreyfus avait la possibilité de se procurer des plans directeurs, soit « au 1er Bureau, qui n'en détient pas normalement, mais qui peut en avoir quelquefois et, en réalité, en a souvent, soit au Service géographique ».

Mais il aurait rencontré au 1er Bureau de telles difficultés matérielles, qu'il était inadmissible qu'il se fût exposé à courir le danger de les surmonter pour se procurer un document de médiocre importance et c'est ce qu'a fait ressortir le lieutenant colonel Picquart dans la dernière enquête de votre Chambre criminelle. L'assertion du commentaire sur ce point lui a paru perfide, monstrueuse, tout au moins d'une légèreté extraordinaire quand il s'agissait de la liberté et de l'honneur d'un homme.

L'erreur du commentaire sur l'auteur de la pièce 25, erreur aujourd'hui reconnue mais non expliquée, n'est pas moins étrange. Elle est de A ; pourquoi a-t-elle été attribuée faussement à B, si ce n'est pour la faire rentrer dans le système qui s'efforçait d'établir un lien entre les trois pièces visées et le Bordereau ?

Il importe peu que les « extraordinaires légèretés », suivant l'expression de Me Mornard, que les erreurs du commentaire sur la pièce 25 soient imputables à son rédacteur ou à ses inspirateurs, le colonel Sandherr, et surtout, à nos yeux, le commandant Henry. Un examen, même superficiel, les aurait révélées ; il n'eut pas lieu. Les chefs de l'Etat-Major et le Ministre acceptèrent avec une confiance aveugle le système de leurs bureaux et la pièce 25, qui ne s'appliquait pas à Dreyfus, comme l'a déclaré votre arrêt du 3 juin 1899, devient l'un des éléments essentiels de la conviction des juges, ainsi qu'en fait foi la déposition suivante de M. Laroche, que M. le capitaine Freystætter n'a pas été autorisé à confirmer au cours de sa déposition de 1899, mais contre laquelle il n'a jamais protesté :

En 1896, alors que j'étais résident général à Madagascar, avant que l'on ne parlât d'erreur judiciaire dans le procès du capitaine Dreyfus, au cours d'une conversation, il m'arriva de demander si quelqu'un connaissait la nature de sa trahison. Mon officier d'ordonnance, le capitaine du génie Duprat (actuellement à Grenoble), entendant ma question, y répondit aussitôt : « Dreyfus a été condamné pour avoir livré à l'étranger les plans de forteresse de la région de Nice. Il y a, ici même, un des juges de Dreyfus, le capitaine Freystaetter, de l'infanterie de marine, nous le voyons quelquefois, et il nous a dit publiquement : « Cette canaille de Dreyfus a livré à l'étranger des plans de forteresse de la région de Nice. Voilà pourquoi nous l'avons condamné. » A diverses reprises, depuis cette époque, je suis revenu sur ce sujet avec mon officier d'ordonnance, et il m'a toujours répété, dans les mêmes termes, la révélation que le capitaine Freystætter avait faite devant lui. J'en ai gardé la conviction que, de toutes les charges qui avaient pu être relevées contre Dreyfus, celle-là seule, ou celle-là, surtout, avait frappé l'un de ses juges.

Quant aux rapports de l'agent Guénée, qui venaient si bien appuyer la déposition du commandant Henry, nous savons aujourd'hui ce qu'il en faut penser. Il n'existait aucune raison de les appliquer à Dreyfus, d'après Guénée lui-même.

Votre dernière enquête s'est efforcée de dissiper l'obscurité qui entourait encore les relations de M. de Val Carlos avec Henry et Guénée. Elle n'y a peut-être pas réussi. M. de Val Carlos a dénié, sous la foi du serment, les propos qui lui avaient été prêtés. S'il a dit vrai, Henry et Guénée auraient menti. D'un autre côté, votre enquête a confirmé ce fait déjà indiqué au procès de Rennes que M. de Val Carlos avait reçu une somme de 1.500 francs et même des paiements réguliers. Si cette dernière hypothèse, sur laquelle nous aurons à revenir, était vérifiée, la foi due « au grand seigneur, immensément riche », qui renseignait Guénée par « pure sympathie pour la France », serait singulièrement affaiblie.

Ses propos, dans tous les cas, étaient sans portée et auraient été mal compris. Voici ce qu'a dit, à ce sujet, le lieutenant colonel Picquart :

Lorsque j'ai pris le service, on m'a dit qu'un attaché militaire espagnol, le marquis de Valcarlos, était en très bonnes relations avec le commandant Henry, et que c'était lui qui était la personne honorable dont Henry avait parlé dans sa déposition de 1894. Je dois dire que pendant tout le temps où j'étais chef du Service des renseignements, pas une seule indication ayant une importance militaire quelconque n'a été donnée par M. de Valcarlos.

. . . . : : : : : : : : : :

En ce qui concerne les propos attribués à M. de Valcarlos, qui ont été répétés au Service des renseignements, soit par l'agent Guénée, soit par Henry, ils consistaient essentiellement à dire que quelqu'un trahissait au 2ᵉ Bureau. Ces propos, je me les explique jusqu'à un certain point. Il est fort possible que M. de Valcarlos ait dit à Guénée : « Il y a un officier au 2ᵉ Bureau qui renseigne très bien les agents étrangers. » En effet, en 1894, le chef du 2ᵉ Bureau était le colonel Le Loup de Sancy ; il avait été attaché militaire à Berlin, et il était particulièrement désireux d'être agréable aux attachés militaires étrangers résidant à Paris. Il leur avait assigné des jours fixes, auxquels ils venaient lui demander les renseignements que le colonel de Sancy était en droit de leur donner. Je dois dire que le colonel de Sancy usait très largement de ce droit, à tel point que j'ai entendu dire par de mes camarades officiers du 2ᵉ Bureau qu'il travaillait beaucoup plus pour les attachés militaires que pour le Ministre de la Guerre français. Il est donc fort possible que, dans une conversation, M. de Valcarlos ait dit à Guénée, qui connaissait mal l'organisation de l'Etat-Major, et surtout ce qui se passait au 2ᵉ Bureau, il est fort possible, dis-je, qu'il lui ait dit que les officiers étrangers et attachés militaires étaient très bien renseignés par un officier du 2ᵉ Bureau. Il n'y avait rien de mal à cela.

Les explications que nous venons de donner sur la valeur probante des documents communiqués au Conseil de guerre de 1894, nous paraissent démontrer que si ces documents avaient pu être discutés par la défense, il n'en serait rien resté dans l'esprit des juges, qu'ils n'y auraient, tout au moins, rien trouvé qui pût les convaincre de la culpabilité de l'accusé.

D'autre part, la défense n'avait rien laissé subsister des charges morales relevées par l'acte d'accusation ; la trahison n'était expliquée par aucun mobile ; il fallait admettre que Dreyfus avait trahi sans raison.

Les appréciations contradictoires des experts sur l'écriture du Bordereau auraient-elles suffi à convaincre le Conseil de guerre ? Il n'est guère vraisemblable qu'un élément de preuve aussi discutable et aussi douteux pût toucher les juges ; aussi, d'après ce que nous savons des débats, semblèrent-ils y rester indifférents.

La violation flagrante des droits sacrés de la défense, conséquence d'un abus d'autorité, apparaît donc comme la cause déterminante de la condamnation.

Le général Mercier a défendu l'œuvre, dont il a dû endosser la responsabilité, en invoquant la raison d'Etat et les précédents.

La raison d'Etat pouvait s'opposer aux poursuites ; elle s'y opposait même, à divers points de vue, d'après M. Hanotaux et le général Saussier. Malgré le huis-clos, des indiscrétions pouvaient révéler la provenance des documents et de dangereuses complications pouvaient surgir. Mais, du moment où la poursuite était engagée sur le fondement du Bordereau dont la source était identique à celui des autres documents, tous les risques étaient courus. Aucune raison d'Etat ne pouvait plus faire obstacle à la communication des documents que vous connaissez.

Il semble bien, au surplus, que le général Mercier ait fort exagéré l'incident diplomatique, postérieur à la condamnation, qui, d'après lui, justifierait la communication secrète. Il n'y a pas eu de nuit historique et de déclaration de guerre imminente. M. le Président Casimir-Perier, dont la parole fait foi, a remis les choses au point et ce qui résulte du récit qu'il en a fait et que nous reproduirons plus loin, ainsi que de la déclaration de M. Charles Dupuy dans votre dernière enquête, c'est que, si le

Gouvernement eut alors quelques préoccupations, elles furent immédiatement dissipées.

Quant aux précédents, il en existait peut-être, nous l'ignorons, dans de vulgaires affaires d'espionnage. Mais l'affaire Dreyfus était d'une autre nature ; elle était heureusement sans précédent.

D'ailleurs, cette excuse n'invoque, en réalité, que l'ignorance de la loi, et là est, peut-être, la vérité.

Le système de l'accusation exigeait que M. de Val Carlos fût découvert, malgré l'engagement d'honneur exprès ou tacite pris envers lui. Pour le découvrir le moins possible, on a cru pouvoir user d'une voie dont l'illégalité et le danger ne semblent avoir frappé ni ceux qui ont conseillé la communication secrète, ni ceux qui l'ont ordonnée et qui l'ont faite, ni les juges qui l'ont acceptée.

D'où nous pouvons conclure que, dans cette affaire, où aucune circonstance particulière ne signalait l'officier en cause à la sollicitude de ses chefs, des questions de forme d'une importance capitale, n'ont pas été plus sérieusement examinées que les questions de fond.

Les vices, les lacunes de cette information apparaîtront plus évidents encore, lorsque nous comparerons ce système d'accusation tombé en ruines, au système nouveau qu'édifieront les accusateurs de Dreyfus pour répondre à la première demande de revision.

V

Dreyfus était condamné. Deux mois et demi auparavant « Il était, malgré son jeune âge, l'un des officiers les plus en évidence de l'armée ». Dans sa carrière il n'avait eu que des succès, dans sa vie privée, que des joies. Brusquement il perdait tout et son nom était à jamais déshonoré. Le commandant Forzinetti a dépeint ses effroyables crises de désespoir. Seule, sa volonté inébranlable de défendre encore son honneur le sauva du suicide.

Bien que depuis son arrestation il eût toujours protesté de

3

son innocence, le général Mercier eut l'espoir que, condamné, il se déciderait à avouer.On ne connaissait pas la teneur des documents énoncés au Bordereau. Ces documents étaient-ils importants ? D'après l'accusation telle qu'elle était alors formulée, ils ne l'étaient guère et l'on s'explique que dans son entretien avec M. Casimir-Perier le général Mercier ait dit que les documents communiqués à une puissance étrangère étaient, à ses yeux, au point de vue de la défense, sans grande importance.

Il y avait cependant un intérêt considérable à posséder sur ce point des indications précises et à connaître l'étendue de la trahison.

La condamnation du capitaine Dreyfus ayant été prononcée, a dit le général Mercier devant le Conseil de guerre de Rennes. Le Conseil de revision ayant statué sur l'arrêt du Conseil de guerre, je considérais comme indispensable d'obtenir du capitaine Dreyfus l'indication de ce qu'il avait dû livrer à... non seulement par le Bordereau qui, lui déjà, donnait quelques indications précises, mais qui indiquait aussi bien nettement que ce n'était pas un acte isolé, qu'il y avait eu d'autres livraisons de pièces et d'autres trahisons commises. Je tenais, surtout au moment où nous étions en pleine élaboration du plan de mobilisation, à me renseigner autant que possible sur ce qui avait été livré par le capitaine Dreyfus. Je lui envoyai donc le commandant du Paty de Clam, le 31 décembre, avec mission de lui dire que, sa condamnation étant prononcée et définitive, je ne pouvais rien à ce point de vue, mais que le Gouvernement pouvait encore quelque chose pour le choix du lieu de déportation, pour la facilité qu'il pourrait avoir de l'habiter avec sa famille ou avec certaines personnes de sa famille, le Gouvernement pourrait montrer de l'indulgence si, de son côté, il voulait entrer dans la voie du repentir, et s'il disait notamment au Ministère de la Guerre de quels documents A avait été mis en possession par son fait.

L'entretien dura une heure, sans témoins. Le commandant du Paty de Clam en dressa aussitôt officiellement un compte rendu détaillé, qui fut remis au Ministère et transmis par lui au Service des renseignements. Ce compte rendu d'un si grand intérêt est au nombre des documents que le Service de renseignements a fait disparaître et il ne saurait être remplacé par une note rédigée de mémoire le 24 septembre 1897 par le commandant du Paty de Clam, dans un but dont il avait perdu le souvenir en 1899, note qui ne relate qu'un incident de ce long entretien. Il a donc fallu, pour reconstituer le sens de cette conversation, recourir à des pièces contemporaines et au dossier des aveux constitué trois ans plus tard par le Service des renseignements, au moment où se dessinait la première demande de revision.

Ces pièces sont de deux sortes : les unes sont d'une incontestable authenticité : leur date est certaine ; les autres portent une date douteuse ou ont été créées pour faire obstacle à la revision ; elles n'échappent pas par suite à la controverse.

Parmi les premières se place d'abord une lettre adressée par Dreyfus au Ministre et reçue par ce dernier le 1er janvier 1895.

En voici les termes :

Monsieur le Ministre,

J'ai reçu par votre ordre la visite de M. le commandant du Paty de Clam auquel j'ai déclaré que j'étais innocent et que je n'avais même jamais commis aucune imprudence. Je suis condamné : je n'ai pas de grâce à demander ; mais, au nom de mon honneur qui, je l'espère, me sera rendu un jour, j'ai le devoir de vous prier de vouloir bien faire poursuivre les recherches. Moi parti, qu'on cherche toujours : c'est la seule grâce que je sollicite.

Alfred DREYFUS.

La veille Dreyfus avait écrit à son défenseur, Me Demange, qui, convaincu de son innocence, lui avait fait espérer qu'elle serait reconnue dans deux ou trois ans, une lettre où nous relevons le passage suivant :

Le commandant du Paty de Clam est venu aujourd'hui, 31 décembre 1894, à 5 h. 1/2 du soir, après le rejet du pourvoi (en revision) me demander de la part du Ministre si je n'avais pas été peut-être la victime de mon imprudence, si je n'avais pas voulu simplement amorcer... puis, que je me suis trouvé dans un engrenage fatal. Je lui ai répondu que je n'avais jamais eu de relations avec aucun agent ni attaché d'une puissance étrangère, que je ne m'étais livré à aucun amorçage, que j'étais innocent... « Si vous êtes innocent, répliqua M. du Paty, vous subissez le martyre le plus épouvantable de tous les siècles ! » — « Je suis ce martyr, lui ai-je répondu, et j'espère que l'avenir le prouvera. »

Le sens de ces deux lettres, dont l'authenticité n'est pas contestée, n'est pas douteux. Elles attestent que les questions posées par le commandant du Paty de Clam à Dreyfus ont porté sur des imprudences, sur des livraisons de documents à titre d'amorçage. Ces imprudences sont niées, comme la trahison elle-même. Le général Mercier a cependant soutenu devant le Conseil de guerre de Rennes, qu'il ne pouvait pas avoir été question d'amorçage dans l'entretien du commandant du Paty de Clam et de Dreyfus.

Il a produit à l'appui de cette thèse la lettre suivante que lui avait envoyée le 31 décembre le commandant du Paty de Clam :

Paris, le 31 décembre 1894.

Monsieur le Ministre,

J'ai l'honneur de vous rendre compte que je suis resté près d'une heure
en tête à tête avec Dreyfus. Il n'a rien voulu avouer, me déclarant qu'avant
tout il ne voulait pas plaider les circonstances atténuantes. Il désire partir
le plus tôt possible, se faire oublier, vivre tranquille avec sa femme et
ses enfants à la presqu'île Ducos. Il espère que d'ici à cinq ou six ans les
choses s'arrangeront, et qu'on découvrira le mot de l'énigme qu'il ne peut
expliquer. Il se dit l'objet d'une fatalité : quelqu'un lui a pris son nom,
son écriture, ses papiers, et s'est fait passer pour lui auprès des agents
étrangers.

En dehors de cela, il a causé tranquillement avec moi, me disant qu'il
savait bien quelle était ma conviction, et qu'il ne cherchait pas à l'ébranler. Il a pris son parti de tout, y compris la dégradation, qu'il considère
pourtant comme un très dur moment à passer.

Je regrette de n'avoir pas mieux réussi dans ma mission.

J'ai l'honneur d'être...

DU PATY DE CLAM.

En définitive, a dit le général Mercier

« rien dans ces lettres (celle de Dreyfus et celle du commandant du Paty.
de Clam) n'indique qu'il ait été question de la part du Ministre de croire
à l'innocence du capitaine Dreyfus, qu'il ait été question de la part du
Ministre de croire à de l'amorçage pratiqué par le capitaine Dreyfus ».

Et certainement, s'il en avait été question entre Dreyfus et le commandant du Paty de Clam, c'était une chose trop importante pour que,
dans la lettre qu'il a écrite, il n'y eût pas fait allusion. Du reste, que signifierait l'amorçage fait par un officier français à l'étranger? Comment!
un officier français va remettre des notes à un officier étranger qui lui
en remettrait aussi? C'est inadmissible. L'amorçage se pratique par des
gens qui reçoivent de l'argent pour cela et font ce métier à l'étranger.

Comment expliquer cependant que, dans sa lettre, Dreyfus
ait protesté qu' « il n'avait même jamais commis aucune imprudence », si le commandant du Paty de Clam ne l'a pas interrogé
sur ce point ?

Voici l'explication donnée à Rennes par le général Mercier :

Le fait de parler des imprudences qui auraient pu être commises ne
vient pas de l'entrevue que Dreyfus a eue avec le commandant du Paty
de Clam. Dès le premier jour de son arrestation, on a mis ce point en
lumière devant lui. Voici l'interrogatoire de M. Cochefert du 15 octobre 1894.

Le général Mercier donne lecture de l'interrogatoire de
M. Cochefert :

M. COCHEFERT. — N'avez-vous jamais confié à quelque personne étrangère à l'armée, à une femme notamment, des notes, des documents de la
nature de ceux dont nous vous parlons, et dont il aurait pu être fait un
mauvais usage contre la Patrie?

LE CAPITAINE DREYFUS. — Jamais, je l'affirme à nouveau, je n'ai commis
la plus légère faute, ni même un acte de légèreté dans le sens que vous
indiquez.

Ainsi Dreyfus, écrivant au Ministre pour confirmer le sens de son entretien avec le commandant du Paty de Clam, n'aurait pas fait allusion aux questions agitées dans cet entretien, mais aurait tenu à répondre à une question qui lui aurait été posée plus de deux mois auparavant par M. Cochefert !

Cette explication était inadmissible. Nous savons aujourd'hui qu'elle était inexacte. Dans votre dernière enquête, en effet, M. du Paty de Clam a déclaré qu'il avait demandé à Dreyfus, le 31 décembre, s'il n'avait pas commis quelque imprudence chez une dame... qu'il avait lui-même qualifiée de « sale espionne ».

« Le fait de parler des imprudences qui auraient pu être commises », vient donc de l'entrevue de Dreyfus et du commandant du Paty de Clam. Il n'était pas d'ailleurs permis d'en douter après la lettre si explicite adressée à M⁰ Demange et c'est dans cette lettre, à défaut du compte rendu disparu, qu'il faut chercher le sens des questions et des réponses qui furent échangées.

Le 5 janvier 1895, Dreyfus fut dégradé. Le capitaine Lebrun-Renault, de la Garde républicaine, qui avait commandé l'escadron de service chargé de conduire le condamné de la prison du Cherche-Midi à l'Ecole militaire, resta préposé à sa garde pendant une heure environ dans une des salles qui servent de bureau à l'adjudant de place.

Le capitaine d'Attel, qui devait s'assurer que les consignes relatives à la garde et à la surveillance de Dreyfus étaient strictement observées, entra dans ce bureau et y resta quelques minutes. Dreyfus ne lui adressa pas la parole. Le capitaine d'Attel n'eut donc avec lui aucune conversation particulière ; il ne put qu'entendre les propos tenus par Dreyfus en présence du capitaine Lebrun-Renault.

Dreyfus, qui avait refusé tout aveu à ses juges et au commandant du Paty de Clam l'interrogeant au nom du Ministre, dans le but et dans les conditions que vous connaissez, n'aurait certainement pas choisi le capitaine Lebrun-Renault pour recevoir l'aveu de son crime. Il faudrait donc admettre qu'il aurait eu un moment d'involontaire abandon pendant lequel un aveu lui serait échappé.

Le capitaine Lebrun-Renault ne l'a pas affirmé ; mais il a fait, avec des variantes, plusieurs récits de la scène à laquelle il

avait assisté avant la dégradation et c'est de l'un de ces récits,
dont l'inexactitude inconsciente est aujourd'hui démontrée, que
d'autres ont tiré la légende des aveux.

Dreyfus, exaspéré à la pensée de la honte qu'il allait subir,
protestait violemment en phrases heurtées, sans suite apparente,
n'ayant de sens que pour lui, contre les accusations dont il était
l'objet. Le capitaine Lebrun-Renault ne savait rien de ces accu
sations ; comme tout le monde, à cette époque, il ignorait tout du
procès ; l'entrevue du 31 décembre entre Dreyfus et le commandant du Paty de Clam lui était assurément inconnue. Dans ce
monologue de Dreyfus, il ne pouvait comprendre avec certitude
que les protestations d'innocence et, en réalité, il n'avait été
frappé que par ces protestations. Aussi rendit-il compte à ses
chefs de l'exécution des ordres qu'il avait reçus en mentionnant
qu'il n'y avait pas eu d'incident, et, dans la soirée du 5 janvier,
au Moulin Rouge, il faisait devant plusieurs personnes le récit
de ce qu'il avait vu et entendu, récit que publiait le lendemain en
ces termes la *Figaro* :

Récit d'un témoin.

A sept heures vingt minutes, un escadron de la Garde républicaine,
commandé par le capitaine Lebrun-Renault, arrivait à la prison du
Cherche-Midi pour prendre possession du condamné. Deux gendarmes
l'amenèrent au Greffe et se disposèrent à le fouiller.

— Est-ce bien utile ? demanda Alfred Dreyfus, en les arrêtant d'un
geste, avec, aux lèvres, un triste sourire.

— C'est l'ordre, repondit l'officier.

On trouva dans les poches fouillées quelques menus objets et des ciga-
rettes, qu'on laissa au condamné. Puis les gendarmes lui présentèrent les
menottes.

— Est-ce l'ordre aussi de mettre ces machines ? interrogea Dreyfus.

Sans répondre, sur un geste du capitaine Lebrun-Renault, les gendarmes passèrent les menottes aux poignets de Dreyfus, qui ne put répri-
mer un court mouvement de révolte.

Cette opération terminée, le condamné se tourne vers l'officier qui,
impassible, assistait à ces lugubres apprêts.

— Vous voyez, mon capitaine, dit-il, tous les galons sont décousus, ils
ne tiennent que par un fil, les boutons aussi, et aussi les bandes du pan-
talon. Oserai-je vous prier de demander à l'adjudant de faire vite quand
nous serons là-bas ? On peut bien déchirer tous ces vêtements, ils ne
me serviront plus à présent.

Et comme le capitaine ne répondait pas, il ajouta :

— Je vous regarde en face, vous voyez, mon capitaine, et, si j'ose le
faire, c'est que je suis innocent ! ma condamnation est le plus grand crime
de ce siècle ; on le verra bien, du reste, dans trois ans. J'ai une famille
qui va s'occuper de moi et qui arrivera à prouver mon innocence. On
regrettera bien alors la peine qu'on m'inflige aujourd'hui.

Cette protestation . « ma condamnation est le plus grand crime du siècle », est revenue à diverses reprises, sur les lèvres du condamné. Il la répétait encore au moment où, quelques instants plus tard, on allait le conduire à la parade d'exécution.

A huit heures moins le quart, le cortège quittait la prison du Cherche-Midi, pour gagner l'Ecole Militaire. Deux cavaliers de la Garde Républicaine, revolver au poing, marchaient en tête, suivis d'un peloton. Le capitaine commandant l'escadron précédait la voiture cellulaire attelée de quatre chevaux, dans laquelle Dreyfus avait pris place avec deux gendarmes. La voiture était flanquée à droite et à gauche de cavaliers. Un second peloton fermait la marche.

C'est dans cet ordre que le convoi arriva à l'Ecole Militaire, à huit heures moins dix. Dreyfus fut conduit dans une des salles de l'Ecole, et laissé sous la garde du capitaine Lebrun-Renault. C'est là, dans cette pièce, que la conversation suivante s'engagea :

— Vous n'avez pas songé au suicide, monsieur Dreyfus ?

— Si, mon capitaine, répondit Dreyfus, mais seulement le jour de ma condamnation. Plus tard, j'ai réfléchi ; je me suis dit qu'innocent comme je le suis, je n'avais pas le droit de me tuer ; on verra dans trois ans, quand justice me sera rendue.

— Alors vous êtes innocent ?

— Voyons, mon capitaine, écoutez ! On trouve dans un chiffonnier d'une ambassade un papier annonçant l'envoi de quatre pièces. On soumet le papier à des experts. Trois reconnaissent mon écriture ; deux déclarent que l'écriture n'est pas de ma main, et c'est là-dessus qu'on me condamne. A dix-huit ans, j'entrais à l'Ecole Polytechnique, j'avais devant moi un magnifique avenir militaire, cinq cent mille francs de fortune, et la certitude d'avoir dans l'avenir cinquante mille francs de rente. Je n'ai jamais touché une carte de ma vie ; donc, je n'ai pas besoin d'argent. Pourquoi aurais-je trahi ? Pour de l'argent ? Non, alors pourquoi ?

— Et qu'est-ce que c'était que ces pièces dont on annonçait l'envoi ?

— Une très confidentielle et trois autres importantes.

— Comment le savez-vous ?

— Parce qu'on me l'a dit au procès. Ah ! ce procès à huis-clos, comme j'aurais voulu qu'il fût public, et qu'il eût lieu au grand jour ! Il y aurait eu certainement un revirement d'opinion.

— Lisiez-vous les journaux en prison ?

— Non, aucun. On m'a bien dit que la presse s'occupait de moi et que certains journaux profitaient de cette accusation ridicule pour se livrer à une campagne antisémite. Je n'ai rien voulu lire.

Puis, raide, comme insensible, il ajouta :

— A présent, c'est fini, on va m'expédier à la presqu'île Ducos. Dans trois ans, ma femme viendra me rejoindre.

— Et, ajouta le capitaine Lebrun-Renault, avez-vous l'intention de prendre la parole tout à l'heure ?

— Oui, je veux protester publiquement de mon innocence.

Devant cette déclaration nettement formulée, le capitaine fit informer le général Darras de la résolution de Dreyfus. Elle avait d'ailleurs été prévue, et un roulement de tambour devait lui couper la parole en cas de besoin.

Il était neuf heures moins dix lorsque quatre artilleurs entraient dans la salle.

— Voici les hommes qui viennent vous prendre, Monsieur, dit le capitaine Lebrun-Renault.

— Bien, capitaine, je les suis. Mais je vous répète, les yeux dans les yeux, je suis innocent.

Et il suivit les soldats.

On sait le reste.

(*Signé*) Eugène CLISSON.

Cet article reproduisait avec une fidélité parfaite le récit du capitaine Lebrun-Renault ; aucune contestation n'a été soulevée à cet égard.

M. le Président Casimir-Perier, à la lecture de cet article, s'indigna que de semblables indiscrétions eussent été commises par un capitaine de la Garde républicaine.

> J'avais lu, a-t-il dit à Rennes, un article qui m'avait paru d'une extrême inconvenance. J'ai fait part de cette inconvenance et des sentiments que cette inconvenance faisait naître en moi, devant le Président du Conseil, et, je crois, devant M. le Ministre de la Guerre, et M. le Ministre de la Guerre m'a offert de m'envoyer le capitaine Lebrun-Renault. C'est dans ces conditions que je l'ai reçu.

Le capitaine-Lebrun-Renault fut d'abord appelé au Ministère de la Guerre ; nous verrons bientôt quel fut le sens de ses déclarations. Il se rendit ensuite à l'Elysée et auprès du Président du Conseil, M. Charles Dupuy. Pas plus à l'Elysée qu'à la Présidence du Conseil, il ne parla des prétendus aveux de Dreyfus.

Il était cependant déjà question de ces aveux et la déposition suivante faite à Rennes par M. le lieutenant-colonel Guérin, chargé par le Gouverneur militaire de Paris d'assister à l'exécution, nous apprend comment le bruit en était né :

> La grande cour de l'Ecole Militaire était garnie de troupes et quand les dispositions furent prises pour la parade, il était 8 h. 50. Je me trouvais près de la porte d'entrée du bureau de l'adjudant de garnison. A ce moment le capitaine Bourguignon, adjudant de garnison, disposa les quatre canonniers et le brigadier qui devaient accompagner Dreyfus ; puis il entra dans son bureau et releva le capitaine Lebrun-Renault de son service.
>
> Le capitaine Lebrun-Renault sortit et me trouva immédiatement devant lui ; il était très ému, il était encore sous le coup de l'impression profonde que lui avaient faite les déclarations de Dreyfus ; il m'en rendit compte aussitôt. Il y avait là, à proximité, un groupe d'officiers ; le compte rendu que me faisait le capitaine Lebrun-Renault n'avait rien de confidentiel, et me parut ne pas devoir rester circonscrit entre nous ; nous savions, d'autre part, que le Conseil de revision n'avait eu, pour ainsi dire, pas à statuer, puisqu'aucune conclusion n'avait été déposée à l'appui de son pourvoi ; du moins, je le savais, moi, à l'Etat-Major ; mais, pour la masse de nos camarades, les aveux faits par Dreyfus devaient, il me semble, leur être communiqués à tous. Je priai donc le capitaine Lebrun-Renault de répéter à ce groupe d'officiers les confidences, la déclaration qu'il avait reçue de Dreyfus, et le capitaine Lebrun-Renault le fit.

Dans le long entretien de Dreyfus, il avait été question, en particulier, de la colonie où il serait probablement déporté, de son climat, de la possibilité de faire venir sa famille ; mais tout cela sont des détails. Ce que j'ai retenu, ce sont trois faits, trois déclarations importantes, à mon avis, et très caractéristique ; je ne les oublierai jamais.

A un moment donné, Dreyfus avait montré au capitaine Lebrun-Renault les galons de son dolman, et lui avait déclaré que c'était l'orgueil de ces galons qui l'avait perdu ; puis il avait avoué avoir livré des documents à une puissance étrangère, et il s'était exprimé en ces termes — je répète les termes dont s'est servi le capitaine Lebrun-Renault avec moi : « Si j'ai livré des documents, ces documents étaient sans valeur, et c'était pour en avoir d'autres plus importants des... ». Enfin, il avait dit à plusieurs reprises, il avait répété que dans trois ans on lui rendrait justice.

Le capitaine d'Attel se trouvait précisément dans le bureau de l'adjudant de garnison où son service l'avait appelé, au moment même où Dreyfus avait avoué avoir livré des documents à l'étranger. Lui aussi a donc entendu ces aveux, et il les a répétés, il les a communiqués quelque temps après au capitaine Anthoine, et, dans les mêmes termes, à peu près dans les mêmes termes.

Le premier coup de neuf heures sonna, je quittai les officiers qui m'entouraient et entouraient le capitaine Lebrun-Renault, et dès que Dreyfus fut sorti du bureau pour être conduit à la place marquée pour la dégradation, j'allai me porter à la droite des troupes.

Après la dégradation, Dreyfus passa devant le front des troupes, et, devant l'endroit où je me trouvais, il protesta de son innocence ; puis, quand il fut revenu au même point, on le conduisit dans la Cour voisine, où stationnait la voiture cellulaire et un détachement de gendarmerie qui devait le conduire au dépôt de la Préfecture de police et le remettre à l'autorité civile. Il y avait là quelques officiers. Dreyfus se tourna vers eux et leur dit : « Je ne suis pas indigne de rester parmi vous ; dans trois ans je reviendrai et on me rendra justice. » Puis il monta dans la voiture et disparut.

Dès que la voiture eût quitté la Cour, je me portai rapidement vers le bureau de l'adjudant de garnison, et rédigeai un télégramme pour le général Saussier, lui rendant compte que la parade était terminée, et que Dreyfus avait quitté l'Ecole Militaire.

Sur mon passage, je rencontrai le sous-intendant, qui est aujourd'hui contrôleur. Peyrolles ; je le mis au courant et lui communiquai ce que m'avait dit le capitaine Lebrun-Renault, notamment les trois faits relatifs à l'orgueil des galons, aux aveux, et à l'échéance de trois ans. J'assistai ensuite au défilé des troupes devant le général Darras, quelques officiers me questionnèrent, me demandèrent des renseignements, et je ne me fis pas faute de leur dire ce que je savais. Lorsque les troupes eurent quitté l'Ecole Militaire, je revins à la place Vendôme, et rendis compte immédiatement et verbalement de ce qui s'était passé au général Saussier et des incidents de la matinée dont les seuls importants, à mon avis, étaient les aveux de Dreyfus et cette échéance qu'il avait dite, qu'il répétait qu'il ne demandait que trois ans pour qu'on lui rende justice. Voilà ce qui s'est passé.

Il ne résultait pas, sans doute, des déclarations du capitaine Lebrun-Renault, en supposant qu'elles reproduisissent exactement les paroles du condamné que le crime de trahison ait été avoué ; mais elles établissaient cependant qu'il y avait eu un aveu portant sur le fait matériel de la livraison de documents et sur le mobile de cet acte : l'orgueil des galons. Et l'on comprend dès lors que les officiers présents, et, parmi eux, le lieutenant-colonel Guérin aient retenu ces déclarations, qui, sur ces deux points, ne semblaient laisser place à aucun doute.

Elles ne furent, il est vrai, consignées dans aucune pièce officielle. Le télégramme même adressé immédiatement après l'exécution par le colonel Guérin au Gouverneur militaire de Paris ne les mentionne pas. L'enquête de notre Chambre criminelle nous a appris qu'il était conçu en ces termes :

> Parade terminée. Dreyfus a protesté de son innocence et crié « Vive la France ». Pas d'autre incident.

C'est seulement le 14 février 1898 que le lieutenant-colonel Guérin dressa un rapport sur le récit fait devant lui par le capitaine Lebrun-Renault. On ne saurait douter toutefois que, dans la journée même du 5 janvier, il n'ait affirmé verbalement au Gouvernement militaire de Paris que Dreyfus avait fait des aveux.

C'est ce que nous apprend le lieutenant-colonel Picquart. Il avait dû, lui aussi, assister à l'exécution et il avait informé le Ministre de la Guerre de l'absence de tout incident ; mais, dans l'après-midi, le bruit des aveux de Dreyfus arriva jusqu'à lui.

> Je m'en suis, a-t-il dit, vivement ému. Si la chose était vraie, je me trouvais en faute pour n'avoir pas signalé immédiatement le fait au Ministre. Je courus au Gouvernement militaire de Paris où j'ai trouvé le colonel Guérin, que vous entendrez, je crois.
>
> Le colonel Guérin m'a dit qu'en effet Dreyfus avait dû faire des aveux à un capitaine de la Garde Républicaine qui était chargé de sa surveillance.
>
> Il me paraissait difficile de trouver ce capitaine en ce moment-là. J'ai demandé si on pouvait le voir. On m'a dit qu'il viendrait le lendemain. Par conséquent il était inutile de le chercher le soir même. J'ai quitté le colonel Guérin et me suis rendu tout de suite après chez le général de Boisdeffre, pour lui dire qu'effectivement, d'après le colonel Guérin, Dreyfus aurait fait des aveux à un capitaine de la Garde Républicaine.
>
> Le général de Boisdeffre m'a pris avec lui et m'a conduit chez le général Mercier. Il a voulu me faire entrer dans le bureau du Ministre ; mais je me souviens que celui-ci a demandé à être seul avec le général de Boisdeffre, et qu'ils ont causé pendant environ cinq minutes.
>
> Quand le général de Boisdeffre est sorti, il m'a dit simplement qu'il n'avait plus besoin de moi, et je suis parti.

Le capitaine Lebrun-Renault avait-il reproduit fidèlement les propos de Dreyfus ?

Sur un point, le mobile de la livraison des documents, une

reur avait été certainement commise. Jamais Dreyfus n'avait
arlé de l'orgueil des galons, qui l'avait perdu. Cette version ne
retrouve plus dans les documents postérieurs que nous allons
ter et d'ailleurs, le capitaine Lebrun-Renault, interpellé sur ce
oint à Rennes, a fait cette étrange réponse :

Je ne me rappelle pas cette phrase — la conversation a duré environ
ne heure, — mais il a pu la dire.

C'était là, sans doute, un commentaire personnel du capi-
aine Lebrun-Renault que ses interlocuteurs avaient placé dans
a bouche de Dreyfus.

Quant à la phrase relative au fait matériel de la livraison des
ocuments, elle figure dans l'attestation suivante écrite par le
apitaine Lebrun-Renault au moment de la constitution du dos-
ier des aveux.

Le capitaine Lebrun-Renault, de la Garde Républicaine, déclare que,
e 5 janvier 1895, le capitaine Dreyfus, qu'il était chargé de garder dans
ne des pièces de l'Ecole Militaire, lui a fait l'aveu suivant : « Je suis
innocent ; dans trois ans mon innocence sera prouvée. Le Ministre sait
que, si j'ai livré des documents sans importance, c'était pour en obtenir
de sérieux... Paris, le 20 octobre 1897, (signé) LEBRUN-RENAULT.

Et au-dessous :

Le capitaine Lebrun-Renault, de la Garde Républicaine, a fait la décla-
ration ci-dessus, en présence du général Gonse, et du lieutenant-colonel
Henry, et l'a écrite de sa main, le 20 octobre 1897 (signé) GONSE et
HENRY.

Cette date du 20 octobre 1897 est-elle exacte ? Il est permis
d'en douter, Henry n'ayant été promu lieutenant-colonel que le
10 novembre 1897. La pièce aurait donc été antidatée.

Une seconde note qui se trouve au dossier des aveux mentionne aussi la livraison des documents. Elle est ainsi conçue :

Paris, le 4 juillet 1898 (c'est de la main de M. Cavaignac) :

Le capitaine Lebrun-Renault m'a apporté aujourd'hui, à 2 h. 3/4, une
feuille, déchirée de son calepin, où il m'a déclaré avoir écrit, le lendemain de la dégradation de Dreyfus, la note que j'ai copiée et dont copie
est ci-jointe : la copie a été faite d'après la feuille même du calepin, que
j'ai eue sous les yeux. (Signé) CAVAIGNAC.
Hier, dégradation du capitaine Dreyfus. Chargé de le conduire de la
prison du Cherche-Midi à l'Ecole Militaire, je suis resté avec lui, de huit
à neuf heures. Il était très abattu, m'affirmait que dans trois ans son
innocence serait reconnue. Vers huit heures et demie, sans que je l'interroge, il m'a dit : « Le Ministre sait bien que si je livrais des documents...,
ils étaient sans valeur, et que c'était pour m'en procurer de plus impor-

tants. » Il m'a prié de donner l'ordre à l'adjudant, chargé de le dégrader, d'accomplir cette mission le plus vite possible.

C'est cette note qui fut lue à la Chambre des députés par M. Cavaignac et affichée avec son discours. Il eût été, semble-t-il, prudent de conserver le document original, la feuille du calepin du capitaine Lebrun-Renault ; il a été recherché sans succès au cours de l'enquête de 1899 ; le capitaine Lebrun-Renault a déclaré qu'il l'avait détruite.

Quoi qu'il en soit, vos enquêtes de 1899 ont établi avec certitude que le capitaine Lebrun-Renault n'avait inscrit sur son calepin et n'avait rapporté au général Gonse et au lieutenant-colonel Henry qu'une partie des propos que Dreyfus aurait tenus et que cette omission a eu pour effet, en séparant la phrase prêtée à Dreyfus de tout ce qui en déterminait la portée, de lui faire attribuer un sens qu'elle ne pouvait avoir.

Voici, en effet, d'après la dernière version du capitaine Lebrun-Renault, les phrases qu'il aurait retenues du monologue de Dreyfus ; il les a reproduites sous serment dans votre enquête de 1899 :

> Dreyfus commença par protester de son innocence, par dire qu'avec la fortune importante dont il jouissait et le bel avenir qui lui était réservé, il ne pouvait avoir eu aucun intérêt à trahir. Il ajouta : « Je suis innocent, dans trois ans on reconnaîtra mon innocence. Le Ministre le sait ; et le commandant Du Paty de Clam est venu me voir il y a quelques jours dans ma cellule ; il m'a dit que le ministre le savait. Le Ministre savait que, si j'avais livré des documents... ils étaient sans importance et c'était pour en obtenir de plus importants. »

Interrogé à Rennes sur le point de savoir s'il avait eu l'impression que Dreyfus, en prononçant ces mots, avait avoué son crime, le capitaine Lebrun-Renault a fini par répondre :

> LE CAPITAINE LEBRUN-RENAULT. — C'est une question personnelle. Il m'a dit telle phrase, que l'on considère cela comme on voudra ! Cela peut être pour les uns des aveux, pour les autres une explication de sa conduite, c'est l'affaire de chacun. Je ne veux pas donner d'opinion là-dessus, je ne juge pas la chose. Dreyfus m'a dit telle chose, voilà tout.

Mais ce n'était pas ces propos qu'il avait rapportés devant le lieutenant-colonel Guérin. Il avait alors parlé de « l'orgueil des galons »; il n'avait rien dit de la visite du commandant du Paty de Clam et de ce que savait le Ministre ; plus tard, il n'avait rien dit non plus de la visite du commandant du Paty de Clam.

On a dit avec raison que la propagation orale ne conserve

en, mais qu'elle défigure tout. Il y a là-dessus, écrivait
. le conseiller Bard dans son rapport de 1898,

un charmant apologue de notre grand fabuliste et, quoiqu'il s'applique
x femmes, les hommes et même les militaires peuvent en faire leur
ofit ».

Passant de bouche ene bouche, les propos de Dreyfus avaient
té entièrement transformés.

Dans leur dernier état ils se conciliaient avec les véhémentes
rotestations d'innocence que Dreyfus ne cessait de faire
ntendre.

Ainsi que l'a dit M. le Président Ballot-Beaupré :

Dreyfus rapportait les paroles que lui avait adressées, le 31 décembre
894, M. du Paty de Clam, et auxquelles il avait répondu par une affir-
ation de son innocence. C'est M. du Paty de Clam qui, pour provoquer
es aveux, lui avait dit : « Le Ministre sait que vous êtes innocent, le
finistre sait que, si vous avez livré des documents, c'était pour en avoir
e plus importants. » Et le capitaine Lebrun-Renault a compris, comme
enant de Dreyfus, ce que Dreyfus dans un monologue coupé, haché, indi-
ait comme venant de du Paty de Clam. Là est certainement le malentendu.

Mais si le capitaine Lebrun-Renault, si les personnes qui ne
onnaissaient du procès que la condamnation prononcée à l'una-
imité contre Dreyfus et qui ignoraient les incidents qui l'avaient
uivïe purent se tromper ou être trompés, il n'en fut pas de
ême du Ministre et des chefs de l'Etat-Major. Immédiatement
nformés des prétendus aveux tels qu'ils ont été rapportés en
ernier lieu, ils ne leur accordèrent aucune attention.

Vous connaissez la communication faite dans la soirée du
janvier par le lieutenant-colonel Picquart au général de Bois-
effre et transmise par ce dernier au Ministre ; puis, le Ministre
vait lui-même interrogé le capitaine Lebrun-Renault. Enfin, le
janvier, le général Gonse avait écrit au général de Boisdeffre
a lettre suivante que le commandant Targe s'est étonné de ne
oir figurer au dossier des aveux qu'en janvier 1898 :

Mon Général, je m'empresse de vous rendre compte que j'ai conduit
oi-même le capitaine de la Garde Républicaine Lebrun-Renault, chez le
Ministre, qui l'a envoyé, après l'avoir entendu, chez M. le président. D'une
açon générale, la conversation du capitaine Lebrun-Renault avec Dreyfus
tait surtout un monologue du capitaine Dreyfus, qui s'est coupé et repris
ans cesse. Les points saillants étaient les suivants : en somme, on n'a
as livré des documents originaux, mais simplement des copies. Pour un
ndividu qui déclare toujours ne rien savoir, cette phrase était au moins
ingulière. Puis, en protestant de son innocence, il a terminé en disant :
Le Ministre sait que je suis innocent, il me l'a fait dire par le comman-

dant du Paty de Clam dans la prison, il y a trois ou quatre jours ; il sait que, si j'ai livré des documents, ce sont des documents sans importance, et que c'était pour en obtenir de sérieux... » Le capitaine a conclu en exprimant l'avis que Dreyfus faisait des demi-aveux ou des commencement d'aveux mélangés de réticences ou de mensonges. Je ne sais rien depuis ce matin, et je vous prie d'agréer, etc...

Qu'auraient fait le Ministre ou le chef d'Etat-Major général s'ils avaient pensé que les phrases hachées, coupées, qui sui- vaient les protestations d'innocence de Dreyfus contenaient des aveux ou des commencements d'aveux ? Ils auraient certaine- ment, dans leur souci de sauvegarde la défense nationale, fait interroger Dreyfus dont les déclarations pouvaient enfin les éclairer sur la nature et l'importance des documents livrés. Rien ne fut fait.

M⁰ Demange a posé à Rennes sur ce sujet au général Mercier une question dont nous soumettons la réponse à votre appré- ciation.

Mᵉ DEMANGE. — M. le général Mercier a dit au cours de sa déposition que, s'il avait envoyé le commandant du Paty de Clam trouver l'accusé dans sa prison, c'était pour se rendre compte de l'étendue du mal qu'il avait peut-être fait par sa trahison. C'est cela que j'ai entendu .Voulez- vous demander à M. le général Mercier pourquoi, lorsqu'il a reçu la com- munication de M. Lebrun-Renault, ayant trait aux aveux, si à ce moment il a cru, en effet, qu'il y avait des aveux, il n'a pas renvoyé auprès du capitaine Dreyfus, qui était censé avoir avoué, le commandant du Paty pour lui dire : « Maintenant que vous avez avoué, dites-nous ce que vous avez livré ? »

LE PRÉSIDENT. — Pourquoi n'avez-vous pas envoyé quelqu'un, lorsque vous avez été mis au courant des aveux, auprès du capitaine Dreyfus pour tâcher de fixer ses aveux et de connaître ce qu'il n'avait pas dit au com- mandant du Paty ?

LE GÉNÉRAL MERCIER. — Le capitaine Dreyfus avait refusé d'entrer dans la voie des aveux avec le commandant du Paty ; je n'ai pas renou- velé la démarche.

LE PRÉSIDENT. — Du moment qu'il semblait entrer dans cette voie, au moment de la dégradation, n'avez-vous point pensé qu'il y avait lieu de renouveler cette démarche ?

LE GÉNÉRAL MERCIER. — J'aurais peut-être pu avoir cette pensée ; mais elle ne m'est pas venue !

Si cette pensée n'est pas venue au général Mercier; c'est qu'elle ne pouvait pas lui venir ; c'est qu'il ne pouvait pas se tromper sur le caractère des phrases qui lui étaient rapportées. Et c'est pourquoi aussi, il ne fut dressé aucun acte de ces pré- tendus aveux, qui, précisés, dégagés de toute équivoque, auraient dissipé toutes les incertitudes. Les accusateurs de Dreyfus qui, manifestement, n'y avaient attaché aucune impor- tance, qui ne les ont même jamais opposés au lieutenant-colonel Picquart à l'époque où il leur exposait ses doutes sur la culpabilité de Dreyfus, ne songèrent à en tirer parti que lorsque, pour justifier la condamnation, ils crurent devoir faire flèche de tout bois. Et, ce qui montre combien cette affaire a été faussée par la passion, des témoins, dont les déclarations ont dû être écartées comme étant évidemment erronées, vinrent alors s'offrir pour affirmer que Dreyfus avait, devant eux, formellement avoué son crime même après la dégradation. Tel fut le brigadier de la Garde républicaine Depert.

Cet incident des aveux considéré d'abord comme négligeable et si profondément oublié pendant trois ans, est devenu cependant pendant nos enquêtes de 1899 et au procès de Rennes l'argument capital contre Dreyfus.

J'ai déclaré et je déclare encore à l'heure actuelle, a dit à Rennes M. Cavaignac, que l'élément le plus décisif pour mon esprit, celui qui a fait ma conviction à lui seul, est celui qui a trait aux aveux.

M. Cavaignac a reconnu cependant que l'on pouvait discuter sur les termes des propos prêtés à Dreyfus ; toutefois l'explication donnée par M. le Président Ballot-Beaupré, lui a paru être une subtilité. Mais

« il y a autre chose, a-t-il dit, que les termes mêmes qui peuvent avoir été employés. Il y a les déclarations concordantes de deux témoins dont le témoignage ne présente et ne peut présenter aucune tare ; de deux témoins qui ne se connaissaient pas et qui, non seulement ont entendu les mots, mais tous deux sont d'accord pour les interpréter comme un aveu de culpabilité de l'accusé ».

Les deux témoignages dont la concordance est invoquée par M. Cavaignac sont ceux des capitaines Lebrun-Renault et d'Attel. Si nous faisons abstraction des mots, l'argument réside tout entier dans l'identité de l'impression produite sur l'esprit de ces deux témoins.

Mais l'appréciation personnelle du capitaine Lebrun-Renault a été, comme nous savons, fort incertaine. Quant à celle du capitaine d'Attel, aujourd'hui décédé, nous ne les connaissons que par le capitaine Anthoine auquel il l'avait confiée et par un mot qu'il aurait dit dans les couloirs de l'Hôtel du Gouvernement militaire à l'archiviste Wunenburger.

Le capitaine Anthoine a déposé sur ce point en ces termes devant le Conseil de guerre de Rennes :

LE CAPITAINE ANTHOINE. — Au sortir même de la dégradation, dans l'intérieur de l'Ecole Militaire, au tournant d'un couloir, je me suis trouvé brusquement face à face avec mon ami le capitaine d'Attel qui avait été de service à la cérémonie en sa qualité d'attaché à l'État-Major de la place de Paris. D'après ce que j'ai pu voir, le capitaine d'Attel était extrêmement ému. Il m'a rapporté en quelques courtes phrases les propos qu'il avait recueillis de la bouche même du capitaine Dreyfus. Ma mémoire des mots n'est pas assez fidèle pour que je sois capable de reproduire ici d'une manière absolument certaine les expressions exactes dont le capitaine d'Attel s'est servi. Mais quant aux idées, c'est tout autre chose. J'en suis absolument sûr, et je viens vous apporter les trois idées que j'ai recueillies de ce propos. Elles sont les suivantes : la première est l'aveu formel du fait d'avoir livré des documents ; la deuxième est la négation que ces documents avaient de l'importance ; la troisième, le but poursuivi qui avait été d'obtenir des renseignements en échange. Voilà ce dont je me souviens.

Cette déposition du capitaine Anthoine a été confirmée par le commandant de Mitry auquel il avait répété les paroles qu'il tenait lui-même du capitaine d'Attel.

Pendant les quelques minutes que le capitaine d'Attel a passées auprès de Dreyfus, il n'a certainement pas entendu l'ensemble des propos tenus au capitaine Lebrun-Renault. Ignorant d'ailleurs ce qui s'était passé entre le commandant du Paty de Clam et le condamné, il n'aurait pas été en état d'en pénétrer le véritable sens. Il n'a, suivant toutes les vraisemblances, que ne contredit aucun témoignage, retenu que la phrase isolée répétée au lieutenant-colonel Guérin et c'est sur cette phrase qu'il a fondé l'impression dont il a fait part au capitaine Anthoine et, plus tard, à l'archiviste Wunenburger.

Mais cette phrase rapprochée de celles qui la précédaient, que le capitaine d'Attel n'a pas entendues ou n'a pas comprises, autorisait si peu cette impression que le général Mercier, le général de Boisdeffre et le général Gonse ne la partagèrent pas puisqu'ils ne prirent aucune des mesures qu'imposaient impérieusement des aveux ou même un commencement d'aveux.

Nous ne retrouvons donc pas dans l'examen de cet incident des aveux la concordance unanime des impressions qui, d'après M. Cavaignac, aurait fourni une preuve décisive de la culpabilité de Dreyfus. Nous y voyons, au contraire, d'une part, des impressions diverses sur l'interprétation de quelques lambeaux de phrases, de l'autre, la reconnaissance unanime des protestations d'innocence absolue que Dreyfus ne cessa de faire entendre avant, pendant et après la dégradation.

Pendant quatre ans, il a ignoré la légende qui s'était formée et il a persévéré dans ses protestations avec de tels accents de sincérité qu'il a convaincu non seulement le commandant Forzinetti, directeur de la prison militaire du Cherche-Midi, mais encore, ainsi que l'atteste M. Fournier, inspecteur général des services administratifs, tous les fonctionnaires de l'administration pénitentiaire qui l'ont approché en France.

Son émouvante correspondance avec sa famille pendant la durée de sa déportation à la Guyane n'est remplie que de ces protestations ; mais rien, à ce point de vue, n'est plus significatif et plus touchant que les rapports mensuels adressés par les surveillants chefs de l'Ile du Diable, peu enclins cependant par profession à l'attendrissement, à l'administration locale. Vous en lirez le résumé dans le rapport officiel sur le séjour de Dreyfus à l'Ile du Diable, dont il a été donné lecture devant le Conseil de guerre.

Affaibli par le climat et par les dures conditions de sa vie, parfois désespéré, sentant sa raison lui échapper, il n'est soutenu que par l'inébranlable volonté de faire éclater un jour son innocence.

Lorsque le 8 janvier 1899, il fut, pour la première fois, appelé à fournir ses explications, par commission rogatoire adressée par la Cour de Cassation au Président de la Cour d'appel de Cayenne, il répondit aussitôt :

Je n'ai pas prononcé ces paroles telles qu'elles son relatées : j'ai dit ceci ou à peu près, dans un monologue haché : « Je suis innocent ; je vais crier mon innocence en face du peuple. Le Ministre sait que je suis innocent. Il m'a envoyé M. du Paty de Clam pour me demander si je n'avais pas livré quelque pièce sans importance pour en obtenir d'autres en échange. J'ai répondu non, que je voulais toute la lumière ; qu'avant deux ou trois ans mon innocence serait reconnue. »

Nous devions rappeler cette légende, nous n'avons pas à la discuter. Les lumineux rapports de M. le conseiller Bard et de M. le président Ballot-Beaupré, le réquisitoire de M. le procureur général Manau, auxquels nous nous référons, n'en ont rien laissé subsister.

Votre arrêt des Chambres réunies du 3 juin 1899 a tenu à la faire disparaître à tout jamais des débats, à en effacer toute trace.

Aussi, dans la dernière enquête. votre Chambre criminelle a-t-elle estimé qu'il ne convenait pas de soumettre cette question à de nouvelles recherches. Le lieutenant-colonel Picquart, dans sa déposition du 9 mai 1904, paraissait vouloir la soulever de nouveau, en appréciant les déclarations du lieutenant-colonel

4

Guérin. Un membre de la Cour a présenté alors une observation qui a donné lieu à l'incident suivant : .

UN MEMBRE DE LA COUR. — Nous n'avons jusqu'ici sur ce point entendu aucune déposition ; il semble que cette question ait été laissée en dehors de notre enquête. Si nous croyons devoir entendre M. Picquart sur ce point, c'est instituer un nouveau débat sur cette partie de l'affaire que je croyais, quant à moi, tranchée, par l'arrêt des Chambres réunies de 1899. Je me permets de faire cette observation, la Cour appréciera.

M. LE PRÉSIDENT (au témoin). — Vous pouvez laisser ce point de côté.

LE TÉMOIN. — Bien, monsieur le président. je tenais à dire seulement qu'au procès de Rennes, il avait été question de ces aveux, et il s'agit de la revision du procès de Rennes.

Devant le Conseil de guerre de Rennes, en effet, on a eu de nouveau recours, au mépris de votre arrêt, à la légende même que vous aviez détruite.

Si on avait pu la faire revivre, la plaidoirie de Mᵉ Demange l'aurait anéantie. En 1899, elle ne fut pas un obstacle à l'admission de la demande de revision ; elle le serait moins encore aujourd'hui.

VI

Il ne saurait entrer dans le cadre de ce rapport d'exposer les polémiques, les incidents, les affaires connexes à celle qui nous occupe, qui ont précédé votre arrêt de 1899. Il nous paraît cependant utile, pour la clarté de nos observations ultérieures, de vous en rappeler les faits principaux.

Le colonel Sandherr, subitement atteint de la maladie à laquelle il devait succomber bientôt, fut remplacé le 2 juillet 1895 par le lieutenant-colonel Georges Picquart à la direction du Service des renseignements.

Le lieutenant-colonel Picquart était l'un des officiers les plus distingués de l'armée. Grâce à ses mérites incontestés, il était arrivé très jeune à un grade élevé et pouvait aspirer aux plus hautes situations militaires. Cet avenir a été brisé par d'odieuses intrigues dont le colonel Picquart reste encore la victime.

Vous connaissez son rôle effacé au procès de 1894. N'ayant

pas eu connaissance du dossier, il était convaincu que les preuves du crime de Dreyfus étaient écrasantes.

> Une des premières recommandations que je lui fis, a dit à Rennes le général de Boisdffre, comme je l'avais faite avant lui au général Gonse et au colonel Sandherr, fut de continuer à suivre l'affaire Dreyfus.
> J'avais, en effet, un grand intérêt à savoir si les fuites étaient plus nombreuses et d'une autre nature que celles que nous avions vues dans le bordereau.
> J'avais, en outre, je le déclare, trouvé que l'instruction judiciaire qui avait été faite était insuffisante au point de vue de ce qui concernait le jeu, la moralité, les femmes, etc.
> J'avais donc prié le colonel Picquart de continuer ces investigations comme j'avais prié son prédécesseur de le faire.
> J'ai lu, depuis que je suis ici, la déposition de M. Delaroche-Vernet. Je me demande si ces poursuites et ces investigations ont été faites avec tout le zèle désirable.

Le colonel Picquart s'est expliqué sur son refus de donner suite à des indications que lui avait fournies M. Delaroche-Vernet. Il s'agissait de relations que Dreyfus aurait eues avec un officier italien et dont une dame d'origine italienne devait, moyennant argent, procurer la preuve. Renseigné sur le degré de confiance que méritait la dame italienne, le colonel Picquart pensa qu'il se trouvait en présence d'une tentative d'escroquerie ou d'un roman et sa perspicacité n'avait pas été en défaut ; car on peut tenir pour certain que si les renseignements offerts par la dame italienne avaient eu une valeur quelconque, on les aurait, depuis cette époque, retrouvés et produits.

Les investigations sur la vie privée de Dreyfus furent confiés à Guénée, qui était l'homme de confiance du Ministère. Suivant son habitude il apporta des racontars ramassés dans les tripots. « Lorsqu'on voulait le pousser à des preuves, tout aboutissait à rien ». Les investigations durèrent jusqu'au milieu de 1896.

Au mois de mars de la même année, Henry reçut par la voie ordinaire des paquets de papiers provenant de l'attaché militaire A. Ces paquets furent remis par Henry, qui ne faisait que passer à Paris entre deux trains, au colonel Picquart, lequel confia au capitaine Lauth la reconstitution des fragments qu'ils renfermaient.

Dans l'un de ces paquets se trouvaient les morceaux d'une carte télégramme. Le fait était fréquent ; le dossier secret en a donné la preuve.

Cette carte télégramme, connue depuis sous le nom de « petit bleu », était déchirée en trente-deux fragments. Elle fut ainsi reconstituée :

Monsieur le commandant Esterhazy,
27, rue de la Bienfaisance, Paris.

Monsieur,

J'attends avant tout une explication plus détaillée que celle que vous m'avez donnée l'autre jour sur la question en suspens. En conséquence, je vous prie de me la donner par écrit pour pouvoir juger si je puis continuer mes relations avec la maison R...

Le petit bleu était signé de la lettre C. Son écriture était manifestement contrefaite. Dans le même lot de papiers se trouvait une lettre au crayon noir dont il ne restait que quelques morceaux ; elle était aussi signée C ; la partie centrale manquait. Elle portait dans le haut la mention écrite au crayon bleu « Faire porter par la concierge ». D'après les phrases qui subsistaient, il semble que l'objet du brouillon se rapportât à celui de la carte télégramme.

Cette dernière n'avait pas été envoyée ; on devait supposer que la personne qui l'avait écrite l'avait déchirée et l'avait remplacée par la lettre dont on retrouvait en partie le brouillon.

Le capitaine Laüth en présentant la pièce reconstituée au colonel Picquart, lui exprima son étonnement ; il se demanda s'il ne venait pas de découvrir la preuve d'une nouvelle trahison.

Je ne connaissais pas le commandant Esterhazy, a dit à Rennes le colonel Picquart ; étant donnée la provenance de la pièce, il était évident qu'il se trouvait en relations avec la personne de chez qui venait la pièce ; mais, une chose me gênait : c'était une pièce qui avait l'air de partir de là, et non pas une pièce arrivée, puisqu'elle n'avait pas le timbre de la poste. Comment la personne qui avait écrit cela avait-elle été amenée à jeter cela dans son panier ?

Craignant un piège, le colonel Picquart résolut d'agir avec une extrême prudence ; la pièce fut photographiée et il se renseigna sur le compte de son destinataire.

Le commandant Esterhazy appartenait au 74e régiment d'infanterie en garnison à Paris. Nous savons par vos enquêtes qu'il était peu estimé en raison des désordres de sa vie privée et que l'on avait remarqué l'intérêt très vif qu'il portait à toutes les questions d'artillerie et de tir.

Né à Paris le 16 décembre 1847, fils et neveu de généraux de division qui avaient laissé un nom honoré dans l'armée française, il était resté orphelin de bonne heure.

En 1868, il s'était engagé dans la légion pontificale en formation à Antibes ; l'année suivante il y était sous-lieutenant. Au mois de juin 1870, il entrait avec son grade dans la légion étrangère et passait en septembre de la même année, au titre français, au 2ᵉ régiment de zouaves. Pendant la guerre de 1870-71, il se fit remarquer par sa belle conduite et fut promu au grade de capitaine. La commission des grades le replaça sous-lieutenant. Il ne devint par la suite chef de bataillon que le 24 décembre 1894. Nous savons que, comme lieutenant, il fut attaché au Service des renseignements en même temps que le capitaine de réserve Weil et Henry.

Ses chefs vantaient son énergie, son savoir étendu, son dévouement à ses devoirs. On a cependant plus tard appris qu'il n'hésitait devant aucun moyen pour enrichir son dossier et il avait réussi à y introduire une fausse citation à l'ordre du jour de l'armée.

M. Grenier, ancien préfet du Territoire de Belfort, dont le père, le général Grenier, avait eu Esterhazy comme officier d'ordonnance, a dit de lui :

Son instruction générale et spéciale est absolument hors ligne. Il parle toutes les langues de l'Europe ; il est au courant de toutes les inventions et de toute la science moderne. C'est un laborieux et il a, au point de vue du travail, des facilités exceptionnelles... On ne pouvait se défendre contre la séduction qu'il exerçait.

Mais ces brillantes qualités avaient un revers. D'après M. Grenier, Esterhazy avait toujours été un peu fou ; il l'était devenu tout à fait en 1894-95. Son inconscience maladive pouvait seule expliquer ses actes parfois incompréhensibles, ses propos toujours déplacés, ses lettres bien connues à Mme de Boulancy, où dans un langage révoltant il se répandait en injures contre la France, contre l'armée, contre ses chefs. Il n'en avait pas moins de nombreuses relations.

Bien des personnes, a ajouté M. Grenier, ont été comme moi séduites par ce fou d'intelligence merveilleuse et d'indéfinissable attraction.

Il s'était toujours livré à des dépenses excessives. Marié très honorablement, père de famille, il ne quittait guère Paris où il entretenait une maîtresse, la dame Pays. Sa fortune personnelle avait disparu, il avait même gravement compromis la dot de sa femme. Au moment où le colonel Picquart faisait prendre des renseignements sur lui par l'agent Desvernines, ses créanciers l'assiégeaient, le papier timbré pleuvait sur lui. Il était en rapport avec des agents d'affaires sans moralité, qui avaient été condamnés même pour escroquerie et se livraient à de louches opérations financières. Sa situation s'aggravait chaque jour.

Il avait connu le capitaine André Crémieux et M. Ernest Crémieux-Foa, beaux-frères de M. Grenier, et il avait été amené à jouer un rôle dans l'affaire des duels de la *Libre Parole*. L'assistance qu'il avait prêtée au capitaine Crémieux-Foa dans l'un de ces duels lui avait semblé pouvoir être exploitée. Vous trouverez au dossier de votre enquête de 1899 et dans le réquisitoire de M. le Procureur général une lettre fausse de son oncle, M. de Beauval, fabriquée par lui, qui dénote une absence totale de dignité et de sens moral. Elle lui valut un secours de 2.000 francs.

Il est inutile, au surplus, d'insister sur la déchéance morale d'Esterhazy. Le général Roget a résumé son opinion en ces termes :

> Au point de vue privé, Esterhazy n'est pas défendable. Tout ce qu'on peut dire à son sujet, c'est qu'on peut être perdu de dettes et n'être pas un traître ; mais qu'au point de vue moral tout est possible avec un homme comme Esterhazy.

Tel était, d'après les enquêtes, le personnage étrange, sans scrupules, aux abois, auquel était adressé le « petit bleu ». Le commandant Esterhazy était d'ailleurs en relations mondaines avec l'attaché A, qui avait connu sa famille à l'étranger, et il a déclaré, dans une lettre adressée à M. le Premier Président de la Cour de Cassation le 13 janvier 1899 que, pendant dix-huit mois environ, de 1894 à 1895, il avait eu des rapports avec cet agent. Il assure, il est vrai, que ces rapports avaient été provoqués par le colonel Sandherr agissant avec l'autorisation de ses chefs ; mais il a reçu sur ce point un démenti formel des généraux Billot, de Boisdeffre, Gonse et Roget.

Or, au mois de juillet 1896, pendant un voyage d'Etat-Major, le commandant Pauffin de St-Morel, attaché au général de Boisdeffre, dit au colonel Picquart qu'il avait depuis longtemps en poche une lettre du colonel de F., notre attaché militaire à Berlin, relative à une visite que ce dernier avait reçue d'un agent nommé Richard Cuers, employé jusque-là par une puissance étrangère et connu de longue date par le Service des renseignements. Il résultait de cette lettre et d'indications ultérieurement fournies par le colonel de F... mandé à Paris, que l'attaché A n'avait eu aucun rapport avec Dreyfus, mais qu'il avait eu à son service un chef de bataillon, âgé de 40 à 45 ans, décoré, qui fournissait certains renseignements concernant l'artillerie.

Ces derniers temps, avait dit Richer Cuers, il nous a fourni des feuilles de cours de l'Ecole de tir du camp de Châlons ; mais ses renseignements ont été tellement singuliers à certains moments que nous avons pensé que nous avions affaire à un provocateur et il n'est plus à notre service.

Cette coïncidence éveilla l'attention du colonel Picquart. Il en aurait été frappé encore davantage s'il avait connu une note parvenue au Service des renseignements en avril 1895 ; un de nos agents à l'étranger avait fourni des indications reconnues exactes sur l'organisation de l'espionnage à Paris au profit de la puissance A. Notre agent ajoutait :

La personne qui renseigne à Paris l'agent A serait décorée de la Légion d'honneur, âgée de 45 ans environ ; mais on ne sait si elle est civile ou militaire. Elle va fréquemment à (la maison de A), en conservant à sa boutonnière le ruban de la Légion d'honneur. Elle remet de nombreux rapports à A. Le dernier remis est relatif à la fabrication, en France, d'un nouveau matériel d'artillerie. Tous ces rapports sont très goûtés au grand Etat-Major général.

On avait vainement tenté jusque-là d'obtenir le concours de Richard Cuers ; il s'était toujours dérobé. Cependant, la visite au colonel de F... semblait faire prévoir que, mécontent de ceux qui l'employaient, il serait peut-être disposé à entrer en relations avec le Service des renseignements. Le colonel Picquart s'empressa de saisir cette occasion.

Richard Cuers consentit à se rendre à Bâle où avaient été envoyés le capitaine Lauth, le commandant Henry et le commissaire spécial Tomps. L'entrevue eut lieu le 6 août 1896. D'après le colonel Picquart, Richard Cuers n'aurait pas été interrogé avec toute l'habileté qu'on était en droit d'attendre de ses interlocuteurs. Il ne donna aucun renseignement nouveau. Toutefois il résulte d'une note dressée après l'entrevue par le capitaine Lauth que le major ou chef de bataillon (âgé de 40 ou 45 ans), qui en 1893 ou 1894 renseignait l'attaché A, lui aurait adressé :

1° Un rapport sur le nouveau fusil à l'essai à l'Ecole normale de tir du camp de Châlons ;

2° Un rapport sur le canon à tir rapide en essai en France ;

3° Des renseignements sur le camp retranché de Toul ;

4° Des renseignements sur les ouvrages de fortifications des environs de Nancy.

La veille de cette entrevue de Bâle, le colonel Picquart s'était cru autorisé à parler de ses soupçons sur Esterhazy au général de Boisdeffre. Il en saisit au mois d'août le général Billot, Ministre de la Guerre.

Vers la fin du mois, il eut par l'agent Desvernines un spécimen de l'écriture d'Esterhazy et peu après il entra en possession de deux de ses lettres que lui remirent avec l'autorisation du Ministre deux officiers attachés au Ministère. Il fut immédiatement frappé de la similitude extraordinaire de cette écriture avec celle du Bordereau, dont il avait vu le fac-similé en 1894.

Je pris les lettres, lisons-nous, dans sa déposition à Rennes ; je les comparai avec les échantillons du bordereau qui étaient dans mon bureau (je parle du fac-simile), et je fus épouvanté, non plus de la similitude, mais de l'identité des deux écritures.

Mais je ne voulus pas me fier à mon jugement. Je résolus de consulter des personnes plus autorisées que moi au point de vue des comparaisons d'écritures, et précisément des personnes qui s'étaient occupées de la question en 1894.

Je fis donc faire une photographie de la lettre adressée au capitaine Calmont, et je fis mettre sur la photographie une « cache » pour la signature et d'autres pour enlever les parties de la lettre qui pouvaient déceler leur auteur.

Ce travail fut fait à la fin d'août 1896.

. . . . : : : : . . . : : : :

Je ne sais plus à quelle date j'ai montré à du Paty de Clam et à M. Bertillon cette photographie de la lettre adressée par Esterhazy à Calmont.

En tout cas, je la leur ai montrée.

Du Paty de Clam garda cet échantillon cinq minutes et me dit :

— C'est l'écriture de Mathieu Dreyfus.

Pour comprendre cette assertion, il faut se rappeler que du Paty de Clam soutenait que l'écriture du Bordereau était un mélange de celle d'Alfred Dreyfus et de Mathieu Dreyfus.

Donc ce propos me montrait qu'il prenait ce fac-simile d'écriture d'Esterhazy, que je lui montrais, pour un fac-simile d'une écriture semblable à celle du bordereau.

Pour Bertillon ce fut autre chose.

Dès que je parus avec mon fac-simile, il dit :

— Ah ! c'est l'écriture du Bordereau !

Et comme je lui dis :

— Mais si c'était une écriture récente ?

Il me dit ces mots qui me parurent singuliers :

— Alors, les Juifs ont exercé quelqu'un depuis un an pour imiter cette écriture !

M. Bertillon me demanda de lui laisser le fac-simile. J'y consentis.

Il me le rapporta quelques jours après. Seulement, dans l'intervalle, il avait fait une opération qui m'a servi plus tard beaucoup, mais enfin qu'on ne fait pas sans prévenir : il en avait une photographie et l'avait gardée.

Il ne me l'a pas dit. Je ne l'ai su qu'après.

Il avait dans la tête l'hypothèse d'un homme de paille qui, à un moment donné, prendrait l'écriture du Bordereau et s'en dirait l'auteur.

M. Bertillon ne démordant pas de son idée, je ne jugeai pas à propos de pousser plus loin ; mais j'avais une indication précieuse : il trouvait que c'était l'écriture du Bordereau.

Dans ces conditions-là, mes doutes sur la culpabilité de Dreyfus devinrent violents.

Comment ! voilà un officier supérieur dont l'écriture est identiquement celle du Bordereau, et cet officier supérieur a des relations louches avec des agents de l'étranger ?

Je me suis dit : « Le Bordereau ne vaut plus rien. »

A un moment donné la complicité d'Esterhazy est venue à mon esprit et je me suis dit : « Il faut donc pour calmer ma conscience, que je voie quelles étaient les charges du dossier secret, ces charges qui ont dû être absolument probantes, qui sont écrasantes, d'après ce qu'on m'a dit, et peut-être dans ces charges en trouverai-je quelques-unes qui seront communes à Dreyfus et à Esterhazy.

C'est à ce moment que je me fis remettre le dossier secret et que, pour la première fois depuis mon entrée au Service des renseignements, j'en pris connaissance.

Je vous avoue que ma stupéfaction fut profonde.

Je m'attendais à des preuves écrasantes et je ne trouvais rien.

Bien plus ! je trouvais que la pièce Doutes-preuves pouvait s'appliquer au moins aussi bien à Esterhazy qu'à Dreyfus.

Enfin, je me rendais compte que le commentaire était établi dans un esprit... que je suis très modéré en qualifiant de partial.

Dès que j'eus fait cette découverte de l'inanité du dossier secret, j'avisai le général de Boisdeffre.

Je lui montrai l'écriture du Bordereau.

Je lui montrai l'écriture d'Esterhazy et je lui fis parcourir avec moi le dossier secret.

Il ne me donna aucune raison contre, et m'ordonna simplement de me rendre avec ce dossier et le résultat de mes recherches chez le général Gonse, qui se trouvait alors à la campagne.

Dans les premiers jours de septembre, le colonel Picquart se rendit en effet auprès du général Gonse et l'entretint pour la première fois de la question Esterhazy. Après avoir reçu ces longues explications, après avoir vu le fac-similé du Bordereau, le dossier secret, le « Petit-Bleu », le général Gonse se borna à dire qu'il fallait séparer les deux affaires, l'affaire Esterhazy et l'affaire Dreyfus.

Il a expliqué en ces termes, à Rennes, dans une réponse à Me Demange, ce qu'il entendait par cette séparation des deux affaires :

Me Demange. — Voulez-vous demander à M. le général Gonse comment il a conçu dans son esprit qu'on pût séparer l'affaire Esterhazy de l'affaire Dreyfus puisque les pièces qui devaient être apportées par M. le colonel Picquart étaient précisément de l'écriture d'Esterhazy et démontraient à M. le général Gonse l'identité avec le Bordereau, et comment M. le général Gonse pouvait-il supposer qu'en poursuivant Esterhazy on pouvait séparer de l'affaire Dreyfus la base de l'accusation, qui était également le Bordereau ?

M. le président. — Vous avez entendu la question ?

Le général Gonse. — Parfaitement. Pour moi le bordereau n'était pas la base de l'accusation. Le Bordereau restait à la charge de Dreyfus, et Esterhazy pouvait être coupable de forfaire en dehors du Bordereau.

Je ne parle pas d'histoires d'écritures, je n'ai pas qualité, je ne suis pas expert en écritures.

Je lui ai dit, dans une de mes lettres, malheureusement' je me suis mal expliqué ; si j'avais pensé que mes lettres dussent passer à la postérité, je me serais expliqué autrement.

Picquart se basait sur son petit bleu. Il apportait également des spécimens d'écriture, je le veux bien ; mais je n'ai pas qualité pour parler d'écritures, alors je lui ai dit :

Séparons les deux affaires, laissons le Bordereau à la charge de Dreyfus, puisqu'il y est, et prenons simplement les charges qui peuvent résulter pour Esterhazy du petit bleu ou d'autres pièces qui pourraient se présenter. Vous me dites qu'il a apporté des documents, ceci, cela ; eh bien ! Voilà ce que j'ai dit.

M⁰ DEMANGE. — Autre question. Au moment où M. le général Gonse a reçu cette communication de M. le colonel Picquart, et lui a montré l'écriture d'Esterhazy, le général Gonse' a comparé les deux écritures, celle d'Esterhazy et celle du Bordereau. A ce moment-là, n'a-t-il pas conçu la pensée qu'il pouvait y avoir erreur sur Dreyfus, puisque, encore une fois, la base de l'accusation c'était l'écriture, et qu'on lui apportait une écriture bien ressemblante, sinon identique à celle du Bordereau?

LE GÉNÉRAL GONSE. — Je n'avais pas à me prononcer sur une question d'écriture, d'abord parce que je ne suis pas expert, par conséquent je ne m'en occupais pas. D'un autre côté, le jugement de 1894 avait mis le Bordereau à la charge de Dreyfus ; par conséquent, je n'avais pas à changer, je n'ai pas changé, j'ai dit à Picquart : « Ne marchons pas sur les écritures. »

M⁰ DEMANGE. — Le général Gonse n'a-t-il pas à ce moment, conçu la pensée qu'il pouvait y avoir eu une erreur en 1894?

LE GÉNÉRAL GONSE. — Du tout.

M⁰ DEMANGE. — Du tout? Alors, en voyant l'écriture d'Esterhazy identique au Bordereau, cela n'a causé aucune impression à M. le général Gonse?

LE PRÉSIDENT. — Avez-vous reconnu une ressemblance?

LE GÉNÉRAL GONSE. — Evidemment il y a une ressemblance. Tout le monde la verra. Mais il y a bien d'autres écritures qui ont une ressemblance très grande avec celle-là.

M⁰ DEMANGE. — Voyons, je vais bien préciser. Nous sommes en 1896 comme nous étions en 1894. Depuis 1894, ou plutôt depuis 1895, la date est fixée par M. le général Gonse lui-même, on a fait une nouvelle enquête. Mais à ce moment-là, c'est-à-dire en 1896, nous étions comme en 1894. Or, il n'y avait à ce moment-là, dans le dossier judiciaire, que l'écriture. C'est pour cela que je demande à M. le général Gonse s'il n'avait pas été saisi et frappé, comme l'a été le lieutenant-colonel Picquart, par cette identité d'écriture?

LE GÉNÉRAL GONSE. — Non.

Le général Gonse n'admettait donc pas qu'on pût toucher au jugement de 1894 ; ce jugement ne représentait pas seulement la vérité légale, mais la vérité absolue et ce n'était pas une ressemblance d'écriture qui pouvait le remettre en question.

Le général Billot, ministre de la Guerre, avait été très agité, très ému par les doutes sur la culpabilité de Dreyfus qu'avaient fait naître en lui les communications du colonel Picquart. M. Barthou, ministre de l'Intérieur dans le même cabinet, s'est souvenu qu'au moment du procès Zola, il avait entendu le général Billot dire :

« qu'il avait eu, pendant plusieurs jours, des doutes sur la culpabilité de Dreyfus et qu'il n'en avait pas dormi pendant plusieurs nuits ».

Le général Billot a déclaré qu'en effet, cherchant avant tout la vérité, il avait été très ému des écritures qui lui avaient été soumises ; à ce moment, il avait éprouvé des doutes. Il les avait exprimés en ces termes au colonel Picquart :

Ce n'est pas seulement vers Esterhazy qu'il faut chercher : dans ce moment, je suis l'objet de sollicitations étranges qui me viennent de tous les côtés. M. Weil, que vous m'avez signalé comme suivi et observé par votre service, monsieur Picquart, il remue ciel et terre ; le marquis de Maison, M. Jules Roche, le comte de Montebello, le baron de Lareinty, le général Giovanninelli, le général Saussier, gouverneur de Paris, veulent faire entrer au Ministère de la Guerre le commandant Esterhazy, au service des renseignements, dans un bureau quelconque. A plusieurs reprises, M. de Maison, mon officier d'ordonnance, neveu du marquis de Maison, qui a eu des relations avec M. Weil, m'en a parlé.

Le commandant Esterhazy, fût-il même l'auteur du Bordereau, était incapable d'avoir par lui-même les documents énumérés dans le Bordereau. N'y a-t-il pas eu une main qui lui a fourni ces documents? La main de Dreyfus? je ne le sais pas ; mais il y a quelquefois un intermédiaire? Il faut rechercher les relations qui existeraient entre un troisième et celui qui est à la source des renseignements, celui qui les donne, chercher de tous côtés.

On chercha, on ne trouva pas. Et ce ne fut pas, quoi qu'on en ait dit à la suite de la déposition de M. Delaroche-Vernet, par de la faute du colonel Picquart ; car, depuis, on a cherché, on a cherché avec passion et nous verrons qu'aucun indice n'a été trouvé qui permît de supposer que celui qui, étant à la source des renseignements, les avait procurés à Esterhazy, était Dreyfus.

Vers la même époque, au commencement de septembre, le bruit se répandit que Dreyfus s'était évadé et la presse engagea une polémique à laquelle la famille Dreyfus n'était sans doute pas étrangère. A un article du Figaro favorable au condamné, l'Eclair répondit le 10 septembre en termes violents et, dans son numéro du 15 septembre, il publia un texte inexact et aggravé du Bordereau, ainsi que des renseignements sur la communication au Conseil de guerre d'une pièce qui aurait entraîné la condamnation et où se trouvaient ces mots : « Décidément cet animal de Dreyfus devient trop exigeant » qui reflétaient exactement les explications qu'avait souvent données le commandant du Paty de Clam de la pièce « ce canaille de D ».

On ne sait quel fut l'inspirateur de ce dernier article. Dreyfus y était accusé violemment ; en même temps, la communication de pièces secrètes, qui devait être l'une des causes de la revision, y était révélée.

L'article pouvait être d'un ami fort habile ou d'un ennemi maladroit. Le colonel Picquart soupçonné, a démontré qu'il ne l'avait pas inspiré. A son tour il a soupçonné le commandant du Paty de Clam qui s'en est défendu et dont la participation n'a pas été établie.

Ce n'était là que les débuts d'une polémique qui allait s'étendre. Le colonel Picquart en comprit toute la gravité; l'intervention de la famille Dreyfus pouvait amener la revision malgré le Ministère de la Guerre. Il se résolut à faire une nouvelle tentative auprès du général Gonse. Voici le récit qu'il a fait de leur entretien :

Le général m'a dit : « Mais pourquoi tenez-vous tant à ce que Dreyfus s'en aille de l'Ile-du-Diable ? » Remarquez que je cite ici de mémoire. Je ne dis pas que ce sont les termes exacts, mais c'est là la pensée... Je lui répondis : « Mais il est innocent ! » Le général m'a répondu : « Mais c'est une affaire que l'on ne peut pas reprendre ! Le général Mercier, le général Saussier sont mêlés à cette affaire. » J'ai répondu : « Mais puisqu'il est innocent ! « Cela ne fait rien, ce ne sont pas des considérations qui doivent entrer en ligne de compte ! » Et d'ailleurs, prenant les choses à un autre point de vue, j'ajoutai : « Vous voyez bien que la famille Dreyfus travaille en ce moment-ci, qu'elle se livre à des manœuvres. En bien ! si elle arrive à découvrir quel est le véritable coupable, quelle sera notre situation ? » C'est alors que le général me dit : « Si vous ne dites rien, personne ne le saura ! »

Le général Gonse a contesté ce dire. Je le maintiens de la façon la plus formelle.

Je vous avoue que j'ai été absolument bouleversé et que je lui ai dit : « C'est abominable, mon général, je n'emporterai pas ce secret dans la tombe ! », et j'ai quitté la pièce.

Le lendemain cependant, 16 septembre, l'entretien était repris. Le général Gonse faisait venir auprès de lui le colonel Picquart et lui demandait quelles mesures il comptait prendre au sujet d'Esterhazy. Le colonel Picquart les exposa ; il aurait voulu un interrogatoire, une expertise, au besoin l'arrestation ; il fut même amené à proposer de tendre, grâce aux indications fournies par le « Petit Bleu », un piège à Esterhazy ; mais aucun des ordres que ces mesures eussent exigés ne lui fut donné ; il comprit que toute mesure qui aurait définitivement engagé l'affaire lui était interdite.

Il entendit quelques témoins avec la conviction qu'il n'aboutirait ainsi à rien. Bientôt il jugea « qu'il n'y avait rien à faire pour le moment, parce que, si ses chefs ne lui disaient pas de cesser, ils ne lui disaient pas, non plus, de continuer ».

Le colonel Picquart venait donc d'échouer dans sa tentative de faire prendre par le Ministère de la Guerre l'initiative des recherches qui auraient pu conduire à la revision ; il ne considérait pas cependant cet échec comme définitif.

Le Ministère pouvait craindre, à ce moment, de troubler le pays ; sans doute, si la vérité avait été mise au jour par le Chef de l'armée, c'était, comme l'a dit à Rennes Me Demange, la justice militaire grandie par la reconnaissance de son erreur, c'était l'honneur et la loyauté militaires acclamés par tous.

Encore fallait-il que la vérité apparût avec un tel caractère d'évidence qu'elle ne pût être contestée par personne. En 1896, comme en 1894, l'opinion publique croyait fermement à la culpabilité de Dreyfus. Elle ignorait tout du procès ; mais elle savait que Dreyfus avait été condamné à l'unanimité par un Conseil de guerre dont l'impartialité n'était pas suspectée et qui n'avait pu se résoudre à condamner un officier comme traître que contraint et forcé par l'évidence des preuves. Comment aurait-elle accueilli la brusque substitution d'Esterhazy à Dreyfus et par quelles polémiques furieuses, dont il est aisé de deviner le thème, le Gouvernement n'eût-il pas été assailli ?

Une similitude, une identité même d'écritures n'était peut-être pas suffisante pour courir de semblables risques. Me Demange a rappelé ce qui s'était passé au Parlement et au Sénat le jour où M. Scheurer-Kestner avait montré l'écriture du commandant Esterhazy.

« Vous n'avez que cela ? lui disait-on, une écriture ; c'est avec une écriture que vous entendez flétrir un homme ? » C'est presque sous des huées qu'il avait dû descendre de la tribune.

Cette présomption pouvait cependant être corroborée par d'autres ; l'œuvre pouvait être reprise. Le colonel Picquart, malgré son désaccord avec le général Billot, avec le général Gonse, était toujours au Ministère, chef du Service des renseignements, et son autorité ne paraissait pas atteinte.

Il avait confié ses soupçons sur Esterhazy, ses convictions sur Dreyfus à Henry qui lui répondit un jour brutalement :

Lorsque j'étais aux zouaves, il y a quelqu'un, le fils d'un colonel, qui était simple soldat et qui s'est rendu coupable de vol ; l'officier, sous les ordres duquel il était, a voulu le faire poursuivre ; ses chefs n'étaient pas de cet avis. C'est l'officier qui a été brisé, et c'est le coupable qui est resté.

L'allusion était claire ; elle ne pouvait cependant faire prévoir au colonel Picquart les manœuvres dont il allait être victime et qui avaient pour but de ruiner la confiance que ses chefs lui conservaient, de l'éloigner du Ministère et, enfin, d'opposer à ses projets de revision un obstacle insurmontable.

Ce fut d'abord dans les premiers jours de septembre une lettre signée d'un nom qui paraissait être Weyler. Elle était adressée à Dreyfus à la Guyane et avait été transmise au Ministère des Colonies. Son écriture était bizarre. Entre les lignes se trouvaient les phrases suivantes écrites à l'encre sympathique :

Nous ne comprenons rien à votre dernière communication ; reprenez le premier système. Dites où sont les armoires d'où les documents ont été enlevés et le mot des serrures. Acteur prêt à agir.

L'encre sympathique était assez apparente pour qu'en ouvrant la lettre on pût voir ces phrases.

On fut d'accord sur ce point qu'il s'agissait d'une manœuvre de la famille Dreyfus.

La lettre confirmait une hypothèse souvent émise que la famille Dreyfus s'efforçait de substituer quelqu'un au condamné « un pauvre diable quelconque qui tâcherait d'imiter son écriture ».

Cette pièce avait été écrite pour créer une preuve contre Dreyfus. D'après le commandant Cuignet, son écriture étrange est identique à celle d'un certain nombre de lettres émanant de la dame voilée de l'affaire Esterhazy et, comme la dame voilée n'est autre que le commandant du Paty de Clam, c'est ce dernier qui serait l'auteur de la lettre Weyler.

On en fit une imitation parfaite qui fut envoyée à Dreyfus, lequel n'y comprit rien.

Puis, ce fut un rapport de Guénée, du 30 octobre, remis sans doute à Henry et ensuite au général Gonse. Guénée y disait que le colonel Picquart lui avait confié qu'après avoir compulsé le dossier secret, il avait éprouvé des doutes sur la culpabilité de

Dreyfus et qu'un ami à qui il avait communiqué ce dossier, avait partagé son sentiment. Il n'y avait rien de vrai dans ce rapport d'un agent du service contre son chef ; mais on faisait ainsi naître des doutes graves sur la discrétion qui était son premier devoir.

Enfin le 2 novembre 1896, le commandant Henry apporta au général Gonse, à l'insu du colonel Picquart, un billet adressé par l'agent B à l'agent A. Ce billet avait été, disait-il, reçu par la voie ordinaire. Il était ainsi conçu :

> Mon cher ami,
>
> J'ai lu qu'un député va interpeller sur Dreyfus. Si on me demande à... nouvelles explications, je dirai que jamais j'avais des relations avec ce Juif. C'est entendu ! Si on vous demande, dites comme ça. Car il faut pas que on sache jamais personne ce qui est arrivé avec lui.
>
> ALEXANDRINE.

Cette pièce était fausse.

Par qui, dans quelles circonstances a-t-elle été fabriquée ? Etait-elle l'œuvre exclusive du commandant Henry ou bien d'autres l'avaient-ils tout au moins inspirée ? Le commandant du Paty de Clam en avait-il fourni le texte, ainsi qu'a cru pouvoir l'affirmer le commandant Cuignet, Henry n'étant pas en état moralement et intellectuellement de combiner ce faux et de l'écrire dans la forme qui lui a été donnée.

L'écriture avait-elle été calquée par Henry ou bien avait-il chargé de cette besogne, ainsi que l'a pensé l'archiviste Gribelin, l'agent Lemercier-Picard, qui plus tard, aurait été pendu ? Est-il admissible qu'après avoir calqué la plupart des mots de cette lettre sur la pièce de comparaison portant la date du 16 juin 1894, le faussaire ait, par erreur, intercalé dans son faux les mots « cher ami » et la signature « Alexandrine » appartenant à la pièce de comparaison ? Cette dernière pièce elle-même ne serait-elle pas fausse ? La révélation du faux, au mois d'août 1898, par le commandant Cuignet, serait-elle spontanée ? N'aurait-elle pas été imposée par la nécessité de prévenir une révélation imminente, le faux déjà dénoncé par le colonel Picquart et connu du Ministère des Affaires étrangères depuis le mois de novembre 1897 étant d'ailleurs évident.

Toutes ces questions ne sont pas encore sorties du domaine des controverses ; malgré l'enquête de 1899 et celle de votre Chambre criminelle sur la seconde demande de revision, elles sont enveloppées d'obscurités, ainsi que bien des circonstances demeurées mystérieuses du suicide du colonel Henry, le 31 août 1898.

Nous avons toutefois une première certitude : La pièce était fausse. M. Cavaignac, alors ministre de la Guerre, le général de Boisdeffre et le général Roget attestent qu'Henry en a fait l'aveu devant eux. Il avait reçu en 1896, a-t-il dit, une lettre insignifiante ; il l'avait supprimée et lui en avait substitué une autre qu'il avait fabriquée ou fait fabriquer.

Nous avons une seconde certitude : c'est que cette lettre fausse, qui ne laissait aucun doute sur la culpabilité de Dreyfus, a été introduite dans le dossier secret par celui qui le connaissait mieux que personne, pour créer une preuve qu'il savait ne pas exister.

Sur l'existence du faux, sur la personnalité de celui qui en a fait usage, sur le mobile du crime, la lumière est faite.

Dans l'intérêt de qui a-t-il été commis ? Henry n'a-t-il pensé qu'à lui-même, au rôle prépondérant qu'il avait joué en 1894 et aux conséquences fatales de la revision pour son avenir ? A-t-il été poussé par une pensée de dévouement envers ses chefs, responsables de l'erreur dans laquelle il les avait fait tomber ? A-t-il voulu sauvegarder le principe de l'infaillibilité du Commandement, fût-ce au prix du sacrifice d'un inférieur ? A-t-il cru sincèrement que l'intérêt de la Patrie exigeait que Dreyfus, même innocent, fût sacrifié à la sécurité du Service des renseignements?

Ces questions, et d'autres aussi, plus graves pour Henry, ne comportent que des solutions hypothétiques, que nous n'avons pas à rechercher ici. Ce que nous savons du faux Henry nous suffit.

Il eut immédiatement le résultat qu'en attendait son auteur. Vous connaissez l'impression qu'il produisit sur la Chambre des Députés, lorsque M. Cavaignac en donna lecture à la séance du 7 juillet 1898 ; il est aisé de se rendre compte de son influence sur les esprits, peut-être hésitants encore, des généraux Billot, de Boisdeffre et Gonse.

Ainsi que l'a dit à Rennes le général Billot, il n'est jamais arrivé à un Ministre de prendre la loupe et de se faire expert en écritures pour savoir si telle ou telle pièce est vraie ou fausse. C'est au service des renseignements à voir cela.

Le Service des renseignements c'était Henry et vous savez la confiance aveugle qu'il inspirait. La pièce qu'il présentait ne fut même pas montrée au colonel Picquart qui apprit cependant peu de temps après, du général Gonse, son existence.

Elle fut accueillie sans doute avec trop d'empressement ; mais ce document libérait si à propos les consciences troublées ! Il supprimait toutes les éventualités embarrassantes ; il dissipait les hésitations et les doutes et apportait enfin au Ministère la base solide qu'attendait sa conviction.

Cette conviction, désormais justifiée, devait avoir pour conséquence nécessaire la disgrâce du colonel Picquart, qui, sciemment ou non, s'était lancé sur une voie fausse et périlleuse et avait risqué d'y entraîner le Gouvernement après lui.

Depuis longtemps il était chargé d'une mission dans l'Est ; son départ avait été retardé jusqu'à l'interpellation annoncée qui devait avoir lieu le 18 novembre.

Le 10 novembre, le *Matin* avait publié le fac-similé du Bordereau. On sait aujourd'hui que cette indiscrétion doit être imputée à l'un des experts de 1894, M. Teyssonnières. Au Ministère de la Guerre cette publication avait causé un émoi très vif. Le colonel Picquart chargea d'une enquête le commissaire spécial Tomps, qui, peu après, communiqua un rapport d'un de ses agents, d'après lequel le Bordereau avait été pris à un expert. Avec sa perspicacité et sa bonne foi ordinaires, le commandant Henry s'était efforcé, dès le début de l'enquête, de faire tomber, de parti pris, les soupçons sur son chef. L'évidence même ne le fera pas démordre de son système.

Le 14 novembre, le colonel Picquart était conduit par le général Gonse chez le ministre, qui, après lui avoir reproché des indiscrétions commises dans son service, lui donna l'ordre de partir. Sa mission dans l'Est devait être de courte durée ; toutefois, lui avait dit le général Gonse, il fallait qu'elle se prolongeât jusqu'aux premiers jours de décembre. Mais, de l'Est, le colonel Picquart fut envoyé en Tunisie et incorporé au 4e régiment de tirailleurs algériens ; il ne fut rappelé qu'au mois de novembre 1897 pour déposer dans l'enquête ouverte contre Esterhazy sur la plainte de M. Mathieu Dreyfus.

Nous n'instruisons pas ici les nombreuses accusations portées contre le colonel Picquart et nous devons passer rapidement sur les incidents, si intéressants qu'ils soient, qu'elles soulevèrent.

Comment éviter cependant de vous signaler les procédés du Service des renseignements à l'égard de son ancien chef, le jour où la direction de ce service fut confiée au commandant Henry ?

Vous y retrouverez le même esprit, la même absence de scrupules dans le choix des moyens que nous avons déjà vus fonctionner en 1894.

L'éloignement du colonel Picquart ne suffisait pas à rassurer l'auteur ou les auteurs du faux. Il fallait ruiner définitivement son crédit, son avenir militaire, supprimer toute intervention utile de sa part. Aussi pendant son absence se hâte-t-on de préparer les accusations qui surgiront plus tard.

C'est à l'aide de violations illégales de correspondances privées, de pièces suspectes ou manifestement fausses, qu'on en réunit les éléments.

Le colonel Picquart a conservé de longues illusions sur les véritables sentiments du colonel Henry et de ses subordonnés au Service des renseignements à son égard. Il avait confié à l'archiviste Gribelin le soin de lui faire parvenir, pendant la durée de son absence, sa correspondance privée. Il a appris, un an plus tard, que ses lettres avaient été ouvertes avant de lui être transmises, que copie en avait été prise, que certaines d'entre elles avaient même été retenues. Cette révélation lui fut faite au cours de l'enquête dirigée par le général de Pellieux contre Esterhazy, sur la plainte de M. Mathieu Dreyfus.

Une lettre lui avait été adressée le 27 novembre 1896, à son domicile personnel, par M. Ducasse, secrétaire d'une vieille amie de sa famille, Mlle Blanche de C...; elle contenait la phrase suivante :

> Le demi-Dieu demande chaque jour à la comtesse quant il pourra voir le bon Dieu.

Ces expressions, demi-Dieu et Bon Dieu, désignaient dans l'intimité, certaines personnes en relations avec Mlle Blanche de C... Elles n'avaient aucun rapport avec les affaires Dreyfus et Esterhazy.

Le 15 décembre 1896, Gribelin livrait au Service des renseignements, qui le saisissait et le gardait, le billet suivant :

> Je sors de la maison, mes amis sont dans la consternation, votre malheureux départ a tout dérangé. Hâtez votre retour ici : hâtez-le vite. Le moment des fêtes étant très favorable pour la cause, nous comptons sur vous pour le 20. Elle est prête ; mais elle ne peut et ne veut agir qu'après vous avoir causé. Le demi-Dieu ayant parlé, on agira.
>
> SPERANZA.

Plus tard, vers le mois de novembre 1897, deux télégrammes

adressés en clair à Sousse au colonel Picquart étaient saisis et venaient prendre place dans son dossier. Le premier, signé « Blanche », portait :

On a preuve que le bleu a été fabriqué par Georges.

> BLANCHE.

Le second, arrivé le lendemain, était ainsi conçu :

Arrêtez le demi-Dieu. Tout est découvert. Affaire très grave.

> SPERANZA.

Ces trois pièces tendaient à établir, soit l'existence de relations cachées entre le colonel Picquart et les amis de Dreyfus (la personne qualifiée de demi-Dieu devait être M. Scheurer-Kestner), soit la fausseté du Petit-Bleu.

Or, il est certain aujourd'hui que ces trois pièces avaient été fabriquées pour compromettre le colonel Picquart. Quel en était l'auteur ou l'inspirateur ? La réponse à cette question importe peu. C'était peut-être le commandant du Paty de Clam, qui s'en défend. A coup sûr, c'était une personne qui avait connaissance du billet authentique du 27 novembre 1896, lequel n'avait pas quitté les archives du Service des renseignements.

Au mois d'octobre 1897, l'accusation portée contre Esterhazy se précise. L'auteur ou les auteurs du faux Henry ont tout à craindre si sa culpabilité est établie. Ils prennent en mains, pour plus de sûreté, la direction de sa défense ; ils le protègent par des moyens tour à tour odieux ou grotesques inspirés au commandant du Paty de Clam d'après le commandant Cuignet, « par son imagination malade et sa haine de Picquart ». Les intrigues qu'ils imaginèrent alors sont devenues célèbres. Les rendez-vous mystérieux d'officiers supérieurs avec déguisements, fausses barbes, lunettes bleues, intervention de femmes voilées, ont diverti le monde à nos dépens.

Mais l'une des imputations dirigées contre le colonel Picquart était singulièrement perfide.

Dans une lettre du 31 octobre 1897, inspirée, sinon dictée par le commandant du Paty de Clam ou Henry et adressée au Président de la République, Esterhazy s'exprimait ainsi :

La généreuse femme, qui m'a prévenu de l'horrible machination ourdie contre moi par les amis de Dreyfus avec l'aide du colonel Picquart, a pu me procurer depuis, entre autres documents, la photographie d'une pièce qu'elle a réussi à soutirer à cet officier. Cette lettre volée dans une légation étrangère par le colonel Picquart et des plus compromettantes pour certaines personnalités diplomatiques. Si je n'obtiens ni appui, ni justice, et si mon nom vient à être prononcé, cette photographie, qui est aujourd'hui en lieu sûr à l'étranger, sera immédiatement publiée.

M. le Procureur général, dans son réquisitoire, a établi que ce document ne pouvait être que la pièce « Ce canaille de D », qu'il était sorti des archives du Ministère, qu'il avait été communiqué à Esterhazy et restitué par lui contre un reçu signé du chef de cabinet du Ministre.

Qui l'avait communiqué à Esterhazy ? Le commandant Cuignet n'a pas hésité à déclarer que l'hypothèse de la généreuse femme était une fable et que la communication avait été faite par M. du Paty de Clam. C'est aussi ce qui a été affirmé en dernier lieu par Esterhazy. Le lieutenant-colonel du Paty de Clam a, au contraire, soutenu qu'il n'avait jamais remis ce document.

Dans tous les cas, il est ressorti avec évidence des recherches qu'aucun vol de documents n'avait été commis chez le colonel Picquart par une femme et que cette fable n'avait pu être imaginée que pour servir de prétexte à la violation des secrets les plus intimes de la vie privée et à de scandaleuses investigations.

L'authenticité du Petit-Bleu n'avait pas été suspectée à l'origine. Le 14 septembre 1898, une note est adressée au Ministre dans laquelle le colonel Picquart est accusé d'avoir falsifié ce document. Une enquête est ouverte et son premier résultat est d'établir que, si des surcharges et des grattages existaient sur l'adresse et rendaient la pièce suspecte, ces altérations étaient postérieures à sa réception par le Service des renseignements. C'était donc dans ce service que la pièce avait été frauduleusement altérée afin de donner un fondement à l'inculpation. D'autres raisons aussi étaient invoquées pour démontrer que cette pièce était apocryphe. L'écriture en était déguisée et le colonel Picquart aurait tenté de faire certifier qu'elle était de l'attaché A. Il aurait aussi essayé de faire apposer sur la pièce le timbre de la poste.

Ces raisons secondaires étaient bien faibles. Comment le colonel Picquart aurait-il pu avoir la pensée de faire attester que l'écriture manifestement déguisée du « Petit Bleu » était celle de l'attaché A, dont le service possédait de nombreux spécimens? Le petit bleu n'avait de valeur que parce qu'il avait été apporté par « la voie ordinaire »; quel intérêt avait-il, dès lors, à y faire apposer le timbre de la poste ?

Il fallait de plus supposer que le brouillon de lettre trouvé en même temps que le petit bleu et ayant le même objet était lui-même faux.

Enfin, comment expliquer, si le document était faux, que le colonel Picquart eût, comme dernier moyen d'en tirer parti, proposé à ses chefs d'en faire usage pour tendre un piège à son destinataire ?

L'ordre de mise en jugement n'en fut pas moins délivré. Votre arrêt de règlement de juges du 3 mars 1899 et l'arrêt de non-lieu de la Chambre des mises en accusation de la Cour de Paris du 13 juin 1899 ont mis fin à cette poursuite.

Mais ce n'était pas sans raison que le colonel Picquart avait éprouvé en Tunisie des craintes pour sa sécurité. Une lettre menaçante d'Henry lui avait fait comprendre qu'il était soupçonné de s'être livré à des manœuvres contre Esterhazy, d'avoir falsifié le Petit Bleu et d'avoir divulgué le dossier secret. Il s'était rendu compte aussi qu'un dossier de pièces fausses avait été réuni contre lui.

Or, a-t-il dit à Rennes, comme je savais parfaitement que je n'étais coupable d'aucun des trois griefs que mon ancien subordonné, et mon subalterne actuel Henry, me reprochait, je me dis immédiatement que l'on faisait à mon égard une manœuvre semblable à celle que l'on avait faite en attribuant à Dreyfus les pièces du dossier secret.

. . . . : : : : : : : :

Il était évident qu'avec ces pièces fausses on allait charger sur moi, qu'on allait me traduire en justice, et que je n'aurais pas seulement le temps de me retourner.

J'étais un témoin sûr pour Dreyfus, dans le cas où sa famille viendrait à engager son procès de réhabilitation. On savait au Ministère de la Guerre que je ne parlerais que suivant ma conscience. On devait forcément, si on ne voulait pas amener la réhabilitation, chercher à me supprimer, au moins moralement.

Dans ces conditions, je me crus autorisé à prendre des précautions pour ma sûreté personnelle et pour la sauvegarde de mon honneur, parce que ces preuves matérielles pouvaient être de n'importe quel genre.

Je ne savais pas jusqu'où pouvait aller l'audace des faussaires.

Comme précaution je ne pris que celle-ci : ce fut de mettre en dépôt chez un avocat les lettres que m'avait écrites le général Gonse au courant de ma mission, et les deux lettres qu'il m'avait écrites au sujet de l'affaire Esterhazy-Dreyfus, lettres dont je vous ai parlé tout à l'heure, et qui sont datées du mois de septembre 1896. Puis, je confiai à ce même avocat que j'avais découvert que Dreyfus était innocent ; qu'à mon avis le coupable était un nommé Esterhazy, et que, si jamais cette affaire arrivait au jour, j'étais absolument menacé, comme étant le témoin principal de l'affaire ; qu'il serait préférable que cette affaire fût connue du Gouvernement, et, dans les conversations que nous eûmes, je lui laissai entendre que ce genre de démarches ne serait pas désapprouvé par moi.

Je lui fis entendre, par contre, que tout autre espèce d'indiscrétion serait absolument un abus de confiance à mon égard.

Vous savez ce qui s'est passé.

M. Leblois a essayé d'avertir le Gouvernement par l'intermédiaire de M. Scheurer-Kestner.

J'étais persuadé et suis persuadé encore que le Ministre de la Guerre ignorait cet abominable trafic de faux qui avait été fait contre moi.

. . . . : : : : : : : : :

Moi, de mon côté, en Tunisie, a-t-il ajouté, j'avais repris mon service et j'avais exprimé à Leblois le désir de ne plus me mêler à cette affaire, de ne pas continuer à m'en occuper, tout en lui donnant la consigne d'agir si jamais j'étais menacé.

Mais que pouvaient contre le faux Henry les documents remis à M. Leblois, la pétition de Mme A. Dreyfus à la Chambre des Députés, l'intervention en octobre 1897 de M. Scheurer-Kestner, vice-président du Sénat, la dénonciation d'Esterhazy par M. Mathieu Dreyfus, les protestations enflammées de Zola ? Tous les efforts tentés en faveur de Dreyfus devaient se briser contre le faux. Aux yeux de ses chefs, le colonel Picquart, après avoir vainement tenté de les entraîner à faire reviser le procès, n'avait pas renoncé à son entreprise ; c'était contre eux, contre la vérité qu'il la poursuivait, persévérant ainsi dans une erreur certaine et démontrée. Aussi les accusations de toutes espèces vont-elles pleuvoir sur lui ; il sera incarcéré pendant près d'un an et, s'il échappe aux poursuites, grâce aux arrêts de la justice civile et à l'amnistie, il n'en sera pas moins exclu de l'armée par mesure disciplinaire.

En revanche, Esterhazy, quelle que fût l'indignité de sa vie privée, qui devait bientôt entraîner sa mise en réforme, n'était pas, ne pouvait pas être le traître, il était « inouï, abominable » de vouloir le substituer à Dreyfus. Ainsi s'explique la protection dont il fut couvert, l'indulgence que rencontrèrent ses lettres insensées au Président de la République. La direction donnée aux enquêtes et à l'information suivies contre lui sur la plainte de M. Mathieu Dreyfus, leurs conclusions tendant au non-lieu, son acquittement par le Conseil de guerre devant lequel le Gouverneur militaire de Paris exigea qu'il comparût, bien que les experts désignés pour rechercher si l'écriture du Bordereau était celle d'Esterhazy, MM. Couard, Varinard et Belhomme, eussent répondu, non sans avoir été circonvenus, ainsi que paraissent l'établir les brouillons des lettres saisis chez Esterhazy par M. le juge d'instruction Bertulus, que l'écriture du Bordereau n'était qu'une imitation parfois imparfaite, parfois trop parfaite de la sienne.

Cette influence du faux Henry a été mise en lumière et appré
ciée en ces termes par M. le conseiller Bard dans son rapport
de 1898 :

S'il est indéniable qu'une certaine influence s'est ainsi exercée sur
l'affaire Esterhazy, il faut, pour être équitable envers ceux qui y ont participé et dont la manière d'agir a été critiquée, ne pas perdre de vue un
fait d'une grande importance, qui a dominé, sans que le public le soup
çonnât, et l'enquête du général de Pellieux, et l'instruction qui s'est close
par une proposition de non-lieu, et les débats du Conseil de guerre qui
aboutirent à l'acquittement, rendu inévitable, d'Esterhazy. Ce fait qui
explique tout, c'est la production secrète aux magistrats militaires de la
preuve matérielle de la culpabilité de Dreyfus, preuve fabriquée par le
lieutenant-colonel Henry, mais dont la fausseté n'était pas démontrée
alors, et qui paraissait péremptoire et irréfutable.

Ecoutez le général de Pellieux, harcelé par la défense au sujet des
lacunes ou des obscurités de son information, et obligé pendant plusieurs
jours de retenir sur ses lèvres le fait qui, dans sa pensée, répond à tout.
A la fin il éclate et voici comment il s'exprime à l'audience du 18 février :

Au moment de l'interpellation Castelin, il s'est produit un fait que je
tiens à signaler. On a eu au Ministère de la Guerre, et remarquez que je
ne parle pas de l'affaire Dreyfus — la preuve absolue de la culpabilité de
Dreyfus, absolue ! et cette preuve, je l'ai vue. Au moment de cette interpellation, il est arrivé au Ministère de la Guerre un papier dont l'origine
ne peut être contestée et qui dit — je vous dirai ce qu'il y a dedans : —
« Il va se produire une interpellation sur l'affaire Dreyfus. Ne dites
jamais les relations que nous avons eues avec ce Juif. »

Maintenant, ajoute M. le conseiller Bard, veuillez vous mettre par la
pensée à la place du magistrat militaire : il a vu, de ses yeux vu, la preuve
absolue que Dreyfus était un espion.

La valeur de cette pièce est admise par tout le monde au Ministère de
la Guerre. Le frère de l'espion dénonce un autre officier. Ce ne peut être
qu'une illusion de dévouement fraternel, c'est peut-être une machination nouvelle. Tout ce qu'on pourra dire contre l'officier dénoncé n'empê-
chera pas que Dreyfus soit et reste un espion. Il faudra instruire à
l'égard de cet officier la dénonciation Mathieu Dreyfus pour lui donner
une suite légale ; mais cette dénonciation ne peut pas, ne doit pas aboutir,
sinon à faire éclater aux yeux de tous que le commandant Esterhazy
n'est pas l'auteur de la trahison de 1894, dont la pièce de 1896 a complètement éclairci le mystère.

Voilà, semble-t-il, l'explication toute naturelle de tant de choses qui
ont paru inexplicables, et cette explication atténue une grande partie de
responsabilités qu'on a mises en cause.

Que l'affaire Esterhazy se soit poursuivie jusqu'au bout dans ces conditions, le dossier le montre jusqu'à l'évidence. L'enquête est ordonnée non
seulement pour vérifier la dénonciation, mais pour donner satisfaction au
désir exprimé par Esterhazy. Cette enquête et l'instruction qui suit sont en
grande partie dirigées contre le principal témoin à charge, l'ancien chef
du Bureau des renseignements, le colonel Picquart, chez lequel on perquisitionne en son absence, alors qu'on ne perquisitionne pas chez l'officier
dénoncé pour espionnage, qui est laissé en liberté. Si Esterhazy est ensuite
renvoyé devant le Conseil de guerre, c'est qu'il a demandé des juges.

Si les poursuites ne furent pas précisément conduites « en
forme d'apothéose », selon l'expression de l'un des défenseurs

de Dreyfus, rien ne fut négligé pour imposer l'acquittement et garantir même Esterhazy contre toute poursuite ultérieure. Accusé de trahison, il fut laissé en liberté et une singulière et bien grave irrégularité, dont l'auteur est resté inconnu, altéra, à son profit, l'ordre de mise en jugement décerné contre lui par le général Saussier. Cet ordre portait qu'Esterhazy était « accusé d'avoir en 1894, pratiqué des machinations ou entretenu des intelligences avec une puissance étrangère »; les mots « en 1894 » furent grattés et supprimés ; le bénéfice de l'acquittement prévu devait donc s'étendre à tous les faits antérieurs au jugement, quelle qu'en fût l'époque.

L'appréciation de M. le conseiller Bard a été confirmée en tous points à notre avis par la dernière enquête de notre Chambre criminelle.

Le général Gonse, il est vrai, a affirmé que le faux Henry, qu'il détenait, n'a pas été montré par lui au général de Pellieux et qu'il n'avait exercé aucune influence sur l'opinion des magistrats militaires qui avaient eu à se prononcer sur l'accusation dirigée contre Esterhazy.

Comment expliquer alors que le général de Pellieux ait déclaré, dans la déposition que nous avons citée, qu'il avait vu la preuve absolue de la culpabilité de Dreyfus ?

Dira-t-on qu'elle ne lui fut montrée qu'après l'instruction Esterhazy ? Mais la communication des pièces secrètes du dossier Dreyfus et celle de tous les dossiers connexes est établie par une lettre du général Billot du 19 novembre 1897 rapportée dans la dernière enquête et par une seconde lettre au général de Boisdeffre versée aux débats par le commandant Targe.

D'un autre côté voici ce que nous lisons dans la déposition de M. le colonel Ducassé, qui avait été chargé, en qualité de greffier, de la rédaction des dépositions dans l'enquête conduite par le général de Pellieux :

Je vais vous citer une petite anecdote qui s'est produite à ce moment-là et qui est bien typique : je causais un jour avec le général de Pellieux, alors qu'il avait été appelé à l'Etat-Major général pour la fameuse affaire, quand il revint, comme il me racontait tout ce qui se passait, puisque nous travaillions ensemble, il me dit : « On m'a montré un tas de papiers, tout cela est en désordre. » Je lui dis : « Vous a-t-on montré une pièce quelconque qui établisse la culpabilité? » Il me dit oui, et alors, il me cita la lettre de l'attaché B, celle qui fut lue ensuite au procès Zola. Il me raconta que cette lettre avait été reçue au Ministère trois ou quatre jours avant l'époque qui avait été fixée pour une interpellation qui devait avoir lieu à la Chambre pour le procès Dreyfus, et il m'en donna *grosso modo* le contenu. Je ne pus m'empêcher de lui faire remarquer ceci : « Voilà un document qui est arrivé bien à propos, il répond par point à l'enquête ; êtes-vous bien sûr qu'il soit authentique ?... »

Un membre de la Cour. — C'était le faux ?

Le témoin. — Oui, êtes-vous sûr qu'il est authentique ?...

Un membre de la Cour. — C'est pendant son enquête ?

R. — Oui, et voici la réponse : le général me répond ceci : « Il ne peut pas y avoir de doute sur l'origine, l'authenticité du document, parce que ce document est arrivé au Ministère accompagné d'autres documents n'ayant aucune relation avec l'affaire Dreyfus, qui sont des documents intimes, mais caractéristiques, je n'ai pas besoin d'insister sur la nature de ces documents. »

Enfin, à quel faux, si ce n'est au faux Henry pouvait faire allusion le général de Pellieux, dans la lettre suivante si long-temps ignorée, qu'il adressait le 31 août 1898, le jour du suicide d'Henry, au Ministre de la Guerre :

31 août 1898.

Monsieur le Ministre,

Dupe de gens sans honneur, ne pouvant espérer conserver la confiance de nos subordonnés sans laquelle il n'y a pas de commandement possible, ayant perdu de mon côté la confiance de ceux de mes chefs qui m'ont fait travailler sur des faux, j'ai l'honneur de vous prier de vouloir bien faire liquider ma retraite pour ancienneté de service.

(Signé) DE PELLIEUX.

Le Ministre n'accepta pas cette demande de mise à la retraite et le général de Pellieux consentit à la retirer. Le colonel Ducassé a fait connaître dans la dernière enquête l'état d'esprit dans lequel se trouvait le général de Pellieux au moment où il écrivait cette lettre :

En ce qui concerne la question de la lettre du général de Pellieux, je puis vous éclairer complètement : la conviction du général de Pellieux en la culpabilité de Dreyfus, c'est une affaire entendue, elle est irrévocable, et il y croit d'une façon combative, qui répond à son tempérament, jus-qu'au jour où se produit la découverte du faux Henry. Ce jour-là, le matin, aux Invalides, le général de Pellieux me fit appeler. Je n'avais pas lu les journaux. Il me dit : « Savez-vous ce qui se passe ? » Du tout, et il me montra un journal, dans lequel on annonçait l'arrestation d'Henry ou son suicide, je ne me rappelle pas bien. « Qu'est-ce que vous dites de cela ? On vous a donc trompé ?... » Il y eut une scène d'une violence extrême et dont la lettre écrite par le général de Pellieux n'est qu'une très pâle image ; je le répète, la scène fut d'une très grande violence. A la suite de ce fait, le général de Pellieux n'y alla pas par quatre chemins, il dit très carrément : « Un dossier où il y a un faux est un dossier suspect ; on ne peut pas condamner sur un dossier suspect ; non seulement la revi-sion s'impose, mais la cassation du procès, et on ne peut pas réunir de nouveau un Conseil de guerre en lui donnant à juger sur un dossier contaminé. »

Nous arrivons là à un changement de front complet, absolu, qui s'est fait dans les dix minutes. Je n'étais pas seul à assister à cette scène ; il y avait son officier d'ordonnance qui assistait à une partie de la scène...

Cette pensée que le faux et le suicide d'Henry imposait la revision du procès Dreyfus ne fut pas seulement celle de feu le général de Pellieux ; il semble bien, du moins d'après l'interrogatoire du commandant Pauffin de St-Morel par le Ministre de la Guerre le 31 juillet 1903, qu'elle fut aussi celle du chef d'Etat-Major lui-même.

Dans tous les cas le cri de la conscience publique exigeait de nouveaux débats.

Le 27 septembre 1898, le Garde des Sceaux, après avoir reçu le 3 septembre une requête de Mme Alfred Dreyfus, saisissait la Cour de Cassation d'une demande de revision, fondée sur deux ordres de faits :

Le faux Henry et les appréciations contradictoires des experts en écritures du Bordereau dans le procès de 1894 contre Dreyfus et dans celui de 1897 contre Esterhazy.

Par arrêt du 29 octobre, la Chambre criminelle déclarait cette demande recevable et ordonnait une enquête, qui fut close le 4 février 1899. Le 1er mars 1899 intervenait la loi de dessaisissement et la Cour de Cassation toutes chambres réunies procédait à un supplément d'enquête.

VII

Dreyfus avait été condamné en 1894 pour avoir livré les pièces énoncées au Bordereau ; mais la teneur de ces pièces et, par suite, leur importance exacte, était et est encore inconnue. On a dû se borner à former des conjectures. Celles du commandant d'Ormescheville, que nous avons indiquées plus haut, donnaient au Bordereau la date d'avril ou mai 1894, d'où la conséquence que les documents livrés étaient antérieurs à cette date ; mais en vérifiant, à l'occasion de la demande en revision, la portée qu'auraient pu avoir ces documents, on s'est rendu compte que les conjectures du commandant d'Ormescheville enlevaient toute vraisemblance à l'accusation.

Quelle apparence, en effet, qu'un officier de l'Etat-Major de l'Armée eût offert à une puissance étrangère des renseignements sur le frein hydraulique du 120 ? Si on l'avait soutenu en 1894, c'est que l'on avait ignoré, si étrange que cela puisse paraître, que ce frein était connu depuis onze ans et que sa description complète figurait dans un règlement paru en 1889, qui se trouvait dans le commerce.

Le rapport du commandant d'Ormescheville faisait allusion à des modifications apportées au fonctionnement des troupes de couverture au mois d'avril 1894 ; mais ces modifications n'offraient à peu près aucun intérêt.

Il en était de même des travaux de préparation de la loi votée le 21 mai 1894, promulguée le 29 juin, qui avait rattaché les pontonniers au génie. Ce n'était qu'en exécution de cette loi que l'organisation de l'artillerie avait pu être modifiée et la connaissance de ces modifications pouvait seule tenter une puissance étrangère.

La note sur Madagascar visée dans le rapport du commandant d'Ormescheville avait été établie comme travail d'inspection générale par le commandant Mollard ; le caporal Bernollin l'avait, en effet, copiée ; mais elle ne renfermait que des renseignements géographiques sans intérêt pour un Etat-Major étranger.

Le projet de manuel de tir de l'artillerie de campagne avait été, il est vrai, envoyé dès le 16 mars aux destinataires ; les envois avaient été ensuite échelonnés du 16 mars au 12 mai. Pour admettre que le Bordereau fût d'avril, il fallait supposer

« que son auteur avait su dès les premiers mois qu'il existait, et qu'il en eût obtenu un exemplaire aussitôt, alors qu'il n'y en avait qu'un très petit nombre d'envoyés et que chacun de ceux qui en étaient détenteurs normalement avait d'abord intérêt à en avoir connaissance ».

Les conjectures du commandant d'Ormescheville n'étaient donc pas soutenables. Il fallait les abandonner et les remplacer par des conjectures nouvelles plus acceptables, en opposition moins manifeste avec les vraisemblances.

Un système nouveau, qui semble avoir été construit par le général Roget et par le commandant Cuignet, fut, en conséquence, proposé au cours de vos enquêtes.

On avait pensé en 1894 que l'expression « partir en manœuvres » était l'équivalent de « partir en voyage d'Etat-Major ». C'était même une des raisons qui avaient dirigé les soupçons sur Dreyfus qui avait fait un voyage d'Etat-Major au mois de juin 1894. On avait donc placé le Bordereau à une époque antérieure au mois de juillet 1894.

Mais une note ministérielle du 28 mai 1898, commentant la

phrase finale du Bordereau, avait déclaré qu'un voyage d'Etat-Major ne pouvait être confondu avec des manœuvres. La raison invoquée pour maintenir la date primitive du Bordereau n'existait plus ; cette date pouvait être reculée jusqu'au moment des manœuvres, c'est-à-dire en septembre. Dreyfus, il est vrai, n'était pas allé aux manœuvres ; mais il importait peu, car il avait dû y aller et avait cru jusqu'à la fin du mois d'août qu'il irait.

Les pièces livrées pouvaient donc être postérieures à avril ou mai 1894 ; elles devaient l'être en réalité, car, entre la fin de mai et le commencement de septembre 1894, les sujets des diverses notes mentionnées au Bordereau avaient motivé des recherches et des travaux intéressants et importants.

Il fallait d'abord écarter l'idée qu'il s'agit dans le Bordereau du frein hydraulique du 120, frein d'affût de siège connu depuis 1883 ét tombé dans le domaine public. Le frein, objet de la note, devait être un frein nouveau, peu connu des artilleurs eux-mêmes en 1894, le frein hydropneumatique du 120 court, nouveau canon de campagne, dont il assurait la remise en batterie automatique. Or, ce nouveau canon n'avait été tiré qu'en 1894 aux écoles à feu à Poitiers, du 28 avril au 12 mai, et au camp de Châlons, du 28 avril au 25 mai. Ce n'était donc qu'au milieu de mai, au plus tôt, qu'on avait pu avoir des renseignements sur la manière dont cette pièce s'était conduite ou comportée.

La note sur les troupes de couverture indiquant que quelques modifications seraient apportées par le nouveau plan devait viser, non les modifications apportées au plan en vigueur au mois de mars 1894, mais la couverture du nouveau plan et les travaux auxquels elle avait donné lieu à l'Etat-Major de l'Armée au mois d'août 1894.

Deux notes avaient été établies sur Madagascar. Ce n'était pas sur celle du commandant Mollard que devait porter le Bordereau, mais bien sur la seconde, du 20 août 1894, expédiée définitivement le 29 août, qui indiquait la composition du corps expéditionnaire, la route à suivre, le plan de campagne.

La loi sur le rattachement des pontonniers au génie avait été suivie de travaux effectués au 1er Bureau de l'Etat-Major de l'Armée au mois de juin 1894. Ces travaux, faits en vue du plan à l'étude, touchaient à l'organisation de l'artillerie. Leur résultat fut notifié aux commandants de corps d'armée le 4 juillet. Le Bordereau ne pouvait viser que ces travaux.

L'accusation ainsi transformée par une étude nouvelle du Bordereau qui, bien que conjecturale elle-même, faisait apparaître la légèreté avec laquelle les hypothèses inadmissibles de 1894 avaient été accueillies, fut ensuite étendue à des faits dont il n'avait jamais été question dans les premiers débats, sur lesquels Dreyfus n'avait été ni interrogé, ni mis en demeure de se défendre et qui n'auraient pu, par suite, être introduits régulièrement dans le procès.

Ces faits étaient la livraison à une puissance étrangère :

1° Des secrets de fabrication de l'obus Robin ;

2° D'une instruction sur le chargement des obus en mélinite ;

3° D'une minute du Ministère de la Guerre concernant la répartition de l'artillerie lourde aux armées ;

4° De cours de l'Ecole de guerre.

D'après les témoins désignés par le Ministère de la Guerre pour déposer aux enquêtes comme étant en situation de fournir des renseignements complets sur l'affaire, sur le dossier secret, sur la culpabilité de Dreyfus, la preuve de la livraison des documents et de la trahison du condamné était établie par plusieurs ordres de faits qui pouvaient être classés dans l'ordre suivant, d'après leur importance :

Les aveux,

La discussion technique du Bordereau,

Le dossier secret,

La discussion graphologique du Bordereau.

Nous serons amenés à examiner plus tard, à propos du procès de Rennes, les arguments développés à l'appui de l'accusation et de la défense ; mais nous devons, dès à présent, vous rappeler en quels termes l'accusation ainsi formulée et les preuves fournies à l'appui furent appréciées par votre rapporteur et comment vous les avez jugées.

Avant d'examiner la valeur des faits nouveaux invoqués, M. le président Ballot-Beaupré avait recherché si l'admission de la demande de revision ne rencontrait pas un obstacle dans une preuve quelconque de culpabilité.

A son avis, cet obstacle ne se rencontrait pas dans les prétendus aveux de Dreyfus en présence du capitaine Lebrun-Renault ; nous avons présenté à ce sujet des observations sur lesquelles nous n'avons pas à revenir.

La discussion technique du Bordereau, ajoutait-il, laquelle

viendrait en deuxième ligne dans l'ordre des preuves relevées contre Dreyfus, ne me paraît pas plus décisive.

En effet, nous ne sommes nullement fixés sur la nature et la valeur réelle soit des renseignements fournis, soit des documents transmis, par l'auteur de la trahison, ou du moins nous ne sommes fixés que sur un point, en ce qui touche le « projet de manuel de tir de l'artillerie de campagne » ; tout le monde s'accorde à reconnaître qu'il n'était ni secret ni même confidentiel, et qu'Esterhazy a pu, aussi bien que Dreyfus, l'avoir entre les mains.

Mais, pour le surplus, — pour « la note sur le frein hydraulique du 120 et la manière dont s'est conduite cette pièce » —, pour la « note sur les troupes de couverture » —, pour la « note sur une modification aux formations de l'artillerie », — pour la note « relative à Madagascar », on en est réduit aux conjectures.

Les renseignements fournis étaient-ils, en fait, d'une importance et d'une gravité telles, qu'ils dussent nécessairement émaner d'un officier de l'État-Major de l'Armée, comme Dreyfus ? Ou bien pouvaient-ils, à raison de leur médiocre valeur et de leur insuffisance, émaner d'une autre personne ?

Il faudrait, pour s'arrêter à une solution certaine, avoir sous les yeux les notes elles-mêmes ; et on ne les a pas !

Dans le « questionnaire », adressé par le Ministre de la Guerre au général Deloye, directeur de l'artillerie, on lit (page 780) : « De quelles formations pouvait-il être question dans la note du Bordereau ? »

Le général Deloye a répondu, le 12 février 1899 : « On ne peut faire que des suppositions, puisqu'on n'a pas vu ladite note. »

Rien de plus juste ! Mais, par la même raison, on ne peut faire que des « suppositions » aussi pour les autres notes, puisqu'on ne le a pas vues davantage.

Et cela est si vrai que, dans le procès de 1894, on SUPPOSAIT (le rapport du commandant d'Ormescheville l'indique) qu'il s'agissait de documents antérieurs à avril ou mai, date présumée alors du Bordereau, tandis qu'on SUPPOSE aujourd'hui qu'il s'agissait de documents postérieurs à juillet, la date du Bordereau étant placée au mois d'août.

Par conséquent, de la discussion technique à laquelle donne lieu, de part et d'autre, le texte de la pièce incriminée, ne résulte pas une preuve qui soit par elle-même, assez forte pour faire rejeter — pas plus d'ailleurs que pour faire admettre — la demande en revision.

Le dossier secret ne fait pas davantage obstacle à la revision. En réalité, disait M. le président Ballot-Beaupré, il ne contient pas une seule preuve directe, précise, de culpabilité contre Dreyfus, mais seulement des inductions, contestées, que l'on tire ingénieusement de pièces, parfois incomplètes, sur l'interprétation desquelles il est permis de n'être pas d'accord.

Et à l'inverse on y trouve ce que constate le commandant Cuignet (page 255) : « Il devait y avoir d'autres agents que Dreyfus fournissant des renseignements à B et A pendant que Dreyfus était au Ministère de la Guerre ; de même que, après l'arrestation de Dreyfus, les agents B et A ont continué à se livrer à des menées d'espionnage et à avoir à leur disposition des indicateurs ou des individus leur apportant des renseignements. Dans la correspondance de B avec A, qui est classée à la deuxième partie, et qui comprend la période du commencement de 1892 à la fin de 1897, il y a de nombreuses lettres prouvant l'exactitude de ce que je viens de dire. »

Nous devons maintenant placer sous vos yeux, intégralement, l'opinion exprimée par M. le président Ballot-Beaupré sur l'écriture du Bordereau. Vous y trouverez enfin, après tant de controverses vaines, où l'esprit, à la recherche d'une base solide de raisonnement, s'irrite de ne rencontrer que jeux d'esprit décevants, documents obscurs, incomplets ou suspects et pures conjectures, une discussion approfondie, digne de la justice criminelle, dont les éléments ne sont plus empruntés à des hypothèses successivement abandonnées, mais à des faits certains et à des pièces de comparaison dont on a vainement essayé depuis de contester l'authenticité.

Les pages que nous allons citer, la conviction profonde qu'elles expriment avec une impartialité et une autorité qui ne pouvaient être méconnues, furent accueillies avec une émotion dont le souvenir n'a pas péri : elles ont dominé le débat de 1899. Si les faits qu'elles révèlent ont perdu aujourd'hui le caractère juridique de faits nouveaux, s'ils ne sont pas susceptibles d'être invoqués à l'appui de la demande nouvelle de revision, ils n'en subsistent pas moins comme éléments essentiels de toute étude sur la culpabilité du condamné.

A mon avis, disait M. le président Ballot-Beaupré, et au point de vue strictement juridique où je me place, le débat doit spécialement porter sur l'examen du bordereau, envisagé dans ces deux éléments matériels : l'écriture et le papier pelure quadrillé.

Là est le véritable terrain de la discussion.

En effet, si Dreyfus, au mois d'octobre 1894, a été arrêté, c'est à cause de la ressemblance de son écriture avec celle du Bordereau.

On ne l'avait soupçonné ni en mars ni en avril 1894, lorsque la section de statistique avait reçu deux rapports signalant, d'après une « personne honorable », la présence d'un traître à l'État-Major, ni en juin suivant, lorsque cette personne, dit-on, aurait ajouté que le traître appartenait ou avait appartenu récemment au 2ᵉ Bureau. La pièce même « ce canaille de D », arrivée en avril, n'avait fait exercer de surveillance que sur le personnel subalterne, les huissiers et les garçons de bureau, un notamment dont le nom est mentionné (liasse 5, dossier 5, cote 42), dans une note du Ministère de la Guerre qui se termine par ces mots : « Aucune idée préconçue de culpabilité, et par une circonstance fortuite, que le de recherches personnelles, et par une circonstance fortuite, que le colonel Fabre fut mis sur la trace... »

Or, ce qui mit sur la trace le colonel Fabre, ce fut précisément la ressemblance qu'il trouva entre l'écriture de Dreyfus et celle du Bordereau.

Et la même cause entraîna la condamnation.

Car la déposition du lieutenant-colonel Henry se rattache bien à la même cause :

Henry n'était pas venu déclarer que la « personne honorable » lui avait dénoncé Dreyfus comme ayant livré à l'étranger une note sur le frein hydraulique du 120, « sur les troupes de couverture », etc. Nullement ! Elle avait parlé seulement d'un officier du Ministère qui trahissait.

Mᵉ Demange l'atteste, de son côté, dans la lettre produite par Mᵉ Mornard :

Le commandant Henry a été entendu deux fois à l'audience : une première fois ; il n'a rien dit de nouveau ; puis, il a demandé à être entendu une seconde fois ; il a déclaré alors avec un ton solennel que, dès le mois de février, une personne absolument honorable lui avait affirmé qu'un officier du Ministère de la Guerre trahissait, et qu'au mois de mars, la même personne avait renouvelé son affirmation, en ajoutant que c'était un officier du deuxième Bureau, etc.

Mais pourquoi cet officier du deuxième Bureau était-il Dreyfus ? Toujours pour cette raison que son écriture ressemblait à celle du Bordereau. La similitude, que proclamaient trois experts sur cinq, était, dès lors, sans contredit, la base de l'accusation.

Aussi la demande en revision doit-elle, pour réussir, s'attaquer directement à cette base même par la révélation d'un fait tendant à prouver que le Bordereau n'est pas de la main de Dreyfus.

En effet, si ce n'est pas lui qui l'a écrit, je ne vois pas — du moins dans l'état actuel de la procédure — comment il serait possible d'affirmer que c'est par lui qu'ont été envoyés à un agent étranger les documents ou notes accompagnant le Bordereau.

Vainement on objecterait que sa culpabilité a pu, même dans cette hypothèse, sembler au Conseil de guerre démontrée par des pièces secrètes, remises dans la Chambre du conseil sans avoir été communiquées à la défense.

Sans doute, j'estime, pour ma part, que cette communication ne rentrerait dans aucun de cas prévus par l'art. 443 ; et — sans me prononcer sur la question d'annulation, pour laquelle la Chambre criminelle seule aurait compétence, j'admets que l'on ne puisse pas vous dire : « Des pièces secrètes ont été remises au Conseil de guerre, donc il faut reviser ; » mais c'est à la condition que l'on ne puisse pas vous dire non plus : « La culpabilité de Dreyfus a été, en Chambre du conseil, démontrée par des pièces secrètes ; donc il ne faut pas reviser. »

Nous devons, puisque nous ne sommes pas juges de l'annulation, raisonner comme si tout s'était passé régulièrement.

— Eh bien ! le Bordereau, base principale, et de l'accusation et de la condamnation, est-il oui ou non de la main de Dreyfus ?

Si oui, on aura beau insister sur la conduite criminelle d'Henry en 1896, sur celle de du Paty de Clam, sur les machinations pratiquées *per fas et nefas* dans 'lintérêt d'Esterhazy ; la demande en revision sera insoutenable, du moment où le Bordereau aura été reconnu émaner de Dreyfus.

Au contraire, si un fait nouveau est de nature à établir que l'écriture est bien celle d'Esterhazy, la demande alors sera par cela seul justifiée, sans qu'on ait besoin de rechercher si le faux Henry, le faux Weyler, ou autres faux commis postérieurement à 1896, ont pu rétroactivement vicier le jugement de 1894.

— Messieurs, après un examen approfondi, j'ai acquis, pour ma part, la conviction que le Bordereau a été écrit, non par Dreyfus, mais par Esterhazy.

Je le crois, avec M. Charavay, l'un des trois experts qui, en 1894, l'avaient attribué à Dreyfus, mais qui s'est déjugé depuis qu'il a étudié l'écriture d'Esterhazy.

Je le crois, avec les trois professeurs de l'Ecole des Chartes, désignés en 1899 par la Chambre criminelle, MM. Meyer et Giry, de l'Institut, et M. Molinier, lesquels sont unanimes à conclure dans le même sens. »

M. le président Ballot-Beaupré ne se contentait pas, au surplus, de l'opinion exprimée par ces experts ; il rappelait qu'en 1897 Esterhazy avait affirmé qu'il n'avait jamais fait usage de papier pelure. Or, un fait nouveau avait été révélé dans l'enquête de la Chambre criminelle par la production de deux lettres, l'une du 17 avril 1892, adressée au sieur Rieu, tailleur, 21, rue Richelieu, l'autre du 17 août 1894, par conséquent contemporaine du Bordereau, adressée à M⁰ Callé, huissier ; ces deux lettres, signées Esterhazy, étaient écrites sur du papier pelure filigrané et quadrillé, pareil à celui du Bordereau.

Votre rapporteur démontrait l'authenticité de ces deux lettres, reconnue d'ailleurs par Esterhazy. Il établissait que le papier pelure sur lequel elles étaient écrites était le même que celui du Bordereau, tandis que rien n'indiquait que Dreyfus eût jamais possédé du papier de ce genre. Il vous prouvait enfin que l'écriture de ces deux lettres était identique à celle du Bordereau.

Et, s'arrêtant à ce fait nouveau décisif, devant lequel s'évanouissait la seule preuve de la culpabilité de Dreyfus qui pût encore être sérieusement discutée, il vous proposait d'en faire la base d'un arrêt de revision. Vous avez partagé sa conviction.

L'arrêt que vous avez rendu le 3 juin 1899 accueille deux moyens de revision : le premier, proposé par M⁰ Mornard au nom de Mme Alfred Dreyfus, tiré de ce que la pièce secrète dite « ce canaille de D » avait été communiquée au Conseil de guerre, l'autre, qui reproduit la thèse de votre rapporteur.

Votre arrêt est ainsi conçu :

SUR LE MOYEN TIRÉ DE CE QUE LA PIÈCE SECRÈTE DITE CE CANAILLE DE D..., AURAIT ÉTÉ COMMUNIQUÉE AU CONSEIL DE GUERRE.

Attendu que cette communication est prouvée, à la fois par la déposition du Président Casimir-Perier et par celles des généraux Mercier et de Boisdeffre eux-mêmes ;

Que, d'une part, le président Casimir-Perier a déclaré tenir du général Mercier que l'on avait mis sous les yeux du Conseil de guerre la pièce contenant les mots « ce canaille de D... », regardée alors comme désignant Dreyfus ;

Que, d'autre part, les généraux Mercier et de Boisdeffre, invités à dire s'ils savaient que la communication avait eu lieu, ont refusé de répondre, et qu'ils l'ont ainsi reconnue implicitement ;

Attendu que la révélation, postérieure au jugement, de la communication aux juges d'un document qui a pu produire sur leur esprit une impression décisive et qui est aujourd'hui considéré comme inapplicable au condamné, constitue un fait nouveau de nature à établir l'innocence de celui-ci ;

6

SUR LE MOYEN CONCERNANT LE BORDEREAU :

Attendu que le crime reproché à Dreyfus consistait dans le fait d'avoir livré à une puissance étrangère ou à ses agents des documents intéressant la défense nationale, confidentiels ou secrets, dont l'envoi avait été accompagné d'une lettre missive, ou Bordereau, non datée, non signée et écrite sur un papier pelure « filigrané au canevas après fabrication de rayures en quadrillage de quatre millimètres sur chaque sens » ;

Attendu que cette lettre, base de l'accusation dirigée contre lui, avait été successivement soumise à cinq experts chargés d'en comparer l'écriture avec la sienne, et que trois d'entre eux, Charavay, Teyssonnières et Bertillon, la lui avaient attribuée ;

Que l'on n'avait, d'ailleurs, ni découvert en sa possession, ni prouvé qu'il eût employé aucun papier de cette espèce et que les recherches faites pour en trouver de pareil chez un certain nombre de marchands au détail avaient été infructueuses ; que, cependant, un échantillon semblable, quoique de format différent, avait été fourni par la maison Marion, marchand en gros, cité Bergère, où l'on avait déclaré que « le modèle n'était plus courant dans le commerce » ;

Attendu qu'en novembre 1898 l'enquête a révélé l'existence et a amené la saisie de deux lettres sur papier pelure quadrillé, dont l'authenticité n'est pas douteuse, datées l'une du 17 avril 1892, l'autre du 17 août 1894, celle-ci contemporaine de l'envoi du Bordereau, toutes deux émanées d'un autre officier qui, en décembre 1897, avait expressément nié s'être jamais servi de papier calque ;

Attendu, d'une part, que trois experts commis par la Chambre criminelle, les professeurs de l'Ecole des Chartes Meyer, Giry et Molinier ont été d'accord pour affirmer que le Bordereau était écrit de la même main que les deux lettres susvisées, et qu'à leurs conclusions Charavay s'est associé, après examen de cette écriture qu'en 1894 il ne connaissait pas ;

Attendu, d'autre part, que trois experts également commis : Putois, président, et Choquet, président honoraire de la Chambre syndicale du papier et des industries qui le transforment, et Marion, marchand en gros, ont constaté que, comme mesures extérieures et mesures du quadrillage, comme nuance, épaisseur, transparence, poids et collage, comme matières premières employées à la fabrication, « le papier du Bordereau présentait les caractères de la plus grande similitude » avec celui de la lettre du 17 août 1894 ;

Attendu que ces faits, inconnus du Conseil de guerre qui a prononcé la condamnation, tendent à démontrer que le Bordereau n'aurait pas été écrit par Dreyfus ;

Qu'ils sont, par suite, de nature, aussi, à établir l'innocence du condamné ;

Qu'ils rentrent, dès lors, dans le cas prévu par le paragraphe 4 de l'article 443 ;

Et qu'on ne peut les écarter en invoquant des faits également postérieurs au jugement, comme les propos tenus le 5 janvier, par Dreyfus, devant le capitaine Lebrun-Renault ;

Qu'on ne saurait, en effet, voir dans ces propos un aveu de culpabilité, puisque non seulement ils débutent par une protestation d'innocence, mais qu'il n'est pas possible d'en fixer le texte exact et complet par suite des différences existant entre les déclarations successives du capitaine Lebrun-Renault et celles des autres témoins ;

Et qu'il n'y a pas lieu de s'arrêter davantage à la déposition de Depert, contredite par celle du directeur du Dépôt qui, le 5 janvier 1895, était auprès de lui ;

Et attendu que, par application de l'article 445, il doit être procédé à de nouveaux débats oraux ;

Par ces motifs, et sans qu'il soit besoin de statuer sur les autres moyens :

CASSE et ANNULE le jugement de condamnation, rendu le 22 décembre 1894, contre Alfred Dreyfus par le 1er Conseil de guerre du Gouvernement militaire de Paris ;

Et renvoie l'accusé devant le Conseil de guerre de Rennes, à ce désigné par délibération spéciale prise en Chambre du conseil, pour être jugé sur la question suivante : Dreyfus est-il coupable d'avoir en 1894, pratiqué des machinations ou entretenu des intelligences avec une puissance étrangère, ou un de ses agents, pour l'engager à commettre des hostilités, ou entreprendre la guerre contre la France, ou pour lui en procurer les moyens en lui livrant des notes et documents mentionnés dans le Bordereau sus-énoncé ?

La plus haute juridiction du pays, certainement inaccessible à tout autre souci que celui de la justice et de la vérité, après avoir usé des moyens illimités de recherche et de contrôle mis à sa disposition par la loi, venait donc de se prononcer. Elle avait fait la revision dans les limites que la loi et sa propre jurisprudence lui semblaient fixer. En réalité, elle l'avait faite en entier moralement, puisque son arrêt reposait sur cette donnée qu'aucun des faits connus des premiers juges ne renfermait la preuve de la culpabilité du condamné et que des faits nouveaux paraissaient établir, au contraire, qu'un autre que lui était l'auteur de la pièce incriminée.

Elle s'était efforcée de dégager le procès des polémiques malheureuses qui, de part et d'autre, avaient risqué de le fausser en opposant l'honneur de l'armée à la réhabilitation de Dreyfus. On attendait, disait-on, son arrêt avec respect ; il était donc permis d'espérer que les nouveaux débats se poursuivraient sans qu'aucun élément étranger vînt y réveiller les passions et compromettre le sort de l'accusé ; cette illusion fut de courte durée.

VIII

Le 5 juin 1899, M. le Garde des Sceaux Lebret portait à la connaissance de la Chambre des Députés la partie de votre arrêt relative à la communication d'une pièce secrète au Conseil de guerre. Ce fait paraissait tomber sous le coup des art. 114 et s. du Code pénal, le Gouvernement demandait à la Chambre d'examiner s'il n'y aurait pas lieu de renvoyer le général Mercier devant le Sénat en vertu de l'art. 12 de la loi constitutionnelle du 16 juillet 1875 qui dispose que les ministres peuvent être mis en accusation par la Chambre pour crimes commis dans l'exercice de leurs fonctions et qu'ils sont jugés par le Sénat.

Cette demande du Gouvernement donna lieu à des débats très agités où l'existence de la communication de la pièce secrète fut même mise en doute.

La discussion prit fin par le vote de l'ordre du jour suivant proposé par M. Pourquery de Boisserin :

La Chambre, résolue à respecter la complète liberté du Conseil de guerre de Rennes, donne acte au Gouvernement de sa communication, et passe à l'ordre du jour. (277 voix pour — 228 contre.)

Dans la même séance, l'affichage de votre arrêt avait été voté. M. Brisson l'avait demandé en ces termes :

Comme président du Conseil dans le cabinet où siégeait M. Cavaignac et qui a eu le malheur de faire afficher des faux par ordre de la Chambre, je demande aujourd'hui l'affichage de l'arrêt de la Cour de cassation.

Le vote de l'ordre du jour de M. Pourquery de Boisserin laissait en suspens jusqu'à la décision du Conseil de guerre la proposition du Gouvernement relative à la mise en accusation du général Mercier ; la Chambre n'avait pas voulu, avec raison, influencer le Conseil de guerre en faveur de Dreyfus ; mais elle avait ainsi créé une situation bien dangereuse pour lui.

Le général Mercier n'était pas sans doute accusé ; mais il était sérieusement menacé et il n'était pas interdit de penser que le sort de la proposition ajournée se trouvait, en définitive, entre les mains du Conseil de guerre.

M⁰ Mornard cite dans son mémoire la déclaration suivante prêtée au général Mercier par l'*Intransigeant* du 3 août 1899, quatre jours avant l'ouverture des débats :

Dreyfus sera sûrement condamné, car, dans cette affaire, il y a sûrement un coupable et ce coupable, c'est lui ou moi. Comme ce n'est pas moi, c'est Dreyfus.

Nous ne savons si le général Mercier a tenu ce propos ; mais il est permis de dire que son intervention dans les débats du Conseil de guerre de Rennes n'a pas été celle d'un témoin désintéressé, ne disant que la vérité personnellement connue de lui.

Son témoignage ne s'est même pas borné à exposer les éléments d'une conviction dont nous n'avons pas le droit de suspecter la sincérité ; toutes les présomptions, même les plus insignifiantes, de culpabilité qui avaient été laborieusement recueillies, y sont savamment coordonnées et combinées, présentées dans une discussion habile avec une telle puissance d'affirmation et une telle autorité que ce témoignage a été, en réalité, le réquisitoire le plus dangereux qui pût être prononcé contre Dreyfus. Du reste, les archives du Ministère de la Guerre n'eurent pas plus de secrets pour ce témoin que pour le commissaire du Gouvernement, et ce fut à cette déposition, bien plus qu'au réquisitoire officiel, que la plaidoirie du défenseur fut obligée de répondre.

Le thème de l'accusation, condensé ensuite par M. Cavaignac dans de brèves et saisissantes formules, fut systématiquement repris, répété jusqu'à la fin des débats. Les généraux Billot, Zurlinden, Chanoine lui apportèrent le concours de leur prestige d'anciens ministres de la Guerre. Sur les questions techniques, des officiers généraux auxquels leur grade et leur arme semblaient attribuer une autorité et une compétence exceptionnelles furent entendus. De nombreux experts déposèrent sur l'écriture du Bordereau ; mais, à ce point de vue, tout l'intérêt devait se concentrer sur la démonstration graphologique de M. Bertillon. Manifestement insuffisante en 1894, d'après l'opinion même de son inventeur que nous avons déjà rappelée, elle avait été, depuis, sans cesse perfectionnée et elle avait même reçu des améliorations après votre arrêt de revision. La personnalité de M. Bertillon ne lui donnait peut-être pas assez d'autorité ; elle fut placée sous le patronage d'un officier, le capitaine Valerio.

Le lieutenant-colonel Picquart était le témoin le plus important de la défense. Sa connaissance parfaite des divers services de l'Etat-Major de l'Armée et des moindres détails de l'affaire, son dévouement inébranlable à la cause qu'il croyait juste, la puissance de son esprit et l'énergie de son caractère le rendaient redoutable. Il fut transformé en accusé. Le général Roget fut spécialement attaché à cette accusation ; il la soutint, comme celle qui était dirigée contre Dreyfus, avec âpreté, mais aussi avec un talent de parole et une vigueur de dialectique auxquels Mᵉ Demange, certes un connaisseur en la matière, rendit un hommage mérité. Enfin le commandant Cuignet, « professeur en dossier secret », selon l'expression du général Chamoin, requit aussi contre Dreyfus avec ses connaissances spéciales et son argumentation passionnée.

Mais cette accusation ne recevait pas seulement sa force de son organisation, de sa direction, des personnages choisis pour la soutenir de leur appui moral ou de leurs arguments. Elle la tirait surtout du caractère et de l'esprit qu'elle s'attribuait. C'était l'honneur de l'armée qu'elle prétendait protéger contre certains défenseurs de la cause de la revision « dont les criminelles attaques contre l'armée, a dit M. le président Ballot-Beaupré, avaient profondément blessé et irrité jusqu'à l'exaspération le sentiment national ».

Les avocats de Dreyfus protestèrent éloquemment à plusieurs reprises contre cette déviation des débats. Ni le général Mercier, disaient-ils, ni l'Etat-Major, ni l'honneur de l'armée n'étaient en cause ; mais ce fut en vain qu'ils s'efforcèrent de circonscrire le débat dans les limites que vous lui aviez tracées.

Les débats devaient se dérouler suivant le programme arrêté par les adversaires de Dreyfus, sans qu'il fût tenu compte des effets légaux de votre arrêt.

Une sentence de condamnation pouvait, de la sorte, être plus aisément obtenue ; mais, c'était aussi fournir contre elle des moyens de nullité.

Le général de Galliffet, ministre de la Guerre, préoccupé, à juste titre, d'éviter ces causes de nullité qui risquaient de rouvrir et de prolonger le procès, fit rédiger une note confidentielle pour le commissaire du Gouvernement. Le commandant Carrière, qui remplissait cette fonction à Rennes, avait cru pouvoir considérer cette note comme étant sa propriété personnelle ; il l'a restituée sur l'invitation du général André, ministre de la Guerre ; elle figure dans les pièces annexes de la dernière enquête.

...Il importe, en premier lieu, disait-elle, de fixer les effets de répercussion nécessaire de l'arrêt de la Cour de Cassation du 3 juin 1899 sur la procédure à suivre devant le nouveau Conseil de guerre ; en d'autres termes, de marquer en quelle mesure cette juridiction est liée par l'arrêt qui a ordonné la revision.

Il suffit, pour cela faire, de rechercher les points de fait qui ont été tranchés par la Cour de Cassation.

Son arrêt, supérieur à toute contradiction, échappe à tout contrôle ; la Cour de Cassation, par exception dans la matière, a jugé en fait et souverainement.

Mais il faut déterminer les points de fait qu'elle a jugés, ceux que, par son affirmation intangible, elle a placés pour toujours au-dessus de toute atteinte et de toute discussion.

L'arrêt de la Cour de Cassation a successivement porté sur deux moyens de revision et sur une fin de non-recevoir opposée comme une sorte d'objection à la revision.

I. — Moyen pris de ce que la pièce dite « Ce canaille de D » aurait été secrètement communiquée au Conseil de guerre de 1894.

L'arrêt juge que « cette communication est prouvée ». Elle a donc eu lieu et cette affirmation interdit désormais toute discussion devant une juridiction, quelle qu'elle soit. Aucune juridiction n'est aujourd'hui en droit de provoquer, d'accepter ou de tolérer un débat devant elle sur ce point, ni de permettre que ce point soit mis en doute devant elle, sous une forme ou dans une mesure quelconque.

Toute procédure faite en vue de contester l'affirmation de la Cour souveraine serait nulle et constituerait un abus de pouvoir.

II. — Moyen concernant la pièce dite « le Bordereau ».

La Cour de Cassation, avec une netteté désormais au-dessus de toute discussion judiciaire, affirme les deux points suivants :

1° L'authenticité des deux lettres sur papier pelure, datées du 17 avril 1892 et 17 août 1894, saisies au mois de novembre 1898, « n'est pas douteuse ».

2° Elles émanent de l'officier qui, en décembre 1897, avait expressément nié s'être jamais servi de papier de cette nature. Ces deux points sont désormais fixés par l'arrêt de la Cour de Cassation. Le Conseil de guerre de renvoi ne pourrait légalement en tolérer l'examen ou la discussion devant lui.

Toute procédure ayant pour but de contredire ces deux faits serait nulle pour excès et abus de pouvoir.

La Cour de Cassation a laissé au Conseil de guerre de renvoi le soin de reconnaître l'attribution du Bordereau.

Elle s'est contentée de relever les éléments du fait nouveau créant une présomption d'innocence. Elle s'est bornée à constater que les faits qu'elle relève, inconnus du Conseil de guerre, qui a prononcé la condamnation de 1894, « tendent à démontrer que le Bordereau n'aurait pas été écrit par Dreyfus ; qu'ils sont de nature par suite à établir l'innocence du condamné ».

Dans ces conditions, s'il appartient ici au Conseil de guerre de renvoi de faire état de l'enquête et de la procédure suivie par la Cour de Cassation, aussi bien que des constatations de son arrêt, il n'en est pas moins libre de parcourir, sans obstacles juridiques, la voie qui conduit à une conviction raisonnée.

Il importe de noter, qu'en ce qui touche Esterhazy, le Conseil de guerre a le droit et le devoir d'embrasser les éléments complets du débat sans s'arrêter devant le fait de son acquittement par un autre Conseil de guerre. Si, en effet, le bénéfice de cet acquittement lui reste matériellement acquis, il ne saurait avoir pour conséquence de léser les intérêts primordiaux et d'ordre public qu'engage la revision en matière pénale. Aucune objection tirée de l'acquittement d'Esterhazy, ne pourra donc faire obstacle aux témoignages, aux productions documentaires, aux arguments établissant sa culpabilité.

III. — Fin de non-recevoir tirée de ce que Dreyfus aurait, au mois de janvier 1895, tenu certains propos devant Lebrun-Renault et devant Depert.

La Cour de Cassation déclare qu'on ne saurait voir dans les premiers un aveu de culpabilité et qu'il n'y a pas lieu de s'arrêter davantage aux seconds.

Il y a là encore, de la part de la Cour souveraine, une affirmation intangible et dont il y aura lieu, à l'audience, de faire respecter le caractère souverain.

A cet égard, aucun témoignage ne pourra donc être reçu par la juridiction de renvoi, aucune appréciation, ni aucune discussion ne pourront être légalement admises, la Cour suprême ayant définitivement prononcé. Toute procédure ayant pour but d'atteindre ces constatations serait abusive et nulle pour excès de pouvoir.

Quant au cadre même de la poursuite, il est déterminé souverainement aussi par la Cour de Cassation. Elle a renvoyé Dreyfus devant le Conseil de guerre de Rennes pour être jugé sur la question suivante :

Dreyfus est-il coupable d'avoir, en 1894, pratiqué des machinations ou entretenu des intelligences avec une puissance étrangère ou un de ses agents pour l'engager à commettre des hostilités ou entreprendre la guerre contre la France, ou pour lui en procurer les moyens en lui livrant les notes et documents menitonnés dans le Bordereau susénoncé ?

Tel est l'unique point à juger par le Conseil de guerre.

Lorsqu'il y a lieu à revision, l'accusé, de même qu'il bénéficie des faits survenus postérieurement à sa condamnation, doit de même être jugé tant sur les charges acquises postérieurement à cette condamnation que sur celles retenues antérieurement contre lui.

Mais il résulte de la formule de renvoi, qu'il ne peut être fait état, devant le Conseil de guerre de Rennes, contre Dreyfus de charges survenues depuis l'arrêt du 22 décembre 1894, qu'autant qu'elles tendraient à établir, dans le cadre précis de la question formulée par l'arrêt de cassation du 3 juin 1899, que Dreyfus a livré les notes et documents énumérés dans le Bordereau.

Les principes élémentaires de la justice veulent que la preuve de tout autre acte de trahison, si le même accusé en était soupçonné, ne puisse être recherchée qu'à la suite et en exécution d'un nouvel ordre d'informer, conformément à l'art. 22 du Code de justice militaire...

L'instruction ministérielle indiquait en dernier lieu les règles qui doivent guider pour la production des témoignages. Elle déduisait de ces règles qu'il n'y avait pas lieu d'appeler comme témoins les personnes qui, sans avoir personnellement et directement connaissance d'aucun fait pertinent ne pourraient apporter au débat autre chose que l'affirmation d'une conviction intime plus ou moins raisonnée et quelquefois purement sentimentale.

Ces instructions très juridiques restèrent lettre close. Le commandant Carrière, dont le rôle devait être, par la force même des choses, si effacé, n'était pas en état d'en imposer le respect au général Mercier et à ses collaborateurs. Le général de Galliffet prit d'ailleurs aisément son parti de la violation de ses instructions.

L'accusation fut reprise par les témoins à charge telle qu'elle avait été formulée dans vos enquêtes, c'est-à-dire autrement creusée, documentée que celle de 1894, transformée à l'aide d'arguments inconnus des premiers juges, étendue à des faits dont le rapport du commandant d'Ormescheville, qui restait en 1899 la base légale du débat, puisqu'aucun rapport nouveau ne pouvait être dressé, ne faisait même pas mention. Ni le Président du Conseil de guerre, ni le commissaire du Gouvernement ne tèntèrent de faire rentrer les débats dans leurs limites légales. Quant à Dreyfus et à ses défenseurs, ils étaient moralement obligés d'accepter la discussion sur quelque terrain qu'elle fût portée.

Les nombreuses violations de la loi, que Mᵉ Mornard impute, à ce point de vue, au Conseil de guerre, ne sauraient être relevées ici. Elles auraient peut-être pu servir de base à une demande d'annulation formée par le Garde des Sceaux en vertu de l'art.441 du Code d'instruction criminelle ; mais ce recours n'a pas été exercé. Il ne pouvait l'être d'ailleurs devant vous, l'art. 441 qui attribue, dans ce cas, juridiction exclusive à votre Chambre cri minelle n'ayant pas été modifié par la loi du 1ᵉʳ mars 1899.

Nous procéderons donc à l'examen du procès de Rennes comme si la procédure avait été régulière.

IX

Le commandant Cuignet, qui avait été chargé d'étudier le dossier secret par les divers Ministres de la Guerre, depuis M. Cavaignac jusques et y compris, a-t-il dit, M. de Freycinet, ayant été appelé à soumettre au Conseil de guerre le résultat de son travail, l'a résumé en ces termes, qui établissent très nette-ment les bases de l'accusation et sont en concordance parfaite avec les témoignages du général Mercier et de M. Cavaignac :

LE COMMANDANT CUIGNET. — Je passe au résultat de la mission qui m'a été confiée par le Ministre de la Guerre. Je me propose d'être très bref, parce que beaucoup de questions ont déjà été traitées ici par les témoins précédents. Je m'efforcerai en outre de rapporter les courtes observations que je soumettrai au Conseil à cette seule question : Dreyfus est-il coupable ?

A cette question j'ai répondu : quant à moi, oui. Et ma conviction est basée, comme je l'ai dit devant la Chambre criminelle, sur des considé-rations tirées de trois ordres de faits ou de documents, savoir :

Les aveux recueillis pas le capitaine Lebrun-Renault ;

La discussion technique du Bordereau ;

Enfin l'examen du dossier secret.

Je puis ajouter maintenant une quatrième preuve, dans le détail de laquelle je n'entrerai pas : c'est la démonstration graphologique faite par M. Bertillon.

Enfin, comme preuve, indirecte il est vrai, je citerai aussi, parce que je l'ai cité souvent à ceux qui m'ont demandé des renseignements, qui demandaient à s'éclairer au cours de ces derniers mois, et à qui je ne pouvais rien dire, je citerai comme preuve indirecte la nature même des moyens employés par les partisans de Dreyfus pour arriver à la réhabilitation.

Vous avez reconnu cette accusation au passage. C'est celle qui avait été édifiée au cours des enquêtes de 1898 et 1899 et sur laquelle votre arrêt de revision s'était implicitement prononcé.

Elle présente toutefois une lacune que vous avez assurément remarquée.

Lors des poursuites de 1894, le premier soin des magistrats militaires avait été de rechercher et d'établir le mobile de la trahison. L'enquête et les interrogatoires du commandant d'Ormescheville montrent tout l'intérêt qu'il attachait à l'examen de cette question capitale. On ne conçoit pas, en effet, qu'un officier trahisse son pays sans y être entraîné par un mobile puissant dont la découverte est toujours aisée. Toutes les trahisons dont l'histoire a conservé le souvenir ne sont restées entourées, à cet égard, d'aucun mystère.

On avait supposé d'abord, grâce aux rapports de l'agent Guénée, que Dreyfus, en proie à la passion du jeu et à de pressants besoins d'argent, avait trahi par intérêt. Mais les renseignements précis recueillis sur sa brillante situation de fortune et sur la régularité de sa vie privée avaient fait écarter ce mobile.

Avait-il obéi à des sentiments de rancune ?

Mais s'il avait éprouvé une légère déception à sa sortie de l'Ecole de guerre, il avait ensuite reçu toutes les satisfactions possibles. Il était entré à l'Etat-Major de l'Armée et il en témoignait, peut-être avec trop d'expansion, une joie et une fierté légitimes. Il était, malgré son jeune âge, a dit le général Mercier, l'un des officiers les plus en évidence de l'armée française. Son avenir militaire était assuré. Quels profits son ambition pouvait-elle attendre d'une trahison ?

Quel était donc le mobile de la trahison imputée à Dreyfus ? Cette question était demeurée sans réponse ; il y avait là un vide qui n'avait pu être comblé. L'élément capital de l'accusation au point de vue moral, celui qui l'eût expliquée et rendue vraisemblable, faisait défaut. De là, une pénible impression d'obscurité qui planait sur toute cette affaire. Malgré les plus pressantes argumentations, les esprits impartiaux étaient toujours obsédés par cette pensée : Pourquoi Dreyfus aurait-il trahi ?

Devant le Conseil de guerre de Rennes, les accusateurs de Dreyfus ont pris le parti de faire le silence sur cette question à laquelle, malgré la fertilité et l'ingéniosité de leurs moyens, ils se sont sentis impuissants à répondre.

Je ne m'occuperai pas, a dit M. le général Mercier, de la conduite privée du capitaine Dreyfus. Des témoignages vous seront donnés ; vous en tirerez des conclusions ; je ne m'occupe pas du mobile de la trahison ; le mobile de la trahison peut avoir de l'intérêt au point de vue psychologique. Je me préoccupe du fait matériel et brutal.

Et, pas plus que le général Mercier, les autres témoins à charge ne se sont occupés du mobile de la trahison.

Des témoins ont été entendus sur la vie privée de Dreyfus. Aucun d'eux n'a attesté l'avoir vu faire au jeu de grosses pertes d'argent ou se livrer à d'importantes dépenses avec des femmes galantes.

Le lieutenant-colonel Gendron, le plus sérieux de ces témoins, a déclaré que Dreyfus avait fréquenté chez une demi-mondaine, d'origine autrichienne, Mme D..., « femme d'une intelligence supérieure, parlant plusieurs langues, ayant une connaissance approfondie de bien des choses dont les femmes sont généralement incapables de parler ». Le lieutenant-colonel Gendron avait été lui-même présenté en 1892 à Mme D...: par un de ses amis, ancien officier démissionnaire, qui la protégeait. Il avait alors longuement causé avec elle de l'Autriche-Hongrie, du compromis austro-hongrois, des partis tchèques, de l'organisation militaire de l'armée austro-hongroise, et il avait fait preuve d'une telle connaissance en ces matières que Mme D... lui avait dit « très galamment » : « Ce n'est pas possible, monsieur, vous êtes un espion. » Le lieutenant-colonel Gendron avait pris la chose comme un compliment. Toutefois, il était parti sous une fâcheuse impression et avait dit à son ami : « Vous vous êtes engagé là-dedans dans une aventure qui pourra être désagréable pour vous, cette femme est une intrigante... Cette femme doit trouver autre part que dans la galanterie l'argent nécessaire à son train de maison ; elle m'a traité d'espion, eh bien, de mon côté, je ne serais pas surpris qu'elle soit une espionne. »

Mme D... n'avait pourtant rien dit, ni rien fait qui pût la faire considérer comme une espionne et rien n'a corroboré cette appréciation du lieutenant-colonel Gendron. Il paraît certain, en revanche, qu'elle recevait d'autres officiers brevetés ou de l'Ecole de guerre ; elle se vantait de connaître le lieutenant-colonel Gendron, ce qui était vrai. Comment reprocher à Dreyfus cette fréquentation éphémère, sans suite intime, qui ne l'a entraîné à aucune dépense excessive ?

En 1885, il avait eu des relations avec une dame B... Un témoin, sur le compte duquel le mémoire de M° Mornard nous éclaire, a déposé à ce sujet. Que prouvait cette aventure de jeunesse au point de vue d'une trahison commise en 1894 ?

Dreyfus s'était vanté, il est vrai, auprès d'un de ses camarades, le capitaine Duchâtelet, sous une forme d'ailleurs légère, de certains travers d'homme de plaisir, qu'il n'avait pas. Qu'en conclure, sinon qu'il avait eu le tort de ne pas avouer·franchement ce petit ridicule ?

Ainsi, devant le Conseil de guerre de Rennes, rien n'a été prouvé, ni même allégué qui pût fournir une indication quelconque sur le mobile de la trahison.

Or, si la recherche du mobile peut ne présenter qu'un intérêt psychologique lorsqu'il s'agit d'un fait matériel et brutal, tel qu'un vol ou un meurtre flagrants dont l'auteur est saisi sur le fait, il n'en est plus de même lorsqu'une accusation n'est fondée que sur des présomptions. Le défaut de mobile est alors une présomption morale d'innocence que l'accusation doit combattre. Elle est tenue de rechercher et de découvrir un mobile tout au moins vraisemblable. Son aveu d'impuissance à cet égard ne saurait être compensé que par une preuve matérielle, brutale, échappant à toute discussion.

Trouverons-nous cette preuve dans le système de l'accusation portée contre Dreyfus ?

Disons quelques mots tout d'abord de cette preuve indirecte qui serait fournie par la nature même des moyens employés par les partisans de Dreyfus pour arriver à la réhabilitation.

S'il fallait juger d'une cause par les moyens employés pour la défendre, que penser de celle qui a été défendue en 1894 par une illégalité aujourd'hui reconnue, par la communication secrète avec commentaire au Conseil de guerre, en violation des droits de la défense, d'une partie choisie du dossier secret et de la pièce « Ce canaille de D » qui, d'après le commandant Cuignet, ne s'appliquait pas à Dreyfus ? N'est-ce pas la même cause qui, plus tard, fut défendue par le faux célèbre d'Henry — par le faux Weyler — par la falsification certaine de la pièce 371 — par l'altération de la date de la pièce 26 — par des présomptions tirées sans la moindre apparence de fondement de la livraison des cours de l'Ecole de guerre et de la prétendue disparition d'une note sur l'attribution de l'artillerie lourde aux armées, pour ne parler que des faits dont l'inexactitude matérielle est aujourd'hui démontrée ?

Que penser aussi de la cause d'Esterhazy défendue, comme vous le savez, avec tant de zèle, non seulement par des moyens odieux et ridicules, mais aussi par des violations illégales de correspondances, par des faux avérés, par une pression exercée à l'aide du faux Henry sur les magistrats militaires ?

Le commandant Cuignet avait sans doute oublié qu'il y a des choses dont il est sage de ne pas parler dans certaines maisons, et c'est peut-être entraîné par l'ardeur de son improvisation devant le Conseil de guerre qu'il a cité comme preuve indirecte « les moyens employés par le protagoniste de la revision, par l'ouvrier nécessaire de la campagne directe contre la justice, contre la vérité et contre la patrie », c'est-à-dire par le lieutenant-colonel Picquart.

Nous ne nous laisserons pas engager dans la discussion de cette diversion hardie contre un témoin qu'il importait de neutraliser ; les faits qu'elle met en cause n'ont, pour la plupart, aucun rapport avec l'affaire Dreyfus, ainsi que l'a dit avec raison dans votre dernière enquête le lieutenant-colonel Picquart. Nous vous en avons déjà entretenus dans la mesure qui nous a paru nécessaire. Nous nous bornerons, en ce qui touche le « Petit bleu », à rappeler que l'adresse de ce document avait été frauduleusement l'objet d'une altération matérielle après son entrée dans les archives du Service des renseignements, que cette altération avait servi de base à l'accusation de faux dirigée contre le colonel Picquart et que ce n'est point ainsi que, d'habitude, se défendent les causes justes.

Là n'est point, à nos yeux, le procès sur lequel vous avez à vous prononcer. Ce sont les ordres de faits considérés comme preuves directes qu'il convient d'examiner.

Nous n'avons plus rien à dire des aveux que nous avons par avance écartés ; nous passons à la discussion technique du Bordereau.

X

Dans le système nouveau d'accusation soutenu à Rennes, la discussion technique doit suffire, à elle seule, à déterminer la personnalité du traître, quel que soit d'ailleurs l'auteur du Bordereau, Dreyfus ou Esterhazy.

Esterhazy, en effet, n'a jamais pu se procurer seul les renseignements énoncés au Bordereau. Si le Bordereau est de sa main, il a reçu les renseignements livrés d'un complice et la discussion technique démontre que ce complice ne peut être que Dreyfus.

L'hypothèse de la complicité de Dreyfus et d'Esterhazy a été maintes fois insinuée. Parmi les personnes mêlées à l'instruction de cette affaire qui continuent à l'admettre se trouve l'archiviste Gribelin. Il a indiqué le fondement de ses soupçons dans une note produite au cours de votre dernière enquête. Nous la plaçons au bas de ces pages ; en la lisant, on se convaincra, sachant qu'il n'a jamais existé aucune relation entre les personnes qu'elle désigne et Dreyfus, que cette hypothèse est une de ces créations fantaisistes de l'imagination qui échappent à toute critique et l'archiviste Gribelin n'est pas éloigné d'en convenir.

Peu importe, au surplus, cette hypothèse au point de vue qui nous occupe actuellement.

La discussion technique n'était-elle pas une œuvre nécessairement stérile et inutile ?

M. le président Ballot-Beaupré, dans le passage de son rapport que nous avons cité, avait répondu que cette discussion ne pouvait reposer que sur des conjectures, elle était donc frappée d'impuissance.

Devant le Conseil de guerre de Rennes, l'accusation ne s'est pas arrêtée à cette objection. Elle a soutenu qu'il était démontré par les seules indications du Bordereau lui-même, avec la nouvelle interprétation qui leur était donnée, que les renseignements livrés à l'agent A avaient été nécessairement fournis par un officier d'artillerie appartenant à l'Etat-Major de l'Armée comme stagiaire, que Dreyfus, qui réunissait toutes ces qualités, avait eu connaissance de toutes les matières faisant l'objet des notes du Bordereau, qu'il le niait malgré l'évidence, que des actes de trahison avaient été commis dans les divers services où il était passé, que de semblables présomptions ne s'élevaient que contre lui, et, par suite, qu'il était le traître.

Il nous paraît nécessaire de vous faire tout d'abord connaître les explications opposées par Dreyfus à cette accusation.

Nous vous donnons, en conséquence, lecture des principaux passages de son interrogatoire :

LE PRÉSIDENT. — Vous êtes accusé d'avoir livré à un agent d'une puissance étrangère des pièces énumérées dans le document que voici :
(L'original du Bordereau est présenté au capitaine Dreyfus).
Cette pièce vous a été présentée ; la reconnaissez-vous?

LE CAPITAINE DREYFUS. — Elle m'a été présentée en 1894. Quant à la reconnaître, j'affirme que non. J'affirme encore que je suis innocent comme je l'ai déjà affirmé, comme je l'ai crié en 1894.

Je supporte tout depuis cinq ans, mon colonel, mais encore une fois, pour l'honneur de mon nom et celui de mes enfants, je suis innocent, mon colonel.

LE PRÉSIDENT. — Alors, vous niez ?

LE CAPITAINE DREYFUS. — Oui, mon colonel.

LE PRÉSIDENT. — Nous allons examiner successivement les différents documents énumérés dans cette pièce.

Tout d'abord cette pièce est d'une écriture qui ressemble beaucoup à la vôtre. Les premières personnes qui l'ont vue ont été frappées de cette ressemblance ; c'est même cette ressemblance qui, au Ministère, vous a fait désigner comme l'auteur de la pièce en question.

Il s'agit d'abord d'une note sur le frein hydraulique du 120 et de la manière dont s'est conduite cette pièce.

La question du frein hydraulique du 120 intéresse évidemment un officier d'artillerie

Vous êtes officier, sortant de l'Ecole de guerre et il n'y a donc rien d'impossible à ce que vous vous en soyez occupé, que vous ayez eu des indications à son sujet.

En 1890, vous étiez à Bourges.

LE CAPITAINE DREYFUS. — Oui, mon colonel.

LE PRÉSIDENT. — A l'Ecole de pyrotechnie ?

LE CAPITAINE DREYFUS. — Oui, à l'Ecole de pyrotechnie.

LE PRÉSIDENT. — Vous deviez fréquenter les officiers de la garnison ?

LE CAPITAINE DREYFUS. — Oui, mon colonel.

LE PRÉSIDENT. — Et par conséquent les officiers de la fonderie de Bourges. Or, c'est en 1890, que se construisirent les premiers spécimens du frein hydropneumatique de la pièce du 120 ; il n'y a donc rien d'impossible à ce que dans vos conversations avec des officiers de la garnison vous en ayez eu connaissance.

LE CAPITAINE DREYFUS. — Je connaissais le principe du frein hydropneumatique, et ce, dès 1889. Mais je ne connaissais pas du tout ni sa structure intime, ni sa construction.

LE PRÉSIDENT. — Mais, dans vos conversations, n'avez-vous pas eu des renseignements au sujet de ce frein ?

LE CAPITAINE DREYFUS. — Non, mon colonel. Pas de renseignements de détails.

LE PRÉSIDENT. — Mais vous aviez certaines indications à son sujet ?

LE CAPITAINE DREYFUS. — Oui, je connaissais le principe du frein du 120 ; mais la pièce, je ne l'ai pas vue, ni tirer, ni manœuvrer.

LE PRÉSIDENT. — A l'Ecole de guerre, vous a-t-on parlé de cette pièce du 120 ?

LE CAPITAINE DREYFUS. — Je ne m'en souviens pas. Mais nous l'avons vue une fois dans la cour de l'Ecole d'artillerie de Calais, dans un voyage que firent à Calais les officiers de l'Ecole de guerre.

LE PRÉSIDENT. — C'est au printemps de 1894 que les pièces du 120 ont été pour la première fois l'objet d'expériences en grand (en batteries). Immédiatement, des rapports ont été adressés au Ministère. A ce moment-là, vous étiez au Ministère ?

LE CAPITAINE DREYFUS. — Oui, mon colonel, à l'Etat-Major.

LE PRÉSIDENT. — Au commencement de 1894, vous étiez au premier Bureau ?

LE CAPITAINE DREYFUS. — Non, mon colonel, au deuxième Bureau.

LE PRÉSIDENT. — En effet, au deuxième Bureau. Il n'est donc nullement impossible que vous ayez eu connaissance de la manière dont s'était comporté le 120. En tous cas, c'est une question dont on parlait au Ministère, et que vos relations avec les officiers soit de la 3ᵉ section, soit de la direction technique pouvaient vous amener à connaître.

LE CAPITAINE DREYFUS. — Je n'ai jamais eu de conversation ni avec aucun officier d'artillerie, ni avec aucun officier de la section technique, par conséquent, je n'ai jamais pu le répéter à un officier. Quant à mon séjour au premier Bureau en 1893, on ne s'occupait absolument pas des questions techniques.

LE PRÉSIDENT. — Enfin il n'y a rien d'impossible à ce que vous ayez eu, dans des conversations de bureau, de couloir, connaissance de détails sur cette pièce ?

LE CAPITAINE DREYFUS. — Mais, au premier Bureau, jamais on ne s'occupait de questions techniques... Il n'y a rien d'impossible à ce qu'un officier, au Ministère, ait entendu parler de ces choses.

LE PRÉSIDENT. — « Quelques modifications seront apportées au nouveau plan », c'est encore une question qui est tout à fait de la compétence du Ministère ; ces questions ont été étudiées au Ministère, au Bureau dans lequel vous travailliez, c'est-à-dire dans le quatrième Bureau.

LE CAPITAINE DREYFUS. — Ce n'est pas en 1894, c'est pendant le premier semestre 1893.

LE PRÉSIDENT. — Vous étiez alors au quatrième Bureau, affecté au transport sur la ligne de l'Etat. Vous étiez même très renseigné là-dessus. Le commandant Bertin a été frappé de l'intérêt particulier que vous portiez à ces questions. Vous connaissiez absolument la situation des transports. Or, lorsqu'on modifia l'organisation des troupes de couverture, en 1894, la principale difficulté était d'assurer leur transport sans bouleverser le mode de transport des autres. C'est ce qui obligea à prendre des dispositions provisoires qu'on devait changer pour adopter des dispositions définitives. Il était donc tout à fait indiqué que vous ayez pu, vous qui connaissiez très bien le plan de transports, connaître ces difficultés ,vous rendre compte de ce qu'il faillait faire pour passer des anciennes dispositions aux nouvelles.

LE CAPITAINE DREYFUS. — Pardon, mais en 1893, il n'y avait pas de nouveaux plans.

LE PRÉSIDENT. — Je vous parle de 1894.

LE CAPITAINE DREYFUS. — Ce n'est qu'en 1894 que le nouveau plan a été arrêté.

LE PRÉSIDENT. — N'embrouillons pas les questions. Vos connaissances acquises en 1893 au quatrième Bureau vous permettaient de comprendre très bien ces questions.

LE CAPITAINE DREYFUS. — Oui, mais je n'en étais pas chargé ; ce n'est qu'en septembre 1894 que j'ai été chargé de surveiller l'impression des documents, concurremment avec les autres stagiaires.

LE PRÉSIDENT. — Quels étaient ces documents ?

LE CAPITAINE DREYFUS. — Les tableaux d'approvisionnement.

LE PRÉSIDENT. — Vous les avez eus pendant un certain temps ?

LE CAPITAINE DREYFUS. — Oui, mais je ne les gardais pas ; je remettais immédiatement ces documents au chef de Bureau.

LE PRÉSIDENT. — Mais, l'année précédente, vous avez porté ces documents à l'impression ?

LE CAPITAINE DREYFUS. — Oui, parce que, l'année précédente, j'avais été chargé de surveiller cette impression.

LE PRÉSIDENT. — Vous les avez eus entre les mains. Il a fallu les porter à l'imprimerie du Service géographique. Vous les avez eus deux fois entre les mains.

LE CAPITAINE DREYFUS. — Je les ai rendus le soir même. On ne tire à chaque séance qu'un tableau. Le tableau du Service des approvisionnements des troupes de couverture se compose d'un certain nombre de tableaux ; à chaque séance, on tire d'un tableau un certain nombre d'exemplaires.

LE PRÉSIDENT. — Non seulement vous pouviez avoir des renseignements très précieux sur les effectifs des troupes ; mais ce travail a été préparé, en partie au moins, au troisième Bureau où vous étiez depuis le 1er juillet 1894. Par conséquent, vous avez dû avoir connaissance de cette partie du travail dont était chargé le troisième Bureau.

LE CAPITAINE DREYFUS. — J'ai été au troisième Bureau à la fin de 1894. J'ai demandé à mon chef de section s'il avait été chargé de travaux confidentiels en mai 1894 ; il a répondu non.

LE PRÉSIDENT. — En tout cas, vous étiez à même d'avoir des renseignements sur les troupes de couverture.

LE CAPITAINE DREYFUS. — Il est certain que, si j'en avais demandé, j'aurais pu en avoir ; mais je n'en ai jamais demandé.

LE PRÉSIDENT. — On vous indique comme courant après les renseignements ; il est probable que vous saviez ce qui concernait les troupes de couverture.

LE CAPITAINE DREYFUS. — Je n'ai jamais demandé rien à personne.

LE PRÉSIDENT. — Le troisième document est une note des modifications apportées aux formations de l'artillerie. Après la suppression du service des pontonniers, il s'est trouvé y avoir deux régiments d'artillerie disponibles. Par conséquent, il a fallu distribuer les batteries, soit entre les corps d'armée, soit entre les corps de nouvelle formation. Les officiers d'Etat-Major seuls pouvaient connaître ces questions de mobilisation générale. Vous étiez parfaitement placé pour avoir ces renseignements. Avez-vous connu quelque chose au sujet de l'affectation des régiments d'artillerie ?

LE CAPITAINE DREYFUS. — Au commencement de 1894, j'étais au deuxième Bureau. Tout ce que je connaissais de cette situation, c'était la suppression des deux régiments de pontonniers et la création de batteries nouvelles. La discussion était ouverte pour la suppression des régiments de pontonniers ; c'est tout ce que je savais.

LE PRÉSIDENT. — Vous ne saviez pas la destination à donner à ces batteries nouvelles ?

LE CAPITAINE DREYFUS. — J'étais au deuxième Bureau au commencement de 1894, dans le premier semestre.

LE PRÉSIDENT. — Oui, mais dans le second ?... Puisque le Bordereau a dû être envoyé à la fin d'août ! A ce moment, le commandant Mercier-Milon, du deuxième Bureau, a communiqué des renseignements au personnel.

LE CAPITAINE DREYFUS. — Au commencement de 1894, au mois de juin.

LE PRÉSIDENT. — Les communications ont été faites du 15 au 20 juillet, un mois avant que le Bordereau ait été établi.

LE CAPITAINE DREYFUS. — La suppression des pontonniers s'était passée au mois de mars.

LE PRÉSIDENT. — C'est possible, mais l'affectation des batteries n'a eu lieu qu'au mois de juin. C'est à ce moment que le commandant Mercier-Milon a envoyé une note aux officiers.

LE CAPITAINE DREYFUS. — La note n'a pas été communiquée aux stagiaires.

LE PRÉSIDENT. — Quand on communique quelque chose aux officiers, les stagiaires en ont bien connaissance. A la fin de 1893, n'avez-vous pas eu connaissance des renseignements envoyés par le troisième Bureau au quatrième au sujet des effectifs des batteries de 120 ?

LE CAPITAINE DREYFUS. — Non, mon colonel.

7

LE PRÉSIDENT. — C'est pourtant le troisième Bureau qui a envoyé ces renseignements au quatrième, par conséquent, vous auriez pu les connaître.

LE CAPITAINE DREYFUS. — J'étais à la section des manœuvres.

LE PRÉSIDENT. — C'est possible, mais dans ces conditions-là, on sait ce qui se passe d'une section à l'autre.

LE CAPITAINE DREYFUS. — On ne va jamais d'une section dans l'autre, sauf quand on a des renseignements à demander.

LE PRÉSIDENT. — Au premier Bureau, vous étiez l'adjoint du commandant Bayle.

LE CAPITAINE DREYFUS. — J'ai été sous ses ordres pendant trois semaines.

LE PRÉSIDENT. — A ce moment, il a étudié la répartition des batteries de 120 entre les différents corps d'armée, il a rédigé une note à ce sujet dont vous avez eu connaissance.

LE CAPITAINE DREYFUS. — Je ne la connais pas.

LE PRÉSIDENT. — Vous travailliez avec lui ; cette note a disparu, on n'a jamais pu la retrouver dans les archives du Ministère. Vous n'en avez jamais eu connaissance ?

LE CAPITAINE DREYFUS. — On n'en a jamais parlé en 1894.

LE PRÉSIDENT. — Le quatrième document est une « note sur Madagascar ».

Pendant que vous étiez au Ministère, en 1894, il a dû être fait deux études sur Madagascar ; une première, qui n'avait qu'un caractère purement géographique, a été faite au Bureau ; elle était copiée par un caporal qui travaillait dans l'antichambre du colonel de Sancy. On vous a vu plusieurs fois passer pour aller chez ce colonel.

LE CAPITAINE DREYFUS. — Je vous ferai remarquer que l'antichambre précède la porte du colonel et que, par conséquent, tout le monde est obligé de passer par là.

LE PRÉSIDENT. — Comme c'était là que le caporal copiait cette note, il n'y a rien d'impossible à ce que ce soient les gens qui allaient et venaient dans l'antichambre qui en aient eu connaissance. Ce n'est pas une impossibilité. En tout cas, cette note était peu importante ; c'était une simple étude géographique. Mais au mois de juillet 1894, on fit une étude plus sérieuse, on fit l'étude de l'expédition proprement dite. On étudia la route à suivre, les moyens à employer, le matériel à concentrer ; c'était en somme, l'étude de l'expédition. Elle a été faite par différents Bureaux, mais en particulier par le troisième Bureau où vous étiez. En avez-vous eu connaissance ?

LE CAPITAINE DREYFUS. — Pas du tout.

LE PRÉSIDENT. — Ainsi il s'est passé des choses dans votre Bureau dont vous ne saviez rien ; vous n'étiez pas au courant de ce qui se faisait ?

LE CAPITAINE DREYFUS. — J'étais à la section des manœuvres.

LE PRÉSIDENT. — Et vous ne saviez pas ce qui se passait dans les autres Bureaux ?

LE CAPITAINE DREYFUS. — Absolument pas ; aucun officier ne m'a jamais rien communiqué.

LE PRÉSIDENT. — Le travail a été terminé le 20 août, les épreuves définitives ont été tirées le 29 août, au moment où le Bordereau a été rédigé par son auteur. Il y a donc coïncidence complète entre ce renseignement et l'établissement définitif du travail sur Madagascar. Comme vous étiez au troisème Bureau, il n'y a pas d'impossibilité à ce que vous en ayez eu connaissance.

LE CAPITAINE DREYFUS. — Il n'y a d'impossibilité à rien dans ces conditions, mon colonel.

Le président. — Non, mais toutes ces choses réunies forment au moins des présomptions.

Nous passons au cinquième renseignement. Il s'agit d'un « projet de manuel de tir » ; avez-vous eu connaissance de ce manuel ?

Le capitaine Dreyfus. — Non, mon colonel.

Le président. — Vous n'en avez jamais eu connaissance ?

Le capitaine Dreyfus. — Jamais.

Le président. — Il y a un témoin qui prétend avoir mis à votre disposition, pendant quarante-huit heures, un exemplaire de ce manuel de tir.

Le capitaine Dreyfus. — Je suis convaincu que c'est une erreur, attendu qu'au Conseil de Guerre de 1894 j'ai demandé à l'instruction et à l'audience la comparution de ce témoin pour fixer ce point, et que, ni à l'instruction ni à l'audience, je n'ai vu comparaître ce témoin.

Le président. — Il va comparaître au cours des débats.

Le capitaine Dreyfus. — Je ferai remarquer encore ceci : c'est que dans le rapport de M. le commandant d'Ormescheville, que vous venez d'entendre, il est dit que j'ai eu des conversations avec cet officier au mois de février ou mars. Or, j'ai vu dans les dépositions de la Cour de Cassation que ce projet de manuel date du 14 mars et qu'il n'a été remis à l'Etat-Major de l'armée qu'au mois de mai. Par conséquent, je n'ai pu avoir au mois de mars de conversation à ce sujet.

Le président. — C'est au mois de juillet 1894 que le commandant Jeannel a dû vous remettre un exemplaire de ce manuel.

Le capitaine Dreyfus. — Mais on parle de conversations que j'aurais eues avec lui.

Le président. — Peu importe ; ce que je vous demande, ce n'est pas ce que dit M. d'Ormescheville, ce sont vos réponses : laissez-moi vous interroger, et ne posez pas de questions. C'est vous-même qui vous seriez plaint au commandant Jeannel que les stagiaires de l'Etat-Major n'avaient pas connaissance de ce manuel de tir qui était entre les mains de tous les officiers de régiment, lesquels avaient demandé qu'il en fût livré. Eh bien ! il en avait été délivré dix exemplaires, dont deux au bureau auquel vous apparteniez ; reconnaissez-vous que, comme il fallait partager ce manuel entre les différents officiers, le commandant Jeannel vous en a prêté un exemplaire ?

Le capitaine Dreyfus. — Non, mon colonel.

Le président. — Vous niez ?

Le capitaine Dreyfus. — Oui, mon colonel. Voulez-vous me permettre une observation ?

Le président. — Oui.

Le capitaine Dreyfus. — Je vous ferai remarquer qu'en juillet 1894 je n'appartenais plus au deuxième Bureau de l'Etat-Major où était le commandant Jeannel, mais au troisième Bureau. Or, d'après les dépositions de la Cour de Cassation, il a été donné des manuels de tir à tous les Bureaux et je ne comprends pas..

Le président. — Vous discuterez la question contradictoirement avec le témoin.

Le capitaine Dreyfus. — Oui, seulement c'était une observation que je voulais faire.

Le président. — Dans le Bordereau, l'auteur dit qu'il est très difficile de se procurer ce manuel. Ceci n'était pas vrai en ce qui concernait les officiers des corps d'artillerie, tandis que les officiers du Ministère auxquels on n'en avait envoyé que tardivement, se trouvaient précisément dans cette situation, de ne pas pouvoir avoir le manuel de tir facilement à leur disposition. Il y a là encore une coïncidence avec votre situation personnelle.

Le capitaine Dreyfus. — Mon colonel, comme je l'ai dit au Conseil de guerre de 1894, il était facile de se procurer ce manuel de tir. Il est certain qu'un officier aurait pu demander ce manuel et qu'on le lui aurait donné. Je ne l'ai pas eu et je ne l'ai pas demandé par cette considération que je savais que je ne devais pas aller aux écoles à feu, et parce que je faisais des travaux différents : par conséquent, si je n'ai pas demandé ce projet de manuel, de tir, c'est que je n'en avais nul besoin, mais il était de la plus grande facilité pour un officier d'artillerie d'avoir ce projet de manuel ; par conséquent, ceci ne peut s'appliquer qu'à un officier étranger à l'arme...

LE PRÉSIDENT. — C'est de la discussion.

Le Bordereau se termine par ces mots : « Je vais partir en manœuvres. » Or, vous n'avez pas été aux manœuvres?

LE CAPITAINE DREYFUS. — Non, mon colonel.

LE PRÉSIDENT. — Il était d'usage que les stagiaires y aillent toujours. A quelle époque vous a-t-on prévenu que vous n'iriez pas aux manœuvres de 1894?

LE CAPITAINE DREYFUS. — C'était, mon colonel, fin mai ou commencement de juin.

LE PRÉSIDENT. — D'après les informations, ce serait à une date de beaucoup postérieure ; ce serait le 28 août 1894 que le Ministre aurait pris la décision de ne pas envoyer, en cette année 1894, les stagiaires aux manœuvres, pour des causes de service intérieur.

LE CAPITAINE DREYFUS. — Je vous demande pardon...

LE PRÉSIDENT. — C'est-à-dire que c'était quelques jours peut-être après la création de cette pièce dite Bordereau.

LE CAPITAINE DREYFUS. — Je vous demande pardon, mon colonel. D'ailleurs, au procès de 1894, j'ai demandé la production d'une circulaire officielle du mois de mai 1894, par laquelle on nous informait que nous ne devions pas aller aux manœuvres, et que nous irions faire notre stage dans les régiments d'infanterie, ceux du premier Bureau, en juillet, août, septembre, ceux du deuxième en octobre, novembre, décembre.

LE PRÉSIDENT. — Enfin, il y a une décision du Ministre, de septembre 1894, qui dit que les stagiaires n'iront pas aux manœuvres.

LE CAPITAINE DREYFUS. — Il faudra la rechercher.

Mᵉ DEMANGE. — Il doit y avoir erreur.

LE COMMANDANT CARRIÈRE, *commissaire du Gouvernement.* — Il n'y a pas d'erreur, il y a eu au mois de mai une instruction prévenant le service en principe. Mais les stagiaires devaient néanmoins aller aux manœuvres ; et on n'a renoncé aux manœuvres des stagiaires, au mois de septembre, qu'en raison des travaux spéciaux qui leur incombaient par suite de la préparation d'un nouveau plan.

LE PRÉSIDENT. — C'est bien ce que je disais, et c'est bien ce que je lisais.

Après avoir été ainsi interrogé sur la livraison des documents énoncés au Bordereau, Dreyfus fit connaître les divers travaux qu'il avait effectués pendant la durée de son stage ; il s'expliqua sur l'incident qui avait suivi sa sortie de l'Ecole de guerre ainsi que sur les diverses présomptions invoquées contre lui : les voyages en Alsace, sa connaissance des transports sur les lignes de l'Est, ses investigations poussées, disait-on, jusqu'à l'indiscrétion, son prétendu voyage à Bruxelles en 1894 qu'il démentit, les relations féminines qui lui étaient reprochées, enfin

certains propos dans lesquels il s'était vanté de relations galantes,
de pertes au jeu, d'intérêts dans une écurie de courses.

Brièvement interrogé ensuite sur ce qui s'était passé après
son arrestation, Dreyfus donna sur la scène des aveux les explications que vous connaissez et que votre arrêt de 1899 avait
admises.

L'interrogatoire de Dreyfus renferme de nombreuses dénégations dans lesquelles ses accusateurs ont trouvé un indice de
culpabilité. Dreyfus les a expliquées en ces termes :

> On a beaucoup parlé des dénégations et je tiens à y répondre. Je n'ai
> jamais rien nié de ce que je savais ; on m'a posé des questions sur des
> points que je ne connaissais pas, j'ai répondu que je ne les connaissais
> pas ; mais, pour tout ce que je savais, j'ai répondu.

La suite de ce travail démontrera que ces explications n'ont
pas été démenties par les débats ; il y sera établi que Dreyfus
n'a pas nié certains faits importants, comme le lui reprochaient
ses accusateurs et que s'il s'est trouvé quelquefois en contradiction avec des témoins, ces contradictions ont porté sur des faits
restés douteux ou ne présentant aucun intérêt au point de vue de
la preuve de la trahison.

La thèse de l'accusation, en ce qui touche l'examen technique
du Bordereau, s'appuie surtout sur une série de raisonnements
qui doivent vous être soumis dans la forme même choisie par
leurs auteurs. Ce serait risquer d'affaiblir et peut-être même de
dénaturer cette thèse que de modifier les formules, l'ordre, l'en-
chaînement d'arguments qui, dans la pensée de ceux qui les
présentent, doivent conduire par la voie d'une logique rigoureuse
à la solution mathématique du problème. Aussi avons-nous cru
devoir emprunter l'exposé de cette thèse à l'un des nombreux
témoins qui l'ont soutenue ; la déposition de M. Cavaignac, que
nous allons reproduire, nous a semblé la résumer en lui laissant
toute sa force :

> « J'arrive au second point. C'est la discussion technique du Bordereau
> et les conclusions qui peuvent s'en dégager. Sur ce point, la discussion
> a été rendue facile et elle sera abrégée par les explications qui ont été
> fournies au Conseil. Lorsqu'on examine le Bordereau, lorsqu'on examine
> les renseignements sur lesquels il porte, on arrive tout d'abord à ces
> conclusions : la première c'est que les deux derniers, le projet de manuel
> de tir et la note sur Madagascar, sont des renseignements qui pouvaient
> être confidentiels, qui pouvaient avoir un intérêt d'actualité ou de curio-
> sité pour les gouvernements étrangers, mais qui ne sont peut-être point
> des documents tout à fait essentiels au point de vue du secret et de
> l'intérêt qu'ils présentent. Mais, lorsqu'on examine les trois premiers, on
> arrive à des conclusions absolument opposées. Ces trois documents

portent tous les trois sur les sujets essentiels, les sujets les plus vitaux qui ont été traités à l'Etat-Major général dans le printemps et dans l'été de 1894. Et je ne pouvais, en relisant la déposition de M. le général Mercier, me défendre encore de faire cette réflexion que, pour vous mettre au courant des faits sur lesquels portaient ces trois chapitres, M. le général Mercier a dû devant vous expliquer minutieusement quelles étaient les dispositions essentielles que lui, Ministre, avait dû prendre en 1894 sur la concentration, sur la couverture, sur tous les sujets qui sont le nœud même et la vie de la défense nationale.

Le premier renseignement, la note sur le frein hydraulique du 120 et sur la manière dont la pièce s'est conduite, la note sur les troupes de couverture de la phrase qui la suit, la note sur les modifications des formations de l'artillerie, forment comme une table des matières essentielles qui se traitaient en 1894 à l'Etat-Major général. On a dit que si les sujets étaient sérieux, les notes pouvaient ne pas l'être. On a dit qu'il n'y avait aucune conclusion à tirer de ce que les sujets étaient sérieux et que les renseignements donnés, et que l'on ignorait, pouvaient ne pas l'être. Je crois ce raisonnement en lui-même bien difficile à admettre. Mais il y a plus, et je suis d'autant plus obligé d'appeler l'attention du Conseil sur ce point que, dans le rapport même de la Cour de Cassation, dans le rapport de M. Ballot-Beaupré, j'ai trouvé sur ce point une erreur fondamentale. M. le rapporteur Ballot-Beaupré a écarté la discussion technique du Bordereau ; il l'a écartée en déclarant — retenez bien cette expression — que l'on ne connaissait que sur un seul point la nature des renseignements fournis (c'était en ce qui concerne le Manuel de Tir), et que sur ce point il avait été unanimement reconnu que, si les renseignements étaient confidentiels, ils étaient sans importance. Messieurs, ceci est une erreur : sur d'autres sujets, et sur l'un d'eux qui est essentiel notamment, on connaît non seulement la nature du sujet traité, mais on connaît encore la nature des renseignements livrés. On sait qu'un renseignement a été donné, dans le paragraphe premier, sur la manière dont s'est conduite la pièce de 120. On sait, ce qui est beaucoup plus important, qu'en ce qui concerne la note sur les troupes de couverture, le le Bordereau contient lui-même, par lui seul, indépendamment des documents qui y étaient joints, un acte de trahison fondamental et funeste ; c'était dans la phrase : « Quelques modifications seront apportées dans le nouveau plan. »

Sur ce point, Messieurs, vous savez par la déposition de M. le général Mercier que cette phrase se calquait, se modelait d'une façon saisissante sur le faits qui s'étaient passés au sein de l'Etat-Major général dans le courant du mois d'août 1894. Les idées s'étaient modifiées sur l'emploi des troupes de couverture. Le général Mercier avait été amené à penser qu'aux troupes de couverture disséminées, réparties par corps d'armée, il importait de substituer un groupe unique de troupes de couverture. Il avait donc donné l'ordre d'appliquer cette disposition, en même temps qu'on élaborait dans les conditions qu'il a rappelées le nouveau plan de concentration. C'est en cherchant à faire cadrer les modifications du dispositif de couverture avec les modifications du nouveau plan, que l'on fut amené, après de longs pourparlers, à établir un *modus vivendi* provisoire, et à décider que quelques modifications seraient apportées dans le nouveau plan.

La phrase en elle-même, la phrase du Bordereau, et non pas des documents qui y sont annexés, mais du Bordereau lui-même, traduit donc l'avis de l'Etat-Major général dans le courant d'août sur un point essentiel ; et là, contrairement à ce qui a été affirmé, dans le rapport de la Cour de Cassation, le Bordereau lui-même (et non pas les documents) contient un acte de trahison fondamental et funeste. Je n'ai pas besoin, Messieurs, de m'étendre longuement pour démontrer devant vous, devant un tribunal compétent, que cet acte, la livraison d'une décision prise à l'Etat-Major général, prise non pas par écrit, non pas sur une feuille de papier, mais prise dans les négociations les plus intimes de la direction, qu'une décision qui n'était pas écrite, mais qui était résultée des négociations mêmes qui s'étaient produites entre les chefs de l'Etat-Major général ; qu'une décision de cette nature ne pouvait être connue que par une trahison sortie de l'Etat-Major général lui-même.

C'est l'évidence même, pour ceux qui savent comment ces questions se traitent, et l'idée qu'un major d'un régiment d'infanterie en garnison à Rouen a pu écrire la phrase et livrer ce renseignement, qui est dans le Bordereau, ne peut venir à personne.

Il est établi par la force de l'évidence, par le texte du Bordereau lui-même, que la trahison est sortie du cœur de l'Etat-Major général, et que — on peut même en tirer un argument pour établir les mobiles de l'acte — que l'acte de trahison en question serait étranger, comme celui d'un officier ennemi, établi au cœur de l'Etat-Major général, et y puisant à pleines mains les renseignements les plus essentiels et les plus vitaux de la défense nationale.

Il ne peut y avoir sur ce point aucun doute, et il n'y a eu aucun doute au moment même où, en 1894, le Bordereau est arrivé au Ministère de la Guerre. Mais, Messieurs, à côté de ces conclusions qui sont une déduction de notre esprit, il y a un fait que vous connaissez par la déposition de M. le général Mercier et qui vient, par un témoignage qui n'a plus rien à faire après les déductions que nous pouvons tirer du Bordereau, par une voie entièrement différente, qui vient confirmer ces déductions avec une force nouvelle et irrésistible.

Ce sont ces documents que le colonel Sandherr fit enregistrer et dater, et dans lesquels un agent diplomatique, un des rares agents diplomatiques disposés à servir les intérêts de la France au lieu de les combattre, apportait, avec une précision qui a dû vous frapper l'esprit, l'affirmation qu'il y avait dans les bureaux de l'Etat-Major général un homme qui renseignait admirablement les gouvernements étrangers.

Il faut rappeler dans leur précision les termes mêmes de ces lettres, de ces rapports.

Dans le premier, dans celui du mois de mars, vous vous rappelez quels sont les termes :

« Dites bien à ces messieurs qu'il y a lieu de redoubler de surveillance ; il résulte de ma dernière conversation avec le capitaine de Süsskind que les attachés allemands ont dans les bureaux de l'Etat-Major général un officier qui les renseigne admirablement. »

Et le rapport du mois d'avril suivant dans lequel le même agent, revenant sur sa déclaration, disait :

« Voilà encore une preuve que vous avez un ou plusieurs loups dans la bergerie ; cherchez, vous trouverez, je suis certain du fait. »

Ainsi, Messieurs, il est établi, comme je le disais, non seulement par des documents d'une importance capitale, il est établi par deux sources qui se confirment et concordent, que la trahison est sortie, en 1894, du cœur même de l'Etat-Major.

Quelles conclusions y a-t-il lieu d'en tirer et à quelles conclusions cela peut-il nous amener ?

A quelles conclusions cela peut-il nous amener d'abord en ce qui concerne l'accusé ?

Messieurs, vous avez vu qu'avec la discussion technique du Bordereau, en discutant un à un ses éléments, on arrive à serrer de singulièrement près la personnalité du coupable.

Il faut, sur ce point, rapprocher de la démonstration que je viens de faire les faits suivants :

L'accusé était le seul officier de l'Etat-Major général qui eût été à la fonderie de Bourges au moment où s'y établissaient les tables de construction du 120 court.

L'accusé s'est trouvé partout où il pouvait connaître les renseignements qui sont visés dans le Bordereau, il est le seul officier de l'Etat-Major général qui se soit trouvé partout — et ici je parle des tables de construction du 120 — partout où pouvaient être obtenus ces renseignements.

Il est établi, par la déposition du colonel Lefort, que Dreyfus a connu les renseignements relatifs aux modifications des formations de l'artillerie.

Il est établi, par la déposition du lieutenant-colonel Jeannel, que Dreyfus a demandé le Manuel de tir de l'artillerie.

Il est établi qu'il a eu à porter des documents relatifs à la couverture à l'imprimerie du Service géographique, que les documents se sont égarés, et qu'il les a conservés vingt-quatre heures en sa possession.

Il est établi qu'il se livrait à des actes d'indiscrétion qui ont frappé et choqué un grand nombre de ses camarades. L'un de ces actes est tout à fait capital : c'est celui dans lequel, d'après la déposition du capitaine Rémusat, il a demandé des renseignements secrets sur la fabrication de l'obus Robin, en déclarant — ce qui n'était pas exact — qu'il était chargé par ses chefs de les demander.

Je ne rappelle pas, parce que vous les entendrez, tous les points sur lesquels ses camarades ou ses chefs viennent déclarer ses habitudes d'indiscrétion, mais il est un point que je veux relever parce qu'il me paraît avoir une gravité considérable.

L'accusé nie ces faits, il les nie tous, ou presque tous.

On peut admettre sans doute, il faut admettre même, que des manques de mémoire peuvent faire effacer certains faits de l'esprit d'un homme qui y a assisté ; mais il est un point où c'est inadmissible ; c'est en ce qui concerne la déposition du général Lefort. Il me paraît bien difficile qu'un officier ait connu les mesures prises à la suite de la loi sur les pontonniers et la création de nouvelles batteries, et ait déclaré ne pas les connaître.

Mais il y a un point, et c'est le seul que je retiendrai, où cela est tout à fait impossible, c'est en ce qui concerne la concentration.

Eh bien ! le capitaine de Pouydraguin déclare qu'il a vu l'accusé dessiner le schéma de la concentration dans un des Bureaux de l'Etat-Major général, et l'accusé, en 1894, au lendemain même du fait, a déclaré qu'il n'avait jamais connu les dispositifs et les zones de concentration.

Eh bien, Messieurs, il n'est pas possible, pour moi, qu'un officier qui a connu (et cela est l'évidence même) les zones de concentration des armées déclare sincèrement ne pas les avoir connues s'il les a connues.

La contradiction qui est établie sur ce point, entre le capitaine de Pouydraguin et l'accusé, me paraît un élément fondamental. L'accusé a nié avoir connu des renseignements qu'il avait connus, et il a dû avoir intérêt à apporter cette négation.

Mais, Messieurs, en dehors même de ce qui est personnel à l'accusé, il y a à tirer du fait que j'ai établi — du fait qui paraît établi jusqu'à l'évidence — que la trahison est sortie de l'Etat-Major général, il y a à d'autres conclusions qui ont une importance fondamentale.

On a bien senti qu'en présence des charges qui pesaient sur l'accusé, on n'arriverait à les ébranler qu'en substituant à la réalité qui avait motivé le jugement du premier Conseil de guerre une autre réalité. Et nous avons vu, Messieurs, ce phénomène qui a pu nous surprendre : c'est que des hommes qui se disaient mus par le souci de la justice et de la vérité, qui se disaient mus par le souci d'épargner à un innocent une accusation injuste, ont essayé successivement toutes les hypothèses et toutes les accusations ; ont essayé — on pourrait le dire — les traîtres les uns après les autres ; pour susbstituer leurs hypothèses successives, distinctes, à la réalité qui avait motivé le jugement du premier Conseil de guerre.

Eh bien! Messieurs, ces hypothèses (et c'est un point important aussi) sont ruinées, d'une façon fondamentale, par la démonstration que je viens de faire ; il est inadmissible, je l'ai dit tout à l'heure et je le répète, il est inadmissible que le major d'un régiment d'infanterie ait écrit la phrase :

« Quelques modifications seront apportées dans le nouveau plan. »

Et cette démonstration est tellement évidente, que j'ai été amené à dire et que je le répète encore ici, qu'alors même qu'il serait établi (et je vais m'expliquer tout à l'heure sur ce point) que le Bordereau est de l'écriture d'Esterhazy ; qu'alors même qu'il serait établi que les documents ont été portés par le commandant Esterhazy, le commandant Esterhazy n'aurait pu être, dans la circonstance, qu'un intermédiaire ou qu'un complice secondaire.

C'est l'évidence même que la trahison ne peut être venue de lui, qu'elle est venue de l'Etat-Major général. »

La conclusion de cette déposition s'appuie donc sur deux sortes de preuves : les unes sont « des déductions de l'esprit », les autres ont pour base les rapports de l'agent Guénée et la déposition d'Henry en 1894, dont nous avons déjà parlé.

Mais quel est le point de départ de ces « déductions de l'esprit » qui suffiraient, à elles seules, à démontrer la culpabilité de Dreyfus ? Si ce point de départ est une hypothèse invérifiable, le raisonnement qui en procèdera sera, évidemment, dénué de toute valeur probante. Or, quoi qu'en dise l'accusation, l'observation de M. le président Ballot-Beaupré n'a pas été infirmée. Sur un point seulement on a tenté de démontrer que parmi les hypothèses successives, la dernière devait être préférée à la première : la note « sur les troupes de couverture et le nouveau plan » renferme, a-t-on dit, une phrase qui serait calquée sur les faits qui s'étaient passés au sein de l'Etat-Major. Nous verrons ce qu'il faut penser de cette assertion.

Mais, pour le surplus des notes du Bordereau, il faut bien reconnaître que rien n'autorise à préférer une hypothèse à une autre et que le choix a été arbitraire.

Me Demange, dans sa plaidoirie, fit éloquemment ressortir ces variations de l'accusation :

Aujourd'hui, disait-il, dans une Cour de Justice, je vous ramène toujours à ce point précis : il faut qu'il soit établi qu'il n'y a eu que Dreyfus qui ait pu fournir les renseignements contenus au Bordereau ; et lorsque nous entrons dans le domaine de l'hypothèse, je constate qu'à l'Etat-Major général, en 1894, quand il s'est agi de formuler des hypothèses, on a formulé des hypothèses qui ne sont plus les hypothèses d'aujourd'hui.

En 1898, en effet, le général Roget a fait une étude approfondie de l'affaire, assisté du commandant Cuignet ; et alors, à ce moment-là, M. le général Roget a formulé des hypothèses que je vais successivement examiner tout à l'heure.

Mais pour le juge qui se trouve en présence de l'hypothèse de 1894 et de l'hypothèse de 1899, j'imagine que sa conscience doit être effrayée.

Il doit se demander si c'est là une base solide pour rassurer sa conscience, cette base fragile et hypothétique qui peut varier suivant les années, alors même que nous trouvons au Ministère de la Guerre les mêmes interprétateurs, c'est-à-dire M. le général de Boisdeffre et M. le général Gonse.

Mᵉ Demange n'entendait pas cependant se dérober et il ne se déroba pas à la discussion des nouvelles hypothèses du général Roget et nous sommes amenés comme lui à rechercher si elles peuvent nous conduire à la certitude.

Trois des documents énoncés par le Bordereau concernent le service de l'artillerie ; donc, disait-on, le document émane d'un artilleur. Cette thèse fut soutenue à Rennes et a été de nouveau affirmée dans la dernière enquête par le général Mercier et par le général Deloye. Elle avait été combattue par le général Sébert, par le lieutenant-colonel Hartmann et par plusieurs officiers d'artillerie, qui avaient présenté des observations, en apparence tout au moins, très judicieuses.

Cette discussion fut poursuivie à l'aide d'arguments techniques dont la valeur échappe à notre appréciation personnelle. Nous constaterons seulement la controverse et s'il nous est prouvé que des officiers généraux et des officiers d'Etat-Major infiniment distingués professent sur le point en discussion des opinions radicalement opposées, non seulement nous pourrons, mais encore nous devrons conclure que la solution du litige reste tout au moins douteuse et qu'aucune certitude ne s'impose à nous.

Or, dans la question qui nous occupe, la controverse persiste après la décision du Conseil de guerre. Aux autorités très hautes et très respectables qu'invoque un système, s'opposent d'autres autorités qui les valent.

Pendant vos enquêtes de 1899, on avait, paraît-il, « pataugé », c'est l'expression dont s'est servi à Rennes le général Roget, sur la détermination de certaines expressions de l'une des notes relatives à l'artillerie et peut-être a-t-on continué à « patauger » après la déposition de cet officier général.

Afin d'éviter devant vous le retour de cet accident, M. le Procureur général s'est pourvu devant le général André, ministre de la Guerre, et lui a adressé la requête suivante :

Paris, 4 mai 1904.

Monsieur le Ministre,

Au cours de l'enquête à laquelle il a été procédé en 1899, lors de la première demande en revision concernant Alfred Dreyfus, M. de Freycinet, Ministre de la Guerre, a fait remettre à la Cour de Cassation une note rédigée par la Direction de l'artillerie au Ministère de la Guerre et traitant des diverses questions techniques qu'avait soulevées l'examen du Bordereau incriminé. Les conclusions de cette note ont été très vivement contestées par divers témoins dont la compétence ne semble pas pouvoir être discutée. Elles ont fait, en outre, l'objet, devant le Conseil de guerre de Rennes, de controverses approfondies, notamment entre le général Deloye, d'une part, et de l'autre le colonel Hartmann, le général Sébert et plusieurs autres officiers.

D'un autre côté, plusieurs des documents qui ont été versés, sur votre ordre, au dossier devant la Cour de Cassation et que j'ai étudiés avec soin, paraissent infirmer complètement diverses des indications de la note de 1899.

Je ne saurais avoir la compétence ni l'autorité nécessaires pour trancher un débat qui sort si complètement de mes études habituelles ; mais je me suis demandé si, de même que votre prédécesseur en 1899 a cru pouvoir donner à la Cour son avis sur ces questions, il ne vous paraîtrait pas possible et utile de soumettre les points litigieux à l'appréciation de techniciens qui vous fourniraient leur opinion motivée sur les problèmes discutés, vous mettraient en mesure de me fournir tous les renseignements désirables et me permettraient de soutenir ensuite la discussion avec toute l'autorité nécessaire.

J'ai l'honneur de vous prier d'examiner ce qu'il vous semblera possible de faire dans cet ordre d'idées.

Veuillez agréer, Monsieur le Ministre, l'hommage de mon respect.

Le Procureur général,

Signé : BAUDOUIN.

A cette requête, le Ministre de la Guerre a répondu en nommant une commission de quatre généraux experts, pris, ainsi que le fait remarquer Mᵉ Mornard, parmi des généraux n'ayant jamais été mêlés aux incidents de l'affaire Dreyfus et tout particulièrement qualifiés pour émettre un avis en pareille matière.

Cette commission a déposé le rapport suivant dont tous les membres ont confirmé sous serment la teneur et les conclusions admises par eux à l'unanimité :

QUESTIONS TECHNIQUES
SOULEVÉES AU COURS DE L'AFFAIRE DREYFUS

Par décision du Ministre de la Guerre, en date du 5 mai 1904, une Commission composée de :

Le général de division BALAMAN, du cadre de réserve, ancien président du Comité technique de l'artillerie, président ;

Le général de division VILLIEN, inspecteur permanent des fabrications de l'artillerie, membre ;

Le général de brigade BRUN, commandant l'Ecole supérieure de guerre, membre ;

Le général de brigade SEARD, du cadre de réserve, ancien directeur de l'Ecole de Pyrotechnie, ancien chef du deuxième Bureau (matériel) de la 3ᵉ direction (artillerie) au Ministère de la Guerre, membre ;

A été chargée sur la demande du Procureur Général près la Cour de Cassation d'examiner certaines questions techniques soulevées à l'occasion des débats de l'affaire Dreyfus.

Ces questions n'étant pas définies d'une façon précise, il a paru naturel d'examiner successivement celles qui se rattachent aux trois membres de phrase se rapportant à l'artillerie dans la lettre missive, dite « Bordereau », qui était l'origine de l'affaire et d'étudier ensuite la question de l'obus Robin, intervenu plus tard dans les débats.

I. — CANON ET FREIN DE 120.

Une note sur le frein hydraulique du 120 et de la manière dont s'est conduite cette pièce. (Bordereau).

PREMIÈRE QUESTION. — Le premier point à éclaircir est évidemment celui-ci : de quel frein et de quelle pièce l'auteur du Bordereau a-t-il voulu parler ?

Si l'on prend le texte au pied de la lettre on doit croire qu'il s'agit du canon 120 de siège et place, qui a longtemps existé seul et qu'on avait par suite l'habitude de désigner sous le nom de canon de 120, sans addition d'aucune épithète. On l'a plus tard appelé canon long, après l'adoption d'un canon court, mais d'ordinaire seulement dans le cas où, soit le sujet traité, soit les phrases précédentes, pouvaient laisser supposer qu'il pouvait aussi bien être question du canon court.

En dehors de ces cas et par suite des anciennes habitudes, l'expression canon de « 120 » faisait naître dans l'esprit de tout artilleur l'idée de l'ancien canon de siège et place.

L'expression « frein hydraulique » confirme cette idée, car le frein du canon du 120 long est simplement hydraulique.

Si cette interprétation rigoureusemnt conforme au texte était admise, on pourrait en conclure immédiatement sans autre examen que le Bordereau n'a pas été écrit par un artilleur ; car il n'aurait pu venir à l'esprit d'aucun artilleur de prétendre renseigner sur le canon de 120 long et sur son frein hydraulique, depuis longtemps universellement connu.

Mais comme le Bordereau mentionnait trois documents relatifs à l'artillerie, ceux qui ont eu à l'examiner tout d'abord ont cru pouvoir, par cela seul, l'attribuer à un officier de cette arme, ce qui les a amenés tout naturellement à conclure qu'il ne pouvait y être question, malgré l'impropriété des termes, que du canon de 120 court et de son frein hydropneumatique.

DEUXIÈME QUESTION. — Cette interprétation, dont la justesse est loin d'être démontrée, étant admise, il y a lieu de se demander pourquoi l'auteur du Bordereau n'a pas été plus précis. Etait-il indifférent d'employer, ou non, les termes exacts ?

On a vu plus haut que l'ancien canon de 120 était destiné à l'attaque et à la défense des places. Le canon de 120 court, au contraire, est un canon de campagne spécial, qui a le double avantage de faire intervenir dans la bataille des projectiles beaucoup plus puissants que ceux des autres canons de campagne et de pouvoir, grâce à un tir plus plongeant, atteindre l'ennemi derrière des couverts. L'introduction de batteries de 120 court dans nos armées avait donc de l'importance. C'était, de plus, une nouveauté bien caractérisée, car jamais encore aucun canon d'un genre analogue n'avait pris place dans notre artillerie de campagne. Il valait donc la peine de préciser si l'on prétendait fournir des renseignements sur la nouvelle pièce.

Il convient maintenant d'examiner quelles idées s'attachent aux désignations « frein hydraulique », « frein hydropneumatique ». Le frein hydraulique sert uniquement à amortir, puis à arrêter le recul. Son emploi exige le concours d'une organisation spéciale ayant pour objet de ramener la pièce en batterie. Le frein hydropneumatique remplit, au contraire, à lui seul les deux fonctions : 1° arrêter le recul ; 2° ramener la pièce à son point de départ. Cette dernière fonction est remplie par de l'air à haute pression : De là la terminaison « pneumatique ». Il est très difficile de maintenir l'étanchéité d'un engin de ce genre, et la solution du problème avait coûté de longues et patientes recherches au commandant Locard, qui l'étudiait depuis 1880. Une solution tout à fait satisfaisante est si malaisée à obtenir qu'encore aujourd'hui la plupart des puissances étrangères emploient simplement des ressorts pour ramener la pièce à sa position initiale.

Dans ces conditions, étant donnée l'importance des idées nouvelles caractérisées par les expressions : « canon de 120 court » et « frein hydropneumatique », comment peut-on expliquer qu'un traître livrant la réalisation de ces idées, ait pu négliger les expressions mêmes qui en étaient comme l'étiquette ? Les marchands n'ont pas l'habitude de déguiser de bonnes marchandises sous des appellations qui les déprécient. Si cependant cela se produit, on peut être certain qu'il s'agit de marchandises de hasard dont ils ignorent la valeur. Il n'est sans doute pas impossible qu'un artilleur ait pu parfois, soit par inadvertance, soit pour abréger, dire « le canon de 120 et son frein » au lieu « du canon de 120 court et son frein hydropneumatique » ; mais ce ne pouvait être que dans des circonstances tout à fait différentes. Encore n'eût-il pas dit le 120 et son frein hydraulique : le mot hydraulique n'ajoutant rien, si ce n'est une idée fausse.

Finalement, qu'il s'agisse du canon de 120 long et de son frein hydraulique ou du canon de 120 court et de son frein hydropneumatique, il paraît presque impossible d'admettre que la phrase qui s'y rapporte ait été écrite par un artilleur.

TROISIÈME QUESTION. — Une question qui a donné lieu à de longues controverses a été celle de savoir quelle pouvait être l'importance du document livré.

Et d'abord, quelles étaient les sources où le traître aurait pu puiser ? Les renseignements écrits existant en 1894 étaient les suivants :

1° Les rapports N° 1 et 2 de la question 510 de la Commission d'Expériences de Calais. Cette question avait pour titre : « Matériel de 120 léger » : c'est ainsi qu'on avait appelé tout d'abord le matériel adopté plus tard sous la désignation de : « Matériel de 120 court ».

Les deux rapports avaient été tirés à 20 exemplaires numérotés et portant l'indication « ce document ne doit être communiqué qu'aux officiers ».

Le rapport N° 1, du 17 janvier 1890, et le procès-verbal N° 1 de la question contiennent la description du matériel avec un dessin schématique du frein hydropneumatique.

Le rapport N° 2 contient les tables de tir sommaires. Tous deux donnent des renseignements intéressants sur le fonctionnement du matériel, les effets des projectiles, etc.

2° Le bulletin N° 9 des questions à l'étude, en date du 1er mai 1889. Ce bulletin tiré à 130 exemplaires environ, non numérotés et non confidentiels, contient un dessin schématique d'un frein hydropneumatique Locard, appliqué à un canon de 57 millimètres.

3° Les cours des Ecoles de Fontainebleau et de Versailles, ainsi qu'une conférence faite à Saint-Cyr : on n'y trouve que des renseignements généraux.

4° Une brochure autographiée au 26° régiment d'artillerie, au Mans, en février 1894, et dont un exemplaire avait été remis à chaque officier du régiment. Il est à remarquer que cette brochure, en dehors du dessin schématique du frein et des indications sur son fonctionnement, contenait beaucoup d'autres renseignements utiles, notamment sur les projectiles et leur répartition dans les coffres ; elle donnait même la composition de la batterie et son titre était « batterie de campagne de 120 court ». Elle ne portait d'ailleurs aucune inscription indiquant qu'elle dût être considérée comme confidentielle.

5° Le règlement provisoire sur le service du canon de 120 court, envoyé dans les corps en avril et mai 1894 (300 exemplaires non numérotés et non confidentiels). Les renseignements sur le matériel y sont très détaillés, notamment en ce qui concerne le frein hydropneumatique ; mais on n'y trouve aucun dessin à l'appui.

6° Le règlement sur le service du matériel de 155 court, modèle 1890, qui avait été approuvé par le Ministre dès le 16 mars 1891. Tiré en 1891 à 150 exemplaires confidentiels et numérotés, il avait été mis aussitôt en essai dans les corps de troupe. Il contient les mêmes renseignements (6 pages de texte) sur le frein hydropneumatique (identique à celui du 120 court) que le règlement provisoire du 120 court et en outre quatre dessins schématiques du frein et de sa pompe de rechargement.

En dehors des documents écrits, des renseignements auraient pu être recueillis, soit *de visu*, soit dans des conversations échangées entre officiers, par suite de nombreux essais auxquels le matériel avait donné lieu.

En outre, des expériences exécutées à diverses époques, aux manœuvres d'armée, à Calais, à Bourges, à Poitiers, il est particulièrement à noter que le canon de 120 court avait été tiré, au printemps de 1894, dans diverses écoles d'artillerie. Dans presque toutes, des conférences avaient été faites à ce sujet et l'on avait invité tous les officiers d'artillerie, quelquefois même les autres officiers de la garnison, à assister aux tirs. Il ne faut d'ailleurs pas oublier que, tous les ans, des officiers supérieurs d'infanterie et de cavalerie sont convoqués aux écoles à feu de l'artillerie. Le canon de 120 court a notamment été tiré au camp de Châlons, où se trouvent toute l'année des officiers de toutes armes, d'abord par le 29° régiment qui a fait ses écoles à feu de fin avril au 25 mai, ensuite par deux batteries du même régiment qui ont pris part aux manœuvres de masse du 11 au 22 août. S'il est vrai que quelques précautions aient été prises au cours des manœuvres de masse (ce qui d'ailleurs peut être très contesté en ce qui concerne les officiers convoqués pour les suivre en simples spectateurs), on est loin d'avoir pris ailleurs des précautions analogues.

En somme, il ressort clairement de tout ce qui précède qu'il était possible, et on peut dire facile, pour un grand nombre d'officiers, artilleurs ou non, de se procurer les moyens de fournir une « note donnant des renseignements intéressants », sur le canon de 120 court et sur son frein hydropneumatique.

Quatrième question. — Mais on a voulu aller plus loin et l'on s'est demandé si quelqu'un des documents ci-dessus énumérés contenait des renseignements assez complets et assez précis pour permettre la construction d'un frein hydropneumatique pareil à celui du canon de 120 court ?

Assurément non. Le secret était tout entier dans certains organes intérieurs qu'on n'eût pu connaître qu'en démontant le frein, ou en ayant des dessins très détaillés. Outre que le démontage dans les corps de troupe était interdit, il n'eût pu y être opéré que par des ouvriers spéciaux envoyés par la fonderie de Bourges. Si le fait s'était produit, on en aurait trace à la fonderie et ailleurs. Quant aux dessins, ils étaient entre les mains du commandant Locard, d'abord, du commandant Baquet, ensuite. Ces deux officiers supérieurs ont gardé le secret avec un soin jaloux ; aucun autre officier ne le connaissait à Bourges, même à la fonderie et à plus forte raison dans les autres établissements de la place. Les dessins destinés à l'établissement des tables de construction du canon et du frein portent la date du 29 mai 1894. Le directeur de la fonderie les adressa par lettre du même jour à la troisième direction, qui les transmit par dépêche du 7 juin 1894 à la section technique de l'artillerie, place Saint-Thomas-d'Aquin. Ces dessins ne sont pas passés par l'Etat-Major général ; aucun officier de cet Etat-Major n'eût pu les connaître sans des complicités dont aucun indice n'a pu être découvert. En somme, rien n'autorise à penser que le secret ait été livré, et il ne semble pas que le frein hydropneumatique du canon de 120 court ait été reproduit à l'étranger.

Il semble donc bien, comme l'indique le texte du Bordereau et en supposant qu'il s'applique au canon de 120 court et à son frein hydropneumatique, qu'il s'agit d'une simple note, donnant peut-être, au moins dans l'esprit de son auteur, des renseignements intéressants, mais ne pouvant permettre en aucune façon la construction d'un engin secret.

CINQUIÈME QUESTION. — Une autre question a encore été soulevée au sujet du même membre de phrase du Bordereau ; dit-on dans le langage courant entre artilleurs : « cette pièce s'est conduite de telle manière », ou bien « cette pièce s'est comportée de telle manière » ?

On peut répondre sans hésitation : l'habitude est de dire « s'est comportée ».

Il n'est sans doute pas absolument impossible qu'en simple conversation un officier ait pu dire (le mot propre, ainsi qu'il arrive parfois, ne se présentant pas tout de suite), « cette pièce s'est conduite de telle façon ». Mais les membres de la Commission ont l'entière conviction de n'avoir jamais, au cours de leur longue carrière d'artilleur, appliqué à une pièce de canon l'expression « s'est conduite » et ils n'ont aucun souvenir de l'avoir entendu employer par des camarades, ou de l'avoir rencontrée dans leurs lectures. Du reste, pour mieux éclairer la question, ils ont fait faire des recherches dans trente rapports, pris au hasard, des Commissions de Calais et de Bourges, chargées depuis longtemps des essais du matériel de l'artillerie. On y a trouvé quinze fois l'expression « se comporte» ou « s'est comportée » et pas une fois l'expression « se conduit » ou « s'est conduite ».

On peut donc dire que l'expression « s'est conduite » serait, dans la bouche et surtout sous la plume d'un artilleur, une expression tout à fait anormale.

II. — FORMATION DE L'ARTILLERIE.

Une note sur une modification aux formations de l'artillerie. (Bordereau.)

Le mot « formation » peut être pris dans deux sens différents :

1° Il peut se rapporter aux unités tactiques formées à la mobilisation, à la répartition de ces unités tactiques, concurremment avec celles du temps de paix, entre les unités d'ordre supérieur : divisions, corps d'armée, etc...

2° Il peut se rapporter aussi à la disposition des divers éléments d'une troupe, les uns par rapport aux autres, dans les manœuvres, soit de parade, soit de guerre. Par exemple, la disposition des divers éléments d'une troupe les uns à côté des autres constitue une « formation en bataille » ; ces mêmes éléments placés les uns derrière les autres constituent une « formation » en colonne.

Les deux interprétations ont été soutenues dans les débats de l'affaire DREYFUS.

A l'appui de la première on a fait valoir les considérations suivantes : « Du mois de mai au mois d'août 1894, la troisième direction de l'Etat-Major ont fréquemment correspondu au sujet des « formations » de l'artillerie qui résultaient de la suppression des pontonniers et de leur remplacement par deux régiments d'artillerie de campagne. L'organisation de l'artillerie en cas de mobilisation a subi, à cette époque, une transformation radicale de nature à intéresser vivement une puissance étrangère ; un dossier volumineux existe à ce sujet dans les archives de la troisième direction. Une des pièces de ce dossier (août 1894) résume toutes les dispositions prises. Elle émane de l'Etat-Major de l'armée (premier Bureau), qui en a la minute, et porte la mention confidentielle. »

Il est tout d'abord à remarquer qu'aucune des pièces du dossier indiqué, n'a pour titre « formation de l'artillerie ». Le titre est tantôt mobilisation des régiments d'artillerie, tantôt, organisation de l'artillerie, dans le plan de 1895. Un traître qui aurait pu livrer cette organisation n'aurait certainement pas manqué de l'indiquer bien clairement et de le faire sonner bien haut. Personne n'ignore quelle extrême importance on attache, à juste titre, à tout ce qui se rapporte au plan de mobilisation. Est-il vraisemblable que le traître ait employé l'expression tout à fait modeste de « formations » sans souffler mot ni de la mobilisation, ni du plan de 1895, lorsque les titres des documents eux-mêmes étaient formés de ces mots infiniment plus imposants? De plus, en dévoilant une partie si importante de la mobilisation générale, il aurait fourni un renseignement d'une importance telle qu'il n'eût pas un instant senti le besoin de corser son envoi, de battre les buissons pour réunir un assemblage disparate de documents quelconques, comme l'a fait l'auteur du Bordereau, s'efforçant visiblement de remplacer la qualité par la quantité.

Reste la seconde interprétation du mot « formations ». Il faut se rappeler à ce sujet que les régiments de la 3ᵉ brigade d'artillerie étaient chargés d'essayer, pendant leur séjour au camp de Châlons, en juillet-août 1894, un projet de revision du règlement sur les manœuvres de batteries attelées. Or, si l'on examine, dans ce document, ce qui se rapporte aux manœuvres de guerre, on trouve successivement :

Pour la Batterie (titre IV, article II), les paragraphes portant les titres suivants :

    IV. — Des formations de la batterie de guerre ;
    V. — Formation de rassemblement ;
    VI. — Formation de marche ;
    VII. — Formation préparatoire de combat ;
    VIII. — Formation de combat.

Pour le groupe des batteries de guerre (titre V, article II, chapitre Iᵉʳ) :

    V. — Formation de marche ;
    VI. — Formation préparatoire de combat ;
    VII. — Formation de combat.

Pour la manœuvre de plusieurs groupes réunis (titre V, chapitre III) :

    II. — Formations ;
    V. — Formation préparatoire de combat ;
    VI. — Formation de combat.

Enfin l'appendice N° 1 se rapportant aux sections de munitions et de parc comprend les paragraphes ci-après :

II. — Formation de rassemblement ;
III. — Formation de marche ;
IV. — Formation sur le champ de bataille.

Or, si l'on suppose qu'il ait pu se trouver au camp de Châlons un officier en quête de documents à livrer, soit que cet officier ait appartenu à l'artillerie, soit simplement qu'il se soit trouvé en contact avec les officiers de cette arme, n'est-il pas évident que son attention a dû se porter sur toutes les nouveautés qui faisaient alors l'objet des essais de l'artillerie. Or, le règlement des manœuvres en était une. Il était journellement mis en pratique sous ses yeux.

Le texte en était entre ses mains ou entre les mains des officiers qu'il fréquentait ; très peu de temps était nécessaire, pour y copier la partie réellement intéressante, c'est-à-dire les formations de guerre. Et, en faisant son envoi, le traître ne devait-il pas employer tout naturellement ce mot « formations » qui constituait le titre vingt fois répété de tous les paragraphes. On reconnaîtra que cette hypothèse prend un singulier caractère de probabilité si l'on veut bien remarquer que les trois nouveautés essayées au camp de Châlons en 1894 étaient le Manuel de tir, le canon de 120 court, le projet de règlement sur les batteries attelées, nouveautés qui se trouveraient ainsi faire justement l'objet des trois notes du Bordereau se rapportant à l'artillerie.

III. — MANUEL DE TIR.

Le projet de Manuel de tir de l'artillerie de campagne (14 mars 1894). Ce dernier document est extrêmement difficile à se procurer... (Bordereau.)

Le projet de Manuel de tir était-il confidentiel ? C'est ici qu'il faut distinguer soigneusement entre la théorie et la pratique, entre la lettre et l'esprit. Le Bordereau d'envoi, émané de la 3° Direction, portait bien la rubrique « confidentiel » ; mais il ne semble pas que le mot soit arrivé à tous les échelons de la hiérarchie. En tout cas le Manuel lui-même ne portait pas cette indication, et aucun exemplaire n'en était numéroté. Il n'est pas exact, contrairement à ce que dit le Bordereau, qu'il dût être retiré après les manœuvres. On l'a retiré, paraît-il, sans qu'on en saisisse bien la raison (à laquelle l'affaire Dreyfus n'a peut-être pas été étrangère) lorsqu'on l'a remplacé par le manuel de 1895.

Quoi qu'il en soit, le projet de Manuel de 1894, dont plus de 2.000 exemplaires avaient été envoyés par la 3° Direction, ne pouvait pas être confidentiel. Il devait, en effet, servir aux écoles à feu, et, par suite, être l'objet d'instructions faites non seulement aux officiers de l'armée active, mais aussi à ceux de la réserve qui, tous les ans, sont appelés en grand nombre à cette époque, et même aux sous-officiers que l'on doit exercer à remplir les fonctions de chefs de section. Du reste, on avait un peu abusé, dans les divers services de la guerre, du mot « confidentiel », tellement qu'il avait fallu introduire ensuite les mots « très confidentiel », « confidentiel numéroté », et enfin le mot « secret ».

L'usage de ces diverses expressions n'avait pas manqué de beaucoup affaiblir la valeur première du mot « confidentiel ». Aussi cette qualification appliquée à un document non numéroté, aussi banal que les nombreux manuels de tir qui, à cette époque, se succédaient régulièrement d'année en année, ne pouvait-elle avoir qu'une importance assez médiocre. Cela est si vrai que, dans un régiment au moins, le 29° d'artillerie, on n'avait pas hésité à faire autographier le projet de 1894 par la presse

8

régimentaire. Il semble qu'il y ait été distribué à profusion, même aux sous-officiers, car l'exemplaire parvenu à la Commission porte la suscription « maréchal des logis fourrier ».

Bien rares eussent été les officiers disposés à refuser la communication, ou même le prêt, de leur Manuel à un officier d'une autre arme, et surtout aux officiers supérieurs convoqués pour assister aux écoles à feu : ces officiers n'y viennent pas seulement pour voir les effets des projectiles, mais aussi pour se rendre compte de la plus ou moins grande facilité du réglage, du temps qu'il exige, et par suite des règles de tir.

Les difficultés signalées par l'auteur du Bordereau indiquent seulement, qu'ici au moins, il a voulu faire valoir sa marchandise. Si par hasard il avait été sincère en s'imaginant des difficultés qui n'existaient pas, il faudrait simplement en conclure qu'il se faisait une idée bien imparfaite des habitudes de l'artillerie, de la préparation et du fonctionnement des écoles à feu.

RÉGLETTE DE CORRESPONDANCE. — Une question a été aussi soulevée à propos de cet instrument. Dans le projet de Manuel de 1894, le capitaine réglait la hausse. Or, à chaque changement de hausse, correspondait un changement de l'évent à déboucher. Les lieutenants, ou, d'une façon générale, les chefs de section, étaient chargés d'indiquer cet évent. Ils avaient donc besoin d'avoir en mains une sorte de table faisant connaître les évents correspondant aux hausses.

Tel était l'objet de la « réglette de correspondance », qui permettait en outre de déterminer facilement les corrections à faire à la dérive. Ainsi que l'indique le Manuel de tir, on pouvait, à la rigueur, faute d'une réglette, y suppléer par l'emploi d'une hausse de rechange. Mais cela nécessitait un petit effort de mémoire et de petits calculs, toutes choses qu'il est bon d'éviter pendant le combat. En somme, la réglette de correspondance doit être considérée comme une annexe sinon absolument indispensable, tout au moins fort utile, du Manuel de tir.

Le rapport dont nous venons de vous donner lecture réfute, point par point, l'argumentation technique de l'accusation sur les notes relatives à l'artillerie. Il en résulte que la note sur le frein hydraulique du 120 et sur la manière dont s'est conduite cette pièce, ne saurait, dans quelque hypothèse que l'on se place, être attribuée à un artilleur, que la note sur une modification aux formations de l'artillerie paraît se rapporter à un projet de revision du règlement sur les manœuvres des batteries attelées, enfin que le manuel de tir de l'artillerie de campagne (14 mars 1894) était en réalité si peu confidentiel qu'il avait été distribué à profusion, même aux sous-officiers.

Sur les deux premiers points, rien n'autorise, en fait, à supposer que Dreyfus ait fourni et même ait pu fournir des renseignements. Sur le troisième point, il ne resterait même pas l'ombre d'une charge contre Dreyfus si le colonel Jeannel, du 2e Bureau, n'était venu déclarer, au cours des débats, que, sur sa demande, il lui avait communiqué pendant deux ou trois jours, à une époque qui n'a pu être précisée, peut-être vers le mois de juillet 1894, le projet de manuel de tir qui venait d'être reçu au Ministère. Dreyfus a nié cette communication et il a expliqué en ces termes l'erreur que lui paraissait commettre le colonel Jeannel :

Je suis encore une fois convaincu de la bonne foi du colonel Jeannel ; mais il est pour moi certain que ses souvenirs doivent le tromper. Il a rappelé qu'au mois de février ou mars 1894, alors que j'étais au deuxième Bureau, et que je m'occupais d'une étude sur l'artillerie allemande, nous avons parlé de cette étude ; je lui ai même soumis mon travail, car j'estimais que le commandant Jeannel avait une compétence plus grande que la mienne ; je lui ai demandé, à ce moment-là, le Manuel de tir de l'artillerie allemande et c'est peut-être là la cause de la confusion qui s'est faite dans son esprit.

Le colonel Jeannel a répondu qu'il ne se souvenait pas de cette demande. Il est certain toutefois qu'il possédait ce manuel, qu'il s'était entretenu de l'artillerie allemande avec Dreyfus et que ce dernier a fait, à cette époque, un travail sur ce sujet.

Le colonel Jeannel avait prêté le manuel français à d'autres officiers ; une erreur de sa part est donc possible ; elle est même probable. Sa compétence spéciale explique que Dreyfus se soit adressé à lui pour traiter une matière relative à l'artillerie allemande ; mais on ne comprendrait pas que Dreyfus lui ait demandé le manuel français, qui se trouvait dans son propre bureau, le troisième, à la disposition de tous les stagiaires, ainsi que l'a déclaré le capitaine de Fonds-Lamothe, qui était, lui aussi, stagiaire à ce bureau, qui l'a obtenu sans difficulté et l'a gardé aussi longtemps qu'il a voulu.

D'un autre côté, le colonel Jeannel avait été entendu, en 1894, par le commandant d'Ormescheville ; son témoignage ne concordait pas alors avec la formule de l'accusation ; il n'avait pas été consigné par écrit. Mais Dreyfus, et n'est-ce pas là un indice de sa bonne foi ? n'avait cessé de réclamer l'audition de ce témoin.

Cet incident ne saurait donc être retenu comme une charge de nature à faire échec aux conclusions de la commission en ce qui touche Dreyfus.

Ces conclusions au contraire paraissent autoriser bien les hypothèses contre Esterhazy, officier d'infanterie, devenu très curieux des questions d'artillerie, ainsi que l'a fait connaître le commandant Curé, chef de bataillon au même régiment. Esterhazy avait vu tirer le 120 long aux écoles à feu de Châlons en 1894 ; il s'était trouvé au camp de Châlons à une époque où il y avait des pièces de 120 court. Il avait remarqué que l'on se servait de réglettes de correspondance ; il avait même eu cet instrument entre les mains et avait manifesté à Rouen, au capitaine Bernheim, l'intention de l'étudier de plus près.

Entendu dans votre dernière enquête, le capitaine Bernheim a déclaré qu'Esterhazy lui avait exprimé le désir d'avoir un livre concernant le tir de l'artillerie et une réglette de correspondance. Vers la fin d'août 1894, le capitaine Bernheim lui avait envoyé, non le manuel de tir, mais le règlement sur les bouches à feu de siège et de place (3ᵉ partie) et une réglette en bois d'un modèle non réglementaire. Ni le livre, ni la réglette ne lui furent restitués par Esterhazy, malgré ses nombreuses réclamations. Et il est établi, par une pièce du dossier secret du 1ᵉʳ septembre 1894, qu'à ce moment les attachés militaires A et B attendaient la troisième partie du règlement sur les bouches à feu de siège, et, par un questionnaire livré par un agent de contre-espionnage le 27 septembre 1894, que l'attaché A demandait des renseignements sur la réglette de correspondance.

Nous n'aurions rien à ajouter en ce qui touche le rapport des généraux experts, s'il n'avait été l'objet d'une double contradiction de la part de Mᵉ Mornard et de la part de M. le Procureur général.

Vous vous souvenez que ce rapport déclare que rien ne permet de penser que le secret du frein hydropneumatique ait été livré et qu'il ne semble pas que ce frein ait été reproduit à l'étranger. Mᵉ Mornard estime, au contraire, que le secret du frein hydropneumatique a été livré par Greiner, condamné pour espionnage et vol qualifié, le 6 septembre 1892, à 20 ans de travaux forcés. Parmi les nombreux documents livrés par Greiner se trouvent les rapports 1 et 2 de la Commission d'expériences de Calais, dont l'envoi par l'agent A à son gouvernement est établi par la pièce 125 du dossier secret. Ces deux rapports, accompagnés de dessins et de photographies, permettaient à des personnes exercées de se rendre compte, d'un seul coup d'œil, de l'ensemble du système.

Les rapports 1 et 2 de la Commission d'expériences de Calais ont été visés dans le rapport ; les généraux experts n'ont pas pensé que leur connaissance pût permettre la construction d'un frein hydropneumatique pareil à celui du 120 court, et ils ont motivé leur avis sur des raisons qui sont en contradiction avec les arguments de Mᵉ Mornard. Nous aurons plus tard à tirer les conséquences de cette contradiction, qu'il suffit, en ce moment, de constater.

L'observation de M. le Procureur général n'a certainement pas pour objet de battre en brèche les conclusions de la commission ; telle qu'elle est formulée cependant, elle en restreint singulièrement la portée.

Il résulterait d'un questionnaire communiqué au Ministère, le 29 août 1894, par un agent de contre-espionnage, et tout récemment retrouvé, que l'agent A aurait attribué aux mots « formations de l'artillerie » le sens qui est examiné en premier lieu par le rapport. Si le Bordereau est une réponse à ce.questionnaire, son auteur doit employer les mêmes mots dans le même sens. Il ne s'agit donc pas, comme l'ont cru les généraux experts, de formations de manœuvres sur lesquelles un officier quelconque peut renseigner, mais des formations en vue de la mobilisation, matières spéciales à l'Etat-Major. L'observation de M. le Procureur général nous ramène par conséquent à la thèse soutenue à Rennes par le général Mercier.

A notre avis, l'opinion exprimée par le rapport n'est nullement infirmée par la production du questionnaire du 29 août 1894 qui ne doit guère différer de celui du 27 septembre 1894, cité par le général Mercier et dont voici les termes :

Questionnaire du 27 septembre 1894. — Composition des batteries du régiment de corps de Châlons. Combien de batteries 120 ? Quels obus tirent-elles ? Quels sont les effectifs des batteries ? Manuel de l'artillerie de campagne ? Réglette de correspondance ? Mobilisation de l'artillerie ? Nouveaux canons ? Nouveaux fusils ? Formation des armées et division, des brigades de réserve ? Fort de Manonvilliers ? Projet de réglement sur les manœuvres et les batteries attelées.

Les généraux experts savaient donc qu'une puissance étrangère avait demandé des renseignements sur des sujets auxquels s'applique le mot « formations » entendu dans les deux sens. Ils avaient à déterminer le sens de ce mot dans le Bordereau (qui est ou qui n'est pas une réponse à un de ces questionnaires); ils l'ont fait en pleine connaissance de cause, et le document produit en dernier lieu ne démontre pas qu'ils se soient trompés.

Dreyfus a, au surplus, affirmé qu'il n'avait jamais eu que des renseignements vagues sur les modifications que devait entraîner la réorganisation de l'artillerie. Sur ce point, le général Mercier et M. Cavaignac lui ont infligé un démenti ; vous allez apprécier jusqu'à quel point il est justifié.

Le général Mercier a produit à Rennes une lettre du général Lefort, dont nous extrayons le passage suivant :

Nancy, 30 juillet 1899.

...En me rendant au Ministère, l'après-midi, — ce devait être en juillet-août 1894 — Dreyfus s'est trouvé avec moi sur la plate-forme du tramway de l'Alma à la Gare de Lyon. Nous étions seuls sur cette plate-forme. Comme la loi réorganisant l'artillerie et le génie venait d'être votée depuis quelques semaines, la conversation s'engagea à ce sujet. Je crois que mon interlocuteur commença en me demandant si le premier Bureau avait eu à cette occasion beaucoup de travail. Je répondis affirmativement, en ajoutant que la mobilisation nouvelle réalisait de fort utiles progrès, surtout au point de vue de la couverture. Dreyfus parut y attacher beaucoup d'intérêt.

Ces souvenirs sont encore bien présents à ma mémoire, et je me rappelle parfaitement que cet entretien s'est terminé un peu avant d'arriver au bureau du tramway de la place de la Concorde. Je n'ai pas pu entrer dans des détails et donner des renseignements très précis comme Dreyfus l'a dit au capitaine Junck. D'ailleurs la conversation n'a pas duré très longtemps, puisque le trajet entre l'Alma et la Concorde en tramway est assez court, et que la question d'artillerie n'a pas été visée de suite...

Vous voyez, Messieurs, a ajouté le général Mercier, que le capitaine Dreyfus a pu avoir et a eu connaissance des documents relatifs aux formations de l'artillerie. Et alors, comment se fait-il que, dans un interrogatoire de 1894, rappelé dans le rapport de M. Ballot-Beaupré à la Cour de Cassation, il nie avoir jamais eu connaissance d'aucune modification aux formations de l'artillerie ?

Il y a là une équivoque qui contribue à la légende des dénégations systématiques de Dreyfus ; il est aisé de la dissiper en plaçant sous vos yeux quelques mots de l'interrogatoire subi par Dreyfus devant le commandant du Paty de Clam, le 20 octobre 1894 :

D. — Quand avez-vous eu connaissance des nouvelles formations de l'artillerie de campagne par suite de la suppression des pontonniers?
R. — J'en ai eu connaissance par les racontars et les *conversations*.
D. — Connaissez-vous la nouvelle mobilisation de l'artillerie de campagne?
R. — Non. Je connaissais à fond l'ancienne mobilisation de l'artillerie de campagne, ayant eu à m'occuper de cette question au premier Bureau.

Cette réponse du 20 octobre 1894 n'est pas un aveu imposé par la lettre du général Lefort du 20 juillet 1899. Dreyfus a reconnu spontanément qu'il avait eu des conversations (peut-être faisait-il allusion aux quelques mots échangés avec le général Lefort) sur les nouvelles formations de l'artillerie de campagne ; mais il a affirmé qu'il ne savait rien de plus et certes ce n'est pas la lettre du général Lefort qui peut le contredire.

Voilà donc encore un des prétendus mensonges de Dreyfus qui doit disparaître.

L'argumentation technique du Bordereau contestée par de si hautes autorités va-t-elle retrouver sa force dans la discussion de « la note sur les troupes de couverture. (Quelques modifications seront apportées par le nouveau plan). » ?

Cette note est, nous l'avons vu dans la déposition de M. Cavaignac, la pièce capitale du Bordereau. Elle en est aussi la plus significative. D'après le général Roget, elle donne au Bordereau sa marque d'origine certaine ; M. le général Mercier s'est exprimé sur ce point en ces termes :

> Si, jusqu'à présent, pour toute autre chose, comme pour le Manuel de tir, comme pour le canon de 120, comme pour les formations de l'artillerie, on peut admettre qu'un nombre plus ou moins grand d'officiers étrangers au Ministère a eu connaissance de ces renseignements, ici, au contraire, vous allez vous trouver en présence d'une discussion qui va faire ressortir nettement, brutalement, que la trahison a été préparée dans *le Ministère même*. Impossible de supposer autre chose et encore un très petit nombre d'officiers seulement du Ministère peuvent être soupçonnés d'être les auteurs de cette trahison.

Mais, dans l'examen de cette note, nous nous trouvons encore en présence de deux hypothèses contraires, successivement adoptées par les mêmes accusateurs en 1894 et en 1899. Si la seconde seule peut être acceptée, comment le général Mercier a-t-il pu faire ou laisser soutenir la première en 1894 ? Sa dernière argumentation, si elle est exacte, est, sur ce point comme sur les autres, la condamnation du premier procès.

Cette dernière argumentation aboutit-elle d'ailleurs à la démonstration nette et brutale promise par le général Mercier ?

Elle a été très contestée à Rennes, à l'aide d'arguments techniques, notamment par le lieutenant-colonel Picquart et par M. de Fonds-Lamothe. M. le Procureur général et Mᵉ Mornard ont repris cette discussion ; ils se sont efforcés de démontrer que la note du Bordereau ne pouvait se rattacher aux mesures relatives à la couverture portées à la connaissance des commandants de corps d'armée par une circulaire du 17 octobre 1894, ainsi que le soutenait le général Mercier. Interprétant cette circulaire, ils sont arrivés à cette conclusion que la note du bordereau n'indiquait certainement pas le nouveau dispositif de troupes de couverture « puisque ce dispositif établit toutes les modifications nécessitées par la mise en vigueur du plan XIII ». En envoyant ce dispositif, l'auteur du Bordereau n'aurait pu écrire :

« quelques modifications seront apportées par le nouveau plan »
puisque le nouveau plan ne devait apporter aucune modification
à ce dispositif. Il aurait pu écrire seulement : « le dispositif que
je vous envoie n'entrera en vigueur qu'avec le nouveau plan. »

En ces matières si spéciales, il nous convient d'être très prudents, par crainte de tomber dans quelque fâcheuse hérésie. Nous
nous garderons, en conséquence, de nous prononcer. Bien plus,
nous supposerons acquise la démonstration du général Mercier
que la note du Bordereau se rattache à l'exécution des mesures
arrêtées par l'Etat-Major dans le courant de 1894 et consignées
dans la circulaire du 17 octobre. L'hypothèse faite en 1899 serait
donc justifiée.

Mais cette démonstration doit être complétée. Il faut encore
prouver que la livraison de ces renseignements ne peut avoir été
faite que par un petit nombre d'officiers d'Etat-Major et que,
parmi ces officiers, un seul peut être le traître : Dreyfus.

Or, sur le premier point, le lieutenant-colonel Picquart a
déclaré dans votre enquête de 1899 qu'au 3e Bureau, d'où avaient
pu sortir les documents relatifs à la couverture, « au lieu d'être
copiés exclusivement par des officiers, comme le veut le règle
ment, des documents de grande importance et absolument secrets
étaient copiés par des secrétaires, sous-officiers, caporaux et
soldats ». Un officier du Bureau, le capitaine Deprez, lui avait
dit un jour : « Un agent étranger n'aurait qu'à confesser N...
(le nom d'un secrétaire), il aurait beaucoup de secrets. » « Le
personnel subalterne du 3e Bureau, a ajouté le lieutenant-colonel Picquart, se composait d'un archiviste, d'un sergent, d'un
caporal et d'un homme qui étaient employés aux choses les plus
secrètes ; un archiviste et un nombre de secrétaires, que je ne
puis préciser (parmi lesquels quelquefois des réservistes faisant
leurs 28 jours), étaient employés pour le reste et une très grande
partie de leur travail était confidentielle ; je ne puis pas affirmer
qu'il n'y eût pas de travaux secrets. »

C'était là ce que Dreyfus avait affirmé devant le 1er Conseil
de guerre. Une note sur les débats à huis-clos de 1894, remise
par Me Demange à Me Mornard, l'atteste en ces termes :

Pour répondre à cette assertion, qu'un officier seul pouvait fournir
une note sur la couverture, Dreyfus affirmait que, lorsqu'il avait été
employé à la surveillance de l'impression, il y avait constaté : 1° que
c'étaient des secrétaires d'Etat-Major, sous-officiers et soldats, qui
copiaient les minutes des ordres relatifs à la couverture ; 2° que c'était
au Bureau des secrétaires qu'il était allé chercher les copies pour les

apporter au service de l'autographie. M. le général Gonse, interpellé par nous à ce sujet, répondit que, suivant une prescription absolue, rien de ce qui avait trait à la couverture ne devait être fait que par des officiers. Mais un autre témoin, un officier, qui avait été employé à la surveillance de l'impression, a reconnu l'exactitude de l'affirmation de Dreyfus : sans contredire à la prescription, il a déclaré que lui aussi avait retiré des copies des mains des secrétaires d'Etat-Major.

Il ne s'agit pas ici, bien entendu, de faire peser des soupçons sur le personnel subalterne du Ministère. Nous n'examinons qu'une prétendue impossibilité pour tout autre qu'un officier d'avoir livré, en 1894, des renseignements sur la couverture. Cette impossibilité ne paraît pas avoir existé ; d'ailleurs, qui ne sait par les affaires d'espionnage connues, anciennes et récentes, que des documents fort importants ont pu être livrés, non seulement sans la connivence d'officiers, mais encore malgré toute leur surveillance ?

Si l'on admettait au surplus que les documents n'ont pu être livrés que par un officier, quelles charges pèseraient sur Dreyfus ?

Il était au 3ᵉ Bureau depuis le mois de juillet ; il avait été au 4ᵉ Bureau, qui s'occupe des lignes de l'Est. Mais il n'était pas le seul officier qui réunît ces conditions ; il y en avait d'autres. Pourquoi le soupçonner seul ?

Uniquement et c'est, en dernière analyse, la seule charge personnellement applicable à Dreyfus que relève le général Mercier, parce qu'il aurait été chargé de surveiller l'impression des premiers documents relatifs à la couverture, et qu'au lieu de faire imprimer les documents au Service géographique, il les aurait portés au Service intérieur.

« Il ne pouvait pas y avoir, a dit le général Mercier, d'erreur naturelle et il est plus vraisemblable que c'est pour se procurer la facilité de conserver un ou plusieurs de ces documents confidentiels, qu'il a commis cette erreur volontaire ».

Mais la défense de Dreyfus répond qu'il n'avait été chargé de surveiller que l'autographie de tableaux d'approvisionnement des troupes de couverture, que cette surveillance a été exercée à tour de rôle par plusieurs stagiaires ; que Dreyfus n'a surveillé que les séances des 30 août, 3, 4, 17 et 25 septembre ; qu'il n'a connu qu'une partie restreinte de ces tableaux, et seulement à une date postérieure à celle que l'on assigne au Bordereau.

Ces tableaux d'approvisionnement ne peuvent fournir que des

indications peu précises sur la couverture. C'est ce qu'a dit le commandant Cuignet en 1899 :

Je dois aussi déclarer que l'instruction sur la constitution des approvisionnements des troupes de couverture ne contient pas, à beaucoup près, des renseignements précis et détaillés sur la couverture. Cette instruction, en effet, uniquement destinée aux services administratifs, se borne à indiquer, pour chaque centre d'approvisionnements, la quantité de vivres et de munitions, qu'il y a lieu d'entretenir... La lecture de cette instruction ne permet pas de connaître quelles seront les troupes qui seront alimentées par le centre d'approvisionnments ; elle ne donne pas non plus l'emplacement de ces troupes ; elle fait seulement connaître que, dans un rayon déterminé, autour des centres d'approvisionnements, il y aura tant d'hommes à pourvoir.

C'est dans la première séance de surveillance que Dreyfus a commis une erreur, dont il fit part lui-même le lendemain au capitaine Junck, qui en a déposé en ces termes :

Pendant ce passage au troisième Bureau, Dreyfus fut chargé de surveiller le tirage des instructions sur la couverture. Croyant, — lui-même me raconta l'incident le lendemain matin, — croyant que ce tirage devait se faire dans les mêmes conditions que celui que nous avions surveillé l'année précédente, au premier Bureau, il se rendit à la lithographie du Service intérieur ; mais ce tirage aurait dû se faire au Service géographique où une presse avait été immobilisée à cet effet. Le directeur du Service géographique se plaignit, et, le lendemain matin, le sous-chef du troisième Bureau, qui était alors le commandant Picquart, demanda des explications. Il dit à Dreyfus : « C'est vous qui avez fait la bêtise, allez vous expliquer avec le général de La Noé. Vous recevrez ses reproches. »

Au cours de votre dernière enquête, M. le Procureur général a posé au capitaine Junck la question suivante :

M. LE PROCUREUR GÉNÉRAL. — Avez-vous connu une erreur que Dreyfus aurait commise lors de l'impression du travail sur la couverture ? Au lieu d'aller au Service géographique, il serait allé au Service de l'intérieur, au Service lithographique ? Cette erreur n'était-elle pas naturelle, étant donné qu'il venait d'un bureau où les impressions se faisaient au Service lithographique.

Le capitaine Junck a répondu : « Elle pouvait s'expliquer ainsi. Lui et moi, lorsque nous étions au premier Bureau, nous avions été chargés de surveiller le tirage des tableaux de composition des armées, que nous avions dressés dans la section où nous nous trouvions ; nous avions été chargés de la copie et du tirage lithographique de ces tableaux. Nous devions assister au tirage, faire détruire les pierres, une fois le tirage effectué, rapporter les épreuves et même les fausses épreuves, les détruire et n'en laisser aucune trace. Ce tirage était fait au Service lithographique de l'intérieur qui est placé dans une cour. »

M. LE PROCUREUR GÉNÉRAL. — De sorte que l'erreur commise s'expliquerait par le précédent d'une façon naturelle et normale... Cela n'en était pas moins une erreur.

Tel est, en définitif, réduit à ses véritables proportions, l'incident sans importance auquel le général Mercier a entendu donner la signification que vous connaissez ; elle vous semblera, sans doute, excessive.

M. Cavaignac a fait aussi état de deux prétendues dénégations de Dreyfus ; la première est relative à la lettre du général Lefort sur laquelle nous nous sommes expliqué. La seconde, fort importante pour le général Roget, est, aux yeux de M. Cavaignac, un élément fondamental de l'accusation. Dreyfus, en 1894, aurait déclaré qu'il n'avait jamais connu les dispositifs et les zônes de concentration et il le nierait encore ; or, le capitaine de Pouydraguin l'a vu dessiner le schéma de la concentration dans un des bureaux de l'Etat-Major général.

Pour savoir si Dreyfus a fait en 1894 la déclaration qui lui est prêtée, reportons-nous à ses interrogatoires ; voici l'une de ses réponses au commandant d'Ormescheville (*interrogatoire du 16 novembre 1894*) :

Je reconnais, en effet, qu'à cette époque je savais quelles étaient toutes les lignes de transport, et je pouvais en exposer le tracé de mémoire ; j'ajoute que pour connaître tout le mystère de nos concentrations, il m'aurait fallu connaître tous les points de débarquement de tous les corps d'armée sans exception, et je n'en connaissais qu'une partie, celle du corps d'armée dont la section du réseau de l'Est était chargée ; donc je ne connaissais pas tout le mystère de nos concentrations.

Dans un précédent interrogatoire du 14 novembre, il avait aussi reconnu qu'il avait, en 1893, une notion générale de nos concentrations, et qu'il aurait pu déterminer, pour cette même année, l'ensemble de notre plan de débarquement. Plus tard, à Rennes, il a maintenu qu'il connaissait la concentration, mais seulement dans ses lignes générales, et les transports de corps d'armée dont la section de l'Est était chargée.

Voici maintenant la déclaration du capitaine de Pouydraguin:

Dans le courant du premier trimestre de cette année, le capitaine Dreyfus, qui faisait partie de l'autre série des stagiaires, alors au 2ᵉ Bureau, étant venu dans la salle où je me trouvais, la conversation est venue à s'engager sur la concentration des armées françaises à la frontière de l'Est, concentration que nous connaissions tous, au moins dans les grandes lignes. Le capitaine Dreyfus, entre autres, critiquait les dispositions prises et, prenant un morceau de fusain qui traînait sur la table, se mit à dessiner à l'appui de ses dires, en quelques traits, sur une carte de chemins de fer fixée au mur, la position générale de nos armées. La conversation étant finie, et Dreyfus sorti, j'ai remarqué que le tracé au fusain était resté sur la carte ; je me suis levé pour l'effacer avec la paume de ma main en faisant la réflexion mentale que, même sans une autre indication, il était imprudent de laisser ce croquis sur le mur. Le souvenir de la paume de ma main noircie fixe ce détail dans ma mémoire très nettement. Je n'ai, du reste, attaché sur le moment, aucune importance à cet incident, car nous avions tous passé au 4ᵉ Bureau, et nous connaissions tous la concentration qui figurait dans les notes du plan que nous avions à notre disposition. La plupart d'entre nous étaient d'ailleurs pourvus de fonctions en cas de mobilisation qui rendaient nécessaire la connaissance de cette concentration.

Le capitaine de Pouydraguin a déclaré dans votre dernière enquête que, dans sa pensée, la scène qu'il avait décrite n'avait jamais pu constituer une charge contre Dreyfus. Et le capitaine Junck a reconnu à Rennes qu'il était naturel que Dreyfus fît ce travail avec facilité, puisqu'au réseau de l'Est où aboutissent tous les transports, il avait plus de renseignements que les officiers qui se trouvaient dans les réseaux d'où partaient les transports.

Si vous comparez maintenant les réponses de Dreyfus dans ses interrogatoires de 1894 aux déclarations du capitaine de Pouydraguin, pourrez-vous relever cette contradiction que M. Cavaignac a seul reconnue et qui constitue, à ses yeux, l'élément fondamental de l'accusation ?

Il nous est permis d'en douter ; Dreyfus a pu dire avec raison qu'il ne connaissait pas « tout le mystère de nos concentrations », qu'en effet, il ne pouvait pas connaître. Mais il avait, à raison de sa connaissance du réseau de l'Est, des notions générales suffisantes pour tracer en quelques traits la position générale qu'il attribuait à nos armées ; il ne s'en est pas caché ; il l'a dit, au contraire, en termes formels en 1894 et l'argument pris de ce qu'il l'aurait nié tombe comme les précédents et comme celui que le général Roget a tiré de ce qu'il aurait dessiné au 4ᵉ Bureau des cartes de concentration des armées et des quais de débarquement. « Je ne puis pas me souvenir, a dit Dreyfus sur ce dernier point, de tous les travaux que j'ai fournis à l'Etat-Major de l'armée ; mais je ne connaissais pas dans ses détails le débarquement. On peut connaître la concentration dans ses lignes générales, ce qui ne veut pas dire qu'on connaît la concentration dans tous les points de débarquement ».

Et rien n'est venu infirmer les explications qu'il avait ainsi données.

En supposant donc, comme nous l'avons fait, que la note du Bordereau sur les troupes de couverture émane de l'Etat-Major de l'armée, il n'existe aucun indice que la livraison de cette note soit imputable à Dreyfus.

Peut-elle être imputée à Esterhazy ?

Quel que soit le sujet de cette note, qu'elle porte sur des travaux antérieurs ou postérieurs à mai 1894, la discussion technique du Bordereau ne nous semble pas plus susceptible de fournir une preuve contre Esterhazy que contre Dreyfus. Tout ce que l'on peut dire, c'est qu'elle n'interdit pas certaines hypothèses, et Mᵉ Demange a fait remarquer à Rennes que la défense avait le droit de les présenter contre Esterhazy, puisque l'accusation était entrée dans cette voie contre Dreyfus.

L'examen de la note sur Madagascar ne nous conduira certainement pas à la certitude que nous avons vainement cherchée jusqu'à présent. La présence de Dreyfus dans les deux bureaux où les deux notes sur Madagascar ont été élaborées est la seule charge relevée contre lui. Mais la première note n'offrait aucun intérêt et la seconde a été rédigée par le commandant du Paty de Clam dans le plus grand secret ; il a pris soin de conserver son travail dans une armoire dont il connaissait seul le mot ; ces notes n'ont été vues de personne ; le lieutenant-colonel Picquart, chef du Bureau, n'en a même pas eu connaissance. Il aurait donc fallu que Dreyfus commît une effraction ; cette hypothèse n'a même pas été envisagée.

D'un autre côté, les journaux, les revues militaires publiaient à cette époque de nombreux articles sur Madagascar. Le journal *Le Yacht* du 22 septembre 1894 notamment avait fait paraître sous la signature de M. Emile Weil, ancien lieutenant de vaisseau, un article d'une documentation si abondante et si précise que, dans son interpellation du 18 novembre 1896, M. le député Castelin soutint qu'il y avait une évidente connexité entre cette publication et la trahison de Dreyfus. M. Emile Weil établit aisément dans une enquête provoquée par lui et faite par le vice-amiral Humann, chef d'Etat-Major de la Marine, la provenance très légitime des renseignements par lui publiés.

La note du Bordereau sur Madagascar pouvait donc avoir été écrite par d'autres que Dreyfus, et il était d'autant moins permis de la lui attribuer que les termes en étaient et en sont encore inconnus.

Le Bordereau se termine par ces mots : « Je vais partir en manœuvres. »

Vous connaissez l'interprétation donnée à cette phrase en 1894 ; vous savez aussi pour quelles raisons elle a dû être nécessairement abandonnée par l'accusation. Si Dreyfus a assisté aux

manœuvres en septembre 1894, il peut l'avoir écrite. S'il n'y a
pas assisté, comment expliquer qu'il l'ait écrite ?

Or, il n'y a pas assisté.

L'explication suivante a été trouvée par les officiers qui ont
transformé l'accusation en 1899, et elle a été naturellement reproduite par tous les témoins à charge :

> Dreyfus a dû aller aux grandes manœuvres et a cru jusqu'à la fin
> d'août qu'il irait ; mais il n'y est pas allé, non plus que les autres sta-
> giaires, précisément à cause des travaux du plan qui se faisaient en
> ce moment, et pour lesquels on a utilisé leurs services.

Cette explication a été discutée à Rennes par Mᵉ Demange,
dont les arguments sont repris aujourd'hui par le mémoire de
Mᵉ Mornard et le réquisitoire de M. le Procureur général.

La défense avait demandé et enfin obtenu la production d'une
circulaire du 18 mai 1894, qui, disait-elle, informait les stagiaires
de deuxième année qu'au lieu d'assister aux manœuvres, ils
feraient désormais un stage de trois mois dans un régiment.

Cette circulaire avait été interprétée en ce sens que les stagiaires de deuxième année ne seraient pas envoyés aux
manœuvres, à un titre quelconque, pas plus dans les troupes
qu'au titre de l'Etat-Major.

A l'appui, la défense faisait entendre M. de Fonds-Lamothe
qui se trouvait à l'Etat-Major au même Bureau que Dreyfus, qui
y était, comme lui, stagiaire de deuxième année et qui, depuis
la circulaire du mois de mai, avait toujours été convaincu que,
pas plus que ses camarades, il n'irait à des manœuvres.

Elle insistait sur ce point qu'en fait aucun des stagiaires de
deuxième année n'avait été envoyé aux manœuvres. Le général
Mercier avait commis une erreur à cet égard en indiquant que
deux de ses stagiaires y avaient assisté, les capitaines Janin et de
Pouydraguin ; ces deux officiers avaient simplement reçu une
mission de vingt-quatre ou quarante-huit heures pour se rendre
dans les gares où avait lieu la dislocation des troupes.

La seule mesure postérieure au 20 août (date de la note sur
Madagascar) qui intéressât les stagiaires de deuxième année, était,
le 27 ou le 28 août, la présentation d'une feuille où ils avaient
indiqué leurs préférences pour le régiment dans lequel ils
devaient faire leur stage de trois mois.

Peut-être des stagiaires avaient-ils demandé à aller aux
manœuvres malgré la décision du mois de mai ; ils ne l'avaient
pas obtenu. Quant à Dreyfus, il n'avait rien sollicité.

Cette argumentation très puissante n'avait pas été, à notre avis, ébranlée par les arguments de l'accusation. Il n'avait pas été possible à celle-ci de produire une décision ministérielle quelconque en opposition avec la circulaire du mois de mai. Elle ne pouvait invoquer qu'une démarche, infructueuse d'ailleurs, faite au mois de mai, par le doyen des stagiaires auprès du général de Boisdeffre qui n'aurait, à ce moment, donné aucune réponse, et une appréciation du capitaine Junck, d'après laquelle il avait été permis aux stagiaires d'espérer qu'ils iraient aux manœuvres au titre de l'Etat-Major.

Ce n'était donc pas de la phrase finale du Bordereau que l'accusation pouvait tirer un parti décisif.

La situation ne s'est pas améliorée pour elle au cours de la dernière enquête.

Interrogé par M. le conseiller Le Grix, délégué pour l'entendre, le capitaine de Pouydraguin a fait connaître que, sur sa demande, il avait remis au lieutenant-colonel Henry une note, qui n'a pas été retrouvée et dans laquelle il déclarait que « les stagiaires de deuxième année savaient formellement qu'ils ne devaient pas aller aux manœuvres de 1894 et que les manœuvres seraient remplacées par un stage de trois mois dans les différentes armes en octobre, novembre et décembre ».

Le capitaine de Pouydraguin a aussi déposé une lettre par laquelle le capitaine Janin lui demandait de préciser ses souvenirs sur la circulaire du 17 mai 1894.

Je lui ai répondu, a-t-il dit, comme je l'avais déjà fait dans la déclaration par moi remise précédemment au colonel Henry pour le général Gonse, déclaration qui, me dites-vous, n'a pas été retrouvée, que, dès le printemps, nous savions d'une façon certaine que nous n'irions pas aux manœuvres cette année 1894, les manœuvres devant être pour nous remplacées par un stage. Ces renseignements, qui m'étaient demandés par le capitaine Janin, l'étaient pour le général Roget.

Il paraît résulter de cette déposition que des notes favorables au système de la défense ont été détruites ou passées sous silence par des témoins qui les connaissaient, et étaient tenus de les soumettre au Conseil de guerre.

Ces notes n'introduisaient pas dans le débat un élément nouveau ; mais elles venaient confirmer les déclarations déjà faites par d'autres témoins. Elles affaiblissaient encore l'accusation dont la thèse est devenue de plus en plus douteuse en ce qui touche Dreyfus. Certains même de ses adversaires en sont arrivés aujourd'hui à soutenir qu'il n'avait annoncé son départ pour les manœuvres, sachant qu'il n'y devait pas aller, que pour mieux déguiser sa personnalité, dans le cas où l'auteur du Bordereau serait recherché.

L'accusation reprenait-elle l'avantage lorsqu'elle répondait à la défense qu'Esterhazy, lui, n'avait pas été du tout aux manœuvres et avait toujours su qu'il ne devait pas y aller ?

La défense ne pouvait pas méconnaître la valeur de cette objection. Esterhazy n'avait pas assisté officiellement aux grandes manœuvres. Son régiment avait pris part aux ma-nœuvres de forteresse de Vaujours, près Paris, en septembre 1894 ; sa qualité de major avait dû le retenir à Rouen.

Mais, en fait, était-il demeuré à Rouen ? Rien ne le prouvait et le mémoire en revision fait remarquer qu'il était venu certainement à Paris, au mois de septembre 1894, puisque, le 18, il opérait un retrait de fonds au Crédit Foncier. Il n'était donc pas interdit de penser que, suivant son habitude, il avait suivi, pendant une période plus ou moins longue, à titre individuel, les manœuvres de son régiment.

L'expression incorrecte « partir en manœuvres » lui est d'ailleurs familière. On la retrouve dans deux lettres de lui demandant des secours d'argent à M. Edmond de Rothschild, l'une d'avril 1886, l'autre du 29 juin 1894, versées au débat par M. Bertulus.

XI

La discussion technique du Bordereau forme un ensemble dans lequel tous les arguments invoqués sont solidaires les uns des autres. S'il en est, dans le nombre, que la défense réussisse à ébranler, l'accusation tout entière périclite. Nous avons vu que la plupart des arguments, sinon tous les arguments produits par l'accusation, étaient loin d'être décisifs.

Il en est de même des imputations qui devaient achever la démonstration.

D'après le général Mercier, la discussion technique conduisait à la conviction morale de la culpabilité de Dreyfus.

Appuyez, ajoutait-il, cette conviction morale sur les nombreuses fuites qui se sont produites partout où le capitaine Dreyfus a passé, que je n'ai fait que rappeler et sur lesquelles je suis prêt à vous donner des renseignements plus complets si vous le demandez : 1° A l'Ecole de pyrotechnie, en 1890, l'instruction de mai 1889 sur le chargement des obus à mélinite ; 2° A l'Ecole de pyrotechnie, lorsque fut adopté un obus qui rappelle le schrapnell ; le secret relatif à l'obus Robin, c'est-à-dire le chargement avec des balles agglomérées dans de la poudre comprimée que les Allemands adoptent en février 1891. Ajoutez à ce renseignement que le capitaine Dreyfus a cherché par des moyens frauduleux, tout au moins mensongers, auprès du capitaine Rémusat à se procurer des renseignements complémentaires ; ajoutez enfin les fuites qui se sont produites à l'Etat-Major général et dont je n'ai pas fait mention encore, du premier semestre 1893 au premier Bureau, d'une note sur l'emploi de l'artillerie lourde de campagne, note en date du 27 mars 1893, dont la copie se trouve encore dans les archives de l'Etat-Major général, mais dont la minute a disparu du premier Bureau ; or, cette minute était ou du commandant Bayle, aujourd'hui décédé, ou du capitaine Dreyfus qui lui était adjoint à cette époque. Ajoutez encore qu'en 1895, nous avons été prévenus que l'Allemagne était au courant de la formation de notre artillerie lourde de campagne ; ajoutez enfin cette fuite que je vous ai déjà signalée au quatrième Bureau; lorsque B écrit à A : « Je vais être mis en possession de l'organisation militaire des chemins de fer français », exactement au moment où Dreyfus quittait le quatrième Bureau et avait été mis lui-même au courant de cette organisation.

Ces imputations rencontrent tout d'abord une première et capitale objection qui montre à la fois la faiblesse et la hardiesse du système. Ce n'est pas faire preuve d'une logique rigoureuse que de dire : des fuites se sont produites dans un service ; Dreyfus a appartenu à ce service ; donc il est responsable de ces fuites. Ce raisonnement, si vague qu'il soit, pourrait cependant faire impression s'il était vrai que le passage de Dreyfus dans les divers services ait coïncidé avec les seuls actes de trahison qui y aient été commis. Mais nous allons voir que cette prétendue coïncidence n'est, dans la plupart des cas, qu'une erreur de fait occasionnée par des documents falsifiés ou par des vérifications insuffisantes.

Nous examinerons ces imputations dans l'ordre qui leur a été donné par le général Mercier dans sa déposition.

A. — *Livraison d'une copie de l'instruction confidentielle du 12 juin 1889 sur le chargement des obus en mélinite.*

Le général Roget avait formulé le fait en ces termes, devant la Cour de Cassation, dans sa déposition du 21 novembre 1898 :

Un autre fait du même genre est relatif au chargement des obus à mélinite, qui paraît aussi avoir été livré à une puissance étrangère : la découverte de l'acte de trahison est très antérieure au procès Dreyfus. C'est en 1890 que le Service des renseignements reçut des débris de papier calcinés, sur lesquels il ne restait que l'extrémité des lignes, à droite.

Ce papier était un papier pelure analogue à celui du Bordereau ; le document fut envoyé à la Direction de l'artillerie, et l'on y reconnut la copie d'une instruction relative au chargement des obus à mélinite.

L'enquête faite à cette époque avait fait ressortir que le document venait de l'École de pyrotechnie. Ce fait ne fournit pas d'autres indications que celles-ci : Dreyfus était à l'École de pyrotechnie à ce moment, et il y a la coïncidence du papier pelure et du bordereau. Ce document existe encore, et on l'a fait expertiser au point de vue de l'écriture, sans aboutir à un résultat décisif.

D'après le général Roget, ces indications suffisaient pour qu'il y eût présomption grave de trahison contre Dreyfus.

En réalité, l'instruction confidentielle du 12 juin 1889 avait été élaborée à la section technique de l'artillerie et l'École de pyrotechnie n'en avait reçu qu'un exemplaire unique, numéroté, qui n'avait pas été mis à la disposition de Dreyfus. C'était donc, très probablement, à la section technique de l'artillerie que la fuite s'était produite.

Cette probabilité devenait presque une certitude, si on rapprochait la livraison de cette instruction des faits du même genre qui avaient motivé la condamnation, en 1890, à cinq ans d'emprisonnement pour espionnage, de Boutonnet, employé civil à la section technique de l'artillerie, qui livrait à la même époque des documents confidentiels provenant de cette section aux agents étrangers chez qui le contre-espionnage a retrouvé les fragments de la copie livrée.

L'écriture de ces fragments avait d'ailleurs été expertisée, en 1898, par M. Bertillon, qui avait conclu :

que l'attribution à Dreyfus des documents carbonisés était une conjecture qui était certainement du domaine des choses possibles, mais qu'il serait grandement téméraire de la mettre en avant.

Cette appréciation de M. Bertillon suffit. Elle nous dispense de tout autre commentaire.

Du reste, cette imputation n'a pas été maintenue au cours des débats devant le Conseil de guerre. Mᵉ Demange n'en a dit dans sa plaidoirie que les mots suivants :

Quant aux autres, c'est-à-dire l'obus chargé à la mélinite, c'était en 1890. La pièce était sur papier pelure ; ce n'est pas le papier du Bordereau, ce n'est pas l'écriture de Dreyfus. On n'a pas insisté, je ne veux pas insister davantage.

B. — *Livraison des secrets de fabrication de l'Obus Robin.*

Le général Roget s'était exprimé sur ce sujet devant la Cour de Cassation dans les termes suivants :

Enfin, indépendamment du Bordereau, il y a d'autres actes de trahison, pour lesquels il y a présomption grave que l'auteur est Dreyfus.
En 1896, le Service des renseignements a reçu une instruction rela-

tive au chargement du schrapnell de campagne d'une puissance étrangère. Ce document fut envoyé à la Direction de l'artillerie, qui fut très surprise de remarquer que cet obus ressemblait singulièrement à un obus adopté en France et qui est dit « obus Robin ». Ce qu'il y a de singulier dans cette rencontre, c'est que la construction de l'obus n'est pas due à des calculs de savants pouvant se rencontrer en deux pays différents, mais à un tour de main de contremaître. L'obus a été adopté par cette puissance en 1891. Dreyfus a été à l'Ecole de pyrotechnie de Bourges, où se faisaient les études de l'obus Robin, de septembre 1889 à la fin de 1890. Il n'y a jusque-là qu'un simple rapprochement. Ce qu'on a su depuis, c'est que Dreyfus, étant à l'Ecole de guerre, a adressé à un de ses camarades de la Pyrotechnie (le capitaine Rémusat) une demande de renseignements sur les dernières expériences faites sur l'obus Robin. Il disait dans la lettre au capitaine Rémusat qu'il demandait ce renseignement sur l'ordre de ses professeurs du cours d'artillerie à l'Ecole de guerre. Le capitaine Rémusat, se fondant sur le secret que doivent conserver les expériences de pyrotechnie, refusa de répondre à Dreyfus.

Il est constant, d'autre part, que les professeurs du cours d'artillerie à l'Ecole de guerre n'ont jamais chargé Dreyfus de demander des renseignements au sujet de l'obus Robin. Ils n'ont d'ailleurs pas l'habitude de charger leurs élèves de commissions de cette sorte. Quand ils veulent des renseignements sur les dernières expériences de l'artillerie, ils s'adressent à la section technique de l'artillerie à Saint-Thomas-d'Aquin, où on leur donne tous renseignements dont ils ont besoin, en spécifiant quels sont ceux qu'ils peuvent enseigner à leurs élèves.

Cette découverte relative à l'obus Robin indique tout au moins que Dreyfus cherchait à se procurer, sous des prétextes mensongers, des renseignements relatifs aux expériences les plus secrètes, avec cette coïncidence particulière que l'obus a été justement livré à une puissance étrangère.

Cette argumentation repose sur cette idée que le principe de la fabrication de l'obus Robin a été tenu secret ; il y avait donc matière à trahison. Et la preuve de l'existence de la trahison ressort de la ressemblance singulière entre cet obus et le schrapnell de campagne adopté par une puissance étrangère. Si cette ressemblance n'existe pas, la preuve de la trahison fait défaut.

Devant le Conseil de guerre de Rennes, le général Deloye affirme qu'il existait entre les deux projectiles une analogie telle « qu'on ne connaissait pas de projectiles d'autres puissances étrangères qui fussent fondés sur le même principe ».

M. le lieutenant-colonel Hartmann, après avoir eu à sa disposition le dossier secret, vint déclarer au contraire, que les deux projectiles ne présentaient aucune analogie sérieuse, qu'ils différaient profondément comme principe, comme fonctionnement et comme mode de construction.

Les divergences ont persisté au cours de votre dernière enquête. La commission des généraux nommée par le Ministre de la Guerre a été alors appelée à donner son avis. Son rapport établit que les deux obus n'ont qu'un principe commun consistant à maintenir les balles par de la poudre comprimée. D'après la commission, il était impossible que ce principe fût tenu secret et on ne cherchait pas à le tenir secret. Le bulletin N° 8 des questions à l'étude, non confidentiel, du 1er juillet 1888, le faisait connaître et donnait même le dessin d'un obus de 57 millimètres, qui en était une première application. Quelques mois après (en janvier 1890) le bulletin N° 11, toujours non confidentiel, donnait non seulement le dessin d'un obus Robin de 80, mais encore une description complète du chargement. Aucun des dispositifs employés à l'étranger ne concorde ni avec ceux de l'obus Robin, ni même avec aucun de ceux qui ont été essayés en divers moments à l'Ecole de pyrotechnie. Du reste, l'obus étranger est de 1891, tandis que le nôtre n'a été adopté qu'en 1895 (1).

(1) *Rapport de la Commission sur l'obus Robin et les Schrapnells allemands* :
Est-il exact que les schrapnells allemands C/91 et C/96 aient été copiés sur notre obus Robin ?
Les obus à balles, qu'on appelle aussi schrapnells surtout à l'étranger, sont essentiellement constitués par une enveloppe en fonte ou en acier, contenant un nombre plus ou moins grand de balles de plomb, une charge d'éclatement et une fusée destinée à mettre le feu à la charge, soit au contact du sol, soit pendant le trajet du projectile dans l'air. Ils comportent aussi lorsque la charge d'éclatement n'est pas à l'avant, un tube central destiné à communiquer le feu à la fusée. L'expérience, d'accord d'ailleurs avec des principes élémentaires de mécanique, a montré que si les balles n'étaient pas maintenues dans l'obus de façon à empêcher les mouvements relatifs des unes par rapport aux autres, il pouvait en résulter une agglomération et un gonflement de nature à briser, au départ du coup, le projectile dans l'âme même du canon. On a employé pour maintenir les balles, d'abord du soufre coulé dans l'obus de façon à remplir les vides, puis diverses matières inertes, généralement résineuses, telles que de la colophane.
Ces divers moyens ayant présenté des inconvénients, l'Ecole de pyrotechnie eut l'idée d'interposer entre les diverses couches de balles des rondelles de fonte portant des alvéoles où chaque balle trouvait son logement particulier. Les projectiles ainsi organisés prirent le nom d'obus à mitraille.
D'autre part, l'expérience avait montré que la fumée résultant de l'explosion des obus à balles était généralement assez faible; il en résultait des difficultés très grandes pour le réglage du tir, qui repose tout entier sur l'observation des points d'éclatement. On avait essayé non seulement en France, mais plus encore à l'étranger, diverses matières, dites fumigènes, pour remédier à cet inconvénient.
En 1897, M. Robin, ingénieur civil à l'Ecole de pyrotechnie, proposa de remplacer les rondelles de fonte de l'obus à mitraille par de la poudre comprimée. Il espérait obtenir ainsi ce double résultat de bien maintenir les balles, et de produire par la combustion de la poudre comprimée, une fumée abondante au moment de l'éclatement Cette idée ne fut pas d'abord accueillie avec une bien grande faveur, et les quelques essais qui avaient été tentés furent bientôt abandonnés. Mais une dépêche ministérielle du 9 avril 1890 prescrivit de reprendre les études. Elles aboutirent à la constitution d'un obus à balle de 80 qui fut adopté le 1er juin 1895.
La comparaison de cet obus avec le schrapnell allemand C/91 fait ressortir les points suivants :
Dans l'obus allemand comme dans l'obus Robin, les balles sont maintenues par de la poudre comprimée, mais là s'arrête la ressemblance. L'organisation des deux projectiles est de tous points différente. 1° Dans l'obus Robin, l'ogive (partie antérieure de l'enveloppe) est vissée sur le corps cylindrique de cette enveloppe : dans l'obus allemand,

Cet avis de la commission a été confirmé par différents faits rappelés et mis en lumière devant la Chambre criminelle par le commandant Targe.

Rien n'indique d'abord que lorsque en 1893 et en 1896 la direction de l'artillerie a reçu du Service des renseignements une copie de l'instruction sur le chargement du schrapnell C/91, elle ait remarqué une similitude quelconque entre ce projectile et l'obus Robin et soupçonné une trahison.

Mais, au commencement de 1898, le capitaine Rémusat, qui avait été chargé à l'Ecole de pyrotechnie de la direction de l'atelier de montage des obus à mitraille dont le contremaître était M. Robin, se souvient que Dreyfus, quelques mois après son entrée à l'Ecole de guerre (octobre 1890), lui avait demandé par lettre de lui envoyer des renseignements sur l'obus Robin ; ces renseignements, écrivait-il, étaient destinés à son professeur d'artillerie, qui désirait se tenir au courant des inventions nou-

---

c'est le culot (partie arrière) qui est vissé. 2° Tandis que le chargement de l'obus Robin en balles et en poudre se fait directement dans l'enveloppe, les Allemands chargent d'abord une sorte d'étui en laiton, qui ensuite est introduit dans l'enveloppe. Ils interposent entre l'étui et le culot de l'obus des rondelles de zinc et de caoutchouc pour empêcher les ballotements : rien de semblable dans l'obus français. 3° Le chargement de l'obus allemand se fait par parties successives composées chacune de trois couches de balles et d'une couche de poudre : il en est autrement dans l'obus français. 4° Dans l'obus allemand la communication du feu de la fusée à la poudre comprimée se fait par l'intermédiaire d'un « godet à anneau » (une sorte d'entonnoir à double paroi qui contient de la poudre entre les deux parois) et d'un tube central rempli de poudre à fusil. Dans l'obus Robin le feu est communiqué grâce à une planchette d'inflammation.

On voit finalement que les deux obus n'ont qu'un principe commun consistant à maintenir les balles par de la poudre comprimée.

Mais il était impossible que ce principe fût tenu secret. Il était forcément connu de la plupart des officiers de Bourges et de beaucoup d'ouvriers de l'Ecole de pyrotechnie : on peut dire qu'il était dans l'air. L'énonciation en est si simple, elle exige si peu de paroles, que la moindre conversation entre officiers et entre ouvriers devait suffire à le faire arriver aux oreilles de quelqu'un des agents de l'étranger existant nécessairement dans une ville qui possède les principaux établissements de l'artillerie.

On ne cherchait pas d'ailleurs à le tenir secret, car le bulletin n° 8 des questions à l'étude, en date du 1er juillet 1888, bulletin non confidentiel qui était en permanence sur toutes les tables des bibliothèques de toutes les écoles d'artillerie, faisait connaître ce principe et donnait même le dessin d'un obus de 57 millimètres, qui en constituait une première application. Quelques mois après (1er janvier 1890), le bulletin n° 11, toujours non confidentiel, donnait non seulement le dessin d'un obus Robin de 80, mais encore une description complète du chargement.

Quoi qu'il en soit, les Allemands n'ont utilisé que l'idée consistant à remplacer par de la poudre les matières inertes employées jusque-là, idée qui, comme il a été montré ci-dessus, devait, en supposant qu'ils ne l'aient pas eue eux-mêmes, arriver fatalement à leur connaissance. Aucun des dispositifs employés par eux pour la réalisation de cette idée ne concorde ni avec ceux de l'obus Robin, ni même avec aucun de ceux qui ont été essayés en divers moments à l'Ecole de pyrotechnie. Du reste leur obus est de 1891, tandis que le nôtre n'a été adopté qu'en 1895.

Quant à l'obus C/96, c'est un obus à charge arrière qui diffère peu, si ce n'est par quelques détails insignifiants, des nombreux obus à charge arrière, essayés ou adoptés un peu partout. Il a seulement ceci de particulier qu'une partie du chargement est formée de balles de plomb maintenues par de la poudre comprimée, comme dans l'obus C/91.

velles. Le capitaine Rémusat, estimant que Dreyfus, qui sortait depuis peu de l'Ecole de pyrotechnie, devait savoir qu'il était interdit de fournir un renseignement quelconque sur les études en cours, ne crut pas devoir répondre.

Ce fait est consigné dans une déclaration du capitaine Rému-sat, datée du 28 avril 1898. Il a fait l'objet d'une lettre du même officier au capitaine Valdant, du 3 juillet 1898, dans laquelle nous relevons le passage suivant :

> Je disais, il y a deux mois, au général Gonse que ma déposition ne me paraîtrait avoir de l'importance que si l'on pouvait établir que « la puissance A » avait cherché à se procurer des tuyaux (ou en avait obtenu) sur l'obus Robin. Eh bien, elle en a certainement obtenu ; encore une fois, cette coïncidence ne me paraît due, pas plus qu'à vous, au hasard.

Mais, de ce que la coïncidence ne paraissait pas pouvoir être attribuée au hasard, devait-il s'ensuivre qu'elle dût être attribuée à Dreyfus ?

Le capitaine Rémusat aurait certainement répondu négative-ment à cette question s'il avait su ce que le Service des rensei-gnements ne pouvait pas ignorer :

Que Boutonnet, arrêté le 23 août 1890, avant que Dreyfus eût écrit sa lettre, avait reconnu avoir livré à l'étranger les Nos 8, 11 et 12 du Bulletin des questions à l'étude, qui contenaient les renseignements les plus précis sur l'obus Robin ;

Que Greiner, condamné le 6 septembre 1892, avait livré un rapport de la Commission d'expériences de Bourges sur les obus à balles de petit calibre et les affûts sans recul, dans lequel se trouvent non seulement des renseignements très détaillés sur l'obus Robin et sur son chargement, mais encore le plan à grande échelle de ce projectile.

C'étaient là les sources, qui auraient dû être connues, des renseignements recueillis par la puissance A. Il est difficile d'expliquer qu'on les ait ignorées ; il faut l'admettre cependant, puisque, après la déclaration du capitaine Rémusat, c'est unique-ment sur l'identité des deux projectiles, français et étranger, que l'on se fonde pour établir que la puissance A avait été renseignée.

Mais, même à ce point de vue, la preuve entreprise pour tirer parti de la déclaration du capitaine Rémusat n'a pas été faite, d'après le rapport de la commission des généraux.

Quant aux affirmations du général Deloye, elles étaient en contradiction avec les renseignements demandés à l'Ecole de pyrotechnie et au président du Comité d'artillerie. Les notes envoyées les 8 et 9 février 1899 en réponse à cette demande de renseignements ont été citées par le commandant Targe dans sa déposition du 21 mars 1904. Elles auraient été dissimulées, d'après Mᵉ Mornard, afin d'échafauder contre Dreyfus une articulation tendancieuse dont il ne reste rien.

Il ne resterait rien, en effet, de cette articulation, si aucun doute ne subsistait sur le sens et même sur l'existence de la lettre au capitaine Rémusat, qui a été son point de départ.

Dreyfus ne s'est pas souvenu d'avoir écrit cette lettre, qu'il pouvait cependant avouer sans danger. Il a demandé qu'elle fût produite et cette exigence n'était pas excessive puisque l'on prétendait y trouver l'indice d'une trahison ou, tout au moins, d'un grave mensonge.

Cette lettre n'a pas été versée aux débats ; les souvenirs lointains du capitaine Rémusat la remplacent ; on peut, sans suspecter la bonne foi de cet officier, estimer qu'ils ne suffisent pas.

Il n'est plus possible aujourd'hui de soutenir que cette lettre pourrait se rattacher à un acte de trahison relatif à l'obus Robin. Mais Dreyfus a-t-il menti en disant que, s'il l'avait écrite, il n'avait certainement pas prétexté un ordre, que les professeurs ne lui avaient pas donné ?

Pour résoudre cette question, la seule qui subsiste, il serait indispensable de connaître les termes exacts de cette lettre.

Dreyfus pouvait très légitimement s'intéresser aux progrès accomplis dans la fabrication de l'obus Robin, depuis son départ de l'Ecole de pyrotechnie. La tendance de son esprit à creuser, par des recherches personnelles, les sujets dont l'étude lui avait été confiée, n'a pas été étrangère à ses succès à l'Ecole de guerre. Peut-être désirait-il briller aux yeux de ses professeurs en faisant preuve de connaissances particulières sur l'obus Robin et a-t-il exprimé ce sentiment ? On comprendrait alors que le capitaine Rémusat n'ait pas répondu; mais comment expliquer son silence, si Dreyfus avait invoqué l'autorité d'un ordre ?

Les souvenirs du capitaine Rémusat ont pu, il est même vraisemblable qu'ils ont dû le tromper. Cette accusation, à quelque point de vue que l'on se place, s'est donc évanouie ; mais vous remarquerez que tous les éléments de sa discussion avaient été soumis au Conseil de guerre. Il avait connu par le lieutenant-colonel Hartmann la thèse consacrée par le rapport de la commission des généraux ; il avait sous les yeux les notes du dossier secret sur lesquelles s'appuyait cette thèse ; il a été maintes fois, fait allusion devant lui aux dossiers Greiner et Boutonnet et, dans sa plaidoirie, Mᵉ Demange s'était appuyé sur ce dernier dossier pour démontrer que ce n'était pas à Dreyfus que pouvait être imputée la livraison de l'obus Robin.

C. — *Note sur l'attribution de l'artillerie lourde aux armées.*

La base de cette imputation est un memento de l'attaché militaire A, arrivé le 28 décembre 1895 au Service des renseignements et ainsi traduit :

« Lettre 3ᵉ Direction au sujet du 120 affecté à l'artillerie de la 9ᵉ armée. Débrouiller pourquoi la 9ᵉ armée n'en a pas jusqu'à présent. Une armée doit manquer pour tromper. Angleterre. Torpilleurs. »

Une note du Service des renseignements du 2 octobre 1897 (pièce 84 du dossier secret) dont le texte a été cité par le commandant Targe, dans sa déposition du 21 mars 1904, commente ce memento en ces termes :

A la fin de 1895, un memento émanant d'un agent étranger, et dont on ne saurait préciser la date, parvenait à l'Etat-Major de l'armée.

Ce memento est ainsi conçu :

« Lettre 3ᵉ Direction au sujet du 120 affecté à l'artillerie de la 9ᵉ armée. Débrouiller pourquoi la 9ᵉ armée n'en a pas jusqu'à présent. Une armée doit manquer pour tromper. Angleterre. Torpilleurs. »

Abstraction faite d'une question de marine, indifférente dans l'espèce, le memento vise l'organisation de notre artillerie lourde d'armée.

Le bordereau écrit par Dreyfus en 1894, mentionnant une note sur la manière dont le canon de 120 court s'est comporté, l'agent étranger savait déjà que nos essais de batteries attelées de 120 avaient réussi. Son memento prouve qu'il savait aussi que nous organisions avec ces batteries de 120 une artillerie d'armée, et qu'en principe toutes nos armées en seraient dotées, puisqu'il se propose de débrouiller pourquoi cette affectation n'est pas encore réalisée en ce qui concerne la 9ᵉ armée.

On recherche dans quels documents avaient pu être puisés des renseignements aussi secrets : 1° sur le principe de l'affectation des batteries de 120 à toutes les armées, y compris la 9ᵉ ; 2° sur la lacune existant dans la série de 1 à 9 sur le numérotage.

Les recherches établirent que ces renseignements avaient pu être tirés d'une note émanant de la 3ᵉ Direction, adressée le 23 mars 1893 au premier Bureau de l'Etat-Major de l'armée, et transmise par lui le 27 mars au troisième Bureau. En même temps le premier Bureau, qui avait besoin de garder trace du contenu de ce document trop long pour être copié *in extenso*, le faisait résumer par un officier. La copie de ce résumé fut adressée au troisième Bureau et enfermée, ainsi que la note de la 3ᵉ Direction, dans l'armoire de fer où ces deux pièces se trouvent encore actuellement.

La minute du résumé dut être classée dans une armoire à secret de la section du commandant Bayle au premier Bureau. Lorsque le memento parvint à l'Etat-Major général, on chargea le lieutenant-colonel Marsaud, sous-chef du premier Bureau, de vérifier si cette minute était à sa place. Elle manquait au dossier. On recherche quel était l'officier qui avait pu établir le résumé et en écrire la minute. Cet officier ne pouvait être que le commandant Bayle, officier des plus sûrs, ou son stagiaire. Ce stagiaire était Dreyfus.

Cette accusation, qui faisait peser sur Dreyfus le soupçon d'avoir livré à l'étranger les renseignements contenus dans le résumé de la note de la 3e direction, fut exposée devant la Cour de Cassation, le 21 novembre 1898, par le général Roget, et par le commandant Cuignet, le 6 janvier 1899.

Devant le Conseil de guerre de Rennes, le Président l'avait rappelée dans l'interrogatoire de Dreyfus ; elle avait été présentée, ainsi que nous l'avons vu, par le général Mercier ; elle fut reprise par lui au cours d'une confrontation avec le lieutenant-colonel Picquart, puis par le général de Boisdeffre et par le général Gonse.

Elle soulevait, à première vue, deux objections. La pièce sur laquelle elle s'appuyait était datée des derniers jours de 1895 ; à cette époque, Dreyfus était condamné depuis un an. Le memento de l'agent A ne pouvait donc se rapporter à une livraison de documents commise par lui.

D'un autre côté, il n'existait en réalité aucun indice que Dreyfus eût livré cette pièce.

C'est ce que fit ressortir dans sa plaidoirie Me Demange :

Maintenant, dit-il, on a trouvé en 1895, chez l'agent A, une pièce de laquelle il résulte que l'agent A demandait à cette époque des renseignements sur la répartition de l'artillerie lourde dans un corps d'armée.

Nous sommes en 1896.

Il y a un an que Dreyfus est condamné. Il y a neuf mois qu'il est à l'île du Diable.

Vous nous avez dit, Messieurs de la Statistique de l'Etat-Major, que les renseignements qui vous arrivaient par la voie ordinaire vous arrivaient un mois après, deux mois au plus, leur arrivée chez l'agent A.

C'est si vrai que, quand on a demandé au général Roget et au commandant Cuignet : « Comment pouvez-vous supposer que cette pièce relative à l'artillerie lourde, qui est arrivée en décembre 1895, puisse émaner de Dreyfus ? », l'un de ces messieurs a répondu : « L'agent l'avait peut-être oubliée au fond d'un de ses tiroirs, il l'aura retrouvée en décembre 1895. »

Ce sont des arguments comme ceux-là que, devant la justice, on viendra mettre à sa charge ?

Pourquoi encore ? C'est parce qu'il y avait eu sur cette artillerie lourde un travail fait en 1893 au quatrième Bureau ; il avait été fait par le commandant Bayle.

Or, Dreyfus a été attaché au commandant Bayle en 1893.

Bayle était mort : on recherche si on retrouve la minute ; on ne la retrouve pas.

Qu'en pouvez-vous conclure contre Dreyfus ? Il résulte du dossier de 1894, du rapport de M. du Paty de Clam au Ministère, qu'on a vérifié dans toutes les armoires et qu'à cette date aucune minute, aucun document secret n'avaient disparu. Comment pourriez-vous avancer, quand les pièces saisies chez A arrivent un an après l'arrestation de Dreyfus, que c'est lui qui les a envoyées chez A, et que, si une pièce a disparu de chez le commandant Bayle, c'est lui qui l'a enlevée ?

Ce n'est pas avec des arguments comme ceux-là qu'on fera prononcer une condamnation contre cet homme !

Mais ce n'étaient là, en somme, que de très judicieux raisonnements, et l'on ne sait s'ils ont pu prévaloir contre l'affirmation de ce fait matériel : que la minute du résumé de la 3e direction relative à l'attribution de l'artillerie lourde aux armées avait disparu au moment où Dreyfus était le stagiaire du commandant Bayle, chargé de ce travail.

Or, le fait matériel allégué était inexact.

La minute du commandant Bayle n'avait pas disparu ; elle avait été cherchée là où elle ne devait pas être ; elle n'avait pas été cherchée là où elle devait être et où elle a été trouvée par le lieutenant-colonel Fournier, chef de section au 1er Bureau de l'Etat-Major de l'armée et le capitaine Hallouin, du 2e Bureau, en présence du commandant Hélie et du capitaine Lacombe, ainsi que l'atteste le commandant Targe, par une lettre du 30 mars 1906, adressée à M. le Procureur général.

Le travail du commandant Bayle, en effet, n'était pas un simple résumé de la note de la 3e direction, mais bien une étude critique de cette note, destinée au Conseil supérieur de la Guerre et se terminant par des propositions propres au 1er Bureau. Sa copie existait, ainsi que le fait connaître une note du 26 novembre 1898, signée du commandant Boissonnet, dans les dossiers du Conseil supérieur de la guerre, c'est-à-dire dans les archives du chef d'Etat-Major général, ainsi que l'a dit, d'ailleurs, à Rennes, le général Mercier.

Cette copie que nous ne pouvons analyser ici, en raison des renseignements secrets qu'elle renferme, fait partie du dossier de l'enquête ordonnée par le Ministre de la Guerre, le 16 mars 1904, au sujet de la disparition de sa minute. Elle est accompagnée du procès-verbal ci-après, dressé le 17 mars 1904 par le lieutenant-colonel Berrot, chef du 3e Bureau :

Le chef du troisième Bureau de l'Etat-Major soussigné, certifie que la note ci-jointe du premier Bureau, portant dans l'angle supérieur gauche le N° 352/2 a été trouvée à sa place, dans la partie de la séance du Conseil supérieur de la guerre du lundi 5 juin 1893, relative à la question N° 3 : « Organisation des batteries de 120. »

Cette question avait figuré déjà à l'ordre du jour de la précédente séance du Conseil, tenue le lundi 17 avril 1893, mais, faute de temps, elle avait été renvoyée à une séance ultérieure.

La note ci-jointe N° 352/2 porte, épinglée à son 2° feuillet une fiche écrite au recto au crayon bleu, et, au verso, à l'encre noire; cette dernière partie est signée « Boissonnet » et datée du 29 novembre 1898.

En haut de la page de tête, et au premier tiers, à gauche, on aperçoit les traces incomplètement effacées à la gomme, de l'inscription que les secrétaires apposent d'ordinaire sur les pièces dont ils font une « expédition » et qui deviennent ainsi des « minutes ».

Le N° 352/2, qui figure seul dans le coin supérieur gauche de la note en question, est un numéro de classement spécial aux archives du Conseil supérieur ; cette note a donc été insérée dans le dossier de la séance sans avoir été, au préalable, enregistrée au troisième bureau, elle ne porte d'ailleurs ni signature, ni mention d'un destinataire, ni date exacte, car la date du 27 est inscrite au crayon.

Toutefois, il convient d'observer que ce ne sont pas là des anomalies, mais, au contraire, des circonstances qui se rencontrent couramment dans les pièces faisant partie des archives du Conseil ; elles démontrent que la note dont il s'agit a dû être demandée au premier Bureau spécialement en vue du Conseil supérieur de la guerre, et qu'elle n'a pas été adressée au troisième Bureau à titre de correspondance ordinaire de bureau à bureau.

Il arrive, en effet, souvent qu'au cours de la préparation d'une séance du Conseil supérieur, le chef d'Etat-Major général, rapporteur du Conseil, demande des notes de ce genre aux différents services compétents.

Selon la décision ultérieure du chef d'Etat-Major, certains de ces travaux servent à constituer les dossiers soumis au Conseil et restent ensuite annexés au procès-verbal de la séance ; d'autres, au contraire, considérés comme simples documents d'étude, sont rendus aux services qui les avaient fournis et qui peuvent, alors, les détruire sans en conserver trace, puisqu'ils n'ont pas été enregistrés.

C'est ainsi que le dossier de la séance du 5 juin 1893 contient, pour la question N° 3, huit pièces annexes et que, sur trois d'entre elles, provenant respectivement de la direction de l'artillerie, du cabinet du chef d'Etat-Major et du deuxième Bureau de l'Etat-Major de l'armée, — en dehors, par conséquent, de la note en question du premier Bureau, on constate l'absence d'une ou de plusieurs des indications (signature, date authentique, mention du destinataire, enregistrement d'origine ou d'arrivée au troisième Bureau) qui font défaut sur la note N° 352/2 ci-jointe.

Le caractère du travail du commandant Bayle (note 352/2) ainsi défini, où pouvait et devait même se trouver sa minute ?

Etait-ce dans le dossier de la correspondance du 1er et du 3e Bureau ? N'était-ce pas plutôt dans le dossier de la correspondance du 1er Bureau avec le chef d'Etat-Major ?

Des recherches ont été effectuées dans ce dernier dossier, et il résulte d'une note du 16 mars 1904, adressée au général chef d'Etat-Major de l'Armée, par le général André, ministre de la Guerre, que, le 12 mars 1904, il a été trouvé au 1er Bureau, dans un carton contenant des rapports au chef d'Etat-Major, un document dont un procès-verbal dressé le 18 mars 1894 par le lieutenant-colonel Villemejane, chef du 1ᵉʳ Bureau, donne la description suivante :

Procès-verbal concernant une note emanant du premier Bureau de l'Etat-Major de l'armée, datée du 27 mars 1893 et relative à l'organisation des batteries du 120 léger.

Le lieutenant-colonel, chef du premier Bureau, certifie que la pièce désignée ci-dessus et jointe au dossier d'une enquête ouverte à l'Etat-Major de l'armée le 16 mars 1904, présente les particularités suivantes :

1° Dans l'angle gauche, en haut, au-dessus du mot « secret » est inscrit le mot « copie » à l'encre, d'une écriture cursive de secrétaire.

Au-dessus du mot « copie » est inscrit le mot « minute », au crayon, d'une écriture que de nombreuses pièces de comparaison permettent d'attribuer avec certitude au commandant Bayle.

2° En haut, à droite, au crayon, figure l'inscription suivante :

« Copie de la pièce restée au dossier de la question dans les archives du Conseil supérieur de la guerre. » .

L'écriture de cette inscription paraît être celle du commandant Bayle ; mais on ne saurait l'affirmer avec autant de certitude que pour le mot « minute ».

3° Le papier a été gratté à l'endroit de l'inscription de la date ; le mot « mars » est inscrit sur la partie grattée.

En outre, l'indication du quantième du mois a été surchargée par l'inscription d'un 7 au crayon superposé à un zéro, qui apparaît à l'encre.

4° Le document ne porte pas mention de signature.

Les termes de la pièce décrite par ce procès-verbal sont identiques à ceux de la pièce 352/2 des archives de l'Etat-Major général. Ces deux pièces sont donc des copies du même travail du commandant Bayle.

Or, de nombreuses pièces de comparaison classées sous le N° 11 du dossier produit par le Ministère de la Guerre démontrent que le commandant Bayle ne gardait pas toujours ses brouillons primitifs ; il inscrivait lui-même le mot « minute » sur celle de leurs copies qui était gardée comme minute définitive. Cet usage est d'ailleurs fréquent dans les bureaux du Ministère de la Guerre.

C'est là ce qui s'est produit pour sa note du 27 mars 1893. Deux copies de son brouillon ont été dressées, l'une pour être annexée au dossier du Conseil supérieur, l'autre pour être conservée comme minute. Chacune d'elles est parvenue à sa destination. La première de ces pièces avait été retrouvée en 1898 ; il a suffi de quelques instants pour retrouver la seconde dans la partie des archives où elle avait dû régulièrement être placée.

Dira-t-on aujourd'hui que le document retrouvé ne présente pas les caractères d'une minute authentique ? Cette circonstance n'excuserait pas la négation de son existence et l'argumentation qui en a été tirée contre Dreyfus.

Qu'elle offrît, ou non, tous les caractères ordinaires d'une minute authentique, elle n'en portait pas moins le mot « minute » écrit de la main du commandant Bayle, lequel a quitté l'Etat-Major de l'armée le 3 juillet 1895, et est décédé le 20 novembre suivant. Et il n'était plus permis de supposer qu'elle avait pu être écrite par Dreyfus, ni d'affirmer qu'il n'en existait aucune trace dans les archives du 1er Bureau. L'accusation se serait heurtée sur ce point à un fait matériel, qui l'aurait anéantie si elle s'était produite.

Le procès-verbal du 17 mars 1904 a fait ressortir les irrégularités apparentes de la copie transmise au Conseil supérieur et les a expliquées. La copie conservée aux archives comme minute, donne lieu à des observations du même genre. Elles ont été présentées devant votre Chambre criminelle, le 28 mars 1904, par le capitaine Hallouin, dans les termes suivants :

Je déposerai en premier lieu sur les faits que j'ai été appelé à constater, et j'exposerai ensuite comment ces faits peuvent être interprétés.

Permettez-moi de vous indiquer d'abord, en quelques mots, les règles de la procédure suivie à l'Etat-Major de l'armée en ce qui concerne l'expédition des affaires courantes.

Tout officier chargé de traiter une question commence par rédiger un brouillon qu'on nomme « minute ». Ce brouillon est confié à un secrétaire qui le met au net et porte dans l'angle supérieur de la minute la mention : expédié le... (ou une autre mention ayant la même signification).

La pièce revient ensuite à l'officier intéressé, qui soumet l'original à l'autorité compétente. Après la signature, l'archiviste du bureau inscrit un numéro d'enregistrement sur la minute et sur l'original.

L'original est alors envoyé au bureau destinataire qui l'inscrit aux entrées, et la minute est classée dans les archives du bureau expéditeur.

Ceci posé, il est facile de comprendre que certaines particularités relevées sur la copie du résumé du 27 mars 1893, annexée au dossier secret, paraissent au premier abord tout à fait singulières.

Cette copie, conforme à l'original joint au dossier, ne porte ni l'indication du bureau destinataire, ni celle de la signature du chef du bureau expéditeur ; il n'y est fait aucune mention de l'enregistrement à l'entrée et à la sortie par les bureaux compétents.

Nous tirons de là cette première conclusion qu'il ne saurait exister de minute authentique de ce document, puisque la formalité de l'enregistrement a été omise.

Mais, en outre, les irrégularités apparentes sont trop nombreuses pour qu'on puisse les attribuer à la négligence d'un archiviste ou d'un secrétaire. Il est nécessaire de trouver une autre explication. Cette explication est d'ailleurs des plus simples. Dans l'espèce, il ne s'agit pas d'une véritable note envoyée directement de bureau à bureau, mais d'une simple fiche annexée à un dossier complet de présentation au Conseil supérieur de la guerre.

Par suite, c'est en vain qu'on a cherché dans la correspondance du 1ᵉʳ Bureau, avec les autres bureaux et avec les Directions, la trace d'une minute sur laquelle cette fiche aurait été copiée. La minute, si elle existait, devait avoir été classée dans un dossier spécial (notes pour le chef d'Etat-Major, rapports au Ministre qui préparent et précèdent la présentation des affaires au Conseil supérieur de la guerre).

On a précisément retrouvé une copie du résumé du 27 mars 1893, dans un dossier de notes pour le chef d'Etat-Major. Sur cette copie, la mention « minute » a été portée au crayon de la main de M. le commandant Bayle.

Notez que le commandant Bayle a quitté l'Etat-Major de l'armée en juillet 1895, et est mort en novembre 1895, par conséquent avant l'arrivée du memento et antérieurement à toute enquête.

Telles sont les données du problème ; je passe maintenant à leur interprétation et à celle de quelques faits connexes.

Je vous demanderai de vouloir bien parcourir cette fiche à laquelle j'ai donné le nom, peut-être impropre, de résumé. Vous y verrez que le 1ᵉʳ Bureau ne s'est pas contenté d'analyser les propositions du service de l'artillerie, mais qu'il a émis un avis, posé des conclusions, touchant ces propositions.

Dans le cas où l'agent A aurait véritablement reçu une note contenant les appréciations du premier Bureau, portant attache de l'Etat-Major, attache à laquelle il tenait par dessus tout, pourquoi cet agent eût-il employé dans son memento l'expression inexacte « lettre » ou « note de la 3ᵉ direction », au lieu d'écrire simplement : « note de l'Etat-Major » ?

Si le memento est authentique, tout porte à croire que c'est bien une note de la 3ᵉ direction qui est tombée entre les mains de l'agent A, puisqu'il l'affirme lui-même, et non pas une note du 1ᵉʳ Bureau.

Jusqu'à présent, l'accusation portée à ce sujet contre Dreyfus avait toujours été basée sur la disparition de la minute du premier Bureau. Mais une minute, surtout lorsqu'elle n'a pas été enregistrée, n'a pas plus de valeur qu'une simple copie sur un papier à en-tête du Ministère.

Dès lors, quel intérêt aurait eu Dreyfus à détourner cette pièce alors qu'il lui était si facile de la copier en choisissant, pour effectuer cette opération, un jour où, commandé de service, il fût resté seul au 1ᵉʳ Bureau entre onze heures et demie et deux heures de l'après-midi ?

Enfin, cette minute dépourvue de tout caractère d'authenticité a-t-elle réellement disparu ? Nous n'avons pas retrouvé le brouillon primitif, mais il est vraisemblable que le commandant Bayle a détruit lui-même ce brouillon informe, maculé, pour le remplacer par la copie sans rature, sur laquelle il a écrit au crayon le mot minute. Comment expliquer autrement l'existence de cette mention qui n'a évidemment pas été apposée sans motif ? On a objecté que le commandant Bayle s'apercevant de la disparition de sa minute, aurait fait prendre après coup une copie sur l'original. Je concède volontiers que la copie a été, en effet, prise sur l'original, plus net que le brouillon ; mais, si le commandant Bayle se fût aperçu de la disparition d'une pièce qui indiquait la composition tenue secrète de notre ordre de bataille, il en eût rendu compte à ses chefs hiérarchiques immédiatement, et, par conséquent, avant le mois de juillet, époque à laquelle il a quitté le Ministère de la Guerre. Cette fuite importante eût été signalée au chef d'Etat-Major et au bureau des renseignements. Toute enquête fût, par suite, devenue inutile lors de l'arrivée du memento, en décembre 1895.

D'autre part, vous verrez, en examinant les pièces de comparaison, que le commandant Bayle, dans d'autres circonstances, n'a conservé que des minutes définitives, écrites par des secrétaires, corrigées de sa main et sur laquelle il avait porté également de sa main la mention « minute ».

Le général sous-chef d'État-Major chargé de l'enquête, dans le rapport qui est au dossier, considère comme admissible l'hypothèse de la destruction du brouillon par M. le commandant Bayle, encore qu'à son avis le fait soit anormal à l'État-Major de l'armée. Pour moi, la véritable anomalie consiste surtout dans l'omission de l'enregistrement. Pour le reste, tout dépend des habitudes prises. Il m'est arrivé assez souvent de recopier ou de faire recopier mes minutes et de détruire ensuite les brouillons devenus inutiles. Cette manière de faire n'a jamais été considérée par moi comme une faute au point de vue du service d'État-Major.

Vous possédez actuellement tous les éléments d'appréciation ; je n'ai pas à conclure. Je tiens seulement à déclarer hautement que les pièces jointes à l'enquête récente de l'État-Major de l'armée auraient- dû être produites devant le Conseil de guerre de Rennes ; elles étaient en effet de nature à faire tomber, peut-être, une charge formulée nettement par M. le colonel Jouaust dans l'interrogatoire de l'accusé.

Nous n'ajouterons rien à cette déposition si lucide et si prudente. Nous nous bornerons à constater que, pas plus dans l'enquête de 1899 qu'au cours des débats devant le Conseil de guerre, il n'a été possible à Dreyfus et à ses défenseurs de relever l'erreur matérielle qui était la base de l'accusation.

Cette erreur est demeurée inconnue jusqu'à la dernière enquête de votre Chambre criminelle. A notre avis, sa révélation est d'autant plus importante que, si l'on rapproche le « memento » de la note du commandant Bayle et de la lettre de la 3ᵉ direction, on est amené à penser que ce dernier document peut être seul visé par le « memento ». Or, aucun indice n'a même été signalé qui permît de soupçonner Dreyfus d'avoir livré les renseignements secrets contenus dans cette lettre.

Les révélations de l'instruction ébranlent donc singulièrement, si même elles ne la ruinent pas entièrement, la thèse de l'accusation sur la livraison des secrets relatifs à l'attribution de l'artillerie lourde aux armées. Nous examinerons plus loin si elles ne comportent pas de graves conséquences juridiques au point de vue de la revision.

D. — *Organisation militaire des chemins de fer français.*

Dreyfus avait, comme nous le savons, étudié avec un très vif intérêt l'organisation militaire des transports sur les lignes de l'Est. Il connaissait très bien cette organisation et s'en vantait.

Pendant la procédure de la première revision et devant le Conseil de guerre, l'accusation d'avoir livré à l'étranger les secrets de l'organisation militaire de nos chemins de fer a été celle sur laquelle ses accusateurs se sont appesantis de préférence.

Le point de départ de cette accusation était un billet de l'attaché B à l'attaché A, parvenu au service des renseignements par la voie ordinaire (pièce 26 du dossier secret). Il portait à l'encre rouge de la main d'Henry la date d'avril 1894. En voici les termes :

> Mon cher,
>
> J'ai reçu. Merci. Il faut que vous ayez l'obligeance de m'envoyer de suite ce que vous avez copié, car il est nécessaire que je finisse, parce que pour le 31 je dois envoyer à Rome ; et avant ce temps-là, vous avez encore à copier la partie copiée par moi. Je vous annonce que j'aurai l'organisation des chemins de fer.

Devant le Conseil de guerre, le général Mercier, avant de résumer l'accusation dans les termes que nous avons rappelés, avait précisé la portée de cette pièce ainsi qu'il suit :

> « Peu après, à la même époque, c'est-à-dire au premier trimestre 1894, on a saisi aussi une lettre de l'attaché B adressée à l'attaché A, dans laquelle il prévient qu'il va avoir à sa disposition l'organisation militaire des chemins de fer français. Eh bien, cette organisation militaire des chemins de fer français ne pouvait provenir que du quatrième bureau. Or, le capitaine Dreyfus avait été au quatrième bureau pendant tout le deuxième semestre 1893. Cette lettre de l'attaché B est du commencement de 1894.
>
> « Le capitaine Dreyfus était non seulement au 4ᵉ bureau ; mais il était attaché à la section technique qui était la plus importante au point de vue des transports stratégiques, et à la fin de son stage au quatrième bureau, on avait fait aux stagiaires une conférence sur l'organisation militaire des chemins de fer français, conférence qui ne se faisait que tous les ans à la fin du stage accompli par les officiers détachés dans ce bureau. » (Rennes, 1. 81.)

Cette accusation, déjà formulée par le commandant Cuignet dans l'enquête de 1899, fut exposée de nouveau par lui ainsi que par les généraux de Boisdeffre et Gonse devant le Conseil de guerre.

Le commandant Carrière, commissaire du Gouvernement, s'exprima en ces termes sur la pièce 26 :

> Avril 1894 (Nᵒ 26). B à A. Il lui annonce qu'il va recevoir l'organisation des chemins de fer français, au point de vue technique militaire, bien entendu ; ce n'est pas le journal des chemins de fer courant. Eh bien, où peut-on prendre cela ? Si on me demandait cela, à moi, où irais-je le prendre ? Je n'en sais rien ; je ne le prendrais nulle part, à coup sûr. Si on le demandait aux juges qui siègent ici, qui sont des techniciens dans leur partie, si on leur demandait des renseignements comme ceux-là, croyez-vous qu'ils les fourniraient ? Non, ils ne pourraient pas les fournir parce qu'ils ne les ont pas. Esterhazy était-il plus capable qu'eux ? Non. S'il a servi d'intermédiaire à Dreyfus, je le veux bien ; mais celui-là seul peut fournir un document qui peut l'avoir sous la main, qui peut se le procurer à sa source, là où il est. Ce ne sont pas des documents de commerce, cela.

Enfin, pour donner plus de poids à l'accusation fondée sur cette pièce, de nombreux témoins furent entendus qui vinrent attester la connaissance approfondie que Dreyfus possédait de l'organisation militaire des chemins de fer. Ce furent le général Fabre, le colonel Bertin-Mourot, le capitaine Boullanger, le commandant Maistre, le commandant Roy, le capitaine Junck, le général Roget, le commandant Cuignet.

Des attestations dans le même sens du capitaine de Pouydraguin et du général Vanson furent produites par le général Mercier.

M. Ferret, employé comme secrétaire permanent au 4ᵉ bureau, section du réseau de l'Est, vint faire une déclaration qu'il avait jugée inutile en 1894. Il se souvenait qu'à la fin de 1893, vers une heure de l'après-midi, il avait aperçu un civil, qui était assis dans le bureau du Ministère où s'étudiait l'organisation des chemins de fer ; Dreyfus, qui était d'ailleurs affecté à ce bureau, faisait face à ce personnage ; il était debout, devant l'armoire où étaient renfermés les documents.

Enfin le témoin Cernuski, dont les déclarations, il est vrai, ne méritaient aucune créance, mais qui avait pu se rendre compte de l'importance que l'accusation attachait à cette question, avait écrit au président du Conseil de guerre une lettre qui fut lue à l'audience, et dans laquelle il déclarait avoir vu, à Paris, entre les mains d'un officier supérieur du grand Etat-Major d'une puissance de l'Europe Centrale :

« les graphiques de l'exploitation des chemins de fer de l'Est et du P.-L.-M. en vue de la mobilisation, avec, en marge, des annotations remarquables sur les quais d'embarquement et des renseignements concernant les environs de ces stations au point de vue des ressources militaires. Etait jointe à ces graphiques une note explicative du système employé pour le fonctionnement des transports en cas de mobilisation. »

L'insistance de l'accusation à soulever sans cesse la question à laquelle se rattache la pièce N° 26, le nombre de témoins qu'elle fit entendre sur ce point montrent assez tout l'intérêt qu'elle y attachait.

Cependant, considérée isolément, la pièce N° 26 ne révélait que l'indice d'une trahison future et c'est ce que faisait remarquer Mᵉ Demange dans sa plaidoirie ; mais en la produisant, l'accusation prétendait tout au moins apporter une preuve de plus, et la plus convaincante de toutes, que la trahison émanait de l'Etat-Major de l'armée, puisque, dans cette pièce, il s'agissait de matières traitées exclusivement par l'Etat-Major de l'armée. C'était donc avec l'Etat-Major que les attachés militaires étrangers avaient noué des relations et, dans l'Etat-Major, avec le 4ᵉ bureau, qui avait dans son service l'organisation des chemins de fer.

Rappelez-vous maintenant l'argumentation du général Mercier et de ses collaborateurs sur la pièce N° 26. Dans tous les services où Dreyfus est passé, il y a eu des fuites ; la pièce N° 26 est d'avril 1894 ; à la fin de 1893, Dreyfus était au 4ᵉ bureau, il était attaché à la section de l'Est, la plus importante au point de vue des transports stratégiques et il connaissait l'organisation militaire des chemins de fer par une conférence qui avait été faite aux officiers de ce bureau à la fin de leur stage. Au commencement de 1894, il était au 2ᵉ bureau, et en mars 1894, un personnage digne de foi signalait la présence au 2ᵉ bureau d'un officier qui trahissait.

La pièce N° 26 se lie étroitement dans cette argumentation à la discussion technique du Bordereau, dont elle est destinée à corroborer la proposition fondamentale, comme les imputations relatives aux obus en mélinite, aux obus Robin, à la disparition de la minute Bayle. Aussi est-ce à cette discussion que l'a rattachée le général Mercier, comme nous avons dû le faire nousmême pour suivre l'ordre de l'accusation.

Et c'est à ce point de vue aussi que s'est placé le commandant Carrière dans le passage de son réquisitoire que nous avons cité.

Mᵉ Demange, dans sa plaidoirie, n'envisagea pas autrement la portée de la pièce N° 26 (1).

J'arrive, disait-il, à une lettre de B à A et qui est relative à l'organisation des chemins de fer.

Eh bien, Messieurs, voilà encore une chose assez curieuse dans une affaire de trahison. Notez bien que la lettre ne dit pas qu'on l'a reçue, elle dit qu'on va la recevoir ; par conséquent, elle ne prouve même pas que c'est un acte d'espionnage : on va recevoir l'organisation des chemins de fer.

C'est tout ce qu'on dit.

Alors, voici le raisonnement qu'on fait : Dreyfus avait été pendant le second semestre au 2ᵉ bureau. Il a dû s'occuper de l'organisation des chemins de fer. Par conséquent, c'est lui qui a dû envoyer des renseignements sur l'organisation des chemins de fer, ou qui devait en envoyer. Un officier de troupes ne pourrait pas les envoyer.

Soit, pour l'officier de troupes. Reste à savoir si on ne peut se renseigner sur l'organisation des chemins de fer ailleurs qu'au Ministère de la Guerre.

(1) Rennes, III, 630-631.

Qu'est-ce que vous faites donc des Compagnies ?

M. le général Roget nous a expliqué dans sa déposition que précisément lorsqu'on faisait des travaux sur le transport des troupes de couverture, au mois de juin ou juillet 1894, il avait trouvé lui, comme chef du 4ᵉ Bureau, une grande résistance du côté des Compagnies de chemins de fer.

Il est donc certain que ce travail, au point de vue de l'organisation des chemins de fer, est connu. Bien entendu, c'est secret, c'est confidentiel. C'est entendu. Mais enfin, il y a une source de renseignements ailleurs qu'au Ministère de la Guerre. Et alors, je vous dirai contre l'accusation toujours la même chose ; et dussé-je finir, pardonnez-moi l'expression, par paraître un radoteur, je vous dirai :

Voyons, il ne suffit pas de me dire que Dreyfus aurait pu les avoir pour dire qu'il les a envoyés. Si vous me démontriez qu'il a pu les envoyer, ce ne serait pas suffisant. Il faudrait me démontrer qu'il les a pris et qu'il les a envoyés, pour pouvoir le condamner.

Mais si vous dites qu'on vient de recevoir des renseignements de tel bureau, Dreyfus y a été l'année dernière, ce doit être lui ; je vous assure que l'Inquisition, qui employait des moyens qui étaient tout à fait cruels pour obtenir ce qu'elle croyait être la vérité, des arguments comme ceux-là, elle ne les aurait jamais retenus.

Cette réfutation de Mᵉ Demange fut tout ce qu'elle pouvait être alors. L'éminent défenseur ne pouvait, comme pour la disparition de la minute Bayle, que dénoncer les lacunes de l'argumentation hypothétique des accusateurs. Les éléments d'une démonstration positive lui manquaient. Il ne pouvait pas prouver que, quand bien même les relations des attachés étrangers avec le 4ᵉ Bureau seraient établies par la pièce Nᵒ 26, cette pièce était, dans tous les cas, inapplicable à Dreyfus. Sans doute, il était, au point de vue purement juridique, dispensé de faire cette preuve ; en fait, la présomption jetée dans le débat n'en subsistait pas moins, avec tous ses dangers pour l'accusé, si cette preuve faisait défaut.

Vous savez par la lettre de M. le Garde des Sceaux introductive de la demande en revision que cette preuve serait faite aujourd'hui. C'est la thèse que M. le Procureur général et Mᵉ Mornard, s'appuyant exclusivement sur les résultats de l'enquête de votre Chambre criminelle, qui ont éclairé cette question d'un jour entièrement nouveau, soutiennent devant vous.

Nous croyons devoir reproduire intégralement l'argumentation de Mᵉ Mornard sur ce point. Après avoir constaté que l'accusation, relevée illégalement à Rennes contre Dreyfus, d'avoir livré l'organisation militaire des chemins de fer, avait pris une place capitale dans les débats, l'honorable défenseur s'exprime ainsi :

IV. — Quelles sont, sur ce point encore, les révélations de l'instruction ?

Tout d'abord il était inexact que la pièce d'avril 1894 (N° 26 du dossier secret) eût été communiqué aux juges du Conseil de guerre de 1894, ainsi que l'avait affirmé le général Mercier devant les juges de Rennes.

La découverte du commentaire rédigé par le colonel du Paty pour l'interprétation du dossier communiqué secrètement aux juges de 1894 en fournit la preuve certaine : il n'y est aucunement question de la lettre de B à A annonçant la prochaine livraison de l'organisation des chemins de fer.

Aussi le général Mercier, dans sa déposition du 26 mars 1904, n'a-t-il plus maintenu devant la Cour l'affirmation qu'il avait portée sur ce point devant le Conseil de guerre de Rennes. Il allégua qu'il avait été trompé par ses souvenirs.

Mais il devient alors inexplicable que cette pièce, si accablante pour Dreyfus, comme on l'a répété à satiété devant le Conseil de guerre de Rennes, n'ait pas été produite devant le Conseil de guerre de Paris en 1894.

La pièce est arrivée, dit l'accusation, au service des renseignements en avril 1894. C'est cette date d'avril 1894 que porte également la pièce « ce canaille de D... », soumise secrètement aux juges de 1894. C'est en avril 1894 que, pour les besoins de l'accusation, on plaçait alors le Bordereau, sur lequel reposait l'accusation ostensible soumise à ces mêmes juges.

A ces mêmes juges encore, les rapports Guénée et le témoignage d'Henry font, d'autre part, connaître qu'il y a un traître parmi les officiers de l'Etat-Major au printemps 1894. Toutes ces circonstances donnaient un intérêt capital à la pièce d'avril 1894 révélant la livraison de l'organisation des chemins de fer ; et cette pièce décisive est cependant distraite du dossier par le Service des renseignements. Elle n'est pas, comme les autres, soumise aux juges de 1894 !

Manifestement, il faut en conclure que si la pièce n'a pas été produite avec la pièce « ce canaille de D... », la pièce Davignon, le memento de l'agent A et les rapports Guénée, c'est qu'elle n'était pas à cette époque entre les mains du Service des renseignements.

La déduction à tirer des constatations faites sur le commentaire retrouvé du colonel du Paty, c'est donc que la date d'avril 1894, portée sur la pièce des chemins de fer comme date d'arrivée de ladite pièce au Service des renseignements, est une date fausse.

V. — L'exactitude de cette conclusion, à laquelle conduisent nécessairement les constatations faites sur le commentaire soumis aux juges de 1894, a, d'autre part, été matériellement établie. Toute une série de faits matériels absolument concordants, révélés dans l'instruction de la Chambre criminelle, ont indiscutablement démontré que la pièce sur laquelle Henry avait frauduleusement inscrit la date d'avril 1894 comme date d'arrivée au Service des renseignements, avait été écrite par son auteur le 28 mars 1895, et que, quatre jours après, elle était entre les mains du Service des renseignements. Le 1er avril 1895, le colonel Sandherr en envoyait une copie au Ministre de la Guerre et au chef d'Etat-Major avec d'autres pièces arrivées le même jour, et notamment avec une lettre de B à A faisant précisément suite à la lettre dite des chemins de fer. Les deux bordereaux, adressés l'un au Ministre de la Guerre, l'autre au chef de l'Etat-Major, ont été retenus par la Cour avec leur contenu (copies faites par Gribelin des pièces saisies par le Service des renseignements).

M. le commandant Targe a résumé, dans sa déposition du 19 mars

1904, à propos du rapport Gonse-Wattinne, les constatations faites par la Cour elle-même, contradictoirement avec lui. Il s'est exprimé en ces termes :

...Le sixième rapport est le rapport Gonse-Wattinne ; il est daté du 1er juin 1899 ; nous y voyons apparaître, sous le N° 59, la pièce « des chemins de fer », avec la mention : « Reçue en avril 1894 », et on souligne que cette pièce est accusatrice de Dreyfus. Nous y voyons aussi figurer, sous le N° 104, la pièce 267, avec la mention : « Reçue en avril 1895. »

Je crois à cette occasion, Messieurs, devoir résumer tous les arguments qui ont été donnés à des séances précédentes, et surtout en Chambre du Conseil, au sujet de la date exacte de la pièce 26.

Je prétends établir deux points : 1° que la pièce 26 a été matériellement altérée, et 2° que cette pièce est de 1895 et non de 1894.

Dans le rapport du Ministre en date du 19 octobre 1903, nous vous disions : « Je possède la preuve que la pièce a été réellement écrite le 28 mars 1895 » ; et, dans la note 11, jointe audit rapport, nous ajoutions : « Cela résulte de la découverte de la copie faite à l'arrivée de ladite pièce, copie de la main de M. Gribelin, contenue dans un Bordereau établi le 1er avril 1895 et signé du lieutenant-colonel Sandherr. »

I. — Je dis d'abord que la pièce 26 a été matériellement altérée. En effet :

1° La copie faite par Gribelin porte, en haut, l'indication : « 28 mars, 3 heures du soir ». Cette indication n'existe plus sur l'original.

2° L'examen de la pièce, du filigrane du papier, sa comparaison avec des pièces écrites sur du papier semblable (notamment la pièce 267), montrent avec évidence que le haut de la pièce a été enlevé.

L'altération matérielle de la pièce 26 est donc établie.

II. — Je vais établir maintenant le deuxième point, à savoir : que la pièce 26 est du 28 mars 1895, comme la pièce 267. Voici les arguments que je puis donner comme démonstration :

1° M. Gribelin a copié la pièce 26 en 1895 ; cela résulte de la mention, de sa main, « 1er avril 1895 » mise sur la chemise renfermant, dans le bordereau du 1er mai 1895, les copies des deux pièces 26 et 267 du dossier secret ;

2° Le bordereau signé Sandherr, qui contient ces pièces, est du 1er avril 1895 ; or, un bordereau transmet tous les jours ou tous les deux jours, au Ministre, les pièces arrivées depuis l'établissement du bordereau précédent ; cela a été constaté par la délégation de la Cour, qui a procédé au dépouillement de la série complète des bordereaux de 1893 à 1900, qui avait été mise sous scellés au Ministère de la Guerre ;

3° La pièce 267 est du 28 mars 1895 à 6 heures du soir, et elle a été communiquée au Ministre le 1er avril 1895. Cela est établi :

a) Par la mention à l'encre rouge portée au bord inférieur gauche, par le Service des renseignements « 28 mars 1895 » ;

b) Par la mention au crayon portée au bord supérieur gauche par le Service des renseignements : « Ministre, Etat-Major, 1er avril 1895. »

c) Enfin, cette pièce 267 figure, comme je l'ai déjà dit, avec le N° 104 au Rapport Gonse-Wattinne avec la mention « Reçue en avril 1895 ». — « Lettre de B à A relative au télémètre. Signé : Alexandrine » ;

4° Comme dernier argument, l'examen du texte des pièces 26 et 267 montre sans contestation possible qu'elles sont du même jour. Voici le texte de la pièce 26 :

« 28 mars, 3 heures du soir,

Mon cher,

« J'ai reçu, merci.

« Il faut que vous ayez l'obligeance de m'envoyer de suite ce que vous avez copié, car il est nécessaire que je finisse, parce que pour le 31 je dois envoyer à Rome, et avant ce temps vous aurez encore à copier la partie copiée par moi. Je vous annonce que j'aurai l'organisation des chemins de fer.

« Signé : Alexandrine. »

Et la pièce 267 est ainsi conçue :

« 28 mars, 6 heures du soir.

« Je vous prie, mon cher ami, de m'envoyer ce que vous avez copié du télémètre, car, comme je vous le disais dans la lettre que mon domestique vous a apportée aujourd'hui à 3 heures, j'en ai besoin, devant envoyer le tout à Rome, et remarquant que dans ce même temps vous aurez aussi à copier les parties que j'ai copiées moi-même.

« Si, à 9 heures de demain Charles n'est pas venu, j'enverrai le mien chez vous.

« Tout à vous,

« Signé : Alexandrine. »

La pièce 26 est donc incontestablement du 28 mars 1895, 3 heures du soir.

D'autre part, Gribelin, dans sa déposition du 21 mars 1904, a d'abord formellement reconnu que la date avril 1894 avait été porté sur la pièce 26 par la main d'Henry. Il reconnut aussi formellement avoir fait les deux copies des deux lettres de B à A (pièces 26 et 267), le même jour, soit le 1er avril, soit le 31 mars 1895.

D'autre part encore, et pour ne laisser subsister aucune équivoque possible, M. le procureur général a demandé le relevé des dates de tous les documents secrets compris dans les bordereaux adressés comme bulletins au Ministre par le Service des renseignements, pendant tout le premier semestre 1895. Ce relevé a été fait par le chef du deuxième Bureau de l'Etat-Major, et il a été versé aux débats. On y constate que toutes les pièces communiquées étaient d'une date très voisine de la date d'envoi du bulletin des renseignements.

Cette constatation concorde rigoureusement avec une déclaration d'Henry, faite en avril 1898 au général Gonse, qui cherchait à préciser la date probable du Bordereau d'après sa date d'arrivée au Service des renseignements.

D'une manière générale, déclare Henry, les pièces ne dataient jamais que d'un mois ou cinq semaines au plus ; quelquefois de deux ou trois jours seulement.

La déclaration d'Henry est d'ailleurs corroborée par celles de toutes les personnes ayant participé au service de la « voie ordinaire ». L'agent Brucker, la femme Bastian et Gribelin ont tous trois témoigné en ce sens. Le mode de fonctionnement de ce service ne pouvait livrer aux agents que des pièces de date récente.

VI. — Il n'est donc pas possible d'échapper, par une équivoque quelconque, aux conséquences des constatations matérielles faites par la Cour. La pièce 26 est arrivée au Service, non pas en avril 1894, mais le 31 mars ou le 1er avril 1895 ; et elle avait été écrite par l'agent B le 28 mars 1895, à 3 heures du soir. La main criminelle d'Henry a arraché la partie supérieure de la lettre qui portait la date inscrite par son auteur, l'agent B ; puis elle avait inscrit dans le bas comme date d'arrivée au Service, « avril 1894 », afin de pouvoir l'appliquer à Dreyfus.

Ces falsifications de date étaient au surplus l'une des grandes habitudes d'Henry dans son service. On le voit encore user du même procédé contre Picquart, et falsifier des dates d'extraits de journaux, afin de faire croire que l'enquête de Picquart sur Esterhazy avait précédé l'arrivée du « petit bleu », et que, par suite, ce « petit bleu » devait avoir été fabriqué par Picquart pour les besoins de la cause.

La falsification de la pièce 26 a eu lieu évidemment au moment de l'élaboration du rapport Gonse-Wattinne, puisqu'on ne voit cette pièce figurer dans aucun des cinq rapports antérieurs donnant l'énumération des pièces secrètes à la charge de Dreyfus.

C'est dans ce rapport où elle apparaît pour la première fois. C'est au moment où il faisait le triage des pièces pour le travail de M. Wattinne, qu'Henry se livrait à ces falsifications en grand. C'est à ce moment que M. Wattinne appelait l'attention d'Henry sur la nécessité d'une vérification méticuleuse, la découverte d'un seul faux devant avoir pour conséquence fatale l'écroulement de l'accusation. C'est à ce moment qu'après avoir audacieusement falsifié la plupart des pièces (quand il ne les fabriquait pas entièrement lui-même), il répondait à M. Wattinne inquiet : « Vous pouvez être tranquille, marchez donc carrément. »

Quant à la date choisie, avril 1894, elle s'explique facilement : c'est au mois d'avril 1894, que, pour les besoins de l'accusation, on avait alors placé la date du Bordereau. Aussi voit-on de même porter la fausse date du 16 avril 1894 sur la pièce « ce canaille de D... », écrite en 1892 ; aussi voit-on, dans les faux rapports Guénée, fixer au printemps 1894 l'affirmation de l'existence d'un officier traître, à l'Etat-Major ; aussi voit-on de même falsifier une pièce de mars 1894, pour substituer l'initiale D à l'initiale P.

L'époque de l'élaboration du rapport Gonse-Wattinne, sur pièces choisies par Henry, est le moment de la grande fabrication des faux. Lorsque, pour édifier le système d'accusation présenté en 1898-1899 à la Cour de Cassation, on a changé la date du Bordereau pour le transporter d'avril à septembre 1894, Henry n'était plus là.

Aussi ne trouve-t-on pas, dans le dossier secret, de pièces accusatrices pour Dreyfus en date d'août-septembre 1894. Henry, dans ses fabrications, mettait tout à la date de mars-avril 1894, parce que c'était la date adoptée au Service des renseignements pour le Bordereau, au moment où son travail de faussaire battait son plein.

VII. — M. le général Mercier, qui attachait à Rennes une si grande importance à la pièce N° 26 d'avril 1894, annonçant la livraison de l'organisation des chemins de fer, ne lui en attribue plus aucune devant la Cour de Cassation.

« La pièce, dit-il, n'a jamais pu être considérée comme constituant une preuve de culpabilité, puisque le fait de trahison n'a pas été accompli de toute façon, même si la pièce date de 1894 ».

Il est fort instructif de rapprocher cette déclaration de celle faite par le même général Mercier à Rennes et plus haut citée.

En fait, par la pièce 26, B annonce à A qu'il va recevoir l'organisation des chemins de fer. Il ne l'a donc pas encore, elle lui est seulement promise ; et M° Demange avait fait remarquer, en conséquence, qu'on n'avait pas la preuve d'une livraison réellement effectuée.

Le général Mercier admet aujourd'hui qu'il n'y a jamais eu acte de trahison en ce qui concerne l'organisation des chemins de fer. Cette affirmation s'impose en réalité à lui comme une nécessité.

En effet, si l'organisation militaire des chemins de fer a été livrée aux attachés militaires en avril 1895, il y a nécessairement à cette date, d'après l'argumentation même du général Mercier, un officier d'Etat-Major autre que Dreyfus qui trahit au quatrième Bureau. « Cette organisation militaire des chemins de fer ne pouvait provenir, affirmait-il à Rennes, que du quatrième Bureau. » S'il y a, en avril 1895, un officier traître au quatrième Bureau, cet officier est véhémentement suspect d'être aussi le fournisseur des notes du Bordereau qui, dans le système du général Mercier, provenaient également de l'Etat-Major. On ne peut, en effet, supposer *a priori* que les bureaux de l'Etat-Major fussent une pépinière de traîtres, et qu'il s'y rencontrât plusieurs officiers félons.

D'autre part, si, pour éviter cette conséquence nécessaire, le général Mercier avait affirmé qu'il n'y avait pas, en avril 1895, de traître au Ministère de la Guerre et spécialement au quatrième Bureau, il était alors obligé de reconnaître que les personnes étrangères au Ministère pouvaient, même en l'absence de traître dans les bureaux de l'Etat-Major, se procurer des notes sur les questions secrètes étudiées dans ces bureaux, et notamment sur les questions de mobilisation, concentration et couverture, dont l'ensemble constitue l'organisation militaire des chemins de fer. Dans ce cas, et de l'aveu même du général Mercier, son argumentation technique sur les notes du Bordereau devait être tenue comme dépourvue de tout caractère sérieux.

Pour éviter de tomber dans ce dilemme, le général Mercier a préféré admettre que jamais l'organisation militaire des chemins de fer n'avait été livrée.

VIII. — Mais que la livraison promise le 28 mars 1895 ait été réalisée ou non, il est aujourd'hui un fait certain : l'acte de trahison n'a pu être accompli par Dreyfus, puisqu'à cette date du 28 mars 1895, Dreyfus est en prison depuis six mois, et que les attachés militaires n'ont pas encore l'organisation militaire des chemins de fer : ils en sont encore à l'espérer.

Par suite, toutes les dépositions faites à Rennes par les témoins à charge attestant que Dreyfus avait une connaissance approfondie de l'organisation des chemins de fer, qu'il avait à sa disposition les graphiques des chemins de fer concernant la mobilisation, deviennent des dépositions à décharge d'une importance capitale.

Dreyfus, le prétendu traître, connaissait tout de notre organisation militaire des chemins de fer; il avait à sa disposition des documents de premier ordre, tous les graphiques concernant la mobilisation; et ce prétendu informateur des attachés militaires ne leur a pas livré l'organisation des chemins de fer qu'il connaissait si bien, et dont il avait sous la main tous les éléments.

Les attachés militaires, six mois après la condamnation du capitaine Dreyfus, étaient obligés, pour obtenir cet objet de leur convoitise, de s'adresser aux informateurs que les manœuvres criminelles du Service des renseignements s'employaient à sauver, pour faire maintenir dans son cachot l'officier juif.

Le capitaine de Pouydraguin et le général Vanson, le général Fabre, le colonel Bertin-Mourot, le capitaine Boullenger, le commandant Maistre, le commandant Roy, le capitaine Yunck, le général Roget et le commandant Cuignet ont donc apporté, devant les juges de Rennes, des témoignages qui constituent en réalité aujourd'hui un éclatant témoignage à la loyauté du capitaine Dreyfus.

On retrouve, à la fin de cette section, la même conclusion qu'à la fin des sections précédentes.

L'accusation dirigée contre le capitaine Dreyfus n'avait à sa base que des actes dolosifs de ses accusateurs et spécialement ici un crime de faux très nettement caractérisé. A la lumière des révélations de l'instruction, les preuves de culpabilité invoquées contre lui se sont transformées en preuves évidentes de son innocence.

L'argumentation saisissante et plus développée encore de M. le Procureur général aboutit aussi à cette conclusion que la pièce 26 a été l'objet d'une altération matérielle.

Ecrite le 28 mars 1895, dit M. le Procureur général, non seulement elle ne peut viser Dreyfus, ni constituer une charge contre lui à aucun degré puisqu'à cette époque, il était déjà déporté à l'Ile du Diable ; mais encore elle devient un argument considérable pour sa défense, en démontrant que, postérieurement à sa condamnation, il existait un traître non découvert, très au courant des secrets les plus confidentiels de notre défense nationale qu'il continuait à livrer aux puissances étrangères.

Les accusateurs de Dreyfus se sont efforcés d'ébranler la thèse soutenue par M. le Procureur général et par Me Mornard.

Dans sa déposition du 16 mai 1904, le commandant Cuignet a déclaré qu'il n'était pas sûr que l'annotation « 28 mars 95 » inscrite sur la pièce du télémètre, N° 267, fût de la main d'Henry.

Je ne suis pas sûr, a-t-il dit en répondant à M. le Procureur général, que ce soit de sa main ; je ne suis pas expert, et même, serais-je expert, la science graphologique est un peu conjecturale, comme l'a dit M. le Premier président.

M. LE PROCUREUR GÉNÉRAL. — En fait d'écritures, je suis de votre avis, quand on n'a pas des documents plus nombreux que cela.

LE COMMANDANT CUIGNET. — Je ne fais ces observations que sous toutes réserves ; voici ce qui me frappe : en y regardant bien, la lettre « a » a été formée en partant du milieu de la boucle ; il y a un trait au centre ; on a commencé comme pour le « c » ; pour l'autre lettre « a », ce n'est pas cela : on a commencé à droite ; ces deux lettres ne paraissent pas de la même famille.

M. LE PROCUREUR GÉNÉRAL. — L' « a » d'ici commence le mot ; celui-ci est au milieu ; on comprend bien que la main ne se trouve pas dans les mêmes conditions.

LE COMMANDANT CUIGNET. — Il n'y a pas des éléments suffisants pour donner un avis négatif.

Dans la même déposition, le commandant Cuignet est revenu sur cette idée en ces termes :

Je ne dis pas qu'elle (la pièce 267) n'ait pas la date de 1895 ; mais je n'ai pas de souvenir qu'il y ait eu d'autres pièces que la pièce 26 portant une date à l'encre rouge de la main d'Henry ; je ne me le rappelle pas.

L'annotation « 28 mars 95 » est-elle de la main d'Henry ?

M. le commandant Targe, dans la déposition que nous avons citée et qui est antérieure de deux mois à celle du commandant Cuignet, s'est borné à attribuer cette mention au Service des renseignements.

M. le Procureur général, dans son réquisitoire écrit, estime qu'elle est probablement de la main d'Henry et, bien que le général Gonse ait déclaré dans sa déposition du 22 mars 1904 qu'il ne la reconnaissait pas précisément comme étant de l'écriture de cet officier supérieur, l'appréciation de M. le Procureur général est entièrement justifiée par le passage suivant de la déposition de l'archiviste Gribelin :

UN CONSEILLER. — Et cette date, sur une autre pièce (il s'agit de la pièce 267), pensez-vous que ce soit de l'écriture d'Henry ?

M. GRIBELIN (*après avoir examiné la pièce*). — Ce ne peut être que de lui, mais je ne pourrais l'affirmer. Il y a de grandes probabilités pour que ce soit son écriture.

UN MEMBRE DE LA COUR. — Les deux écritures paraissent de la même main.

M. GRIBELIN. — Je le crois, mais je ne peux l'affirmer, n'étant pas expert en écritures, ce qui n'est pas une raison pour ne pas se tromper.

UN CONSEILLER. — Cela vous paraît de la même main ?

M. GRIBELIN. — Le 9 est bien semblable, les deux 8 sont bien semblables.

Du reste, il importe peu que l'annotation émane d'Henry personnellement, ou du Service des renseignements, si elle existait à l'époque où le dossier secret se trouvait entre les mains du général Gonse et ce fait nous semble avoir été reconnu. Le général Gonse, en effet, s'il ne voit pas dans cette annotation la preuve que la pièce du télémètre a été écrite le 28 mars 1895, n'a pas contesté son existence au moment de la rédaction du rapport Gonse-Wattinne, qui remonte au 1er juin 1898. Il avait toujours pensé, a-t-il dit dans la déposition précitée, que cette date du 28 mars 95 était celle de la copie faite par Gribelin.

On peut alors se demander pourquoi le rapport du 1er juin 1898 indique que cette pièce a été reçue en avril 1895. La réponse à cette question est très simple : c'est que la pièce porte, nous le savons, à son angle supérieur gauche, la mention « Ministre- Etat-Major, 1er avril 1895 ». (Le chiffre 1, ainsi que les lettres e — r, qui le suivent, ont été écrits à l'encre sur une première inscription au crayon.)

Cette dernière mention a pu seule fournir les éléments de la date de réception insérée dans le rapport ; ils n'ont pas, en effet, été trouvés dans le Bordereau du 1er avril 1895, dont il n'avait jamais été question dans cette affaire avant le procès-verbal du 17 octobre 1903, pas plus que des deux copies de la main de l'archiviste Gribelin qu'il renferme.

Il était aisé cependant de retrouver ces documents et de procéder à une vérification. Elle n'a pas eu lieu et l'on ne peut s'en étonner si l'on se rappelle que, parmi les pièces du dossier secret fournies à M. Cavaignac pour être lues à la tribune de la Chambre, il y en a deux, le faux Henry et la pièce N° 371, qui sont des faux manifestes que la plus sommaire vérification préalable aurait dû faire écarter.

Le général Gonse et le commandant Cuignet n'ont pas recherché et n'ont pas connu les pièces sur lesquelles s'appuie aujourd'hui la requête en revision ; sinon, il faudrait supposer que, les ayant connues, ils les ont dissimulées parce que, l'inexistence de la mention 28 mars 95 sur la pièce N° 267 fût-elle admise, elles livraient à la discussion l'un des arguments découverts par la nouvelle accusation et sur lequel elle devait le plus insister. Nous ne leur ferons pas cette injure.

Il a été si bien admis, au surplus, avant 1899, que la pièce du télémètre était de 1895, que dans le classement chronologique fait par le commandant Cuignet lui-même, elle se trouve intercalée entre des pièces dont les unes sont antérieures à mars 1895, les autres postérieures à cette date et qu'elle n'a pas été invoquée contre Dreyfus au cours du second procès devant le Conseil de guerre de Rennes.

Le commandant Cuignet a été, de plus, trompé par ses souvenirs, lorsqu'il a affirmé que la pièce N° 26 était la seule du dossier secret qui portât une date à l'encre rouge de la main d'Henry. Vous avez eu sous les yeux un certain nombre de pièces du dossier secret datées à l'encre rouge et nous savons par les dépositions de M. Wattinne et de l'archiviste Gribelin que ces dates sont de la main d'Henry. Le général Gonse et le général de Boisdeffre le savaient et ne le dissimulaient pas, a dit M. Wattinne.

Dans tous les cas, personne ne conteste aujourd'hui que la pièce N° 267 ne soit la suite de la pièce N° 26 et que les deux documents n'aient été écrits le même jour de la même année. Ils ne peuvent pas être l'un du 28 mars 1894 et l'autre du 28 mars 1895. On ne saurait admettre, non plus, connaissant le mode de fonctionnement du Service des renseignements, qu'ils aient été recueillis et livrés, l'un en avril 1894, l'autre en avril 1895.

Deux hypothèses sont seules possibles : ou les deux documents sont du 28 mars 1894 — ou ils sont du 28 mars 1895.

Sur ce point, le commandant Cuignet s'est ainsi exprimé dans sa déposition du 16 mai 1904 :

UN MEMBRE DE LA COUR. — Le témoin pense-t-il que la lettre soit réellement du mois d'avril 1894, la lettre où il y a de l'écriture d'Henry, 1894 ?
LE COMMANDANT CUIGNET. — Je ne puis rien affirmer, je ne puis rien

établir ; je dis que personnellement je reste en suspens ; de ce fait que ces pièces se trouvent dans un bordereau du 1ᵉʳ avril 1895, il n'en résulte pas, nécessairement, qu'elles soient du 28 mars 1895. Tout ce que je sais, et il n'est pas possible de contredire cette constatation matérielle, c'est que les pièces sont d'un 28 mars ; mais rien n'établit d'une façon absolue, certaine et mathématique, que c'est le 28 mars 1895, plutôt que le 28 mars 1894.

Il avait déjà été répondu à cette objection par les considérations suivantes, émises par un membre de la Chambre criminelle au cours de la déposition du général Mercier :

UN MEMBRE DE LA COUR. — Pourrait-on admettre que ces deux lettres ont été écrites le même jour ? La Cour de Cassation cherche la vérité à cet égard ; mais que ce jour ait été le 28 mars 1894, le fait ne paraît pas possible parce qu'il se produirait alors cette chose singulière que deux lettres écrites le même jour, c'est-à-dire le 28 mars 1894, seraient entrées au Service de renseignements, l'une en avril 1894, l'autre en mars 1895, et qu'après être restées séparées pendant un an, ces deux lettres se seraient trouvées réunies le même jour, au moment où allait être envoyé le bulletin du 1ᵉʳ avril 1895. Je crois que cela paraît absolument invraisemblable. Il semble donc qu'on ne peut admettre d'autre date que celle du 28 mars 1895.

A ces considérations vient s'ajouter la preuve obtenue aujour-d'hui, grâce aux recherches demandées par M. le Procureur général, que, pendant le premier semestre de 1895, toutes les pièces communiquées au Ministre étaient d'une date très voisine de celle de l'envoi du bulletin des renseignements. Vous avez trouvé à cet égard les renseignements les plus précis dans la déposition du commandant Targe du 13 juin 1904. D'une manière générale d'ailleurs, ainsi que l'affirme une note du colonel Henry remise au général Gonse en avril 1898, les pièces communiquées ne dataient jamais que d'un mois ou cinq semaines au plus, quelquefois de deux ou trois jours seulement. Cette indication a été tenue pour exacte en ce qui touche le Bordereau, base de l'accusation, et elle a permis d'en changer la date. Il a été admis aussi que ce document, livré fin septembre, avait pu être reconstitué et communiqué le 26 septembre. Ce qui est vrai du Bordereau est vrai aussi des pièces Nᵒˢ 26 et 267.

Il est donc inadmissible qu'une exception ait été faite pour une pièce qui contenait l'indice d'une grave trahison. Cette pièce n'a pas pu séjourner un an dans un bureau quelconque sans que le Ministre et le Chef d'Etat-Major en eussent connaissance. D'après le commandant Matton, il est impossible qu'un semblable retard dans la communication ait pu se produire. Et tel est aussi le sentiment du colonel Picquart.

Une pièce secrète importante copiée le 1er avril 1895 pour être transmise au Ministre et au Chef d'Etat-Major et transmise, en effet, le 1er avril 1895 ne peut donc remonter au 28 mars 1894. Et, puisqu'il est certain qu'elle est d'un 28 mars, elle est nécessairement du 28 mars 1895.

Certains témoins se sont étonnés que, datée du 28 mars, elle ait pu être communiquée le 1er avril. Aucun d'eux cependant n'a soutenu que la brièveté de ce délai ne permît pas d'admettre la possibilité de cette communication.

Le réquisitoire de M. le Procureur général ne laisse rien subsister de cette observation. Il fait connaître l'organisation des travaux au Service des renseignements et démontre qu'en général et surtout lorsqu'il s'agissait de pièces livrées dans des circonstances particulières, comme les pièces Nos 26 et 267, le délai de transmission était toujours fort réduit.

Non seulement il n'est pas « un peu extraordinaire », suivant l'expression du commandant Cuignet, qu'une pièce du 28 mars ait pu être communiquée en copie le 1er avril ; mais la communication dans ce délai est normale.

L'argumentation que nous venons d'exposer ne laisse place, à notre avis, à aucun doute. La pièce N° 267 est bien du 28 mars 1895, ainsi que le constatent les annotations du Service des renseignements et que le confirment la date du jour où la copie de cette pièce a été dressée par l'archiviste Gribelin ainsi que celle de la transmission au Ministre et au Chef d'Etat-Major. La pièce N° 26, copiée d'ailleurs et transmise en même temps, est, sans contestation possible, de la même date que la pièce N° 267. Elle n'est donc pas du 28 mars 1894 et la mention de la main d'Henry qui porte la date d'avril 1894 est inexacte.

Les éléments de cette démonstration ont été réunis et mis en lumière par l'enquête de votre Chambre criminelle. Grâce à ses recherches et aux témoignages qu'elle a recueillis, elle a pu préciser les termes, le caractère et la véritable portée de chacun des documents invoqués avec une exactitude qui n'avait pas été antérieurement atteinte.

La découverte de l'altération de cette pièce constitue-t-elle un fait nouveau susceptible d'entraîner la revision ? Nous examinerons ultérieurement cette question. Pour le moment, nous nous bornerons à conclure que la charge fondée sur la pièce N° 26 est détruite et que, de ce chef, rien ne saurait entraver la revision.

E. — *Livraison des Cours de l'Ecole de Guerre.*

Au cours des enquêtes de la première revision, le commandant Cuignet, dans ses dépositions des 5 et 6 janvier 1899, avait
fait entendre que Dreyfus avait dû livrer à l'agent A la troisième
partie du cours de fortification permanente professée à l'Ecole
de guerre en 1893-1894.

La livraison était établie par la saisie de trente-deux feuilles
de ces cours écrites de la main d'un collaborateur de l'attaché A
et par une lettre de cet agent. (Pièce 29 du dossier secret.) D'autre
part, le commandant Cuignet indiquait que, dans la collection
des cours de l'Ecole de guerre de Dreyfus, saisie chez lui après
son arrestation et dont il avait été dressé un inventaire annexé
au dossier, la troisième partie du cours de fortification n'était
pas reliée, alors que les autres cours l'étaient tous. Non seulement cette partie n'est pas reliée, ajoutait le commandant Cuignet, mais elle a été retrouvée dans ses cours incomplète et
répartie entre plusieurs paquets.

Cette imputation ne fut pas reproduite devant le Conseil de
guerre de Rennes. M⁰ Demange le constata, à deux reprises,
dans sa plaidoirie :

> En ce qui concerne les cours de l'Ecole de guerre, dont il a été
> question, il n'en a plus été parlé devant vous. On a reconnu que ces
> cours, retrouvés chez l'agent A, dataient d'une époque postérieure à
> celle où Dreyfus faisait partie de l'Ecole de guerre.

Et plus loin :

> Messieurs, quant aux notes de l'Ecole de guerre, je vous ai dit pour-
> quoi l'on n'insistait pas. L'accusation, c'est-à-dire le général Mercier, a
> abandonné ce fait.

Il avait été abandonné, en effet, même pendant l'enquête de
1899, parce qu'il avait été constaté que les cours de fortification
suivis par Dreyfus, et qui étaient ceux des années 1891-1892,
différaient sensiblement de ceux qui avaient été professés en
1893-1894 et qui avaient été livrés.

> Dreyfus, disait M⁰ Mornard dans son mémoire de 1899, a quitté l'Ecole
> de guerre en novembre 1892, et les cours sont tirés à 150 exemplaires.
> Pourquoi est-ce lui qu'on accuse ?

On ne pouvait fournir aucune réponse à cette question ; il
fallut laisser de côté l'imputation.

Mais il y avait une raison, encore plus décisive, qui exigeait
son abandon.

C'est qu'en réalité, il ne manquait rien aux cours de Dreyfus.

Dans un procès-verbal du 20 novembre 1898 (pièce 32 du dossier secret), signé du commandant Rollin et du capitaine Cuignet, se trouvait la déclaration suivante :

Paris, le 20 novembre 1898.

Nous soussignés, Rollin, chef de bataillon d'infanterie hors cadres, officier d'ordonnance du Ministre de 'la Guerre, et Cuignet, capitaine d'infanterie hors cadres au quatrième Bureau de l'Etat-Major de l'armée, détaché provisoirement au cabinet du Ministre de la Guerre, certifions le fait suivant :

Le 19 novembre courant, le lieutenant-colonel Boissonnet, chef du troisième Bureau de l'Etat-Major de l'armée, fit parvenir au cabinet du Ministre un certain nombre de paquets scellés, indiqués sur le bordereau ci-joint et contenant des documents saisis chez Dreyfus après son arrestation en 1894.

Ces documents étaient restés, depuis cette époque, enfermés dans une armoire du troisième Bureau de l'Etat-Major de l'armée.

En faisant l'inventaire de ces documents, le commandant Rollin et le capitaine Cuignet ont constaté la particularité suivante, au sujet du cours de fortification permanente, professé en 1890-1892 à l'Ecole supérieure de guerre, et dont Dreyfus possédait un exemplaire :

Alors que presque tous les cours dont Dreyfus était détenteur — et notamment les deux premières parties du cours de fortification permanente — ont été reliés, il n'en est pas de même de la 3e partie (organisation défensive des Etats) dont la 1re section a été trouvée incomplète dans le paquet N° 6 (pages 81 à 134), et la 2e section a été trouvée complète dans le paquet N° 5.

Or, c'est précisément un fragment de la 3e partie du cours de fortification permanente, dont on possède la copie de la main du comte de X..., secrétaire à l'ambassade de.....

Cette copie reproduit les pages 140 et 149 de la 2e section, mais, de ce qui précédait, le comte de X... avait déjà copié 94 pages de son écriture.

Signé : Cuignet-Rollin.

Cette constatation était inexacte. Il ne manquait pas une feuille aux cours saisis chez Dreyfus, ainsi que l'a juré sur l'honneur l'archiviste Gribelin, qui avait procédé à la saisie en qualité de greffier du commandant du Paty de Clam. Du reste, le commandant Cuignet l'a reconnu en ces termes dans sa déposition du 14 mai 1904 :

Un jour, longtemps après, cinq ou six semaines après ma déposition devant la Chambre criminelle, mais antérieurement à la présentation du dossier secret devant les Chambres réunies, le commandant Rollin me dit un matin : « Nous nous sommes trop pressés, j'ai retrouvé le cours entier de l'Ecole de guerre. » Un peu stupéfait d'avoir cédé peut-être un peu trop facilement à ce que m'avait dit le commandant Rollin, je constate cependant que le cours était complet.

Le procès-verbal du 20 novembre 1898 avait donc été dressé sans que ses signataires se fussent donné la peine de vérifier sérieusement les pièces qui leur avaient été remises. Ils ne dirent rien de leur erreur, pas plus dans les enquêtes de 1899 que devant le Conseil de guerre, sans doute pour ne pas avouer l'extraordinaire légèreté avec laquelle ils avaient procédé.

Il existait une première raison suffisante d'abandonner l'accusation ; on la donna. Quant à la seconde, qu'il était plus gênant d'exposer, on la passa sous silence.

Le commandant Rollin avait eu cependant devant le Conseil de guerre l'occasion de s'expliquer franchement sur ce point. Voici les questions qui lui furent posées et ses réponses :

LE LIEUTENANT-COLONEL BRONGNIART. — Lorsqu'on a fait une perquisition chez l'accusé, on a trouvé des cours non reliés qui se rapportaient précisément à la défense de la France. N'y avez-vous pas pris part ?

LE COMMANDANT ROLLIN. — Ce n'était pas une perquisition, mon colonel, c'étaient des cours qui étaient dans le cabinet du Ministre et qu'on avait apportés là après la perquisition ; avec le commandant Cuignet, nous avons examiné ces cours et constaté notamment qu'il manquait un certain nombre de pages à un cours de fortification.

LE LIEUTENANT-COLONEL BRONGNIART. — Vous n'avez pas d'indications nouvelles à fournir sur ce point ?

LE COMMANDANT ROLLIN. — Non.

Cette déposition, reçue d'ailleurs à titre de simple renseignement et sans prestation de serment, est entachée d'une fâcheuse réticence révélée par votre dernière enquête ; mais nous ne voyons pas le parti qu'en pourrait tirer Dreyfus au point de vue de la revision, puisque cette réticence porte sur un fait, qui, ainsi que l'a attesté Me Demange et que l'a déclaré le général Chamoin, ne fut pas relevé contre lui.

L'examen de cette question a toutefois mis en relief la correction et la prudence de Dreyfus ; il justifie cette appréciation de la note du 19 octobre 1903 adressée par le Ministre de la Guerre au Ministre de la Justice :

Il y a lieu de remarquer que si la 3e partie du cours de fortification permanente saisi chez Dreyfus n'était pas reliée, ce fait est à l'éloge de Dreyfus. Cette 3e partie est en effet confidentielle, et Dreyfus a agi prudemment en ne la confiant pas à un relieur.

XII

Nous venons de passer en revue les diverses accusations formulées contre Dreyfus. Nous allons maintenant rechercher si le dossier secret, indépendamment des pièces que nous avons déjà examinées, peut faire présumer la culpabilité.

Le dossier secret .de l'affaire Dreyfus se composait en 1896 de trois ou quatre pièces, a dit à Rennes le commandant Cuignet. Depuis 1896, il a été successivement complété et il a été l'objet de plusieurs rapports écrits soit de la main du général Gonse, soit de la main du lieutenant-colonel du Paty de Clam, soit de celle du colonel Henry.

Le sixième de ces rapports est daté du 1er juin 1898 ; il a été dressé par ordre du général Billot par M. le substitut Wattinne, lieutenant de réserve, détaché à cet effet au Ministère de la Guerre, sous la surveillance et avec la collaboration du général Gonse. Ce rapport fut visé et approuvé par le général de Bois-deffre. Il avait disparu du Ministère ; mais un exemplaire en a été retrouvé aux mains du général Billot et rétabli aux archives de la Section de statistique.

M. Wattinne, entendu le 4 juin 1904 par votre Chambre crimi-nelle, a fait connaître les circonstances dans lesquelles il fut chargé de ce travail. Au moment du procès Zola, il avait reçu du Ministre, son beau-père, et surtout de son entourage des confidences qui lui avaient permis de se rendre compte que les charges contre Dreyfus étaient de deux ordres : en premier lieu, c'était le dossier officiel, celui qui avait servi à la condamnation de 1894 et dans lequel on convenait qu'il n'y avait absolument rien ; puis, il y avait un certain nombre de pièces, qui étaient classées purement et simplement au Service des renseignements. Ces pièces ne constituaient pas un véritable dossier ; elles étaient d'ailleurs fort peu nombreuses. M. Wattinne représenta au général Billot le danger que cette situation lui faisait courir personnellement. Il lui dit qu'il était de son honneur et même de sa conscience, pour justifier l'attitude qu'il avait cru devoir prendre à la tribune du Parlement, de laisser pour lui, pour ses successeurs, même pour l'avenir plus ou moins lointain, un véritable dossier, qui fût un dossier coordonné, complet, com-prenant toutes les pièces, avec un inventaire des plus rigoureux et avec une analyse aussi qui vînt, encore une fois, justifier l'attitude qu'il avait prise. Au mois de mai, M. Wattinne fut informé par le Ministre que ce travail de classement et de véri-fication allait être fait par son Etat-Major, auquel il serait adjoint en qualité de magistrat et d'officier de réserve d'Etat-Major.

Le général Gonse fut, en effet, détaché de son service ; on

supprima ses fonctions habituelles et il se mit à l'œuvre, aidé du colonel Henry et de M. Wattinne.

En procédant à son travail de vérification, M. Wattinne ne put s'empêcher de se demander si des faux n'avaient pas été commis à l'Etat-Major. Il y avait là un officier supérieur, le colonel du Paty de Clam, qui ne lui inspirait qu'une médiocre confiance. Il posa, en ce qui le concernait, après avoir beaucoup hésité et en prenant de prudentes précautions oratoires, de nombreuses questions au général Gonse.

> Je reçus, à ce sujet, a dit M. Wattinne dans sa déposition, les assurances les plus positives de M. le général Gonse ; il m'expliqua surtout que le service de du Paty de Clam ne lui permettait pas d'avoir un accès normal au Service des renseignements et qu'un seul homme, en définitive, recevait les documents et les classait : c'était le colonel Henry.
>
> Il fallait donc arriver à soupçonner le colonel Henry et, Messieurs, je vous avoue à ma honte aujourd'hui, que je n'ai pas cru pouvoir aller jusque-là. Ce n'est pourtant pas faute d'avoir questionné le colonel Henry lui-même à ce sujet, et je possède des souvenirs extrêmement curieux en ce qui concerne le colonel Henry. Maintes fois nous avons été obligés de le faire venir pour nous aider dans notre travail ; bien souvent, en effet, le général Gonse me disait : « Je ne peux pas vous répondre », je lui posais tant de questions, tant d'objections : « Henry seul pourra vous répondre » ; on mandait le colonel Henry, et je vois encore la scène aujourd'hui ; un jour, montrant au colonel Henry toutes les pièces qui étaient là, sous mes yeux, et en particulier le faux, dont il était l'auteur, je lui dis : « Mon colonel, êtes-vous bien sûr de tous ces documents ? c'est vous qui les avez reçus, c'est vous qui les avez classés, c'est vous qui les produisez ; mais vous n'ignorez pas que les journaux dreyfusards vous accusent, non pas vous personnellement, mais le cadre, l'Etat-Major, d'avoir fait des faux ; eh bien, il faut voir les choses comme elles sont : s'il y a un seul faux dans les documents que vous nous présentez, toute l'affaire Dreyfus s'écroule. »
>
> Et je vois encore le colonel Henry, avec le mouvement d'épaules qui lui était habituel, me disant : « Mais vous pouvez être bien tranquille, marchez donc carrément. » Et il mentait avec tant d'aisance, tant de naturel, son attitude était si vraie en apparence que je fus rassuré.

Ainsi renseigné, documenté et conseillé, M. Wattinne rédigea le travail désigné dans cette procédure sous le nom de « Rapport Gonse-Wattinne ».

La trahison de Dreyfus y est démontrée de façon éclatante.

Le mobile est certain : c'est le besoin d'argent créé par la passion du jeu et les relations galantes. Il est établi par les rapports de la Préfecture de police. Ces rapports, dignes de foi par eux-mêmes, sont confirmés par une conversation de M. Hadamard, proche parent de Dreyfus, avec M. Painlevé, professeur à l'Ecole normale supérieure.

Quant à la trahison elle-même, elle est prouvée par la lettre de l'attaché B à l'attaché A, du 31 octobre 1896 (Faux Henry) et par de nombreuses pièces qui la corroborent.

Parmi ces pièces, il en est qui, si elles ne disent rien de Dreyfus, ne renferment aucune réticence au sujet de sa culpabilité. Donc, elles l'admettent implicitement. Le silence dans un pareil moment est, à lui seul, singulièrement accusateur, dit le rapport. Nous trouvons ici l'origine de la théorie de la preuve de la culpabilité « par prétérition d'innocence », suivant l'expression du général Roget, reproduite par le commandant Cuignet.

D'autres pièces sont plus explicites. Elles autorisent les plus graves soupçons de culpabilité. Ce sont, notamment, celles qui en 1890 (car Dreyfus a dû commencer à trahir à cette époque) se rattachent à la livraison des secrets relatifs aux obus en méli-nite et à l'obus Robin — en 1894, à la livraison des plans directeurs (pièce Ce canaille de D) — aux relations de l'attaché B avec un espion dont le nom commence par l'initiale D (pièce 371) et avec un agent qui va lui faire parvenir l'organisation des chemins de fer (pièce 26) — en 1895, à la livraison d'une note sur l'attribution de l'artillerie lourde aux armées (minute Bayle). Plus tard, lorsque Dreyfus est à l'Ile du Diable, c'est la lettre Weyler, qui doit émaner d'un complice ou d'un confident et paraît indiquer l'existence d'un complot.

Enfin, ce sont les aveux dont l'existence est affirmée par le capitaine Lebrun-Renault et par les officiers qui en ont entendu le récit de sa bouche.

En présence de ces faits et de ces documents, comment douter de la culpabilité de Dreyfus ? comment ne pas affirmer qu'il avait été justement condamné ?

Aussi, lorsque M. Cavaignac, ministre de la Guerre, fut appelé à répondre à l'interpellation de M. le député Castelin, se borna-t-il, pour démontrer la culpabilité de Dreyfus, à faire connaître à la Chambre, dans la séance du 7 juillet 1898, trois pièces du dossier secret et quelques documents relatifs aux aveux. Ces trois pièces, choisies par le commandant Cuignet, qui avait alors reçu la mission de reconstituer le dossier secret, étaient : La pièce N° 371 (car D m'a apporté) — la pièce « Ce canaille de D » — et enfin, la lettre du 31 octobre 1896, c'est-à-dire le faux Henry.

On se souvient du succès du discours de M. Cavaignac. La Chambre fut unanime à l'approuver et à en voter l'affichage.

Mais nous savons aujourd'hui ce qu'il faut penser des faits

et des documents considérés comme constituant des charges sérieuses contre Dreyfus.

Nous savons que le mobile admis comme certain était une invention de l'agent Guénée, dont les rapports avaient été pré sentés à M. Wattinne comme émanant de la Préfecture de police. La Préfecture, au contraire, avait contredit ces renseignements et ses rapports avaient été dissimulés.

Nous savons que M. Hadamard n'avait jamais tenu les propos qui lui étaient prêtés et que M. Painlevé a protesté avec indignation devant le Conseil de guerre de Rennes contre la note du dossier secret, signée du général Gonse, où se trouvait inexactement reproduite une conversation qu'il avait eue à ce sujet avec cet officier général. Cet incident a été l'un des plus pénibles de ce procès. On a vu le général Gonse s'efforcer sans succès de répondre à M. Painlevé et le général Roget tenter vainement de justifier la confusion qu'il avait faite entre M. Jacques Hadamard, maître de conférences à la Sorbonne, cousin éloigné de Mme Alfred Dreyfus, qui avait été l'interlocuteur de M. Painlevé, et M. Hadamard, négociant en diamants, beau-père de Dreyfus, qui se serait plaint d'avoir été obligé de payer les dettes de son gendre. En réalité, M. Hadamard n'avait payé aucune dette de son gendre et il ne s'était jamais plaint, ni à M. Painlevé, ni à personne.

Nous savons encore que la plupart des pièces que nous avons citées plus haut sont fausses, suspectes ou inapplicables à Dreyfus.

Le commandant Cuignet, en particulier, n'avait pas eu la main heureuse en triant les pièces dont il avait armé M. Cavaignac.

L'une, il l'a reconnu lui-même, la pièce « Ce canaille de D » n'était pas applicable à Dreyfus. La pièce 371 (car D m'a apporté) était matériellement altérée, ce qui la rendait aussi suspecte alors qu'aujourd'hui. Enfin la lettre du 31 octobre 1896 était un faux grossier qu'a révélé un examen sommaire. Cette pièce, la seule vraiment accusatrice, la pièce angulaire de l'édifice, avait été fabriquée par Henry. Ce faux suffisait pour ruiner toute l'argumentation du rapport Gonse-Wattinne, ainsi que l'a reconnu en termes formels M. Wattinne.

Il semble que le dossier secret, expurgé de ces pièces essentielles, ainsi que de la lettre Weyler, aussi reconnue fausse, ne puisse renfermer aucune preuve. C'est cependant de ce qui reste de ce dossier, quelque peu augmenté, que les accusateurs de Dreyfus ont prétendu tirer, devant le Conseil de guerre de Rennes, la preuve de sa culpabilité.

Nous avons fait connaître notre sentiment sur les pièces accompagnées d'un commentaire, illégalement produites en 1894, ainsi que sur celles qui se rattachent aux accusations précises que nous avons rencontrées.

Il en est d'autres, dont la production en 1899 a eu pour objet de faire présumer, d'une manière générale, l'existence de relations d'espionnage entre Dreyfus et les attachés militaires A et B.

Au nombre de ces documents figure la pièce N° 371. La découverte récente de sa falsification est le premier des faits nouveaux susceptibles d'entraîner la revision que signale M. le Garde des Sceaux.

Cette pièce est une lettre de l'agent B à l'un des collaborateurs immédiats de l'agent A (et non de l'agent A à l'agent B). Elle est écrite au crayon noir sur papier quadrillé en bleu. Vous savez qu'elle a été datée au Bureau des renseignements de mars 1894.

Nous vous en rappelons les termes :

> Mon très cher ami, hier au soir, j'ai fini par faire appeler le médecin qui m'a défendu de sortir. Ne pouvant donc aller chez vous demain, je vous prie de venir chez moi dans la matinée, car D... m'a porté beaucoup de choses très intéressantes et il faut partager le travail ayant seulement dix jours de temps. Tâchez donc de dire à ..... que vous ne pouvez pas monter. Tout à vous. — A.

Il ne fut pas fait usage de cette pièce au procès de 1894 et cette abstention est d'autant plus étrange que l'accusation faisait grand état de la pièce « Ce canaille de D », considérée, ainsi que nous l'avons vu, comme la pièce la plus convaincante du dossier et qui n'avait cependant de valeur, comme le document qui nous occupe, que par l'initiale D, qui devait être celle du nom du traître.

Lorsque la pièce N° 371 fut produite par le colonel Henry, elle aurait dû être suspectée, non seulement à raison de sa production singulièrement tardive, mais aussi à raison de son état matériel.

On remarque, en effet, à l'endroit où se trouve l'initiale, les traces d'un grattage qui a atteint le quadrillage et qui semble avoir eu pour but de faire disparaître tout vestige d'une ancienne lettre majuscule que la nouvelle devait recouvrir. Cette lettre D, ainsi que les points d'élision qui la suivent, paraissent avoir été

tracés avec un crayon plus mou que le corps du billet. Les points
d'élision sont en outre empâtés et, d'après le commandant Cuignet, semblent cacher des éléments de lettres minuscules.

Ce n'est que plus tard cependant que des soupçons sont nés
dans l'esprit des officiers qui ont examiné la pièce. Ces soupçons
sont même devenus pour eux une certitude. Le commandant
Cuignet, en présentant la pièce à la Cour de Cassation en 1899,
avait exposé les motifs pour lesquels elle lui avait paru suspecte
bien que l'ensemble du texte fût authentique. Dans votre dernière
enquête, il n'a pas hésité à reconnaître que cette lettre constituait
un faux.

Mais les recherches effectuées au Ministère de la Guerre ont
abouti à une démonstration positive, qui ne repose plus sur de
simples appréciations. Il en résulte que le faussaire a remplacé
l'initiale P' que portait à l'origine la pièce authentique par
l'initiale D.

Voici le procès-verbal de constatation de pièces dressé, à ce
sujet, le 6 octobre 1903, par le commandant Targe et les officiers
d'administration Gribelin et Dautriche :

Procès-verbal de constatation de pièces. — Le 6 octobre 1903, les
soussignés, Targe, capitaine, officier d'ordonnance de M. le Ministre de
la Guerre ; Gribelin, officier d'administration de 1ʳᵉ classe à l'Etat-Major
de l'armée ; Dautriche, officier d'administration de 1ʳᵉ classe au deuxième
Bureau de l'Etat-Major de l'armée, agissant en exécution des ordres du
Ministre de la Guerre, ont procédé à des recherches dans les archives
de la section des renseignements en vue de retrouver s'il existait des
copies d'une pièce faisant partie d'un dossier secret et ainsi conçue.....

(Suit le texte de la pièce N° 371).

Dans un cartonnier portant l'indication :
« 1894. Bordereaux du Cabinet du Ministre, du N° 1 au N° 48 », les
soussignés ont trouvé un bordereau portant le N° 33, daté du 21 mars
1894, signé du lieutenant-colonel Sandherr, contenant deux documents
secrets et huit autres documents.
Ce bordereau et son contenu sont annexés au présent procès-verbal
dans un scellé ouvert.
L'un des documents secrets est la copie faite à la machine à écrire,
de la pièce reproduite ci-dessus avec la différence suivante :
Au lieu de..... car D... m'a porté.....
La pièce porte..... car P.. m'a porté.....
Les soussignés ont immédiatement inscrit la date du jour et apposé
leurs signatures sur ladite copie.
A la demande de M. Gribelin, les soussignés constatent que les deux
documents secrets énumérés sur le bordereau signé de M. le lieutenant-colonel Sandherr sont contenus dans une chemise portant leur analyse, portant la date du 21 mars 1894, et écrite en entier de la main de
M. Gribelin.

Signé : Targe, Gribelin, Dautriche.

Ainsi, la copie de la pièce N° 371, dressée au moment de la réception du document pour être envoyée au cabinet du Ministre et qui lui a été en effet envoyée, démontre l'altération de la pièce, la nature et le but de cette altération.

Dira-t-on qu'il n'est point prouvé que la copie trouvée dans le bordereau du 21 mars 1894 soit contemporaine de l'arrivée de la pièce au Service des renseignements ?

La réponse à cette objection se trouve dans la déposition suivante du commandant Targe :

> Au début de notre enquête, en cherchant dans les archives du Service des renseignements les documents relatifs à l'affaire Dreyfus, nous avions trouvé, le général Zimmer, sous-chef d'Etat-Major de l'armée et moi, une copie faite à la machine à écrire d'une pièce qui a été visée dans la lettre du Ministre et qui a été retenue, je crois, par M. le Conseiller rapporteur, comme cas de revision ; il s'agit de la pièce où il y a un P au lieu d'un D ; je dois vous dire que, cette copie ayant été trouvée libre dans un coffre-fort, nous avons craint immédiatement, l'officier général précité et moi, de nous voir accusés de l'y avoir introduite, et c'est la nécessité dans laquelle nous étions de trouver une copie authentique, mais de la trouver en présence de témoins, sans soupçons possibles à notre égard, qui m'a fait demander à M. l'archiviste Gribelin s'il n'existait pas une collection de ces copies. Et c'est ainsi que, par M. Gribelin, j'ai été mis sur la voie des copies de tous les bordereaux saisis par la Cour et dans lesquelles nous avons trouvé la pièce dite « des chemins de fer ».
>
> Quoi qu'il en soit, quand nous avons trouvé cette pièce, nous avons établi, le général Zimmer et moi, un procès-verbal qui constatait les conditions dans lesquelles nous l'avions trouvée. Je verse ce procès-verbal aux débats.

C'est donc une première copie trouvée libre dans un coffre-fort, sans témoins autres que le général Zimmer et le commandant Targe, qui met sur la voie. Si leur déclaration ne suffisait pas, la preuve serait encore faite par une seconde copie, découverte cette fois par les indications de M. Gribelin, en sa présence, en présence de M. Dautriche, dans un dossier ignoré jusque-là des officiers chargés des recherches et où, par suite, elle n'avait pu être glissée.

La pièce est donc contemporaine. Elle a été faite sur une copie de la pièce reconstituée dressée par l'officier qui détenait l'original et elle ne renferme aucune erreur. C'est ce qu'a dit M. Gribelin dans sa déposition du 21 mars 1904 :

> M. Gribelin. — Lorsque le capitaine Targe m'a montré la pièce, il m'a dit : « Il y a un D, il y avait un P. » Moi j'ai dit : « Je ne sais pas. Mais vous, ce que vous pouvez faire, c'est vous assurer, comme il y a une copie, comment elle est faite. » Le capitaine Targe est allé voir aux archives la pièce sur laquelle il y avait un P, tandis que sur l'original

actuel, il y a un D. Si on a copié la pièce avec P, c'est probablement qu'il y avait un P. Il n'y a même pas d'erreur possible, parce que la pièce tire toute sa valeur de l'initiale. C'est l'initiale P ou D qui donne toute la valeur à la pièce. Par conséquent, il est certain que le copiste a dû faire attention. Il n'y a pas d'erreur de copiste à invoquer. Je crois qu'il y avait un P sur l'original.

Un conseiller. — Il y avait en effet une copie, mais elle n'est pas de vous, puisqu'elle est faite à la machine à écrire.

M. Gribelin. — Elle peut être de moi, parce que je me servais de la machine à écrire. Cette copie, sur laquelle il y avait un P, peut avoir été faite par moi ou un expéditionnaire du Bureau, je n'en sais rien. Il y a un P, et il doit même y avoir de ma main en tête, le mot : Ministre.

Un conseiller. — Voici la copie, les deux copies ont été faites ensemble par le même mouvement de la machine à écrire. Elles sont en effet tout à fait semblables.

M. Gribelin. — S'il y avait eu un D aussi bien fait que cela, on n'aurait pas mis un P. J'expliquerai tout à l'heure comment cette copie a été faite sur une copie et non pas sur un original. Les copies initiales sont faites généralement de la main de l'officier qui détient les originaux.

Nous ne pensons pas qu'en présence de ces constatations et de ces déclarations, il soit permis de douter de la substitution de l'initiale D à l'initiale P dans la pièce N° 371 et, comme conséquence, nous pouvons dire que cette pièce, bien loin d'être un document accusateur, devient un indice de l'innocence de Dreyfus.

La révélation de cette fraude est postérieure à la condamnation. Ce fait est-il nouveau au point de vue juridique et est-il de nature à entraîner la revision ?

C'est ce que nous examinerons plus loin en recherchant si, tout en reconnaissant que la pièce présentait des traces d'altération matérielle, les accusateurs de Dreyfus n'ont pas nié la substitution de l'initiale et, malgré certaines réserves du commandant Cuignet, prétendu trouver dans cette pièce une charge contre Dreyfus.

Nous ne saurions passer en revue toutes les autres pièces de portée générale que renferme le dossier secret.

Je ne connais pas de discussion plus aride, disait Mᵉ Demange, que celle que j'appellerai la discussion de ces logogriphes, c'est-à-dire de ces petits morceaux de papier, qui ont été pris, apportés par « la voie ordinaire », recollés, où il manque ces morceaux dont on a cherché la traduction.

Toutefois, il est quelques-unes de ces pièces auxquelles une assez grande importance paraît avoir été attribuée par certains témoins et que nous devons rappeler.

Le général Roget, dans l'enquête de 1899, et M. Cavaignac, devant le Conseil de guerre, ont cité une pièce classée sous le N° 14. C'est un brouillon en langue étrangère de la main de l'attaché A, dont le texte original a été donné par M. Cavaignac, et dont la traduction, contestée sur certains points, serait la suivante :

Dreyfus-Bois... (un morceau de papier manque sur lequel se trouve la fin du nom : Boisdeffre)... Je ne peux pas ici... (un autre morceau de papier manque)... La pièce est arrivée entre les mains de l'attaché militaire ou au grand Etat-Major à Be... Ce que je puis affirmer verbalement, c'est qu'elle est réellement arrivée entre les mains d'un des attachés militaires et qu'elle a fait ensuite retour au Bureau des renseignements. Berger. Constantinople. Bogoluboff. Discours. Je porte un toast chaleureux à la réunion des drapeaux franco-russes sur le prochain champ de bataille. Régiment N° 48. Giovaninelli, Saussier, de Négrier, Hervé, 19ᵉ corps. Recrutement des zouaves. 6ᵉ corps *bis* écarté cette année. Je ne comprends pas pourquoi on est si circonspect à B... officiers russes.

Cette pièce n'est pas datée ; mais elle est manifestement postérieure au 17 septembre 1895, jour où le général Bogoluboff a prononcé à Mirecourt le discours auquel il est fait allusion.

Le commissaire du Gouvernement n'a dit à propos de cette pièce que ces mots très sages :

Je passe sur le 14 : Dreyfus-Bois... Cela m'est égal.

Cette indifférence était parfaitement légitime. Le sens de ce document est, en effet, à ce point douteux que le mot « Bois », qui désigne aujourd'hui le général de Boisdeffre, était considéré dans le rapport Gonse-Wattinne comme s'appliquant probablement à M. Boisandré, de la *Libre Parole*.

Dans tous les cas, le général Roget et M. Cavaignac ne faisaient état de cette pièce que pour démontrer que les documents énoncés au Bordereau étaient réellement arrivés à l'ambassade A, ce qui ne paraît guère contestable.

Mais, même à ce point de vue, le document n'était pas clair. Il n'aurait eu de valeur que si l'attaché A y avait déclaré lui-même que le Bordereau était parvenu entre ses mains. Or, l'attaché A reproduisait, en apparence tout au moins, les déclarations du tiers désigné par le mot « Bois ».

Cette objection avait été faite devant la Cour de Cassation au général Roget. Comment expliquer, lui avait-on dit, que l'auteur de cette note parle de lui-même à la troisième personne ? Le général Roget avait répondu en ces termes :

R. — Je ne suis pas du tout certain qu'il parle ici de lui-même ; il n'est pas sûr, en effet, que le Bordereau ait été remis à Paris ; il peut très bien se faire qu'il ait été remis dans un autre centre d'espionnage (Bruxelles, par exemple).

Une pièce du dossier secret datant de l'époque du procès Esterhazy, mais se référant à un rapport fourni après l'affaire Dreyfus et le confirmant, établit formellement que Dreyfus a été en relations avec un Bureau de renseignements établi à Bruxelles, et un voyage de Dreyfus à Bruxelles est établi par un témoin très honorable que je connais.

Sur interpellation: — Ce témoin est M. Lonquety, directeur de l'usine de ciments de Boulogne-sur-Mer, ancien élève de l'Ecole polytechnique.

Cette déposition ne présente, en définitive, d'intérêt, au point de vue de la culpabilité de Dreyfus, que par l'hypothèse qu'elle émet que Dreyfus aurait pu ne pas adresser directement le Bordereau et les documents à l'attaché A ou à l'attaché B, mais les envoyer au bureau de Bruxelles, qui les aurait fait parvenir à Paris.

Mᵉ Demange s'était élevé contre cette hypothèse. Il avait d'abord posé au général Roget la question suivante :

Je prie M. le général Roget d'indiquer la pièce dont il entend parler et où la culpabilité de Dreyfus se trouve personnellement affirmée.

LE GÉNÉRAL ROGET. — Je veux parler du rapport de l'attaché militaire, celui qui a été versé par le général Mercier.

Mᵉ DEMANGE. — Par conséquent, l'attaché militaire autrichien? — M. le général Roget a induit de cette pièce que la culpabilité de Dreyfus était affirmée par elle.

LE GÉNÉRAL ROGET. — Oui, je n'ai pas le texte sous les yeux ; mais je n'ai pas eu d'autres pièces en mains.

Dans sa plaidoirie, Mᵉ Demange s'était exprimé en ces termes:

Le commandant Cuignet a supposé que la pièce aurait été envoyée en Belgique à l'attaché militaire de la puissance de A, puis qu'elle serait revenue à Paris, avant de partir pour sa destination.

Cette explication, je la crois inadmissible.

Supposez Dreyfus, par hypothèse, l'auteur du Bordereau et de l'envoi des documents.

S'il est à Paris, et s'il veut que les pièces arrivent entre les mains de l'agent A, il ne commencerait pas par les envoyer à Bruxelles, surtout pour qu'elles reviennent à Paris.

Si c'était pour leur faire prendre directement le chemin de la puissance à qui elles étaient destinées, je comprendrais ; mais, les faire venir à Paris pour leur faire courir un risque de plus, cela n'est pas admissible.

C'est pourquoi le général Roget a très nettement écarté cette version, et M. le commissaire du gouvernement ayant éliminé cete pièce, a dit : « Il n'y a pas lieu d'insister. »

Le rapport de l'attaché militaire autrichien n'autorisait pas, en effet, à affirmer que Dreyfus avait été en relations avec le bureau de renseignements de Bruxelles.

Le texte complet de ce rapport ou plutôt d'un brouillon de ce rapport, écrit au crayon, surchargé de ratures et non signé, est classé au dossier secret sous le Nº 66 *bis.*

En voici les termes :

Depuis quelques jours, le cas du capitaine Dreyfus, condamné en 1894 pour haute trahison, fait de nouveau beaucoup de bruit dans la presse.

Un des vice-présidents du Sénat, M. Scheurer-Kestner, serait sur la trace des preuves d'innocence du condamné, et il doit y avoir sous peu une interpellation à ce sujet à la Chambre. On ne sait qu'une chose jusqu'à présent ; c'est qu'un certain nombre de journalistes ont interpellé M. Scheurer-Kestner, qui prétend que l'on s'est trompé dans l'appréciation de l'écriture, que la trahison a bien eu lieu, mais que le traître était un autre que Dreyfus. On avait déjà bien des fois émis une pareille supposition, et je ne serais pas revenu là-dessus si, depuis un an, je n'avais appris par de tierces personnes que les attachés militaires allemand et italien avaïent soutenu la même thèse dans des salons, à droite et à gauche. Ces indiscrétions ont-elles franchi les limites de certains cercles et constituent-elles la base de la conviction de M. Scheurer-Kestner ? C'est ce que l'on verra dans la suite ; mais cette supposition n'a rien d'invraisemblable. Je m'en tiens toujours et encore aux informations publiées autrefois au sujet de l'affaire Dreyfus, les considérant comme justes et estimant que Dreyfus a été en relations avec des bureaux confidentiels allemands de Strasbourg et de Bruxelles, que le grand Etat-Major allemand cache avec un soin jaloux, même à ses nationaux.

Lorsqu'en 1894 je fis une visite d'arrivée, à Bruxelles, à l'attaché militaire allemand, le major comte de Schmettau, il eut soin, sans aucune demande de ma part, de me déclarer que les attachés militaires allemands n'avaient qu'un rôle de représentation et n'avaient rien à faire avec des questions confidentielles.

Deux années plus tard, je rencontrai, au bal de la cour, le prince Frédéric de Hohenzollern, qui venait précisément de quitter le commandement du IIIᵉ corps d'armée, et auquel j'avais été présenté dans le temps à Paris : « Comment cela vous va-t-il à Paris ? — Très bien, monseigneur ; cela est très intéressant. Mais il y a quelquefois trop de besogne pour un homme seul. — Oui, oui, vous avez raison, » dit le prince avec un air décidé plein de signification ; « c'est pour la même raison qu'aussi chez nous le nœud de la question gît à Bruxelles ».

D'autre part, il est certain qu'il règne en France, depuis l'affaire Dreyfus, un sentiment antisémite officiel bien accusé, qui ferme la plupart des carrières aux israélites, et contre lequel ceux-ci ont à lutter. Le moyen le plus sûr pour eux de réussir dans la lutte serait de pouvoir prouver l'innocence de Dreyfus. Il n'y a qu'à attendre la production des preuves, puis la déclaration du Ministre de la Guerre, que le Chef d'Etat-Major et ses officiers se sont trompés, que les douze juges du Conseil de guerre ont rendu à l'unanimité un jugement faux. Mais il passera d'ici là encore de l'eau sous le pont.

Le général Mercier avait eu, on ne sait par quelle voie, communication de cette pièce secrète, qui avait été datée au Service des renseignements du 30 novembre 1897. Il en avait fait donner partiellement lecture au début de sa déposition devant le Conseil de guerre.

Aussitôt le colonel S..., attaché militaire autrichien, affirma par un télégramme au *Figaro*, daté d'Ems le 17 août, que cette pièce était fausse, et, le 22 août 1899, de retour à Paris, il adressait au même journal la lettre suivante (1) :

Ambassade d'Autriche-Hongrie. 22 août 1899.

Attaché militaire.

Monsieur le rédacteur en chef du Figaro,

Le 17 de ce mois, j'adressais au *Figaro* le télégramme suivant :

Lettre du 30 novembre 1897, attribuée à moi et reproduite dans le *Figaro* le mercredi 16 août, est un faux.

Puisque vous avez bien voulu le publier, je vous prie aujourd'hui d'y ajouter ceci :

Le 30 novembre 1897, mon opinion était absolument contraire à celle qui se trouve exprimée dans la pièce en question.

L'apposition de la date susdite et de ma signature au texte que l'on m'attribue constitue un faux.

Ce faux subsisterait même dans le cas où, ce dont je ne puis juger sans l'avoir sous les yeux, le texte lui-même émanerait de moi à une autre date.

Agréez, Monsieur le Rédacteur en chef, etc.

Signé : Colonel S...

En réalité, le texte lu devant le Conseil de guerre était incomplet, le brouillon n'était pas signé, la pièce avait dû être écrite, puisqu'il y était question des premières démarches de M. Scheurer-Kestner, vers la fin d'octobre ou le commencement de novembre 1897. Il ne fallait donc pas s'étonner outre mesure que le colonel S... n'eût pas reconnu tout d'abord le brouillon d'une note sans doute depuis longtemps oubliée.

Cette note, au surplus, ne prouvait rien. Le colonel S... n'apportait aucune preuve à l'appui de son impression. Comme tout le monde, il était convaincu que le Conseil de guerre de 1894 avait dû bien juger ; il ne disait pas autre chose.

Plus tard, son opinion s'était modifiée, peu importe à quelle date. Ce qui était étrange, c'est que, en 1899, on invoquait, comme preuve de la culpabilité de Dreyfus, l'appréciation d'un officier étranger qui, à ce moment même, se déclarait convaincu de son innocence et qui, par cela même, rétractait ce qu'il avait pu penser en 1897 des relations de Dreyfus avec les bureaux confidentiels de Bruxelles ou de Strasbourg.

Il ne restait donc plus que le fait du voyage à Bruxelles, attesté par M. Lonquety, ancien camarade de Dreyfus à l'Ecole Polytechnique.

En lui-même, ce fait ne présente aucune signification. Dreyfus

---

(1) Rennes, I, 145.

reconnaissait avoir rencontré M. Lonquety, lors du seul voyage qu'il eût fait à Bruxelles, l'année de l'Exposition d'Amsterdam : ils avaient échangé quelques mots à la Taverne Royale ; depuis, il l'avait rencontré à Paris quelquefois sur le boulevard.

Mais M. Lonquety, dans une conversation avec M. d'Ocagne, en 1895, avait fixé la date de cette rencontre à l'été de 1894 et l'Exposition d'Amsterdam remonte à 1883 ; Dreyfus en a lui-même fixé la date dans son mémoire du 30 janvier 1904 et dans sa déclaration du 22 juin de la même année.

A Rennes, on avait pensé que l'Exposition d'Amsterdam avait eu lieu en 1885 ou 1886. Interrogé sur le point de savoir s'il avait pu se tromper et fixer à 1894 la date de la rencontre qu'il aurait eue avec Dreyfus à Bruxelles en 1885 ou 1886, M. Lonquety s'est déclaré impuissant à rien préciser à cet égard par ses souvenirs. Cette date de 1885 ou 1886 lui paraissait cependant bien lointaine.

Oui, disait-il, il y a une marge énorme. Seulement, il y a ceci que la conversation, qui était une conversation de camarade avec d'Ocagne en 1895, s'est transformée en une déposition de justice et, franchement, on me mettrait dans l'embarras en me demandant de préciser une chose pareille.

Cette réponse était très juste. M. Lonquety n'entendait pas qu'abusant d'un mot qu'il avait prononcé dans une conversation banale sans en mesurer peut-être la portée, mot qu'il n'aurait pas spontanément prononcé en justice, on le transformât malgré lui en témoin à charge. M. d'Ocagne avait d'ailleurs aggravé les propos qu'avait tenus M. Lonquety, ainsi que l'a fait connaître M. Painlevé dans sa déposition du 7 mai 1904.

Quoi qu'il en soit, la déposition de M. Lonquety à Rennes est tellement imprécise qu'elle ne saurait être opposée à Dreyfus.

Mais, au cours de votre dernière enquête, le général Roget, relevant la date de l'Exposition d'Amsterdam, a fait remarquer que M. Lonquety était, en 1883, élève à l'Ecole des Mines et qu'il ne faisait pas alors les fréquents voyages à Bruxelles nécessités depuis par les besoins de son industrie. Le général Roget aurait voulu savoir si M. Lonquety aurait accepté la date de 1883, point sur lequel il n'avait pas été interrogé en 1899.

Cette question, a dit le général Roget, n'a pas été éclaircie — je n'y tiens pas autrement — je dis cela en passant.

M. Lonquety, en effet, n'a pas été entendu et nous ignorons la réponse qu'il aurait faite à cette question.

Mais, en l'état, la déposition de Rennes existant seule et
M. Moutier, agent de notre Service de renseignements à Bruxelles,
ayant affirmé le 27 avril 1904 devant M. le conseiller Laurent-
Atthalin qu'il n'avait jamais su que Dreyfus fût venu à Bruxelles
à des rendez-vous licites ou non, nous pensons, sans qu'il y ait
lieu d'entrer dans d'autres considérations, que les soupçons
énoncés par le général Roget à l'occasion de la pièce « Dreyfus-
Bois » n'ont été justifiés par aucun des deux moyens qu'il invoquait.

Parmi les pièces du dossier secret qui ont donné lieu aux
controverses les plus passionnées, figure sous le N° 44 la traduction d'un télégramme chiffré, adressé le 2 novembre 1894 par
l'attaché B à son État-Major. Nous ne saurions rappeler ici
tous les incidents auxquels cette pièce a donné lieu au cours de
la première révision et qui sont d'ailleurs exposés dans le réquisitoire de M. le Procureur général. Nous nous bornerons à
mentionner les faits qui, échappant désormais à toute discussion
sérieuse, permettent d'en déterminer la portée.

Cette pièce, écrite en entier de la main du général Gonse, est
ainsi conçue :

> Le capitaine Dreyfus est arrêté. Le Ministre de la Guerre a la preuve
> de ses relations avec l'Allemagne. Toutes mes précautions sont prises.

D'après Mᵉ Mornard, cette pièce constitue un faux ; c'est
aussi l'expression employée par M. Paléologue devant les
Chambres réunies le 29 mars 1899. Aucune erreur de mémoire
ne saurait justifier les différences qui existent entre cette pièce
et le texte de la dépêche du 2 novembre. La pièce 44 est une
traduction forgée de toutes pièces, introduite dans le dossier
de l'affaire Dreyfus par Henry, au moment de sa reconstitution,
bien qu'il fût nanti du texte véritable, qui, ayant disparu du
Ministère de la Guerre, lui avait été à nouveau verbalement
communiqué par M. Paléologue.

Pour le général Chamoin, la pièce est seulement inexacte.
Le dossier relatif au télégramme du 2 novembre, dont il est
aujourd'hui à peu près certain qu'il n'avait pas été fait usage,
par ordre du général Mercier, au procès de 1894, avait disparu.
Le général Billot ayant vainement tenté d'en obtenir une communication nouvelle du Ministère des Affaires étrangères, on fit
appel, lors de la reconstitution du dossier de l'affaire Dreyfus,
aux souvenirs des officiers qui avaient connu de l'affaire en 1894

et plusieurs versions de la traduction du télégramme du 2 novembre furent établies. Le commandant Cuignet n'en trouva qu'une, dans une armoire, celle de la pièce 44 et ne la classa dans le dossier secret que pour attirer l'attention sur le télégramme du 2 novembre.

Quoi qu'il en soit, que l'erreur soit volontaire ou involontaire, il est certain que la pièce 44 ne reproduit pas la traduction du télégramme communiqué en 1894 par le Ministère des Affaires étrangères au Ministère de la Guerre.

Voici, en effet, ce qui résulte des dépositions de MM. Delaroche-Vernet et Paléologue devant le Conseil de guerre de Rennes.

Le 2 novembre 1894, le lendemain du jour où fut connue l'arrestation de Dreyfus, l'attaché B avait déposé ou fait déposer au bureau télégraphique de la rue Montaigne un télégramme chiffré qui ne portait en clair que l'adresse du destinataire et le nom de l'expéditeur. Il a été constaté plus tard que ce dernier n'avait pas écrit le télégramme de sa main.

A raison de son caractère diplomatique, ce télégramme fut aussitôt communiqué, en décalque, au Bureau central de l'administration. Vous avez fait saisir ce décalque en 1899. On en prit aussitôt une copie sur papier à en-tête du Sous-secrétariat des Postes et Télégraphes, qui fut envoyée au Ministère des Affaires étrangères. Le décalque et la copie sont identiques. Quant à l'autographe original, il fut conservé au Bureau de la rue Montaigne ; à l'expiration des délais réglementaires, il devait être et a été détruit. M. Paléologue a donné sur le mécanisme de la communication des télégrammes de cette nature les explications les plus détaillées dans sa déposition du 29 mars 1904.

Le Bureau du Chiffre du Ministère des Affaires étrangères entreprit immédiatement la traduction de la copie communiquée. M. Delaroche-Vernet et M. Paléologue ont fait connaître les difficultés particulières que cette opération avait rencontrées, l'attaché B ayant fait usage d'un chiffre qui n'était pas encore connu. Il y eut plusieurs ébauches de traduction qui, à raison des excellents rapports qui existaient entre les deux Ministères, furent communiquées au colonel Sandherr.

D'après les souvenirs de M. Delaroche-Vernet, une première version, toute problématique, aurait porté :

On a arrêté le capitaine Dreyfus, qui n'a pas eu de relations avec l'Allemagne.

La version suivante fut ensuite fournie :

> Si le capitaine Dreyfus n'a eu de relations avec vous, il serait bon de charger l'ambassadeur de publier un démenti officiel, notre émissaire prévenu.

Cette version n'était pas donnée comme définitive ; cependant les derniers mots seuls étaient signalés comme très douteux.

Enfin, à une date qui paraît être le 10 novembre, le Ministère des Affaires étrangères reconstitua le texte définitif du télégramme. Il était ainsi conçu :

> Si le capitaine Dreyfus n'a pas eu de relations avec vous, il serait bon de charger l'ambassadeur de publier un démenti officiel, afin d'éviter les commentaires de la Presse.

Aucune de ces versions ne ressemble de près ou de loin à celle de la pièce 44. Non seulement cette dernière n'a jamais été communiquée au Ministère de la Guerre, mais même son texte n'a jamais été supposé par les traducteurs du télégramme, ainsi que l'a dit M. Paléologue. Il en est de même du texte presque semblable que le général Mercier a dit avoir eu sous les yeux.

La version définitive du Ministère des Affaires étrangères ne pouvait être interprétée que dans un sens favorable à Dreyfus. L'accusation soutenait en effet qu'il avait été en relations avec l'attaché A par l'intermédiaire de l'attaché B et celui-ci, d'après son télégramme, n'a eu aucun rapport personnel avec Dreyfus. Elle aurait dû figurer dans le dossier de 1894, à moins qu'il n'y eût eu de sérieuses raisons de douter de son exactitude.

Or, il n'en existait aucune. La traduction définitive était certainement celle de la copie délivrée par l'Administration des Postes et Télégraphes. L'état matériel de cette copie, qui portait la trace écrite de toutes les hésitations des traducteurs depuis sa remise, ne laissait aucun doute à cet égard.

L'exactitude de la traduction elle-même était affirmée par le Ministère des Affaires étrangères. Il ne se trompait pas. En dehors de toute autre preuve, l'indication donnée par M. Paléologue que, dans les années qui ont suivi, le chiffre découvert a servi à déchiffrer les correspondances télégraphiques de l'agent B, le démontre avec évidence.

Du reste, ce texte concorde avec un rapport adressé la veille, 1er novembre, par l'attaché B au commandant en second de son Etat-Major, dans le but de le renseigner sur l'incident qui venait d'éclater à Paris. Le rapport communiqué par l'Ambassadeur d'Italie à notre Ministre des Affaires étrangères le 5 janvier 1800 est ainsi conçu :

L'arrestation du capitaine Dreyfus a produit, ainsi qu'il était facile de le supposer, une grande émotion. Je m'empresse de vous annoncer que cet individu n'a jamais rien eu à faire avec moi. Les journaux d'aujourd'hui disent en général que Dreyfus avait des rapports avec l'Italie. Trois seulement disent, d'autre part, qu'il était aux gages de l'Allemagne. Aucun journal ne fait allusion aux attachés militaires. Mon collègue allemand n'en sait rien, de même que moi. J'ignore si Dreyfus avait des relations avec le commandant d'Etat-Major.

Et une réponse télégraphique assurait aussitôt l'attaché B que l'Etat-Major italien et les services qui en dépendent n'avaient jamais eu de rapports directs ou indirects avec Dreyfus.

La dépêche du 2 novembre, adressée au commandant d'Etat-Major lui-même, est la suite naturelle de ce rapport et doit reproduire les mêmes idées. Elle les reproduit, en effet, dans la seule traduction définitive qui ait été donnée par le Ministère des Affaires étrangères.

Pour expliquer que cette traduction n'ait pas été versée au dossier de 1894 et pour affaiblir la portée de la déclaration si contraire à l'accusation qu'elle renferme, plusieurs thèses ont été soutenues ; la plus caractéristique est celle qui a été développée dans la dernière enquête par le commandant Cuignet.

Si nous l'avons bien comprise, le texte chiffré produit par le Ministère des Affaires étrangères serait faux. La copie du télégramme faite en 1894 ne serait pas la reproduction fidèle de l'autographe original qui a été détruit. Le décalque saisi par la Cour de Cassation en 1899 ne serait pas véritablement un décalque ; dans tous les cas, il n'aurait pas été pris sur l'autographe original, mais sur une copie de la copie altérée de 1894. Les certificats de conformité avec l'original apposés sur la copie et sur le décalque existant au dossier seraient faux. Cette série de faux aurait été commise par l'Administration des Postes sous l'inspiration des Ministres des Affaires étrangères de 1894 et de 1899.

A l'appui de cette thèse, le commandant Cuignet a présenté devant votre Chambre criminelle une argumentation irritée où l'affaire Dreyfus ne joue qu'un rôle secondaire, comme dans toutes les discussions relatives à la dépêche du 2 novembre. Ce sont surtout les incidents personnels au commandant Cuignet qui en font l'objet. Le Ministère des Affaires étrangères, la Cour de Cassation, le Ministère de la Guerre y sont pris à partie. Mais,

la thèse fût-elle exacte, aucune charge de culpabilité ne serait
établie contre Dreyfus.

Quel que soit, en effet, le véritable texte de la dépêche du
2 novembre, qu'il corresponde à la pièce 44 ou à la traduction
donnée en dernier lieu comme définitive par le Ministère des
Affaires étrangères, il n'en résulte aucune preuve de culpabilité.
Il existe cependant une différence entre les deux textes : le
premier ne prouve rien, le second prouve l'innocence ; si le
second était écarté, que signifierait le premier ? Rien. Le commandant Matton, interrogé par M. le Procureur général sur le
point de savoir si on pouvait tirer une charge quelconque contre
Dreyfus de la première traduction, qui serait l'origine de la
pièce 44, a répondu :

> Absolument pas, même avec la traduction qu'on avait apportée tout
> d'abord et qui n'était pas du tout certaine parce que, je le répète, il y
> avait aux mots plusieurs sens différents.

Le commandant Matton avait assisté aux premières tentatives
de déchiffrement faites avec un chiffre qui n'était pas applicable.
Il confirme ainsi les déclarations de MM. Delaroche-Vernet et
Paléologue.

Mais pour le commandant Cuignet, il suffit qu'il y ait eu deux
versions, deux textes clairs, pour qu'il faille en conclure nécessairement qu'il y a eu deux textes chiffrés et, comme l'attaché B
n'en a écrit qu'un, l'un de ces deux textes est faux. C'est celui
que présente le Ministère des Affaires étrangères, dont la traduction est d'ailleurs erronée, puisqu'elle admet que le premier
chiffre (913) est un numéro d'ordre, alors que l'attaché B n'avait
pas l'habitude d'enregistrer ainsi ses télégrammes.

Ce raisonnement est fondé sur cette proposition que deux
textes clairs différents impliquent nécessairement deux textes
chiffrés différents.

Mais cette proposition est étrangère à la question discutée
où il s'agit seulement de savoir si un seul texte chiffré, dont la
clé est recherchée à l'aide de tâtonnements, peut donner lieu successivement à des traductions imparfaites et douteuses jusqu'au
moment où, la clé étant enfin découverte, intervient une traduction définitive et parfaite.

Si des considérations techniques n'imposent pas une réponse
négative à cette question, et nous ne croyons pas qu'il en existe,
il n'est pas matériellement impossible, quoi qu'en dise le commandant Cuignet, qu'un seul texte donne lieu à plusieurs ver-

sions. S'il en est ainsi, les déclarations des représentants du Ministère des Affaires étrangères peuvent être vraies et nous devons les tenir pour vraies, rien ne permettant de les taxer de faux témoignages ; elles doivent, au contraire, nous inspirer une confiance absolue tant à raison du caractère et de la situation des témoins, que des circonstances dans lesquelles elles ont été produites.

Quant à l'exactitude de la dernière traduction, nous avons fait connaître la raison décisive qui ne permet pas de la mettre en doute.

Les étranges constatations si tardivement faites dans le dossier secret par le commandant Cuignet paraissent avoir créé en lui un fâcheux état d'esprit. Les accusations de faux et de faux témoignage sont pour lui, désormais, la chose la plus naturelle du monde ; il y glisse à la moindre contradiction et s'y obstine avec une conviction que l'évidence est impuissante à ébranler.

Vous savez ce qu'il a dit très haut des Ministres des Affaires étrangères de 1894 et de 1899, de leurs représentants, de l'administration publique qui a eu à s'occuper du télégramme du 2 novembre. Aujourd'hui, incidemment, c'est contre le contenu d'un procès-verbal portant le compte rendu d'une audience qui lui a été donnée au Ministère de la Guerre, qu'il s'inscrit en faux. Vous connaissez enfin l'accusation de prévarication et de trahison portée contre la Cour de Cassation tout entière en 1899.

Vous ne nous permettriez pas de vous défendre. Nous nous garderons aussi d'entreprendre la justification des Ministères des Affaires étrangères et de la Guerre. Nous n'insisterons donc pas davantage sur ces incidents et nous nous bornerons à retenir de cette discussion que, dans quelque hypothèse que l'on se place, le télégramme du 2 novembre 1894 n'est pas une preuve de la culpabilité de Dreyfus, qu'il est au contraire une preuve de son innocence, dans l'hypothèse contestée avec plus de violence que de raison, où la traduction définitive de ce télégramme, donnée en dernier lieu par les Affaires étrangères, serait la reproduction fidèle d'un texte authentique.

Nous trouvons ensuite dans le dossier secret de nombreuses pièces qui ne présentent réellement aucun intérêt sérieux. Nous ne croyons pas pouvoir vous en imposer la lecture, l'analyse et la discussion. La reconstitution du sens exact de ces lambeaux de documents est manifestement impossible. Elle ne peut donner lieu qu'à des assauts d'ingéniosité de part et d'autre ; elle ne saurait, en aucun cas, atteindre à la certitude, toutes les conjectures pouvant être combattues par des conjectures tout aussi vraisemblables. Ce sont là jeux d'esprit intéressants peut-être, mais inadmissibles devant une Cour de justice criminelle.

M. le président Ballot-Beaupré, dans le passage de son rapport de 1899 que nous avons rappelé, a exprimé sur le dossier secret une opinion définitive, qui ne saurait être modifiée par les productions nouvelles que, sur l'ordre du Ministre de la Guerre, le commandant Targe a versées au dossier. Elles comprennent tout ce qui, dans les archives du Ministère de la Guerre, du Gouvernement militaire de Paris et du 10ᵉ corps d'armée, a pu être considéré comme se rapportant plus ou moins à l'affaire Dreyfus.

Nous avons eu, comme votre Chambre criminelle, ces très nombreux documents sous les yeux ; en les parcourant, nous nous sommes rendu compte de la parfaite justesse de l'appréciation suivante du commandant Targe :

> En procédant à l'enquête, le Ministre n'ignorait pas qu'il pouvait être amené, en cherchant le rôle joué par certains officiers dans les événements qui ont accompagné l'affaire Dreyfus, à entrer dans le fond même de cette affaire. Nous nous étions demandé, au début, ce que nous ferions si nous nous trouvions en face de cette preuve irrécusable de culpabilité dont on avait parlé beaucoup. Nous étions, Messieurs, décidés à la faire connaître à tous, car le Ministre estimait qu'aucune considération ne doit empêcher de ramener, enfin, le calme dans le pays et dans l'armée. Cette preuve, je m'empresse de vous le dire, nous ne l'avons pas trouvée ; nous n'avons pas trouvé davantage de preuve d'innocence, mais l'innocence me semble bien difficile à prouver. Il est vrai que, devant la Cour, en 1899, le commandant Cuignet, parlant au nom du Ministre, disait que, pour lui, la culpabilité résultait de la « prétérition d'innocence ». Je crois plus juste de dire que, pour nous, l'innocence résulte de la prétérition de preuves de culpabilité.

Nous ne voulons pas dire cependant que la masse des documents soumis à votre examen ne présente aucun intérêt. Le Ministre de la Guerre a voulu que tout fût mis au grand jour. Parmi les documents découverts, non sans peine, il en est sur lesquels nous aurons à revenir ; il en est d'autres qui ne sont curieux que comme travaux de police ne rentrant, à aucun titre, dans un service militaire.

Rien dans ces documents pas plus que dans le dossier secret ne faisant obstacle à la revision, nous passons à l'examen des charges résultant de l'examen graphologique du Bordereau.

XIII

L'accusation de 1894 avait eu pour point de départ et pour base légale la similitude constatée par les colonels Fabre et d'Aboville entre l'écriture du Bordereau et l'écriture courante et naturelle de Dreyfus. Les soupçons ne naquirent, nous le savons, que de cette similitude.

L'écriture du Bordereau devenait ainsi une preuve matérielle de premier ordre, suivant l'expression du général Zurlinden dans sa déposition du 14 novembre 1898, lors de la première revision. Le même témoin ajoutait :

> L'examen que j'ai fait moi-même des différentes pièces du dossier judiciaire renfermant l'écriture de Dreyfus, m'a démontré que le Bordereau avait été écrit par cet officier et que c'était bien son écriture courante et rapide. Le style du Bordereau est, du reste, un peu lâche, comme celui d'un document écrit rapidement.

Le Bordereau n'était pourtant pas de l'écriture courante, naturelle, rapide de Dreyfus. Les colonels Fabre et d'Aboville et tous ceux qui avaient si hâtivement adopté cette opinion, sans laquelle le procès Dreyfus n'aurait jamais existé, s'étaient gravement trompés. Rien n'est plus certain aujourd'hui.

L'écriture du Bordereau est peut-être une écriture courante et naturelle ; mais cette écriture n'est pas, à coup sûr, l'écriture courante et naturelle de Dreyfus. Ses accusateurs les plus convaincus le reconnaissent avec l'unanimité des nombreux experts qui ont examiné le Bordereau et qui ne s'accordent, du reste, que sur ce point. Pour le surplus, c'est une divergence complète dans les opinions exprimées.

Vous vous souvenez des avis formulés au début du procès par MM. Gobert, Bertillon, Charavay, Teyssonnières, Pelletier, les uns favorables, les autres défavorables à Dreyfus.

La découverte de la ressemblance extraordinaire et incontestable, au point de vue graphique, des lettres d'Esterhazy et de l'écriture du Bordereau introduisit dans le débat un élément nouveau. M. Charavay revint sur les conclusions qu'il avait émises en 1894.

> En 1894, a-t-il dit à Rennes, abusé par une ressemblance graphique, je me suis trompé en attribuant la pièce appelée Bordereau à l'auteur d'une écriture anonyme qui était celle du capitaine Dreyfus. Ayant

trouvé un nouvel élément d'écriture, j'ai reconnu mon erreur ; et c'est pour moi un grand soulagement de conscience de pouvoir déclarer que je me suis trompé en 1894, et que j'estime actuellement que l'écriture du Bordereau n'est pas l'œuvre graphique du capitaine Dreyfus, mais qu'elle est celle du commandant Esterhazy.

Lors du procès Esterhazy, MM. Belhomme, Couard et Vari nard constatèrent aussi la ressemblance de l'écriture du Bordereau et de celle d'Esterhazy ; mais, suivant eux, l'écriture du Bordereau n'est qu'une imitation parfois maladroite de l'écriture d'Esterhazy ; toutefois, pour quatre ou cinq mots, l'identité est si parfaite que l'hypothèse d'un décalque, au moins partiel, est vraisemblable ; elle l'est d'autant plus que le Bordereau est sur papier pelure. Or, Esterhazy n'a évidemment pas calqué sa propre écriture ; elle a donc été calquée par un autre, afin de détourner sur lui les soupçons.

MM. Meyer, Molinier, Giry ont démontré l'inexactitude de cette hypothèse. Pour eux, comme pour M. Charavay, le Bordereau est de l'écriture courante et naturelle d'Esterhazy.

Les experts dont nous venons de rappeler les conclusions avaient été commis par la justice, soit dans l'affaire Dreyfus, soit dans les affaires connexes. Il y a eu, sur le même sujet, beaucoup d'autres dissertations que des personnes appliquant les principes ordinaires de l'art des experts écrivains ont offertes à la justice ; elles sont vraiment trop nombreuses et trop divergentes pour que nous puissions les exposer ici.

La science des experts écrivains est nécessairement conjecturale. Suivant l'expression d'un vieil auteur, « toute vérification d'écritures peut servir de passeport au mensonge aussi bien qu'à la vérité ». S'il en est ainsi lorsque les experts sont unanimes, que sera-ce s'ils professent des opinions différentes ? Ce ne sera jamais que de circonstances extrinsèques que pourra jaillir la vérité.

M. Bertillon a fait ressortir à Rennes le caractère aléatoire de ce genre d'expertises. Il a même pensé qu'il pouvait n'être pas sans intérêt de rappeler une erreur d'experts écrivains bien connue dans l'Ouest : les consorts de Lancreau de Bréon avaient introduit devant le Tribunal de Segré et poursuivi en appel devant la Cour d'Angers une action en nullité d'un testament attribué à M. Adolphe J.-F. Prudhomme de la Boussinière. Ce testament était faux. Les experts commis pour l'examiner n'éprouvèrent cependant aucun doute sur sa sincérité et leur rapport induisit la justice dans la plus déplorable erreur. M. Bertillon a malicieusement rappelé que M. Gobert, favorable à Dreyfus, avait été l'un de ces experts. Il ignorait sans doute, mais d'autres ne l'ignoraient pas à Rennes, que M. Belhomme, si favorable à Esterhazy avait expertisé lui aussi le testament de M. de la Boussinière et conclu comme M. Gobert.

Aussi lorsque M. Belhomme disait devant le Conseil de guerre : « Si vous trouviez dans un testament la centième partie des tares qui existent dans le Bordereau, vous déclareriez que ce testament est faux, » certains ont-ils pu penser que si, pour découvrir les tares du Bordereau, M. Belhomme avait appliqué les principes de l'art qui l'avaient guidé, dans l'expertise du testament de M. de La Boussinière, il était singulièrement exposé à l'erreur.

Le système de M. Bertillon, qui emprunte certains éléments de démonstration aux sciences exactes, doit échapper, d'après son auteur, aux chances d'erreur inséparables de la méthode habituelle des experts en écritures. Son principe avait été découvert dès 1894 ; à cette époque cependant, sa théorie n'avait pas été dégagée avec une précision suffisante pour se prêter à une discussion.

En 1894, disait à Rennes Mᵉ Demange, je le dis très simplement... mais j'aurai peut-être une excuse... je n'avais pas du tout compris le raisonnement de M. Bertillon. Il faut vous dire qu'il n'y avait pas eu d'expertise écrite, que la démonstration a été faite à l'audience et que, ne l'ayant pas comprise, je n'ai pas pu la discuter.

M. Cavaignac ne l'avait aussi comprise que fort tard ; sa première impression avait été que « M. Bertillon n'avait pas le sens commun » et vous vous souvenez de ce qu'en avait pensé M. le Président Casimir-Perier.

Mais, en 1899, M. Bertillon avait perfectionné sa démonstration ; il l'exposa au cours de vos enquêtes et la reproduisit devant le Conseil de guerre après l'avoir améliorée sur quelques points de détail.

Avant de vous entretenir de cette démonstration, nous devons vous faire connaître un incident de la saisie pratiquée au domicile de Dreyfus, le 15 octobre 1894. Il est rapporté en ces termes dans la déposition de M. du Paty de Clam, reçue par M. le conseiller Petitier, le 2 avril 1904 :

D. — Pouvez-vous nous donner des renseignements sur la saisie de la pièce connue sous le nom de « lettre du buvard »?
R. — Le 15 octobre 1894, je me suis transporté au domicile de Dreyfus pour y faire une perquisition. J'étais accompagné de MM. Cochefert et

Gribelin, du secrétaire de M. Cochefert et de plusieurs agents. La perquisition dans la table-bureau de Dreyfus a été opérée par moi-même en présence de Mme Dreyfus. Dans un buvard, qui se trouvait sur cette table, j'ai remarqué une lettre portant l'entête « Filature Raphaël Dreyfus, Mulhouse » dans laquelle il était question d'une mise en action de la filature. Dans le tiroir de la même table, j'ai trouvé notamment d'autres lettres portant la même entête et de même format. Je crois me rappeler que ces lettres n'étaient pas dans un portefeuille ; parmi elles figurait celle dite du « fusil de chasse ». J'ai saisi ces lettres, et comme j'oubliais celle qui était dans le buvard sur la table, Mme Dreyfus me le fit remarquer, et je la joignis aux autres.

. . . .

D. — Mme Dreyfus nous a assuré que la lettre trouvée dans le buvard de son mari n'était pas la lettre N° 12 relative à la mise en action de la filature, mais bien la lettre cotée N° 13 relative à l'achat du fusil de chasse. Elle soutient que la lettre N° 12 serait dite à tort « lettre du buvard », et qu'elle se trouvait à l'intérieur d'un portefeuille dans le tiroir du bureau de son mari.

R. — Je maintiens que c'est la lettre relative à la mise en action de la filature qui se trouvait dans le buvard. Mme Dreyfus doit faire une erreur.

D. — Ce qui paraît cependant confirmer les allégations de Mme Dreyfus, c'est que la lettre relative à la mise en action de la filature porte le N° 12, tandis que la lettre relative au fusil de chasse porte le N° 13, ce qui paraît indiquer que la lettre relative à la mise en action se trouvait avec les quatre premières dans le tiroir, et que la lettre relative au fusil se trouvait seule dans le buvard.

R. — Je ferai observer que la lettre N° 13 ayant excité notre curiosité par le fait que M. Mathieu Dreyfus y donnait des conseils sur la mise en joue d'un fusil à son frère capitaine d'artillerie, nous l'avions retirée et nous la lisions successivement, ce qui fait qu'après avoir ajouté à la liasse réduite à onze lettres la lettre de la mise en action trouvée dans le buvard, nous avons terminé en ajoutant la lettre du fusil de chasse, et passé la liasse hâtivement à M. Cochefert, probablement après avoir mis les lettres par ordre de date. Il faut observer, en effet, que la lettre du fusil de chasse, N° 13, est manifestement la dernière en date et que la lettre de la mise en action n'étant pas datée, mais nous ayant paru être du courant de 1894, a été intercalée entre celle du 12 janvier 1894 et celle du 19 septembre 1894.

Lecture faite...

Signé : Lieutenant-colonel DU PATY DE CLAM, PETITIER, TOURNIER, greffier.

Nous mettons ensuite en présence M. le colonel du Paty de Clam et Mme Dreyfus, nous leur donnons connaissance de leurs déclarations respectives, au sujet de la lettre qui se trouvait dans le buvard au moment de la perquisition. L'un et l'autre persistent dans leur déclaration. Le colonel du Paty de Clam ajoute :

« Je reste convaincu que la lettre qui était dans le buvard était la lettre N° 12 relative à la mise en action de la filature. Cependant je dois dire que lorsque j'ai parlé au capitaine Dreyfus, le 31 décembre 1894, de cette lettre trouvée dans son buvard, il m'a dit : « La lettre du fusil de chasse, n'est-ce pas ? » Et je lui ai répondu : « Non, il s'agit d'une autre lettre de votre frère, relative à la mise en action de la filature. » Je reconnais que ce détail confirmerait la version de Mme Dreyfus. »

Cette lettre d'affaires, non datée, signée de M. Mathieu Dreyfus, trouvée probablement avec d'autres documents du même genre dans un portefeuille enfermé lui-même dans un tiroir et non dans un buvard toujours à portée de la main de Dreyfus, ne paraissait présenter aucune importance. Elle avait été remise à M. Bertillon par le commandant d'Ormescheville avec beaucoup d'autres pièces émanant de membres de la famille de Dreyfus.

Elle joue cependant un rôle capital dans le système de M. Bertillon. C'est par elle surtout qu'après avoir essayé d'établir que le Bordereau a été forgé par un procédé géométrique, on prétend prouver que cette fraude serait l'œuvre de Dreyfus. C'est dans cette lettre, en effet, que se trouve le mot « intérêt » qui serait la clé de l'écriture secrète employée.

Le Bordereau n'est pas une création fortuite, accidentelle des seules forces de la nature, avait dit M. Bertillon dans sa déposition du 18 janvier 1899. Il a été écrit par quelqu'un ; il s'agit de savoir qui et dans quel but.

La découverte certaine de l'auteur du Bordereau aurait été amenée par des constatations que M. Bertillon a résumées avec leurs conséquences devant le Conseil de guerre dans les termes suivants :

M. BERTILLON. — La vérification de la pièce que j'ai à vous exposer demande un nombre considérable de constatations minutieuses. Si, au lieu d'une démonstration rigoureuse avec pièces à l'appui pour chaque fait avancé, vous pouviez vous contenter d'un aperçu sommaire, je vous dirais que les deux pages manuscrites connues sous le nom de Bordereau ont été écrites en prenant comme guide une espèce de ligne d'écriture glissée à la façon d'un transparent sous le papier pelure du document incriminé. C'est cette ligne d'écriture, employée comme type ou comme patron, à laquelle j'ai donné le nom de gabarit. Mais le nom ici n'a rien à faire. Le point important, c'est que j'espère vous montrer que cette ligne était formée de la répétition d'un même mot, le mot « intérêt » dont j'ai trouvé le modèle dans le sous-main saisi chez l'accusé quelques jours avant le procès de 1894.

Le scripteur du Bordereau agissant ainsi aurait eu pour but d'arriver à confectionner rapidement un document truqué de telle sorte que s'il avait été arrêté en flagrant délit, il eût pu démontrer géométriquement que le document était forgé, et que conséquemment il était victime d'une machination. C'est ce que les criminalistes appellent un alibi de persécution. Mais, d'autre part, le fait d'écrire en prenant comme guide un modèle sous-jacent, en retardant suffisamment l'allure naturelle de sa main, lui permettait conjointement de déguiser son écriture suffisamment, de sorte qu'il était en même temps à même, si les circonstances de l'arrestation rendaient l'alibi de machination non présentable, de dénier simplement son écriture.

Quant au procédé d'écrire en guidant son écriture sur un modèle,

sur un gabarit, il semble d'abord d'une application difficile ; le fait suivant vous fera peut-être comprendre comment il est d'un usage pour
ainsi dire courant. Il n'est personne à qui il ne soit arrivé, en présence
d'un manuscrit d'apparence soignée, de transformer un ou plusieurs mots
dans des conditions de son et d'orthographe entièrement différentes, et
ceci par la simple correction, addition ou suppression de quelques
jambages ; prenons par exemple le second mot du Bordereau : le mot
« nouvelles ». On peut évidemment avec un ou deux coups de grattoir le
transformer en le mot « nouveau », de la ligne 9. Ce mot nouveau pourrait être à son tour corrigé et transformé dans le mot « couteau » ou
dans le mot « mouvoir » ou « mouvant » par des corrections, des addi-
tions qu'il serait oiseux d'indiquer pour chaque cas particulier. C'est le
procédé journellement employé par les faussaires qui surchargent des
bons du Mont de Piété ou des bons de poste. Supposons qu'au lieu
d'exécuter ces corrections directement sur l'original, nous les exécutions
sur des feuilles de papier pelure au-dessus du mot « type », en essayant
de reproduire le mot dérivé, le mot à introduire d'un seul coup de plume
de telle façon que ce tracé ressemble au tracé que la correction directement exécutée sur l'original nous aurait donné, nous serons à peu près
dans les mêmes conditions que le scripteur du Bordereau après
quelques jours d'exercice ; autrement dit, nous serons à même, avec
ce même mot « type », de reproduire à plusieurs semaines ou à plusieurs
années d'intervalle des mots identiquement superposables, de telle sorte
qu'ils paraîtront calqués. Tout le monde sait, en effet, que la main abandonnée à elle-même ne reproduit pas deux fois de suite un tracé identiquement superposable.

La longueur du mot « intérêt » étant elle-même en relation simple avec
l'unité métrique, l'espacement de ces lettres, la dimension de ces lettres
étant également en relation simple avec le mètre, vous pouvez vous
rendre compte dès maintenant comment il se fait que le Bordereau apparaît, quand on l'examine le décimètre à la main, comme un document
géométriquement confectionné. Le problème de la culpabilité ne saurait
être tranché par l'examen intrinsèque du Bordereau, ce dernier étant une
pièce mécaniquement composée et pouvant, par conséquent, avoir été
exécutée par n'importe qui.

Mais, le point important, c'est qu'il a été trouvé au Ministère de la
Guerre, d'une part, et au domicile de l'accusé, d'autre part, des manuscrits sur lesquels se trouvent des mots repérés exactement de la même
façon que les mots du Bordereau ; de sorte que ces mots semblent
calqués sur ces manuscrits, dans le but, je prétends, de pouvoir prouver
que le Bordereau avait été composé avec des mots calqués, rapportés,
mis bout à bout.

Or, l'étude attentive de cette question montre que ces mots n'ont pas
été calqués les uns sur les autres, mais qu'ils sont tracés sur un modèle
commun. La précaution d'introduire de temps à autre dans les documents qu'il écrivait au Ministère de la Guerre des mots tracés au-dessus
de ces mots, était la contre-partie nécessaire de l'alibi de machination,
dont je vous parlais tout à l'heure. Si ces faits peuvent être montrés avec
une rigueur suffisante, les conclusions à en tirer sont manifestes. Voici
résumée sommairement, la thèse que je vais avoir à vous développer.

M. Bertillon avait déjà développé cette thèse devant la Cour
de Cassation ; il n'avait pas convaincu votre haute juridiction.
C'est après l'avoir examinée, ainsi que les autres expertises, que,
vous fondant sur des faits nouveaux extrinsèques révélés par vos

enquêtes, vous avez pensé que cet ensemble tendait à démontrer que le Bordereau avait été écrit, d'une écriture naturelle et courante, par un autre officier que Dreyfus.

Les faits nouveaux permirent de faire de cette appréciation la base de votre arrêt ; ce n'est pas assurément aux mêmes conséquences que pourrait aboutir aujourd'hui une appréciation identique ; mais l'argumentation si saisissante qui entraîna alors votre conviction conserve toute sa force, dès qu'il ne s'agit plus que de rechercher si l'examen graphologique du bordereau conduit à la preuve de la culpabilité de Dreyfus. Rien, en effet, n'est venu affaiblir sa puissance.

L'authenticité des deux lettres d'Esterhazy des 17 avril 1892 et 17 août 1894, écrites sur du papier pelure filigrané et quadrillé et d'une écriture identique au papier et à l'écriture du Bordereau a été vainement contestée.

On peut ne pas tenir compte de leur reconnaissance formelle par Esterhazy devant la Chambre criminelle en 1899 ; mais M. le président Ballot-Beaupré avait, par d'autres moyens, établi leur authenticité. Si, devant le Conseil de guerre de Rennes, M. le général Mercier a produit une circulaire de M. Rieu protestant auprès de sa clientèle militaire contre l'usage qui avait été fait par son homme d'affaires de la lettre du 17 avril 1892, l'authenticité de cette lettre, affirmée déjà sous la foi du serment par M. Rieu, n'en est que plus certaine. Quant à la lettre du 17 août 1894 adressée à l'huissier Callé, aucun fait n'a été cité qui fasse échec à la démonstration de son authenticité que vous connaissez et aux nombreux témoignages recueillis dans vos premières enquêtes.

On en est réduit à soutenir que leur fausseté serait établie par la dissemblance de leur écriture avec celle d'Esterhazy telle qu'elle était avant la publication du fac-similé du Bordereau par le journal *Le Matin*, le 10 novembre 1896. A partir de cette date Esterhazy aurait transformé son écriture afin de pouvoir être substitué à Dreyfus ; il aurait appris à écrire sur la photographie du Bordereau publiée par *Le Matin*, et il aurait naïvement reproduit dans sa nouvelle écriture les altérations de l'écriture originale dues aux procédés d'impression employés par les journaux à grand tirage. Ces altérations se retrouveraient dans la lettre datée du 17 avril 1892, qui serait par conséquent postérieure à 1896.

Les accusateurs de Dreyfus sont dans l'obligation absolue de soutenir cette thèse et d'en établir le bien fondé. S'ils ne prouvent pas qu'Esterhazy a modifié son écriture en imitant celle du Bordereau, la thèse admise par votre arrêt de 1899 reste intacte. De plus, leur système rencontre cette objection fondamentale, à laquelle il n'est pas possible de répondre : Comment admettre que Dreyfus en fabriquant une écriture artificielle, ait justement produit l'écriture d'Esterhazy ? Le procédé du « gabarit », en supposant qu'il en ait été fait usage, n'expliquera jamais que l'écriture du Bordereau ait l'apparence de celle d'Esterhazy et même lui soit, en certaines parties, identique, d'après MM. Belhomme, Couard et Varinard.

Il faut donc admettre, de toute nécessité, ou que l'auteur du Bordereau a imité l'écriture d'Esterhazy, ou que celui-ci a transformé son écriture en imitant celle du Bordereau après la publication de ce document.

Or, il n'a point été établi que Dreyfus connût l'écriture d'Esterhazy ; M. le général Roget a même déclaré qu'il était porté à croire qu'il n'avait jamais existé aucun rapport entre ces deux officiers.

Mᵉ Demange a dit à ce sujet :

> Voilà Dreyfus qui ne connaît pas Esterhazy — et s'il le connaissait, ce serait bien plus extraordinaire —, Dreyfus qui veut déguiser son écriture par certains mots qu'il introduit à travers et au cours de son écriture naturelle, et il y met des mots de l'écriture d'Esterhazy! Eh bien ! je crois que le calcul des probabilités n'arriverait jamais à prouver que c'est possible ; et dans tous les cas, s'il avait connu Esterhazy, il est évident qu'il n'aurait pas été prendre son écriture.

La seconde hypothèse pouvait seule subsister et c'est elle, en effet, qui a été adoptée. Esterhazy est « un homme de paille »; moyennant argent, il s'est déclaré l'auteur du Bordereau, et, pour fournir une preuve de la véracité de cet aveu, il s'est fait une écriture semblable à celle du Bordereau.

Mais cette thèse est insoutenable en présence des nombreuses lettres d'Esterhazy antérieures à la publication du *Matin*, contemporaines du Bordereau et même antérieures au Bordereau, qui présentent avec celui-ci une identité complète d'écriture, ainsi que l'ont constaté MM. Darboux, Appel et Poincaré, dans un rapport dont nous vous ferons connaître ultérieurement l'objet et les conclusions.

Vous connaissez, au surplus, la réponse de M. Bertillon au lieutenant-colonel Picquart lorsque celui-ci lui montra, avant la publication du Bordereau, à une époque où les causes de la

condamnation de Dreyfus étaient encore inconnues la lettre
adressée par Esterhazy au capitaine Calmon : « Ah ! c'est
l'écriture du Bordereau ! » Et comme le lieutenant-colonel Picquart lui disait : « Mais si c'était une écriture récente ? ».
M. Bertillon répondit : « Alors les juifs ont exercé quelqu'un
depuis un an pour imiter cette écriture. »

Esterhazy n'a donc pas eu deux écritures successives ; il n'en
a eu qu'une, présentant les irrégularités caractéristiques signalées dans le rapport de M. le président Ballot-Beaupré et la
coïncidence fortuite de cette écriture avec celle du Bordereau
est inadmissible. Si l'on est, *a priori*, convaincu de la culpabilité
de Dreyfus, on dira, comme M. Bertillon dans le rapport qu'il
adressa spontanément au Ministère de la Guerre le 6 juillet 1898 :

> L'observateur convaincu de la culpabilité de Dreyfus, qui compare
> l'écriture d'Esterhazy avec celle du Bordereau, est tout d'abord frappé de
> l'impossibilité théorique de rencontrer autant de points communs entre
> deux écritures de mains différentes. Supposons ce sosie graphique
> découvert, il resterait à prouver comment cette heureuse rencontre a pu
> tomber précisément sur un officier manifestement taré et notamment
> connu par ses relations avec de hautes personnalités israélites. Pour
> rendre admissible une accumulation de qualités aussi diverses sur une
> seule tête, il faudrait au moins qu'il fût possible de rencontrer dans le
> monde militaire plusieurs dizaines de sujets doués d'une écriture sem-
> blable à celle du Bordereau ; je ne crois pas m'avancer beaucoup en
> déclarant que l'enquête la plus laborieuse n'y réussirait pas, lors même
> qu'elle porterait ses investigations dans l'ensemble du pays sans distinc-
> tion de sexe et de profession.

Et l'on conclura, comme M. Bertillon, car il n'y a pas d'autre
explication possible, que l'écriture d'Esterhazy est une imitation
continuelle de celle du Bordereau.

Mais pour l'observateur qui n'est pas *a priori* convaincu de
la culpabilité de Dreyfus, qui en recherche la preuve et qui,
d'autre part, ne trouve rien qui autorise l'hypothèse de l'imitation
par Esterhazy de l'écriture du Bordereau, l'objection fondamentale déjà formulée, contre laquelle vient se heurter le système
d'écriture sur gabarit, subsiste toujours.

Il est d'ailleurs difficile d'admettre qu'Esterhazy ait, dès le
jour où le Bordereau a été connu, accepté d'être substitué à
Dreyfus, et qu'il ait aussitôt, dans ce but, modifié son écriture.
Des faits incontestés protestent contre cette hypothèse. Si
Esterhazy avait été acheté, s'il était « un homme de paille », ce
n'est pas en 1899 qu'il aurait fait un aveu tardif, inutile à
Dreyfus, mêlé de réticences et de mensonges, c'est en 1897 qu'il

se serait reconnu l'auteur du Bordereau. En possession de son salaire, il aurait alors disparu, en sécurité à l'étranger. Son attitude, au contraire, au moment où il est dénoncé, démontre bien qu'il n'existe aucune entente entre les défenseurs de Dreyfus et lui.

Vous savez comment il est averti du danger qui le menace. Il est affolé ; il a la pensée du suicide ou de la fuite, ainsi qu'en a déposé le commandant du Paty de Clam ; puis, on le voit aller chez l'agent A. Qui le soutient, le conseille, le dirige dans sa défense ? Ce sont les commandants du Paty de Clam et Henry. Ils assurent sa victoire qui eût mis fin pour toujours aux espoirs des amis de Dreyfus, si le faux Henry n'eût été plus tard découvert. Peut-on dire avec quelque vraisemblance que celui qui s'était mis ainsi entre les mains des adversaires acharnés de Dreyfus, était, à ce moment-là même, acheté par ses amis, et, pour leur permettre d'arriver à leurs fins, imitait continuellement dans son écriture celle du Bordereau ?

Il y a, dans cette hypothèse, trop de contradictions inexplicables pour qu'elle ne doive pas être rejetée.

Une autre objection très puissante a été faite au système de l'écriture sur gabarit.

Si Dreyfus l'a employé, c'est afin d'éloigner de lui les soupçons et de pouvoir l'invoquer pour sa défense s'il était accusé.

Or, l'écriture qu'il aurait produite par ce procédé compliqué ressemble assez à la sienne pour que les soupçons soient tout d'abord tombés sur lui. C'est là, pour un homme dont tout le monde reconnaît l'intelligence pénétrante, une singulière erreur.

Mais il aurait pu, tout au moins, puisqu'au dire de M. Bertillon, le but de cette écriture géométrique était de lui permettre d'invoquer « un alibi de persécution » ou de dénier son écriture, démasquer le système à l'appui de l'un ou de l'autre de ces moyens de défense.

M. Bertillon avait prévu toutes les ressources que pouvait, dans toutes les hypothèses, offrir à l'accusé l'habileté avec laquelle le document aurait été forgé. Il a fixé ses idées sur ce point dans un diagramme annoté en termes pittoresques qui n'ont diverti que les défenseurs de Dreyfus. Nous n'insisterons pas sur le récit de ce siège, où l'accusé, réfugié dans la citadelle des rébus graphiques, devait d'abord se tenir coi dans l'espérance que l'assaillant, intimidé à première vue par les maculatures et les signes de l'écriture rapide, reculerait devant les initiales et le tir des batteries de doubles s tirant à longue portée et en tous sens.

Si nous avons rappelé cette étude de M. Bertillon, c'est afin de montrer combien était aisée la défense de l'accusé, de combien d'arguments il pouvait disposer si, vraiment, il avait forgé le Bordereau.

Or, Dreyfus n'a jamais fait usage d'aucun de ces moyens de défense ; il n'y a pas un mot dans les interrogatoires, quoi qu'on en ait dit, qui permette même de penser qu'il ait jamais eu velléité d'en faire usage. Il a fait ce que tout innocent eût fait à sa place. Mis en présence d'une pièce dont l'écriture était du même type graphique que la sienne, il a dit et répété sur toutes les formes qu'il ne l'avait pas écrite ; ses dénégations ne pouvaient pas ne pas être accompagnées d'hypothèses ; mais il n'est pas une seule de ces hypothèses, nécessairement vagues, qui puisse mettre sur la trace du système de l'écriture sur gabarit et tout esprit impartial sera obligé de le reconnaître.

Le capitaine Valério a déclaré à Rennes, sur une interpella tion de Mᵉ Demange, que si Dreyfus s'était abstenu d'employer les moyens de défense qu'il avait préparés, c'était parce qu'il avait peut-être eu vent du travail de M. Bertillon. Cette explication était, en effet, la seule qui pût être donnée ; mais elle repose sur une hypothèse arbitraire que rien ne justifie et ne rend même vraisemblable.

D'un autre côté, il est de toute évidence que si l'auteur du Bordereau avait voulu faire croire à une simulation, il aurait choisi un système simple, qui ne pût manquer d'être remarqué par des experts et sur lequel aucune contestation n'aurait été possible et non un système à ce point compliqué et secret qu'un expert de génie pouvait seul en deviner spontanément le principe ; encore lui fallait-il plusieurs années d'études pour réussir à formuler en termes précis une démonstration.

Le système de M. Bertillon rencontre donc tout d'abord des objections qui ne sont pas d'ordre technique, que suggère le simple bon sens et qui restent debout malgré les essais de réfutation qui les ont attaquées.

Il rencontre encore des objections du même genre dès qu'il tente de démontrer que le Bordereau, s'il est forgé, l'a été nécessairement par Dreyfus. C'est par la lettre « du buvard » et par des manuscrits de Dreyfus existant au Ministère de la Guerre que s'établit le lien qui rattache Dreyfus au document forgé. La lettre « du buvard » dans laquelle se trouverait le mot clé du bordereau, devait, d'après M. Bertillon, servir fréquemment à Dreyfus ; aussi l'avait-il sous la main, dans son buvard.

Enfin, comme le moule de plâtre est retrouvé au domicile du faux monnayeur, disait en 1899 M. Bertillon, nous trouvons chez lui, dans son buvard, toujours à la portée de sa main, le mot clé composé artificiellement, en prenant pour base les mesures en usage dans la topographie militaire 1/80000 en vue de servir de guide sous-jacent à son écriture de sûreté, et sur lequel le Bordereau entier se moule admirablement, réticules sur réticules.

Mais nous savons aujourd'hui que, si le hasard a mis cette lettre entre les mains de M. Bertillon, que, si le commandant d'Ormescheville, qui en était détenteur, l'avait placée dans son buvard, elle se trouvait très vraisemblablement chez Dreyfus classée, ainsi que plusieurs autres lettres, dans un portefeuille enfermé lui-même dans un tiroir. Dreyfus ne l'avait pas plus sous la main que le reste de sa correspondance.

M. Bertillon admet que cette lettre est de M. Mathieu Dreyfus; il croit que le mot « intérêt » de cette lettre est construit géométriquement et, à diverses reprises, il laisse entendre que cette lettre pourrait avoir été écrite sur gabarit puisque c'est ainsi qu'il explique de soi-disant superpositions de mots.

Ainsi donc, M. Mathieu Dreyfus, écrivant à son frère une lettre d'affaires, non confidentielle, ferait, lui aussi, usage d'une écriture sur gabarit, ou y insèrerait, tout au moins, certains mots construits géométriquement ! C'est là une hypothèse que rien n'explique et qui est, par suite, singulièrement invraisemblable.

Quant aux documents du Ministère de la Guerre, il faut rappeler ce qu'en a dit Mᵉ Demange :

Dans les pièces du Ministère de la Guerre, dans les travaux que Dreyfus faisait officiellement, M. Bertillon prétend qu'il a trouvé des mots qui ont été forgés, et dans la pensée de M. Bertillon c'était parce que Dreyfus, invoquant la forgerie quand on trouverait le Bordereau sur lui, aurait invoqué ces pièces du Ministère de la Guerre. Je vous avoue que je ne comprends pas très bien. Comment aurait-il pu invoquer des pièces du Ministère de la Guerre où il y aurait eu des mots forgés pour expliquer que le Bordereau n'était pas de lui? En effet, si on avait trouvé dans ces pièces des mots forgés comme dans le Bordereau, c'eût été une charge contre lui et non un moyen de défense. En sorte que je ne comprends pas Dreyfus faisant des travaux au Ministère de la Guerre — il y a une lettre à M. de Galliffet et un travail sur les grands parcs d'artillerie — faisant ce travail dans des bureaux où il a des camarades, dans des salles où ils travaillent trois ou quatre ensemble, je ne le comprends pas faisant ce travail et prenant son gabarit pour écrire un mot.

M. Bertillon a pu supposer qu'il n'avait pas besoin de son gabarit modèle, qu'il n'avait qu'à prendre un sou, parce que certaines lettres d'un sou formaient l'espace d'un kutsch.

Le voyez-vous, dis-je, tout en travaillant sous les yeux de ses camarades, forger des mots dans une lettre avec un sou ?

J'avoue que je n'ai pas compris ; ou plutôt, si, j'ai compris. M. Bertillon nous dit que, dans son labeur considérable, il en est arrivé à des constatations qui lui ont donné satisfaction. Sa raison d'homme de science le lui dit. Mais, comme on l'a dit très spirituellement à la Cour de Cassation, le génie a une voisine avec laquelle il est dangereux de fréquenter.

Il ne faut pas trop de génie.

Il est certain que M. Bertillon a vu des choses qu'on ne pouvait pas voir.

Pour écarter ces objections et répondre à ces invraisemblances, il fallait une démonstration impérative équivalant à une de ces preuves matérielles contre lesquelles se brisent tous les raisonnements. M. Bertillon tenta cette démonstration. Elle fut reprise après lui par le capitaine Valério avec plus de concision, de méthode et de clarté. Le capitaine Valério, décédé depuis, était un cryptographe distingué ; ses connaissances spéciales lui permirent d'exposer et de discuter le système, tâche devant laquelle avaient reculé les autres témoins à charge. Comme M. Bertillon, il dut avoir recours à de nombreuses photographies et les placer sous les yeux des membres du Conseil pour faire comprendre ses déductions. C'est vous dire que, dépourvu des mêmes moyens, nous tenterions vainement de vous présenter ici une analyse détaillée de cette démonstration, qui put être de quelque utilité.

Nous nous bornerons à vous en faire connaître sommairement les données essentielles.

Pour faire la preuve que le Bordereau est un document forgé, proposition fondamentale du système, M. Bertillon avait réticulé le Bordereau, c'est-à-dire qu'il l'avait divisé par des lignes verticales séparées de 5 millimètres. Il avait alors remarqué que les mots polysyllabiques redoublés étaient frappés au même endroit par la grille formée par tous ces réticules. Il en avait conclu, en empruntant alors son appui au calcul de probabilités, qu'il était absolument impossible qu'avec la loi du hasard, c'est-à-dire avec une écriture naturelle, ces mots polysyllabiques redoublés pussent être frappés au même endroit dans les conditions où ils l'étaient. Ces mots devaient donc être repérés.

Leur tracé obéissait aussi à une règle constante. En plaçant l'un sur l'autre les polysyllabes redoublés de façon à faire coïncider leurs réticules respectifs, la superposition des réticules entraînait celle des initiales et de quelques lettres seulement ; mais la superposition des autres lettres était obtenue après un glissement dont la valeur a toujours été de 1 m/m 25, c'est-à-dire un kutsch, soit de deux fois cette mesure.

Les lignes elles-mêmes, quoique tracées en apparence fort négligemment, toutes cependant, descendantes au recto, ascendantes au verso, sont repérées. Elles le sont par rapport à trois repères : une encoche que le Bordereau porte sur son bord libre, le bord supérieur et le bord inférieur. Chaque ligne est à un nombre entier de centimètres ou de demi-centimètres de l'un de ces repères ; en outre, ces nombres se succèdent suivant un ordre uniforme : nombre impair, nombre demi-centimétrique et nombre pair. L'intervalle qui sépare les lignes est, au verso, rigoureusement égal à 6 m/m 66, soit 2/3 de centimètre. Au recto, l'intervalle a deux valeurs : il est, soit de 10 m/m, soit de 8 m/m 33, c'est-à-dire de 6/6 ou de 5/6 de centimètre, sauf une exception correspondant à l'alinéa. La différence entre le repérage du verso et celui du recto aurait eu pour but d'empêcher la coïncidence des lignes et de rendre ainsi le moulage plus facile.

Les mots sont donc de construction artificielle ; leur emplacement est déterminé dans le sens vertical par les réticules demi-centimétriques, dans le sens horizontal par une ligne perpendiculaire au bord libre et dont l'emplacement est déterminé par l'un des trois repères.

De plus, d'après le capitaine Valério, si on divise les 5 millimètres qui séparent ces réticules verticaux en quatre divisions de 1 m/m 25, on constate que les jambages des lettres s'appliquent sur ces dernières lignes avec une exactitude et une fréquence que le hasard ne saurait expliquer.

M. Bertillon a aussi signalé comme laissant soupçonner une confection artificielle, l'existence sur le feuillet faisant face au verso, de maculatures qui ne correspondraient pas à l'impression de l'écriture encore fraîche du verso.

Cet ensemble de constatations établirait que le document est forgé. Mais il fallait encore rechercher comment et par qui il aurait été forgé.

Nous empruntons à la déposition du capitaine Valério devant le Conseil de guerre la réponse à la première de ces questions :

Je viens de vous démontrer, a dit cet officier, que le Bordereau est un document forgé ; je vais vous démontrer maintenant de quelle façon il a été forgé. Je n'ai pas besoin de dire au Conseil de quelle façon

M. Bertillon a été amené à découvrir le mot « intérêt » dans la lettre du buvard. Je ne vous parlerai pas non plus des superpositions des différents mots de cette lettre du buvard, « ouvert », « dernier ‫», « au moins », « quelque », et d'autres sur les mêmes mots du Bordereau ; je rappellerai cette coïncidence curieuse du mot « que » et « gnement », des mots « quelques renseignements », et du mouvement de un quart qui ramène à la superposition de la deuxième partie des mots. Dans tous les cas, le mot « intérêt » qui se trouvait dans la lettre attribuée à Mathieu Dreyfus se superposait très exactement sur les mots « intéressent » et « intéressant » du Bordereau. D'autre part, il semblait se superposer sur d'autres mots, et M. Bertillon en est arrivé à se demander si tous les mots du Bordereau ne se superposaient pas sur ce mot « intérêt ». C'est ainsi qu'il a découvert le système de la chaîne.

Je vais considérer le système découvert par M. Bertillon comme une hypothèse scientifique. Si ce système m'explique la plus grande partie des phénomènes déjà constatés, si, en outre, il me permet d'en découvrir de nouveaux, il prendra la valeur d'une vérité démontrée.

Quelle est la chaîne? Prenons la lettre du buvard, calquons dans cette lettre du buvard sept ou huit fois au bout l'un de l'autre le mot « intérêt », l'opération ne sera pas longue. Ce calquage, nous l'exécutons avec une couleur quelconque, j'adopte le rouge. Calquons une seconde fois le mot, en le déplaçant d'un millimètre 25 vers la gauche et marquons cette deuxième position en vert. Ce sera très facile à faire, attendu que chacun des mots reculés se repère facilement par rapport au mot supérieur au moyen du pointeau au-dessus du jambage de l'n et du petit point que vous avez dû remarquer à la droite du t. M. Bertillon a étudié en même temps ce mot « intérêt » ; il a exactement 12 millimètres et demi de long, c'est le kilomètre à l'échelle de la carte d'État-Major ; les jambages viennent frapper de kilomètre en kilomètre. Enfin, le mot peut être reconstruit par une épure, que cette épure soit faite avec le compas et la règle ou avec un moyen de fortune tel que le sou.

La chaîne, une fois faite sur un morceau de papier calque, est collée au milieu d'une feuille de papier quadrillé de 5 en 5 millimètres, papier courant dans le commerce.

L'écriture se fait en suivant, autant que possible, les jambages du mot « intérêt ».

Pour que deux mots semblables, tel que le mot « manœuvres », par exemple, puissent se placer identiquement sur les deux points de la chaîne et se superposer, il suffit de placer les initiales sur le même point du mot « intérêt » ; c'est ce que M. Bertillon appelle « la localisation des initiales. »

Les deux mots, commençant sur les mêmes points et se traçant sur les mêmes jambages, doivent évidemment coïncider.

Si, dans le tracé, l'un des deux mots, au lieu de rester sur la chaîne rouge, par exemple, sur laquelle aurait été tracé le premier, nous passons pour le second à la chaîne verte, nous aurons l'application du phénomène du recul.

Enfin, si nous considérons l'emplacement du mot « intérêt » par rapport au réticule, le mot « intérêt » a 12 millim. 1/2 de longueur. Par conséquent, les chaînons impairs de la chaîne ne se placent pas de la même façon que les chaînons pairs.

Ainsi les chaînons impairs ont sur les réticules, l'i, le t, et le deuxième é ; tandis que les chaînons pairs ont l'i, le t et l'e à demi-réticule.

Si donc l'un de nos mots « manœuvres » est commencé sur l'n d'un des « intérêt » impairs, que l'autre mot « manœuvres » débute sur l'n de l' « intérêt » pair du chaînon pair, les deux mots se superposeront, non plus à réticule entier, mais à demi-réticule.

Telle est l'hypothèse scientifique que nous allons appliquer au Bordereau.

Quand nous portons sur chaque ligne du Bordereau cette chaîne, nous n'avons le choix qu'entre cinq positions différentes, puisque ce n'est que tous les cinq réticules, au sixième réticule, que le mot « intérêt » reprend sa position, nous sommes déjà limités ; mais, d'autre part, du placement du mot « intérêt » de la chaîne sur chaque ligne du Bordereau, il ne s'ensuit pas du tout qu'une seule localisation doit avoir lieu. Eh bien ! non seulement il y en a une, mais toutes, à de très faibles exceptions, sont obtenues.

En outre, nous voyons un phénomène nouveau ; le tracé des lettres du Bordereau se moule sur le tracé de la chaîne ; le phénomène est si vrai que vous avez vu l'expérimentation faite par M. Bertillon, qui peut, en suivant le tracé de la chaîne, reproduire le Bordereau.

Enfin, dans l'emploi de cette hypothèse, comment nous expliquer le repérage des lignes ?

Le gabarit ne comprend qu'une seule ligne. Par conséquent, lorsqu'on a le tracé de l'une des lignes, il faut le remonter jusqu'à ce qu'on arrive à la suivante. Nous avons vu que pour le verso les lignes se repéraient d'abord par rapport à l'encoche, et ensuite par rapport au bord supérieur, et ensuite par rapport au bord inférieur.

Eh bien, on pourra remarquer que si, par exemple, lorsque je suis repéré par rapport à l'encoche, pour me repérer par rapport au bord supérieur qui suit, il faut remonter ce bord supérieur, non pas à la ligne demi-centimétrique suivante, mais à la deuxième après.

Ainsi, par exemple...

Ici, le capitaine Valério procéda, sous les yeux du Conseil, à une démonstration à l'aide de planches. Il continua ensuite son argumentation en ces termes :

Le procédé du gabarit explique donc bien le phénomène que nous avons connu jusqu'à présent, mais il permet encore d'en découvrir de nouveaux. Il est certain que l'écriture du gabarit devient plus facile si on a soin de prendre un mot dont les lettres se représentent souvent en français. Si nous regardons le mot « intérêt » nous y trouvons les lettres i, n, r, t, les plus fréquentes en français, avec les lettres a et s qui n'y sont pas ; il est évident que notre écriture deviendra d'autant plus facile que nous suivrons, en écrivant, les lettres qui, par leur forme, se rapprocheront le plus de celles que nous voulons écrire ; en particulier nous aurons avantage à écrire les lettres i, n, r, t, sur les mêmes lettres du Bordereau. En opérant de cette façon d'une manière absolue, nous trouverons des vides, des trous qui feraient absolument remarquer l'écriture, mais lorsque notre plume ayant à tracer un i se trouve très rapprochée de l'i de dessous, elle peut, sans sauter sur un intervalle de 1 millim. 25, soit rapprocher la lettre de la lettre précédente. Si nous avons réellement écrit de cette façon, nous devons retrouver pour les lettres i, n, t, r, e, une proportion plus grande de lettres similaires qu'il devrait y avoir d'après les probabilités. C'est en effet ce qui se présente.

Nous avons dans le Bordereau 52 i médiants ; l'espace occupé par l'i est environ 13 1/2 0/0 de la longueur du mot « intérêt » ; nous devrions par conséquent trouver 7 fois la lettre i, et nous la trouvons dix-sept fois localisée.

Si nous passons à la lettre t, au lieu de la trouver localisée sept fois, nous la trouvons quinze fois. Sur le premier è d'intérêt au lieu de 26, nous en trouvons 46. Sur la lettre r au lieu de 9 nous en trouvons 20. Sur le deuxième é au lieu de 19 nous en trouvons 39 ; sur le i final, au lieu de 6 nous en trouvons 10. Je n'ai pas parlé de la lettre n, parce qu'ici il semble qu'il y ait une exception qui, en réalité, n'existe pas ; la lettre n se localise sur l'r, et nous en trouvons 17 au lieu d'environ 7, et cela vient tout simplement de ce que les voyelles a et o se placent généralement, — comme on peut le voir sur le tableau que je remettrai au Conseil, — sur le premier é « d'intérêt », et par conséquent l'n qui suit se trouve localisé sur l'r.

Une deuxième preuve *a posteriori* de l'exactitude du système découvert par M. Bertillon est la photographie composite, elle a été soumise au Conseil, je trouve que le résultat est probant, et je n'insiste pas sur ce point.

En somme, je considère qu'aucun autre mot, qu'aucun autre procédé, ne pourrait expliquer à la fois tous les phénomènes suivants :

1° Le repérage et l'espacement régulier des jambages ;

2° Le repérage des initiales, et en particulier comment il se fait que ces initiales se repèrent sur des lettres tantôt de 5 en 5, et tantôt de 2 1/2 en 2 1/2 ;

3° Le repérage des lignes ;

4° La coïncidence du modelé de l'écriture du Bordereau et de celui de la chaîne confirmé par la photographie composite ;

5° Les superpositions des mots répétés :

6° Les coupures de 1 millim. 25 ou de 2 millim. 50 existant dans ces mots ; et enfin les lettres e, n, r, t, i, du Bordereau (éléments du mot intérêt) présentant des éléments géométriques semblables à d'autres. Je trouve que le système découvert par M. Bertillon rend compte de tous ces faits qui sont indépendants les uns des autres.

Le procédé du gabarit est simple ; il suffit, en effet, de décalquer 7 ou 8 fois le mot « intérêt » sur la lettre du buvard, de répéter ce calque, après un glissement de 1 millim. 25, de caler le calque sur une feuille de papier quadrillé de 5 en 5 millimètres et l'instrument, le gabarit est formé. Je pense, je suis même sûr que cette opération ne peut pas durer plus d'une demi-heure au grand maximum.

Quant à l'écriture sur gabarit elle est facile, lorsqu'on ne s'efforce pas d'imiter l'écriture d'un autre ; on arrive facilement à écrire le Bordereau en 30 ou 35 minutes en lui donnant toutes les propriétés géométriques qu'il possède.

La pièce écrite, le gabarit est détruit, il ne reste plus de trace du mode de confection. Si l'on veut reconstruire le gabarit, la lettre du buvard est là qui conserve le mot « intérêt ». Enfin, si cette lettre est prise, disparaît, s'égare ou est saisie, l'épure permet de reconstruire le mot « intérêt ».

Je viens donc de démontrer comment le Bordereau est un document forgé, et comment ce document a été forgé.

Il ne reste pas de doute pour moi sur la démonstration de M. Bertillon qui fait voir que les mots intercalés dans les minutes sont faits sur la chaîne, ont été intercalés après coup, et se superposent sur ceux du bordereau. Cette question a été longuement expliquée ; je ne pourrai mieux le faire que celui qui l'a exposée, mais je partage absolument son opinion.

Quant à la preuve que Dreyfus seul était l'auteur du Bordereau, le capitaine Valério l'établissait ainsi :

Le commandant Esterhazy a prétendu être l'auteur du Bordereau. Il peut dire : « Je l'ai obtenu de mon écriture naturelle. » Nous lui répondrons : « Ce n'est pas vrai, parce qu'il est démontré péremptoirement et géométriquement que le Bordereau est un document forgé. »

Il peut l'avoir obtenu par décalque. S'il l'a obtenu par décalque, il a fallu non seulement qu'il calque les lignes, mais encore qu'il calque la forme, l'encoche, encoche qui n'a été remarquée que par M. Bertillon, encoche qui a échappé à tous les yeux, et qui cependant est sur la photographie originale.

En outre, le décalque a pu altérer le graphisme de l'écriture, mais il n'a pu altérer les propriétés géométriques, et les conclusions doivent rester les mêmes.

Enfin Esterhazy aurait pu écrire sur la chaîne ? Alors il faudrait qu'il nous prouve qu'il la possédait dès 1894.

En outre, il est certain que l'accusé l'avait aussi, puisqu'on la retrouve dans la lettre du buvard, et dans les minutes du Ministère. Est-ce Esterhazy qui aurait pu intercaler dans le Bordereau les mots : « dernier, couverture, quelques renseignements », qu'on retrouve dans la lettre du buvard ?

Ce qui s'applique à Esterhazy s'applique à tout autre, excepté à l'accusé.

A mon avis, grâce à M. Bertillon, je crois que le Conseil de Guerre est en possession d'une preuve matérielle de la culpabilité de l'accusé.

A l'appui de cette démonstration, M. Bertillon procéda à deux vérifications expérimentales.

Il impressionna tout d'abord trois plaques sensibles : la première, en faisant passer devant elle par sections de 12 millim. 5 de longueur et avec une pose de cinq secondes pour chacune, toutes les lignes du Bordereau placées bout à bout ; la seconde, en procédant à la même opération pour la partie du Bordereau qui aurait été écrite en suivant la chaîne rouge ; la troisième pour la partie qu'il a considérée comme correspondant à la chaîne verte. La première de ces épreuves présente un tel enchevêtrement de traits que l'on n'y peut retrouver les deux chaînes imbriquées ; sur les deux autres, au contraire, il crut reconnaître dans la succession des masses alternativement blanches et noires, un écartement et un rythme semblables à ceux des lettres du mot intérêt dans la chaîne et quelques-uns des traits de ces lettres. Ce procédé tiré de la photographie composite lui sembla apporter une preuve matérielle que le Bordereau avait été écrit sur le mot « intérêt ».

En second lieu, M. Bertillon prétend avoir reproduit en vingt minutes devant le Conseil de Guerre les onze lignes du verso du Bordereau. Il aurait obtenu ce résultat en faisant usage du gabarit, sans autre effort de mémoire que de se rappeler les endroits où le scripteur aurait passé de la chaîne verte à la chaîne rouge et réciproquement.

La thèse de M. Bertillon et du capitaine Valério ne resta pas sans réponse. Elle était déjà battue en brèche par les expertises de l'affaire Esterhazy. Si l'auteur quelconque du Bordereau, en effet, a imité au courant de la plume dans la plus grande partie du Bordereau l'écriture d'Esterhazy et a calqué quelques mots de cette écriture, il n'a point usé d'un procédé géométrique.

M. Gobert, M. Charavay vinrent affirmer, avec preuves à l'appui, que le Bordereau était d'une écriture naturelle, normale, tracée avec une rapidité qui exclut toute espèce de système, de truquage, de déguisement et que l'identité de cette écriture avec celle d'Esterhazy était complète et absolue.

M. Paul Meyer, membre de l'Institut, professeur au Collège de France, directeur de l'Ecole des Chartes, M. Molinier, professeur à l'Ecole des Chartes, M. Giry, membre de l'Institut, professeur à l'Ecole des Chartes et à l'Ecole des Hautes Etudes prirent la peine de démontrer ce qui était à leurs yeux évident, « d'une évidence complète qui malheureusement ne se manifestait pas à tous les yeux », que l'écriture du Bordereau était celle d'Esterhazy.

M. Paraf-Javal, dessinateur, dans une très longue déposition, prit à partie tous les arguments du système Bertillon-Valério ; sa réfutation se base sur ce que toutes les mesures de M. Bertillon sont fausses « toutes sans exception ».

M. Maurice Bernard, ingénieur au Corps des Mines, ancien élève de l'Ecole Polytechnique, soumit la démonstration de M. Bertillon à un examen rigoureux. Il examina successivement les deux ordres de preuves de forgerie qu'il résumait ainsi :

1° Certains groupes de mots spéciaux du Bordereau se placent d'une façon anormale et non imputable au hasard par rapport aux barreaux d'une grille de cinq millimètres d'écartement ; 2° le calcul des probabilités enseigne que sur un million de documents pris au hasard, on en rencontrera un à peine qui présentera ces particularités.

Pour M. Maurice Bernard, le premier ordre de preuves supporte la discussion ; le second est enfantin et misérable. On ne peut même discuter le premier qu'après avoir fait des réserves sur les mesures de M. Bertillon. Elles n'ont pas été prises sur le document original, mais bien sur un document constitué par M. Bertillon pour faire disparaître l'influence des déchirures ; « or, un examen attentif montre qu'il existe des différences certaines entre ce document et le bordereau d'avant les déchirures, ce Bordereau que, sauf son auteur, personne n'a jamais vu et ne verra jamais ».

L'erreur capitale commise par M. Bertillon proviendrait « de ce qu'il n'avait retenu que les coïncidences qui décelaient la forgerie et qu'il avait négligé toutes les coïncidences, infiniment plus nombreuses qui prouvaient la spontanéité ». D'après son système même, s'il ne l'eût employé d'une manière vicieuse, cette spontanéité était démontrée.

M. Maurice Bernard exposait enfin que M. Bertillon avait fait, pour renforcer son expertise, un nouvel appel au calcul des probabilités, d'une manière si malhabile et si confuse, qu'elle ne permettait à aucun document d'échapper au reproche de forgerie. La démonstration de cette proposition était illustrée par l'exemple suivant :

J'ai l'honneur de faire passer sous les yeux de Messieurs les membres du Conseil de Guerre une page d'écriture qui, interrogée par la grille et avec le raisonnement de M. Bertillon, n'y résiste pas. En effet, on ne trouve pas moins de 11 groupes de mots polysyllabiques redoublés dont les débuts coïncident rigoureusement ; et, chose curieuse, parmi ces coïncidences se trouve quatre fois celle du fameux mot « manœuvres » du Bordereau. Si l'on descend aux monosyllabes, les coïncidences sont encore bien plus curieuses ; on rencontre quatorze fois, pour ne citer qu'un exemple, la préposition « de » ou « des » encadrée d'une façon rigoureusement exacte entre les barreaux de la grille. Tout ceci fait l'objet d'une note accompagnant la planche que j'ai eu l'honneur de faire passer tout à l'heure. Sur cinquante millions de documents semblables, écrits au hasard, on n'en trouverait pas un qui présente cette particularité. Faudra-t-il en conclure que ce document est forgé ? M. Bertillon n'hésiterait pas. Il aurait tort cependant ; car ce document est une page d'un rapport de M. Bertillon lui-même, et il est écrit par le commis-greffier du Conseil de Guerre.

Le général Sébert, membre de l'Institut, avait protesté aussi contre les prétentions scientifiques du système de M. Bertillon et du capitaine Valério, ce dernier moins obscur, mais tout aussi inexact que le premier. Il s'éleva aussi contre le caractère enfantin de l'expérience tirée de la photographie composite.

Je dois à ma situation, dit le général Sébert, de déclarer ici que la science française ne peut pas couvrir de son autorité des élucubrations fantaisistes comme celles que M. Bertillon a apportées ici sous le couvert de théories scientifiques.

M. Painlevé, répétiteur et examinateur de passage à l'Ecole Polytechnique, maître de conférences à l'Ecole Normale Supérieure, vint affirmer que des erreurs de toutes sortes faussaient de fond en comble le système de M. Bertillon ; il n'était pas permis d'ailleurs, d'après ce témoin, d'introduire la certitude mathématique dans des questions qui ne sauraient la comporter à aucun degré. A l'appui de son opinion, M. Painlevé donna lecture au Conseil de guerre d'une lettre de M. Poincaré, qui, après avoir relevé une erreur « colossale » (et d'ailleurs aujourd'hui reconnue) commise par M. Bertillon dans son application du calcul des probabilités se termine ainsi :

En résumé, les calculs de M. Bernard sont exacts ; ceux de M. Bertillon ne le sont pas. Le seraient-ils qu'aucune conclusion ne serait pour cela légitime, parce que l'application du calcul des probabilités aux sciences morales est, comme l'a dit je ne sais plus qui, le scandale des mathématiques, parce que Laplace et Condorcet, qui calculaient bien, eux, sont arrivés à des résultats dénués de sens commun ! Rien de tout cela n'a de caractère scientifique, et je ne puis comprendre vos inquiétudes. Je ne sais si l'accusé sera condamné ; mais s'il l'est, ce sera sur d'autres preuves. Il est impossible qu'une pareille argumentation fasse quelque impression sur des hommes sans parti pris et qui ont reçu une éducation scientifique solide.

Ainsi, d'après les plus hautes autorités de la science française, cette preuve mathématique de la culpabilité de Dreyfus, indispensable à l'accusation, que devait apporter la discussion graphique du Bordereau, non plus par les procédés ordinaires des experts écrivains, mais par des procédés scientifiques, était viciée par l'erreur et de plus, elle était, en principe, frappée d'impuissance.

Nous ne croyons pas, dès lors, faire preuve de témérité en avançant que l'on ne saurait déduire de la discussion graphique du Bordereau, telle qu'elle a été produite au procès de 1899, une preuve décisive de la culpabilité de Dreyfus.

Un nouveau système, qui offre quelque ressemblance avec celui de M. Bertillon, avait été proposé au cours du procès par le commandant Corps, chef de bataillon du génie, de l'Etat-Major de la place de Paris. Cet officier supérieur avait demandé à être entendu par le Conseil de guerre ; il ne fut pas cité ; Mᵉ Demange laissa entendre que c'était peut-être parce que, sur certains points, les deux systèmes ne s'accordaient pas. Ils sont, en effet, incompatibles.

Dans une brochure intitulée *Etude sur le Bordereau*, qu'il a adressée à M. le Président de la Chambre criminelle, M. le commandant Corps a exposé sa méthode. En voici le résumé, d'après l'étude critique versée aux débats par la défense, qui lui a été consacrée par M. Gabriel Monod, membre de l'Institut, maître de conférences à l'Ecole Normale :

Pour le commandant Corps, le Bordereau est un document forgé. Dreyfus a écrit le Bordereau d'une écriture cursive, en se servant d'un gabarit sous-jacent ou transparent, quadrillé, dont les quadrillages sont des carrés de 1 m/m 25 de côté, complétés par des diagonales menées de l'angle inférieur gauche à l'angle supérieur droit. La preuve que le Bordereau est de lui se trouve dans le fait que le quadrillage qui s'applique au Bordereau peut s'appliquer aussi à la lettre trouvée dans le buvard de Dreyfus. Mais comme il serait absurde de supposer qu'une écriture ainsi fabriquée se trouve reproduire juste l'écriture d'Esterhazy, et que l'identité de l'écriture du Bordereau et de celle d'Esterhazy n'est pas niable, M. Corps a été amené à nier l'authenticité des lettres d'Esterhazy qui ont été produites. Il y voit des faux, dont Esterhazy lui-même est en partie l'auteur. Et il trouve la preuve de cette falsification dans l'existence de certaines tares dans les lettres d'Esterhazy qui reproduisent des tares du fac-similé du Bordereau.

Ce système suppose que Dreyfus a voulu simplement déguiser son écriture, que la lettre de M. Mathieu Dreyfus n'est pas authentique, qu'elle est l'œuvre de l'accusé et que le mot « intérêt » ne joue aucun rôle. Il ne s'accorde donc avec celui de M. Bertillon ni sur le procédé employé, ni sur le motif qui aurait déterminé le choix de ce procédé. Les deux systèmes se contredisent.

M. Gabriel Monod a fait remarquer en outre au commandant Corps qu'il commettait une erreur manifeste en assimilant l'écriture de la lettre de M. Mathieu Dreyfus à celle du Bordereau ; car il n'a pu faire entrer l'écriture de cette lettre dans son réseau mathématique qu'en le plaçant de travers, tandis que celle du Bordereau s'y applique en le mettant droit. « On peut donc, ajoute M. Monod, en entrant dans les idées du commandant Corps, considérer qu'il découle de ces observations mêmes la preuve mathématique que l'auteur de la lettre du buvard, qu'il soit Mathieu ou Alfred, n'est pas l'auteur du Bordereau. Dès lors, tout l'échafaudage de ses démonstrations s'écroule ». D'ailleurs, il n'existe aucune raison de croire que la lettre du buvard n'est pas tout simplement de Mathieu Dreyfus. Son écriture est identique, en effet, à celle de toutes les lettres de M. Mathieu Dreyfus et M. Monod a mis le commandant Corps en mesure de s'en assurer. Après avoir examiné le Bordereau au point de vue graphique, contradictoirement avec le commandant Corps, M. Monod arrive à cette conclusion :

En résumé, ce qui nous a paru ressortir de l'étude de M. Corps, c'est que, si les lettres d'Esterhazy, et en particulier les lettres Rieu et Callé sont authentiques, comme cela n'est pas douteux, les observations de M. Corps amènent à la certitude de l'identité de l'écriture du Bordereau et de celle d'Esterhazy, puisque, pour lui, ces lettres offrent une copie servile de l'écriture du Bordereau. Son mémoire se trouve être une expertise en faveur de l'attribution du Bordereau à Esterhazy.

La nouvelle demande de revision a fait surgir deux autres publications sur l'examen graphique du Bordereau. Un anonyme, qui signe « un ancien élève de l'Ecole Polytechnique » a fait paraître sous ce titre : « Le Bordereau, Etude des dépositions de M. Bertillon et du capitaine Valério au Conseil de guerre de Rennes », une brochure accompagnée d'un atlas, où le système Bertillon-Valério est reproduit et complété. Cette brochure a été désignée sous le nom de « brochure verte » à raison de la couleur de sa couverture.

Son auteur inconnu a entendu démontrer que l'on trouvait dans le Bordereau tous les éléments matériels d'une conviction raisonnée de la culpabilité de Dreyfus. Son argumentation ne diffère guère de celle de M. Bertillon et du capitaine Valério que par une méthode qui, si elle n'aboutit pas à la justification du système a, du moins, le mérite d'en rendre la compréhension plus aisée.

Nous ne pouvons pas exposer ici cette argumentation dont tous les éléments ont été d'ailleurs mis sous vos yeux ; nous devons toutefois vous signaler un argument nouveau qu'elle relève et qui en dénote l'esprit. L'encoche du Bordereau n'y sert plus seulement au repérage des lignes ; elle établirait encore un rapport entre les dimensions du Bordereau et celles de la lettre du buvard. Cette lettre porte au bas une échancrure ou encoche dont les deux côtés, découpés par des coups de ciseaux successifs, forment un angle ; le fond en est un peu irrégulier et porte une petite fente ou déchirure provenant probablement d'un coup de ciseaux un peu plus profond. Cette petite fente ou déchirure a été appelée surencoche. L'auteur de la brochure verte a placé sur la lettre du buvard une feuille de papier pelure à laquelle il attribue, en vertu de déductions arbitraires, la dimension du Bordereau. Si le bord supérieur de la pelure est appliqué sur le bord droit de la lettre, l'encoche vers le bas, cette encoche se localise avec la plus extrême précision sur la surencoche de la lettre et, d'autre part, le bord opposé de la pelure s'applique exactement au milieu du bord supérieur de la lettre. Si l'on fait ensuite glisser l'angle extérieur de l'encoche de la pelure le long du bord gauche de l'encoche triangulaire de la lettre et un peu au-dessous du bord inférieur de cette lettre, il y a coïncidence du bord inférieur de la pelure avec le bord gauche de la lettre. Ces rapports de dimension ne sauraient être attribués au hasard.

On a répondu à cette observation qu'elle a été faite sur le Bordereau reconstitué à 4 millimètres et complétée par l'addition d'un feuillet dont une partie a été enlevée et qu'il n'est au pouvoir de personne de reconstituer. Or, les dimensions de la partie existante du Bordereau sont différentes de celles qui ont été imaginées par M. Bertillon ; l'erreur est doublée si la reconstitution de la partie manquante est faite sur la reconstitution de la partie existante. La superposition indiquée n'a donc aucune réalité ; elle n'a pas lieu avec les documents authentiques.

Votre Chambre criminelle ne s'en est pas tenue à ce raisonnement. Elle a recherché la provenance des encoches qui tenaient une place si importante dans la discussion et elle l'a trouvée. Nous vous faisons connaître les résultats de son enquête sur ce point d'après le rapport de MM. Darboux, Appel et Poincaré :

L'encoche du Bordereau a été faite par la personne qui a recollé le Bordereau. — Lorsque le Bordereau fut remis à M. Bertillon, il était recollé à l'aide de plusieurs bandes gommées. M. Bertillon commença par enlever la plus grande partie de ces bandes ; il nota leurs emplacements en calquant au travers les mots qu'elles recouvraient, et les mit dans une enveloppe qui figure au dossier. Une fois ces bandes de collage enlevées, il devenait difficile de retrouver l'origine de l'encoche, et il n'est pas étonnant qu'elle ait échappé aux personnes qui n'ont vu le Bordereau que dans l'état où l'a mis M. Bertillon.

Mais il existe au dossier un cliché pris par M. Temps du Bordereau primitif immédiatement après son premier recollage ; sur ce cliché les premières bandes de collage apparaissent très nettement. On y voit en particulier une bande qui recouvre le mot « *extrêmement* » et qui raccommode la déchirure oblique traversant ce mot. Cette bande est collée obliquement par rapport au bord libre, et sa section le long du bord libre se confond exactement avec celle du bord libre du Bordereau. On voit ainsi l'origine de l'encoche : la bande de collage oblique dépassait primitivement le bord ; une fois le Bordereau recollé, l'opérateur dut faire disparaître les portions de bandes qui dépassaient ; il voulut couper la bande d' « *extrêmement* » ; son coup de ciseaux, donné un peu obliquement par rapport au bord libre, entama légèrement le papier sous-jacent, en en détachant une languette étroite qu'il dût ensuite enlever. Telle est l'origine de l'encoche.

Les photographies agrandies que nous avons fait tirer avec le cliché de Temps montrent nettement que la bande gommée et le Bordereau ont leurs bords exactement raccordés, ce qui n'arriverait pas si le même coup de ciseaux n'avait pas entamé les deux papiers. Ce n'est qu'au-dessus de la bande qu'une ondulation du papier du Bordereau produit une discontinuité du bord ; mais il n'en existe aucune à l'endroit recouvert par la bande et à l'endroit immédiatement voisin. C'est ce qu'on verra nettement sur les photographies B et C, recto et verso.

Nous avons d'ailleurs, après avoir retrouvé la bande de collage avec le calque du mot « *extrêmement* », pu la remettre exactement à sa place et constater que les bords des deux papiers coïncident.

En résumé : 1° l'encoche du Bordereau a été faite après sa reconstitution ; elle n'existait pas sur le document original.

2° L'encoche de la lettre du buvard provient de ce que cette lettre a figuré dans un scellé ouvert dont les pièces étaient maintenues à l'aide d'une ficelle passant dans une encoche au bas du scellé.

Il résulte d'une procédure instruite par M. le conseiller Petitier qu'un certain nombre de pièces saisies chez Alfred Dreyfus parmi lesquelles la lettre « des obligations », la lettre « du fusil de chasse », etc., ont été, au Ministère de la Guerre, placées dans ce qu'on appelle un scellé ouvert portant le N° 19, dont la chemise, paraphée par M. du Paty de Clam, Gribelin et Mme Dreyfus, a été retrouvée. M. Gribelin reconnaît que M. Cochefert lui a donné des indications pour la confection d'un scellé ouvert. Cette confection consiste, d'après M. Cochefert, à placer les pièces dans une chemise servant d'enveloppe, en pratiquant dans le bas une entaille triangulaire destinée à retenir la ficelle du scellé à sa place ; cette ficelle passe d'ailleurs dans un trou perçant la chemise et toutes les pièces, puis les extrémités de là ficelle sont fixées au dos de la chemise et cachetées.

La chemise retrouvée répond parfaitement à ce signalement. Les pièces qu'elle contenait avaient été divisées en deux parties ; les unes avaient été rendues à Mme Dreyfus ; les autres étaient restées au dossier de l'affaire, comme la lettre des obligations, la lettre des fusils de chasse, etc.

. Or, toutes ces pièces portent les trous de la ficelle à la même place que la chemise, et toutes celles d'entre elles dont le format est assez grand pour qu'elles atteignent le bas de la chemise portent l'encoche à la même place que la chemise avec la même forme. Ainsi sur la lettre des fusils de chasse, on voit l'encoche comme sur celle des obligations, et le trou de la ficelle au point correspondant au trou du mot « puisque » de la lettre des obligations, à peu près à 105 millimètres au-dessus du fond de l'encoche.

Un détail mérite d'être retenu, comme montrant bien le défaut de méthode de M. Bertillon ; c'est qu'il a reconnu avoir remarqué l'encoche sur les lettres qui lui ont été remises, celle des obligations et des deux autres ! Tout autre à sa place aurait cherché si ces encoches n'existaient pas également sur d'autres pièces du dossier.

En résumé, les encoches du Bordereau et de la lettre des obligations ont été faites toutes deux après la saisie de ces pièces ; les théories développées à ce sujet par M. Bertillon et ses disciples non seulement n'ont aucun fondement, mais elles montrent, sur un exemple qui peut être compris de tout le monde, le parti pris, le manque absolu de critique et d'esprit scientifique, le goût de l'absurde que nous avons constatés dans toutes les parties du système soumis à notre examen.

La brochure verte a été bientôt suivie d'une publication dont les démonstrations sont beaucoup plus sommaires.

Elle est signée du pseudonyme « Scio » et a paru avec une préface de M. de Marcère, sénateur inamovible.

L'auteur de cette brochure estime que le Bordereau et la lettre du buvard sont écrits d'après le même procédé de déformation qui défigure le « facies » général de l'écriture, tout en lui laissant l'apparence d'avoir été tracée couramment ; le gabarit est le même. L'encoche du Bordereau est calquée sur l'échancrure de la lettre du buvard. Enfin, l'encoche était un signe de reconnaissance convenu entre l'auteur et le destinataire du Bordereau. Elle tenait lieu de certificat d'origine et de laissez-passer ; c'était ce qu'en langage maçonnique on appelle « un tuilage ».

La défense opposa à ces attaques diverses de savantes réfutations de M. Molinier, de M. Bernard, de M. Painlevé et, comme M. Bertillon avait déclaré, dans un mémoire publié par la *Revue Scientifique* en 1898, qu'à sa connaissance le docteur Emile Javal, de l'Académie de Médecine, et le docteur Héricourt, chef du Laboratoire de la Faculté de Médecine avaient seuls

étudié la physiologie de l'écriture, elle leur a demandé de faire·
connaître leur sentiment.

Les docteurs Javal et Héricourt ont répondu par une courte·
notice, avec pièces à l'appui, dans laquelle ils expriment l'avis.
que la planche XIII de l'Atlas de la brochure verte (prétendu fac-
similé de l'écriture kutschique tracée à Rennes par M. Bertillon) est un faux grossier.

En présence de ces controverses qui prétendaient transporter
la discussion sur le terrain de la science, la Chambre criminelle
a cru devoir vous éclairer en faisant appel aux plus hautes personnalités de la science mathématique en France : M. Darboux,
secrétaire perpétuel de l'Académie des Sciences, M. Appel, de
l'Institut, doyen de la Faculté des Sciences de l'Académie de
Paris, M. Poincaré, de l'Institut.

Par ordonnance du 18 avril 1904, elle leur a confié la mission
de procéder à l'examen critique des divers systèmes ou études.
graphiques auxquels le Bordereau a donné lieu, de ceux notamment qui ont été présentés soit officiellement, soit officieusement,
par MM. Bertillon, Valério, Corps et par « Un ancien élève de
l'Ecole Polytechnique ». Les experts étaient autorisés à provoquer les explications des auteurs de ces systèmes, à faire appel
aux concours techniques qui leur paraîtraient utiles, tels que
celui du Bureau des Longitudes, à mettre en œuvre, en un mot,
tous moyens d'ordre scientifique pouvant contribuer à la manifestation pleine et entière de la vérité. Le Bordereau, les lettres.
signées Esterhazy des 17 avril 1892 et 17 août 1894, la lettre
de M. Mathieu Dreyfus, ainsi que toutes les pièces de comparaison, comprises dans les procédures ou qui seraient ultérieurement placées sous la main de la justice, étaient mises au greffe
de la Chambre criminelle à la disposition des experts.

MM. Darboux, Appel et Poincaré ont déposé leur rapport.
le 2 août 1904, après avoir entendu M. Bertillon et le commandant
Corps dans leurs explications et usé de tous les moyens d'instruction qui leur étaient offerts ; ils avaient, notamment, fait procéder
par le Bureau des Longitudes aux mesures de précision que
comportait l'examen des divers systèmes.

Tous les problèmes soulevés par l'examen graphologique du
Bordereau sont étudiés et résolus dans leur rapport avec une
prudence et une rigueur qui ne laissent subsister dans l'esprit
aucune indécision.

Vous avez sous les yeux cette œuvre de vraie science ; nous

n'avons pas, par conséquent, à vous en donner lecture. Il nous suffira de rappeler ses conclusions qui ruinent entièrement les systèmes examinés.

CONCLUSION

L'absurdité du système B est si évidente qu'on s'expliquera difficilement la longueur de cette discussion. On risquerait de n'en pas comprendre la nécessité si on ne se rappelait l'historique de l'Affaire.

Quand le système fut pour la première fois connu du public, quand on apprit que « le Bordereau n'était pas l'œuvre des seules forces de la nature », ce fut un long éclat de rire. On n'a pas oublié le récit de ce siège épique, où un certain redan, foudroyé par la batterie des S longs, se défendait héroïquement, jusqu'à ce qu'enfin l'assaillant, intimidé par les maculatures, reculât devant les initiales.

Ceux qui pousseraient plus loin l'examen découvriraient des choses non moins stupéfiantes au milieu d'un fatras incompréhensible ; ils trouveraient des constatations du genre de celle-ci.

Il y a sur le mot intérêt deux points à peine perceptibles dont la distance verticale représente précisément à l'échelle du 80.000 l'équidistance normale des courbes de niveau de la carte d'Etat-Major. Cela peut-il être dû au hasard ?

Ainsi, ce misérable, sur le point de trahir son pays, n'avait qu'une pensée : reproduire, en imitant l'écriture de son frère, l'équidistance des courbes de niveau !

Mais, à un certain moment, des hommes habiles comprirent quel parti on pouvait tirer de cette mine précieuse et inépuisable d'équivoque. Ils savaient que les rieurs se lassent et que les croyants ne se lassent pas ; ils savaient que le public ne fait pas attention à la valeur des arguments, mais au ton des argumentateurs ; et ils commencèrent à soutenir M. Bertillon de leurs affirmations tranchantes et réitérées.

Or, celui-ci avait un grand avantage ; l'obscurité de son système le défendait contre la critique, de même que la seiche s'entoure d'un nuage d'encre pour échapper à ses ennemis.

Son système variait constamment, et par là il pouvait prolonger la discussion, et cela pouvait faire illusion au public qui avait depuis longtemps renoncé à comprendre.

Il n'y a pas d'inventeur de la quadrature du cercle qui ne soit prêt à prolonger la résistance indéfiniment, du moment qu'on accepte de discuter avec lui.

La mission dont nous étions chargés nous obligeait à examiner le système comme s'il était sérieux. Cet examen nous a conduits aux résultats suivants :

La reconstitution du Bordereau est fausse ; les erreurs sont généralement d'un demi-millimètre et peuvent aller jusqu'à un ou deux millimètres ; c'est de cette reconstitution fausse que M. Bertillon s'est uniquement servi.

Ses planches sont le résultat d'un traitement compliqué infligé au document primitif et d'où celui-ci est sorti altéré. Il a subi une série d'agrandissements et de réductions photographiques, et même de calquages, décalquages, recalquages, découpages, collages, gouachages, badigeonnages et retouches.

On a employé deux réticulages entièrement différents, et l'on passe de l'un à l'autre, suivant les besoins de la cause.

Nous avons montré, par l'application des règles du calcul des probabilités, que les coïncidences signalées, en ce qui concerne le repérage horizontal des polysyllabes, peuvent très bien s'expliquer par le hasard et ne prouvent nullement que le document ait été forgé. Ces coïncidences en effet ne sont qu'approchées.

Elles seraient réelles qu'elles ne prouveraient pas à elles seules que ce document forgé l'a été par Dreyfus. Pour arriver à ce résultat on invoque une lettre saisie chez lui, où se trouve le mot « *intérêt* ». Il faut donc trouver une relation de cause à effet entre ce mot et cette distance de cinq millimètres qu'on dit retrouver si souvent sur le Bordereau. Telle est l'origine des élucubrations sans nombre que nous avons discutées dans notre chapitre sur le mot intérêt. Bornons-nous à dire que ces mesures ne sont que grossièrement approchées.

La localisation des initiales a été obtenue grâce à 41 coups de pouce.

Les localisations des non-initiales ne dépassent pas le nombre probable convenablement calculé.

Les arguments, que M. Bertillon a tirés de l'application des mots du Bordereau les uns sur les autres ou sur ceux de la lettre du buvard, ont été réduits à leur valeur réelle, qui est nulle.

Quant à l'application sur les mots des pièces de comparaison, notre examen prouve que M. Bertillon a fait un choix tout à fait arbitraire entre les mots très nombreux qu'il avait à sa disposition. C'est donc, ou qu'il avait le désir de prouver la culpabilité, ou, ce que nous croyons de préférence, qu'il a commis une grave erreur de méthode.

Nous avons demandé à M. Bertillon de reproduire devant nous, comme il l'avait offert à la Cour de Cassation, et comme il l'avait fait à Rennes, le gabarit ainsi que le recto et le verso du Bordereau ; il s'y est refusé, alléguant que la mémoire et la main lui feraient également défaut.

Il n'y avait donc là qu'un exercice mnémotechnique.

Nous n'insisterons pas sur le repérage vertical des lignes où nous n'avons vu qu'un théorème d'arithmétique aussi incontestable que naïf.

Le Bordereau n'ayant pas 207 millimètres, comme l'affirmait M. Bertillon, toutes les relations entre les lignes, les bords et l'encoche tombent d'elles-mêmes.

Nous avons établi d'une manière incontestable, pour tout esprit non prévenu que l'encoche du Bordereau, de même que celle de la lettre du buvard ont été faites postérieurement à la saisie des pièces. Cette démonstration à elle seule suffirait à faire crouler tout le système.

La photographie composite ne représente que des apparences confuses où l'auto-suggestion permet de voir tout ce qu'on y veut. La preuve, c'est que M. le commandant Corps avait cru tout d'abord y voir apparaître, non le mot « *intérêt* », mais le squelette de son quadrillage.

M. le commandant Corps est intervenu spontanément dans l'affaire ; il n'a donc pas eu à sa dispoition tous les moyens de travail qu'a eus M. Bertillon ; il s'est cependant servi de la reconstitution de M. Bertillon qui, nous l'avons vu, est fausse. Sur presque tous les points, son système est en désaccord avec celui de M. Bertillon, ce qui constitue un argument à la fois contre les deux systèmes.

Ce que nous venons de dire suffit pour faire comprendre l'esprit de la « méthode » de M. Bertillon. Il l'a lui même résumée d'un mot : « Quand on cherche, on trouve toujours. »

Quand une coïncidence est constatée, c'est une preuve accablante ; si elle fait défaut, c'est une preuve plus accablante encore, car cela prouve que le scripteur a cherché à détourner les soupçons.

On ne s'étonnera pas des résultats qu'il a obtenus par cette méthode.

La naïveté avec laquelle il en a dévoilé les secrets, porterait à croire à sa bonne foi.

En résumé, tous ces systèmes sont absolument dépourvus de toute valeur scientifique :

1° Parce que l'application du calcul des probabilités à ces matières n'est pas légitime ;

2° Parce que la reconstitution du Bordereau est fausse ;

3° Parce que les règles du calcul des probabilités n'ont pas été correctement appliquées ;

En un mot, parce que les auteurs ont raisonné mal sur des documents faux.

Signé : POINCARÉ, DARBOUX, APPEL.

En présence des conclusions de ce rapport, nous ne pouvons assurément que persister dans l'impression que nous avaient laissée les débats devant le Conseil de guerre. Les résultats de l'examen graphologique du Bordereau n'opposent évidemment aucun obstacle à la revision.

Il en est de même de la critique littéraire du Bordereau.

Les observations présentées à ce point de vue devant le Conseil de guerre contre Dreyfus étaient sans portée. M. Louis Havet, membre de l'Institut, professeur au Collège de France et à la Sorbonne, crut cependant devoir y répondre. A ses yeux, la langue de Dreyfus, étonnante de netteté, de précision, de correction grammaticale, n'offre aucune ressemblance avec le style du Bordereau. En revanche, le Bordereau fourmille d'incorrections, de tournures exotiques, et des fautes de même nature se retrouvent dans les lettres d'Esterhazy.

La critique littéraire du Bordereau fournirait donc plutôt une présomption en faveur de Dreyfus qu'une preuve contre lui.

XIV

Le système d'accusation présenté devant le Conseil de guerre de Rennes ne repose en réalité que sur les charges que nous venons d'exposer. Sans doute, des témoignages d'ordre général ne se rattachent à aucune de ces charges furent aussi produits ; mais de brèves explications suffiront pour vous convaincre que leur portée fut nulle.

Certains de ces témoignages, émanés de personnes qui ne savaient rien, mais qui n'en avaient pas moins la prétention de jouer un rôle dans cette affaire, furent spontanés ; d'autres furent très probablement inspirés ; mais ce serait, à notre avis, faire une injure imméritée à l'intelligence des officiers qui ont si savamment édifié l'accusation de 1899, que de soupçonner leur inspiration dans des dépositions dont l'insignifiance ou l'inexactitude ne pouvaient que compromettre la cause qu'ils défendaient. Ils durent les subir afin de ne pas décourager le zèle de certains de leurs amis ; nous imaginons qu'ils se seraient volontiers privés de concours aussi inutiles, et même aussi dangereux.

M. Mertian de Muller, avocat à Lille, entendu sans prestation de serment, déposa que, visitant en touriste, le 5 novembre 1894, l'un des châteaux de Postdam, il avait été conduit dans une chambre à coucher, qui, d'après son guide, était celle de l'Empereur. Sur un guéridon, il avait vu le journal *La Libre Parole* avec une annotation au crayon bleu, en langue allemande. M. Mertian de Muller ne connaît pas très bien cette langue ; toutefois il avait traduit l'annotation par ces mots : « Le capitaine Dreyfus est pris. » Cette traduction était-elle exacte ? M. Mertian de Muller, lui-même, ne saurait l'affirmer. Il ne se souvient en effet que de la partie du texte allemand qui correspond aux mots : « Le capitaine Dreyfus est... »; pour le surplus, sa mémoire est absolument rebelle.

Mais la traduction fût-elle exacte, que prouverait l'annotation ?

Si l'accusation est fondée, si Dreyfus a commis les actes de trahison si nombreux et si graves qui lui sont reprochés, on peut tenir pour certain que la nouvelle de son arrestation a été connue à Postdam autrement que par la voie de la presse et qu'elle n'a pas fait l'objet d'une simple annotation en marge d'un journal.

Si c'est, au contraire, par cette voie et par ce moyen qu'elle a été révélée à Postdam, comme le suppose M. Mertian de Muller, c'est qu'elle offrait seulement le caractère d'une information intéressante, quoique sans gravité particulière, qu'il était nécessaire, mais suffisant, de signaler d'un mot.

La déposition de M. Mertian de Muller est donc bien loin d'apporter un appui quelconque à l'accusation. Elle est, tout au moins, insignifiante, et l'on comprend très bien que le témoin, qui s'en rendait compte, ait protesté qu'il n'avait jamais demandé à être entendu par le Conseil de guerre.

M. Villon, industriel à Lyon, a offert ses révélations. Il a déposé à titre de simple renseignement. Au printemps de 1894, se trouvant à Berlin dans un restaurant, il aurait entendu deux personnes qui, dans une salle voisine, s'entretenaient à haute voix, en français, du frein hydraulique et du plan de mobilisation que devait livrer Dreyfus. Il aurait, quelques instants plus tard, constaté que ces deux personnes portaient un costume militaire et il aurait supposé, à raison de leur âge, que ce devaient être des officiers supérieurs.

Mais M. Villon, qui offrait ces renseignements en 1899, n'avait pas prévenu le rapporteur du procès de 1894 des faits qu'il prétendait connaître et il n'a pu donner aucune raison plausible de son silence. En réalité, il n'a pas pu entendre des officiers allemands s'entretenir au printemps de 1894 de la livraison par Dreyfus des secrets du frein hydropneumatique ou du plan de mobilisation, puisque le Bordereau qui annonce l'envoi de renseignements sur le frein est de fin août ou septembre 1894, et que la pièce relative à l'organisation des chemins de fer, qui se rattache au plan de mobilisation, faussement datée du mois d'avril 1894, est du 28 mars 1895.

Les faits invraisemblables rapportés par M. Villon sont donc inexacts.

Il en est de même de ceux qu'un autre témoin, M. Germain, piqueur, a fait connaître, toujours à titre de simple renseignement. M. Germain a raconté qu'étant au service de M. Kullmann, industriel à Mulhouse, il avait accompagné dans une promenade à cheval son maître et un ami de ce dernier ; arrivés à Habsheim, ils s'étaient trouvés au milieu de troupes allemandes en manœuvre. Un officier s'était approché et avait salué M. Kullmann et son ami. En revenant à Mulhouse, M. Kullmann et son ami auraient engagé en français une conversation et M. Germain en aurait retenu que, la veille, l'ami de M. Kullmann avait reçu du général allemand une gracieuse réception. Plus tard, M. Germain aurait reconnu cet ami dans l'allée des Poteaux, et le commandant d'Infreville le lui aurait désigné comme étant le lieutenant Dreyfus.

Mais M. Kullmann et le commandant d'Infreville ont donné le démenti le plus formel à M. Germain. Le premier n'est jamais monté à cheval à Mulhouse avec Dreyfus ; le second ne l'a jamais désigné. M. Germain, dont le casier judiciaire permet de suspecter la moralité, s'était trompé, pour ne rien dire de plus.

D'un autre côté, M. Kullmann a déposé que le colonel Sandherr, dont il était l'ami, n'avait pu se dispenser d'assister, sur l'invitation du général commandant à Mulhouse, à des exercices de tir sur le champ de manœuvres. Personne n'en avait conclu ni pu conclure que le colonel Sandherr fût un traître. La déposition de M. Germain, même exacte, était donc sans portée.

La même observation s'applique à la déclaration du capitaine Lemonnier. D'après cet officier, la preuve de rapports très courtois entre les officiers allemands et Dreyfus résulterait d'un propos tenu par ce dernier. Dans une conversation, en présence du commandant Maistre, il aurait dit qu'il connaissait fort bien la position d'Altkirch, voisine de Mulhouse, et qu'il y avait suivi à cheval des manœuvres exécutées par les Allemands.

Dreyfus a expliqué qu'il avait fait à l'Ecole de guerre une étude sur la position d'Altkirch qui lui était, en effet, bien connue ; qu'avant la loi des passeports, il passait ses vacances à Mulhouse dont il parcourait les environs à cheval ; qu'il avait ainsi parfois aperçu des troupes qui manœuvraient sur la position d'Altkirch ; mais qu'il n'avait jamais assisté ni officiellement, ni officieusement à des manœuvres allemandes.

Et c'est bien dans ce sens que le propos a été tenu par lui, car le commandant Maistre, qui s'est souvenu de la conversation, n'a gardé aucun souvenir de la prétendue participation de Dreyfus à des manœuvres allemandes.

Les récits du colonel Fleur devant le Conseil de guerre furent traités de « racontars » par Me Demange. Le colonel Fleur protesta contre cette expression. Etait-elle méritée ? Vous allez en juger.

Dreyfus avait déclaré qu'il n'avait jamais assisté à cheval aux manœuvres allemandes. Le colonel Fleur opposait à cette déclaration un propos qui, en novembre 1894, lui aurait été tenu en chemin de fer par un inconnu se disant grand industriel à Mulhouse et d'après lequel on aurait vu Dreyfus assister à cheval, avec un général allemand, à des manœuvres dans les environs de cette ville.

Dreyfus avait déclaré qu'il n'avait loué aucune villa pour personne. Le colonel Fleur rapportait, d'après une personne « digne de foi, qui avait vérifié sur place », qu'une villa avait été achetée pour Mme Bodson à Villerville et que Dreyfus y venait parfois ; « il s'y rencontrait avec un individu qui s'appelait

Dr Lannemer ou d'un nom semblable et qui était probablement le même que le Lannemer dont avait parlé le général Mercier dans la lettre où il est dit : « Si Lannemer vient, donnez-lui la même somme ». .

La déposition du colonel Fleur est du 24 août. Le 26 août, une lettre d'une sœur de Mme Bodson apprenait que la villa de Villerville avait été achetée par elle, le 4 mars 1895, au Tribunal de Pont-l'Evêque, par conséquent après l'arrestation de Dreyfus, et non pour Mme Bodson.

Quant à Lannemer, il n'en est pas question dans la lettre de l'agent A que vous connaissez. Cette lettre portait : « Si la mère vient... » Une erreur de la sténographie avait transformé les mots « la mère » en un nom propre : Lamer. Et aussitôt l'imagination du colonel Fleur avait créé l'ingénieuse hypothèse soumise au Conseil de guerre.

Elle en avait aussi créé une autre, tout aussi solide, au sujet d'un jeune homme anonyme, qui aurait copié dans une maison, dont l'adresse exacte était inconnue, des documents non spécifiés. Après l'arrestation de Dreyfus, ce jeune homme aurait reconnu dans les portraits publiés par les journaux la personne qui lui faisait copier des documents. Le colonel Fleur aurait questionné sans succès le concierge ; mais un locataire savait que cette personne était connue sous le nom de M. Alfred, et une autre que M. Alfred faisait de grosses dépenses.

Le colonel Fleur avait, disait-il, d'autres choses à faire connaître ; mais c'étaient des choses de seconde main, notamment qu'un juif de Constantinople avait eu à payer 80.000 francs pour la propagande dreyfusiste.

Le Conseil de guerre ne crut pas devoir donner suite aux offres de preuve du colonel Fleur. Peut-être pensa-t-il et penserez-vous que l'appréciation de Me Demange aurait pu être moins indulgente.

Il fut donné lecture aux débats d'une déposition de M. Penot relative à une tentative de subornation du colonel Sandherr par MM. Mathieu et Léon Dreyfus, qui lui auraient offert une somme importante pour acheter sa conscience et étouffer l'affaire.

Le colonel Sandherr avait, en effet, reçu la visite des frères de Dreyfus ; fort heureusement il en avait immédiatement rédigé le compte rendu dans une note versée aux débats de l'affaire Esterhazy. Me Demange, en réponse à la déposition de M. Penot, demanda la lecture de la note du colonel Sandherr ; il établit ainsi que la déclaration de M. Penot était évidemment inexacte. . Si MM. Mathieu et Léon Dreyfus avaient protesté devant le colonel Sandherr de l'innocence de leur frère, s'ils avaient dit qu'ils dépenseraient toute leur fortune pour trouver le véritable traître, pour arriver à la découverte de la vérité, il était certain qu'ils n'avaient point offert une somme d'argent au colonel Sandherr pour obtenir son concours.

Nous arrivons ainsi à un témoin, M. Cernusky, officier de cavalerie démissionnaire de l'armée autrichienne, qui vint, à la fin des débats, affirmer les rapports de Dreyfus avec des agents d'espionnage au service de puissances étrangères. La fausseté des déclarations de M. Cernusky est l'un des moyens nouveaux invoqués par le demandeur en revision et par M. le Procureur général. Nous examinerons bientôt ces déclarations à ce point de vue. Pour le moment, nous nous bornerons à dire qu'il n'en saurait résulter aucune charge contre Dreyfus.

Ce témoignage n'est pas seulement inexact ; M. le commandant Cuignet a dit et démontré dans votre dernière enquête que M. Cernusky était un faux témoin ou un fou.

Bien plus, d'après cet officier, il aurait été amené devant le Conseil de guerre par les partisans de Dreyfus.

Nous n'avons pas à discuter ici la thèse imprévue du commandant Cuignet. Nous en tirons seulement cette conséquence évidente que M. Cernusky n'a certainement apporté dans le débat aucune preuve, ni même aucun commencement de preuve contre Dreyfus.

Au cours de notre dernière enquête, deux autres témoins ont été entendus, le soldat Kadur, de la légion étrangère, et la dame Bastian dont les dépositions tendaient aussi à faire peser sur Dreyfus des soupçons d'ordre général.

Le soldat de la légion étrangère, qui a dit se nommer Kadur, qui a pris successivement plusieurs autres noms et dont l'identité n'est pas en définitive établie, après avoir été entendu plusieurs fois par commission rogatoire à Sidi-bel-Abbès, a réussi à se faire interroger à Paris le 12 mai 1904. C'était sans doute tout ce qu'il désirait. Peu après, il a déserté. Il nous semble inutile de vous exposer ce qu'il inventa pour arriver à ses fins.

Quant à la malheureuse dame Bastian, dont la raison paraît avoir sombré dans cette affaire, elle s'est souvenue, dans sa déposition du 28 mars 1904, que la veille de la Noël de 1893 ou du 1ᵉʳ janvier 1894, un autre domestique, nommé Joseph, lui avait montré chez le comte d'A... (l'un des collaborateurs de l'attaché A) dans une soirée, un monsieur avec un binocle, le nez busqué, habillé en civil et lui avait dit que c'était un capitaine français « bon pour Allemand ». Après l'arrestation de Dreyfus, Henry lui avait, un soir, aux Champs-Elysées, montré sa photographie à la lueur d'un bec de gaz. La personne qu'elle avait vue chez le comte d'A... avait bien, a-t-elle dit, ce type de figure-là.

Tous ces faits, quoique tardivement révélés, ne sont pas impossibles. Un officier français au nez busqué et portant binocle pouvait fréquenter chez le comte d'A...; mais où est la preuve que cet officier fût Dreyfus ? Sa qualité d'israélite s'opposait à toute relation personnelle et intime avec le comte d'A...; la surveillance la plus assidue n'a jamais signalé aucun indice de sa présence chez ce personnage et il venait enfin de perdre son père, le 13 décembre 1893, c'est-à-dire quelques jours à peine avant la soirée à laquelle a fait allusion la dame Bastian.

La déposition de ce témoin et celle du soldat Kadur sont à peu près d'égale valeur.

Nous n'avons pas fait figurer, parmi les témoins appelés contre Dreyfus, Savignaud qui fut amené devant le Conseil de guerre pour déposer non contre l'accusé, mais contre le lieutenant-colonel Picquart, et nous ne vous dirions rien de sa déposition si la démonstration de sa fausseté n'avait été invoquée comme un fait nouveau dans la requête en revision adressée à M. le Garde des Sceaux.

Savignaud avait été attaché en Tunisie, en 1897, au service du lieutenant-colonel Picquart en qualité de planton. Il a déclaré qu'il avait, à plusieurs reprises, porté à la poste des lettres à l'adresse de M. Scheurer-Kestner. Or, ce n'était pas lui qui était chargé de porter la correspondance à la poste ; ce soin était confié à l'ordonnance du colonel, un sieur Roques. De plus, il a été établi par une déclaration de M. Scheurer-Kestner qu'il a entendu parler pour la première fois du lieutenant-colonel Picquart par Mᵉ Leblois le 13 juillet 1897, qu'il l'a vu pour la première fois au procès Esterhazy, le 10 janvier 1898, et que, jusqu'à cette dernière date, il n'avait reçu aucune lettre de lui. Cette déclaration de M. Scheurer-Kestner, portée à la connaissance du Conseil de guerre, ne laissait aucun doute sur l'erreur ou le mensonge de Savignaud. Elle a été confirmée par la production de la correspondance échangée du 11 août au 27 octobre 1897 entre M. Scheurer-Kestner et Mᵉ Leblois.

Ce n'est pas dans de semblables témoignages que nous trouverons un obstacle à la revision; nous n'en trouverons pas davantage si nous scrutons les témoignages parvenus jusqu'à nous d'au-delà des frontières.

XV

Les accusateurs de Dreyfus ont maintes fois interprété contre lui, ainsi que nous l'avons vu, des documents et des déclarations provenant de personnalités étrangères. Ils en avaient incontestablement le droit. Comme le faisait remarquer M. Trarieux devant le Conseil de guerre, le témoignage des étrangers n'est pas repoussé du prétoire par la loi. Elle ne limite pas le champ des investigations dans lequel le juge doit rechercher toutes les preuves qui sont capables d'affermir et d'éclairer sa conscience.

Ce qui est vrai contre Dreyfus est vrai aussi en sa faveur. La recherche sincère de la vérité exige donc que l'on ne passe pas sous silence les déclarations favorables à la défense faites par des étrangers.

Dans les affaires de cette nature toutefois, ces déclarations ne peuvent être admises qu'avec prudence. « Ce sont des témoignages auxquels on ne peut a priori donner toute sa confiance. Il faut les examiner de près, il faut qu'ils cadrent avec les vraisemblances ; il ne faudra pas les accepter, par exemple, s'ils sont démentis par d'autres faits de la cause ».

La défense de Dreyfus aurait désiré que la justice mît tout en œuvre pour obtenir de l'étranger par voie diplomatique la communication, qui aurait pu être décisive, des notes énumérées au Bordereau. Elle a sollicité l'audition par voie de commission rogatoire des agents A et B. Les règles qui gouvernent les relations internationales et les convenances diplomatiques ont paru interdire cette procédure. Elle a dû se borner à avoir recours aux déclarations officielles et spontanées des gouvernements eux-mêmes ou de leurs représentants, à des communications officieuses, à des confidences émanant de personnes en situation de connaître la vérité.

Tous ces documents, dont vous avez lu la reproduction intégrale dans le mémoire de Mᵉ Mornard, affirment l'innocence de Dreyfus. Il en est, parmi eux, qui sont considérés comme présentant une importance capitale. La pensée qu'ils expriment n'est point enveloppée de ces formules étudiées qui prêtent volontairement à l'équivoque ; les termes en sont d'une clarté absolue et l'esprit le plus subtil ne saurait y trouver des réticences qu'en les dénaturant.

On ne peut pas en discuter le sens. Il faut donc — ou les admettre comme l'expression d'une vérité dont l'humanité exigeait la révélation, — ou les rejeter comme des mensonges imposés par la raison d'Etat.

Vous choisirez entre ces deux hypothèses avec cette liberté d'esprit et cette impartialité qui savent rester indépendantes de tout préjugé.

Vous avez vu, à propos de la dépêche du 2 novembre 1894, que les correspondances échangées entre les autorités italiennes attestent que Dreyfus n'avait jamais eu de rapports directs ou indirects avec un agent italien quelconque.

Les polémiques engagées au sujet de la pièce, dont Henry devait avouer plus tard la fabrication, mirent en cause l'attaché B, qui s'empressa aussitôt de protester et offrit même son témoignage en justice. Ces protestations et cette offre furent communiquées à notre Ministre des Affaires étrangères par M. le comte Tornielli, ambassadeur d'Italie, qui insista très vivement pour que l'attaché B fût entendu en justice ; l'ambassadeur citait un précédente affaire dont l'instruction avait été suivie à Marseille et dans laquelle le témoignage du même attaché B avait été reçu; il ne parvint pas d'ailleurs à convaincre le Ministre qu'arrêtaient des considérations de politique générale et d'ordre juridique.

Une communication verbale relative à cette affaire eut lieu le 27 novembre 1897 ; elle fut suivie de deux lettres des 28 novembre 1897 et 15 janvier 1898, qui furent placées sous les yeux de la Cour en 1899 par M. Paléologue au nom du Ministre des Affaires étrangères.

Nous lisons dans la lettre du 15 janvier 1898 le passage suivant :

> J'ai mis sous vos yeux la déclaration formelle signée par M. le colonel P..., opposant les dénégations les plus absolues à ces récits. J'ai eu alors l'occasion de prier Votre Excellence de vouloir bien prendre en considération que ceux-ci ne pourraient rester sans démenti, car non seulement la correction de la conduite de l'attaché militaire, mais même la rectitude personnelle de cet officier italien semblaient exposées au danger d'en souffrir atteinte.
>
> C'est pourquoi, dans le même but amical, je pense qu'il ne saurait être superflu que je déclare une fois de plus à Votre Excellence, que M. le colonel P... n'a jamais eu, ni directement, ni indirectement, ni de près ni de loin, de rapports avec Alfred Dreyfus, dont il a appris l'existence uniquement par le procès que toute le monde connaît.

Cette déclaration si formelle, consignée dans une pièce officielle, fut confirmée peu de temps après, publiquement à la tribune du Parlement par le Gouvernement italien.

Le 31 janvier 1898, le comte Bonini, sous-secrétaire d'Etat aux Affaires étrangères, répondant à une question de M. del Balzo sur l'action de la représentation diplomatique à Paris dans l'affaire Dreyfus, s'exprimait en ces termes :

> Notre représentation diplomatique à Paris n'a pas été appelée à exercer dans l'affaire Dreyfus une action quelconque ; car il s'agit d'une affaire d'une nature très délicate, ayant un caractère exclusivement intérieur, dans laquelle les représentations étrangères, pour des raisons évidentes de correction internationale, doivent garder une réserve d'autant plus grande que sont plus vifs l'intérêt et l'émotion suscités en France.
>
> Les journaux ont relaté le bruit suivant lequel des fonctionnaires de l'ambassade italienne auraient été cités à déposer.
>
> Aucun acte de ce genre n'a jusqu'ici été notifié. S'il était notifié ultérieurement, il y aurait lieu d'examiner alors quelles instructions il conviendrait de donner à ces fonctionnaires, sous la réserve toujours des formes de procédure spéciale requises par l'extraterritorialité.
>
> D'ailleurs, je puis affirmer de la manière la plus explicite que, ni notre attaché militaire, ni aucun autre agent ou représentant du gouvernement italien n'ont eu jamais aucun rapport direct ou indirect avec Dreyfus.

Le texte de cette déclaration, transmis le 1er février 1898 au Ministère des Affaires étrangères par notre Ambassadeur à Rome, a été placé sous les yeux de la Cour par M. Paléologue en 1899 et par M. Fouques-Duparc le 2 juillet 1904 au nom du Ministre des Affaires étrangères. Il avait été publié par le journal *Le Temps* du 2 février 1898.

Les mêmes protestations furent formulées par l'attaché A et par l'Ambassadeur d'Allemagne, M. de Munster. M. Paléologue a déposé, le 9 janvier 1899, qu'il avait été chargé, le 17 novembre 1897, par le Ministre des Affaires étrangères, d'aller communiquer au Ministère de la Guerre : 1° une déclaration de l'Ambassadeur d'Allemagne aux termes de laquelle l'attaché militaire allemand colonel S... protestait sur l'honneur n'avoir jamais eu, ni directement, ni indirectement, aucune relation avec Dreyfus ; 2° une dépêche émanant d'un représentant de la République à l'étranger et tendant à indiquer que, d'une part, le colonel S... n'avait pas eu de relations avec Dreyfus et, d'autre part, que le Gouvernement allemand ignorait naturellement s'il avait eu quelque relation suspecte avec un agent d'une autre puissance.

Les affirmations officielles des autorités allemandes ont suivi la même marche que celles des autorités italiennes.

Le 24 janvier 1898, M. de Bülow, secrétaire d'Etat aux Affaires étrangères, faisait au Reichstag la déclaration suivante au sujet de l'affaire Dreyfus :

> Vous comprendrez que je n'aborde ce sujet qu'avec de grandes précautions. Agir autrement pourrait être interprété comme une immixtion de ma part, comme une immixtion de notre part dans les affaires intérieures de la France ; et nous avons constamment, et avec les plus grands soins, évité jusqu'à l'ombre d'une pareille immixtion. Je crois d'autant plus devoir observer une réserve complète à ce sujet, qu'on peut s'attendre à ce que les procès ouverts en France jettent la lumière sur toute l'affaire.
>
> Je me bornerai donc à déclarer, de la façon la plus formelle et la plus catégorique, qu'entre l'ex-capitaine Dreyfus, actuellement détenu à l'Ile du Diable, et n'importe quels organes allemands, il n'a jamais existé de relation ni de liaison de quelque nature qu'elles soient. Les noms de Walsin-Esterhazy, Picquart, je les ai entendus pour la première fois dans mon existence, il y a trois semaines.
>
> Quant à l'histoire de la lettre d'un agent mystérieux, soi-disant trouvée dans un panier à papiers, elle ferait peut-être bonne figure dans les dessous d'un roman ; naturellement, elle est tout imaginaire et n'a jamais eu lieu en réalité.
>
> Enfin, je désirerais constater avec satisfaction que l'affaire, dite « affaire Dreyfus », si elle a fait beaucoup de bruit, n'a en rien troublé, à ma connaissance, les relations uniformément tranquilles qui existent entre l'Allemagne et la France.
>
> Bien moins encore, je n'ai entendu parler de facilités particulières qui auraient été accordées de la part de l'Allemagne à l'ex-capitaine.

Cette déclaration communiquée au Ministère des Affaires étrangères et à la Cour dans les mêmes conditions que celle du comte Bonini, fut aussi publiée par le journal *Le Temps*, du 26 janvier 1898.

Au cours des débats devant le Conseil de guerre de Rennes, Me Labori, après avoir constaté que l'accusation venait de faire appel, pour l'audition du témoin Cernusky, au témoignage d'un étranger, en provoqua la confirmation. Au début de l'audience du 9 septembre 1899, avant que Me Demange continuât sa plaidoirie, M. Paléologue communiqua aux membres du Conseil la déclaration suivante que le *Moniteur de l'Empire* avait publiée la veille à Berlin en tête de sa partie officielle :

Nous sommes autorisés à renouveler les déclarations ci-dessous que, en ce qui concerne le capitaine français Dreyfus, le gouvernement impérial, tout en restant dans la réserve que commande la loyauté dans une affaire intérieure d'une puissance étrangère, mais pour sauvegarder sa dignité propre, a faites pour remplir son devoir d'humanité.

L'ambassadeur, prince de Munster, a remis, sur l'ordre de l'Empereur, en décembre 1894 et en janvier 1895, à M. Hanotaux, Ministre des Affaires étrangères ; à M. Dupuy, président du Conseil, et au Président de la République, M. Casimir-Perier, des déclarations réitérées que l'Ambassade allemande en France n'avait jamais entretenu de relations, ni directes ni indirectes, avec le capitaine Dreyfus.

Le secrétaire d'Etat, M. de Bulow, a fait, le 24 janvier 1898, devant la Commission du Reichstag, la déclaration suivante :

« Je déclare de la façon la plus formelle qu'entre l'ex-capitaine français Dreyfus, actuellement détenu à l'Ile du Diable, et n'importe quels organes allemands, il n'a jamais existé de relations, ni de liaisons de quelque nature qu'elles soient. »

On comprendra toute la portée de cette note, si l'on sait que Mᵉ Labori, après le rejet de sa requête tendant à faire entendre par commission rogatoire les attachés A et B, avait adressé une dépêche télégraphique à S. M. l'Empereur d'Allemagne en lui demandant d'apporter son concours à la découverte de la vérité. La note du *Moniteur de l'Empire* est la réponse à cette dépêche ; vous en pèserez les termes et vous apprécierez si cette déclaration, inspirée au Gouvernement impérial par le besoin de sauvegarder sa dignité en remplissant un impérieux devoir d'humanité, peut être entachée d'une réticence ou d'une obscurité quelconque.

Mᵉ Demange ne la connaissait pas encore lorsque, dans sa plaidoirie, il rappelait les dénégations officielles des attachés militaires et les déclarations à leurs parlements respectifs du comte Bonini et de M. de Bülow. Il n'en était pas moins en état de faire ressortir l'impossibilité morale que ces déclarations « faites solennellement en face du monde, renseignements pris », fussent inexactes.

Vous croyez, disait-il, que les attachés militaires auraient exposé la puissance de l'agent A, auraient exposé le Ministre des Affaires étrangères, et, par conséquent, disons-le, le Chef de l'Etat lui-même, car on ne parle là-bas qu'en son nom — ce n'est pas un gouvernement parlementaire là-bas, c'est bien le souverain qui parle à la tribune — vous croyez que l'attaché A l'aurait trompé ? qu'il lui aurait laissé faire cette déclaration-là ?

Mais voyez un peu les conséquences! Voyez ce qui arriverait, s'il était démontré que l'agent A l'a trompé.

Vous croyez donc qu'il aurait risqué cela ? Songez un peu à son propre intérêt personnel. Vous pouvez croire cela ?

Eh bien, je dis que dans ces conditions-là, il me paraît impossible que l'agent B, pas plus que l'agent A, aient exposé leurs gouvernements à faire des déclarations — entendez-le bien — qui attenteraient à la renommée morale de ces deux pays étrangers.

Messieurs, je ne puis pas croire, quels que soient les finesses et les mensonges de la diplomatie, que deux agents militaires eussent exposé leurs gouvernements à un pareil danger, à un pareil péril!

A côté de ces déclarations venues de si haut se plaçaient les affirmations catégoriques, réitérées de M. le comte Tornielli à M. le sénateur Trarieux, que ce dernier répéta devant le Conseil de guerre dans son éloquente déposition.

Les indications du même genre abondent d'ailleurs dans votre enquête de 1899 ou dans les documents publiés à cette époque.

C'est M. Laroche, résident général des colonies, qui, le 16 janvier 1899, vous faisait le récit d'une conversation de l'amiral Duperré avec le frère de l'Empereur d'Autriche, l'archiduc Victor, qui avait donné sa parole d'honneur que le Gouvernement allemand n'avait jamais eu aucune relation avec Dreyfus.

C'est aussi M. Gabriel Monod qui vous faisait part des nombreux renseignements que, pendant son séjour à Rome, il avait reçus, sans les avoir d'ailleurs sollicités, de sources très diverses, mais toujours de personnes dignes de foi, en situation de savoir la vérité et qu'il vous nommait. Ces personnes savaient toutes que les attachés militaires A et B n'avaient pas eu de rapports avec Dreyfus.

L'un et l'autre avaient aussi affirmé l'innocence absolue de Dreyfus au comte Casella et au colonel Schneider, qui avait été si longtemps convaincu de sa culpabilité.

Au cours même des débats devant le Conseil de guerre, l'attaché B, protestant contre une allégation du général Roget, affirmait sur son honneur de soldat et de gentilhomme qu'il n'avait appris le nom du capitaine Dreyfus qu'à l'époque de son arrestation, et le *Figaro* du 24 août 1899 publiait l'extrait suivant d'une lettre adressée à Mme la marquise Arconati Visconti, fille de M. Alphonse Peyrat, par M. Ressmann, qui avait été ambassadeur d'Italie en France en novembre 1894 et qui fut remplacé par le comte Tornielli :

Je sens la mort qui vient, mais elle ne me fait pas peur. Je souffre tant ! Je n'ai qu'un regret : c'est de mourir avant de voir proclamer l'innocence de ce malheureux Dreyfus !

La dernière enquête de la Chambre criminelle renferme de nombreux témoignages dans le même sens.

L'un d'eux émane du commandant de Fontenillat ; il reproduit un rapport adressé par cet officier supérieur au général Gonse le 6 novembre 1897. Il est ainsi conçu :

Je me suis rendu le jeudi 4 novembre, à 6 h. 1/2 du soir, au domicile particulier du colonel B... pour le remercier d'avoir bien voulu me faire connaître que S. M. le Roi d'Italie avait daigné me décerner l'Ordre de la Couronne.

Après quelques minutes de conversation banale, le colonel B... m'a dit : « A propos, savez-vous si l'interpellation Dreyfus a eu lieu aujourd'hui : je viens d'envoyer chercher le *Temps*, et je n'y ai rien vu ? — Je l'ignore, ai-je répondu ; je sors du Ministère et je suis venu directement chez vous sans parler à personne. — Le Gouvernement doit être bien ennuyé, a ajouté alors le colonel. Voyez-vous, je suis persuadé, moi aussi, de l'innocence de Dreyfus. » Et comme je protestais, disant que l'affaire avait été jugée : « Je vais vous dire une chose, mais je désire qu'elle ne soit pas répétée ; eh bien, A m'a donné sa parole d'honneur que Dreyfus était innocent. » Et comme je faisais un geste d'incrédulité, il a ajouté : « Je vous affirme que A m'a donné cette parole d'honneur, au cours d'un entretien que nous avons eu ensemble sur cette question. D'ailleurs, depuis, j'ai eu l'occasion de voir aussi d'autres personnes en état d'être bien renseignées et qui m'ont également assuré de son innocence. »

Ce rapport ne fut pas communiqué au Conseil de guerre. Le commandant Cuignet n'a avoué qu'il l'avait connu qu'après avoir vu son écriture sur la cote qui le renfermait. Il a alors expliqué que, par mesure générale, tous les témoignages étrangers devaient être exclus du dossier. La défense fait observer, non sans raison, que si cette mesure a été prise pour les témoignages étrangers favorables à Dreyfus, elle ne l'a pas été pour les témoignages étrangers qui lui étaient défavorables.

Ces protestations de l'attaché A ont été maintes fois répétées. Attristé, semble-t-il, par le sentiment de sa responsabilité et par l'impuissance de sa parole d'honneur, il a souvent manifesté ses regrets de ne pouvoir faire éclater la vérité.

Vous avez lu dans l'enquête de votre Chambre criminelle la lettre de M. le colonel suisse Chauvet, qui a reçu ses confidences ; vous connaissez aussi ses lettres à M. Sandoz, de Mulhouse. Elles sont aussi explicites que possible. Il en est de même de sa lettre du 14 juillet 1901 à M. Reinach, où il déclare « qu'il n'a jamais connu Dreyfus, qu'il ne l'a jamais vu, qu'il n'a jamais eu de relations avec lui, ni personnellement, ni par intermédiaire ».

Ces affirmations sont corroborées par la déposition du lieutenant-colonel Péroz, de l'infanterie coloniale. Assistant en 1899 aux manœuvres impériales allemandes, cet officier supérieur a eu l'occasion de s'entretenir un jour avec le major Dahme, sous-chef du Service des renseignements au grand Etat-Major allemand en 1894, 1895 et 1896.

Il ne semble pas qu'il eût très bien compris, dans tous ses détails, les explications qui lui furent données sur l'affaire Dreyfus ; sa première déposition devant la Cour de cassation a dû être rectifiée sur plusieurs points par le major Dahme ; mais celui-ci a reconnu, dans une lettre du 13 mai 1904, que le lieutenant-colonel Péroz avait très exactement reproduit les paroles suivantes par lui prononcées et qui restaient l'expression de la vérité :

C'est alors que le major Dahme m'a juré sur l'honneur, rien ne l'y obligeait, du reste, que jamais il n'avait entendu parler de Dreyfus autrement que par les journaux français et par le procès Dreyfus ; que jamais, ni lui, ni son gouvernement n'avaient eu la moindre relation avec Dreyfus.

De nouvelles déclarations de M. de Munster, adressées cette fois à des personnes privées, n'ayant plus aucun caractère diplomatique, ont été versées au dossier. C'est d'abord une lettre du 13 mars 1898 à une dame appartenant à l'aristocratie hollandaise ; M. de Munster exprime le regret que ses affirmations et celles de son gouvernement aient été méconnues. « Nous ne pouvons faire plus, ajoute-t-il. Si nous voulions même agir contre le droit international, nous ferions, j'en ai la conviction, plus de mal que de bien à la cause du malheureux Dreyfus ».

C'est ensuite une seconde lettre du 20 mai 1901 de M. de Munster à M. Reinach, qui avait sollicité des renseignements autorisés pour son « Histoire de l'affaire Dreyfus ». Nous vous rappelons les termes de cette lettre. Elle ne se borne plus à attester l'innocence de Dreyfus ; elle semble reconnaître que des relations existaient entre A et Esterhazy :

Cher Monsieur Reinach,

Le secret professionnel ne m'empêche pas de répondre à vos questions, car je connaissais moins que personne les relations d'Esterhazy et de M. de S.... Ce dernier savait que je ne permettais pas l'espionnage et m'a laissé dans l'ignorance de ses rapports avec Esterhazy. Lorsque l'affaire Dreyfus a éclaté, j'ai demandé à S... s'il savait quoi que ce soit de Dreyfus. Il m'a assuré, de la manière la plus positive, qu'il n'avait jamais eu de relations avec lui. J'ai fait écrire au Ministère de la Guerre et à l'Etat-Major à Berlin, et j'ai eu la réponse que l'officier Dreyfus n'était pas connu, et que nos autorités n'avaient jamais eu de relations avec lui. C'est à la suite de ces déclarations formelles que j'ai eu les conversations, avec le Président Casimir-Perier et M. Dupuy, que vous connaissez.

I.— Quant à votre première question, je ne puis pas vous donner d'ici les dates mêmes ; mais je sais que le colonel, qui a été en Allemagne pour assister à nos manœuvres, est parti de Paris au commencement d'août et est rentré vers le 1ᵉʳ octobre.

II. — J'ai su, par d'autres, que les relations avec Esterhazy ont commencé en 1893 et ne l'a pas revu jusqu'à la scène où Esterhazy a voulu que S... déclare qu'il avait reçu le Bordereau par Dreyfus. Esterhazy a alors tiré un revolver de sa poche, disant qu'il voulait se tuer, mais S... l'a simplement mis à la porte.

III. — Je ne crois pas que S... a connu Esterhazy avant 1893.

IV. — J'ignore comment l'offre de service est parvenue, si verbalement, ou par lettre.

V. — Quant à la cinquième question, je n'en sais rien.

A la suite de la publication de cette lettre de M. de Munster, qui, à cette époque, avait cessé de remplir les fonctions d'ambassadeur d'Allemagne en France, S. A. S. le prince de Monaco adressait à M. Reinach deux lettres aux dates des 28 avril et 3 mai 1903. Dans la première, le prince de Monaco déclare qu'il a souvent entendu le prince de Munster parler conformément à ce qu'il avait écrit. La seconde est ainsi conçue :

Mon cher Reinach,

La lettre du prince de Munster est tellement significative qu'on ne saurait souhaiter un fait nouveau plus capable de calmer les consciences. Venant de l'homme respecté, influent et indépendant, qu'était l'ambassadeur, une semblable affirmation contient la bonne parole, qui doit enfin réunir les esprits divisés. Elle crie la vérité certaine, car un homme tel que Munster, parvenu au terme de sa carrière, ne compromet pas sa renommée dans une tromperie misérable et inutile. Je fais des vœux sincères pour que, cette fois, la justice remette chaque chose à sa place.

Croyez, mon cher Reinach, à mes sentiments affectueux.

Albert, prince de Monaco.

M. Reinach a aussi produit une réponse du prince de Monaco à des questions qui lui avaient été posées. Les questions et la réponse, quoique formulées en termes diplomatiques, n'en laissent pas moins très clairement entendre que les convictions intimes de la personnalité la plus haute du pays de l'agent A étaient en concordance absolue avec les déclarations du prince de Munster et de M. de Bülow.

Il était déjà permis de le penser après la note du *Moniteur de l'Empire* que vous connaissez.

Du côté italien, les affirmations de l'innocence de Dreyfus

ont aussi persisté. Vous en avez eu la preuve par la déposition devant la Chambre criminelle de M. Reinach qui a reçu de l'Ambassade d'Italie des déclarations semblables à celles qui avaient été faites à M. le sénateur Trarieux, et par la déposition de M. Séménoff, publiciste russe, auquel l'attaché B a encore « juré sur l'honneur et sur ce qui lui était le plus cher, qu'avant l'arrestation de Dreyfus, il ne le connaissait ni de nom, ni d'aucune autre façon ». Il a même ajouté qu'il aurait désiré entrer en relations, pour la commodité de son travail, avec la personne qui renseignait l'attaché A et que celui-ci l'en avait dissuadé en lui disant que cette personne n'était qu'une « fripouille » et qu'il n'aurait avec elle que des désagréments. Cette personne d'ailleurs n'était pas Dreyfus.

Telles sont, dans leur ensemble, les appréciations portées par des étrangers sur la culpabilité de Dreyfus. Officielles et publiques ou officieuses et privées, elles attestent son innocence. On ne saurait le méconnaître. Si les déclarations officielles renferment des réticences diplomatiques, ce n'est pas en ce qui le concerne. Deux personnes étaient soupçonnées : Dreyfus, Esterhazy. Elles affirment l'innocence du premier et se taisent sur l'innocence du second. Ce sont là des nuances significatives, volontaires et délibérées que Mᵉ Demange, dans sa plaidoirie, prit soin de relever. Ces nuances ont, au contraire, disparu dans les déclarations officieuses et privées, ainsi que vous l'avez vu par la lettre de M. de Munster du 20 mai 1901.

XVI

Nous venons de résumer et d'examiner dans les pages qui précèdent l'accusation portée contre Dreyfus dans les débats du Conseil de guerre.

Est-il vrai, comme l'indique la demande en revision, et comme le soutient Mᵉ Mornard dans son mémoire, que l'illégalité commise en 1894 ait été renouvelée en 1899 et qu'une pièce d'une valeur probante décisive, mais dont la fausseté est aujourd'hui démontrée, ait été secrètement communiquée aux juges en dehors de la défense ?

Cette pièce serait un document ou la photographie d'un

document attribué à l'Empereur d'Allemagne lui-même, portant sa signature, et qui ne laisserait aucun doute sur la culpabilité de Dreyfus.

Il est certain aujourd'hui et incontesté qu'aucun document de cette nature n'a jamais existé. Une légende fut créée de toutes pièces et, malgré son évidente absurdité, il faut bien reconnaître qu'elle ne fut pas absolument dédaignée par l'opinion publique, qui y trouvait enfin une explication simple de la condamnation de Dreyfus et des obscurités qui l'entouraient. Bien des gens de bonne foi furent portés à admettre que le système si compliqué, si mystérieux de l'accusation n'avait été imaginé que pour sauver les apparences et qu'en réalité Dreyfus était condamné sur des preuves certaines que l'intérêt national ne permettait pas de divulguer.

M. le Procureur général et Mᵉ Mornard se sont attachés à étudier la genèse de cette légende et à rechercher les responsabilités morales qu'elle engageait. Nous ne les suivrons pas dans cette critique intéressante où ils ont surtout fait œuvre d'historiens.

Nous nous contenterons d'examiner la question dans les termes où elle est posée.

La fausseté de la légende s'établit aujourd'hui sans discussion. Nul ne pouvait vous mieux éclairer sur ce point que M. le Président Casimir-Perier ; il savait tout et de sa bouche ne pouvait sortir que la vérité. Il a consenti à reproduire et à compléter devant votre Chambre criminelle, le 9 mai 1904, ses précédentes déclarations.

Nous regrettons très vivement de ne pouvoir reproduire ici, à raison de son étendue, cette déposition qui présente un intérêt capital. Mais vous l'avez lue dans les procès-verbaux de votre dernière enquête et vous estimerez sans doute comme nous qu'elle répand une lumière éclatante sur la légende du Bordereau annoté ou de la lettre impériale. Ni l'une, ni l'autre de ces pièces n'ont été connues de celui à qui, d'après la légende, elles auraient été impérieusement réclamées. D'autre part, nous savons maintenant à quoi nous en tenir sur ces craintes de complications internationales et sur ces angoisses de la nuit historique du 6 janvier 1895 que le Bordereau et sa réception, tels que nous les connaissons, ne pouvaient pas expliquer.

Les pièces n'existaient pas ; personne n'en a même vu la reproduction, qui n'eût été qu'un faux. Qu'importent alors les insinuations prêtées au colonel Henry, les articles des journaux, les récits faits dans les réunions publiques, les conversations qu'aurait tenues le colonel Stoffel et que M. Ferlet de Bourbonne aurait exactement ou inexactement rapportées ? Ce sont là des indications dont la valeur ne saurait être niée, s'il s'agissait ici de fixer l'étrange état d'esprit qui animait certains accusateurs de Dreyfus. Mais nous n'avons qu'à constater l'inanité de la légende, et c'est chose faite grâce à la déposition de M. le Président Casimir-Perier, confirmée, au surplus, par M. Hanotaux et par M. Charles Dupuy.

L'enquête de votre Chambre criminelle a d'ailleurs montré qu'il ne pouvait exister sur ce point aucune contradiction.

Voici en quels termes s'est exprimé le général Mercier :

M. LE PRÉSIDENT. — Pouvez-vous nous dire s'il était question, à Rennes, d'un Bordereau sur papier fort, dont le Bordereau qui est connu ne serait qu'un décalque ?

LE TÉMOIN. — Monsieur le Président, j'ai déjà répondu à cette question, au Conseil de guerre de Rennes. Je n'ai jamais eu connaissance d'une telle pièce officiellement, pendant que j'étais ministre, ni pendant que j'étais en activité de service.

Maintenant, pour vous dire toute la vérité, puisque vous me la demandez, quelques semaines avant le Conseil de guerre de Rennes, j'ai été prié par M. le colonel Stoffel, ancien attaché militaire à Berlin, d'aller le voir : il avait une communication à me faire. Je me suis rendu chez lui. Il m'a parlé alors, non pas d'un Bordereau annoté, mais d'une lettre de l'Empereur d'Allemagne au comte de Munster; il m'a dit avoir vu la photographie de cette lettre ; il m'en a récité le texte allemand ; il me l'a traduite en français, et m'a dit qu'il croyait devoir porter cela à ma connaissance.

Je lui ai répondu que l'authenticité de cette lettre me paraissait très douteuse, que son contenu même ne me paraissait pas avoir de garanties d'authenticité, et il m'a dit qu'il en avait parlé au comte de Munster, avec qui il était personnellement très lié, et que le comte de Munster ne lui avait pas démenti l'authenticité de cette lettre.

Je lui ai répondu que cela ne me paraissait pas suffisant ; que, dans tous les cas, s'il désirait qu'il fût fait état de ce qu'il venait de me dire, il faudrait que ce fût lui qui vînt déposer devant le Conseil de guerre de Rennes, et qu'il décidât celui de ses amis en la possession de qui était la photographie de la lettre dont il me parlait, à venir apporter lui-même cette photographie au Conseil de guerre et à expliquer comment elle était en sa possession.

Le colonel Stoffel m'a répondu qu'il ne voulait être mis en avant à aucun titre devant le Conseil de guerre de Rennes, ni son ami non plus. Par conséquent, il n'en a plus été question.

Voilà la seule connaissance que j'aie eue — et vous voyez de quelle façon vague — d'une soi-disant lettre de l'Empereur d'Allemagne, dans laquelle il aurait été fait personnellement mention de Dreyfus. Mais jamais, dans aucun procès, ni dans celui de 1894, ni dans celui de 1899, il n'a été question comme pièce authentique d'un Bordereau quelconque autre que le Bordereau sur papier pelure.

M. LE PRÉSIDENT. — Par conséquent, rien n'a pu donner lieu à cette légende.

LE TÉMOIN. — C'est une légende complètement inexacte ; rien, rien, rien n'a pu y donner lieu.

Le général de Boisdeffre, le général Gonse, le général Zurlinden, le général Billot attestent aussi l'inexactitude de la légende. Pour le colonel du Paty de Clam, c'est une fable invraisemblable. Pour les autres officiers qui ont été mêlés à cette affaire, c'est « un roman, un canard, une divagation ».

Le commandant Cuignet, lui aussi, affirme que « cette histoire n'est pas vraie »; d'après son opinion isolée, cependant elle aurait pu être vraie, car elle n'était ni fantastique, ni grotesque, ni ridicule.

Nous croyons sans peine qu'il en a été beaucoup parlé à Rennes pendant le procès, dans les salons, les cafés, les lieux de réunion, ainsi que nous le disent certains témoins. Mais est-il vrai, comme le pense Me Mornard, que cette légende ait obsédé l'esprit des juges au cours des débats ?

Il faut reconnaître dans tous les cas que cette obsession ne s'est guère manifestée. On n'en signale, en effet, la trace pendant les vingt-cinq audiences du procès que dans les deux incidents suivants :

A l'audience du 14 août, un dialogue s'est engagé en ces termes entre un membre du Conseil de guerre et le général Mercier :

UN MEMBRE DU CONSEIL DE GUERRE. — Mon général, n'a-t-on jamais fait l'hypothèse que le Bordereau sur papier calque pouvait être la copie d'un Bordereau original?

LE GÉNÉRAL MERCIER. — J'ai vu cette hypothèse dans les journaux ; mais elle n'a jamais été faite à ce moment-là au Ministère de la Guerre. Nous avons toujours admis que le document sur papier pelure était bien le document original du Bordereau.

LE MÊME MEMBRE DU CONSEIL DE GUERRE. — C'est bien dans une ambassade étrangère qu'on l'a trouvé?

LE GÉNÉRAL MERCIER. — Dans une ambassade étrangère.

Et à l'audience du 16 août, les questions et les réponses suivantes ont été échangées entre Mme Vve Henry et un membre du Conseil de guerre.

UN MEMBRE DU CONSEIL DE GUERRE. — Ce papier que votre mari dépouillait le soir, tard, vous rappelez-vous si c'était du papier épais?

Mme Vve HENRY. — Je n'ai pas vu le Bordereau de près.

UN AUTRE MEMBRE DU CONSEIL DE GUERRE. — Voulez-vous nous dire, s'il vous plaît, si, dans le bureau où travaillait le colonel Henry, il y avait une table ?

Mᵐᵉ Vᵉ Henry. — C'était dans la salle à manger.

Le même membre du Conseil de guerre. — Il y avait une table, quand vous y étiez, vers onze heures du soir, et que le colonel Henry était occupé à travailler? Ce papier était sur la table?

Mᵐᵉ Vᵉ Henry. — Sur la table, tous les papiers étaient épars. Il y avait une toile cirée qui couvrait toute la table.

Le même membre du Conseil de guerre. — N'y avait-il pas une partie de la table qui était dégarnie de la toile?

Mᵐᵉ Vᵉ Henry. — Non. Je tiens à dire, au sujet du faux, que mon mari a cru, dans l'intérêt de la Patrie, pouvoir se servir des éléments verbaux qui lui avaient été donnés quelques jours auparavant pour ajouter une preuve nouvelle, convaincante et matérielle au dossier qui existait déjà. Vous m'avez compris?

Mᵉ Demange. — Non.

Mᵐᵉ Vᵉ Henry. — Des renseignements verbaux qui lui avaient été donnés quelques jours auparavant.

Il ne fut d'ailleurs fait aucune allusion au Bordereau sur papier fort, ni par le commissaire du Gouvernement, ni par la défense.

Mais, dans le système de Mᵉ Mornard, l'abstention de la défense eut pour cause une erreur. Croyant encore à la loyauté de l'accusation, elle avait pensé à tort, que la réponse du général Mercier au membre du Conseil de guerre qui l'avait interrogé, excluait définitivement du débat l'hypothèse que le Bordereau sur papier calque était la copie d'un bordereau original. En réalité, il n'en était rien. Cette réponse est équivoque ; elle ne dément pas formellement l'hypothèse, qu'un article du *Gaulois* reproduisait le même jour, 14 août, dans une lettre ouverte adressée au général Mercier par un « collaborateur masqué » et que d'autres journaux avaient d'ailleurs formulée. L'hypothèse continuait donc à hanter l'esprit des membres du Conseil de guerre et l'incident du 16 août en est la preuve.

Cette erreur nous semble inadmissible. Lorsque la défense se fit entendre, aux audiences des 8 et 9 septembre, en faveur de Dreyfus, les articles de journaux qui propageaient la légende du bordereau annoté sur papier fort ne lui étaient pas inconnus; elle était sous l'impression des débats, qui ne lui avaient pas révélé que le Conseil de guerre fût en proie à l'obsession de cette légende ; elle avait entendu les dépositions du général Mercier et avait pu apprécier, avec réflexion, leur portée. Si elle estima que cette légende était exclue du débat, c'est qu'en effet, elle en était exclue.

Elle n'aurait pu être trompée que par une communication secrète faite en dehors d'elle au Conseil de guerre. Nous savons que, d'après Mᵉ Mornard, cette communication secrète aurait eu lieu ; le forfait judiciaire de 1894 aurait été renouvelé en 1899.

A l'appui de cette si grave assertion, le mémoire de la défense rappelle d'abord la déposition de Mme Séverine devant la Chambre criminelle, le 18 avril 1904. M. Ferlet de Bourbonne aurait dit à ce témoin que cinq épreuves photographiques du Bordereau annoté auraient été tirées, que l'une d'elles avait été montrée aux juges en 1894 et que la même communication aurait été faite, à Rennes, au Conseil de guerre par le général de St-Germain. Mme Séverine a d'ailleurs ajouté qu'elle croyait que, sur ce point, M. Ferlet de Bourbonne se trompait.

> Ceux, a-t-elle dit, qui ont été mêlés à cette affaire, n'ont souvent pas agi par eux-mêmes ; mais ont fait agir leurs femmes dans les milieux où on évoluait ; je crois que dans les salons de Rennes (ceci est une conviction, je n'en ai pas la preuve, c'est l'impression que nous avions tous là-bas), je crois que, par les femmes à Rennes, on a agi sur les juges du Conseil de guerre, ce qui a permis à certains maris de dire qu'ils n'avaient rien fait et même de le jurer.

Entendu à son tour sur la révélation qu'il aurait faite à Mme Séverine, M. Ferlet de Bourbonne a déposé ainsi :

> M⁰ MORNARD. — Le témoin pourrait-il nous donner des renseignements sur ce qui s'est passé à Rennes, à propos de ce qu'il vient de raconter à la Cour ?
>
> R. — C'est là que Mme Séverine a brodé, laissant entendre qu'on aurait montré aux juges le Bordereau avec l'annotation de l'Empereur. Là-dessus, je ne sais rien ; je sais ce qu'on a dit dans la presse qui a été à ce moment-là, comme vous le savez, très curieuse, très verbeuse ; mais je ne sais rien autre chose. Je ne suis jamais allé à Rennes ; je n'ai jamais vu un juge de Rennes ; je ne peux rien dire là-dessus.

Nous n'avons pas besoin de faire ressortir que ces deux dépositions, bien loin de soutenir la thèse de la défense, lui sont plutôt défavorables.

M⁰ Mornard invoque ensuite un récit emprunté à un livre publié par l'abbé Brugerette sous le pseudonyme « Abbé de Poli », intitulé « L'affaire Dreyfus et la Conscience chrétienne » et qui a été produit par M. J. Reinach :

> Quant à Dreyfus, écrivait l'abbé X... au sujet de son procès, j'en ai entendu parler, il n'y a pas longtemps par un juge de Rennes, ami intime de l'un de mes cousins, l'homme le plus indépendant du monde. Ce juge me disait : « Je connais des pièces absolument ignorées de tous ceux qui ont parlé de l'affaire. » Mais il n'a pas pu m'en dire davantage ; il a cru néanmoins pouvoir m'assurer sur l'honneur que la pièce en question établissait de façon irréfutable la culpabilité de Dreyfus.

Mais il n'y a là qu'une déclaration anonyme, imprécise et dont il était impossible de vérifier l'exactitude.

En dernier lieu, M⁰ Mornard invoque les dépositions de M. le docteur Roger Dumas et du commandant Merle, l'un des juges du Conseil de guerre de Rennes. D'après le docteur Dumas, le commandant Merle, interrogé par lui au cours d'une conversation, n'aurait pas osé dénier la communication secrète aux juges du Bordereau annoté. Il ne l'aurait pas, non plus, affirmée, mais il aurait gardé le silence, comme le général Mercier et comme le général de Boisdeffre dans vos enquêtes de 1899.

Le commandant Merle, en effet, n'a rien dit et il a donné devant votre Chambre criminelle les raisons de sa discrétion en ces termes :

En 1903, dans les environs de Pâques, j'ai lu dans les journaux le compte rendu sommaire du discours prononcé par M. Jaurès, à une séance de la Chambre, dans laquelle cet honorable député me prêtait des propos que j'étais censé avoir tenus au docteur Dumas.

J'ai démenti publiquement par la voie du journal l'Eclair de Montpellier et d'une façon formelle avoir tenu les propos que le docteur Dumas me prêtait.

Aujourd'hui, sous la foi du serment, je persiste dans ces démentis et je vous déclare que les propos dont vous venez de me donner connaissance, d'après la lettre de M. Dumas à M⁰ Mornard, sont absolument fantaisistes et le résultat de l'imagination de M. Dumas.

En y réfléchissant, actuellement, je vois que ce Monsieur avait probablement une mission pour tâcher de me faire parler et de me faire tenir des propos que pour rien au monde je ne pouvais tenir, ayant pris pour règle de conduite de ne rien dire qui puisse être considéré comme portant atteinte au secret professionnel auquel j'étais astreint, comme juge du Conseil de guerre.

De sorte qu'il n'y a de vrai dans tout ce que dit M. Dumas que ceci : nous nous sommes trouvés quelquefois ensemble, le docteur a essayé d'amener une fois, à Avignon, la conversation sur l'affaire Dreyfus, mais je lui ai répondu que je tenais à conserver la discrétion la plus absolue sur cette affaire et que je ne voulais en parler à personne, pas plus à lui qu'à un autre. Alors le docteur ajouta : « Je sais que vous avez tous été de bonne foi ; mais votre bonne foi a été surprise, parce que la déposition du général Mercier contient des choses qui ont été reconnues fausses depuis. Je sais aussi qu'on vous a communiqué un Bordereau signé de l'Empereur d'Allemagne, et ce Bordereau aujourd'hui a été reconnu faux. »

Je lui ai répondu qu'il ait à cesser immédiatement toute conversation de ce genre, sans quoi nous serions obligés de rompre tous rapports. Cette conversation a eu lieu à Avignon, au mois d'octobre 1902. C'est la seule fois qu'il a été question de l'affaire Dreyfus entre nous.

Cette déclaration est catégorique. Le commandant Merle a écouté le docteur Dumas ; mais il s'est obstinément refusé à lui répondre ; il ne lui a donc rien dit qui impliquât une communication secrète au Conseil de guerre.

L'argumentation de M⁰ Mornard croit pouvoir réussir cependant à découvrir dans ce silence même la preuve de cette com-

munication. Le commandant Merle, en effet, s'est retranché
derrière le secret professionnel ; or, il savait que ce motif était
inadmissible, la communication de pièces aux juges, en dehors
des débats, étant extrinsèque à la délibération et n'étant pas,
par conséquent, couverte par le secret professionnel. Il avait
le droit de parler ; il pouvait détruire d'un seul mot les soupçons
qui pesaient sur les accusateurs de Dreyfus ; il s'est tu ; son
silence est un aveu.

Voilà, ce nous semble, un de ces abus des « déductions de
l'esprit » dont cette affaire nous offre de trop nombreux
exemples. Le commandant Merle a été discret ; si ce n'était pas
son devoir, c'était son droit ; il en a prudemment usé en présence
d'un interlocuteur qui n'avait aucune qualité pour recevoir ses
confidences.

Pas plus dans sa déposition, que dans celles des autres
témoins qui ont été entendus sur ce point, ne se trouve un indice
que le Conseil de guerre ait formé sa conviction sur d'autres
preuves que celles qui ressortaient des pièces du dossier et des
débats.

L'examen de cette question ne nous conduit donc qu'à cette
certitude, que, dans la légende du Bordereau annoté, il n'y a rien
qui puisse constituer une charge contre Dreyfus, et il n'était
peut-être pas inutile de le constater, en prévision des souvenirs
qu'elle a pu laisser dans quelques esprits.

XVII

Nous nous sommes attaché jusqu'à présent à rechercher si
l'accusation avait fait contre Dreyfus cette démonstration matérielle, brutale de la culpabilité qui, en l'absence de tout mobile
vraisemblable, paraissait nécessaire pour justifier la condamnation. Cette démonstration avait été promise et on a maintes
fois affirmé qu'elle était faite.

Nous n'hésitons pas à dire que nous ne l'avons pas rencontrée.
Nous avons vu surtout dans le procès de Rennes des conjectures nouvelles fondées sur des combinaisons trop ingénieuses
de faits incertains ou dénaturés, sur des documents obscurs et
parfois même altérés, sur des interprétations contestées par les

autorités militaires les plus compétentes, sur des expertises réfutées par des hommes dont la science et le caractère honorent notre pays.

D'autre part, comment n'être pas troublé par tout ce que le dossier révèle sur le rôle d'Esterhazy ?

Avec lui, pas d'hésitation possible sur le mobile du crime. Vous connaissez sa vie, ses aventures, ses sentiments hostiles à la France, son caractère, sa détresse pécuniaire ? Il est sans scrupules et tous les moyens lui sont bons pour se procurer de l'argent. Les adversaires eux-mêmes de Dreyfus nous le représentent comme un de ces hommes chargés de vices, perdus de dettes, dont on peut tout redouter.

Ses relations mondaines avec l'attaché A sont certaines ; il a reconnu ses correspondances avec lui par sa lettre du 13 janvier 1899 adressée à M. le Premier Président de la Cour de Cassation ; leur caractère suspect est attesté par le « petit bleu ». Dès qu'il se sait soupçonné, c'est chez l'attaché A qu'il se précipite, affolé, en le suppliant de le sauver ; son signalement répond exactement à celui de la personne à la solde de l'attaché A qu'avait signalée en 1895 un de nos agents à Berlin, qu'à la même époque, à Luxembourg, Richard Cuers signalait à l'agent Lajoux et qu'il dénonçait dans l'entrevue de Bâle. L'écriture du Bordereau est identique à la sienne ; le papier du Bordereau est identique à celui dont il faisait usage en 1894. Il reconnaît avoir écrit le Bordereau et donne de ce fait une explication inadmissible.

Vous vous souvenez des présomptions qu'élèvent contre lui ses recherches sur les questions relatives à l'artillerie, aux instructions sur le tir, à la règlette de correspondance, présomptions rappelées dans le rapport des généraux experts.

Vous savez que, si les puissances étrangères ont affirmé solennellement l'innocence de Dreyfus, elles sont restées muettes sur celle d'Esterhazy et que leurs déclarations renferment ainsi une nuance caractéristique qui n'a pu être niée par les plus ardents accusateurs de Dreyfus. Il en est de même des déclarations officieuses, des correspondances et des conversations des personnes à qui la vérité tout entière devait être connue.

On a répondu à ces présomptions si puissantes qu'Esterhazy n'avait jamais été en état de livrer les documents énoncés au Bordereau.

Mais il ne s'agit pas ici de savoir si ses fonctions de major

d'un régiment d'infanterie mettaient à sa disposition les éléments des notes, d'ailleurs inconnues dans leur teneur, du
Bordereau. La question est toute autre. Avec sa remarquable
intelligence, son savoir, son esprit chercheur, ses facultés
d'intrigue, ses relations si nombreuses, notamment celles qu'il
avait conservées avec ses anciens camarades du Service des
renseignements, pouvait-il se procurer des indications plus ou
moins importantes, plus ou moins exactes, mais susceptibles,
à ses yeux, d'intéresser l'attaché A ?

Or, nous ne voyons pas comment il serait possible de résoudre cette question par une dénégation absolue, qu'il s'agisse
de l'une quelconque des notes du Bordereau. Nous avons déjà
fait connaître les motifs de notre appréciation sur ce point.

Tout accuse donc Esterhazy ; mais il faut bien reconnaître
que tout l'accusait déjà au moment où se sont ouverts les débats
du Conseil de guerre de Rennes.

Aucune des présomptions que nous avons rappelées n'était
inconnue, et la défense, tout en déclarant qu'elle n'avait pas à
accuser Esterhazy, les exposa toutes et les fit valoir en faveur
de l'innocence de Dreyfus.

Depuis, Esterhazy a disparu ; du moins le silence s'est fait
autour de son nom. Quelques amis dévoués de Dreyfus, poursuivant leur tâche, ont recueilli cependant quelques indices qui
sont venus corroborer les faits déjà connus.

Vous vous trouvez donc aujourd'hui en face d'un ensemble
de présomptions qui pèsent lourdement sur Esterhazy, sans
qu'aucune objection capable de les détruire ait pu être formulée.

La portée des charges alléguées contre Dreyfus s'en trouve
encore affaiblie et nous sommes par suite amené à cette conclusion qu'aucun obstacle ne s'oppose à l'examen de la demande
en revision et que nous sommes autorisé à rechercher si elle
est justifiée par les faits nouveaux invoqués.

XVIII

A notre avis, trois des faits nouveaux révélés par l'enquête
de la Chambre criminelle sont incontestablement de nature à
entraîner la revision. Ils ont été inconnus des premiers juges,
et nous pensons que vous pouvez dire en vertu du pouvoir
souverain d'appréciation dont la loi vous investit en cette

matière, qu'il en découle des présomptions d'erreurs assez graves pour autoriser une déclaration de recevabilité au fond.

Ce sont :

1° L'altération de la pièce N° 371 du dossier secret, dans laquelle l'initiale D a été substituée à l'initiale P ;

2° L'altération de la pièce N° 26 où il est question de l'organisation des chemins de fer et dans laquelle la date véritable : « 28 mars 1895 », a été remplacée par la date fausse « avril 1894 ».

3° La découverte de la minute du commandant Bayle relative à l'attribution de l'artillerie lourde aux armées.

Nous vous avons déjà entretenus de ces trois pièces, de la première en examinant les charges du dossier secret, des deux autres en analysant la discussion technique du Bordereau. Nous avons démontré alors que les pièces N° 371 et 26 avaient été falsifiées, ce qui ne semble plus contestable, et que la découverte de la minute Bayle faisait disparaître l'une des imputations les plus dangereuses dirigées contre Dreyfus.

Il ne nous reste plus ici qu'à rechercher si les faits révélés par l'enquête au sujet de ces pièces ont été inconnus des juges, et quelle est leur portée.

A. — Pièce n° 371.

Les juges du Conseil de guerre ont-ils su que cette pièce avait été altérée par un faux et que l'initiale D avait été substituée à l'initiale P ?

Assurément non. Voici ce qui leur a été dit par le commandant Cuignet :

Mᵉ DEMANGE. — Le témoin voudrait-il, avant de clore sa déposition, fournir au Conseil des indications sur le document où se trouve l'initiale D qui aurait été substituée à un nom et qui fait partie du dossier des pièces fausses, l'une des pièces, en un mot, qui a été lue par M. Cavaignac à la tribune?

LE COMMANDANT CUIGNET. — Lorsque j'ai examiné ce document, il m'a paru suspect. Je ne dis pas qu'il est faux : je dis qu'il m'a paru suspect. Le texte est certainement authentique, mais le D m'a paru ajouté, ou du moins être une surcharge. Il est en effet plus empâté que le reste de l'écriture. L'intervalle qui sépare le D du commencement de la phrase qui suit semble anormal par rapport aux intervalles observés dans le corps de la lettre. Enfin, en regardant de plus près, je me suis rendu compte que le papier avait été gommé sous la lettre D, que le quadrillage avait été atteint par la gomme. J'apercevais encore, en regardant à la loupe, les traces d'une autre lettre sous le D, lettre que je ne pouvais pas reconstituer ; alors je me suis demandé si cette surcharge avait eu pour but de renforcer le D primitif, qui aurait été effacé (car la pièce est au crayon), ou bien si cette surcharge avait été faite sur une lettre qui n'était pas un D, auquel cas la pièce eût été complètement falsifiée. Je ne pouvais résoudre la question moi-même ; je l'ai soumise au Ministre et nous avons mis la pièce parmi les documents suspects. Lorsque je me suis présenté de la part du Ministre devant la Chambre criminelle de la Cour de Cassation, je lui ai présenté la pièce en question en lui faisant part de mes constatations premières, et en disant que je ne pouvais pas dire que c'était un faux, mais que le document était resté suspect en raison précisément de ces constatations. La Cour de Cassation a partagé, je crois, ma manière de voir, puisqu'elle a soumis la pièce à une expertise (dont je ne connais pas le résultat).

Le document fut en effet soumis à M. Bertillon qui y reconnut, comme le commandant Cuignet, un grattage ou gommage suivi de retouche. Il estima toutefois que sous le D majuscule se trouvait un autre D.

Cette déclaration du commandant Cuignet, la seule dont il fût permis aux juges du Conseil de guerre de faire état, a-t-elle signalé la fausseté de la pièce 371 ? Dans la dernière enquête, le général Mercier et le commandant Cuignet l'ont affirmé.

Leur interprétation nous semble manifestement inexacte. Le commandant Cuignet n'a pas dénoncé le faux. Ce qui est vrai, c'est que Mᵉ Demange a essayé d'obtenir une déclaration en ce sens et qu'il ne l'a pas obtenue. Le commandant Cuignet a pris soin de préciser qu'il ne disait pas que le document était faux, mais seulement qu'il lui avait paru suspect, et il a fait, sur le renforcement de la lettre primitive D, une hypothèse que M. Bertillon a confirmée, faisant ainsi disparaître la suspicion dont le document était atteint.

Et depuis, l'authenticité de cette pièce dont M. Cavaignac avait, comme vous le savez, donné lecture à la tribune, qui constituait à ses yeux l'une des preuves de la culpabilité de Dreyfus, n'a plus été contestée au cours des débats.

Le général Mercier en a fait usage et il a, par cela seul, quel que fût son but, affirmé au Conseil de guerre qu'il ne doutait pas de son authenticité. Il la croyait sincère dans son entier, et si telle était sa croyance, c'est que le commandant Cuignet, pas plus dans l'enquête de 1899 qu'au cours des débats du Conseil de guerre, n'en avait catégoriquement dénoncé la fausseté.

La pièce N° 371 est donc restée aux débats avec le caractère qui lui avait été attribué dès le début. Dans tous les cas, la substitution de la lettre D à la lettre P a été inconnue du Conseil de guerre, et nous allons voir que cette ignorance a permis de formuler deux argumentations différentes contre Dreyfus, l'une du général Mercier, l'autre du commandant Carrière, commis-saire du Gouvernement. La première insinue que la lettre D peut désigner Dreyfus ; la seconde, après avoir admis que l'initiale de la pièce 371 est probablement un D, la suppose inconnue et soutient que l'ensemble de la pièce démontre qu'elle n'est applicable qu'à Dreyfus. Or, l'une et l'autre de ces argu-mentations n'auraient eu aucune base, ni même aucun prétexte, si l'initiale primitive P n'avait été effacée.

Le général Mercier a dit dans la dernière enquête que la pièce 371 « n'avait pas été employée par les témoins à charge comme une charge » et « qu'elle ne pouvait avoir eu d'influence sur les juges ». Il a déclaré que, personnellement, il n'en avait pas fait usage contre Dreyfus, mais uniquement pour mettre le comte Tornielli en contradiction avec lui-même. C'est, en effet, une raison analogue qu'a donnée le général Mercier en citant la pièce 371. Il s'est exprimé en ces termes :

> Du reste, nous allons prendre la diplomatie italienne en pleine contra-diction avec elle-même. Il se trouve au dossier secret une lettre de B à A, lettre qui a été reçue, paraît-il, en 1894, mais qui avait été laissée de côté et qui n'est entrée dans le dossier secret qu'en 1896, car je n'ai pas connu cette lettre. En voici le texte :
> « Le docteur m'a défendu de sortir. Ne pouvant aller chez vous demain, je vous prie de venir chez moi dans la matinée, car D m'a apporté beau-coup de choses très intéressantes. Il faut partager le travail, ayant seule-ment dix jours de temps. »
> On dit donc dans cette lettre : « D m'a apporté des choses très inté-ressantes. » Or, le comte Tornielli a dit dans sa déclaration à M. Trarieux que l'initiale D dans la lettre « ce canaille de D », devait être attribuée à un alcoolique nommé Dubois qui, effectivement, avait livré certaines choses à l'Italie, mais qui n'avait jamais rien livré d'intéressant. Si donc Dubois n'a jamais rien livré d'intéressant, l'initiale D ne peut pas s'appli-quer à lui. A qui donc s'appliquera-t-elle ? Vous voyez qu'il y a là une contradiction.

Les révélations de la dernière enquête vous ont édifiés sur la valeur de ce raisonnement. Mais nous n'avons à nous occuper ici que de son but. Il suppose que, dans les deux pièces, la lettre D désigne la même personne. Or, pour le comte Tor-nielli, cette personne est incapable de livrer des renseignements intéressants ; pour l'attaché B au contraire, elle est capable d'apporter des choses très intéressantes. Le comte Tornielli n'est pas mis en contradiction avec lui-même ; mais il est en contradiction avec l'attaché B, et la conséquence que tire immédiatement de cette contradiction le général Mercier, c'est que la lettre D ne désigne pas Dubois. Elle désigne une autre personne. Laquelle ? Le général Mercier ne la nomme pas ; il insinue très clairement, ou sa déposition n'aurait aucune portée, que la personne désignée par la lettre D peut être Dreyfus. Et ainsi se trouve amorcée une discussion sur la pièce « ce canaille de D », dont nous vous parlerons tout à l'heure.

La pièce 371 et, dans cette pièce, l'initiale D ont donc été invoquées contre Dreyfus.

L'argumentation du commandant Carrière a été traitée assez dédaigneusement par le général Mercier dans sa déposition du 24 mars 1904. « Je ne sais pas, a-t-il dit, ce qui a pu pousser le commissaire du Gouvernement à faire état de cette pièce. Naturellement, il a fait sa plaidoirie comme il l'a entendu, et je n'ai pas besoin de vous dire que je n'y suis pour rien ».

D'après le commandant Carrière, la lettre D paraît avoir été superposée à un autre D initial. A raison du grattage, cependant, il suppose qu'il n'existe aucune initiale. Il expose ensuite sans détour, avec une franchise touchante, un système qui n'est après tout qu'un dérivé logique de la discussion technique du Bordereau : Deux accusés sont en présence, Dreyfus, Esterhazy. Le premier peut fournir des renseignements intéressants, le second ne le peut pas ; donc c'est Dreyfus que désigne la pièce 371.

Le commandant Carrière n'aurait pas été exposé à raisonner de la sorte si l'initiale P n'avait pas été supprimée. Il aurait été amené à penser qu'une troisième personne pouvait être mise en cause. Quelle est cette troisième personne ? Nous l'ignorons. Nous n'oserions affirmer, comme M⁰ Mornard, qu'elle est celle dont le nom est écrit en toutes lettres dans un billet classé sous le N° 310 du dossier secret et dans une note du Service des renseignements du 11 juillet 1896 communiquée à la Chambre criminelle (dossier 5 a) et que rappelle le commandant Targe dans sa déposition du 21 mars 1904. Mais, si nous ne pouvons la nommer, son existence ne nous paraît pas douteuse.

Nous arrivons donc à ces conclusions : que la pièce N° 371, avant son altération, créait une présomption d'innocence en faveur de Dreyfus — que cette pièce a été intentionnellement altérée de manière à créer une présomption de culpabilité contre lui ; — qu'il a été fait usage de cette pièce altérée devant le

Conseil de guerre ; — enfin que l'existence, le mode et le but de cette altération n'ont été révélés qu'après la condamnation.

Mᵉ Mornard rattache à ce fait nouveau une argumentation ayant pour objet de démontrer que la date du 16 avril 1894 inscrite sur la pièce « ce canaille de D » est fausse et que l'imputation d'avoir livré des plans directeurs portée contre Dreyfus est démentie par des documents antérieurs et postérieurs à la condamnation, qui ont été dissimulés au Conseil de guerre.

Pour juger de la valeur de cette argumentation au point de vue spécial de la revision, il faut se rappeler que votre arrêt du 3 juin 1899 porte que la pièce « ce canaille de D », regardée en 1894 comme désignant Dreyfus, était considérée comme lui étant inapplicable. Votre arrêt reproduisait d'ailleurs sur ce point l'appréciation des officiers qui avaient organisé le deuxième système d'accusation.

Aussi, devant le Conseil de guerre de renvoi, la pièce « ce canaille de D » ne fut-elle pas invoquée contre Dreyfus et l'accusation principale portée contre lui en 1894 par le dossier secret fut-elle abandonnée. Seul, le général Mercier essaya de l'introduire de nouveau dans le procès. Après avoir produit la pièce 371, il exposa les soupçons qui, dès la réception de la pièce « ce canaille de D », avaient pesé sur Dubois, sur un garçon de bureau nommé Duchet, enfin, les raisons particulières qui avaient permis de penser qu'elle désignait Dreyfus. Il tenta ainsi de justifier, sinon dans la forme, du moins au fond, la communication secrète de 1894. — Mais on doit reconnaître qu'aucun autre des témoins à charge ne le suivit dans cette voie. Sur ce point, un désaccord existait entre eux et lui ; ils déclarèrent, notamment, qu'aucun plan directeur provenant du Ministère de la Guerre n'avait été livré. On comprend dès lors que les pièces signalées par Mᵉ Mornard, l'une du 25 mai 1892, l'autre du 7 décembre 1897, la troisième indiquant par les initiales DB la personne qui recevait le prix des plans livrés, n'aient pas été produites.

La date du 16 août 1894, attribuée à la pièce « ce canaille de D » fut contestée devant le Conseil de guerre par le colonel Cordier. Mᵉ Mornard prétend démontrer que cette pièce remonte à 1892, époque à laquelle une brouille s'était produite entre l'agent B et « ce canaille de D ». Ce raisonnement est très vraisemblable ; mais il n'y a, en définitive, qu'un point qui soit réellement prouvé, c'est que la pièce n'est pas du 16 août 1894 et qu'elle se trouvait au Ministère de la Guerre à la fin de 1893. Toutefois, ce n'est pas là un fait nouveau, puisqu'il n'est connu que par la déclaration du commandant Lauth devant le Conseil de guerre ; c'est lui-même qui a fixé cette date, en réponse au colonel Cordier.

L'argumentation de M° Mornard jette une clarté nouvelle sur le procès de 1894 ; elle n'a trait qu'indirectement à celui de 1899. Aussi ne croyons-nous devoir nous y rallier qu'en ce qui touche la pièce 371.

B. — Pièce n° 26.

Nous avons établi que l'altération de la date de cette pièce est démontrée. Il est certain aussi que la découverte de cette altération est postérieure à la condamnation.

Entendus dans la dernière enquête, le général Mercier et le commandant Cuignet ont contesté cependant que ce fait pût être retenu comme moyen de revision.

Le général Mercier s'est exprimé en ces termes :

Eh bien, M. le Président, sur cette pièce-là, je crois qu'il y a eu une erreur de ma part en ce sens que je ne crois pas l'avoir connue en 1894 ; et lorsque M° Demange, pendant le cours du procès, m'a demandé à un certain moment de lui citer les pièces qui avaient fait partie du petit dossier secret qui avait été communiqué aux juges du Conseil de guerre, j'ai compris cette pièce parmi celles qui avaient dû être communiquées. Je ne puis pas répondre absolument que ce soit une erreur ; cependant je le crois, parce que depuis j'ai voulu me renseigner et j'ai demandé au commandant du Paty de Clam qui avait formé le dossier et en avait fait le commentaire, si cette pièce y était comprise. Il m'a affirmé que non. Il doit donc y avoir une erreur de mémoire de ma part, ce qui n'est pas surprenant quand, sans document écrit, on se trouve appelé à faire la nomenclature de pièces qui ont composé un dossier cinq ans auparavant.

Il est donc probable que cette pièce ne m'était pas connue en 1894 ; et c'est probablement d'après le renseignement qui m'avait été donné postérieurement au procès de 1894, et au moment du Conseil de guerre de Rennes, que j'ai cru que cette pièce avait été communiquée en 1894.

Je demanderai seulement à faire sur cette pièce une observation : c'est que cette pièce, par le fait, ne constitue pas un acte de trahison, ne peut pas servir à déterminer la culpabilité de Dreyfus, et n'a pas pu, dans l'esprit des juges, être un point d'appui pour leur faire décider la condamnation de Dreyfus ; car cette pièce ne dit pas qu'on a livré l'organisation des chemins de fer, elle dit « qu'on va livrer ». Or, dans ma déposition à Rennes, j'ai précisément établi la différence essentielle qu'il y avait entre les pièces qu'on a livrées et les pièces « qu'on va livrer ». Ainsi, pour le Manuel de tir, je dis :

« J'aborde la discussion des points énumérés dans le Bordereau. J'aborde la question du Manuel de tir. J'en dirai très peu de mots.

« Le Manuel de tir n'a réellement pas été livré par le fait même du texte du Bordereau ; il ne constitue point un fait de trahison proprement dit, parce que le Manuel n'a pas été envoyé. Cependant je dois appeler l'attention sur ce fait que les termes de la phrase du Bordereau relative au Manuel de tir se prêtent très bien à la situation qu'occupait le capitaine Dreyfus à ce moment. »

Je n'ai pas fait la même observation sur cette pièce-là ; mais je vois, dans la sténograpie de sa plaidoirie (troisième volume, p. 630), que M⁰ Demange, qui est un avocat trop expérimenté et de trop de talent pour ne pas faire ressortir cela, a dit :

« J'arrive à une lettre de B à A qui est relative à l'organisation des chemins de fer.

« Eh bien, Messieurs, voilà encore une chose assez curieuse dans une affaire de trahison ! Notez bien que la lettre ne dit pas qu'on l'a reçue ; elle dit qu'on va la recevoir. Par conséquent, elle ne prouve même pas que c'est un acte d'espionnage. On va recevoir l'organisation des chemins de fer, c'est tout ce qu'on dit. »

Et après avoir fait observer que cette organisation des chemins de fer aurait pu être livrée dans les compagnies de chemins de fer aussi bien qu'au Ministère, M⁰ Demange ajoute :

« Je vous assure que l'Inquisition, qui employait des moyens tout à fait cruels pour obtenir ce qu'elle croyait être la vérité, des arguments comme ceux-là, elle ne les aurait jamais retenus. »

On peut faire à cela une objection et dire : « Pourquoi en avez-vous parlé ? » Parce que, toute pièce qui est dans un dossier, nous sommes obligés d'en parler. Si nous n'en faisons pas une arme à notre usage, il faut empêcher qu'on en fasse une arme contre nous, c'est-à-dire une arme au profit de quelqu'un qu'on veut substituer à celui que nous accusons. Voilà dans quel sens nous en avons parlé.

Mais les juges du procès n'ont pas pu s'y tromper ; ils étaient prévenus aussi bien par moi que par M⁰ Demange que tout ce qui ne constituait pas un fait de trahison accompli ne pouvait être invoqué comme preuve de culpabilité.

Je vous demande pardon de vous donner mon opinion ; mais quand même il serait démontré (ce qui ne l'est pas pour moi, quant à présent), que cette pièce n'a pas été connue en 1894, et qu'elle serait d'une date postérieure, cela ne pourrait pas être invoqué comme un fait établissant l'innocence de Dreyfus, parce que, quand on a cru et admis qu'elle était de 1894, elle n'a pas pu être invoquée comme un fait établissant sa culpabilité.

Voici maintenant l'argumentation du commandant Cuignet :

LE TÉMOIN. — Reste maintenant la pièce 26, c'est la pièce des chemins de fer.

Il paraît que cette pièce porte de la main du lieutenant-colonel Henry « avril 1894 ». Or, il paraît qu'une copie de cette pièce a été retrouvée au Ministère de la Guerre ; cette copie aurait été faite, d'après ce qu'a dit le Ministre de la Guerre, si je ne me trompe pas, le 28 mars 1895 par l'archiviste Gribelin. A cette pièce était annexée une autre pièce du 28 mars 1895 où il est question d'un télémètre. Ces deux pièces étaient insérées dans un bordereau du 1ᵉʳ avril 1895, lequel est aussi établi par Henry. Ce bordereau a été établi au moment de l'arrivée de la pièce, et la date du 28 mars 1895, portée sur la copie, serait la date de l'arrivée. Par conséquent, la pièce ne pouvait porter la date de 1894, et elle n'était pas imputable à Dreyfus, puisqu'à ce moment Dreyfus était à l'Ile du Diable.

M. le Procureur Général a dit : « Cette pièce 26 (l'accusation d'avoir livré l'organisation militaire des chemins de fer) était un des points capitaux de l'accusation portée contre Dreyfus. » Je crois que M. le Procureur Général a commis ici une erreur d'appréciation. Au dire même des partisans de Dreyfus, il n'y a jamais eu qu'une accusation capitale contre Dreyfus : c'est celle résultant du Bordereau ; on l'a dit et écrit ; tout le reste, disait-on, c'est du remplissage.

Donc, s'il était établi que, sur ce point secondaire de la pièce 26, il y a un nouveau faux d'Henry, une nouvelle manœuvre frauduleuse, il n'en résulterait pas que Dreyfus n'est pas l'auteur du Bordereau, il n'en résulterait pas que Dreyfus n'est pas coupable du seul fait du Bordereau.

M. LE PROCUREUR GÉNÉRAL. — Tout cela, c'est de la discussion ; je ne puis discuter avec M. Cuignet mes appréciations.

LE TÉMOIN. — Je disais que l'accusation d'avoir livré l'organisation militaire des chemins de fer était en quelque sorte accessoire. Je vais au-devant d'une objection qu'on fera peut-être : comment se fait-il qu'on ait groupé des accusations accessoires contre Dreyfus ? Eh bien, il s'est produit, vis-à-vis de Dreyfus ce qu'on voit se produire quand, par exemple, un individu est convaincu d'un crime et que d'autres crimes ont été commis dans la même région et dans des conditions analogues sans savoir à qui les imputer ; il vient à l'esprit de savoir s'ils ne peuvent être imputés à ce même individu ; il suffit que l'individu convaincu du premier crime ait eu la possibilité de commettre les autres ; il y a une présomption qui autorise à demander à la Cour d'assises de décider si ce criminel, coupable d'un crime, n'est pas coupable des autres. Eh bien, il en a été de même pour Dreyfus. Il y avait au Ministère de la Guerre ou dans les établissements annexes, comme l'Ecole de pyrotechnic de Bourges, la preuve de la livraison de certains documents... On s'est demandé — je reste toujours dans l'hypothèse où la date de 1894 serait exacte, j'examinerai tout à l'heure la question du faux, — on s'est demandé, en admettant que cette date fût exacte, si Dreyfus n'était pas l'auteur de tous ces faits. Nous n'en avions pas la certitude ; je me suis demandé si Dreyfus avait eu la possibilité de commettre ces actes de trahison ; il m'a paru que cette possibilité existait ; je n'ai pas acquis la preuve qu'il les avait commis ; je les ai mis au dossier ; ce n'était pas à moi de trancher la question.

Pour d'autres faits, la possibilité de Dreyfus de les commettre ne m'est pas apparue, je les ai écartés. C'est ce que j'ai fait pour la feuille du plan directeur de Pontarlier, quand j'ai su que cette feuille avait disparu trois semaines avant que Dreyfus ne vînt à Pontarlier et que, par conséquent, il ne pouvait être rendu responsable de cette disparition.

Donc le fait de la livraison de l'organisation militaire des chemins de fer était accessoire, non pas capital.

Cette thèse des adversaires de la revision méconnaît le caractère et le but de la production de la pièce 26. Il importe de les rétablir.

Il est d'abord de toute évidence que ce n'est pas comme preuve ou comme présomption de la livraison accomplie de l'organisation des chemins de fer que cette pièce a été produite, puisqu'il résulte de son texte même que cette livraison n'a pas encore eu lieu, et Mᵉ Demange devait le faire remarquer.

Mais il a précisé, dans la partie de sa plaidoirie qui n'a

pas été reproduite dans la déposition du général Mercier, et qui a été citée plus haut par nous, que la pièce 26 avait pour but de prouver que la personne qui se trouvait en relation avec l'attaché B était un officier possédant une connaissance parfaite de l'organisation des chemins de fer.

Pour comprendre la très grande portée de cette charge, il ne faut pas, comme l'ont fait dans la dernière enquête le général Mercier et le commandant Cuignet, isoler la pièce 26. Il faut la rapprocher du système de l'accusation et lui restituer la place qu'ils lui avaient eux-mêmes donnée dans la discussion technique du Bordereau.

D'après l'accusation, l'ensemble des notes du Bordereau démontre que la trahison émane de l'Etat-Major de l'armée. Le cercle se resserre avec les notes sur l'artillerie : le traître est un artilleur. Il se restreint encore avec la diversité des notes du Bordereau : le traître est un stagiaire. Il devient plus étroit encore avec la pièce 26 : le traître est un officier appartenant ou ayant appartenu au quatrième Bureau.

C'est bien là, vous le savez, ce que disait le général Mercier dans sa déposition devant le Conseil de guerre, en insistant avec force sur les motifs pour lesquels cet officier, appartenant ou ayant appartenu au quatrième Bureau, devait être Dreyfus.

Il ne s'agit donc pas d'une charge accessoire, d'une présomption sans importance ; mais bien d'une charge essentielle, indispensable à la solidité de l'armature de l'accusation.

Vous vous souvenez d'ailleurs de la place prépondérante qu'elle a prise dans les débats et des nombreux témoins qui ont été entendus à son sujet. On ne tente pas de pareils efforts pour une présomption futile.

Nous pouvons le dire aujourd'hui : le Conseil de guerre n'a pas su, il n'a pas pu savoir que tous ces efforts s'agitaient autour d'une pièce qui, avant son altération, créait une présomption d'innocence en faveur de Dreyfus et dont l'altération a eu pour but de créer une présomption de culpabilité contre lui.

C. — Minute Bayle.

Nous venons de voir l'accusation enserrer Dreyfus de plus près avec la pièce 26. Avec l'accusation d'avoir livré des renseignements sur l'attribution de l'artillerie lourde aux armées, elle se referme entièrement sur lui et sur lui seul.

Vous avez vu par la note du Service des renseignements que nous avons citée (N° 84 du dossier secret) que les renseignements reçus par l'agent A d'après son memento, arrivé au service le 28 décembre 1895, devaient être extraits du résumé d'une note de la troisième direction demandée au commandant Bayle, du premier bureau.

Ce résumé ne pouvait être l'œuvre que du commandant Bayle « officier des plus sûrs » ou du stagiaire qui lui était spécialement attaché. Ce stagiaire était Dreyfus et la minute de ce résumé avait disparu.

Pourquoi donc cette présomption était-elle jetée dans le débat et soumise à l'appréciation des juges, sinon parce que, cette fois, les soupçons étaient limités à deux personnes ou plutôt à une seule, Dreyfus ?

Ce n'était pas une présomption quelconque, comme l'a dit le général Mercier dans l'enquête de la Chambre criminelle. Vous connaissez maintenant sa portée et le rôle nécessaire qu'elle jouait dans le système de l'accusation. Aussi fut-elle sans cesse invoquée par les principaux témoins à charge. Ils s'appuyaient sur le fait matériel de la disparition de la minute Bayle que Me Demange n'était pas en état de contester et qui suffit peut-être à troubler la conscience des juges. En réalité, ce fait matériel n'existait pas.

Si le Conseil de guerre avait été éclairé, comme nous le sommes aujourd'hui, par la découverte de la minute que l'on prétendait disparue, il aurait sans doute vu dans le memento de l'agent A ce qui y est, c'est-à-dire non une charge contre Dreyfus, mais la preuve qu'un an après sa condamnation, les documents les plus confidentiels du Ministère étaient encore livrés, ce qui ruine toute la discussion technique du Bordereau.

L'examen séparé de ces trois faits nous a amené pour chacun d'eux à cette conclusion identique que de sérieuses présomptions d'innocence avaient été transformées en graves présomptions de culpabilité. Nous pourrions donc, dès à présent, émettre l'avis qu'il existe, dans la cause, des présomptions d'erreur suffisantes pour motiver la revision.

Mais cette solution nous paraît encore imposée par la répercussion nécessaire de ces trois faits sur l'accusation tout entière.

Les pièces 371 et 26 sont fausses ; elles font partie de cette combinaison de faux qui furent fabriqués pour empêcher la première revision ; ce sont les satellites du faux Henry. Et cette fois, ce sont des faux antérieurs à la condamnation.

Que penser d'un dossier où l'erreur a été provoquée par des faux ? Souvenez-vous des paroles de colère et de dégoût que fit entendre à propos d'un autre faux, dans une affaire connexe, un magistrat militaire, le général de Pellieux. Ce faux enlevé, il en restait d'autres. Les magistrats militaires de Rennes les ont ignorés ; s'ils les avaient connus, ils n'auraient pas sans doute hésité, comme le général de Pellieux, à frapper de suspicion un dossier dont la loyauté était si gravement atteinte.

Vous reconnaîtrez aussi que le moindre effort eût suffi pour éviter au Conseil de guerre le contact de ces documents et pour faire apparaître les pièces authentiques avec leur véritable caractère. Cet effort, si aisé, n'a pas été tenté. Il pouvait être procédé à des vérifications matérielles décisives dont la dernière enquête a montré que l'on avait tous les éléments sous la main. Ces vérifications ont été négligées.

Les officiers qui reconstituaient le dossier n'agissaient pas, il est vrai, en qualité de magistrats militaires. Mais ils avaient reçu la haute mission de former la conviction des ministres de la Guerre qui les ont employés et nous savons par les rapports que conserve le dossier secret qu'ils se sont acquittés de cette mission. Ils se sont offerts ensuite à éclairer la justice militaire.

Ils ont certainement ignoré que, parmi les documents qu'ils mettaient en œuvre avec tant d'ardeur et de talent, certains étaient faux et que d'autres, que l'on disait disparus, se trouvaient à leur place dans les archives. Mais ces erreurs auraient pu être évitées, ce nous semble, avec un peu plus de bonne volonté et de liberté d'esprit. Les circonstances, que nous avons rappelées, expliquent peut-être la méthode qui a été suivie. A nos yeux, elles ne la justifient pas et nous y trouvons une raison nouvelle de ménager notre confiance à une œuvre qui ne paraît pas avoir été conçue et accomplie dans le calme et l'impartialité qu'exigent les travaux de la justice.

XIX

Le réquisitoire écrit de M. le Procureur général a relevé trois autres faits nouveaux qui sont relatifs :

1° A la découverte du télégramme adressé le 5 janvier 1895

par le colonel Guérin au Gouverneur militaire de Paris ;

2° Au témoignage Cernusky ;

3° A l'incident Valcarlos.

Nous allons examiner successivement chacun de ces trois faits.

A. — Télégramme du colonel Guérin.

Vôtre arrêt du 3 juin 1899 a jugé qu'on ne saurait voir des aveux dans les propos rapportés par le capitaine Lebrun-Renault et par le témoin Depert.

C'était là, suivant l'expression de la note adressée par ordre du général de Galliffet, ministre de la Guerre, au commissaire du Gouvernement, une affirmation intangible. Le Conseil de guerre a, quand même, laissé discuter cette affirmation devant lui ; mais il n'était pas en son pouvoir de diminuer sa portée en droit. Votre arrêt subsiste donc sur ce point avec l'autorité de la chose souverainement jugée ; il n'est pas permis de le contredire ; il n'est pas permis davantage d'en démontrer le bien jugé ; ce serait admettre qu'il est encore sujet à controverse. Aussi, avons-nous vu votre Chambre criminelle rejeter de son enquête la question des aveux.

Nous l'avons examinée cependant dans ce travail à raison du rôle si important qu'elle avait, en fait, illégalement joué devant le Conseil de guerre et afin de ne pas paraître en éviter la discussion. Mais, en ce moment, il nous semble qu'il ne convient plus de faire état que de la vérité juridique. Elle est hors de toute discussion, puisqu'elle est établie par la chose jugée. Il nous semble douteux qu'un fait nouveau ayant pour unique objet de la corroborer puisse être admis.

N'en fût-il pas ainsi, le fait nouveau relevé par M. le Procureur général ne nous paraîtrait pas remplir le but qu'il se propose et qui est de montrer que le colonel Guérin n'aurait pas, contrairement à ses affirmations, reçu, avant la parade d'exécution, les confidences du capitaine Lebrun-Renault. D'après le réquisitoire écrit, le colonel Guérin aurait déclaré devant le Conseil de guerre qu'empressé de faire connaître au Gouverneur militaire de Paris les propos à lui tenus par le capitaine Lebrun-Renault, il aurait, aussitôt, de l'Ecole Militaire, envoyé au général Saussier un télégramme pour l'en instruire.

Or, ce télégramme a été retrouvé. Son texte est celui que vous connaissez :

Parade terminée. Dreyfus a protesté de son innocence et crié : Vive la France. *Pas d'autre incident.*

La déposition du colonel Guérin se trouve ainsi démentie par la concision tranchante de son télégramme. Le récit qu'il a fait plusieurs années plus tard de la conversation avec le capitaine Lebrun-Renault serait inexact.

Mais nous avons placé sous vos yeux la déposition du lieutenant-colonel Guérin, et vous vous souvenez de ses termes qui sont très clairs. Il n'a jamais dit devant le Conseil de guerre qu'il eût informé par télégramme le Gouverneur militaire de Paris des prétendus aveux de Dreyfus. Il a même dit le contraire. Après avoir fait le récit de la dégradation et mentionné toutes les protestations d'innocence du condamné, il se porta rapidement, a-t-il dit, vers le bureau de l'adjudant et rédigea un télégramme pour le général Saussier, lui rendant compte que la parade était terminée et que Dreyfus avait quitté l'Ecole Militaire. Il communiqua à plusieurs officiers ce que lui avait dit le capitaine Lebrun-Renault, assista ensuite au défilé des troupes, et, lorsqu'elles eurent quitté l'Ecole Militaire, il revint à la place Vendôme et rendit compte immédiatement et verbalement au général Saussier des aveux de Dreyfus. Entre les termes du télégramme et ce récit il n'existe aucune contradiction. Ce récit est-il exact ? Est-il vrai que le 5 janvier, au retour de la parade d'exécution, le colonel Guérin ait entretenu verbalement le Gouverneur militaire de Paris de sa conversation avec le capitaine Lebrun-Renault et des aveux de Dreyfus ?

Mais aucun doute n'est possible, puisque, dans l'après-midi du 5 janvier, le colonel Picquart a appris au Gouvernement militaire de Paris, de la bouche même du colonel Guérin, que Dreyfus avait fait des aveux à un capitaine de la garde républicaine chargé de sa surveillance. Et le colonel Picquart a ajouté que, se trouvant en faute pour n'avoir pas immédiatement signalé ce fait au Ministre, il s'était tout de suite rendu auprès du général de Boisdeffre qui le conduisit chez le général Mercier. Mais ce dernier, comme vous le savez, ne le reçut pas. Ce n'est donc pas plusieurs années après la condamnation que le colonel Guérin a inventé sa conversation avec le capitaine Lebrun-Renault. Cette conversation a eu lieu ; le fait est certain, indéniable, et nous ne voyons pas comment le télégramme du colonel Guérin pourrait en démontrer l'inexistence.

Il est vrai que ce télégramme se termine par ces mots : « Pas d'autre incident. » Donc, dit-on, l'incident capital des aveux ne s'est pas produit. On pourrait répondre que cet incident était loin d'avoir, à ce moment, où personne ne doutait de la culpabilité de Dreyfus, l'importance qui lui fut donnée plus tard. Mais le colonel Guérin, dans un rapport adressé par lui à M. le Procureur général, le 19 mars 1905, et dont nous avons reçu copie, a donné une explication très plausible de la formule de son télégramme.

Jusqu'à l'exécution de la dégradation, Dreyfus était placé sous la garde et la responsabilité du Gouverneur militaire de Paris. L'opinion publique était surexcitée et, pour éviter des actes regrettables, un service d'ordre considérable avait été organisé par l'autorité militaire et des mesures très sévères avaient été prises tant à l'extérieur qu'à l'intérieur de l'Ecole Militaire. Le Gouverneur militaire de Paris était très préoccupé des incidents qui pouvaient se produire et il avait donné l'ordre à son représentant, le colonel Guérin, de lui rendre compte de la parade immédiatement et par télégramme, ce qui fut fait. Les termes de la dépêche montrent bien qu'elle ne vise que les incidents de la parade seule. Quant à rendre compte par télégramme au Gouverneur de la conversation avec le capitaine Lebrun-Renault, il n'y fallait pas songer. Il était beaucoup plus simple et plus prompt, au lieu de rédiger un long télégramme, dont l'expédition par les télégraphistes inexpérimentés de l'Ecole Militaire eût duré fort longtemps, de se rendre immédiatement auprès du général Saussier et de lui fournir verbalement des explications détaillées.

Tout cela est vraisemblable et, ne mettant pas en doute la loyauté du colonel Guérin, nous le tenons pour vrai.

Vous savez quels propos inexacts et incomplets ont causé l'erreur ; vous avez vu la légende naître de vieux souvenirs et se développer au moment opportun. Sans accuser personne de mensonge, il a été facile de démontrer autrefois son inexactitude.

Vous apprécierez s'il est possible de revenir, fût-ce pour la fortifier, sur cette démonstration passée en force de chose jugée et, en second lieu, si l'argument produit conduit à la solution proposée.

Les mêmes observations répondent à l'argumentation de Mᵉ Mornard sur ce point, bien qu'elle ajoute au télégramme du colonel Guérin deux autres faits négligés avec raison par M. le Procureur général.

Ces faits sont : 1° la découverte d'une lettre du colonel Risbourg, commandant la légion de la garde républicaine, au Gouverneur militaire de Paris, datée du 6 janvier 1895, qui serait en contradiction avec une lettre du même colonel Risbourg adressée le 27 août 1898 à M. Cavaignac, ministre de la Guerre ; 2° la découverte de la fausseté des dates apposées par le général Gonse sur les pièces constituant son dossier des aveux.

Nous n'avons pas su découvrir la contradiction qui existerait entre les deux lettres du colonel Risbourg.

La première a été manifestement écrite avant toute entrevue du colonel Risbourg avec le capitaine Lebrun-Renault. Ce dernier avait été mandé auprès de son chef pour s'expliquer sur le « récit d'un témoin » publié le matin même par le *Figaro* ; mais, appelé auprès du Ministre de la Guerre et conduit ensuite à l'Elysée et auprès du Président du Conseil, il n'avait pu se rendre à la convocation. Le colonel Risbourg fait part de ces incidents au Gouverneur militaire de Paris.

La seconde de ces lettres expose ce qui s'est ensuite passé, lorsque le capitaine Lebrun-Renault, de retour au quartier et ayant appris que son colonel le demandait, s'est rendu dans son cabinet. Il a alors parlé des prétendus aveux de Dreyfus. Après avoir été sévèrement admonesté pour ses indiscrétions, il a reçu l'ordre de se taire à l'avenir.

Le rapprochement de ces deux lettres, qui ont trait à des incidents différents de la journée du 6 janvier, ne fait ressortir aucune contradiction ; il est sans portée au débat.

Quant aux dates de la lettre du général Gonse du 6 janvier 1895 et du procès-verbal du 20 octobre 1897, elles peuvent être discutées, la dernière surtout. Mais, en admettant que leur fausseté fût démontrée, ce qui n'est pas, il n'en résulterait pas que le capitaine Lebrun-Renault n'a pas tenu, le 6 janvier, les propos rapportés par le colonel Guérin, puisque nous avons acquis, d'autre part, la certitude qu'il les a tenus.

B. — Témoignage Cernusky.

Le témoin Cernusky, originaire de Bohême, se disant officier de cavalerie démissionnaire de l'armée autrichienne, descendant de famille souveraine et réfugié politique, ne fut certainement pas mandé à Rennes par les témoins à charge qui dirigeaient l'accusation. Il n'y fut pas non plus appelé, comme l'a insinué le commandant Cuignet, par les partisans de Dreyfus. Un article de l'*Echo de Paris*, du 3 juin 1900, inséré au deuxième volume de l'enquête, a fait connaître comment il fut engagé à se rendre à Rennes et à insister pour être entendu par le Conseil de guerre. Son témoignage n'était pas assurément prévu dans le plan judiciaire de l'accusation.

Arrivé à Rennes à la fin du procès, il se mit en rapport avec M. Cavaignac, avec le général Mercier, avec le général Roget ; ses révélations ne leur semblèrent pas assez sérieuses pour que sa citation fût demandée. Il eut alors recours au commissaire du Gouvernement auquel il avait déjà écrit, et, le 4 septembre, il fut entendu, à titre de renseignement et sans prestation de serment, en vertu du pouvoir discrétionnaire du Président. Aucun renseignement n'avait été pris sur son compte. Le commandant Carrière, auquel les déclarations d'un étranger réfugié politique « n'avaient pas paru très solides » avait préféré s'abstenir.

Sous prétexte qu'il parlait difficilement le français, il fit donner lecture d'une note écrite par lui et rédigée par sa femme, Française de naissance.

En voici les termes :

Moi... Z...
J'affirme de la façon la plus absolue l'exactitude des faits rappelés ci-dessous :
1° J'ai quitté l'Autriche en 1894, à la suite d'événements politiques auxquels j'avais été mêlé comme descendant d'ancienne dynastie serbe.
Je suis venu en France en juillet 1894, puis y ai séjourné de septembre 1894 à février 1895, et enfin de 1895 à ce jour, comme réfugié politique.
Craignant que je ne sois inquiété en France, un de mes amis, alors chef de section au Ministère des Affaires étrangères d'une puissance de l'Europe centrale, et que je demande au Conseil la permission de ne pas nommer, m'indiqua, en août 1894, d'une façon précise les noms de quatre personnes aux gages de différentes nations étrangères en France qui auraient pu, sur les instigations d'une de ces nations, devenir dangereuses pour ma sécurité en lançant contre moi une dénonciation calomnieuse quelconque.
Le premier et le plus important de ces quatre noms était celui du capitaine Dreyfus.
2° Pendant mon service militaire en Autriche, comme lieutenant de cavalerie, je fis la connaissance, en 1894, d'un officier supérieur du grand Etat-Major d'une autre puissance de l'Europe centrale, attaché à la personne du souverain de ce pays.
Je suis resté depuis en relations d'intimité avec cet officier. En 1894, au commencement de septembre, je le rencontrai à Genève, et dans un de nos entretiens, il me confirma les noms des quatre agents de l'étranger en

France qui m'avaient déjà été indiqués. Il en ajouta même deux autres ; et, en les classant par ordre d'importance, il commença par celui du capitaine Dreyfus qu'il me signala comme son informateur au Bureau de l'État-Major général de l'armée française.

3° Dans la deuxième quinzaine de septembre ou les premiers jours d'octobre 1894, j'ai retrouvé à Paris ce même officier d'État-Major étranger.

A la suite d'une invitation qu'il me fit, je me rendis un jour vers trois heures à l'hôtel qu'il habitait, le Nouvel Hôtel, rue Lafayette, 49 ; il rentrait au moment même où j'arrivais ; je montai dans sa chambre et il retira devant moi des poches de son pardessus deux enveloppes volumineuses ; l'officier les ouvrit, examina les papiers qu'elles contenaient.

Ayant aperçu des cartes militaires, je lui demandai ce qu'il avait entre les mains ; il hésita un instant à répondre ; puis, avec une certaine forfanterie, il me tendit les papiers en me disant : « Comme vous n'êtes pas Français, mon camarade, je ne vois pas d'inconvénient à vous montrer ces documents ; vous verrez du reste ce dont je suis capable. »

Bien qu'il feignît de voyager pour des affaires commerciales, je n'ignorais pas, à la suite de nos entretiens de Genève, le but réel de ses déplacements.

Il voyageait d'ailleurs toujours sous des noms d'emprunt. J'examinai tous les papiers en question, et je reconnus des documents militaires français de première importance. Je me souviens parfaitement qu'il y avait :

A. — Une vingtaine de feuilles de cartes que j'appellerai, d'après les termes employés dans l'armée autrichienne, cartes routières d'État-Major de mobilisation, contenant par signes conventionnels et par chiffres, les renseignements de réquisitions, cantonnements, viabilité des routes au point vue des transports militaires, etc. J'ai remarqué spécialement la feuille de Dijon.

B. — Les graphiques de l'exploitation des chemins de fer de l'Est et du P.-L.-M. en vue de la mobilisation avec, en marge, des annotations remarquables sur les quais d'embarquement et des renseignements concernant les environs de ces stations au point de vue des ressources militaires.

Était jointe à ces graphiques une note explicative du système employé pour le fonctionnement des transports en cas de mobilisation.

C. — Diverses feuilles contenant des renseignements sur la réorganisation des différents corps de troupes, et l'approvisionnement en avant des munitions pendant le combat et la marche.

« Mais, lui dis-je alors, comment vous est-il possible d'obtenir de pareils documents ?

— Souvenez-vous d'une chose, mon camarade, me répondit-il ; en France, on peut tout avoir en y mettant le prix ; et puis, à quoi bon avoir des Juifs, si l'on ne s'en servait pas ? »

Je n'eus pas à demander quel était l'officier étranger qui lui procurait ces pièces, puisqu'il m'avait déjà dit que son informateur au Bureau de l'État-Major général était le capitaine Dreyfus.

Deux jours après cette entrevue, l'officier étranger quittait précipitamment Paris ; son départ avait l'apparence d'une fuite.

A quelque temps de là, les journaux annoncèrent l'arrestation du capitaine Dreyfus.

4° Vers la fin de mai 1896, je reçus la visite d'un agent envoyé par le Ministère de la Guerre, auquel je fis le récit ci-dessus. Ce récit donna lieu à la rédaction d'un procès-verbal signé de cet agent et de moi, dans lequel je citai les noms des personnes aux gages des puissances étrangères et en particulier de Dreyfus. Ce document doit exister au Ministère de la Guerre ; je prie M. le Président de vouloir bien le faire rechercher.

Cernusky avait encore d'autres renseignements plus précis à fournir ; mais il ajouta qu'il ne lui serait pas possible de parler en séance publique.

Mᵉ Labori demanda alors au Conseil, s'il décidait qu'une audience à huis-clos serait accordée, de la renvoyer au lendemain. Son intention était de notifier le nom du témoin au commissaire du Gouvernement afin que la défense ne fût pas privée, le cas échéant, des moyens de droit et de recours que la loi assure aux parties contre lesquelles on vient témoigner.

Cernusky fut cité pour l'audience du 6 ; il y fut entendu à huis-clos pendant quelques minutes, ainsi que nous l'apprend le compte rendu des débats. Sa déposition avait pour objet la révélation des noms des personnes desquelles il tenait ses informations.

M. Paléologue a assisté à cette audience de huis-clos. Dans sa déposition du 29 mars 1904, il en a reproduit ainsi la physionomie :

Mᵉ MORNARD. — Le témoin a assisté à la déposition de Cernusky à huis-clos devant le Conseil de guerre. Peut-il fournir des explications sur les faits articulés par le témoin Cernusky ? Cernusky n'avait-il pas mis en cause le docteur Mosetig, conseiller aulique de la Cour d'Autriche, et n'avait-il pas déclaré tenir de lui une partie de ces révélations ?

R. — J'ai assisté à l'audience à huis-clos où a comparu le témoin Cernusky. J'ai eu l'impression que Cernusky était un homme au courant des pratiques de l'espionnage ; il parlait comme quelqu'un qui avait été mêlé d'une façon ou d'une autre à des faits de cette nature et qui était au courant de ces questions-là. Il a prononcé devant nous des noms... ; il s'exprimait très bas. Je crois que les avocats eux-mêmes — Mᵉ Mornard n'était pas là — ne pouvaient pas entendre. Il était visiblement très gêné, très troublé, et sentait peser sur lui la crainte d'une poursuite en faux témoignage. Il a beaucoup balbutié ; il s'exprimait fort mal et il a demandé l'indulgence du Conseil de Guerre. Somme toute, il n'a rien dit de précis ni de positif. J'ai eu seulement l'impression qu'il était au courant de faits d'espionnage. Je crois que cette déposition n'a produit aucun effet sur l'esprit des membres du Conseil de guerre.

Mᵉ MORNARD. — M. Paléologue a-t-il conservé le souvenir que M. Mosetig, conseiller aulique d'Autriche, ait été mis en cause par Cernusky ?

R. — Certainement.

Le général Chamoin était aussi présent à cette audience. Délégué du Ministre pour la présentation du dossier secret, il était en même temps chargé de lui faire part de ses impressions sur les débats. Cette correspondance a été versée au dossier.

Nous savons par elle que l'audience publique du 4 septembre avait jeté le désarroi dans les esprits. Quant à l'audience à huis-clos du 6 septembre, le général Chamoin a déclaré, ce qui paraît peu concorder avec le sentiment de M. Paléologue, qu'elle avait produit une profonde sensation. Mais il semble bien résulter du surplus de la déclaration du général Chamoin que, si les esprits furent troublés, ce fut surtout par l'indication des noms de certains traîtres, tels que ceux de Weil et de Guénée, qui ne rentraient plus dans le cadre de l'accusation.

Comme il importe au surplus que vous connaissiez par les témoins eux-mêmes qui les ont entendues les déclarations faites par Cernusky à l'audience du 6 septembre, nous vous donnons lecture de la déposition du général Chamoin sur ce sujet.

Le témoin a lu d'abord certaines de ses lettres au Ministre de la Guerre et notamment la lettre suivante, du 6 septembre :

Mon Général,

« J'ai dit au capitaine Hallouin, de la manière la plus claire, mais sans prononcer un nom, le résultat de l'audience à huis-clos, en ce qui concerne Cernusky. Le nom de Weil revient toujours..., les autres noms sont Dreyfus, Guénée, notre agent, un sieur Hoffmann dont il a donné l'adresse à Paris, puis un officier qui aurait été tué à l'ennemi, en Afrique, et dont il ne veut pas donner le nom. Enfin, il y en a un sixième : le nom commence par Le... ; impossible, nous dit Cernusky, de retrouver la fin du mot. Ces renseignements lui ont été donnés par un conseiller aulique de Vienne et par un officier allemand. M. Schoenebeck, de Munich. Ce dernier pourrait bien être cet officier allemand condamné pour espionnage à Paris, en 1895.

Notre commissaire du gouvernement a fait part de votre dépêche au sujet de la restriction désirée pour le huis-clos. On a passé outre. D'ailleurs, étant donnée la difficulté de langage de ce Serbe, qui s'exprime assez mal en français, on aurait eu de grandes difficultés à s'entendre en audience publique. On a pris des noms de convention et l'audience publique aura lieu demain probablement. »

Je ne peux pas mieux résumer ce que j'ai dit.

D'une voix calme, très tranquille, Cernusky a donc dit qu'il tenait d'une personne très honorable de Vienne le nom d'un agent français avec lequel... »

M⁰ MORNARD. — Ne pourriez-vous pas nommer cette personne? N'était-ce pas Mosetig?

LE TÉMOIN. — Je ne sais pas le nom, j'ai bien vu ce nom dans le rapport, mais je n'en ai pas le souvenir. Il a été dit probablement...

M⁰ MORNARD. — Par M⁰ Demange?

LE TÉMOIN. — J'ai retenu tout simplement la désignation de conseiller aulique.

L'impression a été, en somme, assez sérieuse quand même. Elle a été d'autant plus sérieuse qu'il y avait là un mélange : le nom de Weil revenant de temps en temps, le nom de Guénée, cet agent que vous connaissez, qui avait fait ce rapport particulier dont nous connaissons maintenant la valeur. Il y a eu là quelque chose qui était peut-être de nature à dérouter, à changer, à modifier certaines impressions.

Un membre de la Cour. — Je désirerais poser une ou deux questions avant de quitter le point concernant Cernusky. Je voudrais demander à M. le général Chamoin, quoiqu'il ne se rappelle pas le nom de Mosetig, s'il a bien le souvenir qu'il a été parlé d'un conseiller aulique?

Le témoin. — Sur ce point, il n'y a pas de doute : un conseiller aulique de Vienne. D'ailleurs, mes lettres ont été écrites au courant de la plume, avec une allure qui n'a rien d'officiel, vous le voyez ; ce n'est pas le ton général d'un officier écrivant à son Ministre, c'est au contraire le ton d'un homme investi d'une mission de confiance écrivant à celui qui lui a demandé de lui dire tout ce qu'il pense. Je réponds ici très nettement, Monsieur le Conseiller : oui, la personne en question était un conseiller aulique, de Vienne.

Un membre de la Cour. — Une autre question serait celle-ci : Vous indiquiez dans votre lettre qu'il a été parlé d'un sieur Hoffmann dont l'adresse est donnée à Paris ; pourriez-vous préciser davantage ? Est-ce que Hoffmann est indiqué comme étant une des quatre personnes ?

Le témoin. — Parfaitement. Voici comment la chose a été présentée par Cernusky. J'ai reçu des confidences, non seulement d'un conseiller aulique de Vienne, mais encore d'un officier, Schoenebeck...

Un membre de la Cour. — Un officier allemand condamné pour espionnage ?

Le témoin. — Il a dit ceci très nettement · « Je vais vous donner les noms des agents français qui sont en relation avec les différents bureaux d'espionnage, et ces noms sont Weil, Dreyfus, Guénée, Hoffmann, un officier français dont je ne veux pas dire le nom, parce qu'il a été tué en Afrique, et enfin un autre dont je ne me rappelle plus le nom, mais qui commence par Le...

Un membre de la Cour. — Cela faisait six?

Le témoin. — Parfaitement.

Un membre de la Cour. — Il disait tenir ces renseignements d'une part d'un conseiller aulique de Vienne et d'autre part d'un officier allemand?

Le témoin. — Schoenebeck.

M. le procureur général. — Vous le dites dans votre lettre.

Un membre de la Cour. — Et vous le saviez sans doute à ce moment?

Le témoin. — Ce sont des choses que j'ai écrites dans toutes la sincérité de mon âme, avec ma plume qui marchait très vite, sans brouillon aucun :

« Ces renseignements lui ont été donnés par un conseiller aulique, de Vienne, et par un officier allemand, M. Schoenebeck, de Munich. Ce dernier pourrait bien être cet officier allemand condamné pour espionnage à Paris, en 1895. »

Un membre de la Cour. — Ceci, c'est de mémoire. Ce Schoenebeck était un officier de l'armée allemande ; il a été condamné pour espionnage au profit de l'Allemagne.

Le témoin. — Par un tribunal français. C'est bien le sentiment que j'en avais.

Un membre de la Cour. — Est-ce que, lorsque Cernusky a écrit qu'il était malade, il a été fait quelques vérifications?

Le témoin. — Rien du tout. On a lu à la séance le papier dans lequel il disait qu'il était malade et on a passé outre ; on a déclaré qu'il était malade et qu'il ne viendrait pas, et la séance a continué sans aucune interruption.

A ces souvenirs de M. Paléologue et du général Chamoin, confirmés d'ailleurs par d'autres témoignages, nous ajouterons les indications données par la note suivante qui fut versée par Cernusky à l'appui de sa déposition (1).

Pièce versée par M. de Cernuski à l'appui de sa déposition devant le Conseil de Guerre de Rennes.

Autriche

M. le Conseiller aulique Mosettig, par intermédiaire de M. Adamowitch.

Allemagne

M. le Comte de Schönbeck.

Noms donnés par Autriche :

Officiers : Dreyfus.
Crémieux-Foa.
Civils : Guénée (1).
Hofmann (1).

Noms donnés par Allemagne :

Officier : Weil (1).
Civils ; Löbl ou Lebel
ou Leblois ? (1).

(1) Ces noms ont été bâtonnés sur l'original.

Nom sous lequel le Comte de Schönbeck a été à Paris :

M. Kostelletzky,
éditeur d'une (2) livre de voyage de publicité de Munich, Adalbertstrasse.

A Genève il a été sous le nom d'un fabricant des machines de Strassbourg (2).

(2) Sic.

Ce document, les témoignages que nous avons cités, la lettre lue à l'audience publique du 4 septembre semblent ne laisser subsister aucun doute sur le sens exact des révélations de Cernusky.

En réalité, il n'en est rien. Car il faut maintenant déduire de ces révélations celles qui ont fait l'objet de ses rétractations. Il s'est en effet rétracté, à l'audience même de huis-clos, sur certains des points indiqués par la lettre, lue le 4 septembre.

La rétractation est certaine. Me Labori en a pris acte à l'audience du 7 septembre à laquelle Cernusky, quoique régulièrement cité, refusa de se rendre sous le prétexte faux qu'il était malade. Le Président du Conseil de guerre a constaté aussi le même jour cette rétractation, en faisant observer qu'elle ne portait que sur un point. Mais sur quel point ? C'est ici que

(1) Enq. Crim. 2.62.

commencent des obscurités qu'il sera peut-être difficile de dissiper.

Appelé à témoigner dans notre enquête, Cernusky n'a pas déféré à la citation. Il a envoyé à la Cour la note que nous reproduisons (1).

Note de M. de Cernucki jointe à la lettre adressée par lui à M. le Conseiller Laurent-Atthalin.

Londres, le 24 octobre 1904.

Ci-dessous est le récit de ma déposition faite devant le Conseil de guerre à Rennes, sous la foi du serment, à l'audience à huis-clos du 6 septembre 1899, ainsi que les questions qui m'ont été posées à cette même audience. Après quatre ans, je ne puis pas me rappeler exactement les paroles dont on s'est servi à cette séance ; mais je donne selon mon souvenir le sens exact de ce qui a été dit.

L'audience à huis-clos. — 6 septembre 1899 ·

1° J'ai prêté serment.

2° Le Commissaire du gouvernement donnait lecture d'un télégramme reçu par lui du Ministre de la Guerre ; un débat s'ensuivait entre lui, le président et la défense.

3° A la demande de Mᵉ Demange, la question : si j'avais fait en France ma déclaration d'étranger, m'a été posée ; ma réponse était : oui, j'ai fait ma déclaration à la Préfecture de Paris.

4° Le Président me demande de donner le nom de mon correspondant de qui j'avais reçu la lettre en 1894.

Ma réponse : la lettre m'a été écrite par un ami du nom Adamowitch qui a dit avoir ces renseignements d'un certain Mosetig, chef de section dans un ministère autrichien.

5° Le Président me demande de donner les noms cités dans cette lettre.

Ma réponse : les noms sont H... N..., Dreyfus, Guénée.

6° Avant que le Président m'avait posé une autre question, je faisais la déclaration suivante : Pendant mon séjour à Genève, en 1894, j'ai vu un jour un officier étranger, un de mes amis, en conversation avec un Monsieur à la brasserie d'Anspach. Plus tard, mon ami, l'officier étranger, me désigna ce même Monsieur, me disant que ce serait un certain capitaine Dreyfus, son informateur au Bureau de l'Etat-Major de l'armée française.

A Paris, plus tard, en voyant les photographies de l'accusé Dreyfus, j'ai cru être sûr que c'était bien la même personne que celle que j'ai vue en 1894, à Genève.

Maintenant que j'ai l'occasion de bien voir de près l'accusé, je suis certain que j'ai fait une erreur, et je suis certain qu'il n'est pas la personne que j'ai vue à Genève et qui m'a été désignée comme s'appelant Dreyfus ; que par conséquent toutes les parties de ma déposition, ayant rapport à l'officier étranger, ne concernent en rien l'accusé Dreyfus et doivent être considérées comme nulles et non avenues.

7° Le capitaine Dreyfus, l'accusé, demande au Président de me poser la question ; comment j'ai pu croire le reconnaître d'après les photogra-

(1) Enq. Crim. 2.175.

phies ; le Président répondait que la question était inutile comme étant
déjà expliquée.

8° Le Président me demande de donner le nom de cet officier étranger en question. — En réponse j'ai prononcé le nom. — Ce nom fut
reconnu par M° Demange, qui disait que le nom était connu par le Conseil,
comme celui d'une personne voyageant souvent en Suisse en mission
secrète; et que lui, M° Demange, avait plaidé dans une affaire où ce
même officier étranger était mêlé. — Un membre du Conseil ouvrit un
dossier et lisait à haute voix au Conseil des notes concernant cet officier
étranger.

9° Un des membres du Conseil (le commandant Bréon, je crois) me
posait une question concernant les documents que j'avais vus à Paris. —
Ma réponse était que, étant certain maintenant que l'accusé n'était pas
la personne que j'ai vue à Genève, les documents en question n'ont rien
à faire avec lui, et que je refuse de répondre.

10° Le Président me demande si je sais le nom de l'agent qui m'avait
interrogé en 1896. Ma réponse était que, quant à celui qui avait dressé
procès-verbal je ne le connais pas ; mais que le nom de l'autre agent qui
est venu en premier lieu et qui avait donné sa carte fut Brucker.

Aucune autre question m'a été posée et je me suis retiré de la séance.

Signé : DE CERNUSKY.

A cette note est joint un exemplaire de la déclaration lue le
4 septembre, dans lequel les deuxième et troisième paragraphes
sont rayés. Les révélations de Cernusky se seraient donc bornées
aux vagues indications contenues dans le paragraphe premier,
c'est-à-dire, d'après la note remise par lui à l'audience de huis
clos aux renseignements qu'il aurait reçus par l'intermédiaire
d'Adamowitch, du conseiller aulique Mosetig ou d'un autre
Mosetig, chef de section dans un Ministère autrichien. Et nous
voyons en effet, dans cette note, que tous les noms donnés par
l'Allemagne sont rayés. Bien plus, tous les noms sont bâtonnés,
ceux de Crémieux-Foa, de Guénée, d'Hofmann donnés par
l'Autriche, comme ceux de Weil et de Leblois donnés par l'Allemagne, sauf celui de Dreyfus.

S'il est vrai que Cernusky ait fait devant le Conseil de guerre
la déclaration contenue dans la note versée au dossier de la dernière enquête, on comprend très bien que, mieux conseillé, il ait
pris le parti d'être aussitôt malade, de quitter Rennes et, plus
tard, de ne pas se rendre à la convocation de la Chambre criminelle. On ne saurait en effet imaginer une fable plus invraisemblable et plus puérile que celle qui fait surgir à Genève, en
septembre 1894, un traître qui est un faux Dreyfus.

Mais M° Mornard conteste que la rétractation de Cernusky ait
eu la portée qu'il lui attribue aujourd'hui. Il n'aurait, à l'audience
de huis-clos, modifié la note lue à l'audience publique que sur
un point secondaire et sans importance. C'est ce qu'atteste

Mᵉ Demange dans une lettre du 15 mars 1905, adressée à Mᵉ Mornard et produite par lui.

Dans le paragraphe 2 de la déposition lue en audience publique, écrit Mᵉ Demange, Cernusky avait parlé de la rencontre faite par lui à Genève en 1894 d'un officier supérieur d'une puissance de l'Europe centrale attaché à la personne du souverain de ce pays. Cet officier supérieur lui aurait indiqué les noms des principaux espions : le plus important de tous était Dreyfus. — A huis-clos, Cernusky nous a fait connaître le nom de cet officier supérieur étranger. Il a ajouté alors qu'à Genève même, il avait vu ledit officier supérieur avec une autre personne, qu'il avait même déjeuné avec ces deux personnes et que plus tard, il avait été convaincu, en examinant les photographies de l'accusé, que le compagnon de l'officier supérieur étranger, à Genève, était le capitaine Dreyfus. — Il a ajouté qu'en voyant de près le capitaine Dreyfus, il reconnaissait s'être mépris sur ce point : Dreyfus n'était pas la personne vue par lui à Genève en 1894. Telle est l'unique modification qu'à huis-clos Cernusky ait apportée à ses affirmations. Il a ensuite confirmé d'une manière générale tous les termes de sa déposition lue en audience publique.

Et c'est bien ainsi que, dans les quelques mots qu'il lui a consacrés dans sa plaidoirie, Mᵉ Demange a envisagé l'incident :

Il (Cernusky) avait cru reconnaître un jour dans un commensal de cet officier, Dreyfus, d'après une photographie. Il nous a dit, à l'audience de huis-clos, qu'il s'était trompé. Ce n'est plus Dreyfus, c'est entendu (1).

Vous remarquerez que si l'incident est ainsi compris, Cernusky n'a apporté en réalité aucune modification, aucune rectification à sa déposition écrite dans laquelle il n'est aucunement question de la reconnaissance de Dreyfus sur une photographie.

Il y a eu cependant, à n'en pas douter, une modification apportée par Cernusky à la déposition écrite. Il en a rétracté une partie et il a maintenu le reste. C'est ce que dit du moins Mᵉ Labori dans l'observation à laquelle nous avons déjà fait allusion.

C'était à l'audience du 7 septembre. Le commissaire du Gouvernement avait reçu de Cernusky la lettre suivante : « Mon commandant, malade, alité, je suis dans l'impossibilité absolue de me rendre au Conseil de guerre, mais je me tiendrai à la disposition du Conseil à mon hôtel. »

Mᵉ Labori présenta sur le témoignage de Cernusky et sur son absence, ces observations :

J'ai d'abord à dire un mot sur le témoignage de M. Cernusky et sur son absence ce matin. Le Conseil sait que nous aurions pu penser hier à faire rechercher et appeler deux ou trois personnes qui ont été désignées par M. Cernusky ; je dois dire qu'en ce qui me concerne, la maladie de

(1) Rennes, III. 670.

M. Cernusky qui doit donner au Conseil la valeur de son témoignage, me détermine à ne plus rechercher ces témoins qui n'ont plus aucune espèce d'intérêt. Cependant, il serait utile, je crois, de tout faire pour que M. Cernusky vînt à la barre. Il y a un point sur lequel je veux l'interroger, et je ne violerai certainement pas le huis-clos en le signalant, puisque ce que je constaterai sur ce point, c'est qu'il n'a été rien dit : hier, quand on a demandé à M. Cernusky s'il avait, en dehors des points dont il avait parlé en audience publique, des renseignements à fournir, il a déclaré qu'il n'avait rien à dire parce qu'il s'était trompé sur la personnalité du capitaine Dreyfus...

LE PRÉSIDENT. — Sur un point.

Mᵉ LABORI. — Oui, sur un point ; sur le reste, il a maintenu sa déclaration. Mais je constate un fait certain, c'est qu'il a dit qu'il n'avait aucun fait nouveau à faire connaître. Il avait cru, sur une photographie, — je ne parle pas des renseignements ni des noms qu'il a donnés, je n'en ai pas le droit — reconnaître Dreyfus !

Ce qui est certain, c'est qu'il a dit : « J'avais cru, sur une photographie, reconnaître Dreyfus pour une personne avec qui j'avais déjeuné en Suisse ; je ne le reconnais plus. »

Comment se fait-il qu'il ait demandé le huis-clos pour compléter sa déposition sur des faits nouveaux, alors qu'il a vu ici pendant la première partie de sa déposition le capitaine Dreyfus (1) ?

Cernusky reconnaissait donc une erreur. Il avait été trompé par une photographie, sur la personnalité du capitaine Dreyfus ; mais, l'ayant vu, il rétractait une partie de sa déposition écrite et c'est ce qu'il dit dans sa note du 24 octobre 1904. Mais Mᵉ Labori entendait lui demander pourquoi, ayant pu immédiatement constater son erreur, il avait attendu l'audience de huis-clos. Et Cernuscki, surtout s'il n'avait pu fournir que l'explication que nous connaissons, se fût trouvé en fâcheuse posture.

Mᵉ Labori semble donc avoir attribué à la rectification de Cernusky plus de portée que ne lui en accordait Mᵉ Demange. Et il n'y a pas lieu de s'étonner de cette divergence si, comme nous l'a dit M. Paléologue, la brève audience de huis-clos s'est passée en conversations à voix basse entre le témoin et le Conseil.

L'impression générale fut qu'une audience publique était indispensable, que la note de Cernusky et sa déposition à huis-clos étaient sans valeur tant qu'il n'aurait pas été mis en demeure de donner des explications claires et précises contradictoirement avec la défense. Du moment où il fuyait cette explication en se disant malade alors qu'il circulait dans les rues de Rennes, c'est qu'il n'osait pas l'affronter. Il supprimait lui-même son témoignage.

C'est ce qu'avait dit Mᵉ Labori. Mᵉ Demange ne fit même pas à ce témoignage l'honneur de le discuter. Il se borna à dénoncer

(2) Rennes, III. 552.

brièvement son invraisemblance, à montrer combien il était inadmissible que, possesseur de ce secret, Cernusky n'en eût jamais parlé jusqu'en 1899. Il rappela son état mental bien connu et termina sa plaidoirie sur ce point par ces mots :

> J'imagine que vous penserez avec moi qu'il faut le joindre (Cernusky) à tous les autres témoins qui ont sollicité de jouer un rôle dans ce procès, et surtout vous vous rappellerez que quand il s'est agi, le lendemain de l'audience de huis-clos, de venir ici, il n'est pas venu. Il a envoyé un certificat de maladie ! une maladie qui ne l'empêchait pas de se promener dans la journée (1) ! ! !

Quant au commissaire du Gouvernement, il garda prudemment un silence absolu sur ce témoignage. Le Conseil de guerre était d'ailleurs à ce point édifié sur sa valeur que, malgré la demande de la défense, il ne jugea même pas nécessaire de faire constater l'état de maladie du témoin et, s'il y avait lieu, de le faire entendre dans son hôtel.

Le sentiment que l'inanité du témoignage de Cernusky avait été nécessairement connue du Conseil de guerre avait été jusqu'à ce jour celui de toutes les autorités judiciaires et militaires qui avaient eu à s'occuper de la demande en revision.

Dans sa requête en revision adressée à M. le Garde des Sceaux, le 26 novembre 1903, Dreyfus avait invoqué comme fait nouveau la fausseté de ce témoignage.

Voici les termes de la requête : (1)

> FAUX TÉMOIGNAGE CERNUSKY. — Un témoin nouveau appelé à Rennes par les agents de l'accusation, un sieur Cernusky, avait affirmé savoir d'un conseiller aulique d'Autriche, le docteur Mosetig, que j'étais un espion à la solde de l'Allemagne. Cette déposition était mensongère. Sa fausseté résulte d'une déclaration authentique du docteur Mosetig que j'ai annexée à ma demande d'enquête du 21 avril 1903.
>
> J'avais dans cette demande signalé à M. le Ministre de la Guerre les révélations graves d'un sieur Wessel au sujet des machinations des agents du service des renseignements avec le faux témoin. Ces révélations sont confirmées par un mémoire de Wessel à son avocat Raimondo, transmis à Mᵉ Mornard et que j'annexe à ma requête. Elles sont encore confirmées par une lettre de Mme Wessel à M. Gabriel Monod et transmise par lui à M. le Ministre de la Guerre.

Il était, en effet, dès ce moment démontré que jamais Cernusky n'avait reçu d'un conseiller aulique de Vienne du nom de Mosetig, par l'intermédiaire d'un individu nommé Adamowitch, les renseignements énoncés dans le paragraphe premier de sa déposition écrite.

(1) Rennes, III. 672.
(2) Révision du procès de Rennes, 448.

D'autre part, d'après les révélations de Wessel invoquées par la requête, Cernusky aurait été présenté à un officier appartenant à l'Etat-Major de l'armée, le capitaine Mareschal, par un agent du Service des renseignements nommé Przyborowsky et ils auraient ensemble, tous les trois, àrrêté par avance la déposition de pure invention que Cernusky devait faire à Rennes (1).

Ni M. le Ministre de la Guerre, ni M. le Garde des Sceaux ne crurent devoir tenir compte de cette preuve de la fausseté du témoignage de Cernusky et des révélations de Wessel. Ils ont refusé d'y trouver les éléments d'un fait nouveau.

Cette articulation fut néanmoins reprise par Mᵉ Mornard devant la Chambre criminelle. M. le conseiller Boyer estima qu'il y avait lieu de la rejeter, le témoignage de Cernusky n'ayant pu produire à Rennes aucune impression sérieuse.

M. le Procureur général exprima le même avis dans son réquisitoire écrit : « Il est manifeste, y lisons-nous, que la déclaration de Cernusky n'a eu aucune influence sur la conviction des juges et sur la décision rendue. Les déclarations de Wessel, fussent-elles vérifiées et reconnues exactes, seraient donc inopérantes et dès lors, il n'y a pas lieu de s'y arrêter. » (1).

Nous retrouvons la même pensée dans le passage suivant du réquisitoire oral (2) :

Mais tout cela, Messieurs, a été connu du Conseil de guerre de Rennes et celui-ci n'a pas jugé utile, en présence de ces détails, de faire vérifier le prétendu état de maladie de Cernusky ni de l'entendre de nouveau. Le Commissaire du gouvernement n'a pas dit un mot de sa déclaration dans son réquisitoire. N'est-il pas évident que cet incident n'a pu avoir absolument aucune influence sur la décision du Conseil de guerre, sur l'esprit des juges, et que peu importe qu'on établisse d'une façon ou d'une autre ce qui a été prouvé dès la première heure, à savoir que Cernusky a incontestablement fait un faux témoignage. Ce n'est pas là un fait nouveau rentrant dans les termes de la loi.

Du reste, si vous ordonnez l'enquête que je crois, pour mon compte, nécessaire à raison d'autres faits sur lesquels je vais avoir à m'expliquer vous aurez toute latitude pour rechercher même sur ce point ce qu'il peut y avoir d'exact dans les révélations qui ont été faites, et j'ajoute que j'estime qu'il y aura justice à pousser quelques investigations dans ce sens, ne fût-ce, en présence des déclarations de Wessel vis-à-vis du capitaine Mareschal, officier de l'armée française, que pour mettre celui-ci en situation de venir à l'enquête démentir les bruits abominables qui circulent sur son compte.

(1) Enq. Crim. I. Lettre de Wessel à Mᵉ Raimondo. — Requisit. dev. la ch. Crim. 73.
(2) Req. Ch. Crim. 74.
(3) Req. oral. Revision du Pr. de Rennes. 195.

L'enquête de votre Chambre criminelle a-t-elle révélé des faits susceptibles de modifier cette appréciation ?

Vous allez en juger.

Le capitaine Mareschal a d'abord adressé à M. le Procureur général, avec l'autorisation du Ministre de la Guerre, la lettre suivante : (1)

20e CORPS D'ARMÉE   Toul, le 7 mars 1904.

39e Division

ÉTAT - MAJOR   *Le Capitaine Mareschal, de l'État-Major de la 39e Division, à M. le Procureur général près la Cour de Cassation, Paris.*

J'ai l'honneur de vous exposer ce qui suit :

Au cours de votre réquisitoire au sujet de l'affaire Dreyfus, vous m'avez mis en cause à propos de déclarations qu'aurait faites le nommé Wessel, ancien officier de l'armée allemande. L'accusation portée contre moi par Wessel est essentiellement calomnieuse et je puis le prouver.

J'avais pensé que les déclarations de Wessel ne seraient produites en public qu'après avoir été sévèrement contrôlées ; mais comme nulle enquête contradictoire n'a eu lieu, attendu qu'il ne m'a été demandé jusqu'à présent aucune explication, j'estime que j'ai le droit de protester énergiquement contre des allégations que vous jugerez sans doute comme moi, de nature à porter atteinte à mon honorabilité. Ces allégations seront, sans doute, reconnues fausses dans un avenir plus ou moins éloigné ; mais, d'ici là, et pour ne laisser subsister aucun doute dans l'esprit de personne, je pense qu'il est de mon devoir et de mon intérêt de vous demander de vouloir bien contribuer à démentir les bruits abominables qui ont couru sur mon compte du fait des déclarations de Wessel.

Je me mettrai donc, avec l'assentiment de M. le Ministre de la Guerre, et dans un délai que je désirerais le moins long possible, à votre disposition pour vous prouver la fausseté des déclarations de Wessel.

A titre d'indication, et pour vous permettre des recherches avant l'enquête, je puis vous affirmer :

1° Que je n'ai jamais vu ni connu le nommé Cernusky ;

2° Que je n'ai jamais été à Bruxelles ;

3° Qu'il existe une déclaration écrite en allemand de la main de Wessel et signée par lui sous le pseudonyme de Kork.

Cette déclaration, qui a été traduite en français, a trait, en effet, à Cernusky, mais il y est question d'une chose *diamétralement opposée* à celle qu'on me reproche.

Cette déclaration doit exister, ainsi que la suivante, dans les archives du Ministère de la Guerre (2e Bureau, section Statistique). Elle a d'ailleurs été mise en son temps sous les yeux de mes chefs hiérarchiques.

4° Qu'il existe une autre déclaration, celle-là, du sieur Przyborowsky —

(1) Enq. crim. II. 131.

signée du pseudonyme Alex — relative au même sujet, et concordant avec celle de Wessel.

Ces deux déclarations que j'ai reçues, sans d'ailleurs les avoir provoquées, m'ont été remises, autant que je me rappelle, dans le courant du premier trimestre 1900.

5° Qu'en dehors de ces deux déclarations, je n'ai jamais reçu des deux individus ci-dessus que des communications ayant trait exclusivement à mon service spécial.

6° Je pourrai d'ailleurs invoquer d'autres témoignages dès qu'il me sera permis de le faire.

Je suis bien convaincu, Monsieur le Procureur général, qu'en raison des preuves que j'invoque et qu'il vous sera facile de contrôler, vous voudrez bien contribuer à détruire l'impression fâcheuse qu'a causée le passage de votre réquisitoire en ce qui me concerne, et, après une enquête que je faciliterai par tous mes moyens, démentir les accusations calomnieuses d'hommes tarés comme Wessel et Przyborowsky.

Signé : MARESCHAL.

D'après la requête en revision, les imputations dirigées contre le Service des renseignements, et, en particulier contre le capitaine Mareschal, reposaient sur les déclarations formelles qu'aurait faites l'agent d'espionnage Przyborowsky à Wessel, à la femme ou à la maîtresse de ce dernier, Mathilde Baumler, et à deux autres personnes.

Przyborowsky a été entendu six fois par voie de commission rogatoire et deux fois devant M. le conseiller Laurent-Atthalin (1). Il a démenti les déclarations qui lui étaient prêtées. Il a affirmé qu'il ne connaissait pas personnellement Cernusky ; qu'il ne l'avait, par suite, jamais présenté au capitaine Mareschal et qu'il n'avait parlé à personne de cette prétendue présentation.

Il a ajouté d'ailleurs qu'il était convaincu que le témoignage de Cernusky avait été préparé, sinon par le capitaine Mareschal, du moins par l'Etat-Major (2). Le capitaine Mareschal est, au surplus, à ses yeux, un officier capable de tout et sur la parole duquel on ne peut compter. La preuve en est qu'il aurait chargé le témoin de lui procurer un document en pays étranger, et qu'après l'avoir reçu et photographié, il aurait refusé de le payer, sous prétexte que la pièce n'avait aucune valeur. L'Etat-Major français devrait, de ce chef, à Przyborowsky six mille francs.

Des témoins ont été entendus pour établir que Przyborowsky avait réellement tenu les propos rapportés par Wessel et par Mathilde Baumler, ainsi que sur les présomptions que l'on prétendrait tirer de certains faits pour prouver la complicité du

(1) Enq. crim. tome 2.
(2) Id. II. 126.

Service des renseignements dans le faux témoignage Cernusky.

Nous avons dû renoncer à démêler la part de vérité, en supposant qu'il y en ait une, que peut renfermer l'imbroglio volontaire de ces témoignages, où fourmillent les contradictions, les réticences, les insinuations.

C'est qu'il ne s'agit pas ici de témoins ordinaires. Tous étrangers, vivant de métiers inavouables, principalement de l'espionnage et du jeu, ils n'ont d'autre intérêt que d'obscurcir la vérité et de perpétuer les intrigues dont ils espèrent tirer profit.

Des joueurs (1), des espions, des escrocs de profession (2), tels sont les témoins qui accusent l'Etat-Major en général et le capitaine Mareschal en particulier d'avoir préparé le faux témoignage de Cernusky.

Nous ne pensons pas que les dires volontairement obscurs et confus de ces aventuriers cosmopolites puissent être admis devant vous contre la parole d'un officier de notre armée.

Du reste rien ne démontre que ce témoignage ne soit pas l'œuvre de Cernusky seul. Il en possédait tous les éléments grâce à la publication des débats ; quant aux noms de Mosetig, de Schônbeck, d'Adamowitch, ils étaient bien connus dans le monde des espions qu'il fréquentait, ainsi que l'enquête l'a établi.

Si le témoignage a été inspiré, il l'a été par des personnes qui savaient, comme tous ceux qui avaient suivi les débats, le prix attaché à la preuve de la livraison de documents relatifs à l'organisation des chemins de fer, mais qui connaissaient mal le système de l'accusation. Le Service des renseignements n'aurait jamais désigné aucun des espions signalés avec Dreyfus, et surtout Guénée dont les rapports se trouvaient ainsi disqualifiés, ni Mᵉ Leblois, car cette désignation manifestement inexacte ne pouvait que rendre suspect l'ensemble des renseignements fournis, ni Hofmann, qui n'avait d'autre titre à figurer dans cette liste que d'être un ennemi personnel de Cernusky, dont il avait fait demander l'extradition par le Gouvernement autrichien.

C'était donc avec raison que le Ministre de la Guerre et le Garde des Sceaux avaient estimé qu'il ne convenait pas de s'arrêter aux déclarations de Wessel.

Cette solution s'imposait avec plus de force après le démenti

(1) Sur les moyens d'existence de Pzyborowski, Enq. crim. II. 65.
(2) Sur la condamn. récente de Wessel à un an d'emprisonn., pour escroq. par le trib. correct. de Thorn., v. Le Temps, 1ᵉʳ juin 1905.

du capitaine Mareschal, et elle nous semble s'imposer encore malgré l'incident nouveau qui a surgi au cours de l'enquête.

Votre Chambre criminelle a été informée que Mathilde Baum ler s'était vantée, à Bruxelles, d'avoir reçu 20.000 francs. Elle avait remis 1.000 francs à Przyborowsky, 8 à 10.000 francs à Cernusky et aurait gardé pour elle le surplus. C'est ainsi qu'aurait été payé le faux témoignage de Cernusky (1).

Il a été indiqué en même temps qu'à la date du 16 août 1899, une somme de 25.000 francs avait été dépensée par le Service des renseignements pour l'achat de documents qui ne semblaient peut-être pas valoir un prix aussi élevé et qu'il serait utile d'en tendre à ce sujet le capitaine Mareschal (2).

Le livre journal de comptabilité du Bureau des renseigne ments tenu par l'archiviste Dautriche portait en effet à la date du 16 août 1899 la mention suivante :

Austerlitz — documents complément de 20.000 fr. de la réserve, 5.000.

Si le capitaine Mareschal avait immédiatement reconnu que cette inscription correspondait à une dépense réelle de 25.000 francs, l'incident aurait sans doute été bientôt terminé. Car, si l'on pouvait discuter la valeur vénale des documents achetés à l'agent Austerlitz, il eût été bien difficile de démontrer qu'à tort ou à raison, ils n'avaient pas été payés le prix indiqué.

Mais le capitaine Mareschal et son chef intérimaire, le capitaine François, eurent alors une défaillance de mémoire dont les conséquences ont été fâcheuses. Ils ne se souvinrent pas qu'une somme de cette importance avait été payée à l'agent Austerlitz ; ils ne pouvaient cependant, disaient-ils, avoir ignoré ou oublié cette dépense. Ils en concluaient qu'elle n'avait pas été faite.

La somme de 25.000 francs était pourtant sortie de la Caisse Son emploi était justifié jusqu'à concurrence de 5.000 francs; mais qu'était devenu le surplus dont aucune mention de la comp tabilité ne faisait connaître l'emploi ?

L'archiviste Dautriche affirmait qu'elle avait été versée entre les mains d'Austerlitz; il invoquait sa comptabilité à l'appui de son affirmation. Toutefois l'un de ses livres renfermait à cet égard une omission qu'il eut la très regrettable inspiration de réparer par une inscription en interligne, le 16 mai 1904, c'est

(1) Enq. crim. I. 62.
(2) Enq. crim. I. 62. Capit. Targe.

à-dire le surlendemain du jour où il avait été entendu par M. le Conseiller Laurent-Atthalin (1).

D'autre part, les lettres échangées entre l'archiviste Dautriche et le capitaine François semblaient indiquer une entente en vue de préparer un système de défense (2).

Aussi, lorsque les capitaines François et Mareschal firent connaître au magistrat délégué pour les entendre qu'ils se sou- venaient enfin que, vers le 16 août 1899, la somme de 25.000 francs avait été, en effet, versée entre les mains d'Austerlitz à Zurich où s'étaient rendus le capitaine Mareschal et le comman- dant Rollin, cette rectification fut-elle accueillie avec d'autant plus de réserve qu'elle n'était nullement corroborée par les dépositions des généraux de Lacroix qui avait eu sous ses ordres la section des renseignements de juillet 1899 jusqu'en 1902 (3), et Delanne qui, remplaçant le chef d'Etat-Major, avait donné, le 16 août 1899, une autorisation de prélever 20.000 francs pour assurer les besoins du service courant (4).

Mais nous ne nous croyons pas autorisés à insister sur cet incident. Il a été l'objet d'une instruction ouverte par l'autorité militaire. Nous n'avons pas à vous en exposer les péripéties ; toutefois il est de notre devoir de vous rappeler qu'après de longs débats devant le deuxième Conseil de guerre du Gouvernement militaire de Paris (5), le lieutenant-colonel Rabier, commissaire du Gouvernement, déclara, à l'audience du 4 novembre 1904, que, d'accord avec l'autorité supérieure, il abandonnait l'accusation. L'archiviste Dautriche, le lieutenant-colonel Rollin, les capitaines François et Mareschal furent en conséquence acquittés. Ils n'ont donc légalement commis ni faux, ni détournements ; les mentions de la comptabilité du Service des renseignements doivent être tenues pour exactes. Sans doute vos investigations ne rencontre- raient pas dans cet acquittement un obstacle légal ; mais encore faudrait-il, pour que vous eussiez recours au droit illimité de recherche que vous reconnaît la loi en matière de revision, que, comme dans le procès Esterhazy, vous eussiez lieu de croire à une erreur de la juridiction militaire. Mais l'abandon de l'accusation, dans les circonstances que vous connaissez, nous semble interdire cette hypothèse.

(1) Enq. crim. II.149.
(2) Enq. crim. II.147-148.
(3) Enq. crim. 163-165.
(4) Enq. crim. 163-165.
(5) *Gaz. des Trib.*, 26 octob. 1904 et s.

D'ailleurs, quelle serait la portée des doutes qui pourraient s'élever sur la réalité du paiement à l'agent Austerlitz d'une somme de 25.000 francs ? Le raisonnement qui tenterait de rattacher ces doutes à la prétendue subornation de Cernusky serait nécessairement obligé d'avoir recours aux déclarations de Wessel et autres témoins du même genre. Et nous ne pensons pas que l'on persiste à utiliser de pareils concours.

Il faut donc en faire abstraction, ainsi que de l'incident des 25.000 francs de l'agent Austerlitz. Et nous ne nous trouvons plus en face que de la fausseté du témoignage Cernusky établie par d'autres moyens.

Cette fausseté est certaine. Sur le premier point de la déclaration de Cernusky, elle est depuis longtemps prouvée par la déposition de M. le conseiller aulique Mosetig, authentiquement recueillie à Vienne à la requête de Dreyfus (1) le 7 novembre 1899.

On a entendu, dans la dernière enquête, un autre Mosettig, ancien commis au bureau militaire du Ministère des chemins de fer d'Autriche-Hongrie, personnalité connue du Service des renseignements. Ce Mosettig ignore les noms de Cernusky, Guénée, Adamowitch. D'ailleurs, il n'avait pas été désigné par Cernusky, et l'on s'étonnerait que son audition par commission rogatoire ait été demandée si l'on ne comprenait qu'il n'a été introduit dans cette affaire qu'à raison de ses prétendues relations avec Przyborowsky (2), qu'a employé le Service des renseignements, et afin d'établir l'apparence d'un lien entre ce service et la déposition de Cernusky.

Les deuxième et troisième points de cette déposition ont été rétractés. Est-ce pendant ou après le procès ? Nous avons exposé notre sentiment à cet égard.

Quant au quatrième point, il était aussi inexact. Cernusky n'a jamais cité, en mai 1896, à un agent envoyé par le Ministère de la Guerre, les noms de personnes aux gages des puissances étrangères et, en particulier, de Dreyfus, et c'est ce qu'a affirmé le colonel Picquart (3). Ce qui est vrai, c'est qu'il s'est trouvé en rapport avec l'agent de contre-espionnage Brucker, à propos de la personne désignée par lui sous le nom d'Hofmann, et qu'une note a été adressée à ce sujet le 20 juin 1896 par Brucker au Service des renseignements. Cette note, dans laquelle Cernusky est

(1) **Enq. crim.** II. 55.
(2) **Enq. crim.** I 689.
(3) **Enq. crim.** I. 689.

qualifié de « Prince, ayant droit hiérarchiquement à la couronne de Serbie, mais ayant renoncé à ses droits », ne répète que les indications malveillantes de Cernusky sur Hofmann. Ces indications ne furent même pas vérifiées.

Il est donc certain que les déclarations de Cernusky sont fausses ; mais la démonstration de cette fausseté est-elle un fait nouveau au sens de la loi ?

Nous vous avons fait connaître l'opinion de toutes les autorités qui ont été appelées à se prononcer sur cette question ; vous n'avez pas oublié celle qui a été si nettement, et avec tant d'autorité, soutenue par M. le Procureur général dans ses deux premiers réquisitoires.

Nous nous trouvons maintenant en présence d'une thèse contraire, soutenue à la fois par M. le Procureur général dans son troisième réquisitoire et par Mᵉ Mornard dans son mémoire.

Dans cette thèse, peu importe que le Conseil de guerre ait, dès la première heure, acquis la certitude que Cernusky ne disait pas la vérité. Il suffit que, postérieurement à la condamnation, la preuve de la fausseté de la déposition ait été faite. Cette preuve constitue un fait nouveau ; car le témoignage faux a pu être l'un des facteurs de la condamnation (1).

Cette thèse nous semble, en définitive, assimiler une discussion décisive sur la valeur d'un témoignage à une condamnation pour faux témoignage.

Mais, dans notre espèce, cette condamnation n'a pas été prononcée. Vous avez donc le pouvoir d'apprécier souverainement en premier lieu si le témoignage a été sincère, en second lieu s'il a pu exercer une influence quelconque sur l'esprit des juges.

Or, sur ce second point de fait, il ne nous paraît pas que l'enquête ait affaibli la portée des observations de M. le conseiller Boyer ni celle des réquisitions de M. le Procureur général devant la Chambre criminelle. Bien au contraire.

Les témoins ont été à peu près unanimes à déclarer que la déposition de Cernusky n'avait produit et ne pouvait produire aucun effet.

L'impression générale fut que Cernusky était un « rastaquouère », a dit M. Félix Le Héno (Jacques Dhur), homme de

(1) Réquisit. 436-437.

lettres (1). Il avait toutes les allures d'un faux témoin, ajoute le colonel Picquart (2).Le général de Galliffet, que l'on avait accusé d'avoir provoqué cette déposition, se renseigna aussitôt très exactement sur l'effet qu'elle avait produit ; il avait été médiocre (3). D'après M. Séménoff, l'impression de la fausseté du témoignage fut tellement forte que plusieurs journalistes étrangers télégraphièrent dans leurs pays respectifs pour savoir à qui on avait affaire (4). Vous connaissez l'opinion de M. Paléologue (5) et celle du commandant Cuignet (6) que partageait le capitaine Junck (7).

Et ce sont là les impressions ressenties après la première audience ; personne n'a eu la pensée qu'un doute pût s'élever sur la valeur du témoignage après le refus de Cernusky de se rendre à l'audience pour justifier ses dires sous la foi du serment.

Car le général Chamoin n'a lui aussi parlé de « désarroi jeté dans les esprits » qu'avant ce refus. Et il en est de même de M. Deglas, l'une des personnes qui avaient conduit Cernusky à Rennes. Pour M. Deglas, la déposition fut sensationnelle ; « la foudre serait tombée au milieu du Conseil de guerre que l'émotion n'aurait pas été plus grande ». Ce témoin ne veut pas évidemment avoir été mystifié.

Il semble bien d'ailleurs, même d'après cette unique déposition, que l'émotion fut surtout causée par la conviction que Cernusky ne disait pas la vérité, car elle nous apprend qu'à la sortie de l'audience, il fallut le soustraire aux injures et aux voies de fait du public. Et cette manifestation ne fut sans doute pas étrangère à sa rétractation de l'audience suivante.

Voilà donc un témoin aux allures étranges et mystérieuses, qui fait lire une déclaration dont le fond est invraisemblable, que l'on accuse publiquement de mensonge, qui se rétracte aussitôt, du moins partiellement, et qui fuit l'audience dès qu'il est mis en demeure de s'expliquer clairement sous la foi du serment.

Malgré les sollicitations de la défense, le Conseil de guerre ne s'inquiète plus de lui. Vous apprécierez si cette abstention de toute mesure ayant pour objet de faire profiter les débats de la

(1) Enq. crim. I. 496.
(2) Enq. I. 689.
(3) Enq. I. 902-903.
(4) Enq. II. 110.
(5) Enq. I. 358.
(6) Enq. I. 772.
(7) Enq. I. 513.

part de vérité que pouvait renfermer ce témoignage n'est pas, ainsi qu'on l'avait toujours pensé, la preuve qu'à un moment donné, il a cessé d'exister pour le Conseil de guerre.

C. — Incident Valcarlos.

Nous avons dit qu'il avait été fait usage, en 1894, de deux rapports de l'agent Guénée datés des 28 mars et 6 avril 1894 (pièces 33 et 34 du dossier secret). Ces documents reproduisaient des conversations de Guénée avec le commandant marquis de Valcarlos, attaché militaire à l'Ambassade d'Espagne à Paris, qui y était désigné par son nom et ses qualités. Ces rapports furent, vous le savez, secrètement communiqués au Conseil de guerre.

Le rapport du 28 mars faisait connaître que l'attaché espagnol, dans ses conversations, non avec l'attaché A, mais avec un officier placé sous ses ordres, avait pu se convaincre que les atta chés de la nation A « avaient dans les bureaux de l'Etat-Major de l'armée un officier qui les renseignait admirablement ».

Le rapport du 6 avril confirmait cette communication. Il se terminait par ces mots :

> Nous croyons devoir dire que le commandant marquis de Valcarlos a été élevé en France, qu'il n'a quittée que pour faire ses stages réglementaires de service actif dans l'armée espagnole ; il a fait ses études dans un collège de Paris, connaît très bien les dessous de nos ambassades étrangères et leur personnel, surtout ses collègues ; de plus, c'est un ami sincère de notre pays ; ses affirmations peuvent donc être prises en considération.

D'après Guénée lui-même, ses rapports ne visaient pas plus Dreyfus que tout autre officier. Vous savez aussi que les indications de M. de Valcarlos, déduites de conversations banales avec des officiers en sous-ordre, pouvaient et devaient même vraisemblablement s'appliquer à des communications parfaitement régulières de l'Etat-Major.

Les rapports de Guénée ne furent transformés en une charge contre Dreyfus que par la déposition d'Henry (pièce 35 du dossier secret) affirmant qu'il tenait d'une personne appartenant au monde diplomatique qu'un officier du deuxième bureau, ou ayant fait partie de ce bureau en mars et avril 1894, renseignait les attachés militaires A et B. Henry avait ajouté : « Cet officier, le voici », en désignant Dreyfus du doigt.

Nous savons ce que l'on est autorisé aujourd'hui à penser de la sincérité de cette déclaration dont l'origine n'était d'ailleurs attestée, contrairement aux usages du Service des renseignements, par aucun procès-verbal antérieur.

Devant le Conseil de guerre de Rennes, le général Mercier rappela que des communications avaient été faites par une personne haut placée dans la diplomatie étrangère, et fit donner partiellement lecture des rapports de Guénée et des déclarations d'Henry consignées dans les pièces 33, 34, 35 du dossier secret (1). L'honorabilité, la haute situation, le désintéressement de l'interlocuteur de Guénée et d'Henry, que l'on se contenta de désigner par l'initiale V, furent attestés par M. Cavaignac, par les généraux de Boisdeffre, Gonse et Roget, ainsi que par le commandant Cuignet (2).

La défense fut ainsi amenée à se préoccuper de la personnalité de celui qui, disait-on, avait fourni les éléments de ces déclarations.

Cette personne, avait dit le colonel Picquart dans l'enquête de 1899, je l'ai caractérisée de « rastaquouère » et, à mon avis, ce n'est pas autre chose. Elle était en relations avec le monde diplomatique étranger et racontait à Henry soit directement, soit par l'intermédiaire d'un policier de bas étage nommé Guénée, ce que disaient entre eux les attachés militaires et elle le répétait sans se rendre compte bien souvent de la valeur de ce qu'elle entendait. J'ai d'ailleurs donné à cet homme, par l'intermédiaire d'Henry, une somme de 1.200 francs pour rémunérer ses services (3).

Devant le Conseil de guerre, le colonel Picquart s'exprima ainsi :

La personne honorable était répandue dans le milieu des attachés militaires ; elle était honorable, si vous voulez ; mais à un moment donné, je lui ai versé 1.200 francs pour de petits services qu'elle avait rendus. C'était une personne qui était payée par le Ministère. Eh bien ! cette personne honorable avait une autre qualité, elle était très bien avec le policier Guénée. Celui-ci était un homme qui n'était pas très honorable, et je sais maintenant qu'il ne l'était pas du tout. Cette fréquentation m'a paru toujours singulière (4).

L'imputation était grave ; si la personne honorable avait, à un moment quelconque, soit avant, soit après, soit, surtout, immédiatement après le procès de 1894, accepté des sommes

(1) Rennes, I. 84-85.
(2) Réquisit. 464.
(3) Enq. 1899. I. 130. Edit. Stock.
(4) Rennes, I. 394.

d'argent du Service des renseignements, elle ne méritait assurément pas les épithètes élogieuses qui lui avaient été décernées, et ses déclarations perdaient singulièrement de leur portée.

Or, non seulement l'imputation était exacte, mais encore elle était au-dessous de la vérité.

Il fallut d'abord reconnaître que la personne, dont Guénée et Henry rapportaient les propos, avait reçu, ainsi que l'avait affirmé le colonel Picquart, 12 ou 1.500 francs. C'était, disait-on, pour payer des dépenses qu'elle avait faites dans l'intérêt du service. (1).

Mais elle n'avait pas reçu seulement cette somme ; elle en avait reçu d'autres. Le général Gonse fut amené à le déclarer en ces termes :

...Le colonel Picquart a émis des doutes sur l'agent Guénée et sur la valeur du personnage étranger. Il est vrai qu'on a donné à ce personnage de l'argent vers cette époque ; mais après, pendant l'année 1895 ; et c'était pour avoir des documents sur l'artillerie. On était alors très préoccupé, parce qu'on faisait la nouvelle artillerie et qu'on avait besoin de renseignements de tous les côtés ; on les cherchait partout ; or, ce personnage s'étant offert, il avait été naturel qu'on ait accepté son offre.

On lui a fait une avance pour qu'il puisse à son tour rémunérer l'individu qu'il devait employer. Le document n'a pu être obtenu, et il a remboursé très loyalement une partie de l'argent qu'on lui avait donné.

LE PRÉSIDENT. — Cet agent ne recevait-il pas une mensualité ?

LE GÉNÉRAL GONSE. — Il a reçu de l'argent chaque fois qu'il nous procurait des renseignements. On lui payait les frais qu'il avait faits.

LE COMMANDANT CARRIÈRE. — N'y a-t-il pas confusion ? On parle de deux personnes différentes.

LE PRÉSIDENT, au témoin. — L'agent étranger à qui il a été remis une somme de douze à quinze cents francs, et dont on parlait tout à l'heure, recevait-il une mensualité du Service des renseignemnts ?

LE GÉNÉRAL GONSE. — On lui payait ses renseignements chaque fois qu'il en apportait ; mais il a reçu régulièrement certaines sommes pendant un certain temps, parce qu'il avait alors un agent à sa disposition d'une façon permanente. Il était entendu qu'il ne devait pas en être de sa poche (2).

Le fait matériel était donc avéré. La personne désignée au Conseil de guerre sous l'initiale V avait reçu une somme d'argent et même des mensualités. Qu'elle employât ou non un agent, on avait traité avec elle à forfait pour les renseignements qu'elle procurait.

On persistait sans doute à soutenir qu'elle ne pouvait être qualifiée d' « agent ». Mais ce n'était là qu'une querelle de mots imposée par les circonstances. Il fallait bien, après avoir eu

(1) **Rennes, I. 495.**
(2) **Rennes, I. 544-560.**

l'imprudence, malgré les promesses faites, de la jeter dans ce débat public où son nom était en réalité connu de tous, après l'avoir exposée à une discussion qui se terminait par l'aveu qu'il y avait eu entre elle et le Service des renseignements des rapports d'argent, essayer de sauver les apparences.

Le commissaire du Gouvernement, que l'aveu du paiement de mensualités avait surpris à ce point qu'il avait cru qu'il s'agissait de deux personnes différentes, entra dans cette voie.

Mᵉ Demange, avec autant de finesse que de clarté, fit ressortir la vérité que le Conseil avait déjà sans doute pressentie.

Il s'exprima ainsi :

« Mais il y a encore autre chose : c'est ce qu'a dit la personne honorable à l'agent Guénée. Il s'agit toujours des plans directeurs, c'est toujours de cette fuite-là qu'il s'agissait quand on disait : « Vous cherchez en bas, vous ne trouverez pas, cherchez plus haut ».

« J'ai entendu M. le commandant Guignet, de même que M. le général Mercier, dire : « La parole de cette personne ne peut pas être mise en doute, c'est une personne absolument honorable de la société parisienne ».

« Eh bien ! je veux simplement prier le Conseil de se souvenir des indications qui lui ont été données dans sa dernière séance à huis clos, et qui lui permettent d'apprécier d'une façon exacte s'il est juste de dire que la personne honorable qui a renseigné le commandant Henry à ce moment-là est une personne dans laquelle, à raison de sa grande délicatesse, à raison de sa droiture et de sa loyauté, on puisse avoir une confiance absolue.

« Mais, il y a plus. En dehors de cela, nous avions su, avant cette dernière audience, que la personne honorable recevait, pour les renseignements qu'elle donnait, une indemnité.

« M. le Commissaire du Gouvernement vous a expliqué hier que c'était pour les frais qu'elle faisait.

« Permettez-moi de vous le dire, entre gens qui doivent continuer à échanger, vis-à-vis l'un de l'autre, des termes de politesse et de courtoisie, c'est une manière de procéder.

. . . .
« ...On y met des formes, et alors il est entendu que les services rendus par la personne très honorable ont été réglés sous forme de frais de voyage.

« Que voulez-vous ? C'est le paiement des services rendus. C'est un agent, c'est un agent au service du bureau des renseignements. Voilà la vérité.

« Et alors j'ai bien le droit de dire qu'il faut dépouiller cet agent de cette auréole qu'on avait mise autour de sa tête, uniquement pour donner à sa parole une certitude » (1).

Le Conseil de guerre eut donc à apprécier, non pas des allégations plus ou moins vraisemblables sur les rapports pécuniaires du Service des renseignements avec la personne qui le renseignait, mais des certitudes matérielles. Il apprécia à son

_____

(1) Rennes, III, 657.

gré l'interprétation qui leur était et qui leur est encore donnée ; mais il n'ignora rien des faits eux-mêmes.

Aussi M. le Garde des Sceaux s'était-il borné à appeler votre attention sur le point de savoir si les faits qui, postérieurement à la condamnation, étaient venus confirmer ce que le Conseil de guerre ne paraissait pas avoir ignoré, constituaient juridiquement un fait nouveau.

M. le conseiller Boyer répondit négativement, comme vous le savez, à cette question. Après avoir comparé les débats du Conseil de guerre aux faits révélés par la lettre de M. le Garde des Sceaux et par le rapport de M. le contrôleur général Crétin qui lui avait servi de base, il estima que ces faits, même s'ils recevaient d'une enquête judiciaire leur entière confirmation, ne sauraient être considérés comme constituant un fait nouveau au point de vue de la revision.

M. le Procureur général était d'un avis contraire.

Comment voulez-vous, disait-il, venir faire le départ entre les éléments qui ont servi de base à la conviction du Conseil de guerre ? Il est nécessaire, il est indispensable que la lumière se fasse sur ce point comme sur tous les autres, et, si vous ne considérez pas qu'il y ait là, comme je le crois, un fait nouveau de la plus haute gravité rentrant dans les termes de l'article 443, j'insiste du moins de toute mon énergie pour que, lorsque vous aurez ordonné cette enquête sur les faits dont il me reste à parler, vous étendiez vos investigations au fait Valcarlos, à la comptabilité falsifiée, parce que la conscience publique veut que cet incident soit absolument éclairé.

L'enquête a eu lieu. Nous avons à rechercher si ses résultats corroborent ou combattent l'opinion émise par M. le conseiller Boyer.

Ils doivent être envisagés à un double point de vue : la vérification des indications contenues dans la lettre de M. le Garde des Sceaux ; les déclarations de M. de Valcarlos, qui, jusqu'à ce jour, n'avait pas été entendu.

Ainsi qu'il fallait s'y attendre, les constatations de M. le Contrôleur général Crétin, que résumait la lettre de M. le Garde des Sceaux, étaient d'une exactitude absolue qui n'est pas d'ailleurs contestée.

Quatre registres de comptabilité ont été trouvés dans l'armoire de l'ancienne section de statistique :

1o Un brouillard afférent aux années 1896, 1897, 1898 ;

2o Un journal de caisse se rapportant aux opérations des années 1890 (quatrième trimestre), 1891-92-93-94-95 ;

3° Un journal de caisse faisant suite au précédent, du premier janvier 1896 au 31 octobre 1897 ;

4° Enfin un journal de caisse qui, reprenant toute la comptabilité du journal précédent, depuis son origine, 1896, 1er janvier, arrive jusqu'au 30 juin 1900.

Pour la période commune à ces deux derniers registres (1er janvier 1896-1er novembre 1897), les écritures devraient être identiques, puisqu'elles doivent exactement reproduire celles d'un livre unique, le brouillard. Il existe cependant entre elles des différences caractéristiques.

Le registre n° 3 reproduit seul textuellement les mentions du brouillard. Il indique des paiements faits d'abord à V. C. (service de Paris), puis, à partir de juin 1896, à Vésigneul (service de Paris) ou simplement à Vésigneul. Cependant, en octobre 1897, ou voit apparaître par inadvertance, sans doute, la mention V. C. (service de Paris). Ce registre n'est revêtu d'aucune signature.

Le registre N° 4, au contraire, porte toutes ces opérations, sans exception, au nom d'une seule partie prenante désignée sous le nom de «Juana». On y relève à la fin de chaque mois, à partir de novembre 1896, la signature du chef de service Henry, et le visa du sous-chef d'Etat-Major général, général Gonse.

Les lettres V. C. figuraient aussi sur le registre N° 2, afférent à la période de 1890 à 1895 inclusivement, en regard de mensualités allouées depuis décembre 1894 jusqu'au 31 décembre 1895, à la personne qu'elles désignaient. Ces lettres sont restées apparentes malgré les surcharges qui les ont remplacées par les initiales H. G.

V. C., Vésigneul (service de Paris) désignaient d'une façon trop apparente le véritable nom de la partie prenante, qui était M. de Valcarlos. C'est pour ce motif que, au mois de novembre 1896, l'archiviste Gribelin a consenti, sur les ordres du colonel Henry, à recopier le registre N° 3 sur le registre N° 4, en substituant le pseudonyme Juana à ceux qui existaient antérieurement.

Quant aux surcharges du registre N° 2, elles avaient le même but ; elles seraient, d'après l'archiviste Gribelin, l'œuvre d'Henry, et ce dernier aurait agi sans ordres (1).

(1) Enq. crim. I. 219.

Les mensualités payées étaient de 400 francs. Le général Gonse a déposé sur ce point en ces termes : (1)

Les agents ou correspondants du Service des renseignements étaient également secrets ; on ne devait les indiquer à personne. Quand M. de Valcarlos est venu expliquer à l'agent Guénée ce qu'il savait sur l'affaire Dreyfus et donner des indications sur l'espionnage qui se faisait au Ministère de la Guerre par l'intermédiaire des attachés militaires étrangers, M. de Valcarlos n'était pas un agent, ou du moins soldé sur le Service des renseignemnts ; c'est un fait qu'il est intéressant de signaler. Ce correspondant était absolument bénévole. Il n'a commencé à être utilisé par le Service des renseignements qu'au mois de mars 1895.
Un membre de la Cour. — Décembre 1894 !
M. le général Gonse. — Je crois bien que c'est au mois de mars 1895. Pourquoi le colonel Sandherr l'a-t-il employé? C'est bien simple, nous étions entourés d'un système d'espionnage extraordinaire. A l'abri de l'immunité diplomatique, il s'était formé un syndicat d'espions. Il fallait contrebattre ces attaques sourdes et souterraines. Sandherr a désiré chercher par tous les moyens à contrebattre cette action occulte. Il a trouvé dans M. de Valcarlos un auxiliaire qui s'est offert à lui. Il en a profité, et je crois qu'il a bien fait. Je crois que M. de Valcarlos nous a donné des renseignements intéressants. Somme toute, qu'est-ce qu'il recevait? il recevait une mensualité de 400 francs. Nous ne l'avons jamais nié, personne ne l'a jamais nié ; mais ce n'est pas avec 400 francs qu'il pouvait être considéré comme un agent de première marque. Ces 400 francs devaient lui servir probablement à indemniser les gens qui le renseignaient. Par conséquent, il ne devait pas faire de gros bénéfices sur ce chiffre-là.
Mais il y avait tout intérêt, quoi qu'il en soit, à ne pas faire connaître son nom, attendu que c'est une question de loyauté à l'égard des gens qui se confient au Service des renseignements de ne pas les dévoiler, et d'un autre côté c'est l'intérêt du service, attendu qu'il ne faut pas qu'on puisse dire à l'extérieur que, quand on se confie au Service des renseignements, on va être l'objet d'indiscrétions. Il y avait donc une double raison pour cacher son nom.
Un membre de la Cour. — Avez-vous été en relations avec lui?
M. le général Gonse. — Jamais.

Cette déposition, qui confirme tout ce que nous avons dit jusqu'à présent du rôle de M. de Valcarlos, nous amène à préciser la date du paiement des premières mensualités.

Dans son rapport du 6 avril 1894, Guénée s'exprimait sur M. de Valcarlos en des termes qu'il n'eût certainement pas employés si son interlocuteur eût été, à cette époque, connu du Service des renseignements comme un agent salarié. Nous savons en effet par le livre de caisse N° 2, afférent aux années 1890, 91, 92, 93, 94, 95, que ces paiements ont été effectués à partir du mois de décembre 1894. Dès ce moment on voit apparaître chaque mois les initiales H G remplaçant les initiales V C en regard des mensualités payées (2), qui se sont continuées pen-

(1). Enq. crim. I. 212-213.
(2) Enq. crim. Rapp. Crétin, I. 14. — 218. — Réquisit. 474.

dant vingt-deux mois, accompagnées d'une allocation extraordi
naire de 1.500 francs, jusqu'à la disparition d'Henry.

Il n'est donc pas établi que M. de Valcarlos eût reçu de
l'argent du Service des renseignements avant ou pendant le
procès de 1894 ; mais il est certain qu'il en a reçu immédiatement
après le procès, et non pas seulement au mois de mars 1895. Et
cette coïncidence autorise les plus fâcheuses hypothèses, surtout
si on la rapproche de l'ignorance où le chef du Service des renseignements, le colonel Picquart, fut laissé des versements mensuels
effectués entre les mains de M. de Valcarlos, et de la certitude
que jamais un renseignement ayant une importance militaire
quelconque n'a été fourni par lui (1).

La reconstitution et la modification de la comptabilité du premier janvier 1896 au premier novembre 1897 avaient été inspirées à Henry, d'après l'archiviste Gribelin, par la crainte que le
colonel Picquart, qui avait déjà fait allusion à des mensualités
payées à M. de Valcarlos, ne découvrit la preuve de ces paiements (2). S'il avait insisté pour faire apporter la comptabilité,
on l'aurait démenti pièces en main.

Pour le général Gonse, au contraire, on se serait simplement
préoccupé de couvrir autant que possible M. de Valcarlos. Il y
avait là une question d'honnêteté et d'honorabilité vis à vis de
lui (3).

Ce qui prouve notre bonne foi, a ajouté le général Gonse, c'est que
nous avons conservé les anciens registres, que nous n'étions nullement
tenus de conserver ; si nous les avions détruits, brûlés, personne n'aurait
pu nous dire quoi que ce soit ; j'ai au contraire défendu qu'on y touchât,
et j'ai prescrit de conserver les anciens registres, et c'est ainsi que vous
les avez (4).

Les registres Nos 2 et 3 auraient pu en effet être détruits, mais
n'existait-il pas une raison particulière de les conserver ?

M. le contrôleur général Crétin a donné de leur conservation
une double explication : ou bien l'archiviste Gribelin, qui n'avait
pas compris la gravité de l'acte qu'on lui avait donné l'ordre
d'accomplir, a vu ses scrupules de vieux comptable se réveiller
quand il s'est agi de lacérer ou de brûler les registres ; ou bien le
Service des renseignements voulait se réserver la faculté de produire l'une ou l'autre des comptabilités suivant les circonstances.

(1) Enq. crim. I. 655. Col. Picquart. — 509, cap. Junck.
(2) Enq. crim. I. 138.
(3) Enq. l. 213.
(4) Enq. crim. I. 221.

La comptabilité primitive était en effet le seul moyen qu'il possédât pour agir sur M. de Valcarlos, s'il avait tenté de dénier les communications qui lui étaient prêtées.

C'est à cette dernière interprétation que se rangent M. le Procureur général et Me Mornard (1).

Quoi qu'il en soit, l'enquête ne laisse aucun doute sur le fait de la réfection inexacte de la comptabilité afférente à la période du 1er janvier 1896 au 1er novembre 1897. Elle a eu pour but immédiat de faire disparaître au besoin toute trace des mensualités allouées à M. de Valcarlos, soit dans son intérêt, soit contre le colonel Picquart et contre Dreyfus.

Trouvons-nous dans cette opération les caractères juridiques d'un crime de faux, qui serait d'ailleurs couvert par la loi d'amnistie ?

C'est l'avis de M. le contrôleur général Crétin.

Les altérations matérielles ne sont pas contestables. D'un autre côté, les visas et signatures maintenus et correspondant à la période novembre 1896 à octobre 1897 constituent aussi une falsification. En visant, c'est-à-dire en déclarant avoir vu la balance des écritures et la situation de caisse au premier décembre 1896, par exemple, l'officier général qui a apposé ce visa au premier novembre 1897, au plus tôt, altérait manifestement la vérité; il commettait ce qu'on appelle en droit un faux intellectuel, dit M. le contrôleur général Crétin. L'intention et la possibilité de nuire, de nuire d'abord à l'ordre social intéressé à la manifestation de la vérité, de nuire au condamné et, enfin, au témoin à décharge éventuel, le colonel Picquart, sont évidentes. Le préjudice n'a pas été seulement possible, le procès de Rennes l'a rendu effectif. La responsabilité du crime incombe au chef de service Henry, qui paraît avoir joué le rôle principal, au comptable archiviste Gribelin qui a exécuté le faux et ne peut se retrancher derrière les ordres reçus, au sous-chef d'Etat-Major général, le général Gonse, qui, par sa signature, a donné à un document falsifié les apparences d'une pièce authentique.

L'archiviste Gribelin et le général Gonse ont fait entendre contre cette thèse d'énergiques protestations.

Le premier invoque les ordres qu'il a reçus de son chef « pour le bien du service », auxquels il était tenu d'obéir.

(1) Réquisit. 475. — Mémoire. 89.

Le second reproche à M. le contrôleur général Crétin d'avoir confondu les règles de la comptabilité du Service des renseignements, par essence irrégulière, avec celles des comptabilités tenues au grand jour en vertu des lois et règlements en vigueur.

Pour nous, nous ne poursuivrons pas cette discussion qui n'offre plus qu'un intérêt théorique. La réfection partielle de la comptabilité nous paraît éminemment suspecte ; nous y voyons une preuve nouvelle du déplorable état d'esprit d'Henry et de l'influence néfaste qu'il exerçait autour de lui.

Quel qu'ait été son objet, si elle avait eu pour effet de dissimuler au Conseil de guerre la véritable situation de M. de Valcarlos, nous n'hésiterions pas à penser qu'elle constitue un fait nouveau. Mais ce n'est pas elle qui a poussé les témoins accusateurs à invoquer les rapports de Guénée et le témoignage d'Henry au procès de 1894. Elle n'a pas été produite devant le Conseil de guerre. Bien plus, le général Gonse a révélé les faits que son but était de cacher.

La question à résoudre reste ce qu'elle était au début de l'instance en revision : le Conseil de guerre a-t-il su que M. de Valcarlos avait reçu des mensualités ? Pour nous, comme pour M. le conseiller Boyer, les faits répondent affirmativement à cette question et cette réponse entraîne le rejet du moyen.

Vous apprécierez si l'argumentation développée par M. le Procureur général dans son réquisitoire écrit impose une solution contraire.

Mᵉ Mornard ne s'est pas associé à cette argumentation. Il a pensé sans doute qu'elle rencontrait une réfutation trop sérieuse, dans les faits connus du Conseil de guerre. A ses yeux, le fait nouveau réside dans les affirmations récentes de M. de Valcarlos, qui contredisent tout ce qu'ont pensé de lui, jusqu'à ce jour, les dversaires comme les défenseurs de Dreyfus.

M. de Valcarlos, dont le rôle, dans cette affaire, est depuis si longtemps discuté, n'est entré personnellement en scène que le 26 février 1904, par une lettre rectificative adressée au *Gil Blas* (1). Il a été ensuite entendu par votre Chambre criminelle le 22 mars et le 14 mai 1904 (2).

Voici le résumé de ces deux longues dépositions :

M. de Valcarlos reconnaît qu'il a été en relations avec Guénée et, par ce dernier, avec Henry. Ce point était d'ailleurs établi

(1) Enq. crim. I. 152.
(2) Enq. crim. I. 151-731.

par sa correspondance avec Guénée et par une de ses lettres trouvée sur Henry le jour de sa mort. Il n'a jamais fait part à Guénée ou à Henry de ses conversations avec les attachés militaires étrangers. Les rapports de Guénée sont faux, fausse aussi la déposition d'Henry en 1894.

Il est vrai que six ou sept mois après la première condamnation, Guénée lui a demandé d'affirmer que la personne qui renseignait les attachés militaires était un officier du Ministère de la Guerre ; mais il a répondu à Guénée que

« sous aucun prétexte et aucune pression il n'affirmerait ce fait qui était faux et qu'il ne pouvait pas garantir.

Avant le procès de 1894, Henry le pria un jour de rechercher une personne qui fût capable de faire des voyages techniques dans l'intérêt du Service des renseignements ; il lui parla ensuite de fuites au Ministère de la Guerre. Sur ce dernier point, M. de Valcarlos répondit qu'il ne savait rien et que, du reste, s'il savait quelque chose, il ne parlerait pas. Il trouva d'ailleurs la personne dont le Service des renseignements recherchait le concours. Il l'a désignée sous le nom de « M. Mestre-Amabile ».

C'est pour M. Mestre-Amabile que, par fractions de 200 ou 300 francs, il a reçu d'Henry en huit ou dix fois une somme totale de 1.500 francs dont il n'a rien remboursé. Il a donné de ces sommes un ou plusieurs reçus qui, malheureusement n'ont pas été retrouvés au Ministère. Elles ont été toutes, suivant les instructions d'Henry, intégralement remises à M. Mestre-Amabile, bien que l'on sût qu'il ne travaillait pas pour le Service, « afin que, le jour où on aurait besoin de lui, il servît mieux ». (1). Il n'a, en définitive, fourni qu'un premier travail sur l'île de Cuba, à l'époque de la guerre d'Espagne.

M. de Valcarlos s'est efforcé sans succès de retrouver M. Mestre-Amabile. Il a été répondu à ses lettres et à ses télégrammes, tantôt qu'il était inconnu à la Havane, tantôt qu'il était parti pour les Etats-Unis et de là pour le Japon. Aucune justification n'a donc pu être obtenue de lui.

M. de Valcarlos affirme n'avoir jamais touché que cette somme de 1.500 francs. Il n'a pas reçu de mensualités. Les mentions de la comptabilité ne le concernent pas ou sont fausses.

Avant le procès de Rennes, il a reçu la visite du général

(1) Enq. crim. I. 161.

Roget, qui s'est borné à lui dire : « Nous savons que vous ne
vous êtes jamais occupé de l'affaire Dreyfus ; vous ne serez
jamais nommé. » Cette visite elle-même n'est pas contestée par
le général Roget, qui l'aurait faite afin de se renseigner sur la
valeur des rapports de Guénée et du témoignage d'Henry (1).
M. de Valcarlos lui aurait parlé de ses relations amicales avec
Henry ; il lui aurait répété ce qu'il avait dit au sujet des fuites qui
se produisaient au Ministère : « Cherchez Henry, cherchez, vous
trouverez »; mais il se serait en même temps défendu d'avoir
donné des indications précises pouvant mettre sur la trace de
Dreyfus. Quant au propos qui lui a été prêté, le général Roget
le nie et le traite même d' « abominable mensonge ».

Au moment même du procès de Rennes, le 26 juillet 1899 (2),
M. de Valcarlos assure qu'il a reçu la visite du colonel de la
Cornillière, son beau-frère, mort depuis, qui l'aurait menacé, au
nom du général Mercier, de briser sa carrière s'il osait bouger.
Cette visite a eu lieu en effet. Mais, d'après le général Mercier,
après une explication très vive entre les deux beaux-frères, M. de
Valcarlos aurait consenti, s'il était cité en témoignage, à confir-
mer verbalement les rapports de Guénée.

En définitive, d'après sa déposition, M. de Valcarlos aurait
été la victime d'une odieuse intrigue ourdie pour les besoins de
·l'accusation et dont il rend responsable le général Mercier ; Guénée et Henry n'ayant été « que des machines ». Il a connu cette
intrigue au moment du procès de Rennes ; s'il n'a pas protesté,
c'est qu'il n'a obtenu sa mise à la retraite que le 20 octobre 1899,
c'est-à-dire après le procès et que sa situation officielle l'a
contraint à garder le silence.

Mᵉ Mornard estime que ces déclarations doivent être tenues
pour vraies.

Si des mensualités avaient été allouées à M. de Valcarlos, le
colonel Picquart, chef du Service, ne l'aurait pas ignoré. Pourquoi d'ailleurs lui auraient-elles été versées, puisqu'il n'apportait
aucun renseignement ?

Il n'existe aucune preuve de leur versement. Personne ne
peut l'attester, puisque personne, au Ministère, sauf Henry, n'a
connu M. de Valcarlos. Bien plus, elles ne figurent pas sur le
registre de comptabilité indiquant par noms d'agent les sommes
touchées. Gribelin a prétendu, il est vrai, que ce registre n'avait

(1) Enq, crim. 1. 603
(2) Enq. crim. I. 157.

été ouvert que pour les agents travaillant au document ; mais cette assertion est démentie par les écritures mêmes de ce registre qui mentionnent de nombreux paiements de mensualités (1).

Ainsi, toutes les mensualités portées en dépense comme versées à M. de Valcarlos ne sont entrées dans le compte d'aucun agent. Que sont-elles devenues ? C'étaient des dépenses fictives qui entretenaient une « caisse noire » créée par Henry à côté de la caisse régulière,et dont l'existence est certaine.C'est au moyen de cette caisse, qui renfermait à la mort d'Henry 25 ou 26.000 francs, qu'étaient organisées les missions secrètes.

Et la réfection de la comptabilité n'a eu d'autre but que de sauvegarder M. de Valcarlos s'il se taisait, de le démentir s'il osait parler, et, par conséquent, de le contraindre à se taire. Les démarches du général.Roget et du colonel de la Cornillière en sont la preuve.

Il n'est pas impossible que M. de Valcarlos ait émis une opinion défavorable à Dreyfus et il n'y a pas lieu de suspecter les affirmations sur ce point de M. Rochefort, de M. Ayraud-Degeorge, de M. Gaston Jollivet. Il y a eu un moment où, comme presque tout le monde, M. de Valcarlos a dû faire crédit à l'autorité de la chose jugée.

« Les affirmations de M. de Valcarlos, écrit en terminant sa discussion Mᵉ Mornard, présentées par l'accusation comme ayant une importance décisive, n'existent en réalité au dossier que sous les pièces uniques d'un témoignage de M. de Valcarlos attestant, sous la foi du serment, n'avoir jamais tenu les propos à lui prêtés par les faussaires Guénée et Henry ».

Sans méconnaître la valeur de quelques-uns de ces arguments et en particulier, de l'absence, sur l'un des registres de la comptabilité, de toute trace de versements mensuels entre les mains de M. de Valcarlos, absence qui n'a pas été très clairement expliquée par l'archiviste Gribelin, nous ne croyons pas qu'ils aboutissent à la démonstration parfaite de la sincérité des révélations de M. de Valcarlos.

S'il était accusé, peut-être penserions-nous que les preuves manquent contre lui ; mais ce n'est pas ainsi que la question se pose devant vous.

(1) Enq. crim. I. 913.

Un arrêt de revision ne saurait être fondé sur des faits dou
teux ; or, à notre sens, deux circonstances autorisent le doute.

M. de Valcarlos a dû d'abord, en ce qui touche la somme de
1.500 francs qu'il a incontestablement reçue, alléguer l'intervention d'un personnage qui, seul, pourrait le justifier. Et malheureusement, ce personnage, M. Mestre-Amabile, est de ceux que
l'on cherche sans succès dans le monde entier, au moment précis
où leur comparution est indispensable.

En second lieu, au cours du procès de Rennes, M. de Valcarlos connaissait, il ne l'a pas nié, l'abus qui était fait de sa
personnalité. Il n'a été désigné à l'audience que par l'initiale V ;
mais son nom était dans toutes les bouches et il le savait. Deux
journaux même, le *Figaro* et le *Voltaire*, l'avaient publié à plu
sieurs reprises (1).

Il devait à l'honneur de son nom et de sa fonction, il devait
surtout à la vérité et à la justice de protester immédiatement.
Aucun obstacle, quoi qu'il en dise, ne pouvait l'empêcher de
remplir avec éclat ce devoir sacré. Il a gardé le silence.

Les thèses de M. le Procureur général et de Mᵉ Mornard ne
sauraient s'entraider, puisqu'elles sont sur tous les points en
contradiction manifeste. Il faut choisir l'une ou l'autre. A notre
avis l'une et l'autre sont trop contestables pour qu'il en puisse
jaillir un fait nouveau.

XX

Nous arrivons maintenant à l'examen des faits nouveaux
invoqués par le mémoire de Mᵉ Mornard.

Avec une remarquable méthode, Mᵉ Mornard a dressé le
tableau suivant des chefs d'accusation ou articulations dirigés
contre Dreyfus soit par le commissaire du Gouvernement, soit
par les témoins qui ont prononcé contre lui de véritables
réquisitoires.

(1) *Figaro*, 22 août 1899. — *Voltaire*, I. 10, 30 août 1899. Réquis. p. 477.

PREMIER ORDRE DE FAITS OU DOCUMENTS
(Aveux)

1° Propos de Dreyfus devant le capitaine Lebrun-Renault.

DEUXIÈME ORDRE DE FAITS OU DOCUMENTS
(Discussion technique)

2° Affirmations de M. de Valcarlos ;
3° Discussion technique du Bordereau.

TROISIÈME ORDRE DE FAITS OU DOCUMENTS
(Dossier secret)

4° Plans directeurs ;
5° Chargement des obus à la mélinite ;
6° Obus Robin ;
7° Cours de l'Ecole de Guerre ;
8° Attribution de l'artillerie lourde aux armées ;
9° Organisation militaire des chemins de fer ;
10° Témoignage Cernusky.

QUATRIÈME ORDRE DE FAITS
(Cryptographie)

11° Système Bertillon-Valerio. Système Corps.

ALLÉGATIONS ANNEXES PRODUITES AUX DÉBATS

12° Propos sur la conduite et la manière d'être de Dreyfus. — Logogriphes du dossier secret. — Allégations contre la bonne foi des affirmations officielles des gouvernements étrangers.

ARTICULATIONS ILLÉGALEMENT PRODUITES EN DEHORS DES DÉBATS

13° Bordereau annoté par l'Empereur d'Allemagne ou Lettre de l'Empereur.

Treize faits nouveaux ou plutôt treize groupes de faits nou-

veaux sont opposés, comme vous le savez, à ces articulations ·
Si vous leur reconnaissez, en fait et en droit, le caractère de
nouveauté exigé par la loi, il n'existera plus aucune charge possible contre Dreyfus. Il ne restera plus rien à juger, et ainsi se
trouvera justifiée en fait l'une des thèses juridiques du mémoire
qui entraînent l'annulation sans renvoi. Si vous avez le droit de
proclamer l'innocence du condamné par cela seul que les faits
incriminés ne lui sont pas imputables, vous ne trouverez dans
les faits aucun obstacle à l'exercice de ce droit.

Les éléments de ces treize faits nouveaux vous sont déjà
connus, nous les avons exposés au cours de ce rapport. Nous
pourrons donc nous borner à de brèves observations.

Nous n'avons rien à ajouter aux explications que nous avons
déjà présentées sur les faits cotés sous les Nos :

1. — Légende des aveux ;
2. — Incident Valcarlos ;
4. — Falsification de la pièce N° 371 ;
7. — Découverte de la minute du commandant Bayle ;
8. — Falsification de la pièce 26 ;
9. — Témoignage Cernusky.

Restent donc sept faits, cotés sous les numéros 3, 5, 6, 10,
11, 12, 13.

A. Le fait nouveau N° 3 concerne spécialement la discussion
technique du Bordereau. Il est constitué par une agglomération
de petits faits dont vous apprécierez la nouveauté et la portée.

1° Le capitaine Lerond avait déclaré à Rennes que pendant
les manœuvres de masse d'artillerie du camp de Châlons, en
1894, il avait reçu, du général directeur des manœuvres, l'ordre,
qu'il avait exécuté, de ne laisser approcher aucun officier des
deux batteries de 120 court dont on avait formé une réserve
d'artillerie, et qui ont tiré les 17, 21 et 22 août. Cet ordre avait
pour objet d'assurer le secret du fonctionnement de ces pièces.

Le général Balaman a déposé, le 13 juin 1904, qu'il n'y avait
aucune raison pour que cet ordre fût donné et que, dans tous
les cas, il n'avait pas été exécuté avec rigueur, puisqu'il avait
pu, ainsi que d'autres officiers, se placer à quelques mètres des
batteries. « Nous ne voyions pas évidemment ce qu'il y avait
dans le frein, a dit le général Balaman, mais nous les voyions

tirer. » D'après lui, le capitaine Lerond s'est trompé ; il n'a dû être envoyé auprès des batteries que pour faire circuler les officiers qui en étaient assez rapprochés pour gêner les manœuvres.

Le capitaine Lerond et le général Balaman se trouvent donc en désaccord, non sur un fait, mais sur l'interprétation de ce fait. Le général Balaman en a donné une interprétation nouvelle, qui est peut-être exacte. Cette interprétation n'est pas, à coup sûr, un fait nouveau.

2° Le commandant Targe a révélé que le secret du frein du 120 court aurait été livré par Greiner avant 1892.

S'il en était ainsi, la note du Bordereau sur le frein du canon de 120 court n'aurait eu aucune importance. Mais la commission des généraux experts, après avoir eu sous les yeux, comme le commandant Targe, les documents livrés par Greiner, a émis l'avis que le secret du frein hydropneumatique du 120 court n'avait vraisemblablement jamais été livré. Il faut donc écarter comme douteux en fait l'argument tiré de la trahison antérieure de Greiner, et il ne reste plus que l'avis de la commission.

3° Le général Mercier avait cité, à Rennes, au cours de son argumentation sur la note du Bordereau relative aux troupes de couverture, des instructions reçues par les commandants de corps d'armée le 17 octobre 1894. Mᵉ Mornard s'est efforcé de démontrer que les termes de ces instructions ne justifient pas les conclusions du général Mercier et même qu'elles les contredisent. Mais l'existence de ces instructions était connue du Conseil de guerre ; nous ignorons s'il a aussi connu leur texte, qui a été versé au dossier pendant notre dernière enquête ; dans tous les cas, il ne tenait qu'à la défense d'en demander la communication.

4° M. Hanoteaux a signalé dans sa déposition du 2 mai 1904 l'intérêt que le Gouvernement avait eu à laisser croire que l'expédition de Madagascar aborderait l'île par Tamatave, et ses préoccupations au moment de la publication par le journal *Le Yacht*, sous la signature de M. Weyl, du plan complet de l'expédition. Mais nous savons que ces faits étaient connus avant le procès de 1899 ; on savait alors que M. Weyl avait pu se procurer aisément et légitimement les éléments de son travail. Comment la déposition de M. Hanoteaux pourrait-elle constituer un fait nouveau ?

5° Il a été produit dans la dernière enquête une lettre du général Leclerc, du 16 avril 1899, établissant que, dans un régiment, le Manuel de tir avait été imprimé à la presse régimentaire et distribué aux sous-officiers. Cette lettre ne fut pas soumise au Conseil de guerre.

Mais il fut édifié sur ce point par la déposition de M. Bruyerre, ancien lieutenant de réserve d'artillerie, et par une lettre de M. Paraf, ingénieur à Paris. M. Bruyerre fut, il est vrai, pris à partie par le général Roget à raison des termes dans lesquels il avait donné sa démission et qui avaient entraîné sa révocation ; mais la déposition de M. Bruyerre ne fut pas contredite, et vous savez qu'en définitive le caractère absolument secret du Manuel de tir ne fut pas affirmé.

6° Sur la phrase finale du Bordereau « Je vais partir en manœuvres », le capitaine de Pouydraguin a confirmé dans la dernière enquête que les stagiaires savaient qu'ils n'iraient pas aux manœuvres. Mais le Conseil de guerre avait entendu sur ce point la déposition très affirmative dans le même sens d'un autre officier stagiaire, M. de Fonds-Lamothe.

Quant à l'avis émis par la commission des généraux experts, il n'a pas été et ne pouvait être considéré comme un fait nouveau. La commission a mis en œuvre les éléments d'appréciation que lui offraient les débats antérieurs et votre enquête, mais il n'y a là qu'une argumentation nouvelle et plus autorisée.

En résumé, les nombreux faits groupés sous le N° 3 par Me Mornard ne présentent pas, pris isolément, le caractère de faits nouveaux. Chacun d'eux, en effet, se rattache à des discussions soutenues avec passion devant le Conseil de guerre, qui a eu sous les yeux les éléments essentiels de leur solution.

Nous ne pensons pas que ces faits, inopérants par eux-mêmes, puissent par leur réunion acquérir le caractère de nouveauté exigé par la loi.

B. Le fait nouveau N° 5 concerne le chargement des obus en mélinite et la livraison du secret de fabrication de l'obus Robin.

Vous savez que l'imputation d'avoir livré le secret du chargement des obus en mélinite n'a pas été maintenue devant le Conseil de guerre. Nous vous avons rappelé que Me Demange l'avait constaté dans sa plaidoirie. Aussi dans la dernière enquête, il n'en a pas été question.

Le fait nouveau tend donc, sur ce point, à détruire une charge abandonnée.

En ce qui touche l'obus Robin, Mᵉ Mornard relève comme fait nouveau la dissimulation des pièces suivantes :

1° Une note du Comité d'artillerie du 9 février 1899, faisant connaître que les études d'obus ont suivi, en France et en Allemagne, des voies parallèles et que, dans leurs essais, les Allemands ont eu à vaincre les mêmes difficultés que nous.

2° Une note de l'Ecole de pyrotechnie du 8 février 1899, attestant que cette école n'avait essayé ni étudié aucun des dispositifs du shrapnell allemand C/91.

3° Une note de la Direction de l'artillerie du 23 mai 1898, faisant ressortir des différences entre l'obus Robin et le shrapnell;

4° Les pièces du dossier Greiner et du dossier Boutonnet.

Mais on ne saurait d'abord affirmer que les pièces 1 et 2 n'aient pas été communiquées au Conseil de guerre. Elles faisaient partie du dossier secret d'artillerie et rien ne prouve qu'elles en aient été distraites.

Quelle était, au surplus, leur portée ?

Le commandant Targe estime qu'elles contredisent les déclarations faites au Conseil de guerre par le général Deloye. Ce dernier le nie et la discussion est certainement possible sur ce point.

La pièce N° 3, dont la minute seule a été retrouvée, n'a pas été jointe au dossier secret, d'après le commandant Targe. Il n'en résulterait pas que ce grief méritât d'être relevé ; car, si elle signale des différences entre l'obus Robin et le schrapnell allemand, elle fait connaître aussi que c'était principalement à l'Ecole de pyrotechnie que l'on pouvait se procurer, en 1890, des renseignements précis et détaillés sur l'organisation et la fabrication de l'obus Robin, et c'est là une insinuation évidente contre Dreyfus.

Les dossiers Greiner et Boutonnet n'ont pas été dissimulés. Il a été fait allusion au premier au cours des débats. Quant au second, nous vous avons rappelé que, dans sa plaidoirie, Mᵉ Demange en avait fait usage. Boutonnet avait, en 1890, livré les « Bulletins des questions à l'étude » qui renfermaient les renseignements les plus précis sur la fabrication de l'obus Robin. Mᵉ Demange tirait de la condamnation de Boutonnet cette conclu-

sion : « que si une puissance étrangère avait eu des renseignements sur l'obus Robin, elle avait pu les avoir par Boutonnet. »

Il est donc permis de penser que les faits groupés par
M° Mornard sous le N° 5 n'ont pas, en fait, été inconnus des
juges du Conseil de guerre.

C. Le 6° fait nouveau concerne la question relative aux cours
de l'Ecole de guerre.

Nous avons déjà établi que cette imputation, résultat d'une
inexcusable erreur, n'avait pas été reproduite devant le Conseil
de guerre.

D. Le 10° fait nouveau repose sur la vérification matérielle
des mesures et des planches de M. Bertillon, dont la fausseté
a été ainsi établie.

Mais la fausseté de ces mesures avait été affirmée devant le
Conseil de guerre de Rennes.

L'un des témoins, M. Paraf-Javal, dessinateur, ayant lu la
déposition de M. Bertillon devant la Cour de Cassation, et ayant
vu l'une des figures qu'il avait produites à l'appui, eut l'idée
d'étudier son système et de vérifier ses mesures. « Toutes ces
mesures étaient fausses, toutes sans exception », dit-il devant
le Conseil de guerre, ainsi que vous le savez déjà. Il ne se
contenta pas de cette affirmation ; il en fit la démonstration dans
une déposition très étendue, que sa verve railleuse sut rendre
intéressante, malgré l'aridité du sujet.

Suivant l'expression de M. Bernard, témoin entendu après
lui, il avait fait avec science et conscience la critique de la
partie graphique de l'expertise de M. Bertillon et celle des
mesures micrométriques sur lesquelles elle s'appuyait. C'était
d'ailleurs beaucoup d'honneur, d'après M. Bernard, qu'on avait
fait à cette partie de l'expertise, qui, à son avis, était sans aucune
espèce de portée.

De nombreux témoins avaient aussi combattu les calculs de
probabilité de M. Bertillon et vous savez avec quelle autorité.

Malgré la condamnation de Dreyfus, le système n'en avait
pas moins été fort ébranlé ; pour le rajeunir et le fortifier, les
adversaires de Dreyfus ont alors publié les travaux que vous
connaissez. Votre Chambre criminelle a confié à MM. Darboux,
Appel et Poincaré l'examen de ce système, y compris les prétendues charges nouvelles. Le rapport des savants experts en
contient une réfutation plus scientifique et plus décisive ; mais

on ne saurait dire qu'il révèle des erreurs non signalées aux juges. Les témoins, la défense avaient appelé sur elles leur attention.

Dira-t-on que les experts ont démontré que l'encoche du Bordereau et celle de la lettre de M. Mathieu Dreyfus avaient été faites après la saisie de ces documents ?

Mais les éléments de cette démonstration, en ce qui touche l'encoche du Bordereau, étaient sous les yeux du Conseil de guerre, et, quant à l'encoche de la lettre de M. Mathieu Dreyfus, il n'en a été question que dans les dernières brochures récemment publiées.

La discussion à laquelle ont été soumis le système de M. Bertillon et les théories nouvelles qui le soutiennent, au cours de la dernière enquête, ne nous semble donc pas réunir les éléments juridiques d'un fait nouveau. Ainsi que l'enseigne M. le professeur Roux, « l'appréciation qu'un second examen ferait ressortir des pièces du dossier ne serait pas un fait de revision, quelle que fût la lumière produite. C'est que la revision n'est pas l'appel qui autorise une seconde appréciation des preuves sans apport de fait nouveau ».

E. Le onzième fait nouveau est fourni par les déclarations officieuses émanant de personnages étrangers qualifiés pour connaître la vérité.

Nous vous avons donné connaissance de ces déclarations. Elles confirment ce que les juges n'ont certainement pas ignoré.

Les affirmations de l'innocence de Dreyfus émanées de l'étranger paraissent avoir été écartées par le Conseil de guerre par une fin de non-recevoir. Mais il n'en a pas moins connu les affirmations officielles et officieuses, qui ne laissaient aucun doute sur la volonté des puissances étrangères, de leurs représentants et des personnes les mieux placées pour tout savoir, de certifier l'innocence de l'accusé. A ce point de vue, rien ne saurait égaler la portée des déclarations du *Moniteur de l'Empire* et de celles qui ont été faites au Reichstag et au Parlement italien.

Le Conseil de guerre a même eu connaissance de correspondances secrètes entre agents étrangers, antérieures au procès, dont résultait la preuve que Dreyfus n'avait pas été en relations avec les attachés A et B.

Après la condamnation, des correspondances privées ont été échangées, des conversations ont été tenues par des personnalités étrangères qui avaient été étroitement mêlées à cette affaire. On y retrouve les mêmes affirmations, qui se reproduiront certainement encore à l'avenir. Mais elles n'introduisent et n'introduiront pas dans le débat un élément nouveau.

La lettre du prince de Munster à M. Reinach, du 20 mai 1901, paraît sans doute plus explicite encore. Elle atteste à la fois l'innocence de Dreyfus et les relations de l'attaché A avec Esterhazy depuis 1893.

Certes, cette lettre est de nature, suivant l'expression de S. A. S. le prince de Monaco, « à calmer les consciences »; mais, si respectable que fût la parole du feu prince de Munster, une cour de justice ne saurait faire échec à la chose jugée uniquement sur la conviction qu'elle exprime sans en faire connaître les éléments.

D'ailleurs, n'a-t-on pas soutenu, non sans raison, devant le Conseil de guerre, que les déclarations des puissances étrangères, si précises en ce qui concerne Dreyfus, livraient Esterhazy à tous les soupçons par leurs termes mêmes si réservés, intentionnellement, à son égard.

Les déclarations officieuses invoquées par Me Mornard confirment ce qui avait déjà été proclamé officiellement et officieusement. Elles n'apprennent rien de nouveau.

F. Le Bordereau annoté sert de base au douzième fait nouveau.

Nous partagerions l'opinion de Me Mornard sur ce moyen, s'il était démontré que ce document a été secrètement produit ; mais vous savez que la preuve de cette production secrète a été tentée sans succès.

Vous savez aussi qu'il n'a jamais été question du Bordereau annoté ou de la lettre impériale au cours des débats, que, ni les témoins à charge, ni le commissaire du Gouvernement n'en ont parlé. Vous ne pouvez, ce me semble, admettre un fait nouveau contre une charge qui ne peut être atteinte, puisqu'elle est restée en dehors du procès.

G. Le treizième et dernier fait nouveau est relatif aux relations d'Henry et d'Esterhazy. L'ensemble des révélations de la dernière enquête donnerait lieu à une reconstitution toute différente des faits servant de base à l'accusation. Il établirait que le Bordereau n'est que la preuve d'un acte de contre-espionnage accompli par Esterhazy de concert avec Henry. Il n'y aurait donc, dans cette affaire, ni crime, ni délit.

Nous nous sommes expliqué sur ce point au début de ce rapport et nous croyons avoir démontré que les faits et les documents invoqués n'autorisaient pas cette conclusion.

XXI

Nous avons, Messieurs, terminé l'exposé des moyens de revision invoqués en faveur de Dreyfus. Si vous admettez l'un ou l'autre des trois systèmes proposés par M. le Procureur géné ral, par M⁰ Mornard et par votre rapporteur, vous annulerez, par voie de revision, la condamnation prononcée le 9 septembre 1899 par le Conseil de guerre de Rennes.

Mais il reste encore à rechercher quelles devraient être les conséquences de l'annulation que vous prononceriez.

L'annulation sans renvoi vous est demandée par les réquisi tions de M. le Procureur général et par les conclusions de la défense.

Ces conclusions opposent au renvoi deux raisons d'ordre juridique ; mais, d'après le mémoire de M⁰ Mornard, il est aussi, avons-nous dit, d'autres raisons de même ordre qui imposeraient la même solution ; ce seraient l'application des principes con- cernant la qualification légale des faits, la prescription, le décret de grâce ou la peine exécutée.

La volonté formelle du demandeur en revision a interdit à son défenseur de les proposer. Il s'efforce, en effet, de recon- quérir son honneur et il estime qu'une annulation sans renvoi fondée sur ces principes juridiques ne saurait le lui rendre.

Toutefois, M⁰ Mornard a indiqué ces moyens et, comme l'application de la loi ne saurait ici dépendre de la volonté du demandeur, nous avons le devoir de les examiner d'office.

A. Aux termes de l'article 445 du Code d'instruction crimi- nelle, vous devez casser sans renvoi en cas de prescription de l'action publique.

L'action publique est-elle éteinte contre Dreyfus ?

La réponse à cette question devrait être affirmative, d'après l'honorable défenseur.

D'abord, le fait qui a motivé les poursuites, quel qu'en soit l'auteur, ne constitue qu'un simple délit, l'acte d'espionnage prévu et puni par l'art. 1 de la loi du 18 avril 1886. Or, il est certain que, depuis trois ans, aucun acte de poursuite n'a été exercé. L'action publique serait donc éteinte par la prescription triennale.

Cette thèse nous paraît méconnaître le texte et l'esprit des art. 76 du Code pénal et 1er de la loi précitée, ainsi que les principes en matière de revision.

Le Code pénal ne prévoyait que le crime de trahison. Son article 76 est ainsi conçu :

Quiconque aura pratiqué des machinations ou entretenu des intelligences avec les puissances étrangères ou leurs agents, pour les engager à commettre des hostilités ou à entreprendre la guerre contre la France, ou pour leur en procurer les moyens, sera puni de mort (aujourd'hui de la déportation dans une enceinte fortifiée. Article 5 de la Constitution du 5 novembre 1848.)
Cette disposition aura lieu dans le cas même où lesdites machinations ou intelligences n'auraient pas été suivies d'hostilités.

Les art. 81 et 82 prévoyaient, suivant certaines distinctions, la livraison de documents déterminés à l'ennemi ou à des puissances étrangères. L'art. 83 ne punissait que le recel d'espions ou de soldats ennemis envoyés à la découverte.

Quant à l'espionnage proprement dit, il n'était prévu que pour le temps de guerre par les codes de justice militaire de l'armée de terre et de l'armée de mer. (Lois des 9 juin 1857, art. 206 et s., et 3 juin 1878.)

C'est pour combler les lacunes de cette législation qu'a été édictée la loi du 18 avril 1886, qui punit, notamment (art. 1), d'un emprisonnement de deux à cinq ans et d'une amende de 1.000 à 5.000 francs,

« tout fonctionnaire public, agent ou préposé du Gouvernement, qui aura livré ou communiqué à une personne non qualifiée pour en prendre connaissance, ou qui aura divulgué, en tout ou en partie, les plans, écrits ou documents secrets intéressant la défense du territoire ou la sûreté extérieure de l'Etat, qui lui étaient confiés ou dont il avait connaissance à raison de ses fonctions. »

Quel était, de ce texte ou de celui de l'art. 76, celui qui était applicable à l'espèce ?

L'expression de l'article 1er de la loi de 1886 : « Personne non qualifiée pour en prendre connaissance », comprenait dans sa généralité les attachés A et B.

Mais ces attachés étaient des agents d'une puissance étrangère et, par süite, la livraison de documents qui leur avait été faite pouvait rentrer dans les termes de l'art. 76, sous la double condi· tion que l'accusé eût entretenu avec eux des intelligences et qu'il eût eu en vue de procurer à une puissance étrangère les moyens de commettre des hostilités ou d'entreprendre la guerre contre la France.

La loi n'a pas défini, elle ne pouvait pas définir ce qu'il fallait entendre par « machinations ou intelligences ». Ce sont des mots indéfinissables, comme, d'ailleurs, celui de « conspiration » qui suppose aussi une entente avec l'étranger et par lequel certains auteurs estiment que les mots « machinations ou intelligences » auraient pu être avantageusement remplacés

Un pouvoir discrétionnaire,· et par cela même arbitraire, dit M. Garraud, est donc laissé aux juges pour reconnaître quels sont les faits qui caractérisent ces manœuvres.

Le même pouvoir leur appartient évidemment pour l'appréciation du second élément du crime, c'est-à-dire l'intention de procurer les moyens d'entreprendre la guerre contre la France.

Or, jusqu'à ce jour, les juridictions qui ont eu à qualifier le fait incriminé ont apprécié qu'il renfermait tous les éléments du crime prévu par l'art. 76 et cette qualification est contestée aujourd'hui pour la première fois.

C'est pour ce crime que Dreyfus a été mis en jugement en 1894. C'est pour ce crime aussi qu'il a été renvoyé devant le Conseil de guerre de Rennes par votre arrêt du 3 juin 1899. Il est inexact, en effet, que la question posée par cet arrêt soit, ainsi que le pense Me Mornard, applicable à la fois au crime de trahison prévu par l'art. 76 et au délit d'espionnage prévu par la loi de 1886. Elle ne rappelle aucun des termes de l'art. 1er de cette loi ; mais, en revanche, elle reproduit le texte même de l'art. 76, et elle est, en cela, conforme aux qualifications professées sur cet article par les auteurs les plus éminents.

Enfin, c'est à raison de ce crime que Dreyfus a été condamné par le Conseil de guerre de Rennes, dont le jugement n'a été l'objet d'aucun recours pour avoir prononcé, alors qu'un simple délit lui aurait été déféré, une condamnation qui n'était applicable qu'à un crime.

Il faut donc que l'acte incriminé conserve le caractère juridique qui lui a été toujours reconnu. Quel qu'en soit l'auteur, sa qualification primitive subsiste, et il ne peut, dès lors, être couvert par la prescription triennale.

Il en est ainsi, aux termes de votre jurisprudence — arrêt du 23 novembre 1876, Ch. crim. — alors même que la condamnation prononcée par la juridiction répressive saisie d'un crime ne laisse subsister qu'un délit. L'accusation est indivisible, et la prescription acquise du fait considéré comme délit n'empêche pas la nouvelle poursuite devant la juridiction de renvoi du fait considéré comme crime d'après la qualification primitive.

Serait-il vrai, comme le pense aussi Me Mornard, que même si cette qualification primitive doit être maintenue, l'action publique serait éteinte par la prescription décennale ?

Cette thèse repose sur cette assertion que le dernier acte de poursuite valablement exercé contre Dreyfus remonte à l'arrêt du Conseil de revision du 31 décembre 1894. Depuis lors, il est vrai, sont intervenus les actes du procès de Rennes ; mais toute cette procédure serait viciée par la nullité de l'ordre de mise en jugement décerné le 23 juillet 1899 par le commandant du 10e corps d'armée, général Lucas.

Cet ordre aurait été rendu contrairement aux dispositions des art. 108, 121, 155 du Code de justice militaire, puisqu'il n'a pas été précédé d'un nouvel ordre d'informer et que les débats ont été engagés sans qu'il ait été donné lecture d'un nouveau rapport, ainsi que l'exige l'art. 445 du Code d'instruction criminelle.

On peut répondre d'abord à ce système que ces prétendues nullités de procédure ne sauraient être invoquées aujourd'hui devant vous à un titre quelconque. C'est le Conseil de revision qui aurait dû en être saisi ; Dreyfus s'est désisté du pourvoi qu'il avait formé ; ces nullités, si elles ont existé, sont couvertes.

Mais aucune nullité n'a entaché la procédure.

Les règles qui régissent l'instruction et les débats en matière de justice militaire sont nécessairement inapplicables après un arrêt ordonnant la revision. Cet arrêt s'oppose à ce que la justice militaire instruise de nouveau l'affaire et soumette les résultats de son instruction à l'autorité investie du droit d'ordonner ou de refuser la mise en jugement. Cette mise en jugement est ordonnée par l'arrêt de revision et l'autorité militaire n'a plus qu'à prendre les mesures nécessaires pour le ramener à exécution.

De même, un nouvel acte d'accusation ne peut pas être dressé, car, devant les Conseils de guerre, il n'y a pas d'acte d'accusation. L'accusation est précisée par la lecture du rapport du magistrat militaire qui a instruit l'affaire. S'il n'y a pas, s'il ne peut pas y avoir une instruction nouvelle, puisque cette instruction a eu lieu devant vous, il ne peut pas y avoir un nouveau rapport. L'art. 445 du Code d'instruction criminelle, qui ne prévoit, d'ailleurs, dans ses termes, que la procédure devant les Cours d'assises et qui exige qu'il soit dressé un nouvel acte d'accusation, est donc inapplicable devant les Conseils de guerre.

La lecture de l'arrêt de renvoi rendu par la Cour de Cassation peut, dans une certaine mesure, suppléer aux lacunes du Code de justice militaire. Si l'on estime qu'elle n'y supplée pas suffisamment, on peut faire appel au législateur et lui demander une réforme ; mais on ne saurait arguer de nullité une procédure qui n'est frappée de nullité par aucun texte.

Du reste, la nullité qui atteindrait la poursuite engagée devant le Conseil de guerre de Rennes laisserait intact votre arrêt du 3 juin 1899. Or, cet arrêt, après avoir annulé la première condamnation et replacé ainsi le condamné dans la situation d'un inculpé, l'a renvoyé devant la juridiction répressive et il présente tout au moins le caractère d'un acte d'instruction interruptif de la prescription.

B. La grâce accordée à Dreyfus, qui doit être assimilée à l'exécution de la peine, fait-elle obstacle à de nouveaux débats et doit-elle vous amener à statuer sans renvoi ?

Cette question a été récemment l'objet de savantes dissertations ; votre jurisprudence toutefois paraît la considérer comme définitivement résolue.

Sous l'empire du Code d'instruction criminelle de 1808, qui limitait étroitement vos pouvoirs comme juges du fait, la seule question qui pût se poser était celle de savoir si la grâce ou l'expiation de la peine s'opposaient au renvoi et, par cela même, rendaient la revision impossible. Vos arrêts décidaient que le condamné grâcié ou ayant subi sa peine n'en avait pas moins le droit d'obtenir son renvoi devant une autre juridiction, où il pouvait être acquitté, mais où il courait aussi la chance d'une condamnation nouvelle.

La loi du 29 juin 1867 a étendu vos pouvoirs de juges du fait. Elle vous a autorisés, notamment, à statuer au fond en cas de prescription de la peine, toute poursuite nouvelle étant, dans ce cas, impossible.

La même solution devait-elle être admise pour le cas d'exécution de la peine ou de grâce ?

Trois arrêts des 7 novembre 1868, 11 juin 1869 et 8 novembre 1872 avaient adopté une solution négative. Mais, sur les
conclusions de M. l'avocat général Thiriot, et du rapport de
M. le conseiller Lascoux, votre Chambre criminelle, par arrêt
du 15 mai 1874, a jugé que l'exécution de la peine rendait impossible de nouveaux débats oraux et, dans une affaire où des faits
nouveaux fournissaient la preuve de l'innocence du condamné,
a statué au fond sans renvoi.

Cette solution était demandée par un réquisitoire fortement
motivé, signé de M. le procureur général Renouard. Quant à
l'arrêt, il ne renferme que le motif suivant :

Attendu que des documents produits, il résulte que Petit a subi la peine
prononcée contre lui, ce qui ne permet plus de procéder à de nouveaux
débats oraux entre toutes les parties ; que, dès lors, c'est le cas pour la
Cour de faire usage du droit qui lui est donné par l'article 446 susvisé et
de statuer au fond.

La doctrine de cet arrêt n'est pas passée dans votre jurisprudence. Elle a été aussitôt abandonnée et, dès le 23 novembre
1876, vous êtes revenus à votre doctrine antérieure dans un arrêt
rendu au rapport de M. le conseiller Salneuve et sur les conclusions de M. l'avocat général Desjardins, qui soutint éloquemment
que la Cour de Cassation ne devait pas méconnaître le but général et le principe de son institution en statuant au fond dans une
nouvelle hypothèse que ne prévoyaient pas expressément les
termes de la loi de 1867.

Cet arrêt a été prononcé dans une espèce où la demande de
revision était fondée sur deux condamnations inconciliables ; l'un
des condamnés traduit devant la Cour d'assises pour crime de
tentative de meurtre avait été condamné pour délit de coups et
blessures ; il avait subi sa peine. L'autre, poursuivi pour le même
crime, avait été reconnu coupable par le jury d'un délit de coups
et blessures et, ce délit étant prescrit, avait été déclaré absout.

Votre Chambre criminelle statua dans les termes suivants
sur la question qui nous occupe :

Attendu que l'exécution de la peine ne rentre pas dans les prévisions
de l'article 446 du Code d'instruction criminelle ; que, s'il est vrai que
cet article n'est pas limitatif, il est, du moins, une exception au principe
de droit commun qui interdit d'une manière absolue à la Cour de Cassation de connaître du fond des affaires ; que cette exception doit être, dès
lors, renfermée dans ses termes exprès ; que le cas d'exécution de la
peine ne saurait être assimilé à aucun de ceux que cite cet article ; que,
dans le cas d'exécution de la peine, les deux condamnés peuvent, en effet,
être mis en présence l'un de l'autre, devant la juridiction de renvoi, les

témoins appelés et les débats oraux s'engager, conformément au droit commun, contradictoirement entre toutes les parties ; qu'il n'en est nullement alors comme des cas de décès ou de contumace d'un ou plusieurs des condamnés ou de celui de prescription ;

Qu'on prétendrait vainement qu'un individu qui a subi sa peine ne peut de nouveau, sans violer la maxime : *Non bis in idem*, consacrée par l'article 360 du Code d'instruction criminelle, être investi de la qualité d'accusé et être exposé à une condamnation d'une peine qu'il a déjà subie pour le même fait ; que cette maxime, en effet, est, dans un intérêt d'ordre supérieur, sans application en matière de revison, puisque la demande de revision n'est admissible qu'autant que les deux condamnations inconciliables sont devenues définitives et passées en force de chose jugée ; que l'article 445 du Code d'instruction criminelle n'en ordonne pas moins leur annulation, celle de toutes autres qui feraient obstacle à la revision et le renvoi des accusés ou prévenus, selon le cas, devant une Cour ou un Tribunal autres que ceux qui ont primitivement connu de l'affaire ; qu'en ordonnant cette annulation et ce renvoi des accusés ou prévenus, la loi ne distingue pas si la peine prononcée a été exécutée en tout ou en partie ou si elle ne l'a pas été ; qu'elle ne prescrit pas d'annuler en même temps que la chose jugée, les effets légaux qu'elle a pu produire antérieurement, laissant sur ce point la question entière pour être statué à cet égard, conformément à la loi, par la juridiction de renvoi.

L'autorité de cet arrêt fut invoquée l'année suivante dans une affaire de revision où l'un des condamnés avait aussi subi la peine.

Voici en quels termes s'exprimait, dans son réquisitoire M. le Procureur général de Raynal :

« ...Ce que le législateur a en vue, en confiant à la Cour de Cassation le jugement du fond, c'est l'impossibilité absolue de procéder à de nouveaux débats devant une autre juridiction. Cette impossibilité existe en cas de décès, de contumace ou de défaut d'un ou de plusieurs condamnés ; elle existe en cas de prescription de l'action ou de celle de la peine ; car, dans ces deux derniers cas, les preuves matérielles ont le plus souvent disparu, la mémoire des témoins s'est affaiblie. Berlier disait au Conseil d'Etat, dans la séance du 23 août 1808 : « Le contumax se présenterait avec trop d'avantages, vu le dépérissement des preuves et rentrerait, à coup sûr, dans la société, non comme toléré, mais comme innocent. »

Il y a donc dans cette situation que crée la prescription une impossibilité fictive dérivant, non de la nature des choses, mais des craintes que la perspective de nouveaux débats inspire au législateur.

Le cas d'exécution de la peine ne saurait être assimilé à aucun de ceux que cite l'article 446 du Code d'instruction criminelle ; en effet, dans le cas d'exécution de la peine, les deux condamnés peuvent être mis en présence l'un de l'autre devant la juridiction de renvoi, les témoins appelés et les débats oraux s'engager, conformément au droit commun, contradictoirement entre tcutes les parties.

Le mot « notamment », inséré dans la loi du 29 juin 1867, vous a conduits, dans votre arrêt du 15 mai 1874, à assimiler par voie d'analogie l'exécution à la prescription de la peine ; mais, en fait et en droit, l'assimilation n'est pas possible.

Le réquisitoire expose ensuite la jurisprudence antérieure à la loi de 1867, et, passant à l'examen des arrêts postérieurs à cette loi, continue en ces termes :

...Dans deux affaires où l'un des condamnés avait été grâcié, le 23 avril 1869 et le 8 novembre 1872, vous vous prononciez implicitement. Vous constatiez l'inconciliabilité, mais vous admettiez la possibilité de nouveaux débats oraux et vous renvoyiez les prévenus devant d'autres juges.

Il vous était loisible d'assimiler la grâce à la prescription : vous ne l'avez pas fait.

Vous avez pensé que le jugement du fond par la Cour de Cassation constituant une dérogation à la règle générale de son institution, vous ne deviez pas raisonner par voie d'analogie, ni assimiler à une impossibilité fictive, une autre impossiblité, lorsque vous n'y étiez conduits ni par un texte impératif, ni par l'application de principes généraux.

Ce qu'il faut, l'article 446 l'exige, c'est constater expressément l'impossibilité.

En dehors des cas énumérés par le législateur, vous recouvrez votre droit souverain d'appréciation, et j'estime qu'il y a lieu de persister dans votre jurisprudence, nettement affirmée par votre arrêt du 23 novembre 1876.

Votre Chambre criminelle, par un arrêt du 20 décembre 1877, rendu au rapport de M. le conseiller Robert de Chénevière et sur les conclusions de M. l'avocat général Lacointa, fit droit à ces réquisitions. Les motifs sommaires de cet arrêt rappellent peut-être un peu trop la jurisprudence antérieure à la loi de 1867 ; il n'en renvoie pas moins les condamnés devant d'autres juges, reconnaissant par cela même la possibilité de nouveaux débats, en dépit de l'exécution de la peine.

Depuis près de trente ans, vous n'avez pas cessé d'appliquer cette jurisprudence (arrêts du 18 avril 1878, du 5 mai 1881, du 3 juin 1881, du 8 novembre 1883). Et vous n'avez pas pensé qu'elle dût être modifiée par la loi du 8 juin 1895, qui, sur ce point, n'édicte aucune innovation. Vous avez été guidés par les mêmes principes dans vos arrêts du 18 juillet 1901 (Chambres réunies. Affaire Latrompette), du 7 novembre 1901 (Chambres réunies. Affaire Rabier), du 26 avril 1902 (Chambre criminelle. Affaire Voisin).

Devez-vous abandonner dans l'affaire actuelle une jurisprudence si souvent affirmée ?

Elle s'appuie sur cette proposition fondamentale d'une incontestable justesse : que votre juridiction comme juges du fait en matière de revision est exceptionnelle, exorbitante du droit commun et ne saurait, par suite, être étendue.

La loi, sans doute, n'en a pas rigoureusement déterminé les limites ; mais elle les indique en posant le principe qui restreint votre pouvoir de statuer sans renvoi au seul cas où une impossibilité, expressément constatée, s'oppose à de nouveaux débats oraux. Comme exemple d'impossibilité, elle cite le décès, l'irresponsabilité, qui suppose l'état de démence du demandeur, l'excusabilité, qui suppose la certitude acquise qu'aucune peine ne peut être prononcée, la prescription, qui arrête la mise en mouvement de l'action publique, c'est-à-dire des cas d'impossibilité matérielle ou légale, créés par la force des choses ou par les dispositions de la loi.

Des cas autres que ceux qui sont énumérés peuvent se présenter. Vous les appréciez alors souverainement en vous inspirant du principe dont les exemples cités précisent la portée.

En cas de peine subie, de grâce accordée, vous avez donc à vous demander si de nouveaux débats rencontreraient un obstacle insurmontable, matériel ou légal.

Il n'y aurait pas, évidemment, d'impossibilité matérielle.

Il n'y aurait pas non plus impossibilité légale. La maxime « *Non bis in idem* » ne semble pas, en effet, pouvoir être ici invoquée. Par suite de la cassation prononcée, la première condamnation est présumée n'avoir jamais existé ; il n'en subsiste rien. Le condamné devient un accusé ou un prévenu ; il est placé dans le même état de droit qu'avant la condamnation et, si l'action publique n'est pas atteinte par une cause légale d'extinction, rien ne s'oppose à ce qu'il soit mis en jugement, et, le cas échéant, soumis à une condamnation, qui pourra même être plus sévère que la première. Si une seconde peine est prononcée et qu'elle ait déjà été subie en totalité, elle ne sera pas exécutée ; la partie de la peine subie sera, dans tous les cas, imputée.

Ce système n'a rien de spécial à la révision, ainsi que le fait remarquer M. le Procureur général dans son réquisitoire écrit :

C'est celui-là même dont l'application constante en matière de cassation ordinaire ne soulève aucune protestation... La revision ne fait donc qu'emporter le risque même que comportent les pouvoirs en cassation ordinaires.

Il faut ajouter encore, spécialement en ce qui touche la grâce, que le pouvoir exécutif qui l'accorde, en apprécie seul l'opportunité. Sa volonté régirait donc votre compétence, et l'attribution de juridiction resterait même en suspens jusqu'à la dernière heure.

Il ne semble pas qu'un événement aussi contingent se rattache au principe posé et rentre dans les hypothèses prévues par le nouvel art. 445.

Peut-être penserez-vous que cette considération apporte une raison de plus de ne pas répudier la solution préférée par vos prédécesseurs.

C. D. Ces moyens écartés, nous arrivons à l'examen des deux thèses qui, d'après les conclusions de la défense, commandent l'annulation sans renvoi.

La première, que combat M. le Procureur général, s'appuie sur la disposition de l'art. 445, § 5, d'après laquelle la Cour de Cassation statue sans cassation préalable ni renvoi, lorsqu'il ne peut être procédé de nouveau à des débats oraux contradictoires entre toutes les parties. Elle soutient que le mot « partie » doit s'entendre de toutes les personnes qui, étant, bon gré, mal gré, intéressées à l'instance en revision, ne peuvent, pour un motif quelconque, être déférées à un tribunal de répression, ce qui se produit, non seulement lorsque l'action publique est prescrite à leur égard, mais aussi, notamment, lorsqu'elles ont été acquittées ou sont décédées avant toutes poursuites. Dans l'espèce, Esterhazy est une partie ; il est convaincu d'avoir écrit le Bordereau et il l'avoue. Il est même partie principale dans toute poursuite criminelle basée sur le Bordereau, puisqu'il est l'auteur de ce Bordereau. Or, il a été poursuivi de ce chef ; il a été acquitté et il ne peut plus être procédé à son égard à de nouveaux débats. Donc, vous devez statuer au fond à l'égard de Dreyfus, sans cassation préalable ni renvoi.

La seconde thèse, à laquelle s'associe M. le Procureur général, est fondée sur le § 6 de l'art. 445, ainsi conçu :

Si l'annulation de l'arrêt à l'égard d'un condamné vivant ne laisse rien subsister qui puisse être qualifié crime ou délit, aucun renvoi ne peut être prononcé.

Ce paragraphe prévoit deux hypothèses :

1° Celle où il est constaté que les faits incriminés n'existent pas ou ne présentent aucun caractère criminel ou délictueux.

2° Celle où ces faits, quoique existant matériellement ou devant être qualifiés crime ou délit, ne sont pas imputables au condamné.

La première hypothèse n'est pas invraisemblable dans la cause ; si elle est admise, il n'y a pas lieu incontestablement à renvoi.

Si elle n'est pas admise, la seconde hypothèse doit être tenue pour vérifiée. Il est, en effet, démontré que l'écriture du Bordereau est de la main d'Esterhazy. La preuve de la trahison est ainsi faite contre lui, et de cette preuve résulte, non une présomption en faveur de Dreyfus, mais la certitude de son innocence. C'est à la Cour de Cassation seule qu'il appartient de proclamer cette innocence. Elle doit donc statuer sans renvoi.

Ces deux questions ne sont pas nouvelles. Dans la première instance en revision, Dreyfus vous demandait, il est vrai, son renvoi devant la juridiction militaire qui lui paraissait seule en état de lui rendre son honneur d'officier. Mais vous n'en étiez pas moins tenus de rechercher d'office si la loi ne vous faisait pas une obligation ou ne vous laissait pas la faculté, dans le cas où la demande serait admissible au fond, de statuer sans renvoi.

Aussi ces questions n'ont-elles pas échappé à l'attention de votre rapporteur et de M. le Procureur général Manau et ont-elles été l'objet d'un examen approfondi, dont vous avez, par votre arrêt de 1899, formellement adopté les conclusions en déclarant que, par l'application de l'art. 445, il « devait » être procédé à de nouveaux débats oraux.

Vous comprendrez aisément que nous ne nous permettions pas d'interpréter ici la pensée de votre rapporteur de 1899. Nous allons lui laisser la parole, et personne n'aura à s'en plaindre, en reproduisant le passage de son rapport dans lequel il exposait l'économie et la portée de la loi de 1895.

Après avoir établi que, pour faire tomber la condamnation, la certitude de l'erreur n'était pas nécessaire et qu'il suffisait de présomptions particulièrement graves d'erreur, M. le président Ballot-Beaupré ajoutait :

Et c'est pourquoi la loi ne dit pas que les faits nouveaux « doivent établir l'innocence ».

Si elle le disait, on ne comprendrait pas l'article 445, qui, sans distinction entre les quatre cas de l'article 443, pose — vous le verrez tout à l'heure — dans une mesure que nous aurons à préciser, le principe d'une cassation avec renvoi — avec renvoi devant un autre juge (Conseil de guerre, par exemple, ou jury de Cour d'assises), qui, librement, dans l'indépendance de sa conscience, prononcera un verdict d'acquittement ou de condamnation.

Les deux dispositions ne seraient pas conciliables.

Car, s'il était vrai que, pour être caractérisés dans le sens de l'article 443, § 4, les faits nouveaux dussent « établir l'innocence », s'il était vrai que cette démonstration immédiate rendît seule la demande recevable, la déclaration de recevabilité se confondrait, par la force des choses, avec la revision même, de telle sorte que le renvoi serait sans objet, ou plutôt présenterait l'inconvénient grave d'une contradiction à craindre entre votre arrêt et la décision ultérieure qui interviendrait définitivement.

Aussi, la loi de 1895 parle-t-elle uniquement de « faits qui sont de nature à établir l'innocence du condamné », qui sont de « nature à l'établir », mais qui peut-être, en dernière analyse, ne l'établiront pas.

Dans ce système, aucune contradiction juridiquement n'existe entre votre arrêt déclarant la demande recevable et la décision ultérieure d'un autre jury, ou d'un autre Conseil de guerre, maintenant la condamnation : la recevabilité est déclarée parce qu'en l'état, d'après les documents soumis à votre examen, d'après l'enquête (s'il en a été ordonné une), des faits nouveaux vous semblent de nature à établir l'innocence ; la condamnation est maintenue parce qu'à la suite de nouveaux débats la culpabilité a été reconnue.

Voilà, selon moi, le sens de la loi du 8 juin 1895.

Se plaçant ensuite dans l'hypothèse où la demande est déclarée recevable dans la forme et au fond, M. le président Ballot-Beaupré examinait quelle était l'étendue de vos pouvoirs et par qui la révision devait être effectuée.

Il s'exprimait en ces termes :

Est applicable, alors, l'article 445, dont le texte remanié par les lois du 8 juin 1895 et 1er mars 1899, a été, sauf quelques modifications de détails, emprunté à la loi du 29 juin 1867 :

« Lorsque l'affaire sera en état, si la Chambre criminelle... ou les Chambres réunies reconnaissent... qu'il peut être procédé à de nouveaux débats contradictoires, elles annuleront les jugements ou arrêts, et tous les actes qui feraient obstacle à la revision, elles fixeront les questions qui devront être posées, et renverront les accusés ou prévenus, selon les cas, devant une Cour ou un Tribunal autres que ceux qui auront primitivement connu de l'affaire. Dans les affaires qui devront être soumises au jury, le Procureur général près la Cour de renvoi dressera un nouvel acte d'accusation. »

« Lorsqu'il ne pourra être procédé de nouveau à des débats oraux contre toutes les parties, notamment en cas de décès, de contumace ou de défaut d'un ou plusieurs condamnés, d'irresponsabilité pénale ou d'excusabilité, en cas de prescription de l'action ou de celle de la peine, la Cour de Cassation, après avoir constaté expressément cette impossibilité, statuera au fond sans cassation préalable ni renvoi, en présence des parties civiles, s'il y en a au procès, et des curateurs nommés par elle à la mémoire de chacun des morts ; dans ce cas, elle annulera seulement celle des condamnations qui avait été injustement prononcée et déchargera s'il y a lieu, la mémoire des morts. Si l'annulation de l'arrêt à l'égard d'un condamné vivant ne laisse rien subsister qui puisse être qualifié crime ou délit, aucun renvoi ne sera prononcé. »

Quelle est la portée de cet article ?

Le législateur de 1867 se trouvait en présence de trois systèmes, qu'indique l'exposé des motifs signé de M. le conseiller d'Etat Pinard : le premier, instituant la Cour de Cassation juge de la revision dans tous les cas ; le second, instituant dans tous les cas juge de la revision le jury pour les crimes de droit commun, le Tribunal correctionnel pour les délits, le Conseil de guerre pour des condamnations encourues par des militaires ; le troisième, auquel on s'est arrêté, reposant sur une distinction fondamentale.

Si le condamné, ou les condamnés, dont le procès est à reviser, sont tous vivants, tous à la disposition de la justice, tous dans une situation qui permette, en fait et en droit, de les juger oralement, la Cour de Cassation renverra, pour la revision, à une autre Cour d'assises, à un autre Tribunal correctionnel, à un autre Conseil de guerre.

Au contraire, il n'y aura pas de renvoi, et la Cour de Cassation revisera elle-même, si le condamné unique, ou si l'un des condamnés ne peut, ni en fait ni en droit, être soumis à des débats oraux devant un juge de répression, par exemple s'il est mort, ou si, à ce moment, la prescription de l'action publique est acquise, si la peine est prescrite ou si elle a été subie ; car, d'une part, il n'y a plus, contre lui, de poursuites légalement possibles ; et, d'autre part, la procédure de revision est indivisible, notamment lorsque deux condamnations inconciliables ont été successivement prononcées à raison du même crime contre deux individus ; il faut, évidemment, qu'une juridiction unique statue en même temps à l'égard de tous deux pour dire lequel est coupable et lequel est innocent : cette juridiction unique ne pouvant plus, si l'un d'eux est mort, être la Cour d'assises, le Conseil de guerre ou le Tribunal correctionnel, sera la Cour de Cassation.

Ainsi s'explique le texte de l'article 445.

Donc, en cas de recevabilité, vous avez à vous demander si des débats oraux devant un juge de répression sont possibles, ou si un obstacle, comme le décès, la contumace, la prescription, s'y oppose : vous cassez avec renvoi dans la première hypothèse, sans renvoi dans la seconde ; et même, quoique les condamnés soient tous vivants et présents, quoiqu'il n'y ait pas de prescription acquise, vous cassez encore sans renvoi lorsque (paragraphe final de l'article 445) « l'annulation ne laisse rien subsister qui puisse être qualifié crime ou délit » ; il va de soi, en effet, qu'aucun fait punissable ne se rencontrant plus dans la cause, aucun tribunal de répression ne saurait être, à nouveau, saisi : c'est ainsi que la Chambre criminelle, sur une demande de revision formée en vertu de l'article 443, paragraphe 4, a, le 22 janvier 1898, au rapport de M. Roulier, cassé, sans renvoi, un jugement du Conseil de guerre d'Alger, qui, le 30 mars 1893, par suite des affirmations mensongères de l'accusé lui-même, avait condamné celui-ci à trois ans de prison, comme étant un soldat du 1ᵉʳ régiment de tirailleurs, déclaré déserteur le 12 février 1892, alors que, le 12 février 1892, il était soldat au 2ᵉ régiment, et présent à son corps :

« Attendu... que l'annulation du jugement à l'égard de Taïeb-en-Amar ne laissera rien subsister qui puisse être qualifié crime ou délit en ce qui concerne les faits pour lesquels cet individu a été condamné le 30 mars 1893. »

Mais, lorsque subsiste un fait qui juridiquement peut, à la charge du demandeur en revision comme d'un autre, être qualifié crime ou délit, et lorsque la question reste seulement de savoir si c'est le demandeur en revision lui-même, ou si c'est un autre qui est le coupable, la cassation avec renvoi, je le répète, est la règle ; il n'y a pas d'exception que dans le cas où les débats oraux, devant un Tribunal de répression, sont impossibles, contradictoirement entre le Ministère Public et la défense, quand une seule condamnation est à réviser, contradictoirement entre toutes les parties, quand la révision porte sur plusieurs condamnations.

Cette interprétation de l'article 445 est, à mon avis, seule exacte.

J'ai lu, toutefois, dans une dissertation récente, émanée d'un savant jurisconsulte, une théorie différente, sur laquelle je dois appeler votre attention.

On soutient qu'il y a lieu à cassation sans renvoi, dès qu'il ne peut y avoir de débats oraux contradictoires entre le demandeur en revision, seul condamné, et le « vrai coupable possible » qui a été acquitté, ou le « faux témoin possible » qui est mort sans avoir été jugé.

Et l'on s'appuie sur la rédaction de l'article 445 : « Lorsqu'il ne pourra être procédé de nouveau à des débats oraux entre toutes les parties, notamment... en cas de prescription de l'action ou de celle de la peine. » On ne conçoit, dit-on, la prescription de l'action publique que pour une personne non condamnée ; pour celle qui a été condamnée, il ne s'agit que de la prescription de la peine : donc le mot « parties », qu'emploie l'article 445, désigne même ceux qui, étant, bon gré mal gré, intéressés à l'instance de révision, ne peuvent, pour un motif quelconque, être déférés à un Tribunal de répression, — ce qui se produit, non seulement lorsque l'action publique à leur égard est prescrite, mais aussi lorsqu'ils ont été acquittés ou sont morts avant toutes poursuites.

Le point de départ de cette argumentation est inadmissible.

Rien de plus simple à imaginer, en effet, que l'hypothèse d'un « condamné » pouvant encore bénéficier de la prescription de l'action publique. Par l'effet de la cassation, si la recevabilité est déclarée, ne redevient-il pas un simple « prévenu » ou « accusé » ?

Evidemment, dans l'article 445 le mot « partie », rapproché du mot « condamnés » qui vient ensuite, ne s'applique qu'aux personnes dont la condamnation est à reviser ; car, ce sont les seules pour lesquelles on ait à se demander quel sera le juge de la revision, si ce sera un Tribunal de renvoi, ou si ce sera la Cour de Cassation elle-même.

La jurisprudence de la Chambre criminelle est, du reste, en ce sens.

Et laissez-moi vous citer un précédent, dans lequel on relevait, comme dans l'affaire Dreyfus, la contradiction entre deux expertises concernant deux personnes, successivement poursuivies, dont l'une avait été condamnée et l'autre acquittée :

Un sieur Vallé avait été traduit devant le Tribunal correctionnel de Vervins pour avoir adressé à un sieur Lebrun une lettre anonyme contenant des menaces d'attentat criminel.

Des experts avaient déclaré que, malgré de nombreux points de dissemblance, apparaissait une similitude suffisante pour inspirer la conviction qu'il était l'auteur de l'écrit incriminé.

Mais il avait toujours protesté de son innocence ; et, dix-huit mois plus tard, apprenant qu'un sieur Hivin, dans une conversation avec un tiers, se serait avoué coupable, il le signala le fait au Parquet.

Des poursuites furent dirigées contre Hivin, auquel deux autres experts, MM. Charavay et Pelletier, attribuèrent la « paternité graphique de cet écrit ».

Hivin, cependant, fut acquitté en première instance et en appel.

Mais le Tribunal et la Cour constatèrent eux-mêmes, outre la contradiction entre les deux expertises, diverses circonstances favorables à Vallé.

Demande en révision, à raison de « faits nouveaux de nature à établir l'innocence de Vallé ».

Et, le 18 juin 1898, arrêt, au rapport de notre très regretté collègue, M. de Larouverade :

« Attendu qu'il paraît résulter de l'information, ouverte, sur la plainte de Vallé, contre Gaston Hivin, et des décisions de première instance et d'appel qui ont prononcé l'acquittement de ce prévenu, que Vallé n'est pas l'auteur de la lettre anonyme adressée, le 22 mars 1894, au sieur Lebrun ;

« Qu'en effet, il est dit dans les motifs du jugement susvisé du Tribunal correctionnel de Vervins du 28 août 1897, « que de l'expertise ordonnée au cours de l'instruction, il semble bien résulter que la lettre incriminée ne doit pas être attribuée à Vallé » ;

« Que, d'autre part, il est dit dans les motifs de l'arrêt de la Cour d'Amiens, en date du 13 novembre 1897, que l'appréciation des juges de première instance est « corroborée par les faits nouveaux révélés, par les vérifications des experts et par les pièces produites dans les instructions postérieures au jugement du 8 août 1894 » ;

« Que ces constatations si graves sont autant de faits nouveaux pouvant être de nature à établir l'innocence dudit Vallé :

« Casse et annule..., et pour être statué à nouveau sur le fait relevé contre ledit Vallé par ordonnance du juge d'instruction du 27 juillet 1894, renvoie ce prévenu et les pièces du procès devant le Tribunal correctionnel de Laon... »

Ainsi, cassation, bien que l'innocence ne fût pas d'ores et déjà établie, bien qu'il y eût, seulement, des « faits nouveaux pouvant être de nature à l'établir. »

Et, cassation avec renvoi, bien qu'il n'y eût plus de débats oraux possibles contre la personne soupçonnée qui avait été acquittée.

Tels sont, Messieurs, les principes que nous aurons à appliquer dans la cause.

Après M. le Président rapporteur, M. le Procureur général Manau disait dans son réquisitoire :

« Messieurs, si, comme nous venons de vous le prouver, Esterhazy a écrit le Bordereau, que reste-t-il donc encore à démontrer pour assurer la révision du jugement de 1894 ?

Ce fait, à lui seul, n'est-il pas de nature à établir l'innocence de Dreyfus, condamné, ne l'oublions pas, comme l'auteur du Bordereau ?

Ne sommes-nous pas en pleine lumière ? Qui pourrait ne pas en être éclairé ? Le procès semble donc fini ! Car c'est là un fait nouveau irréductible au premier chef. Et même, en vérité, si la loi vous permettait de dire le dernier mot sur l'affaire, peut-être cela vous paraîtrait-il suffisant pour statuer définitivement sur le sort de Dreyfus ?

Mais vous ne le pouvez pas, ainsi que vous l'a si bien démontré M. le Rapporteur. Nous en rappelons les deux raisons péremptoires.

Il y a eu, quel que soit le coupable, un crime de trahison commis. L'enquête n'a pas démontré qu'il n'y en ait pas eu, comme cela aurait pu arriver.

Et comme Dreyfus est vivant, la condition légale de revison, au fond, n'existe pas.

Dreyfus étant vivant, et un crime de trahison ayant été commis, soit par lui, soit par Esterhazy, vous pourriez encore statuer au fond, si vous décidiez qu'il n'y a pas de débat contradictoire possible devant des juges de renvoi. Mais pour cela, il faudrait se trouver dans l'un des cas prévus par la loi; il faudrait, pour citer un exemple approprié à la cause, qu'Esterhazy eût été condamné par contumace, et que, son absence persistant, il ne pût être jugé contradictoirement avec Dreyfus par le nouveau Conseil de guerre. Or, Esterhazy a été acquitté, et fût-il cent fois coupable, il ne peut plus être l'objet de poursuites. La preuve de son acte de trahison rapportée aujourd'hui ne peut être relevée que comme un fait nouveau de nature à établir l'innocence de Dreyfus.

Mais cette innocence, il ne nous appartient, ni à nous ni à vous, de la proclamer, pas plus, du reste, qu'il ne nous appartient, comme on l'a soutenu par erreur, d'en exiger la preuve absolue en ce moment, sous peine d'irrecevabilité de la requête en révision. Ce sera là la mission du nouveau Conseil de guerre, s'il la juge établie, d'après les documents de l'affaire, soumis d'ailleurs à la discussion de la défense. (Voir dans le même sens le réquisitoire prononcé devant la Chambre criminelle.)

M. le Procureur général Manau revenait encore sur cette idée dans sa péroraison :

Vous ne pouvez qu'ouvrir la porte à la révision, vous n'avez pas qualité pour la prononcer définitivement. Vous pouvez faire juger de nouveau Dreyfus. Il ne vous est pas permis de le réhabiliter. Il sait, du reste, qu'il n'a pas le droit de vous adresser une pareille demande.

Des passages du rapport et du réquisitoire de 1899 dont nous venons de vous donner lecture, nous croyons pouvoir tirer les conclusions suivantes :

En fait, il y avait, non pas présomption, mais certitude que le Bordereau était écrit de la main d'Esterhazy.

En droit, la Cour de Cassation n'est appelée, en principe, à se prononcer que sur des présomptions d'innocence. Le législateur a précisément voulu qu'il ne pût jamais exister une contradiction entre son arrêt de recevabilité au fond et la décision ultérieure de la juridiction de renvoi.

Le renvoi est la règle. Elle ne souffre d'exceptions que dans les cas déterminés par l'art. 445.

Celui où l'auteur signalé d'un crime ou d'un délit n'a pas été condamné et, *a fortiori*, celui où il a été acquitté ne rentre pas dans ces exceptions.

Il en est de même, lorsque, suivant les expressions mêmes du rapport,

« il subsiste un fait qui, juridiquement, peut, à la charge du demandeur en revision comme d'un autre, être qualifié crime ou délit et lorsque la question reste seulement de savoir si c'est le demandeur lui-même ou si c'est un autre qui est le coupable. »

En cassant avec renvoi vous avez appliqué ces principes.

Le fait sur lequel s'appuient les deux moyens — l'écriture du Bordereau par Esterhazy — était certain. Vous connaissiez aussi toutes les présomptions de culpabilité qui s'élevaient contre lui et même ses aveux ou ses commencements d'aveux sur la matérialité du fait.

Ces faits étaient alors nouveaux. Vous avez estimé que la loi ne vous autorisait qu'à y rechercher des présomptions d'innocence en faveur de Dreyfus. Ils ne vous ont pas paru susceptibles, en droit, à quelque point de vue que l'on se plaçât, de fournir une base juridique à un arrêt d'annulation sans renvoi.

Vous apprécierez s'il serait possible aujourd'hui de trouver dans ces mêmes faits, ou dans des indications nouvelles qui ne feraient d'ailleurs que les confirmer, la base juridique de l'arrêt qui vous est demandé.

Vous apprécierez aussi si, en faisant droit à cette demande, vous ne paraîtriez pas abandonner votre jurisprudence dans cette même affaire.

Cette grave résolution vous serait-elle imposée par la démonstration de l'erreur que vous auriez commise ?

C'est ce que nous allons examiner successivement pour chacun des deux moyens.

A. Le premier, avons-nous dit, est combattu par M. le Procureur général.

Mᵉ Mornard invoque d'abord l'esprit de la loi de 1867, très nettement mis en évidence dans l'exposé des motifs dû à M. le conseiller d'Etat Pinard et dans le rapport au Corps législatif de M. Nogent St-Laurent.

Dans les cas de révision, le débat contradictoire est réservé aux juridictions instituées pour les débats contradictoires. L'examen et le jugement sur pièces sortant des attributions des juridictions de droit commun, il a paru convenable de saisir alors la juridiction la plus élevée, celle qui offre les garanties les plus solides, celle qui est appelée à dominer et régler la justice.

Mᵉ Mornard doit cependant reconnaître que l'exposé des motifs de la loi de 1867 et le rapport au Corps législatif n'employaient et ne pouvaient employer le mot « parties » que dans le sens de « parties condamnées ». Il s'exprime sur ce point en ces termes :

Sans doute sous l'empire de la loi de 1867, toutes les parties poursuivies dans des instances différentes, dont avait à se préoccuper le juge de révision, étaient des parties condamnées. La loi de 1867 n'admettait pas, en effet, la révision pour fait nouveau ; et la seule hypothèse qui mît en conflit dans une instance de révision des personnes objet de poursuites distinctes, à raison du même fait, était l'hypothèse d'une contradiction entre deux arrêts de condamnation inconciliables.

Les parties étaient donc toujours des parties condamnées.

Mais le conflit prévu et réglé par la loi de 1867, entre parties dans la même poursuite criminelle, condamnées par arrêts différents, se reproduit aujourd'hui, par l'effet de la loi de 1895, entre mêmes parties, dont l'une est condamnée et l'autre acquittée. Les faits nouveaux révélant l'erreur de l'acquittement d'une partie constituent aujourd'hui une cause de révision pour la condamnation d'une autre partie. Les mêmes faits sont démonstratifs à la fois d'une double erreur, l'erreur d'un acquittement et l'erreur d'une condamnation. Il faudrait donc, afin d'arriver à la réparation de cette double erreur, annuler en même temps l'arrêt d'acquittement et l'arrêt de condamnation, pour renvoyer devant une même juridiction les deux parties défenderesses à la même action publique, accusées du même fait, et ayant été toutes deux jugées d'une façon erronée.

Telle serait effectivement la solution, si l'article 409 du Code d'instruction criminelle n'apportait un obstacle légal au renvoi devant une nouvelle juridiction d'une partie acquittée.

On se trouve donc précisément en présence de ce conflit entre parties dans une même poursuite criminelle, dont l'une peut encore comparaître à nouveau devant les tribunaux criminels et dont l'autre ne peut plus légalement être renvoyée devant le juge appelé à dire le dernier mot sur le conflit.

C'est précisément dans ce cas, où une juridiction de fait doit, pour juger sainement, comme le faisait remarquer avec beaucoup de force M. le conseiller d'Etat Pinard dans son rapport sur la loi de 1867, avoir en face d'elle toutes les personnes déjà poursuivies pour le même fait et se renvoyant mutuellement la paternité de l'acte incriminé ; c'est précisément dans ce cas où un débat contradictoire entre toutes ces parties est une condition indispensable, pour la rectitude du jugement d'une juridiction appelée à former sa conviction uniquement d'après des impressions d'audience.

Le principe d'après lequel, dans la loi de 1867, avait été réglée l'attribution de juridiction quant au fond et qui n'était applicable que dans le cas de parties condamnées, devrait donc, dans ce système, logiquement s'étendre à des parties non condamnées par cela seul que la loi de 1895 a admis des cas nouveaux de révision dans lesquels des parties non condamnées peuvent être intéressées. Les pouvoirs de la Cour de Cassation comme juge du fait, déjà trop étendus, d'après les plus éminents jurisconsultes, par les dispositions de la loi de 1867, devraient désormais s'exercer en vertu de la loi de 1895 dans un domaine infiniment plus vaste. La Cour de Cassation ne serait pas sans doute le juge unique de la revision ; mais dans un très grand nombre, sinon dans le plus grand nombre des cas, elle statuerait au fond sans renvoi.

Cette modification si grave de la procédure de revision, si contraire au principe même de votre institution, est-elle une conséquence nécessaire de la loi de 1895 ? Ceux-là mêmes, qui jugent désirable que la Cour de Cassation soit dans tous les cas juge de la revision, ne le pensent pas et estiment qu'une intervention du législateur serait nécessaire. Telle est l'opinion qu'a exprimée M. le Procureur général Manau, dans une étude publiée, le 29 octobre 1902, par la *Gazette des Tribunaux*.

Elle n'a été l'objet, en effet, d'aucune disposition spéciale et formelle de la loi nouvelle. Résulte-t-elle implicitement de son texte ? Mais le texte est formel. Il exige, comme sous la législation précédente, qu'il ne puisse être procédé de nouveau à des débats oraux et il suppose, par conséquent, qu'il y a eu des débats antérieurs entre ou contre les parties. Il ne diffère de l'ancien texte que par deux rectifications de style et par l'adjonction des mots : « irresponsabilité pénale ou excusabilité » dont il est peut-être difficile de préciser exactement le sens et la portée, mais dont on ne peut dire qu'en aucun cas ils ne sauraient s'appliquer à la personne dont la condamnation est à reviser.

Cette modification a-t-elle été indiquée dans les travaux préparatoires ?

C'est ce que soutient Me Mornard, qui invoque les déclarations du rapporteur du projet de loi à la Chambre, M. Pourquery de Boisserin. L'honorable député, dans le rapport qui a été suivi de l'adoption sans discussion du projet de loi voté par le Sénat, a fait remarquer que la Haute assemblée, bien qu'elle n'eût pas accepté le texte du projet de la Chambre, n'en avait pas moins formellement maintenu le droit de révision dans le cas où l'auteur signalé d'un crime ou d'un délit à l'occasion duquel une première condamnation avait été prononcée — ou bien l'auteur soupçonné d'un faux témoignage — ne pourraient plus être poursuivis par suite de prescription, d'irresponsabilité pénale ou d'excusabilité.

La pensée du Sénat, ajoutait M. Pourquery de Boisserin, se manifeste hautement par l'adoption des règles de procédure déterminées par la Chambre.

L'article 445 porte dans son quatrième paragraphe : « Lorsqu'il ne pourra être procédé de nouveau à des débats oraux contre toutes les parties notamment en cas de décès, de contumace ou de défaut d'un ou de plusieurs condamnés, d'irresponsabilité pénale ou d'excusabilité, en cas de prescription de l'action ou de celle de la peine. » Si le Sénat avait entendu rayer de la loi l'extension donnée par la Chambre aux deuxième et troisième cas prévus par l'article 443, — extension déjà réclamée en 1867 — il n'aurait pas édicté la procédure à suivre dans les mêmes cas.

Or, cette procédure, dit Me Mornard, est celle du non renvoi.

Pour élucider la portée de cette déclaration du rapporteur de la Chambre, il faut jeter un coup d'œil sur les diverses opinions émises sur la question que nous discutons, au cours des travaux préparatoires.

La loi de 1867 n'autorisait la revision que dans trois cas. Les deux derniers étaient ceux où des condamnations contradictoires avaient été prononcées et où un témoin à charge avait été condamné à raison de son témoignage. La loi nouvelle avait surtout pour objet de faire disparaître l'obstacle que ces dispositions opposaient à la revision dans des cas où la certitude de l'innocence pouvait cependant être acquise.

Aussi la commission de la Chambre des Députés avait-elle ajouté à l'art. 443 un paragraphe additionnel ainsi formulé :

Dans ces derniers cas (condamnations contradictoires — condamnation du faux témoin), le droit à la revision reste ouvert alors même que l'auteur signalé d'un crime ou d'un délit à l'occasion duquel a été prononcée une première condamnation — ou que le témoin soupçonné de faux témoignage, ne peuvent plus être poursuivis par suite de décès, de prescription, d'irresponsabilité légale ou d'excusabilité.

Dans ce cas, quelle devait être la procédure de révision ?

Le rapport de M. le député Pourquery de Boisserin s'exprimait sur ce point en ces termes :

Les cas de revision prévus, la commission s'est occupée de la procédure. Elle réunit eu un seul article les articles 445 et 446 du Code d'instruction criminelle. Le premier alinéa est l'ancien article 445, qui prévoit la recevabilité de la révision et de nouveaux débats. Le second, qui vise l'impossibilité de nouveaux débats, est l'ancien article 446, précédé de ces mots : « dans tous les cas ». Ils prescrivent la procédure réglée par cet alinéa dans les cas élargis des Nᵒˢ 2 et 3 de l'article 443 et du Nᵒ 4 lorsque de nouveaux débats ne pourront être ouverts.

Pris à la lettre, ce passage du rapport ne vise que l'impossibilité de nouveaux débats et, par suite, que les cas où il y a déjà eu des débats. Cependant, les Nᵒˢ 2 et 3 élargis de l'art. 443 supposent qu'il n'y a jamais eu aucun débat à l'égard de l'auteur signalé ou du faux témoin.

Admettons toutefois que cette procédure s'applique aux cas élargis de l'art. 443.

Dans ce système, le demandeur en revision avait le droit de faire soumettre sa requête à la Cour de Cassation s'il prétendait qu'un autre était l'auteur du crime. Il ne pouvait obtenir la revision qu'à la condition de faire la preuve que sa prétention était fondée. Il ne lui suffisait pas de démontrer que des faits nouveaux établissaient en sa faveur de graves présomptions d'innocence, le Garde des Sceaux ayant seul, dans cette hypothèse, le droit de vous saisir.

S'il réalisait cette preuve, la Cour de Cassation se trouvait en présence d'un innocent condamné ; elle avait, d'autre part, la certitude de la culpabilité d'un autre, qui ne pouvait être condamné pour l'un des motifs énoncés et limités par le paragraphe additionnel de l'art. 443 : décès, prescription, irresponsabilité pénale, excusabilité.

Le projet de la commission, adopté par la Chambre, assimilait alors cet auteur convaincu à un auteur condamné, et comme il ne pouvait pas être procédé à son égard à des débats, la procédure était la même que lorsque, en cas de condamnations contradictoires, l'un des condamnés ne pouvait plus être déféré à la juridiction répressive.

Mais vous ne trouverez, ni dans les rapports de la commission, ni dans les débats, un mot qui fasse allusion à un auteur à l'égard duquel est intervenu un acquittement. L'idée d'assimiler à un condamné celui dont la condamnation est impossible, parce que la justice l'a déclaré innocent, n'est venue à personne. Il est, en effet, légalement innocent, et cette présomption légale ne saurait être contredite, en tant que la contradiction aurait pour objet de constater sa culpabilité et de l'assimiler, lui acquitté, à un condamné.

Ainsi, même dans le système de la Chambre des Députés, si l'auteur signalé avait été acquitté, la procédure de non renvoi n'était pas applicable.

Il en est ainsi *a fortiori* après les modifications profondes que ce projet a subies devant le Sénat.

Le Conseil d'Etat, qui avait été chargé d'élaborer un projet de loi, avait supprimé le paragraphe additionnel de l'art. 443 voté par la Chambre ; il lui paraissait présenter le danger d'autoriser la mise en cause dans un procès de revision de tiers qui ne pouvaient, ni en droit, ni en fait, se défendre. Les cas prévus par ce paragraphe additionnel étaient ramenés à celui que prévoyait le quatrième paragraphe de l'art. 443, qui n'autorise l'introduction de la demande en revision devant vous, pour faits nouveaux, que par le Garde des Sceaux.

La commission du Sénat avait cependant maintenu le paragraphe additionnel. Son rapporteur, M. le sénateur Bérenger, faisait remarquer que tous les dangers seraient écartés par la multiplicité et la bonne organisation des examens préalables : examen du Garde des Sceaux, de la Commission de revision et, enfin, de la Cour de Cassation, qui aurait à se prononcer, comme dans les autres cas, sur l'admissibilité.

Nous pensons, disait-il, qu'après ces trois examens préalables il y aura quelque certitude que les demandes fondées sur des motifs sérieux pourront seules aboutir jusqu'au juge du fond.

Ce juge du fond pourrait-il être la Cour de Cassation ? Il semble que l'honorable rapporteur ait répondu affirmativement à cette question.

Vous remarquerez, a-t-il dit, que nous aurons pour juges dans ces questions, les juges les plus compétents, les plus avisés, les plus prudents et les plus élevés qu'on peut trouver dans l'ordre judiciaire. La Chambre criminelle de la Cour de Cassation, elle-même, devra rendre deux décisions, l'une sur l'admissibilité, l'autre, sur le fond.

Mais M. le sénateur Godin fit remarquer que le Garde des Sceaux n'avait pas à se prononcer sur une demande formée en vertu du paragraphe additionnel à l'art. 443 voté par la Chambre ; le demandeur avait toujours, dans ce cas, le droit d'exiger un examen de la Cour de Cassation sans aucune garantie que sa demande fût sérieuse. La meilleure solution, disait-il, serait de se ranger à l'opinion du Conseil d'Etat. A défaut de cette solution, M. le sénateur Godin présenta un amendement tendant à n'autoriser la demande en revision que dans le cas où des poursuites auraient été commencées contre l'auteur signalé ou le faux témoin et auraient été interrompues par suite de décès, prescription, irresponsabilité légale ou excusabilité.

L'amendement de M. Godin fut renvoyé à la Commission, dont l'avis a été exprimé en ces termes par M. le sénateur Bérenger :

Dans la pensée de la commission, le meilleur moyen serait, suivant la proposition contenue dans l'avis du Conseil d'Etat, de supprimer complètement ce paragraphe. Il ne faut pas se méprendre sur le caractère de cette suppression ; elle ne voudra nullement dire que nous renonçons à accorder à l'individu, auquel on reconnaît le droit de réclamer la revision, la faculté de le faire quand le véritable coupable ou le faux témoin dont la condamnation eût fait éclater l'innocence ne peut plus être poursuivi par suite du fait accidentel de sa mort, de son irresponsabilité ou de la prescription. Nous entendons, au contraire, lui maintenir ce droit. Mais il a été remarqué avec raison qu'une disposition spéciale n'était pas nécessaire pour cela et que les termes généraux de l'article 443 § 4 suffiraient à le lui assurer. Le cas particulier que nous avons voulu viser se trouve nécessairement compris dans la généralité de ses termes.

En présence de cette déclaration, M. le sénateur Godin retira son amendement et le Sénat vota ensuite la suppression de l'alinéa additionnel.

Par suite de cette modification, le demandeur en revision qui signalait l'auteur véritable ou un faux témoignage perdait le droit de saisir la Cour de Cassation qui, par conséquent, ne pouvait plus être mise en demeure de se prononcer sur la culpabilité ou la non culpabilité de l'auteur signalé ou du faux témoin. Elle ne pouvait plus être saisie que par le Garde des Sceaux si les faits signalés par le demandeur en revision paraissaient de nature à établir son innocence, et elle pouvait prononcer l'admissibilité de la demande, alors même que ces faits n'établiraient pas absolument la culpabilité de l'auteur signalé, pourvu qu'ils fussent susceptibles de faire naître de graves présomptions d'erreur.

Dira-t-on que, dans ce cas, et bien que vous ne soyez saisis que du point de savoir si les faits sont de nature à établir l'inno-cence, vous devez statuer sans renvoi, si vous acquerrez la preuve de la culpabilité de l'auteur signalé dont la condamnation est impossible ?

Nous répondrons, d'une manière générale, que la procédure instituée par le projet de loi de la Chambre ne nous paraîtrait plus ici applicable, puisqu'elle a trait à des demandes qui vous mettaient dans l'obligation de vous prononcer sur la culpabilité de tiers qui ne pouvaient plus se défendre, dont le danger a été reconnu, et qui ne peuvent plus se produire aujourd'hui avec le caractère qui leur était attribué, après les modifications appor-tées au projet de loi par le Sénat.

Vous ne devriez vous incliner que devant un texte formel. Or le texte semble formel en sens contraire.

Il contient cependant une addition à l'ancien texte de 1867. Les mots « irresponsabilité légale ou excusabilité » y ont été ajoutés et il faut reconnaître que le Sénat, qui les avait d'abord supprimés, les a rétablis en deuxième délibération, après avoir écarté l'alinéa additionnel de l'art. 443. Mais l'art. 445 a été voté sans discussion en première et en deuxième délibérations. Le Sénat a-t-il eu par cette simple addition la volonté d'étendre votre juridiction ?

On pourrait peut-être le soutenir si elles n'étaient, en aucun cas, applicables au condamné demandeur en revision. Mais on peut supposer que ce condamné est en état de démence au moment où vous êtes appelés à statuer sur la demande formée dans son intérêt par le Garde des Sceaux, ou encore que des faits nouveaux ont apporté la preuve d'une excuse absolutoire qui, le rendant indemne de toute peine, doit faire annuler la première condamnation et rend inutile sa comparution devant une nouvelle juridiction.

La preuve de l'erreur, dans laquelle vous seriez tombés, est donc loin d'être faite et, dès lors, quelles que soient les contro verses qui s'élèvent encore dans les régions paisibles de la théorie pure, votre rapporteur ne peut que vous proposer une solution conforme à votre jurisprudence.

On a dit, il est vrai, que vous étiez déjà entrés dans une voie nouvelle par votre arrêt des Chambres réunies du 15 mars 1900 rendu sous la présidence de M. le Premier Président Ballot Beaupré, au rapport de M. le Conseiller Cotelle et conformément aux conclusions de M. l'Avocat Général Feuilloley. Mais, dans cette affaire, si la demande en revision était fondée sur un faux témoignage prescrit, elle avait pour objet une condamnation prononcée pour un délit à l'égard duquel l'action publique était aussi prescrite. Vous ne pouviez que statuer sans renvoi.

Au surplus, et quand bien même le mot « parties » de l'art.445 devrait être étendu à des « parties non condamnées », nous retrouverions, en supposant qu'il ne subsistât aucune difficulté sur la preuve, à l'aide de faits nouveaux, de la culpabilité de la partie acquittée, une objection que nous avons déjà mentionnée : c'est que la partie acquittée ne saurait, en aucun cas, être assimilée par vous à une partie condamnée, ce qui suppose une affirmation préalable de culpabilité. Les principes du droit s'y opposent, et nous avons vu que le législateur n'avait jamais envisagé une semblable hypothèse. Vous devriez même l'assimiler à une partie condamnée sans l'entendre ; car il est de principe en matière criminelle que nul ne peut être reçu partie intervenante si ce n'est à titre de partie civile, et vous avez appliqué ce principe en matière de revision par votre arrêt des Chambres réunies du 17 janvier 1900, M. Lardenois, rapporteur.

B. Nous allons examiner maintenant les arguments que présentent à l'appui du dernier moyen M. le Procureur général et Me Mornard.

Ce moyen se divise en deux branches.

La première conteste le caractère criminel ou délictueux des faits. Nous avons déjà exposé les motifs pour lesquels elle nous a paru devoir être rejetée.

La seconde branche du moyen vous attribue, contrairement aux opinions autorisées que nous avons rappelées, le droit de vous prononcer sur l'imputabilité du fait criminel ou délictueux à l'occasion duquel le demandeur en revision a été condamné et vous demande d'exercer ce droit.

Elle suppose d'abord une démonstration préalable de l'innocence et, comme vous ne statuez pas en qualité de juge d'appel, une démonstration à l'aide de faits nouveaux.

Cette démonstration pouvait être considérée comme faite de cette manière en 1899. La seule charge relevée contre Dreyfus en 1894 était l'écriture du Bordereau. Les faits nouveaux mis en lumière par vos enquêtes de 1898 et 1899 révélaient que ce document était écrit d'une autre main que celle du condamné. Si vous ne pensiez pas avoir le droit d'affirmer la culpabilité du tiers auteur du Bordereau, vous pouviez, dans tous les cas, estimer que la preuve de l'innocence du condamné était faite devant vous par ces faits nouveaux.

Des faits autres que ceux qui avaient formé votre conviction, autres que ceux qui ont été connus du Conseil de guerre ont-ils été révélés par l'enquête de la Chambre criminelle et établissent-ils aujourd'hui l'innocence de Dreyfus ?

M° Mornard s'est efforcé de le prouver. Les faits que relève le mémoire détruisent toutes les charges accumulées contre Dreyfus par les témoins et le commissaire du Gouvernement. Ils attaquent même des imputations abandonnées ou qui n'ont pas figuré dans les débats.

Mais ceux de ces faits qui se rattachent au système de l'accusation présentent-ils tout le caractère de nouveauté exigé par la loi ? Vous avez vu que, pour plusieurs d'entre eux, le doute tout au moins était permis.

Aussi M. le Procureur général n'a-t-il retenu que six faits nouveaux. Nous n'en avons découvert que trois. Abstraction faite de la question des aveux, qui était déjà définitivement jugée, ces six ou ces trois faits nouveaux ébranlent les charges tirées du dossier secret et de la discussion technique du Bordereau ; ils mettent en défiance contre la méthode suivie dans l'instruction de l'affaire ; ils font naître des présomptions graves d'erreur. Mais aucun d'eux, qu'on les apprécie en eux-mêmes ou qu'on les rapproche des éléments fournis par les débats, n'attaque la charge essentielle de l'accusation, dont la base est l'écriture du Bordereau.

Dans le système de M. le Procureur général, comme dans le nôtre, et, à plus forte raison si l'on reste dans les termes de la lettre de M. le Garde des Sceaux, la preuve de l'innocence du condamné n'est pas rapportée par des faits nouveaux.

Sans doute, l'étude de l'ensemble de l'affaire nous a convaincus qu'il n'existait aucune preuve de culpabilité susceptible d'élever un obstacle à l'admissibilité au fond de la demande. Ces conclusions négatives permettent donc de procéder à l'examen des faits utiles de revision ; elles ne sauraient les suppléer, ni en étendre la portée.

Vos arrêts d'annulation ont, en effet, toujours pour fondement unique la répercussion directe des faits nouveaux sur l'accu-

sation. Mais nous ne connaissons pas d'espèce où vous ayez
admis que l'existence d'un fait nouveau quelconque permettait,
dans des circonstances semblables à celles de cette affaire, de
remettre en question le procès tout entier et de scruter toutes
les charges, même celles auxquelles le fait nouveau est étranger
et au sujet desquelles on ne peut que renouveler une discussion
dont tous les éléments sont déjà connus.

Il faudrait donc, pour que la question soulevée par le moyen
pût se poser devant vous, qu'il résultât des faits nouveaux invoqués par la demande ou des faits nouveaux révélés par les
enquêtes, la certitude absolue que le condamné n'est pas, en
réalité, l'auteur du crime ou du délit. Si ces faits ne font naître
que des présomptions, même très sérieuses d'innocence, il nous
semble hors de doute qu'il y aurait lieu à renvoi, par application
même du dernier paragraphe de l'art. 445.

Les conclusions de M. le Procureur général et les nôtres sur
l'existence des faits nouveaux ne sauraient conduire logiquement
qu'à cette dernière solution. Elles n'offriraient donc pas une
base au moyen.

Mais la question pourrait se poser, dans le système de
Mᵉ Mornard, si vous reconnaissiez à tous les faits dont il excipe
le caractère de nouveauté requis par la loi.

Quelle solution devrait-elle recevoir, si tel était votre sentiment ?

Nous trouvons dans la loi de 1867 l'origine du dernier alinéa
de l'art. 445.

Sous l'empire de cette loi, l'art. 447 du Code d'instruction
criminelle était ainsi conçu :

Lorsqu'il s'agira du cas de revision exprimé au N° 1 de l'article 443, si
l'annulation de l'arrêt à l'égard d'un condamné vivant ne laisse rien
subsister qui puisse être qualifié crime ou délit, aucun renvoi ne sera
prononcé.

Le paragraphe premier de l'art. 443 prévoyait le cas où
« lorsque, après une condamnation pour homicide, des pièces
seraient représentées propres à faire naître de suffisants indices
sur l'existence de la prétendue victime de l'homicide ».

Dans son rapport au Corps législatif, M. Nogent St-Laurent
précisait ainsi le sens de l'art. 447 :

Dans le cas de condamnation pour homicide, si celui qu'on avait cru
victime de l'homicide reparaît et si le condamné est vivant, la Cour de
Cassation ne prononce aucun renvoi, à moins que l'annulation de l'arrêt
pour homicide ne laisse subsister un autre crime ou un autre délit. Ainsi

il peut arriver qu'un homme ait été condamné pour homicide et que la victime qui reparaît déclare qu'on s'est rendu coupable envers elle de coups et blessures. Dans ce cas, si le condamné est vivant, la qualification du fait change et la Cour prononce le renvoi devant le jury ou la juridiction correctionnelle, suivant qu'il existe un crime ou un délit. Si le fait d'homicide ayant disparu, il ne reste rien qui puisse être qualifié crime ou délit, la révision a lieu de plein droit. Si le condamné est mort, la Cour de Cassation reste saisie et l'annulation de l'arrêt a toujours lieu.

On ne saurait imaginer un commentaire plus explicite et plus clair.

Le condamné pour homicide étant vivant, la victime reparaît et déclare qu' « on » s'est rendu coupable envers elle de coups et blessures. «- On », c'est-à-dire une personne quelconque, le condamné ou une autre. Car on ne saurait donner un autre sens à ce pronom personnel indéfini sans prêter arbitrairement au jurisconsulte qui l'a employé une incorrection grammaticale.

Ce système n'est pas « absurde », comme nous le dit Me Mornard. Il est l'application nécessaire du principe qui régit l'attribution de juridiction dans la loi de 1867, c'est-à-dire le renvoi lorsque de nouveaux débats oraux sont possibles avec le condamné. La victime reparaît ; elle allègue qu'on lui a porté des coups et fait des blessures. La Cour de Cassation constate les deux faits et renvoie. La juridiction compétente examinera le fond. Il faudrait que le condamné fût mort pour que la Cour de Cassation fût appelé à se prononcer au fond.

Il était donc indispensable, si le condamné était vivant, pour que la Cour de Cassation statuât sans renvoi, que le fait en lui-même ne constituât ni crime ni délit à l'égard d'une personne quelconque. Aussi le texte est-il absolu.

Et l'on ne peut prétendre que ce texte a été interprété dans un sens différent par l'arrêt isolé du 15 mars 1874, où le motif unique du non renvoi a été manifestement l'expiation de la peine, bien que l'innocence du condamné ait été reconnue.

Lors des modifications apportées à la loi de 1867, le projet de loi voté par la Chambre étendait cette règle au § 4 de l'art.443; il en exceptait les §§ 2 et 3 ; le Sénat l'a appliquée à tous les cas de revision. Cette proposition est passée dans la loi ; mais elle n'a été l'objet d'aucune discussion, ni même d'aucune explication

Faut-il penser cependant qu'en étendant vos pouvoirs comme juges du fait, le législateur de 1895 a implicitement manifesté la volonté de modifier la portée de cette règle et qu'il faut désormais l'entendre en ce sens que vous devez statuer sans renvoi lorsque rien ne subsiste qui puisse être qualifié crime ou délit à l'égard du condamné, c'est-à-dire lorsque vous estimez qu'il est innocent ?

Nous demanderons d'abord à votre jurisprudence de nous éclairer sur ce point.

Elle admet qu'il y a lieu à annulation sans renvoi lorsque le fait qui forme la base de la poursuite n'existe pas en réalité ou que, s'il existe, il ne réunit pas les éléments constitutifs d'un crime ou d'un délit.

Ce principe est sans application dans notre espèce. La matérialité du fait est certaine et il n'a pas été démontré que ce fait ne réunît pas les éléments constitutifs d'un crime ou d'un délit, qu'il fût par exemple une machination ourdie contre Dreyfus ou un acte de contre-espionnage.

Mais votre jurisprudence s'est-elle prononcée pour le non renvoi dans le cas où, le fait incriminé existant avec les caractères d'un crime ou d'un délit, il apparaissait que le condamné ne l'avait pas commis et était par suite innocent ?

Il faut écarter les arrêts où vous avez statué sans renvoi et proclamé l'innocence du condamné parce que les faits incriminés n'existaient pas matériellement.

Tels sont :

L'arrêt des Chambres réunies du 18 juin 1899. Affaire Gautier. M. le conseiller Georges Lemaire, rapporteur.

L'arrêt de la Chambre criminelle du 6 juillet 1899. Affaire Czerski, M. le conseiller Duval, rapporteur.

Nous en dirons autant de l'arrêt de la Chambre criminelle du 22 janvier 1898. Affaire Taïeb-ben-Amar, M. le conseiller Roullier, rapporteur, qu'invoque cependant Me Mornard.

Taïeb-ben-Amar, ancien soldat au 2e régiment de tirailleurs algériens, était venu se constituer prisonnier au commissariat de police de Milianah ; il disait être le nommé Chaïeb-ben-Amar, soldat au 1er régiment de tirailleurs, déclaré déserteur le 12 février 1892. Il fut condamné sous ce nom pour désertion à trois ans de prison, subit une partie de sa peine, fut gracié du surplus et incorporé au 1er régiment. Le 2 février 1896, il manqua à l'appel et fut arrêté par la Gendarmerie le 5 février. Il donna alors son véritable nom. L'instruction établit qu'en effet, il n'était autre que Taïeb-ben-Amar, ancien soldat au 2e régiment de tirailleurs, qu'il était présent à son corps en février 1892, à l'époque de la désertion de Chaïeb-ben-Amar et qu'il avait été régulièrement libéré du service militaire en mai 1892.

D'où il suit, dit votre arrêt, que Taïeb-ben-Amar est innocent des faits à raison desquels une condamnation a été prononcée contre lui le 30 mars 1893... Et attendu, d'autre part, que l'annulation du jugement, à l'égard de Taïeb-ben-Amar, ne laissera rien subsister qui puisse être qualifié crime ou délit, en ce qui concerne les faits pour lesquels cet individu a été condamné le 30 mars 1893 et que, conformément au dernier paragraphe de l'art. 445 (C. Instr. crim.), il n'y a donc lieu de prononcer le renvoi...

La revision prononcée, dit Mᵉ Mornard, laisse dans cette affaire subsister des faits pouvant être qualifiés délit à la charge d'une personne autre que Taïeb, puisque la Cour constate un fait de désertion commis en février 1892 au 1ᵉʳ régiment de tirailleurs. Cependant, la Cour, ayant la certitude que l'auteur de ces faits n'est pas Taïeb, casse sans renvoi.

Mais on peut répondre que s'il existait une inculpation de désertion contre un soldat quelconque appartenant d'ailleurs à un autre régiment, cette inculpation n'avait aucun rapport avec la demande de revision. Il importait peu que Chaïeb ou tout autre eût déserté. C'était là un fait étranger et indifférent à la demande.

La situation de Taïeb était seule en cause. Or, il était matériellement impossible qu'il eût commis le délit de désertion qui lui était imputé. Il n'y avait en somme en jeu qu'une question d'identité. La reconnaissance de la véritable identité du demandeur en revision emportait à la fois, nécessairement, la décision sur l'admissibilité et sur le fond et cela, sans contestation possible.

Et vous remarquerez les termes de cet arrêt. La Cour déclare d'abord Taïeb innocent, mais si elle statue sans renvoi, c'est parce que l'annulation du jugement ne laisse rien subsister qui puisse être qualifié crime ou délit en ce qui concerne les faits pour lesquels il a été condamné.

C'est la doctrine de cet arrêt que nous rappelait dans son rapport M. le Président Ballot-Beaupré.

M. le Procureur général, de son côté, estime que vous ne vous êtes jamais expressément prononcés sur la question qui nous occupe jusqu'au 28 janvier 1905.

A cette date votre Chambre criminelle aurait statué sans renvoi pour ce seul motif que l'innocence du condamné lui paraissait démontrée. L'arrêt est formel, dit M. le Procureur général ; le précédent topique.

Nous croyons devoir placer sous vos yeux les termes de cet arrêt :

Au fond :

Attendu qu'il résulte de l'enquête produite que, dans la soirée du 27 septembre 1903, Cabirol était proposé à la perception du prix d'entrée, fixé à 1 franc par personne, au bal installé sur le champ de foire de Mont-guyon à l'occasion de la fête locale ; qu'un sieur Barra remit à Cabirol une pièce d'or de 20 francs pour payer son entrée en lui disant qu'il reviendrait dans un instant chercher sa monnaie ; que, lorsqu'il réclama la somme qui lui était due, Cabirol ayant vainement recherché cette pièce et, pour ce motif, refusé de rendre la monnaie, fut poursuivi devant le Tribunal de police correctionnelle de Jonzac qui, à la date du 19 novembre 1903, prononça contre lui une condamnation à 48 heures d'emprisonnement pour abus de confiance ;

Attendu qu'au mois de janvier 1904, le Parquet de Jonzac, saisi par une lettre du maire de Boscammont et par les réclamations du condamné, fit procéder à une enquête par le juge de paix de Montguyon et par la gendarmerie ; que cette enquête a révélé qu'un nommé Maurice (Léopold), qui avait pénétré dans le bal quelques instants après Barra, avait donné en paiment à Cabirol une pièce de 5 francs ; que, dans la monnaie que celui-ci lui avait rendue, se trouvait par erreur une pièce de 20 francs ; que cette erreur s'explique facilement par ce fait que la salle du bal n'était éclairée qu'à l'intérieur, et qu'à l'endroit où se tenait Cabirol, l'obscurité était grande ; qu'enfin Maurice, bien que s'étant aperçu presque aussitôt de l'erreur, avait gardé la pièce d'or et nié l'avoir reçue ;

Attendu que l'acte blâmable que Maurice reconnaît avoir commis et qui a entraîné la condamnation de Cabirol est attesté par deux des camarades de Maurice, l'un, nommé Gaurichon, qui a vu Maurice emprunter quelques pièces de 1 franc à Favreau, afin d'être prêt à représenter la monnaie reçue par lui sur sa pièce de 5 francs et d'écarter tout soupçon, et Favreau, à qui Maurice a montré la pièce de 20 francs jointe à trois pièces de 1 franc, le tout lui ayant été remis comme appoint par Cabirol ;

Attendu que ces circonstances inconnues des premiers juges et révélées par l'enquête établissent d'une façon manifeste l'innocence de Cabirol ;

Attendu que le fait tel qu'il résulte de l'enquête exclut le délit d'abus de confiance qui avait motivé la poursuite et ne contient les éléments constitutifs d'aucun autre délit ; que, par suite, aux termes du dernier paragraphe de l'article 445 du Code d'instruction criminelle, l'annulation du jugement ne laissant rien subsister qui puisse être qualifié crime ou délit, aucun renvoi ne doit être prononcé ;

Par ces motifs,

Déclare Cabirol condamné à tort et par erreur par le jugement du Tribunal de Jonzac du 19 novembre 1903, pour abus de confiance, à 48 heures d'emprisonnement :

Annule en conséquence ledit jugement.

(M. Chambareaud, président ; M. le conseiller Malapeyre, rapporteur, M. Cottignies, avocat général, Bulletin crim., 1905, N° 44, p. 71.)

« Cette fois la décision est explicite et ne peut prêter à aucune équivoque, dit M. le Procureur général. »

« Qu'on ne dise pas en effet que le fait qui servait de base à la poursuite ne pouvait constituer ni crime ni délit à l'égard de Maurice qui avait bien reçu la pièce de vingt francs de Cabirol et qui, en les gardant, avait bien commis une grave indélicatesse, mais non un abus de confiance

puisqu'il s'était borné à profiter de l'erreur sans que les éléments légaux et
constitutifs du délit d'abus de confiance fussent réunis non plus que ceux
des délits d'escroquerie ou de vol. Ce n'est point vis-à-vis de lui que la
question se posait ; c'était à l'encontre de Cabirol qui devait être renvoyé
devant un autre tribunal de police correctionnelle, si le fait, pour lequel
il avait été condamné, pouvait encore constituer un délit. Il avait en fait
reçu la pièce de 20 francs des mains de Barra à charge d'en représenter
la monnaie sous déduction du franc à percevoir pour l'entrée. »

« L'élément matériel du délit existait donc à n'en pas douter. Et si la
Cour n'en a pas moins déclaré que le fait tel qu'il résultait de l'enquête
excluait l'abus de confiance et ne constituait ni crime ni délit, c'est qu'elle
s'est, ainsi qu'elle en avait incontestablement le droit, constituée juge
de l'élément moral du fait : c'est qu'elle a reconnu que Cabirol, s'il avait
reçu matériellement la pièce de vingt francs, n'avait pas eu l'intention
criminelle de la garder, intention sans laquelle le délit, à raison duquel il
avait été condamné, ne pouvait exister. La culpabilité *in rem* faisait
défaut vis-à-vis de Maurice qui n'était pas en cause ; pour Cabirol, il ne
pouvait être question que de culpabilité *in personam* et l'absence de
celle-ci a suffi pour faire écarter par votre Chambre criminelle tout à la
fois l'existence du délit et la possibilité du renvoi. »

Peut-être M. le Procureur général attribue-t-il à cet arrêt une
portée exagérée. Jusqu'au jour où il a été rendu, vos décisions
de non renvoi, par application du dernier alinéa de l'art. 445,
n'avaient porté que sur des espèces où le fait qualifié crime ou
délit avait disparu matériellement par suite des révélations postérieures à la condamnation et l'on en pouvait conclure que
l'inexistence matérielle du fait incriminé pouvait seule justifier
le non renvoi.

C'est sans doute ce que pensait M. le Procureur général lui-
même, puisque ses réquisitions, dans cette même affaire Cabirol,
tendaient à ce que, les faits nouveaux étant susceptibles d'établir
l'innocence, le condamné fût renvoyé devant un Tribunal correctionnel.

Mais, votre Chambre criminelle, estimant que les termes généraux du dernier alinéa de l'art. 445 ne limitaient pas les causes
qui faisaient disparaître la criminalité du fait, a recherché si le
fait incriminé, quoique existant matériellement, présentait, en
lui-même, les caractères juridiques constitutifs du délit d'abus
de confiance ou de tout autre délit.

Or, ce fait, reconstitué par des éléments nouveaux, ne présentait, en lui-même, aucun caractère délictueux, puisque le refus
par le condamné de restituer la somme réclamée provenait de
son ignorance de l'avoir reçue et qu'ainsi le fait, dépourvu de
l'un de ses éléments juridiques essentiels, ne pouvait plus être
qualifié délit. Il n'y avait, suivant les expressions de M. le président Ballot-Beaupré, aucun fait punissable dans la cause.

C'est ce que l'arrêt de votre Chambre criminelle constate expressément. Il ne dit pas, en effet, qu'il existe un délit et que Cabirol en est innocent. Il dit, au contraire, qu'il n'existe aucun délit, à l'égard de personne, l'acte de Maurice étant un acte seulement « blâmable », et c'est pour cette raison qu'il statue sans renvoi.

Ce précédent ne nous semble donc pas s'appliquer directement à notre espèce, où aucun fait nouveau ne démontre que le fait incriminé doive perdre le caractère criminel qui lui a été attribué.

On ne saurait davantage tirer argument des paroles prononcées par M. le Procureur général Manau (dont vous connaissez d'ailleurs le sentiment très net sur la question) dans l'affaire Druaux (Arrêt du 26 juin 1896). Mme Druaux avait été condamnée comme coupable d'avoir empoisonné son mari et son frère. La demande de revision était fondée sur cette affirmation que des faits nouveaux révélaient que les victimes avaient succombé à une intoxication oxycarbonique due aux émanations d'un four à chaux voisin. Pour M. le Procureur général Manau, la preuve de cette affirmation était faite et, par suite, il ne restait rien qui pût être qualifié crime ou délit. Votre arrêt a déclaré que le décès des victimes pouvait être attribué à cette intoxication. Il n'était donc pas certain qu'il n'y eût ni crime, ni délit, et c'est le doute sur ce point qui a motivé la cassation avec renvoi.

De même, lorsque M. le président Ballot-Beaupré terminait son rapport par ces mots : « L'innocence de Dreyfus, Messieurs, je ne vous demande pas de la proclamer », il n'admettait pas, par cela même, que la Cour de Cassation eût le droit de la proclamer en dehors des hypothèses qu'il avait spécifiées. Sa thèse juridique était, il nous semble, toute différente et vous avez pu vous en convaincre.

Les termes de l'arrêt que vous avez rendu dans l'affaire Cauvin (arrêt du 23 avril 1896) ont paru cependant apporter un argument au système de la demande.

Attendu, lit-on dans cet arrêt, que si la condamnation encourue par la fille Michel (pour faux témoignage) passée en force de chose jugée, provoquée par ses aveux et par sa propre déclaration, n'implique pas nécessairement l'innocence de l'accusé, puisqu'elle laisse subsister les autres charges qui pèsent contre Cauvin, il n'échet pour la Cour, alors qu'il y a possibilité de procéder à de nouveaux débats oraux devant le jury, de constater elle-même l'innocence ou la culpabilité de Cauvin. (M. Chambareaud, rapporteur, M. Duval, avocat général.)

On a soutenu *a contrario* que si la condamnation pour faux témoignage avait fait disparaître les charges qui pesaient sur le condamné, vous auriez statué sans renvoi.

Mais c'est, à notre avis, méconnaître les termes mêmes de cet arrêt. La Cour, il est vrai, a tenu à exprimer son sentiment sur la portée de la condamnation pour faux témoignage ; mais le renvoi est fondé sur ce motif unique : que de nouveaux débats oraux devant le jury étant possibles, il n'appartient plus à la Cour de constater l'innocence du condamné. Et il faut reconnaître que ce motif de droit eût imposé le renvoi, alors même que la portée de la condamnation pour faux témoignage n'eût pas été limitée.

En résumé, tous vos arrêts de non renvoi ont, pour fondement, en dehors du cas où de nouveaux débats oraux sont impossibles, la certitude, acquise à l'aide de faits nouveaux, que le fait incriminé n'a pas existé matériellement ou que, s'il a existé, il ne présente pas, considéré en lui-même, les caractères juridiques constitutifs d'un crime ou d'un délit.

Vous avez proclamé l'innocence toutes les fois que vous vous êtes trouvés en face d'une certitude sur ce point. Lorsque, au contraire, vous avez éprouvé des doutes sur la force probante des faits nouveaux, comme dans l'affaire Druaux, vous avez renvoyé.

Vous avez même ordonné le renvoi dans une affaire Pelosi (arrêt du 22 avril 1898, M. le conseiller Forichon, rapporteur), bien qu'il fût établi par les documents produits que le délit qui avait motivé la condamnation n'existait pas. Mais, dans cette affaire, vous ignoriez si l'erreur judiciaire était due au fait volontaire ou involontaire de la personne condamnée. Vous n'étiez pas en état de rendre une décision sur la question d'indemnité. Une vérification qui ne rentrait pas dans vos attributions était nécessaire et c'est sans doute pour ce motif que vous avez dû ordonner le renvoi.

Quant à vos arrêts de renvoi, rendus sur des espèces où l'existence même du crime ou du délit n'était pas en cause, ils ont toujours dit, comme dans cette affaire, quelle que fût la puissance des faits nouveaux produits à l'appui de la justification du condamné, qu'ils étaient seulement de nature à établir son innocence.

Telle est votre jurisprudence et si on la rapproche des commentaires autorisés qui ont précédé vos arrêts et de cette circonstance que vos décisions de renvoi ont toujours été, sauf dans le procès actuel, suivies d'acquittement (ce qui permet de penser qu'il ne subsistait guère de doutes sur l'innocence des condamnés), il semble difficile de contester la doctrine que vos solutions ne pouvaient appliquer qu'implicitement.

Auriez-vous pu aller plus loin ? Le droit de proclamer l'innocence, que vous n'avez cru pouvoir exercer que dans des cas déterminés, vous appartiendrait-il d'une manière absolue ?

M. le Procureur général et Me Mornard soutiennent que votre droit est absolu et que, dans l'espèce, votre devoir est de l'exercer.

Ils ont écrit l'un et l'autre sur cette question de très belles pages d'éloquence judiciaire, que nous devrions citer en entier, si elles n'étaient sous vos yeux.

Ardemment dévoués à la généreuse pensée d'assurer définitivement le triomphe de la vérité et de la justice, si longtemps et si cruellement méconnues, ils vous demandent de mettre enfin un terme à la douloureuse agitation qui, depuis dix ans, bouleverse ce pays et de ne pas hésiter à accomplir, vous-mêmes, avec une autorité devant laquelle tous s'inclineront, l'œuvre de réparation nécessaire. La raison l'ordonne, la justice le veut, l'intérêt public le commande.

La loi, disent-ils, vous en donne le pouvoir. Son texte, le dernier paragraphe de l'art. 445 n'a pas entendu se placer au point de vue abstrait ; il avait évidemment en vue le condamné en faveur duquel la revision est demandée. Il eût été plus clair, s'il eût ajouté les mots « à la charge du condamné »; mais cette mention n'est pas nécessaire pour en préciser la portée.

La Cour de Cassation, avant de se prononcer sur la demande en revision, a le droit d'employer tous les moyens pour rechercher la vérité. Elle opère en réalité la revision. Si elle a acquis la certitude de l'erreur, il ne reste plus rien à juger.

Quel intérêt peuvent, dès lors, offrir de nouveaux débats ? Peut-on même soumettre la décision de la plus haute des juridictions à l'examen et au contrôle d'une juridiction d'ordre inférieur ?

Que se produirait-il alors ?

Ou cette juridiction de renvoi se prononcera dans le sens de votre arrêt. A quoi bon cette sorte d'entérinement de l'arrêt de revision et quelle autorité supérieure celui-ci y puisera-t-il ?

Ou elle ne tiendra aucun compte de votre appréciation et il en résultera la plus grave des situations.

Que, par suite d'une fausse interprétation des faits, ajoute M. le Procureur Général, que, pour quelque cause que ce soit, elle vienne à
condamner l'accusé ? Cette condamnation, malgré l'appréciation contraire
si formellement exprimée dans votre arrêt, sera régulière, et si aucun
moyen de cassation ne peut être relevé, si aucun fait nouveau ne vient
justifier une nouvelle demande de revision, elle demeurera acquise et
nous serons en face de ce spectacle à jamais démoralisant d'un
condamné dont l'innocence avait été cependant solennellement prononcée.

Et qu'on ne dise pas qu'il suffira pour remédier à ce péril d'une habileté de plume qui évitera d'affirmer l'innocence, et se contentera d'en
déclarer la possibilité.

Nous ne ferons pas à la Cour de Cassation l'injure de discuter une telle
hypothèse. La vérité est ici entourée de tous les rayons de l'évidence, et,
si vous en êtes, ainsi que nous, convaincus, ce n'est pas de vous qu'on
peut redouter une défaillance qui serait la pire des compromissions.

Un motif de droit impose d'ailleurs l'annulation sans renvoi.

Si le renvoi doit être prononcé et que la juridiction à désigner soit
la Cour d'assises, on devra appliquer l'art. 445 § 4 du Code d'instruction
criminelle aux termes duquel, dans les affaires qui devront être soumises
au jury, le Procureur Général près la Cour de renvoi dressera un
nouvel acte d'accusation. Mais un acte d'accusation suppose des chargés
desquelles résulte une présomption de culpabilité. On conçoit que cette
présomption puisse être légère ; au moins faut-il qu'elle existe. Si donc
l'enquête a amené la disparition de toutes les charges, comment le Procureur Général pourra-t-il rédiger cet acte d'accusation ?

M. le Procureur général réfute ensuite en ces termes les
objections qui pourraient être élevées contre sa thèse et celle de
Me Mornard :

Nous objectera-t-on qu'en adoptant nos conclusions, la Cour de Cassation oubliera la loi de son institution qui, la plaçant dans la région
sereine du droit, ne lui permet pas de s'occuper du fait ?

Nous répondrons que ce n'est qu'une fausse conception du rôle que
la loi attribue en matière de revision à la Cour de Cassation. Ici nous
sommes absolument en dehors des principes ordinaires de notre institution ; ce n'est plus le droit seul qui doit vous préoccuper ; c'est le fait
lui-même, dont vous étudiez tous les éléments dans la procédure que, en
matière ordinaire, vous n'avez pas même le droit d'ouvrir ou de consulter ;
dont vous recherchez l'existence et les circonstances, s'il est nécessaire,
dans des enquêtes supplémentaires que vous dirigez comme bon vous
semble, au mieux des intérêts d'une bonne administration de la justice et
sans qu'aucun texte réglemente et limite votre pouvoir. Ce n'est pas seulement le caractère légal de l'acte que vous recherchez en droit : vous
devez apprécier les conditions d'imputabilité, la culpabilité même de
l'accusé. Car vous êtes, aux termes de l'article 445, § 5, les juges « notamment de l'irresponsabilité pénale, de l'excusabilité », c'est-à-dire de questions de fait et non pas de droit. Et il ne nous est pas donné de comprendre que, devant statuer au fond lorsque vous constatez l'innocence
du condamné à raison de son état mental ou des conditions constitutives
de l'excuse qui exonère de la peine, vous n'ayez plus ce droit quand
vous vous trouvez en présence de tout autre motif établissant pour vous
l'innocence au même degré et d'une façon certaine. Il n'en pourrait être
ainsi que si l'énumération de l'article 445 § 5 était limitative ; tous recon-

naissent qu'elle n'est qu'énonciative, et que les cas qu'il indique ne sont que des exemples destinés à rendre plus clair le texte qui la contient. Ces règles s'appliquent à toute la matière de la revision, aussi bien au § 6 qu'au § 5 de l'art. 445. Le pouvoir de la Cour de Cassation est sans limite : elle annule tous les jugements, tous les arrêts, tous les actes qui feraient obstacle à la revision ; elle juge elle-même et directement, si elle estime qu'il ne peut être procédé à de nouveaux débats oraux contre toutes les parties ou que le fait considéré *in rem* ou *in personam* ne constitue ni crime ni délit.

Notre rôle consistant à vous soumettre tous les éléments du débat, nous supposerons ce qu'une partie adverse, s'il y en avait une, pourrait répondre à cette thèse.

Il ne s'agit pas de savoir ce que la loi devrait être, mais ce qu'elle est. Des arguments tendant à démontrer que la raison et l'intérêt public exigent que la Cour de Cassation ait le droit de proclamer, dans tous les cas, l'innocence du condamné seraient de nature, s'ils étaient fondés, à exercer une influence sur le législateur. Ils ne sauraient entraver l'application de la loi si elle a pensé, fût-ce à tort, que, sauf exception, ce droit appartenait aux juges ordinaires du fond.

Or, quelle est la loi et quels sont ses motifs ?

Les termes des lois de 1867 et de 1895 sont, au point de vue qui nous occupe, identiques. La règle qu'ils énoncent avait un sens précis, indiscutable, sous le régime de la loi de 1867 ; elle est passée avec le même sens dans la loi de 1895. L'attribution de juridiction n'a pas été modifiée.

Si le législateur de 1895 avait entendu introduire dans la loi une réforme capitale de procédure et reculer les limites de votre juridiction déjà exceptionnellement étendues en 1867, on ne s'expliquerait pas la rédaction de l'art. 445, qui pose, comme la législation antérieure, le principe du renvoi toutes les fois qu'il s'agit d'un condamné vivant à l'égard duquel sont possibles de nouveaux débats oraux, sauf l'exception prévue par l'ancien texte.

Il est vrai que les mots « irresponsabilité légale ou excusabilité » ont été ajoutés aux dispositions de la loi de 1867. Mais le mot « irresponsabilité » ne peut supposer qu'un état de démence actuel, qui oppose à de nouveaux débats un obstacle matériel. Quant à l'excusabilité, la Cour de Cassation peut la constater comme l'inexistence du crime ou du délit. Si elle existe, elle rend inutiles et par suite impossibles de nouveaux débats, puisqu'aucune peine ne saurait être prononcée.

Le système de la loi de 1867 n'a été adopté qu'après une

étude comparative des diverses procédures proposées. Les raisons pour lesquelles il a paru offrir les plus sûres garanties d'une bonne justice ont été exposées dans les travaux préparatoires avec une lucidité parfaite.

On avait demandé que la Cour de Cassation fût, dans tous les cas, le juge unique de la revision. L'exposé des motifs faisait connaître en ces termes les considérations présentées à l'appui de l'adoption de ce système :

Un premier système constituerait la Cour de Cassation juge unique de la revision dans tous les cas. Que le débat oral et contradictoire soit possible ou impossible, que le condamné soit vivant ou décédé, que la lutte s'engage entre deux vivants ou entre deux morts, entre un vivant et un mort ou un absent, la Cour suprême serait seule investie du pouvoir de reviser. — En faveur de cette compétence, on peut insister sur le caractère élevé du tribunal auquel elle serait attribuée. Placé au-dessus de toutes les juridictions, il est le seul qui brise leurs sentences quand elles ont violé la loi. Par sa composition, comme par le caractère de ses attributions si délicates et si nombreuses, n'est-il pas naturellement indiqué comme le véritable juge de la revision? Il casse les arrêts : pourquoi ne les reviserait-il pas? Reviser n'implique pas en réalité un renvoi devant le même juge qui a rendu la première sentence ; mais reviser implique un second examen offrant des garanties égales à celles qu'avait l'accusé lors de son premier procès. Or, rompu par une pratique quotidienne aux affaires les plus compliquées, le magistrat qui parvient à la Cour de Cassation après une longue carrière, saura, mieux qu'un autre, atteindre le double but qu'il faut poursuivre en matière de revision. Il s'agit de justifier et de proclamer l'innocence, ou de déjouer une trame ourdie souvent entre deux coupables. Pour venger l'homme injustement sacrifié, ou sauver la vérité judiciaire, le juge suprême donne les garanties cherchées. Ces garanties sont d'un ordre au moins égal à celles qui avaient entouré la première sentence. Elles grandissent peut-être, au lieu de s'affaiblir. L'arrêt rendu par la Cour de Cassation aurait, en outre, l'avantage d'être motivé et des considérants précisant le passé, expliquant le présent, seraient un bénéfice pour tous. Le condamné, les témoins, le Ministère Public, ne sont-ils pas intéressés, à des degrés divers, à ce que la lumière soit ainsi faite ? — Si des charges matérielles s'élèvent encore contre le condamné, l'arrêt motivé peut dire les circonstances qui détruisent leur caractère apparent. Si les témoins ont été de bonne foi, l'arrêt peut sauver leur honneur en les signalant eux-mêmes comme les secondes victimes de l'erreur involontaire qu'ils ont déplorée. Si le Ministère Public a poursuivi, sans passion comme sans légèreté, l'arrêt peut expliquer à tous les fatales coïncidences qui l'ont trompé.

Il y aura toujours une distance immense entre un verdict nécessairement sans motifs comme celui du jury, et un arrêt procédant, au contraire, par des considérants pour aboutir au dispositif. Le verdict n'affirme qu'un acquittement. Or, derrière tout acquittement, peut se placer le doute comme la certitude ; le mystère est encore là. Le jury a-t-il cru à l'innocence ou n'a-t-il trouvé que des preuves insuffisantes ? Dans toute hypothèse, il doit se taire sur les charges de l'accusation, sur les témoins, sur l'action publique. L'arrêt, au contraire, affirme tout ce qui est essentiel en matière de revision : il précise, il met en relief chacun des éléments qui font la part de tous, et il proclame l'évidence là où l'évidence se fait.

Enfin, la Cour de Cassation, juge de la revision, ne brise que le mauvais jugement et ne laisse subsister que le bon ; elle n'anéantit pas deux fois la chose jugée, lorsqu'il n'est nécessaire de la détruire qu'une fois. Elle atteint le but, elle ne le dépasse pas. Le condamné bien jugé et qui a droit à garder le bénéfice d'une sentence qu'il a su rendre modérée par son aveu et son attitude, ne sera plus renvoyé à de nouveaux débats et exposé à une peine plus forte. La société et la partie civile, protégées pas une répression justifiée et désormais acquise, n'auront plus à courir les chances nouvelles d'une condamnation dérisoire et d'un acquittement scandaleux.

Les arguments énoncés à l'appui de ce système sont exactement ceux qui ont été développés devant vous. Ils peuvent se résumer ainsi.

La Cour de Cassation doit statuer sans renvoi parce que nulle juridiction, mieux que la vôtre, n'est en état de justifier et de proclamer l'innocence, parce que vos arrêts motivés peuvent seuls faire apparaître l'évidence là où l'évidence se fait.

Mais ce système a été repoussé par la loi, ainsi que celui qui, dans tous les cas, attribuait compétence au juge ordinaire du fond.

L'esprit de la loi, les considérations qui ont paru déterminantes ont été ainsi indiqués dans l'exposé des motifs :

Le projet de loi n'admet aucun de ces deux systèmes absolus. Le premier offre d'incontestables avantages ; mais il a le sérieux inconvénient d'enlever au jury une compétence reconnue, dans certains cas, par le Code d'instruction criminelle et pratiquée depuis soixante ans. Le second part d'une idée juste quand il renvoie au juge ordinaire une cause qui peut se débattre encore dans les mêmes conditions que la première fois ; mais il méconnaît l'institution judiciaire à laquelle il s'adresse, quand il lui défère un procès pour lequel le débat oral et contradictoire ne peut plus se renouveler. Ainsi l'institution du jury ne fonctionnerait plus avec les garanties qu'a voulues la loi, si on lui attribuait le jugement des décédés ou des absents. Pourquoi le juré est-il bon juge de l'innocence et de la culpabilité? Parce qu'appelé à prononcer sur l'un de ses semblables, il le voit, il le touche, il l'entend. Ce n'est pas à l'instruction et au dossier qu'il demande des preuves pour absoudre. Il forme sa conviction toute entière d'après l'interrogatoire, les réponses, la physionomie de l'accusé lui-même. La défense personnelle, contradictoire, est ici l'élément essentiel qui permet à l'homme de bien juger l'homme.

. . . .

La nature des choses imposait donc au projet de loi un troisième système moins absolu que les deux premiers. Attribuer toutes les causes en revision à la Cour de Cassation, ce serait dessaisir à tort le jury dans des cas où il peut fonctionner selon les conditions normales de son institution. Les attribuer toutes au juge ordinaire, ce serait oublier que, dans certaines hypothèses, les garanties qui ont entouré le premier examen, ne peuvent plus se retrouver. Le projet fait dès lors cette distinction fondamentale: le débat peut-il s'ouvrir à nouveau, c'est-à-dire contradictoirement, comme la première fois? Le jury revisera en matière de crimes, le juge correctionnel revisera en matière de délits : on leur renverra ce condamné ou ces condamnés présents dont l'un au moins a été mal jugé. Le débat contradictoire ne peut-il plus s'ouvrir à raison d'un fait de force majeure qui s'impose au juge, comme les décès, l'absence, la prescription de l'action ou celle de la peine? La Cour suprême devient le tribunal de la revision.

Elle juge les mémoires et les absents... Ces mémoires, ces absents ont-ils un vivant pour adversaire? Elle est pour ces intérêts également sacrés, qui seraient ailleurs inégalement représentés, inégalement défendus, l'arbitre toujours impartial et toujours éclairé. Sans enlever aucun justiciable à ses juges naturels, elle brisera, pour celui qui fut mal jugé, la mauvaise sentence, et ajoutera au verdict bien rendu l'autorité d'un arrêt qui confirme.

En tranchant ainsi la question de juridiction, le projet de loi obéit à la fois à la raison et à la tradition : à la raison, puisqu'il se pénètre des conditions constitutives dans lesquelles fonctionnent les juges qu'il saisit ; à la tradition, puisqu'il suit l'exemple du Code d'instruction criminelle, qui déférait déjà les vivants au jury, et la cause du mort à la Cour de Cassation.

Les principes qui, dans le système de la loi régissent l'attribution de juridiction, sont ainsi très nettement précisés.

Le mouvement, l'émotion, la vie des débats oraux contradictoires sont une nécessité de premier ordre pour faire éclater la vérité. La bonne administration de la justice exige donc que le juge ordinaire du fond soit saisi toutes les fois que ces débats pourront se produire devant lui.

S'il sont impossibles, la Cour de Cassation statuera. Elle statuera encore si la personne prétendue homicidée se représente et qu'elle n'ait été victime d'aucun autre crime ou délit, parce que, suivant les expressions du commissaire du Gouvernement, la Cour de Cassation se trouve alors en face d'un fait « clair comme la lumière du jour ».

Hormis ce cas, la Cour de Cassation doit s'effacer devant le juge ordinaire du fait ; il proclamera l'innocence après des débats qui, seuls, peuvent en apporter la certitude. La Cour de Cassation, quelle que soit l'impression produite sur elle par l'étude des pièces du dossier, se bornera à constater de graves présomptions d'innocence.

Alors, comme aujourd'hui, le Procureur général n'en était pas moins tenu de dresser un nouvel acte d'accusation dont la formule finale soumettait au jury la question fixée par l'arrêt de renvoi ; mais cette question n'asservissait ni sa plume, ni sa parole.

Cette procédure édictée après un examen si approfondi n'était pas contraire à la raison. Elle était imposée par la nature même des choses et, comme le dit l'exposé des motifs, par la raison et la tradition.

Le législateur de 1895 a étendu à tous les cas de revision l'unique exception de la loi de 1867 ; le fait « clair comme la lumière du jour », qui vous autorisait à statuer sans renvoi, pouvait, en effet, se rencontrer dans tous les cas. Mais le principe fondamental qui régit l'attribution de juridiction n'a pas été atteint. Son application s'impose lorsqu'elle est possible. Or, ce principe serait méconnu toutes les fois que vous seriez saisis en vertu du § 4 de l'art. 443.

Car telle est en réalité la portée du système soutenu par le Réquisitoire et le Mémoire. Si vous avez le droit de proclamer l'innocence, alors même qu'il existe dans la cause un fait punissable, vous avez le devoir d'user des pleins pouvoirs qui vous sont conférés en matière de revision pour la rechercher. Si vous vous livrez à cette recherche dans une affaire, vous devez vous y livrer dans toutes. Ou l'innocence vous apparaîtra et vous la proclamerez, ou vous reconnaîtrez que, malgré les moyens illimités d'investigation que vous aurez employés, elle n'a pas été découverte et vous rejetterez la demande. Car vous ne sauriez alors renvoyer devant le juge du fond en déclarant qu'il existe des faits nouveaux de nature à établir l'innocence.

Les controverses qui s'étaient élevées en 1867 sur l'attribution de juridiction et qui avaient tenu une si large place dans les trn vaux préparatoires de la loi qu'allait modifier le législateur de 1895 ne lui étaient pas assurément inconnues ; le principe d'après lequel cette attribution avait été réglée était déduit d'une exacte observation expérimentale ; il n'a jamais manifesté l'intention de porter atteinte à ce principe et d'en méconnaître la justesse ; tout au contraire. (Rejet de l'amendement Bernard. Discussion au Sénat de la loi du 1er mars 1899). Est-il admissible, dès lors, que son silence ait introduit dans la loi une réforme qui en bouleverse l'économie au point de vue de la procédure, et à laquelle s'opposent, non seulement le but de notre institution, mais encore les conditions mêmes dans lesquelles elle peut fonctionner ?

Vous ne l'avez pas pensé jusqu'à ce jour, vous ne le penserez pas davantage aujourd'hui. Si des circonstances particulières avaient fait apparaître un vice dans nos lois, il n'appartiendrait pas à votre jurisprudence de les réformer.

Tels sont les principaux arguments qui pourraient être opposés à la thèse de M. le Procureur général et de Me Mornard.

Si vous estimez que les faits nouveaux produits aux débats permettent de la soutenir en droit, vous apprécierez la valeur des considérations qu'elle invoque et de celles qui la combattent — et vous vous demanderez si, les premières devant l'emporter à vos yeux, il convient de faire droit à l'ensemble des conclusions de Mᵉ Mornard, que nous avons rappelées au début de ce rapport, et aux réquisitions de M. le Procureur général.

Vous résoudrez ces questions, comme tout autre problème juridique, en vous élevant au-dessus des contingences.

Sans doute, comme l'a dit M. le Procureur général, il faut en finir. Mais, dans sa pensée comme dans la vôtre, il ne peut y avoir qu'un moyen d'en finir.

C'est, dussions-nous éprouver un regret de n'être pas appelés à dire le dernier mot dans cette affaire, d'appliquer strictement la loi, aujourd'hui comme toujours.

Notre rapport est terminé.

RÉQUISITOIRE

de M. le Procureur général Baudouin[1]

Monsieur le Premier Président,

Messieurs,

L'heure est enfin venue pour moi de remplir le rôle que la loi m'impose et de placer sous vos yeux, en en dégageant les résultats, l'enquête ordonnée par l'arrêt du 5 mars 1904.

De tous mes vœux je pressais ce moment qui va me permettre d'accomplir ce grand devoir de justice dans cette cause où l'intérêt de l'ordre social, lié si étroitement à l'intérêt particulier, a passionné le monde entier et depuis tant d'années tenu les esprits en suspens.

Des gens, intéressés à jeter la suspicion sur notre œuvre qu'ils sentent destinée à étaler en pleine lumière leurs intrigues et leurs crimes, s'en allaient, répétant que la lenteur avec laquelle se déroulait la procédure était la preuve éclatante de notre embarras. Quelle serait notre déroute, disaient-ils; s'il était prouvé que la revision demandée n'est qu'une imposture basée sur une erreur et sur des faux commis par ceux qui la poursuivent !

C'est en ces termes que s'exprimait notamment le journal l'*Eclair*, qui puise ses inspirations dans les confidences du commandant Cuignet dont vous aurez à apprécier le rôle, et dans celles de l'ancien archiviste Gribelin, qui cumule, il n'est pas inutile de le rappeler dès ici, avec le rôle de fabricateur conscient de la fausse comptabilité du service des renseignements, le titre d'administrateur de ce journal.

[1] Le réquisitoire de M. le Procureur général Baudouin a occupé les audiences des 25, 26, 27, 28, 30 juin, 2, 3 juillet, et la première partie de l'audience du 5 juillet 1906.

Qu'ils se tranquillisent, Messieurs, ils vont avoir satisfaction et pourront mesurer avec tous l'œuvre accomplie !

Ils se convaincront comme tous que, s'il peut être question d'embarras, ce n'est pas nous qui l'éprouvons, et que, si nous avons à dénoncer, hélas ! de nombreux faux dans tout ce dossier du bureau des renseignements, où l'on ne peut à vrai dire toucher une pièce, qu'elle ne révèle aussitôt la falsification qui l'entache, nous en connaissons aussi les auteurs et prouvons leur culpabilité dans des conditions telles que la discussion est absolument impossible.

Voilà plus d'un an que personnellement je suis prêt et que j'attends. Mais vous savez les causes multiples qui ont entravé notre marche :

La longueur forcée des recherches qui devaient être opérées avec un soin minutieux et une circonspection prudente dans l'immense quantité de pièces tantôt amoncelées, tantôt dispersées dans les innombrables cartons du Ministère de la Guerre ;

Le nombre considérable de témoins entendus et dont quelques-uns n'ont pas déposé moins de dix, quinze et vingt heures ;

Le temps nécessaire pour exécuter les commissions roga-toires envoyées de tous côtés ;

Puis, l'enquête terminée,

La maladie des uns ;

L'énorme travail qu'exigea pour la rédaction du réquisitoire définitif et celle du rapport l'examen approfondi de toutes ces procédures accumulées pendant plus de dix ans, s'enchevêtrant, se complétant, se contredisant parfois les uns les autres, pour en dégager à l'aide d'une critique serrée les résultats acquis ;

Les exigences impérieuses du service ordinaire et quotidien de la Cour qui ne pouvait être suspendu, et tout particulièrement, à la veille même du jour où les débats allaient pouvoir s'engager ici, cette avalanche de pourvois en matière d'inscriptions électo-rales qui devaient être nécessairement jugés avant l'élection de mai,

Toutes ces raisons diverses ont bien malgré nous retardé l'expédition que j'avais personnellement tout fait pour hâter.

Faut-il le regretter beaucoup ? Je n'en suis pas convaincu.

Ces temporisations inévitables n'ont pas eu que des inconvé-nients. Elles ont eu pour résultat heureux que le calme s'est fait de plus en plus autour de cette affaire ; que les passions si violentes de 1894 et de 1899 se sont peu à peu amorties ; que cette haine furieuse, communicative et tenace, que cette onde de folie qui passait alors sur tout un peuple et mettait à la place de l'opinion et du sentiment de chaque individu, le sentiment et l'opinion d'une foule irrésistiblement entraînée dans un même élan de fureur aveugle, est tombée, et a fait place à la réflexion, au raisonnement, à la pitié, au sentiment inné de la justice, qui ont repris peu à peu toute leur puissance.

Ah certes ! il reste encore dans quelques coins écartés des colères et des haines ! Et de temps en temps de frénétiques efforts de ceux qui furent les principaux meneurs du drame trahissent encore leur ardent désir de galvaniser une opinion qui, ils le sentent bien, les abandonne chaque jour davantage !

Telles ces dernières convulsions d'un volcan qui s'éteint et qui ne manifeste plus sa puissance maudite que par de sourds grondements et d'impuissantes secousses.

Mais, malgré toutes ces tentatives désespérées de la dernière heure, le sang-froid a repris ses droits ; le bon sens a reconquis sa force ; l'humanité s'est ressaisie dans un commun besoin de justice et d'amour ; et nous pouvons aujourd'hui dans le calme et la dignité qui vous conviennent et qui d'ailleurs ne vous ont jamais abandonnés même en plein feu de l'abominable campagne de 1899, nous livrer à l'examen que la justice réclame, et rechercher non pas cette vérité de convention que l'opinion a trop longtemps acceptée, mais la vérité vraie, dégagée de toutes les scories qui l'ont jusqu'ici frelatée, cette vérité dont vous êtes les premiers et les plus dévoués serviteurs.

L'œuvre que j'entreprends est immense ; jamais je n'en ai plus lourdement senti le poids ; jamais je n'en ai mesuré d'un œil plus inquiet la responsabilité. Et ce fardeau, cette responsabilité ne sont pas allégés par le rapport que vous venez d'entendre.

Non pas que je ne sois d'accord avec notre honorable collègue sur de nombreux points, et, je puis le dire, sur les plus importants.

Comme moi notamment, il estime que trois faits nouveaux au moins, découverts et prouvés par l'enquête à laquelle il a été procédé, imposent la revision de la condamnation de 1899, et commandent la cassation du jugement du Conseil de guerre de Rennes.

Mais sur d'autres points nous ne sommes pas du même avis.

Je crois que vous devez retenir, comme justifiant aux termes de la loi la revision, d'autres faits qu'il écarte, non pas qu'il en méconnaisse l'exactitude, mais parce qu'il en conteste la nouveauté.

Il estime surtout qu'il y a lieu de renvoyer l'examen du procès devant un troisième Conseil de guerre et j'ai la conviction profonde qu'il n'est de justice possible dans cette affaire que dans cette enceinte, et que tout, le souci de la paix aussi bien que la loi, vous commande et vous permet d'en finir avec ce déplorable conflit, qui ne peut que s'aggraver en se prolongeant.

J'aurai sur tous ces points à m'expliquer à mon tour. Je le ferai en toute indépendance, dédaigneux de tout autre souci que celui de dégager ma propre responsabilité, et sachant bien que votre décision ne vous sera dictée que par le sentiment du devoir et par la connaissance profonde du droit.

Dans l'accomplissement de ma tâche, je serai contraint d'entrer dans de longs développements, de reprendre l'affaire dans tous ses détails. Je serai ainsi conduit à bien des redites, et je risquerai de fatiguer l'attention de tous les curieux qui ne recherchent ici que de l'inédit.

Mais je n'ai à me soucier que de vous-mêmes. Et dans vos rangs j'en vois beaucoup qui n'ont jusqu'à présent rien connu de tous ces débats si touffus et par cela même si confus, qu'une tactique machiavélique a enchevêtrés comme à plaisir, espérant sans doute que la poussière soulevée de toutes parts cacherait le droit chemin et dérouterait la justice.

Je dois ne rien négliger pour vous éclairer complètement. Je dois remettre sous vos yeux et vous rappeler en même temps tous les éléments connus de décision.

Et je n'en sais pas de plus décisifs que l'étude patiente de toutes ces évolutions de l'accusation, brûlant aujourd'hui ce qu'elle adorait hier, se contredisant brutalement, cyniquement, enlevant en 1894 la condamnation par des arguments qu'elle déclare insoutenables en 1899, à l'aide de pièces qu'elle reconnaît maintenant inapplicables à Dreyfus, obligée d'avouer à l'heure où je parle que nombre des documents invoqués et retenus à Rennes en 1899 ne sont que le résultat d'erreurs grossières aujourd'hui confessées par ceux-là mêmes qui les ont commises, ou le produit de faux désormais démontrés sans le moindre doute possible, luttant pourtant toujours quoique toujours battue, et ne reculant, pour atteindre son but, devant aucun procédé si répugnant soit-il, devant aucun crime si abominable qu'il apparaisse, pour voiler la vérité, pour tromper la justice et le monde, et pour maintenir de propos délibéré cette monstruosité, la condamnation d'un innocent.

La nécessité de cet examen s'impose avec une telle évidence que, malgré notre désir d'abréger ces débats et d'épargner votre fatigue, nous sommes tous, ministère public, avocat, rapporteur, obligés de reprendre tout ce qui est déjà connu, de suivre pied à pied depuis l'origine tous les détails si multiples de cette procédure.

Nous avons mesuré l'acharnement de l'attaque ; nous devons y proportionner la force de la défense ; et vous ne nous pardonneriez pas, vous qui avez à juger, de rien négliger de ce qui peut servir à éclairer vos consciences.

Cette nécessité de reprendre tous les détails s'impose plus spécialement encore à moi.

Je veux établir que vous devez casser sans renvoi le jugement de Rennes, parce que Dreyfus étant innocent, il n'y a plus ni crime ni délit à relever contre lui, et que nous sommes ainsi en face d'un des cas prévus par l'article 445 du Code d'instruction criminelle. Je dois donc prouver l'innocence du condamné, condition même de la conséquence que j'en veux déduire. Et je ne puis le faire qu'en examinant, qu'en pesant, qu'en détruisant une à une toutes les charges qui ont été successivement invoquées contre Dreyfus aussi bien en 1894 qu'en 1899.

Je m'efforcerai d'aller vite, certain que votre bienveillance habituelle saura me pardonner pourtant d'inévitables longueurs, qui ne me seront jamais inspirées que par le sentiment impérieux du devoir à remplir.

Je ne voudrais non plus, Messieurs, dans le développement de ma pensée, céder ni à l'indignation, ni à la pitié ; je ne voudrais rien devoir aux entraînements de la parole non plus qu'à ceux du cœur.

C'est à l'intelligence seule, au bon sens seul que je veux faire appel, à cette universelle conscience qui distingue le bien du mal, à cette universelle raison, qui juge entre l'absurde et le vrai.

Il sera sans doute difficile que parfois quelque émotion ne vienne me troubler au récit de toutes ces manœuvres ourdies pour assurer la perte d'un innocent, du martyre de cet homme arraché à l'amour des siens, aux bras de sa femme, aux baisers de ses enfants, pour subir pendant d'interminables années le plus atroce supplice qui se puisse imaginer.

22

Mais encore une fois ce n'est pas le cœur qui doit parler ici ; c'est la raison seule qui doit vous dicter un arrêt digne de vous, image et complément de la loi, dont vous êtes les fidèles et suprêmes gardiens.

J'entends toutefois accomplir ma tâche tout entière, sans aucun ménagement pour qui que ce soit. Je vous dois la vérité sans réticence, telle que je la vois, telle que je la sens, et je ne dois être arrêté par aucun souci des personnes, quelque sévères que puissent être les appréciations que j'aurai à formuler.

Sans doute la loi d'amnistie du 27 décembre 1900 a dressé au point de vue des responsabilités pénales une infranchissable barrière devant l'action publique. Ma parole n'en sera que plus libre, puisque je n'ai plus à me préoccuper que du côté moral.

Mais à ce point de vue qui tient de si près à celui que met en jeu la revision poursuivie, que l'article 445 du Code d'instruction criminelle vous donne le droit d'annuler non seulement les jugements et arrêts de condamnation, mais encore tous actes qui feraient obstacle à la revision, procès-verbaux faisant foi jusqu'à inscription de faux ou ordonnances d'acquittement, j'ai l'impérieux devoir de dire de chacun tout ce que je pense. Je m'efforcerai d'ailleurs de m'abstenir de toutes violences qui répugnent à mon ministère, et qui ne pourraient que compromettre la mission que j'ai à remplir.

Ai-je besoin d'ajouter que jamais mes paroles ne s'attaqueront à l'armée ?

Ce n'est pas une des moindres habiletés des meneurs de toute cette affaire que d'avoir cherché et pendant longtemps réussi à confondre leur cause et leurs personnes avec l'armée, que d'avoir convaincu toute une portion de l'opinion publique que dénoncer leurs crimes, c'était toucher à l'arche sainte, au grand corps dont ils ne sont que des membres indignes. Nous avons le devoir de protester dès ici contre cette inacceptable solidarité.

L'armée est certainement le groupe social qui mérite le plus le respect et l'admiration de tous les bons citoyens, de tous les hommes de cœur. Elle veille directement sur l'intégrité de la Patrie, sur notre honneur, sur nos foyers, sur tout ce que nous avons, sur tout ce que nous sommes ! Elle tient à toutes nos grandeurs ; elle est la force dans sa suprême beauté, la force désintéressée, silencieuse, animée des plus nobles sentiments, disciplinée et soumise, prête à tous les sacrifices, élevant les âmes même à leur insu, faisant des héros sur les champs de bataille et, dans la paix, des citoyens exemplaires, foyer d'honneur, de courage et d'abnégation. Sa grandeur et sa beauté sont le prix de sa discipline ; et cette discipline n'est pas le résultat de la force ; elle vient de ce que ceux qui commandent ont fait entrer dans l'âme de ceux qui sont commandés la religion du devoir et du drapeau. Par elle les volontés ne sont pas asservies ; elles se soumettent et se pénètrent du but commun pour s'y associer. Et c'est ainsi que se forme et que se dresse cette échelle de dévouement qui commence au soldat, s'élève jusqu'à ses chefs et qui nous sert à tous de rempart. Je n'ai jamais pour mon compte pensé à ce rôle sublime de l'armée, qu'elle remplit si bien, sans concevoir pour elle un respect plein d'émotion et de reconnaissance.

Mais plus nous l'aimons, plus nous la respectons, et plus nous avons le souci de la dégager de toutes ces odieuses responsabilités qu'on cherche à faire peser sur elle à raison des méfaits de quelques-uns de ses membres. Le chirurgien qui perce un abcès, qui coupe un membre gangrené, qui cautérise une blessure empoisonnée, aime-t-il moins le malade qu'il prétend guérir, et dont il poursuit le salut au prix même des plus cruelles souffrances ? Notre rôle est ici le même, et nous ne devons rien négliger de ce qui peut nous permettre de le remplir dans toute la mesure de nos forces.

Peut-être n'est-il pas inutile de tracer dès ici dans ses grandes lignes le plan que j'entends suivre dans ma discussion. La curiosité pourra en être diminuée, mais la clarté de mes réquisitions y gagnera certainement, et c'est là ce qui me préoccupe exclusivement.

Après avoir rappelé comment a été engagée la procédure dont vous êtes saisis, et comment s'est poursuivie l'enquête qu'elle a nécessitée, nous aborderons l'affaire elle-même.

Nous nous demanderons d'abord si le bordereau est un acte de trahison réelle, ou s'il n'est pas l'œuvre d'Esterhazy agissant par ordre du colonel Sandherr, ainsi qu'il le soutient.

Supposant ensuite que le bordereau est vraiment un acte de trahison réelle, nous en rechercherons l'auteur, nous rappellerons comment l'accusation s'est dressée contre Dreyfus ; nous étudierons l'enquête Du Paty de Clam, l'instruction d'Ormescheville, et nous suivrons les débats du premier Conseil de guerre en 1894 ; nous verrons comment la condamnation y a été enlevée grâce au témoignage d'Henry, plus encore grâce à la communication du dossier secret faite au mépris des droits les plus sacrés de la défense, en arrière de l'accusé poignardé dans le dos, sans qu'il ait pu rien répondre à ces pièces, qui, on le reconnaît aujourd'hui, lui étaient inapplicables.

Nous écouterons les protestations de Dreyfus, et nous nous expliquerons sur les tentatives faites auprès de lui, pour l'amener à confesser un crime qu'il n'a point commis ; nous verrons naître et grandir la légende des aveux.

La première revision ayant été ordonnée, nous suivrons l'accusé devant le Conseil de guerre de Rennes en 1899. Et là nous pèserons une à une toutes les charges que l'accusation a successivement invoquées contre Dreyfus : examen graphique du Bordereau, examen technique du Bordereau, dossier secret, dont nous dépouillerons toutes les pièces, les diverses charges morales : la dictée, la lettre du général Vanson, l'obus Robin, l'indiscrétion et le furetage de Dreyfus, l'introduction par lui de personnes étrangères dans les bureaux. Nous rechercherons le mobile du crime : femmes, jeu, cote d'amour, propos antipatriotiques, relations avec l'étranger. Nous y ajouterons les pré tendues révélations faites au cours de la dernière enquête par la femme Bastian, par le déserteur Kadur. Nous nous demanderons s'il est possible d'écarter, comme l'a fait systématiquement l'accusation, tous les témoignages et tous les renseignements qui nous sont venus de l'étranger. Nous les étudierons, nous, avec soin, avec prudence, et nous verrons ce qui en résulte aussi bien pour Dreyfus que contre Esterhazy.

Cet examen terminé, nous aurons, Messieurs, je l'affirme, la certitude absolue de l'innocence de Dreyfus contre lequel ne subsistera pas l'ombre d'un indice de culpabilité.

Nous ne nous en tiendrons pas là, parce que nous ne sommes pas la Défense, mais la Justice, et nous ferons la contrepartie de cette œuvre d'assainissement.

Nous verrons si, tout innocentant Dreyfus, tout au contraire n'accable pas Esterhazy et ne dénonce pas en lui l'auteur responsable du Bordereau.

Nous nous demanderons alors, Messieurs, comment il peut se faire que dans de telles conditions l'innocent ait été condamné et le coupable acquitté ; et nous étudierons un à un les procédés employés par l'Etat-Major d'alors pour atteindre ce double résultat : communication secrète ; suppression de pièces essentielles, protection accordée à Esterhazy ; persécution exercée contre le colonel Picquart ; pression pratiquée sur les témoins à décharge ; racolage de faux témoins ; faux accumulés ; relations avec la presse ; espionnage exercé contre la Cour de Cassation elle-même ! Et nous comprendrons comment l'œuvre d'iniquité a pu s'accomplir.

Nous nous demanderons alors s'il est possible de la réparer, et s'il y a lieu à revision, en d'autres termes si nous sommes dans les conditions exigées par le Code d'instruction criminelle pour permettre la revision ; s'il existe des faits nouveaux qui, découverts postérieurement à la condamnation, sont de nature à établir l'innocence du condamné ; et nous passerons ainsi en revue, soit pour les retenir, soit pour les écarter, le télégramme Guérin, l'incident Cernuszky, le bordereau annoté ou lettre impériale, le fait Val Carlos et la falsification de la comptabilité de la section de statistique, les cours de l'Ecole de guerre, la minute Bayle, la falsification de la pièce 371, celle de la pièce 26.

Nous préciserons enfin, la revision étant justifiée, quelles en doivent être les conséquences, si vous devez casser sans renvoi, ou si vous devez charger un nouveau Conseil de guerre le recommencer l'examen de l'affaire.

Telle est dans ses grandes lignes l'arène que nous avons à parcourir ensemble. La course, vous le voyez, sera longue, et je n'ai pas de temps à perdre. Sans autre préambule j'entame aussitôt ma démonstration.

I

J'ai été chargé par M. le Garde des Sceaux, Ministre de la Justice, aux termes d'une lettre du 25 décembre 1903, dont vous avez le texte sous les yeux, de poursuivre devant vous la revision de la condamnation à 10 ans de détention et à la dégradation militaire, prononcée le 9 septembre 1899 contre Alfred Dreyfus, par jugement du Conseil de guerre de Rennes, pour crime de haute trahison commis par la livraison à une puissance étrangère, dans le but de lui donner les moyens d'entreprendre la guerre contre la France, de notes et documents énumérés dans un bordereau saisi au cours des poursuites.

La lettre de M. le Garde des Sceaux relevait deux faits nouveaux qui lui semblaient de nature à justifier la revision (article 443, § 4, du Code d'instruction criminelle) :

1° La falsification de la pièce 371 du dossier secret dans laquelle la lettre D... a été frauduleusement substituée à la lettre P..., dans le but de rendre cette pièce applicable à Dreyfus qu'elle ne concernait pas.

2° La falsification de la pièce 26 du même dossier, dont la date, 28 mars 1895, a été supprimée et remplacée par une annotation : « avril 1894 », pour en faire une charge contre Dreyfus à qui elle ne pouvait s'appliquer.

M. le Garde des Sceaux signalait en outre un troisième fait,

« qui, considéré isolément, apparaissait comme insuffisant pour constituer un fait nouveau, mais qui, rapproché du fait précédent, lui semblait devoir être utilement signalé à la Cour de Cassation, qui appréciera s'il doit être retenu comme élément légal de revision ».

C'est la réfection frauduleuse de toute la comptabilité de la Section de statistique du 1er janvier 1896 au 31 octobre 1897, ainsi que la falsification des registres antérieurs, dans le but de dissimuler la qualité vraie d'agent salarié du Bureau des renseignements de M. le marquis de Val Carlos, dont l'accusation invoquait le témoignage contre Dreyfus, en le présentant comme un témoin désintéressé et par suite digne de foi.

De son côté Dreyfus, intervenant au débat, signalait divers autres faits qui, suivant lui, rentraient dans les termes de l'article 443, § 4, du Code d'instruction criminelle.

La Chambre criminelle a voulu tout apurer.

Elle en avait incontestablement le droit.

Certes, il n'appartient qu'au Ministre de la Justice de saisir la Cour de Cassation de la demande en revision, lorsqu'elle est basée sur le quatrième cas prévu par l'article 443. Il remplit alors, après avoir pris l'avis de la Commission spéciale que la loi a établie au Ministère de la Justice, le rôle d'une sorte de Chambre des Requêtes, ne laissant parvenir à la Cour suprême que les demandes s'appuyant sur des motifs sérieux.

Mais lorsqu'il a usé de son droit, renvoyé le pourvoi en revision devant la Cour de Cassation, le pouvoir d'appréciation de celle-ci s'exerce en pleine liberté. Saisie de toute l'affaire, elle procède avec les pouvoirs les plus larges que rien ne limite, dans les formes dont elle est seule juge et qui lui paraissent de nature à conduire à la manifestation de la vérité.

Elle a donc, ainsi que vous l'avez fait déjà lors de la première revision dans cette affaire même, le droit d'étendre son examen à des faits qui n'ont pas été visés par la lettre ministérielle et de relever d'office tous les moyens qui lui semblent justifier la demande.

La Chambre criminelle s'est conformée à ces principes, et résolue à ne rien négliger pour faire autant qu'il était en son pouvoir la lumière tout entière, elle a porté son étude sur tous les points qui lui paraissaient obscurs. Elle a reçu, pendant son enquête, communication de tous les documents que renferment les archives du Ministère de la guerre. Ce n'est pas sans peine que ce résultat voulu dès la première heure par le général André a été obtenu, et ce n'est pas une des moindres singularités de cette étrange affaire que la résistance sourde et obstinée que les ordres du Ministre lui-même ont rencontrée presque jusqu'à la dernière heure dans ses bureaux. Il a fallu que le délégué du Ministre, le commandant Targe, recherchât directement ce qui ne lui était pas donné volontairement ; et j'ai à peine besoin de dire qu'il a été à cette occasion « honoré des injures d'une certaine presse et traité de cambrioleur », parce qu'après avoir fait rassembler par le chef d'Etat-Major toutes les clefs des locaux, armoires, tables et coffres du deuxième bureau, il a, en présence du colonel, chef de ce bureau, procédé au recensement de toutes les archives de ce service et découvert de nouvelles et fort importantes pièces qui jusque-là avaient été dissimulées et qui ont jeté sur les agissements de la Section de statistique les éclaircissements les plus curieux et les plus singuliers.

Dois-je, Messieurs, justifier ici les formes que la Chambre criminelle a observées dans son enquête ? Dois-je rappeler que nulle part la loi ne les a indiquées ? qu'elle s'en est remise à votre prudence, à votre sagesse, parce que, vous ayant confié le soin de rechercher la vérité, elle n'a voulu par aucune prescription imprudente vous entraver dans votre marche et dans vos investigations ?

Veut-on critiquer la présence, lors de l'audition des témoins, de votre Procureur général et de l'avocat de Dreyfus ? Votre Chambre criminelle l'a autorisée sur mes réquisitions écrites par un arrêt du 7 mars 1904, ne faisant en cela que se conformer à l'enseignement que vous-mêmes lui aviez donné, lorsque vos

Chambres réunies ont, en 1899, procédé à un supplément d'enquête contradictoirement avec le Ministère public de la Défense.

Et j'ai le droit de dire qu'il suffit de lire le procès-verbal de
l'enquête qui vient d'être faite, pour être convaincu que, si la
présence de Mᵉ Mornard et la mienne ont pu parfois sembler
gênantes pour quelques témoins, tels que le général Gonse, le
général Roget, Du Paty de Clam, Cuignet, Val Carlos ou
Gribelin, elles n'ont pas du moins été inutiles à la manifestation
de la vérité.

S'étonnera-t-on de l'emploi tout à fait nouveau de la sténographie pour recueillir les déclarations des témoins ?

En quoi donc pourrait-il être critiqué ? Ne recherchons-nous
pas l'exactitude rigoureuse ? Et rien vaut-il à ce point de vue
ce mode de constatation qui saisit et reproduit, comme la photographie elle-même le fait pour les corps, les nuances les plus
rapides, les plus fugitives de la parole humaine ?

C'est ce procédé qu'emploie maintenant la Justice en de
nombreux pays, dans 42 des Etats de l'Amérique du Nord, en
Allemagne où nous trouvons un fonctionnaire spécial pour les
questions sténographiques (Vereidigter sach verstandiger für
Stenographie), en Angleterre où la sténographie a acquis un très
large développement pratique et officiel, en Autriche où la loi
du 1ᵉʳ août 1893 l'organise, en Espagne où l'article 103 de la loi
sur le jury la règle, au Canada où les débats de toute affaire
susceptible d'aller en appel sont recueillis par des sténographes
désignés par la Cour.

C'est ce procédé que nous avons employé. Certes il en résulte
parfois des longueurs quelque peu rebutantes ; mais au moins
la déposition est-elle là dans sa vérité même, et à voir les efforts
tentés dans ces derniers temps par certains témoins, tels que
le commandant Cuignet, pour travestir leurs dépositions ou le
récit des incidents qui les ont accompagnées, je ne saurais trop
me féliciter de l'heureuse inspiration que nous avons eue !

Non ! il n'est plus possible de rien changer aux dépositions,
d'y rien ajouter, d'en rien retrancher. Le burin a passé par là et
gravé à jamais les déclarations faites.

Comment ces déclarations pourraient-elles au surplus être
contestées ? N'ont-elles pas été relues aux témoins, complétées
ou rectifiées par eux, signées par eux ?

L'épreuve faite en cette occasion est assurément décisive.

Et il serait à souhaiter que l'usage de la sténographie, si parfaite quand elle est, comme dans notre affaire, confiée à des hommes scrupuleux et expérimentés, se généralisât et devînt une impérieuse obligation, toutes les fois qu'il s'agit de recueillir pour une œuvre de justice les déclarations de l'homme.

Vous avez donc, Messieurs, sous les yeux les dépositions complètes, rigoureusement exactes de tous les témoins entendus et, en les lisant, vous avez pu ressentir comme l'impression directe que ces témoignages eux-mêmes eussent produite sur vous. Je ne connais pas de meilleures conditions pour bien juger.

Abordons donc sans plus tarder et sans préoccupations vaines l'examen des faits eux-mêmes.

II

Depuis longtemps, en 1894, le Ministère de la Guerre savait qu'un vaste système d'espionnage avait été organisé autour de lui par diverses nations étrangères et qu'il fonctionnait en France sous la direction des attachés militaires de ces pays [1].

Ceux-ci se mettaient généralement en rapports personnels et directs avec les personnes qu'ils chargeaient de les renseigner. Souvent aussi ils traitaient par l'intermédiaire de certains de leurs collègues appartenant à d'autres nations.

A diverses reprises des observations avaient été présentées ; elles avaient en 1892 pris un caractère plus pressant, et le Gouvernement avait ainsi dû intervenir avec insistance pour obtenir le rappel de deux attachés plus particulièrement compromis.

Cinq affaires avaient en outre été soumises à la Justice : l'affaire Thomas de Bourges en 1888 (Cordier, Rennes II, 502, Fischer, Rennes III, 139) [2]; l'affaire de Calais (Cordier, Rennes II, 503) [3]; l'affaire Boutonnet, archiviste de St-Thomas-d'Aquin (Cordier, Rennes II, 504, Gribelin, Rennes I, 589) [4], condamné

[1] Note secrète sur la manière dont sont nées les premières suspicions contre Dreyfus, dossier I, Cour de Cassation, liasse nᵘ 1, dossier nᵒ 3, II, 3.
[2] Rennes, II, 502, III, 139.
[3] Rennes, II, 503.
[4] Rennes, II. 504, I. 589.

aux travaux forcés ; l'affaire Greiner du Ministère de la Marine (20 ans de travaux forcés, 6 septembre 1892 Assises Seine (Cordier, Rennes II. 504, Gribelin, Rennes I. 590 (1) ; enfin en 1893 l'affaire Milescamps (Lauth, Rennes I. 606 (2).

En juin 1893, des documents provenant de l'attaché militaire A... étaient tombés aux mains de notre Service des renseignements installé au Ministère de la Guerre sous la direction du colonel Sandherr à l'effet de combattre ces manœuvres. Ils ne laissaient aucun doute sur les agissements de cet attaché A... Une note d'avril 1893 de sa main était en effet ainsi conçue :

Restituerai les feuilles 24 et 27 de Toul déjà livrées en noir, demandées en couleur. Restituerai également feuille de Reims 102, levé de 1880 déjà livré : demandé une levée (sic) plus récente. Demandé encore nouveaux levés indicant (sic) les fortifications Toul, Nancy, 6, 7, 13-77, 78, 82, 83, 96. Canevas. Tableaux d'assemblage Langres 27 ; Neufchateau 16, 21 (3).

Le 8 juin 1893, le général de Miribel, alors chef d'Etat-Major, porteur de cette note, et accompagné d'un officier du service, fit une démarche personnelle auprès du général Mensier, directeur du génie, pour lui demander une enquête ; elle ne donna aucun résultat.

En janvier 1894, une deuxième note fut saisie.. encore de la main d'A...

Vous avez encore 600 francs d'avances. Je prendrai pour les 600 francs des plans d'Albertville, Briançon, mais seulement à 10 francs la pièce. Je prendrai tous les plans de Mézières, Langres, Givet, Ayvelles, Montmédy, Péronne, ainsi que les feuilles neuves de deux rives de la Moselle et de la Meurthe, sur lesquelles se trouvent dessinées les fortifications. Les nouveaux plans de Verdun (276-450) devraient être pris ainsi que ceux de Mézières (4).

De nouvelles enquêtes furent faites à la direction du génie, au service géographique ; elles n'aboutirent pas. Il en fut de même de la surveillance exercée sur les Bureaux du Ministère, et, dit le colonel Cordier (Rennes II. 511)

« on en était un peu humilié ».

La situation fut signalée au général Mercier, lorsque celui-ci prit en décembre 1893 la direction du Ministère de la. Guerre. Elle donna lieu de sa part à des instructions sévères, et, pour rendre la surveillance plus efficace, à une augmentation du crédit

(1) Rennes, II. 504, I. 590.
(2) Rennes, I. 606.
(3) Dossier secret, pièces 20 et 20 bis.
(4) Dossier secret pièce 35.

alloué à la Section de statistique. C'est qu'en effet on projetait dès ce moment de mettre à l'étude un nouveau plan de mobilisation, et il était nécessaire de redoubler de vigilance.

En avril 1894 arriva la lettre

« Ce canaille de D... »

Dans la conviction que le traître ne pouvait se trouver que parmi les huissiers ou garçons de bureaux, on rechercha parmi ceux-ci ceux dont le nom commençait par un D... (1). On surveilla ainsi un nommé Dachez, dont l'attitude semblait louche ; c'était un ivrogne, un alcoolique ; mais on ne trouva rien autre chose.

Il en fut de même d'un nommé Dubois qui n'appartenait pas au Ministère de la Guerre et qui avait offert à l'attaché militaire B... de lui vendre le secret de la poudre sans fumée. L'offre était sans importance à ce moment. L'homme — peu intelligent — sembla hors d'état de fournir les documents remis à A... et à B... (2).

Peu après, au commencement de mai ou à la fin d'avril 1894, l'un des agents du service, dont nous aurons souvent à parler, Guénée, signala qu'une personne généralement bien renseignée était d'avis que les investigations n'aboutiraient pas, tant qu'on ne se déciderait pas à surveiller le personnel autre que celui des garçons de bureau et des huissiers (3).

Cette allusion au personnel officier causa un sérieux étonnement. Des ordres furent cependant donnés pour que la surveillance la plus rigoureuse fût exercée sur tout le personnel. Elle fut presque exagérée, dit le général de Boisdeffre (4) et s'étendit jusqu'au général Roget (5), jusqu'au commandant Cuignet (6). Elle ne donna rien.

Un second rapport de Guénée vint pourtant confirmer le premier. L'informateur affirmait que les attachés A... et B... étaient admirablement renseignés par un officier appartenant à l'Etat-Major de l'armée... au deuxième bureau, tout en ajoutant qu'il ne connaissait pas le nom de cet officier, et que, s'il le connaissait, il ne le dirait pas.

Les choses en étaient là, lorsque vers la fin de septembre 1894, entre le 20 et le 25 (nous dit-on aujourd'hui), le bureau des ren-

(1) Rennes, I. 588.
(2) Dossier secret pièce 34.
(3) E. c. I. 471.
(4) E. c. 472. — I. 615. Rennes, I. 588.
(5) E. c. I. 615.
(6) E. c. I. 898.

seignements fut mis en possession de la pièce qu'on a appelée le *Bordereau*.

C'était une lettre missive, écrite sur papier pelure quadrillé, annonçant l'envoi de divers documents, dont la livraison semblait constituer un acte de trahison (1).

Il est connu de tous ; vous en avez la photographie sous les yeux ; et nous aurons tant à revenir sur ses termes que je juge inutile de vous en donner en ce moment lecture.

D'où venait-il et comment était-il parvenu à la Section de statistique ?

Tout de suite nous nous heurtons à l'incertitude la plus grave. Le fait mérite cependant d'être élucidé et fixé, s'il est possible.

L'accusation dressée contre Dreyfus n'a eu à son origine d'autre base que le Bordereau dont on l'a dit l'auteur.

Et nous verrons que le général Mercier reconnaît lui-même qu'à l'heure actuelle il reste avec les prétendus aveux de Dreyfus l'unique charge qui puisse être invoquée contre lui.

Constitue-t-il donc un fait de trahison réelle ? Ou n'est-il qu'un acte établi pour faire croire à l'existence d'une trahison dont on n'avait pas la preuve, et dont on voulait se donner le moyen de rechercher et de dénoncer l'auteur ; ce qu'Esterhazy dans son langage imagé a appelé une « lettre de change tirée sur la culpabilité de Dreyfus ».

C'est ce que nous avons tout d'abord à rechercher.

III

La question, dit-on, n'est pas nouvelle. Soulevée en 1899, elle aurait été abandonnée par le Procureur général, par la défense elle-même.

Me Mornard disait dans son mémoire d'alors (p. 181) :

Il faut reconnaître que l'hypothèse présentant le Bordereau comme document forgé et présentant Henry comme recevant et apportant lui-même cette pièce au Ministère ne peut plus guère se concilier avec les résultats de l'instruction (2).

Mais depuis 1899 la situation ne s'est-elle pas considérablement modifiée ? Les déclarations d'Esterhazy sur lesquelles

(1) Réquisitoire p. 212.
(2) Rap. B.-B. p. 135.

on discutait alors étaient vagues, imprécises... Il soutenait lui-même

« qu'on en tirait des interprétations qu'elles ne comportaient pas » (1).

Elles ont pris depuis ce moment une netteté, une précision, une insistance qu'on ne peut pas méconnaître.

Il est donc impossible de ne pas tout au moins les examiner dans tous leurs détails, de ne pas en peser tous les termes, de ne pas les confronter avec tous les autres faits, pour en vérifier autant que possible les allégations.

C'est ce que nous devons faire.

Premier fait énorme, capital, que nous devons tout de suite signaler. Il n'est pas douteux que le Bordereau n'ait été écrit de la main d'Esterhazy.

Celui-ci l'a à la vérité longtemps nié, lorsqu'il obéissait aux ordres de l'Etat-Major qui le défendait en revanche avec une passion dont personne n'a perdu le souvenir, et sur laquelle nous aurons à revenir. Mais lorsqu'il s'est vu abandonné à lui-même, mis en réforme, obligé de fuir à l'étranger, lorsque d'autre part l'expertise ordonnée par vous en 1899 eut établi à l'évidence la matérialité du fait, lorsque les investigations de l'information eurent retrouvé entre ses mains, à l'époque même où le Bordereau a été écrit, le même papier pelure que celui sur lequel ce document est écrit, il se décida à avouer ce qui était déjà établi sans discussion possible, à savoir qu'il avait écrit de sa main le Bordereau.

Déjà la vérité lui avait parfois échappé. Tel un cheval vicieux qui, même sous l'éperon et la cravache, se cabre, pointe et s'emballe, Esterhazy s'était parfois emporté, au mépris des instructions qu'il avait reçues, sous le mépris qui le flagellait et qui l'exaspérait.

C'est ainsi qu'au cours du procès Zola, il avait manifesté son irritation de l'attitude des officiers à son égard.

« Le premier jour, dans la salle des Pas-Perdus, vous a dit M. Chincholle lors de l'enquête de 1899 (2), tous les officiers, sans exception, semblaient le fuir, et il se promenait seul avec des amis civils; dans la deuxième journée, au contraire, il est venu, encadré de deux officiers ; avant l'audience d'autres officiers ont causé avec lui, l'ont admis près d'eux. Pendant la suspension d'audience, au contraire, il s'est retrouvé seul et a semblé fort irrité.

Le troisième jour (je le crois) son abandon fut encore plus complet,

(1) E. c. I. 83.
(2) Cass. I. 180.

son irritation plus vive. Pendant la suspension d'audience, il s'élança dans la galerie Marchande où des amis civils allèrent au-devant de lui, semblant lui dire de se calmer ; ces personnes étaient au nombre de quatre ou cinq. Passant tout près du groupe, j'entendis fort distinctement d'''abord cette phrase : « Ils m'embêtent, à la fin, avec leur Bordereau. Eh bien ! oui, je l'ai écrit, mais ce n'est pas moi qui l'ai fait : je l'ai fait par ordre. »

Esterhazy a nié ce propos (1).

Mais un second incident se produisit presqu'aussitôt, plus caractéristique encore.

Le 11 janvier 1898, Esterhazy avait été acquitté par le Conseil de guerre. Mais il était bientôt déféré à un Conseil d'enquête appelé par le ministre, M. Cavaignac, à donner son avis sur sa mise en réforme. Il avait été de plus arrêté et détenu quelques jours sur mandat décerné par le juge d'instruction, M. Bertulus.

A sa sortie de la prison, M. Strong Rowland, correspondant du *New-York Times*, de l'*Observer* et de la *St-James Gazette*, qui est en relations assez fréquentes avec lui depuis octobre précédent, vient le voir sur sa demande.

Il le trouve

« dans un état d'excitation extrême, annonçant qu'il allait tout dire... que ce serait la ruine de du Paty de Clam, et de tous les gens qui l'ont abandonné » (2);

répétant (le lendemain) que

« si on lui arrachait ses épaulettes, il ferait tout pour entraîner la ruine de ceux qui le lâchaient »;

au sortir du Conseil d'enquête,

« continuant à annoncer qu'il dirait tout ce qu'il savait sur tout le monde, traitant d'abominables les procédés de l'Etat-Major, non pas seulement contre lui Esterhazy, mais également contre Dreyfus, vis-à-vis de qui, pour obtenir sa condamnation, l'Etat-Major a eu recours à des moyens atroces »;

et finissant par s'écrier, alors que son interlocuteur lui rapportait un propos de Me Léon Daudet disant

« qu'il se pouvait bien qu'Esterhazy ne fût ni un traître ni un bandit, mais qu'il était certainement l'auteur du Bordereau » (3).
« Eh bien ! écoutez donc ! Si j'allais dans une rédaction d'un journal à l'étranger (car je ne puis le faire ici), et si je disais que je suis tel et tel, et que je suis l'auteur du Bordereau, et que je l'ai écrit dans telle ou telle condition, ne croyez-vous pas que cela ferait sensation? — Sensation, oui, lui répondis-je ; mais je crois que cela n'étonnerait pas beaucoup de

(1) Cass. 416-421.
(2) Cass. p. 517.
(3) Cass. II. 518.

monde... Mais pourquoi avez-vous écrit ce Bordereau ? — Sans nulle hésitation, il m'a répondu : « Je l'ai écrit sur l'ordre du colonel Sandherr.»

Ensuite il s'expliqua : « Si, dit-il, j'ai écrit le Bordereau sur l'ordre du colonel Sandherr, c'est que l'Etat-Major désirait posséder une preuve matérielle contre Dreyfus, à l'égard duquel il n'y avait que des preuves morales... On avait alors, ajoutait Esterhazy, décidé d'arrêter Dreyfus, et de le traduire devant un Conseil de guerre ; mais, pour avoir une preuve matérielle et pour assurer la condamnation, le colonel Sandherr m'avait dit à moi, Esterhazy, d'écrire le Bordereau, et je l'ai écrit sans déguiser mon écriture. Lorsque Dreyfus a comparu devant le Conseil de guerre, le Bordereau a été montré à ce Conseil (1). »

Ce récit confirmé, développé par Esterhazy devant M. Fielders, journaliste américain, devant Mme Beer, directrice de l'*Observer*, a fait l'objet de cinq articles publiés dans ce journal (2).

Je sais bien qu'Esterhazy les a démentis dans le *Morning Leader*, le *Daily News*, la *Libre Parole* (3), et qu'à ce sujet il y a eu entre lui et Mme Beer de nombreux démêlés judiciaires terminés par une transaction.

Mais Esterhazy ne s'en est pas tenu à ces déclarations. La veille même du jour où vos Chambres réunies allaient rendre leur arrêt, c'est-à-dire le 2 juin 1899, il se trouvait à Londres, en face de l'un des rédacteurs du *Matin*, Serge Basset, dit Paul Ribon ; et dans un interview que celui-ci lui faisait subir, il lui déclarait encore et catégoriquement qu'il était l'auteur du bordereau. Il faut lire le récit qu'en a fait Serge Basset au Conseil de guerre de Rennes (4).

Il vient d'apprendre à Esterhazy de mauvaises nouvelles : la déclaration faite à l'audience par le rapporteur M. Ballot-Beaupré qu'en son âme et conscience il le croit l'auteur du bordereau ; la demande en divorce formée par Mme Esterhazy.

Esterhazy est atterré, se lamente ; Serge Basset a pitié de lui, et :

« naïvement, sans aucune préoccupation de métier, je lui dis : « Si les généraux, après avoir imposé à votre dévouement les missions, dites-vous, les plus difficiles, les plus dangereuses, vous abandonnent, ce sont de grands coupables et vous avez le devoir, pour vos enfants, de vous dégager de toute compromission avec eux ; il faut dire la vérité tout entière : vous assurerez ainsi votre tranquillité personnelle (j'insistai sur ce point), et vous vous préparerez un moyen de défense contre des accusations dont le flot peut rejaillir sur vos enfants. »

(1) Cfr. Strong Rowland. Rennes, II. 287 et suivants.
(2) Cass. 518, 587.
(3) *Temps*, 28, sept. 1808. *Libre Parole*, 31, sept. 1898. *Matin*, 1er oct., 1898.
(4) Rennes, III, 386 et 3.

« J'avais parlé en toute sincérité ; le commandant le comprit. Il réfléchit pendant quelques instants, et il me dit tout d'un coup... « Ecoutez, Ribon, je crois que vous avez raison ; je vais dire la vérité ; eh bien ! je vais vous dire quelque chose que peu de personnes ont su jusqu'à présent : c'est moi qui ai fait le Bordereau ! »

« A cette déclaration inopinée, je restai interloqué : « Comment ! c'est vous ? » Il me dit : « Oui, c'est moi qui, en 1894, ai écrit le Bordereau, à la prière du colonel Sandherr, mon supérieur. Il y avait à l'Etat-Major un officier qui trahissait ; cet officier s'appelait Dreyfus. Il fallait le pincer : voilà comment j'ai écrit le Bordereau ; quant à dire pourquoi, je le dirai plus tard. »

« Il l'a dit en effet plus tard.

« Je vous avoue que j'étais tout interloqué, et qu'il me sembla qu'un frisson passait sur moi. Quand je fus un peu remis, je lui dis : « Comment avez-vous pu porter le poids de ce secret pendant quatre ans ? » — Il me répondit : « Si vous saviez toutes les sollicitations dont j'ai été l'objet de la part des dreyfusards, de la part de mes parents, de la part de mes amis, de la part de mes proches, de la part des généraux, de la part de l'Etat-Major ! Il y a six mois, j'ai voulu faire cette déclaration. L'Etat-Major m'a impérieusement ordonné de me taire ; il y avait à cette époque-là une centaine de gens qui s'accrochaient à mes basques, me suppliant de ne pas parler, de rester le soldat dévoué que j'avais été, de rester le dernier rejeton de toute une lignée de généraux illustres. »

« Voilà, Monsieur le Président, non seulement le sens, mais à quelques expressions près, les termes de la déclaration du commandant Esterhazy. Vous pensez que quand on a entendu des choses semblables, on ne les oublie pas (1). »

Ce récit, Basset l'a envoyé à son journal, non pas rédigé par lui, mais dicté par Esterhazy, authentiqué par lui dans une note signée et datée de sa main, ainsi conçue :

« J'affirme que l'article paru dans le *Matin* sous la signature de M. Paul Ribon, et rapportant les déclarations que je lui ai faites relativement au Bordereau est rigoureusement exact et rapporte textuellement mes propres paroles.

Londres, le 4 juin 1899.

Commandant Esterhazy (2). »

Cette note a été saisie dans les bureaux du *Matin* ; elle est au dossier de Rennes (liasse 7, pièce 45).

Son contenu a été deux fois confirmé par Esterhazy 1° dans une lettre à son avocat, Mᵉ Cabanes, qui a été versée dans la dernière enquête par M. Reinach à qui elle a été apportée, et qui est ainsi conçue :

« Cher Maître, je ne partage pas votre sentiment ; il m'importait peu, en effet, d'être ou non l'auteur de la revision ; ce qui m'importait, c'était de me défendre, moi et moi seul, abandonné de tous, et c'est pour cela que je devais parler. Ce qui est fait est fait... Demain je parle ; j'en ai

(1) Rennes, III, 385, 386.
(2) Rennes, III. 386.

assez. Vous lirez mon interview. Ce sont ces misérables lâches qui l'ont voulu ; que cela retombe sur leur tête ! » (1).

2° dans une lettre d'Esterhazy au commandant Carrière du 6 août 1899, dans laquelle il dit :

Vous avez saisi dans les bureaux du *Matin* l'article dans lequel je raconte en détail ces faits. Cet article est de ma main ; je n'ai rien à y changer, et je jure qu'il est l'expression de la vérité (2).

Le lendemain de son entretien avec Basset, Esterhazy répétait le même récit devant M. Deffès, rédacteur du *Temps* (3).

Pendant tout le cours du procès de Rennes, il n'a cessé d'écrire aux juges du Conseil, au Commissaire du Gouvernement au général Roget (4). Sur la demande de Mᵉ Labori, ces lettres ont été versées au dossier. Dans toutes il reproduit sa version.

Je ne puis ici vous les lire toutes. Il y en a 19. Nous les avons imprimées in-extenso, et vous en avez pris connaissance (5). Permettez-moi de ne détacher que quelques fragments de la longue épître qu'il a adressée le 6 août 1899 au commandant Carrière (6).

Il y donne en entier son récit, raconte sa liaison avec le colonel Sandherr, ses relations par ordre avec l'attaché A..., les conditions dans lesquelles il fut amené à écrire le Bordereau, la manière dont cette pièce a été reprise chez A..., sans que celui-ci en ait jamais eu connaissance.

Après avoir expliqué les raisons qui l'empêchent de venir à Rennes

« sans ressources... et ne pouvant, déshonoré comme il l'est, par la lâcheté de tant de gens, déposer sous la formule ordinaire du serment ».

il continue en ces termes :

Mais je veux dire certaines choses et en jurer la vérité devant Dieu, auquel je crois de toutes mes forces, et par les deux sentiments qui restent aujourd'hui les seuls vivants dans mon cœur, la mémoire sacrée de mon père qui fut l'un des plus glorieux chefs de l'armée française, et l'amour que j'ai pour mes enfants. Par cette mémoire qui fut jadis mon orgueil, par cette tendresse qui tient toute mon âme, je jure la vérité des faits suivants.

Il raconte alors comment il a connu le colonel Sandherr, à

(1) E. c. I, 551.
(2) E. c. II. 447.
(3) Rennes, III, 409.
(4) Rennes, III. 391, 394.
(5) E. c. II, 451 à 482.
(6) E. c. II, 444.

23

ce moment capitaine... lors de l'expédition de Tunisie... au Service des renseignements où il était lui-même. Les relations de service devinrent bientôt des relations d'amitié ; elles ont toujours continué malgré l'éloignement des garnisons. Sandherr se donnait corps et âme à son service. Plein de la haine de l'ennemi héréditaire, il déplorait la faiblesse du Gouvernement vis-à-vis de lui..., ne se tenait par de fureur devant les félonies de l'espionnage étranger exercé au mépris des engagements d'honneur les plus sacrés. Les fuites nombreuses qui s'opéraient au Ministère de la Guerre le mettaient hors de lui. Le Gouvernement refusait de mettre la main sur les émissaires qui mouchaient autour de lui.

« C'est alors que le colonel Sandherr me proposa en juillet 1894 d'entrer en relations avec l'attaché militaire A... C'était un acte vil dont Sandherr était incapable, dit majestueusement le général Gonse, qui n'a pas craint de singulièrement altérer la vérité à mon sujet, à propos de ses rapports avec moi, de sa conduite au cours de mon instruction... A ce compte-là bien des officiers employés aux renseignements auraient commis des actes vils ; et, au surplus, y a-t-il un acte vil, quand il s'agit de défendre son pays, à de pareilles intrigues ?.. J'entrai donc, à la demande du colonel Sandherr, en relations avec A.., et cela, je le répète, en juillet 1894.

Très infatué de lui-même, infiniment moins au courant que je ne l'eusse cru des choses les plus élémentaires de notre système militaire, cet officier n'était pas difficile à abuser. Je m'y employai de mon mieux en me conformant strictement aux prescriptions qui m'étaient données, aux indications que je recevais. Et c'est dans une discussion très vive, voulue par mon chef et amenée par moi sur la supériorité du service des renseignements (étranger) comparé avec le service français que A.., qui affirmait avoir à son service un grand nombre d'officiers français, fit allusion en propres termes à un officier dont il disposait au Ministère de la Guerre, un capitaine et un artilleur encore (sic). Je rendis immédiatement compte au colonel Sandherr de cette conversation. « Je sais qui c'est, et je tiens mon homme », me dit-il. Quelques jours après il me dicta le Bordereau que j'écrivis au crayon et recopiai chez moi, et que, conformément à mes instructions, je portai ensuite chez A... — profitant d'une époque où nous savions A... absent de Paris, en congé... — Ce document a été pris dans la loge du concierge. Il a été pris intact sous son enveloppe et apporté par X... employé, notre agent. Il a été déchiré pour faire croire qu'il venait du cornet. Telle est la vérité absolue. Vous avez saisi dans les bureaux du *Matin* l'article dans lequel je raconte en détail ces faits. Cet article est de ma main. Je n'ai rien à y changer, et je jure qu'il est l'expression de la vérité. »

Et, dans sa lettre du 29 août, au général Roget, après avoir lu la déposition de M. Bertillon, il écrit :

« Je n'ai rien à répondre à ce Bertillon, à ce fou misérable, dont la place est à Bicêtre ou au bagne, et qu'en six lignes je clouerais sans réplique autrement que par les discours idiots du juif Paraf... Il est désolant de ne pas avoir voulu dire la vérité et le rôle de Sandherr qui expliquait tout. Que ce soit odieux et stupide, comme dit cet invraisemblable Gendron, cela est. Que Sandherr ait cédé à un moment de folie, que j'aie été fou d'y consentir, tout cela est possible, mais cela est. »

Tout ceci est encore répété par Esterhazy dans ses lettres au général Roget des 24, 28 et 29 août 1899 (1). Et c'est ce même récit qu'il a maintenu les 22, 26 février, 5 mars 1900, dans la déposition qu'il a faite sur commission rogatoire devant le Consul de France à Londres (2). Vous en avez les procès-verbaux.

Ce récit a été contesté de la façon la plus vive. Le général Mercier le traite de mensonge (3) ; le général de Boisdeffre dit qu'il ne tient pas debout. Bertillon prétend qu'il est « rocambolesque ». Mérite-t-il un tel dédain ? Et ne vaut-il pas un examen sérieux ?

En lui-même il n'a rien d'invraisemblable ; et il cadre en premier lieu avec les faits matériels qui ont pu être contrôlés.

L'écriture d'Esterhazy est identique à celle du bordereau !

Cette identité est signalée dès la première heure par tous.

Dès que le colonel Picquart rapproche du Bordereau les lettres d'Esterhazy que sur l'ordre du ministre lui communiquent le commandant Thévenet et le capitaine Calmon-Maison, il est stupéfait de leur ressemblance éclatante (4).

Il les montre au graphologue éminent qu'est M. du Paty de Clam, qui, vous le savez, tient l'écriture du Bordereau pour un composé de celles d'Alfred et de Mathieu Dreyfus. M. du Paty ne s'y trompe pas. Il reconnaît du premier coup d'œil l'écriture de Mathieu (5).

M. Bertillon est plus net encore. Dès qu'il aperçoit l'écriture d'Esterhazy aux mains du colonel Picquart :

« Ah ! s'écrie-t-il, c'est l'écriture du Bordereau ! » Et quand le colonel Picquart lui dit : « Prenez garde ! si c'était une écriture récente et courante ? »

Il réplique :

« Quelle admirable imitation ! Alors les Juifs ont exercé quelqu'un depuis un an pour imiter cette écriture. Ils n'ont pu arriver à ce résultat qu'en calquant. Je vais faire mes recherches en ce sens (6) ! »

Esterhazy lui-même n'est pas moins catégorique. Alors que sous la pression de l'Etat-Major il niait être l'auteur du Borde-

(1) E. c. II, 439, 460, 462.
(2) E. c. II, 483 à 498.
(3) Rennes, I. 148.
(4) Rennes, I. 480.
(5) Rennes, I. 498. Cass. 154 - 156.
(6) Rennes, III, 269.

reau, il était obligé de reconnaître que la ressemblance était effrayante !

« tellement frappante qu'on dirait les mots calqués les uns sur les autres » (1).

Il n'est personne, d'autre part, qui ait oublié les expertises auxquelles il a été procédé sur ce point et sur lesquelles nous reviendrons :

Les hésitations de MM. Gobert et Pelletier, qui ne se sont jamais crus autorisés à attribuer le Bordereau à Dreyfus ; l'avis de M. Charavay, qui, après avoir déclaré le contraire, a reconnu loyalement son erreur, dès qu'il a pu comparer l'écriture du bordereau à celle d'Esterhazy (2) ; l'opinion unanime de MM. Meyer, Molinier et Giry, dont la haute compétence s'impose à tous, et qui affirment que le bordereau est non seulement de l'écriture, mais de la main d'Esterhazy (3) ; aujourd'hui l'avis identique de MM. Darboux, Appel et Poincaré, dont nous aurons à étudier le savant travail et qui n'hésitent pas plus que leurs prédécesseurs (4).

Est-il besoin d'insister sur la force irrésistible que ces constatations, que vous pouvez vous-mêmes contrôler, ont prise de cette circonstance que le Bordereau est écrit sur *papier pelure* quadrillé, devenu fort rare et que nous retrouvons aux mains d'Esterhazy, à l'époque même où le Bordereau est écrit, ainsi que le prouvent les lettres du 17 avril 1892 et du 17 août 1894, dont l'authenticité est absolument indiscutable malgré tous les efforts du général Mercier pour faire naître quelques doutes à cet égard, toutes deux écrites par Esterhazy qui pourtant avait nié s'être jamais servi de papier calque et qui se trouvait ainsi convaincu de mensonge.

Pas de doute par conséquent sur ce point capital, le Bordereau, ce document qui sert de base unique à l'accusation, n'est pas de l'écriture, de la main de Dreyfus. Il est écrit par Esterhazy; et celui-ci l'avoue, parce que malgré tous ses efforts il ne peut plus le nier, parce que c'est l'évidence même !

Si nous examinons d'autre part le Bordereau, nous constatons qu'il ne ressemble point aux pièces qui parvenaient à la

(1) Interrogat. d'Esterhazy devant Génér. de Pellieux (11 et 13) devant Ravary (163).
(2) Rennes, II, 466.
(3) Cass. 449, 451, 452.
(4) E. c. II, 336 et suiv.

Section de statistique par le cornet, par la voie ordinaire. Celles-ci étaient généralement déchirées en menus morceaux. Le bordereau est à peine déchiré, et les morceaux qui le composent, les fragments du léger papier pelure tiennent encore les uns aux autres, si bien que leur apparence donne toute créance à la version d'Esterhazy disant que le bordereau a été repris chez A..., sans être déchiré, et qu'il n'a été lacéré qu'au Bureau des renseignements pour faire croire qu'il était parvenu par le cornet (voir sa lettre du 6 août 1899 au commandant Carrière) (1).

Et si l'on veut se donner la peine de réfléchir et de raisonner, ne voit-on pas l'énorme invraisemblance qu'il y a à ce que le bordereau ait en effet été trouvé dans le cornet, c'est-à-dire dans ces débris que la femme Bastian ramassait dans le panier à papier de l'attaché militaire A...?

Que celui-ci jetât au panier les brouillons des lettres qu'il écrivait, ou les papiers insignifiants qu'il recevait, cela peut encore s'expliquer et se comprendre à la rigueur. Mais est-il admissible qu'intelligent (comme on s'accorde à nous le dépeindre), il ait pu avoir la pensée de jeter au panier une pièce aussi importante que le bordereau, annonçant l'envoi de documents qu'on veut nous faire croire sérieux, dénonçant la trahison d'un officier son complice, et qu'il l'ait fait, sans avoir même eu la précaution de le déchirer complètement, si bien que le premier venu n'avait qu'à y jeter un coup d'œil pour le reconstituer et en saisir la valeur !

C'est inepte et je m'explique aisément l'exclamation de A... devant cette supposition, exclamation recueillie par M. Casella qui l'a rapportée dans le *Siècle* :

« Que n'a-t-on pas dit dans cette affaire ? On a affirmé, par exemple, que ce fameux Bordereau avait été trouvé dans mon panier à papiers. Eh bien! je puis, moi, donner ma parole de gentilhomme que ce Bordereau n'a jamais été en mes mains ni dans celles d'aucun des membres de notre (maison). Ce Bordereau... non, je ne veux pas parler... a été intercepté avant qu'il n'arrivât à destination. Trouvé dans mon panier! c'est rigolo... Croyez-moi, si j'avais eu l'habitude de jeter au panier les documents que l'on m'expédiait, je vous garantis que l'on aurait trouvé quelque chose de plus important (2). »

Quelles objections fait-on donc au récit d'Esterhazy ?

(1) E. c. I. 246. Rennes, I. 360. E. c. I. 524. Rennes, I. 609, 336, 360. E. c. II. 447.
(2) Procès Zo'a, annexe, II. 517.

Nie-t-on qu'il ait été en relations avec le colonel Sandherr ?
Leurs rapports sont indiscutables ; ils se sont connus au Service
des renseignements, lors de l'expédition de Tunisie, où ils
étaient tous deux. Ces rapports, Henry lui-même les a attestés
dans son interrogatoire du 30 août 1898 (1), et il n'y a rien
d'impossible à ce qu'ils aient continué et aient pris le caractère
que leur attribue Esterhazy, alors que nous savons le désir passionné de celui-ci de rentrer au Ministère, à la Section de statistique où il avait été employé avec Henry et Weil ; alors qu'il
devait dès lors chercher à se concilier la bienveillance du chef du
Bureau par les services qu'il pouvait lui rendre.

Sans doute ces relations n'ont pas été affichées, sont restées
secrètes ; mais c'est ce qu'a toujours dit Esterhazy (2) ; et il n'y
a rien d'invraisemblable à ce qu'il en ait été ainsi, étant donnée
la nature de l'œuvre entreprise par ces deux hommes.

De plus le fait de ces relations à une époque voisine du
Bordereau est établi par Henry lui-même. Il a déclaré avoir vu
Esterhazy apporter en 1895 à Sandherr des documents (3).

Certes encore il n'est aucune trace de ces rapports du colonel
Sandherr avec Esterhazy dans la comptabilité de la Section de
statistique « qui, dit le général Roget, indique à un centime près
toutes les sommes versées » (4).

Mais nous savons maintenant, pièces en mains, qu'à côté de
la caisse officielle, le Service des renseignements s'était constitué une caisse noire, retrouvée et inventoriée à la mort d'Henry.
A quel moment a-t-elle été constituée ? Nous l'ignorons ; mais
rien ne nous dit qu'Henry n'ait pas en cela suivi les errements
du colonel Sandherr.

Dira-t-on que l'honorabilité du colonel Sandherr ne permet
pas d'admettre le rôle que lui prête Esterhazy ?

J'entends en effet le commandant Carrière protester « au
nom de la mémoire vénérée du colonel » contre cette version
indigne d'elle (5) ; et le général Roget s'associe à cette protestation au nom de tous ceux qui ont connu le colonel Sandherr (6).

Que le colonel Sandherr fût un brave soldat, un patriote
ardent, un honnête homme, je ne veux pas le nier. Mais je ne

(1) E. c. II. 290.
(2) Cpr., lettre Esterhazy à Roget, 29 août 1899. E. c. II. 563.
(3) Lettre Esterhazy au Conseil. 25 août 1899. E. c. II. 475. E. c. II. 290.
(4) Rennes, I, 267.
(5) Rennes, III, 339.
(6) Rennes, I, 267, 513.

puis oublier qu'il était en même temps le chef de la Section de
statistique, de tout ce service monté par ses soins, dirigé par
ses ordres ; où peu à peu on avait, sous la pression des événements et presque sans s'en apercevoir, pris l'habitude des pires
actions, des actes les plus contraires à la morale et à la loyauté,
où l'on tenait pour de bonne guerre les pièges les plus malhon-
nêtes, l'emploi des lettres anonymes, des faux, dès lors qu'il
s'agissait de dépister un espion, de surprendre un traître : état
si grave, si périlleux qu'un témoin, dont l'Etat-Major ne peut
assurément pas suspecter l'impartialité, le général de Pellieux,
s'écriait au cours même de son information, et avant de connaître
le faux qui l'a trompé et indigné :

« que ce service était à réorganiser de fond en comble et qu'il fallait y
porter le fer et le feu »(1).

(Ce sont les termes rapportés par le colonel Ducassé qui les
lui a entendu tenir plus de dix fois.)

Par de telles pratiques devenues d'usage constant et courant,
le sens moral le plus résistant s'émousse peu à peu, pour finir
par s'oblitérer complètement. Certes, l'homme qui s'y livre peut
rester en tout ce qui n'est pas son service un brave, un honnête
homme. Mais dès qu'il se retrouve sur son terrain, en face de
son service, il perd le nord, ne voit plus que le but à atteindre
et n'hésite devant aucun de ces actes qui nous feraient reculer
interdits et qui ne lui paraissent, par l'habitude qu'il en a prise,
qu'une ruse de guerre acceptable.

Pouvons-nous oublier davantage que le colonel Sandherr
était un ardent antisémite, et que s'il a mis Esterhazy en œuvre
pour forger contre Dreyfus l'arme qui lui manquait, il a trouvé
dans ses sentiments intimes par lui manifestés en diverses
occasions dans les termes les plus vifs et les plus injustes (2)
un aiguillon qui a sans doute fortement agi sur lui ?

Enfin, et surtout, pouvons-nous oublier que le colonel
Sandherr était d'une famille où la démence avait déjà fait des
victimes ; que son frère (capitaine au 74e) était mort fou ; que
lui-même était dès ce moment atteint de la grave maladie, de la
paralysie générale, qui quelques mois plus tard allait l'obliger
à prendre sa retraite par anticipation, et qui deux ans après
allait entraîner sa mort, si bien qu'Esterhazy a pu très exacte-

(1) E. r. I. 711
(2) Procès Zola II. 173. Procès Zola. II. 178.

ment écrire au général Roget, le 29 août 1899, cette lettre que je vous lisais tout à l'heure.

« Il est désolant qu'on n'ait pas voulu dire la vérité et le rôle du colonel Sandherr qui expliquait tout ; que ce soit odieux et stupide, comme dit cet invraisemblable Gendron ! cela est ! Que Sandherr ait cédé à un moment de folie, que moi-même j'aie été fou d'y consentir ! Tout cela est possible : mais cela est (1) ! »

« Ah ! j'ai fait une bien grande faute, avait-il déjà dit le 26 avril dans une autre lettre, en écoutant Sandherr ! Pouvais-je prévoir sa mort, et n'aurais-je pas dû me souvenir que son frère, capitaine au 74° de ligne, avait été frappé de folie subite (2) ? »

Objectera-on que, si l'on croit le récit d'Esterhazy, le Bordereau était inutile, puisque de ce récit même il résultait que Sandherr savait dès l'origine que le traître qu'il cherchait était Dreyfus.

Je sais qui c'est, s'écrie-t-il, dès qu'Esterhazy lui rapporte sa conversation avec A... disant disposer d'un officier du Ministère, et je tiens mon homme (3).

Dira-t-on que, si dans ces conditions on peut encore comprendre l'établissement du Bordereau qui deviendra, grâce à une similitude d'écriture dont Sandherr a pu se rendre compte, avant de faire écrire après quelques jours d'intervalle la pièce par Esterhazy, la preuve invoquée contre Dreyfus, on ne s'explique plus du moins les recherches faites dans les bureaux, lorsque la photographie du bordereau y a été communiquée aux chefs des divers services pour tenter de découvrir quel en pouvait être l'auteur ?

Je ne crois pas l'objection décisive.

Si le colonel Sandherr a eu recours à la manœuvre révélée par Esterhazy, il devait à tout prix la dissimuler, et ne pouvait par suite ni désigner Dreyfus, ni apparaître au cours des investigations présentes, tant que les soupçons ne s'égareraient sur aucun autre.

Sans doute le colonel d'Aboville nous dit que le colonel Sandherr, en apprenant que les soupçons se portaient sur Dreyfus, s'est frappé le front, en s'écriant :« J'aurais dû m'en douter! » (4).

Mais en faut-il conclure nécessairement que jusque-là le colonel Sandherr n'avait pas songé à Dreyfus, et ne peut-on y voir tout simplement l'exécution naturelle et logique du plan qu'il avait conçu ?

(1) E, c. II. 462.
(2) E. c. II. 460.
(3) E. c. II. 447.
(4) Rennes, I. 578.

Remarquons d'ailleurs que l'objection part de cette idée, que dès la première heure le colonel Sandherr a songé à Dreyfus, alors que rien dans le propos rapporté par Esterhazy ne l'indique d'une façon formelle : « Je sais qui c'est, je tiens mon homme ! »

Qui est-ce ? Quel est cet homme ? Le colonel Sandherr ne le dit pas ; il ne désigne personne ; et ce n'est que plus tard, alors que les recherches ont abouti, croit-il, qu'il parle de Dreyfus ; au premier moment il n'en dit rien.

Qui nous empêche alors d'admettre qu'il ne songeait pas à Dreyfus, mais à tel autre qu'il n'a pas désigné, et qu'ayant simplement des soupçons, il a voulu tenter une épreuve, jeter la ligne en pleine eau, pour voir si quelque poisson ne s'y accrocherait pas ?

Rien ne lui était plus facile que de fabriquer le Bordereau. Il avait (nous allons le voir tout à l'heure) les questionnaires envoyés par A... aux agents qu'il employait. Il n'avait qu'à y répondre, ainsi que l'a fait le Bordereau, et à lancer la pièce dans les bureaux pour voir ce que cela donnerait.

Dira-t-on qu'on ne s'explique le recours à l'écriture d'Esterhazy que par sa similitude avec celle de Dreyfus, et que dès lors, dès l'origine, l'épreuve était dirigée contre celui-ci ?

Rien de moins sûr que ce point de départ de l'accusation dressée contre Dreyfus.

Sans doute le général Zurlinden a affirmé que

« c'est bien la similitude des écritures relevée par les colonels d'Aboville et Fabre qui est incontestablement le point de départ de l'affaire (1) ».

Et il l'a répété dans la nouvelle enquête (2).

Cette affirmation m'avait d'abord paru décisive. Mais voici que le colonel d'Aboville donne à ce fait un démenti formel, dont l'importance m'avait d'abord échappé.

« Il est à remarquer, a-t-il dit, et je tiens à dire cela parce que c'est en contradiction avec des bruits qui ont été mis en circulation, que ce n'est pas par la comparaison d'écritures que nos soupçons se sont portés sur Dreyfus. C'est parce que nous avons déterminé d'abord certaines catégories dans lesquelles il fallait chercher le coupable. Cette catégorie étant réduite à quatre ou cinq officiers, il n'y avait plus alors qu'à faire une comparaison avec l'écriture des quatre ou cinq officiers en question pour savoir de qui était le Bordereau (3) ».

Et ce point est confirmé par le général Fabre (4).

(1) Rennes, I. 207.
(2) E. c. I. 342.
(3) Rennes, I. 578.
(4) Rennes, I. 571.

De telle sorte que de cette similitude fortuite entre l'écriture du Bordereau, œuvre d'Esterhazy, et celle de Dreyfus, il n'y a plus rien à tirer pour conclure que dès l'origine le colonel Sandherr l'avait certainement remarquée et que par suite il a, employé la main d'Esterhazy, parce qu'il soupçonnait Dreyfus, le tenait pour le coupable et voulait fabriquer contre lui la preuve qui lui manquait.

Le propos « Je sais qui c'est, je tiens mon homme ! » n'a plus dans ces conditions la portée qu'on serait tenté de lui attribuer. Il ne nous dit pas avec certitude quel était l'homme alors soupçonné par le colonel Sandherr. Il n'est en rien inconciliable avec les recherches faites d'une façon générale, sans spécification à l'encontre de Dreyfus. Il permet au contraire de les comprendre et donne au récit d'Esterhazy une force nouvelle.

Dira-t-on que le Bordereau était si bien un acte de trahison réelle qu'il était accompagné des pièces dont il donne l'énumération, et qui sont parvenues à destination ?

Le fait en lui-même est-il certain ?

Le général Gonse lui-même n'a pas osé l'affirmer.

Interrogé sur ce point par le colonel Brongniart, lui demandant s'il avait appris que les documents énumérés au bordereau étaient parvenus à destination :

« On l'a toujours supposé, a-t-il répondu, puisqu'ils sont annoncés dans la lettre missive. Il n'y a donc pas lieu de supposer qu'ils ne sont pas parvenus.

LE PRÉSIDENT. — Est-ce que le Service de contre-espionnage a fait connaître si ces documents étaient parvenus?

LE GÉNÉRAL GONSE. — On n'en a pas de preuve directe (1) ».

Et d'autre part, Esterhazy a toujours nié que les pièces énumérées au bordereau fussent jointes à celui-ci.

« Si les pièces ont été livrées, comme on me l'a laissé entendre, dit-il dans sa lettre au général Roget, le 29 août 1899, elles l'ont été par Dreyfus (2) ».

Par Dreyfus ? c'est à savoir.

On ne le lui a pas dit ; on ne lui a même pas dit que les pièces avaient été livrées ; on le lui a laissé entendre.

Ce qu'il dit, c'est donc seulement ceci : Ce n'est pas lui qui a livré les pièces ; elles n'étaient pas jointes au bordereau... Le reste n'est de sa part que supposition.

(1) Rennes, I. 556.
(2) E. c. II. 461.

Reconnaissons toutefois, Messieurs, que M. le comte Tornielli a dit à M. Trarieux que « les pièces qui se trouvaient
énumérées au bordereau avaient bien été communiquées à
A... (1) » et que M. Paléologue a de son côté entendu dire que
des cinq pièces énoncées au bordereau, quatre étaient aux
mains de la nation de A...; une, la note, sur Madagascar, aux
mains de la nation de B... à qui A... l'avait remise (2).

On pourrait se demander tout d'abord si le fait que ces
pièces sont aux mains de A... et de B... prouvent qu'elles se
référaient au bordereau. Bien d'autres que l'auteur du bordereau
ont pu les fournir. Nous allons voir qu'à ce moment même les
questionnaires de A... demandant ces pièces ou d'autres mouchaient partout ; que de nombreux agents d'espionnage les ont
reçues et ont pu fournir les documents dont la présence est
signalée chez A... ou chez B...

Mais M. le comte de Tornielli a précisé, en disant
« qu'ils étaient parvenus et qu'ils avaient été communiqués par un autre
officier que Dreyfus, et que l'écriture du Bordereau était l'écriture même
de cet officier » (3).

Ce serait donc Esterhazy lui-même qui aurait livré les documents. Mais il n'y a rien là qui prouve cependant un acte de
trahison réelle. Rien d'étonnant en effet à ce qu'Esterhazy, agent
de Sandherr, pût avoir les pièces, qui étaient toutes à la
disposition de celui qui l'employait ; et que d'autre part, fabriquées pour un acte de contre-espionnage, elles ne pussent avoir
aucune valeur comme acte de trahison réelle ; c'est au reste ce
qu'en disent MM. de Munster et Tornielli, nous allons le voir.

Pourtant, objecte votre Rapporteur, cette livraison par
Esterhazy des documents du Bordereau est incompatible avec
le caractère d'une machination contre Dreyfus. Pour le succès
de cette manœuvre, la livraison était inutile. Il n'était pas même
besoin d'envoyer le bordereau chez A... Il suffisait de le remettre
à Henry qui seul recevait les pièces du cornet et que nul ne
pouvait contredire, quand il affirmait que les documents par lui
produits provenaient de cette origine.

Incompatible ? pourquoi donc ?

Si l'on veut que l'arme fabriquée soit utile, il faut la faire
complète ; et ce seront les documents annexés qui la rendront
sérieuse.

(1) Cass. 322.
(2) E. c. I. 355.
(3) Cass. 322.

Pourquoi, d'autre part, avoir renvoyé le Bordereau chez A...
au lieu de l'avoir remis directement à Henry ?

Parce qu'on n'a jamais dit qu'Henry eût, tout au moins à
l'origine, été mis au courant de la manœuvre par le colonel
Sandherr, et que son attitude, lorsqu'il a présenté le Bordereau
à MM. Gribelin, Lauth et Matton, semble bien indiquer, suivant
ces témoins, qu'il ignorait ce qui se passait entre Esterhazy et
Sandherr.

Dira-t-on qu'on s'explique mal ce silence du colonel Sandherr
vis-à-vis d'Henry ?

C'est oublier que leurs relations étaient loin d'être aussi
confiantes qu'on a bien voulu le dire.

> Le commandant Henry, nous dit le colonel Cordier, n'avait pas été
> demandé par le colonel Sandherr, il lui a été imposé... Les uns le crai-
> gnaient ; les autres recherchaient un peu son appui. Le commandant Henry
> a eu quelques piques avec le colonel Sandherr... Quand il avait une
> discussion avec lui... Sandherr se bornait à ne plus causer, à regarder
> Henry dans le blanc des yeux, et mâchonnait un peu de papier ; à ce
> moment Henry comprenait et s'en allait (1).

La réserve du colonel Cordier, en parlant de toutes ces
choses, en laisse deviner bien d'autres.

N'est-il pas évident que dans ces conditions le colonel
Sandherr n'a pas voulu, dans une affaire aussi délicate, où il
jouait en somme un triste rôle, se mettre dans la main d'Henry,
qu'il a tenu à n'agir qu'avec Esterhazy (et c'était déjà beaucoup).

Il fallait par suite, dès lors, que le Bordereau parvînt à la
Section de statistique par la voie ordinaire, ou tout au moins
parût venir de la maison d'A... où il aurait été pris.

Il n'y a rien à tirer non plus, suivant moi, de ce que, tandis
que le Bordereau a été apporté à la Section de statistique, les
pièces, à supposer qu'elles l'accompagnassent, soient parvenues
à l'étranger.

Rien n'indique qu'elles fussent contenues dans une même
enveloppe ; et tout permet au contraire de penser qu'elles for-
naient un pli séparé, remis en même temps que le Bordereau
chez le concierge de la maison de A..., et que la lettre (le Bordereau) y a été reprise et remise à la Section de statistique tandis
que le paquet des pièces plus volumineux est demeuré dans le
casier de A..., où l'on n'a pas osé le prendre, de peur d'attirer
l'attention du gardien.

(1) Rennes, II. 520.

Le général Roget de dire à Rennes que c'est inadmissible, que le Ministère n'avait aucune relation avec ce concierge (1) !

Je lui réponds par le récit que M. Puybaraud, ancien Directeur des recherches à la Préfecture de police, a fait à M. Victorien Sardou et à M. de Flers des conditions dans lesquelles le Bordereau aurait été repris chez A..., et dont il tenait le récit d'un sieur Brucker, oncle d'un des agents de la Section de statistique.

Quand le concierge (de la maison habitée par A...) s'absentait pour aller boire au cabaret, lui aurait raconté Brucker, la femme Bastian lui gardait sa loge. Un jour qu'elle y était ainsi installée, elle prit dans le casier de A... une lettre à son adresse ; elle aurait vu dans le même casier un autre pli plus gros qu'elle ne prit pas. Elle donna la lettre à son ami Brucker. Celui-ci ouvrit l'enveloppe, vit le document et l'apporta triomphalement à Henry (2).

Je sais bien que Brucker a déclaré qu'il ignorait comment le Bordereau était arrivé à la Section de statistique.

D. — Comment, lui demande-t-on, le Bordereau est-il arrivé dans le Service des renseignements ?
R. — Je ne puis pas le dire d'une façon certaine ; je ne lisais pas tous les papiers qui me passaient par les mains et qui étaient fort nombreux. Je ne sais rien du Bordereau qui sert de base à l'affaire. Est-ce moi qui l'ai apporté au Service ? je n'en sais rien... Dans tous les papiers que j'ai vus, et ils sont fort nombreux, je n'ai jamais trouvé ni lu aucune allusion à Dreyfus, si ce n'est dans les papiers d'un attaché militaire autrichien (rapp. Schneider), qui, à l'occasion du procès-verbal en cours, rendait compte des incidents qui se produisaient à son Gouvernement ; et dans les papiers de l'Ambassade de B... à une époque que je ne puis préciser, mais qui est postérieure au procès (3).

Brucker dit donc ne rien savoir. Mais, l'avouerai-je, je n'ai qu'une confiance bien relative en lui, qui, j'en ai la conviction comme tous ceux qui l'ont entendu, sait assurément une foule de choses qu'il ne veut pas dire.

Ce que je sais aussi, c'est que la version de M. Puybaraud cadre absolument avec ce qu'a dit A... lui-même, affirmant que jamais il n'a eu en mains le Bordereau, et que par conséquent il n'a jamais pu le jeter au panier, où, suivant la version de la Section de statistique, il aurait été trouvé.

C'est donc qu'il a été pris ailleurs ; et c'est ce qu'a dit Esterhazy d'accord avec M. Puybaraud, dont il n'a pas connu le récit, et avec qui, on me le concédera sans peine, il n'a pas pu se concerter.

(1) Rennes, I. 208.
(2) E. c. I. 562, 725, 729.
(3) E. c. I. 306.

Doit-on davantage être arrêté par l'invraisemblance prétendue d'une hypothèse qui suppose comme condition élémentaire la livraison à l'étranger de documents intéressant la
défense nationale par un officier supérieur agissant par les
ordres et sur les instructions du colonel Sandherr, chef de
la Section de statistique, qui lui aurait fourni les pièces ainsi
livrées ? Quelle dégradante besogne que celle-là et comment supposer qu'un homme comme le colonel Sandherr ait pu s'y livrer ?

Il faut, Messieurs, se défier des phrases et des sentiments
d'exquise délicatesse, quand on parle du Bureau des renseignements, tel qu'il fonctionnait en 1894, et de la pratique du
contre-espionnage, telle que le colonel Sandherr l'avait organisée!

Les débats antérieurs nous avaient appris déjà l'existence
d'agents doubles employés par la Section de statistique tels que
Lajoux et Corninge, pour se mettre en apparence au service de
l'étranger et le gaver de fausses pièces.

> Vous connaissez cette entreprise, disait le colonel Cordier ; à côté
> d'un agent étranger se place un agent à nous, puis deux, puis trois, et en
> définitive il arrive à un moment donné que nous avons une organisation
> immense. C'est absolument comme si le service français avait entrepris
> le recrutement du service de l'autre côté. C'est nous qui le recrutions. Ceci
> nous procurait deux profits, d'abord de pouvoir gaver (j'emploie le mot à
> dessein), de pouvoir gaver l'étranger de faux renseignements ; ensuite
> nos faux agents remplaçaient chez lui de bons agents (1).

Vous vous souvenez avec quelle hauteur le général Mercier
avait jadis repoussé devant vous l'idée que des officiers eussent
jamais été mêlés à de pareilles pratiques, fait acte d'amorçage.

> Jamais, vous a-t-il dit le 8 septembre 1898, jamais aucun de nos
> officiers ne s'est livré à l'espionnage et n'a fait acte d'amorçage. Je
> proteste énergiquement contre cette supposition (2).

Et le général Gonse n'était ni moins catégorique, ni moins
indigné.

A Rennes, devant les révélations qui surgissaient de toutes
parts, on a dû changer de ton et laisser apparaître un coin de
la vérité :

> Au commencement de 1894, a dit le général Mercier, un de nos agents
> travaillait en même temps pour les gouvernements français et étrangers.
> Il y en a un certain nombre comme cela. Cet agent, lorsqu'il recevait des
> demandes de renseignements, venait les apporter au Ministère de la
> Guerre et demandait quelle réponse il devait faire. On lui dictait des

(1) Rennes, II. 506.
(2) Cass. 6.

réponses, en mélangeant un peu de vrai et beaucoup de faux, et l'on envoyait ces réponses au gouvernement étranger (1).

L'enquête nouvelle a complété ces indications sommaires et fourni sur ce point important les renseignements les plus précis, les plus significatifs. Elle a ainsi établi notamment, pièces en mains, qu'un agent désigné sous l'initiale R, était entré par ordre de la Section de statistique en relations avec des agents étrangers, recevait d'eux des questionnaires, les communiquait aussitôt à la Section de statistique, et que les officiers de ce service préparaient de leurs mains les réponses qu'il remettait à l'étranger.

C'est ainsi que R... a été au mois d'août 1894 envoyé au Camp de Châlons par A... ou les siens, a reçu un questionnaire lui demandant de suivre les manœuvres, et notamment de regarder de près le 120 court.

R... a transmis ce questionnaire à la Section de statistique.

Savez-vous qui a fait les rapports qu'il a envoyés ? Pour l'un, c'est Henry, le 24 août 1894 ; pour l'autre, c'est Lauth, le 8 juillet 1894. Les minutes sont là. J'en ai donné le texte dans mon réquisitoire écrit (2) ; et vous pouvez vous convaincre de l'extrême gravité des faits.

Le fait n'est pas douteux. Outre que nous avons les pièces elles-mêmes de la main d'Henry et de celle de Lauth, ce dernier questionné sur ce point le 26 août 1904, en a reconnu (avec quelque embarras) l'exactitude. Il a déclaré qu'il avait écrit cette note qui lui était représentée sur les renseignements fournis par la Direction de l'artillerie, qu'il l'avait soumise suivant l'usage à ses chefs pour éviter de fournir des indications qu'on eût voulu garder secrètes. Il a ajouté que les réponses étaient faites de manière à dérouter à la longue l'étranger (3).

J'admets bien volontiers ces explications que je crois sincères et vraies ; mais je retiens du moins de ce fait cette constatation grave que le service du contre-espionnage fonctionnait au Bureau des renseignements, qu'il y était mené par les officiers eux-mêmes, sous la direction et la surveillance du chef, et que dès lors le récit d'Esterhazy y trouve une confirmation péremptoire.

Sans doute le commandant Lauth énonce que si Esterhazy avait été employé par le colonel Sandherr et si celui-ci avait

(1) Rennes, I. 85.
(2) Requis. 14 à 17.
(3) E. c. II. 45.

fourni les éléments des notes transmises à A..., on aurait dû le savoir au Bureau ; en tous cas retrouver les minutes (comme nous avons retrouvé celles d'Henry et de Lauth). Mais ce n'est là, il est obligé de le reconnaître, qu'une probabilité ; et le contraire est non moins possible — non moins probable (1).

Est-ce qu'il n'est pas possible en effet que les papiers relatifs à cet incident aient été détruits par Sandherr lui-même ? Combien d'autres du service de celui-ci et des plus importants n'ont pas été retrouvés ! Pour ne citer que les plus graves, tout ce qui a trait à la traduction du télégramme du 2 novembre 1894 a disparu ; et est-il vraisemblable que le colonel Sandherr ait tenu à conserver la trace écrite, la preuve de toute la machination ourdie entre Esterhazy et lui ?

Tout ne lui commandait-il pas de la faire disparaître ? C'est ce qu'a fait observer très exactement Esterhazy lui-même.

Un de vos témoins, écrivait-il le 6 août au commandant Carrière, le lieutenant-colonel Cordier, a prétendu qu'il n'avait pas trouvé mon nom sur les registres et en a tiré des conclusions. Puérile raison et de mauvaise foi. Je n'ai jamais dit que le colonel Sandherr chargeant d'une telle mission un officier supérieur son ami, le traitât comme un agent quelconque, et il va de soi que, lorsque je l'ai acceptée, c'était sous la restriction expresse qu'elle serait toute confidentielle, et qu'elle ne serait pas criée sur les toits (2) !...

Il n'y a donc, quoi qu'on en ait pu dire, rien d'invraisemblable, d'inadmissible à ce qu'Esterhazy ait été employé par le colonel Sandherr à cette besogne qui rentrait dans les pratiques habituelles du Bureau.

Et la nature même, la qualité des documents qui semblent avoir été fournis vient corroborer encore son récit.

Si nous en croyons en effet ce que MM. de Munster et Tornielli ont dit à M. Joseph Reinach, A... communiquait à B... les renseignements et les pièces qu'il recevait d'Esterhazy, sans pourtant lui nommer celui-ci avant 1897 et

« B...,qui peut-être était un professionnel plus sévère que A...,trouvait que les documents étaient sans intérêt et sans valeur, qu'ils ressemblaient plutôt à des documents d'amorçage, d'escroquerie qu'à des documents constituant une véritable trahison...Il est certain que dès le début B... n'avait pas attaché une grande importance aux documents qui lui étaient communiqués par A... comme venant de son employé.Il est certain qu'à plusieurs reprises au grand Etat-Major de A... on considérait que ces documents étaient de peu de valeur, et on soupçonne Esterhazy d'être un *provocateur* » (3).

N'est-ce pas tout à fait d'accord avec ce que le commandant

(1) E. c. II. 45.
(2) E. c. II. 448.
(3) E. c. I. 552.

Laûth nous a dit lui-même des documents fournis par le Bureau des renseignements à l'étranger par l'intermédiaire des contre-agents employés par lui ? (1).

Et d'autre part qui ne voit, Messieurs, que le fait qu'Esterhazy a agi par les ordres du colonel Sandherr expliquerait de la manière la plus satisfaisante une foule de points qui sans cela restent absolument inexplicables.

Il expliquerait qu'Esterhazy fût allé librement, ouvertement chez A... sans se cacher, le ruban de la Légion d'hònneur à la boutonnière, même en uniforme, alors que tout le monde savait la maison étroitement surveillée. Pourquoi se cacher puisque la visite était concertée avec le colonel Sandherr ?

Il expliquerait qu'écrivant le bordereau, Esterhazy n'eût pas même songé à déguiser son écriture, soit que celle-ci dût devenir aux mains du colonel Sandherr la charge cherchée contre Dreyfus à raison de sa ressemblance avec l'écriture de celui qu'il voulait accuser, soit que ce fût une précaution impossible, si l'on ne soupçonnait pas Dreyfus à ce moment, et inutile puisque Esterhazy n'avait pas à se cacher de Sandherr.

Il expliquerait surtout ce qui sans cela reste et restera toujours inconcevable, l'attitude incroyable de l'Etat-Major à l'égard d'Esterhazy, cette protection inouïe dont il l'a couvert malgré son indignité proclamée par tous, cette protection qui l'a pris en main, l'a guidé dans toutes ses démarches, allant au cours des informations judiciaires jusqu'à le tenir au courant de tout ce qui se passait en son absence dans les cabinets des instructeurs, jusqu'à lui dicter ses réponses aux questions qui lui seraient posées.

Il n'est pas un homme de bon sens et de bonne foi qui puisse jamais comprendre une telle conduite si Esterhazy a agi seul et de son propre mouvement.

Si coupable qu'elle reste encore, si l'on admet qu'Esterhazy a été l'instrument du colonel Sandherr, elle devient au moins naturelle de la part de ceux qui dans ce cas ont été ses complices; et c'est ce qu'Esterhazy n'a cessé de répéter avec une logique et un accent de vérité qui ne peuvent être méconnus.

Si le récit d'Esterhazy est sincère et vrai, si l'on admet que ce soit lui qui a écrit le Bordereau (ce qui est absolument certain), et qu'il l'a écrit par ordre du colonel Sandherr, soit pour

(1) E. c. II. 45.

servir de base aux investigations qui avaient pour but de rechercher l'auteur inconnu des fuites, soit pour servir de preuve contre Dreyfus dès ce moment soupçonné par Sandherr, l'accusation tombe tout entière.

Il n'y a plus d'acte de trahison imputable à personne, ni contre Dreyfus à qui l'on n'impute que le Bordereau, dont il n'est pas l'auteur et qui est l'œuvre d'Esterhazy — et qui n'aurait été fait que pour créer contre lui une preuve qu'on reconnaissait ne pas avoir ; — ni contre Esterhazy qui n'aurait été qu'un agent de contre-espionnage mis en œuvre par le colonel Sandherr lui-même.

C'est l'écroulement de l'accusation par sa base même et c'est en même temps, comme conséquence de la revision, qui s'impose, la cassation sans renvoi, puisqu'il n'y a plus ni crime ni délit.

Ma tâche serait donc terminée.

Mais si porté que je sois à admettre cette version que les faits dont le contrôle est possible étayent, bien loin de la contredire, je ne puis méconnaître qu'elle repose surtout sur les déclarations d'Esterhazy.

Et l'homme est si suspect, si taré, que, malgré tant de raisons qui appuient ses dires et pour moi les justifient, je comprends la défiance que beaucoup peuvent encore ressentir.

Je ne puis donc m'en tenir là ! Il faut aller plus loin, aborder l'autre hypothèse, prendre le Bordereau comme un acte de trahison réelle, rechercher alors quel en est l'auteur et prouver que ce ne saurait être Dreyfus, tandis que tout dénonce Esterhazy.

C'est de beaucoup la plus lourde partie de ma tâche. Mais à ce point de vue, j'ai la conviction profonde que je puis dissiper jusqu'au moindre doute, et j'y puiserai la force qui m'est nécessaire, pour remplir mon devoir.

IV

On nous dit que c'est entre le 20 et le 25 septembre 1894 que le Bordereau est arrivé à la Section de statistique. Mais sur ce point nous n'avons aucune certitude. On ne tenait pas note alors au Bureau des renseignements de la date d'arrivée des documents (1).

Comment y était-il parvenu ?

Nous venons de voir que rien encore n'est plus douteux. On a toujours affirmé au Ministère de la Guerre qu'il était venu par la « voie ordinaire ».

C'est ce qu'ont déclaré le général Mercier à qui on l'a dit (2), le général de Boisdeffre alors absent (3), le général Roget qui n'était pas encore au Ministère (4), Gribelin, Lauth, Junck, Matton qui le tiennent d'Henry (5).

C'est ce que disait Henry lui-même, et c'est ce qu'il a répété dans son interrogatoire du 30 août 1898, si nous en croyons le procès-verbal que le général Roget a dressé après sa mort.

Il (le Bordereau) est venu par la voie ordinaire avec des pièces que nous connaissons tous. Toute autre version est contraire à la vérité et matériellement impossible (6).

On s'est demandé à quelle préoccupation répondait cette phrase finale, qui, sans qu'aucune question eût été posée, sem blait vouloir par avance contredire une objection qui n'était pas formulée.

Mais le général Roget reconnaît lui-même qu'il ne faut pas attribuer à ce procès-verbal qu'il a rédigé à plusieurs jours d'intervalle, sans qu'il ait été soumis à Henry, une foi bien grande.

Il est possible, dit-il, que j'eusse dans l'esprit qu'à la suite du faux Henry on pouvait suspecter autre chose. Mais « toute autre version est impossible » est une *affirmation de moi;* je ne réponds pas du tout que ce soit la phrase d'Henry (7).

J'aime, Messieurs, cette façon de dresser des procès-verbaux et de mettre dans la bouche des gens dont on est censé rapporter les réponses rigoureusement exactes des propos qui ne sont pas d'eux ! Nous verrons souvent, hélas ! que c'était la façon habituelle des officiers du Ministère d'alors, du général Gonse notamment, qui dans des actes versés au dossier impute contre toute vérité aux témoins qu'il entend, à M. Painlevé, à M.

(1) E. c. I. 596.
(2) Rennes, I. 86. E. c. I. 277.
(3) E. c. I. 477.
(4) E. c. 596.
(5) E. c. I. 145, 523, 506, etc.
(6) E. c. I. 608. — II. 290.
(7) E. c. I. 609.

Hadamard par exemple, des propos de tous points contraires à leurs dépositions et s'attire de leur part les démentis les plus cruels et les mieux fondés.

Vous venez de voir qu'Henry a déclaré que le Bordereau est arrivé en même temps que d'autres pièces que nous connaissons tous. Et, dans une note d'avril 1898 retrouvée par le commandant Targe, nous lisons également la question suivante du général Gonse :

« Date de la saisie du Bordereau ».

et cette réponse de la main d'Henry :

Septembre 1894. Ce Bordereau était accompagné de quatre autres pièces émanant de la même source et datées. Ces pièces ont été remises sous bordereau au général Gonse (1).

Ces quatre pièces figurent sous les n°° 67 à 73 dans l'inventaire joint au raport Gonse-Wattinne, dressé le 1er juin 1898 pour constater l'état et le contenu du dossier secret à cette époque. Elles portent les dates des 4, 25 août, 2, 21 et 29 septembre 1894. Ce sont ces documents que M. Wattinne a invoqués, pour dire avec un euphémisme charmant que

« la source du Bordereau était pure » (2).

Je ferai remarquer que sur ce point encore rien ne prouve que ces pièces soient arrivées en même temps que le bordereau. Nous n'en avons d'autre preuve que la parole d'Henry, et c'est mince.

Notre inquiétude ne diminuera pas si nous observons d'autre part que de ces quatre pièces qui accompagnaient, nous dit-on, le bordereau arrivé du 20 au 25 septembre, il en est une qui, d'après le rapport Gonse-Wattinne, porte la date du 29 septembre (n° 73), ce qui semble au moins singulier, et si nous nous rappelons encore et surtout que c'est identiquement par ce même argument que M. Cavaignac, trompé par Henry, a établi à la tribune l'*authenticité morale et matérielle* de la pièce qu'il produisait, le 7 juillet 1898, avec tant de fracas, et qui n'était autre que le **faux Henry** :

Son authenticité morale, disait-il alors, résulte d'une façon indiscutable de ce qu'il fait partie d'un échange de correspondance qui eut lieu en 1896. La première lettre est celle que je viens de lire. Une réponse

(1) E. c. I. 983.
(2) E. c. I. 867.

contient deux mots qui tendent évidemment à rassurer l'auteur de la première lettre. Une troisième lettre enfin, qui dissipe bien des obscurités, indique avec une précision absolue, une précison telle que je n'en puis lire un mot, la raison même pour laquelle les correspondants s'inquiétaient (1).

Or, l'événement s'est chargé de montrer ce qu'il fallait penser de cette argumentation indiscutable. Tout cela n'était que faux !

Disons-le donc, sur ce point comme sur le précédent, nous n'avons rien que le témoignage éminemment suspect d'Henry. Personne ne sait rien, ne dit rien en tout cas, ni Brucker, cet agent de la Section de statistique, qui a été longtemps et jusqu'à l'affaire Milescamps, l'intermédiaire habituel entre le Bureau et la femme Bastian, et qui n'a jamais rien vu dans les papiers qu'il transportait et compulsait, qui concernât Dreyfus (2); ni la femme Bastian elle-même, qui n'a rien su du bordereau et qui a cru par erreur que Dreyfus avait été arrêté sur la livraison par elle faite d'une lettre proposant à A... le secret de la poudre sans fumée (3).

Personne n'a pu donner d'indication prouvée ni sur la date, ni sur la provenance du bordereau.

Et tout ce qu'on sait c'est qu'un matin de septembre 1894, vers 8 h. 1/2, Henry qui était dans son cabinet au Ministère, ayant entendu le commandant Lauth arriver au Bureau, l'a appelé et lui présentant un papier déjà recollé, non pas fraîchement, car il était entièrement sec, mais de la veille au soir : « Regardez donc, lui dit-il, ce que je viens de trouver dans le paquet. » (4).

Ce même papier, il le montra aussi au capitaine Matton et à Gribelin qui survinrent peu après ; il ne le porta au colonel Sandherr que vers 10 heures. Il avait, suivant le commandant Lauth, l'air très étonné, abasourdi, et semblait ne soupçonner en rien l'auteur de la pièce (5).

Le texte du Bordereau annonçait trois pièces sur cinq concernant l'artillerie. On pensa tout de suite qu'il devait être l'œuvre d'un artilleur ; et cette idée se doubla bientôt de cette autre que cet artilleur devait être un officier de l'Etat-Major de l'Armée... plus spécialement un stagiaire ayant passé par les divers bureaux.

C'est dans cet esprit que commencèrent aussitôt les

(1) J. o., 3 juillet 1898, p. 1957, col. 3.
(2) E. c. I. 306.
(3) E. c. I. 308.
(4) E. c. I. 524, Rennes, I. 261.
(5) E. c. I. 524 - 540.

recherches, sans que, affirme-t-on, aucun soupçon ait, à ce moment, été dirigé sur Dreyfus plus que sur tout autre (1).

On avait fait photographier le Bordereau qu'avait reconstitué Henry par les soins de Temps, alors employé à la Section de statistique (2), et l'épreuve ainsi obtenue fut communiquée par le général Renouard, remplaçant le général ue Boisdeffre absent, aux divers chefs de bureaux du Ministère ; afin de savoir si elle mettrait sur une piste quelconque (3).

Aucun résultat ne fut d'abord obtenu, ni à la Direction de l'artillerie, ni dans les bureaux (4).

Il en résultait un très grand malaise, dit le colonel Picquart (5);

« et cela se comprend, chacun craignant qu'une indiscrétion n'eût été commise dans son service, et redoutant d'être accusé de négligence ».

Aussi fut-ce un soulagement général quand on apprit enfin que les recherches venaient d'aboutir au quatrième bureau, où le colonel d'Aboville et le colonel Fabre avaient cru reconnaître dans l'écriture du Bordereau celle de Dreyfus (6).

Je vous ai déjà dit que l'idée ne leur était pas venue pourtant de prime abord par la vue de cette écriture. En lisant la pièce, d'Aboville avait dit au contraire que

« cette écriture ne lui disait rien » (7).

C'est en discutant les termes du Bordereau, étant données les questions techniques d'artillerie qui y étaient indiquées, que les deux officiers étaient tombés d'accord que le Bordereau ne pouvait émaner que d'un officier d'artillerie ayant passé par le quatrième bureau d'Etat-Major, et qu'en se remémorant tous ces stagiaires, le nom de Dreyfus leur rappela que c'était le seul qui fût mal noté (8).

C'est alors seulement que par curiosité ils eurent l'idée de comparer son écriture à celle du bordereau et furent stupéfaits en reconnaissant que le mot « Artillerie » écrit de sa main sur sa feuille signalétique de 1893 ressemblait absolument au même

(1) Rennes. I. 497. II. 589.
(2) Cass. 532. Rennes, III. 360, I. 87.
(3) Cass. 85.
(4) Cass. 3. 55.
(5) Cass. 85. Rennes, I. 375, 518.
(6) Rennes, I. 375.
(7) Rennes, I. 574, 571.
(8) Rennes, I. 571. 577.

mot du bordereau, l'I central étant sensiblement descendu au-dessous de la ligne horizontale formée par les autres lettres.

Et le général Zurlinden de s'écrier avec eux :

> Un officier d'artillerie a souvent à écrire le nom de son arme : il est impossible qu'à la fin sa main ne prenne pas des habitudes pour écrire ce mot, comme cela a lieu pour la signature. Et il n'est pas étonnant que, lorsqu'on a à examiner plusieurs copies d'un officier d'artillerie, il soit plus facile d'y reconnaître l'écriture du mot : *Artillerie* que celle d'un mot moins souvent employé (1).

Et le général Fabre de dire à son tour :

> L'identité du mot Artillerie sur les notes et sur le Bordereau équivaut pour moi à l'identité d'une signature (2).

Or, l'examen graphique du bordereau démontre à l'évidence l'inanité, l'inexactitude flagrante de cette prétendue ressemblance des mots : *Artillerie* sur les deux documents (3).

C'est pourtant sur ce misérable détail ainsi controuvé que s'est échafaudée toute l'accusation dirigée contre Dreyfus. D'autres comparaisons hâtivement faites par les colonels Sandherr, Lefort, Bouchez, semblèrent corroborer l'impression première (4). Et le soir, entre 5 et 6 heures, le général Mercier fut avisé de ce qui se passait, ainsi que le général de Boisdeffre.

Les événements qui se sont déroulés depuis révèlent trop aisément l'accueil que l'accusation ainsi formulée contre un israélite devait rencontrer dans ce milieu nerveux, surchauffé, oppressé depuis longtemps par cette anxiété sans cesse croissante, dont je vous ai tout à l'heure démontré l'existence.

On a vivement contesté que les préjugés antisémitiques fussent dès ce moment répandus dans l'armée et plus spécialement dans l'Etat-Major général. C'est nier l'évidence. Nous en avons la preuve dans les détails de l'affaire elle-même.

N'est-ce pas dès 1892 que, lors des examens de sortie de l'Ecole de guerre, s'est produit l'incident inouï de la cote d'amour, le général Bonnefond, l'un des examinateurs, s'écriant publiquement :

> « Je ne veux pas de juifs dans l'État-Major : je leur donnerai 5 comme cote d'amour »; (5)

Le colonel Cordier n'a-t-il pas reconnu lui-même que, dès

(1) Rennes, I. 209.
(2) Rennes, I. 572.
(3) Rennes, 38-39. E. c. II. 375.
(4) Rennes, I. 571. — II. 39. E. c. I. 546.
(5) Rennes, II. 178.

— 412 —

ce moment ayant été indignement trompé par un officier minis-
tériel israélite, il criait très fort au Ministère contre les Juifs
et qu'il était un ardent antisémite (1) ?

N'est-il pas certain encore que le colonel Sandherr affichait
en toute occasion sa haine contre les Juifs ?

Le colonel Sandherr, que je connaissais depuis mon enfance, a dit au
procès Zola M. Lalance, ancien député protestataire au Reichstag, était un
bon militaire, un brave et loyal citoyen ; mais il avait hérité de son père
l'intolérance. De plus, en 1893, il fut atteint de la maladie cérébrale dont
il devait mourir trois ans après. Il fut envoyé cette année-là à Bussang,
dans les Vosges, pour y faire une cure. Pendant son séjour, il y eut à
Bussang une cérémonie patriotique, la remise du drapeau au bataillon
de chasseurs à pied. Tous les baigneurs s'y rendirent.
Auprès d'eux il y avait un Juif, Alsacien sans doute, qui pleurait d'émotion. Le colonel Sandherr se retourna vers ses voisins, et leur dit : « Je
me méfie de ces larmes ! » Ces messieurs lui demandèrent d'expliquer sa
pensée, et ils lui dirent : « Nous savons qu'il y a dans l'armée des officiers
juifs qui font bien leur devoir, qui sont patriotes et intelligents. » Le
colonel Sandherr répondit : « Je me méfie de tous les Juifs (2) »

De même encore, comme M. Risler, maire du viiᵉ arrondis-
sement de Paris, peu de jours après la divulgation de l'arrestation de Dreyfus exprimait devant le colonel Sandherr, avec
lequel il était très lié,

« sa stupéfaction de la trahison imputée à l'un de leurs compatriotes, sortant de nos grandes écoles, dans sa situation de famille et de fortune :
« Tu as raison, lui répondit le colonel Sandherr ; ce serait incompréhensible pour tout autre ; mais c'est un Juif » (3).

Et que d'officiers dans l'armée partageaient ses sentiments !
Voici une lettre que nous avons retrouvée dans le dossier du
Ministère. Ecoutez et dites si elle n'accuse pas la passion
incroyable de son auteur avec une naïveté, j'allais dire un
cynisme inconcevable !
Après avoir énuméré ses titres :

Je viens vous demander, M. le ministre, disait cet officier le 4 novembre 1894, si aucune disposition réglementaire ne s'y oppose, de faire
partie, à un titre quelconque, du Conseil de guerre qui aura à juger
Dreyfus. Cette mission me ferait le plus grand honneur et me paierait
dans une large mesure tous les sacrifices que je me suis imposés jusqu'ici.
Si ma demande toute spontanée et émue vous paraissait incorrecte, et si
ma démarche avait besoin d'une excuse, je vous prierais de ne chercher

(1) Rennes, II. 528.
(2) Procès Zola, II. 178.
(3) Production 1 du 12 juillet 1904.

ma justification que dans ma foi patriotique inaltérable et dans mon ardent désir de voir punir d'une façon exceptionnelle le traître israélite Dreyfus. — Signé : Capitaine Gratteau.

Faut-il s'étonner qu'en présence d'un état d'esprit ainsi manifesté par le chef même de la Section de statistique, le lieutenant-colonel Picquart se soit préoccupé du service où il placerait Dreyfus, lorsque celui-ci, après l'incident de la cote d'amour, fut appelé au Ministère, et qu'il ait jugé prudent de le mettre, à raison de sa religion même, à la section des manœuvres sous les ordres au commandant Mercier-Milon.

A ce moment-là, a-t-il dit, les préjugés antisémites étaient déjà répandus à l'Etat-Major. Je savais que le commandant Mercier-Milon était un homme indépendant à ce sujet. Je savais aussi qu'en plaçant un stagiaire israélite à une section qui n'avait pas à s'occuper de choses secrètes, je lui éviterais peut-être certains désagréments... En le mettant à la section des manœuvres, la chose était tranchée (1).

Les faits, Messieurs, sont plus forts, vous le voyez, que les dénégations intéressées. On aura beau le contester. Dès ce moment l'antisémitisme régnait en maître à l'Etat-Major de l'armée, certes moins ardent dans ses manifestations qu'il ne l'est devenu sous la poussée des événements et sous le souffle de la Presse que vous savez, mais déjà fort répandu et fort vif, et d'autant plus satisfait de trouver devant lui l'occasion de se déchaîner que cette accusation contre un juif détournait de ceux qui l'éprouvaient des soupçons dont la pensée seule était odieuse et depuis quelque temps obsédante pour tous.

Dois-je ajouter que l'accusation ne pouvait viser un sujet mieux choisi que Dreyfus, plus mal en position de se défendre contre une prévention qui n'allait pas seulement à l'Israélite, mais allait pouvoir s'attaquer à l'homme lui-même.

Loin de chercher en effet à faire oublier son origine, Dreyfus s'en vantait et ne craignait pas de rompre en visière avec ses chefs eux-mêmes dont ses allures et ses propos froissaient parfois les sentiments intimes et les susceptibilités (2) Ses notes s'en ressentaient... et elles ont eu une large part dans l'accusation qui s'est dressée contre lui.

Certes pourtant toutes rendaient hommage à son intelligence. à son extrême vivacité d'esprit, à sa grande aptitude au travail, à son extraordinaire faculté d'assimilation, à sa mémoire mer-

(1) Rennes, I. 373.
(2) E. c. I. 54., 558, 549.

veilleuse (1). Mais toutes ces notes excellentes, que quelques-uns de ceux qui les avaient rédigées, comme le général Lebelin de Dionne par exemple, semblent avoir un peu oubliées à Rennes, étaient gâtées par l'impression que son caractère et ses allures avaient fait sur certains de ses chefs directs (2), tout spécialement sur le commandant Bertin-Mourot, dont il vous suffira de lire les dépositions, pour vous rendre compte de sa tournure d'esprit, de son invraisemblable susceptibilité. Celui-ci le trouvait sournois, prétentieux, d'une curiosité indiscrète, lui reprochait de chercher à s'assimiler surtout les détails les plus importants du réseau, tandis qu'il apportait une grande nonchalance dans les travaux moins importants du service quotidien (3). Ce sont ces impressions d'un esprit quinteux et mal bâti que le général Roget et le colonel Fabre ont recueillies et traduites en cette note malveillante :

Officier incomplet ; très intelligent et très bien doué, mais ne remplissant pas au point de vue du caractère, de la conscience et de la manière de servir les conditions nécessaires pour être employé à l'Etat-Major de l'armée (4).

Ainsi mal vu de ses chefs directs, Dreyfus n'était pas plus aimé de ses camarades qui le trouvaient vantard, hâbleur et obséquieux, hautain et suffisant, qui lui reprochaient de faire parade de sa fortune (30.000 fr. de rentes). de rechercher toutes les occasions de briller, et qui jalousaient à n'en pas douter ses succès, comme en ce voyage d'Etat-Major où pendant toute une soirée, l'on avait vu le général de Boisdeffre, séduit par sa conversation qui avait été extrêmement brillante pendant le dîner commun, se promener avec lui seul à quelque distance de tout l'Etat-Major, en manifestant tout l'intérêt qu'il prenait à cet entretien (5).

De tels succès se paient un jour ou l'autre !

Et si vous ajoutez à tout cela que Dreyfus est d'un extérieur rigide, d'une extrême myopie, que sa voix est monocorde, et qu'il apporte en toute occasion un soin jaloux à dissimuler ses impressions, à dompter, même dans les moments les plus tragiques, les élans de son cœur, et les manifestations les plus légi-

(1) Cass. 572. 593-594. Rennes, II. 59, 60. E. c. I. 548.
(2) Rennes, II. 182.
(3) Rennes. I. 529, 566, 577.
(4) Rennes. II. 60. C. I. 569.
(5) Cass. 578, 583, 587, 593.

times de son âme, vous comprendrez comment il a pu devenir aisément le bouc émissaire de tous les péchés d'Israël, ce maudit que des philtres de haine habilement répandus ont fait exécrer de tout un peuple.

C'est dans ces conditions éminemment dangereuses pour tout accusé, mortelles pour lui, que la lutte allait s'engager.

Dès qu'il eut été saisi de l'affaire par le général de Boisdeffre et le général Gonse, le général Mercier désigna M. Gobert, expert de la Banque de France, pour examiner les similitudes déjà signalées entre l'écriture de Dreyfus et celle du Bordereau .. Il lui fit demander par le général Gonse qui lui remit les pièces, de procéder avec la plus grande rapidité.

M. Gobert a-t-il dit, ainsi que le prétend le général Mercier, qu'à première vue le doute ne lui paraissait pas possible et qu'il croyait pouvoir affirmer que le Bordereau était de l'écriture de la personne incriminée (1) ? Il le conteste de la manière la plus formelle ; et il faut reconnaître que les conclusions de son rapport écrit donnent une singulière force à sa dénégation.

Lors de cette remise des pièces, à la vue du Bordereau, je m'écriai : « M. le général, vous devez être en présence d'une fumisterie ; car l'écriture me semble très naturelle, et je n'admettrais pas qu'une communication de ce genre pût être faite dans ces conditions. La lettre anonyme ressemble terriblement aux papiers Norton. »

Le général me rassura, en me disant que les conditions dans lesquelles ce document était arrivé au Ministère ne permettaient pas d'admettre semblable hypothèse. J'ai également fait remarquer au général que l'écriture de la lettre anonyme était régulière, homogène, très normale, que c'était l'indice d'un graphisme non étudié. Je fis également ressortir le caractère très marqué d'illisibilité du document en question (2).

Quoi qu'il en soit, M. Gobert emporta les pièces et se mit à l'ouvrage. A deux reprises dans la même journée, il reçut la visite du général Gonse, et c'est au cours de l'une de ces démarches du général, qu'il lui fit connaître son déplaisir de faire sa vérification, sans qu'on lui indiquât le nom de la personne soupçonnée, déclarant qu'au cas où ses conclusions seraient accusatrices, il tenait absolument à le mentionner dans son rapport.

Quel grief l'Etat-Major ne lui a-t-il pas fait de cette déclaration ? (3) et avec quelle vivacité le Président du Conseil de guerre

(1) Rennes, I. 88.
(2) Cass. 182.
(3) Rennes, I. 88, 519. — Cass. 596.

de Paris ne lui a-t-il pas reproché cette indiscrète curiosité (1)!

On oubliait que, quand la Justice fait appel aux lumières d'un expert, c'est qu'elle a et doit avoir confiance en lui, et qu'il est inadmissible qu'on le place dans cette situation, qui à l'occasion pourrait être atroce, de lui demander son concours, alors que, sans qu'il le sache, celui contre lequel il pourrait se prononcer serait son parent, son allié, son ami et qu'il deviendrait ainsi l'instrument de sa perte (2) !

On oubliait bien plus encore que, de par les pièces mêmes qu'on lui avait remises, M. Gobert savait à quoi s'en tenir, et n'avait eu qu'à rapprocher de la feuille signalétique, pièce de comparaison, l'annuaire de l'artillerie, pour y avoir trouvé le nom de Dreyfus lui-même, à la stupéfaction de M. du Paty de Clam qui levait les bras au ciel en disant

« qu'il croyait avoir si bien brouillé tout cela qu'il espérait qu'on n'y connaîtrait rien » (3).

Vous savez, Messieurs, les conclusions auxquelles M. Gobert a été conduit le 13 octobre :

L'écriture de l'anonyme en cause, disait son rapport, présente avec celle de comparaison exactement le même type graphique. L'analyse des détails montre des analogies assez sérieuses, mais elle révèle en même temps des dissimilitudes nombreuses et importantes dont il convient de tenir compte. Dans ces conditions, et étant donnée la rapidité de nos examens, commandée par une extrême urgence, je crois devoir dire : *La lettre anonyme incriminée pourrait être d'une personne autre que celle soupçonnée.* Je dois faire ressortir que le document en question n'est pas tracé d'une écriture déguisée, mais bien au contraire d'une manière naturelle, normale et avec une grande rapidité : ce dernier trait exclut la possibilité d'une étude ou d'un deguisement graphique (4).

C'était, dit le général Mercier, une opinion neutre ; il n'y avait pas à en tenir compte (5) !

M. du Paty de Clam va plus loin dans son rapport du 31 octobre 1894. Il travestit les faits : suivant lui,

« l'expert ayant manifesté le désir de connaître le nom de la personne soupçonnée, et demandant un laps de temps de plus en plus long, incompatible avec la conservation du secret, on dut lui retirer le dossier, avant qu'il eût pu établir un rapport avec des conclusions fermes » (6).

On avait un rapport gênant. Il valait mieux en nier l'existence.

(1) Rennes, 1.85, 519. Cass. 596.
(2) Rennes, 89, 519.
(3) Cass. 184. Rennes, II. 304.
(4) Cass.451. Proc. Paris, 304.
(5) Rennes, I. 89.
(6) Proc. Paris, 31 octobre 1894.

M. Gobert n'ayant point donné ce qu'on attendait de lui, on va s'adresser à un autre et M. Bertillon entre en scène. C'est, vous le savez, le chef du service de l'identité judiciaire à la Préfecture de police.

Suivant la voie que son père avait déjà tracée, il a dans cette spécialité rendu d'éminents services. Je suis d'autant plus heureux de le reconnaître et de le dire ici que j'aurai, hélas ! bien des reproches à lui adresser à raison de l'œuvre nouvelle qu'il a entreprise et du rôle qu'il a accepté avec une imprudence déconcertante.

Jamais M. Bertillon n'avait fait d'expertise en écriture ! Que ne s'est-il souvenu du précepte du fabuliste ?

> Ne forçons point notre talent ;
> Nous ne ferions rien avec grâce !

M. Bertillon l'a oublié et c'est ainsi qu'il s'est exposé à l'effroyable mésaventure qui lui est arrivée, à l'affreux malheur dont il est devenu l'un des principaux auteurs responsables.

Il lui a suffi, le croiriez-vous, Messieurs, d'un simple coup d'œil jeté sur le Bordereau, pour y reconnaître ce qu'il sent bien qu'on désire, et pour se croire autorisé à écrire dans un rapport qu'il qualifie d' « *administratif* »,

Que si l'on écarte l'hypothèse d'un document forgé avec le plus grand soin, il ressort manifestement pour lui de la comparaison des pièces ci-dessus signalées que c'est la même personne qui a écrit la lettre et les pièces communiquées (1).

Le général Mercier a maintenant ce qu'il lui faut ; mais il n'a absolument que cela. Contrairement à ce que pense M. le Rapporteur, qui, par une interposition certaine, place dès ce moment la découverte de la pièce : « Ce canaille de D... » et son application à Dreyfus, la pièce, vous le verrez, n'a été retrouvée que plus tard, au cours de l'enquête de M. du Paty et au moment où les poursuites semblaient devoir être abandonnées en présence de l'inanité des charges.

Encore une fois le général Mercier a commencé sur le seul rapport Bertillon, rapproché des propos de M. de Valcarlos qui ne désignaient personne... et des suppositions des colonels Fabre et d'Aboville. Cela ! et rien de plus.

Il prévint le Président du Conseil qui, s'adjoignant le Ministre

_____

(1) Proc. Paris. cote 34.

de la Justice et le Ministre des Affaires étrangères, examina avec lui la situation.

Vous savez comment le général Mercier annonça son intention d'ouvrir une instruction régulière, comment le Ministre des Affaires étrangères, M. Hanotaux, sentant combien, l'instruction ouverte, il serait difficile, sinon impossible de l'arrêter, et quels périls une affaire de cette nature pouvait faire courir au pays par les complications intérieures et extérieures qu'elle pouvait soulever, s'opposa de toutes ses forces à toute espèce de poursuites tant qu'on n'aurait pas autre chose à invoquer que des comparaisons d'écritures toujours si conjecturales, si contestables, prenant pour base une pièce dont il était impossible d'indiquer la provenance (1).

M. Hanotaux était si pénétré de ce qu'il disait, si préoccupé de tout ce qu'il prévoyait qu'il ne s'en est pas tenu là, que le soir même il est allé trouver le général Mercier, rue St-Dominique, pour insister encore sur l'impossibilité d'une procédure, qui pouvait entraîner de redoutables complications internationales (2).

Le général Mercier n'est pas moins fameux par sa ténacité légendaire que par son flair d'artilleur, dont il aime à se vanter !

En vain le général Saussier, consulté, se joignit-il à M. Hanotaux, déclarant que

« tout était préférable au déshonneur jeté sur un officier français et aux soupçons qui en rejaillirait sur tous les officiers » (3).

Le général Mercier resta sourd à ces prières, à ces conseils. La loi, disait-il, ordonne de poursuivre l'espionnage et la trahison. Il avait des présomptions assez fortes pour supposer l'un et l'autre ; il devait obéir à la loi ! D'ailleurs, le fait était déjà connu des officiers qui avaient été mêlés à l'enquête, des deux experts qu'il avait consultés. Ne rien faire serait justifier le reproche de pactiser avec l'espionnage (4).

Il persista donc dans sa résolution, tout en prenant l'engagement que, si l'on ne trouvait d'autre preuve que le Bordereau contre l'officier soupçonné, dont du reste il ne fit pas connaître le nom même à ses collègues, la poursuite n'aurait pas lieu.

Ses ordres étaient d'ailleurs déjà donnés, et sans que, dans

(1) Cass. 446. Rennes, I. 219. E. c. I. 591.
(2) Cass. 446. Rennes, I. 219.
(3) Cass. 446. Rennes, I. 220. Cass. 218.
(4) Cass. 447.

une matière cependant si grave, touchant de si près à l'honneur
et aux intérêts vitaux de l'Etat-Major dont il était le chef, le
général de Boisdeffre ait jugé convenable d'intervenir de sa personne (1), le commandant du Paty de Clam, sur sa proposition,
était désigné par le général Mercier comme officier de police
judiciaire, avec Gribelin, archiviste, pour greffier (2).

Le général Mercier ne s'en était même pas tenu là ; et par
une première violation de la loi et du principe fondamental qui
domine toute notre organisation de la justice militaire, pour prévenir toute nouvelle objection du général Saussier, qui, en
qualité de gouverneur militaire de Paris, avait seul le droit de
donner des ordres en cette matière, il avait signé de sa main
l'ordre d'arrêter Dreyfus, et fait enjoindre par le colonel d'Aboville au commandant Forzinetti, directeur du Cherche-Midi, « de
ne pas rendre compte au Gouverneur de l'incarcération » (3).
C'est par cette violation flagrante de la loi que la procédure commençait, sans que Dreyfus ait été appelé à fournir une explication quelconque. Combien d'autres, hélas ! et bien plus graves
encore, puisqu'elles vont aller jusqu'au crime, ne nous réservait-
elle pas ?

V

Le choix de M. du Paty de Clam comme officier de police
judiciaire fut, de l'avis de tous, aussi malheureux que possible.
Je me garderai de vous donner mon opinion personnelle, et je
me bornerai à emprunter son portrait à ceux qui le connaissent
bien.

C'est un esprit romanesque et présomptueux, dit le général Roget (4).
C'est, dit le colonel Picquart, un homme que je connaissais depuis longtemps, qui est très habile à échafauder des manœuvres ténébreuses, mais
qui supporte bien mal le grand jour (5).

Le commandant Cuignet est plus sévère encore... Il a fait
contre M. du Paty le réquisitoire le plus ardent qui se puisse

(1) E. c. I. 479. Rennes, I. 89.
(2) Rennes, I. 89. E. c. I. 278, 479.
(3) Rennes, III, 104.
(4) Cass. 70.
(5) E. c. I. 669.

voir. Je ne cite pour l'instant que ce croquis qu'il en a fait devant vous en 1899.

Du Paty est un garçon orgueilleux, vaniteux même, dont la vanité s'est encore accrue par des succès de carrière. Il a toujours été, au dire de ceux qui le connaissent, à l'affût de toutes circonstances susceptibles de le mettre en lumière ; il était en même temps d'un caractère souple, d'un esprit insinuant. sachant se faire bien venir de ses chefs, ce que nous appelons en argot militaire *un fumiste* (1).

Et à Rennes...

Du Paty de Clam n'a pas la conscience nette. Bien avant les affaires Dreyfus, il s'est livré, à l'occasion d'affaires privées, à des manœuvres louches et tortueuses qui le montrent sous le jour le plus fâcheux. Le récit de ces manœuvres fait l'objet d'un dossier existant actuellement à la Préfecture de police (2).

M. du Paty s'était fait à l'Etat-Major une sorte de réputation de graphologue ; on lui avait en conséquence soumis dès la première heure le Bordereau et les pièces de comparaison ; il avait fait une sorte d'expertise que l'on disait avoir disparu du Ministère (3), dont le commandant Targe a retrouvé la note, écrite de sa main, non datée, mais qu'il avait remise le 7 octobre 1894 au général Gonse (4), et il avait bien entendu reconnu l'écriture de Dreyfus. Il était aussi le plus ancien des officiers du 3e Bureau, dont Dreyfus faisait partie, au mieux avec le général de Boisdeffre. Ce sont toutes ces raisons qui l'ont fait désigner, quoique, dit-il, il ait tout fait pour écarter de lui ce calice, et qu'il ne l'ait accepté que sur l'instance du général de Boisdeffre, et sur l'assurance qu'il y avait un danger à courir.

M. du Paty n'a aucune connaissance des affaires judiciaires, aucune pratique du droit ; c'est lui-même qui nous le dit :

J'étais un juge improvisé ; je manquais d'expérience ; je suis parfaitement d'accord là-dessus. J'ai tâché simplement une chose, de faire de mon mieux. Et puis je n'étais pas libre ; j'ai reçu des instructions de mes chefs qui m'ont indiqué de quelle manière je devais opérer, quels procédés je devais employer. J'ai eu des ordres ; j'étais militaire, je les ai exécutés, et je ne vois pas pourquoi on vient m'attaquer personnellement, quand je ne suis pas l'auteur des faits, mais simplement l'exécuteur (5).

On n'est pas plus naïf en vérité. Magistrat improvisé, je le veux ! mais magistrat, il a pour premier devoir d'être indépen-

(1) Cass. 236.
(2) Rennes, I. 507.
(3) Rennes, III. 518.
(4) E. c. I. 3. Rennes, III. 505.
(5) E. c. I. 188.

dant, impartial, de se dégager de toute prévention, de n'avoir d'autre souci que de rechercher la vérité. Il n'est pas besoin d'une grande expérience, pour le savoir ; il suffit d'avoir une conscience. C'est lettre morte pour M. du Paty. Il a des ordres, il est militaire ; il a obéi ; il est l'*exécuteur*. Voilà tout ce qu'il trouve pour excuser son étrange conduite. Ajoutons, Messieurs, qu'il se calomnie lui-même ; il ne s'est pas réduit au rôle rabaissé de subordonné platement obéissant ; il a eu l'initiative des mesures qu'il a prises et il en a la pleine responsabilité !

Il est en effet très pénétré de sa valeur, de sa perspicacité, très infatué de son mérite.

Habitué à lire dans les écritures le caractère des gens, il n'a pas mis en doute qu'il lirait bien mieux encore la pensée de l'homme sur sa figure, dans sa physionomie, dans son attitude, dans les tressaillements de ses muscles. Et tout de suite il imagina cette épreuve célèbre de la *Dictée* qui n'était que le préambule de tant d'autres non moins extravagantes.

Il convoqua Dreyfus, alors en stage dans un des régiments de Paris, pour le 15 octobre, au cabinet du général de Boisdeffre, sous prétexte d'inspection générale ; et là, en présence de Gribelin et du chef de la Sûreté, M. Cochefert, que le général Mercier avait requis, mais à qui M. du Paty n'a pas voulu laisser le soin d'agir (1), il lui dicta, non pas le Bordereau dans son texte exact, mais, comme pour augmenter à plaisir la difficulté et les chances d'erreur, une lettre de fantaisie qu'il a fabriquée et où il a cherché à insérer les mots les plus marquants du Bordereau.

Paris, 15 octobre 1894.

Ayant le plus grand intérêt, Monsieur, à rentrer momentanément en possession des documents que je vous ai fait passer avant mon départ pour les manœuvres, je vous prie de me les faire adresser d'urgence par le porteur de la présente, qui est une personne sûre. Je vous rappelle qu'il s'agit de : 1° une note sur le frein hydraulique du canon de 120, et sur la manière dont il s'est comporté en manœuvre ; 2° une note sur les troupes de couverture et une note sur Madagascar (2).

Avant ces mots : « *Je vous rappelle...* » M. du Paty s'interrompit brusquement :

Qu'avez-vous, capitaine ? Vous tremblez ? — J'ai froid aux doigts, lui répondit Dreyfus.

Il faisait en effet très froid ce matin du 15 octobre 1894 (3); on

(1) **Rennes**, I. 582. **Cass.** 4.
(2) **Proc. Paris**, cote 22 *bis*.
(3) **Rennes**, I. 596. **Rapp.** 31 octobre 1894.

avait dû faire un grand feu dans le cabinet du général et Dreyfus qui avait quelque peu devancé l'heure de la convocation avait dû, avant d'entrer au Ministère, faire les cent pas dehors.

L'explication était simple, toute naturelle. M. du Paty ne pouvait s'en contenter !

Il prétend que Dreyfus avait témoigné un grand trouble pendant la dictée ; que ce trouble s'était révélé pour lui « par une série de mouvements nerveux de la mâchoire » et par l'écriture même qui avait cessé d'être régulière, « ce dont on peut s'assurer, disait-il, en plaçant une règle sous chaque ligne ». Il soutient que tous les témoins, M. Cochefert en particulier, ont partagé son sentiment (1).

Ecoutez, Messieurs, ces témoins, et vous allez voir ce qu'il faut en penser.

Gribelin a entendu la dictée, la question de M. du Paty « Vous tremblez », la réponse de Dreyfus.

Je ne sais, ajoute-t-il, si Dreyfus tremblait, j'étais trop loin pour le voir (2).

M. Cochefert a précisé à Rennes qu'il était à 5 ou 6 mètres de Dreyfus, qu'à cette distance il lui était absolument impossible de voir si Dreyfus a manifesté quelque trouble. Il a ajouté que pour lui ce trouble ne s'est manifesté que par la question brusque de M. du Paty (3) et il eût été vraiment surprenant que devant une telle question, faite sur un tel ton, Dreyfus eût pu rester calme. Qui de nous, en pareil cas, eût pu maîtriser son émoi ! Et comment y voir un indice de culpabilité !

Si des témoins nous passons à la dictée elle-même, si nous l'examinons, qui ne voit que l'allégation de M. du Paty est absolument inexacte ! que l'élargissement prétendu des lignes est insignifiant, qu'en tout cas il ne commencerait au plus qu'à partir des mots : « Je vous rappelle... » c'est-à-dire à partir de la brusque interpellation de M. du Paty et du trouble certain qu'elle a dû causer (4).

M. du Paty était-il au surplus bien sûr de ce qu'il avançait ? On en peut douter à voir son attitude devant le Conseil de guerre.

Une chose qui m'a frappé, dit le lieutenant-colonel Picquart, bien que la scène ait été un peu confuse, a été l'embarras de du Paty, quand la

(1) Rennes, III. 507.
(2) Rennes, I. 596.
(3) Rennes, I. 583.
(4) Proc. Paris, cote 22 bis.

défense lui a fait remarquer que la dictée faite par Dreyfus ne présentait pas de caractère de trouble. Devant l'évidence, il a bien été forcé de s'incliner, et il a dit une phrase extraordinaire qui est à peu près celle-ci : « Je voulais voir s'il était prévenu ; interpellé brusquement par moi, il aurait dû trembler ; or, il n'a pas tremblé ; donc il simulait ; il était prévenu ; un individu innocent, qui serait arrivé là sans avoir rien à se reprocher, aurait tremblé à mon interpellation ou aurait fait un mouvement. » Je trouvai l'explication bien extraordinaire, et bien embarrassée, et je la gardai précieusement dans ma mémoire (1).

Cette impression du colonel Picquart n'est-elle pas confirmée par l'aveu passé par M. du Paty lui-même au cours de la dernière enquête ? N'a-t-il pas semblé admettre qu'il a pu se tromper ?

Comme tout le monde, je suis passé par une période de doute, je ne le cache pas. La meilleure preuve, c'est que j'ai promis à Dreyfus de continuer mes recherches. Je me suis dit que le trouble qu'il avait manifesté au moment de la dictée pouvait être attribué à une autre cause que celle que j'avais vue. Je ne me crois pas infaillible ; je crois que personne ne l'est (2).

Si nous en croyons d'autre part la note que Mᵉ Demange a remise à Mᵉ Mornard pour lui rendre compte de ce qui s'est passé au huis-clos de Paris, M. du Paty ne s'en serait pas tenu à l'épreuve de la dictée ; il en aurait tenté une seconde, qu'il n'a pas mentionnée dans son rapport, mais dont il a déposé à l'audience.

En interrogeant, a-t-il dit, le capitaine Dreyfus dans sa prison, j'ai attendu le moment où il avait les jambes croisées, puis je lui ai posé à brûle-pourpoint une question qui devait faire naître l'émotion chez un coupable ; j'avais les yeux fixés sur l'extrémité du pied de la jambe pendante. Le mouvement presque imperceptible auparavant de l'extrémité du pied s'est trouvé tout à coup, au moment de ma question, très sensible à mes yeux. Donc le pouls s'accélérait ; le cœur battait plus fort ; l'émotion de Dreyfus trahissait sa culpabilité (3).

Et Mᵉ Demange ajoute qu'il a apporté le lendemain au Conseil de guerre un certificat du docteur Lutaud qui se trouve dans son dossier, pour combattre cette étrange conclusion de M. du Paty de Clam !

C'est après ces étonnantes épreuves que M. du Paty jugeant la démonstration suffisante s'interrompit et déclara à Dreyfus qu'il le mettait en état d'arrestation.

Lui dit-il quelle en était la cause ?

Il lui dit bien qu'il était inculpé du crime de haute trahison (articles 76 et suivants du Code pénal) (4) ; mais du Bordereau,

(1) Cass. 87. Rennes, I. 380.
(2) E. c. I. 194.
(3) Note Demange. Revision devant la Cour de Cass., p. 605.
(4) Proc. Paris, 1894, cote 6. E. c. II. 396.

pas un mot ! de la puissance au profit de qui il aurait trahi, rien !

Bien plus et dès ce moment il cherche à tromper Dreyfus. Il lui déclare que son arrestation est motivée « par la saisie de plusieurs documents », ce qui est faux ; et il laisse M. Cochefert parler, sur les indications inexactes qui lui ont été données par les généraux Mercier et Gonse, et qui ont, il le déclare, surpris sa religion (1),

« d'une longue enquête qui avait été ouverte contre lui, et qui avait amené la découverte de preuves indiscutables, la saisie de pièces écrites de sa main, ainsi que cela avait été constaté après expertise » (2).

Voilà comment M. du Paty entend les fonctions d'officier de police judiciaire, et la loyauté qu'il y apporte ! Et il s'étonne après cela des critiques véhémentes qui ont été dirigées contre lui. Ce qui m'étonne moi, c'est sa surprise.

Je ne rappellerai que d'un mot cet autre procédé singulier qui a consisté à placer sous la main de Dreyfus un revolver chargé, comme pour l'inciter à se brûler la cervelle. M. Cochefert, tout en le trouvant incorrect, s'est excusé de l'avoir toléré, en évoquant les traditions d'honneur de l'armée (3). Soit ! Mais ce que je retiens, c'est que Dreyfus, à qui le moyen de se détruire était ainsi offert, qui, coupable, n'eût assurément pas manqué de le saisir, comme Henry l'a fait en pareille occurrence, s'est écrié, lui :

« Je ne veux pas me tuer ; je veux vivre pour établir mon innocence ! »

Ce que je retiens avec non moins d'insistance, c'est que ce fait si grave, cette attitude si caractéristique de Dreyfus, et qui vaut bien, je pense, le trouble de la dictée, le procès-verbal de M. du Paty n'en dit rien, et qu'il a fallu que M. Cochefert, indigné d'un tel silence si contraire à toutes les règles, à la loyauté la plus élémentaire, le révélât au Conseil de guerre de Rennes (4) et vînt ainsi établir à la décharge de l'accusé ce que l'accusation prenait le soin de taire !

Nous verrons, hélas ! que ce fut sa pratique constante, et que dès qu'un fait favorable à l'accusé se produisait, dès qu'une pièce pouvait servir de défense, le fait était passé sous silence, la pièce supprimée ou falsifiée !

Il est vrai qu'en revanche M. du Paty s'attache avec le plus

(1) Rennes, I. 585.
(2) Proc. Paris, cote 5. E. c. II. 394.
(3) Rennes, III. 520-521.
(4) Rennes, I. 521.

grand soin à relever tout ce qui lui paraît à charge, qu'il signale avec Gribelin l'attitude un peu théâtrale de Dreyfus et ses gestes « contrôlés du coin de l'œil dans une glace placée à l'autre extrémité de la pièce, et où, dit Gribelin, il se regardait complaisamment ». (1).

A lire de semblables choses gravement consignées dans le procès-verbal base des poursuites, à entendre ce récit d'une scène qui n'a pas duré moins de trois heures, on comprend que Dreyfus ait trouvé tout cela fantastique et qu'il ait pu dire :

Je ne sais dans quel cerveau cette scène a pu être imaginée, mais réellement j'en suis sorti sur une impression indescriptible ; la tête me tournait absolument (2).

M. Cochefert, Messieurs, qui au premier moment « avait eu l'impression que Dreyfus pouvait être coupable » (3), qui l'avait même dit au général Mercier, lorsqu'il est venu lui rendre compte de l'opération, et qu'il a senti que

« le général voulait rassurer sa conscience »,

s'est ressaisi depuis à la réflexion, alors qu'il a su que tout ce qu'on lui avait dit, tout ce qui avait servi de base à cette impression, était inexact par l'exagération même des détails qu'on lui avait donnés.

Comme le Président lui demandait si son impression première persistait :

M. COCHEFERT. — M. le Président, je dois simplement dire, et c'est un devoir d'honnête homme que j'accomplis, que l'impression que j'ai eue et qui ne s'inspirait pas de l'authenticité de l'origine du Bordereau qui était attribué à Dreyfus, s'est sensiblement modifiée, en ce sens que, si à l'époque de ma première intervention, j'avais connu l'écriture du commandant Esterhazy, je n'aurais pas manqué d'appeler l'attention du Ministre de la Guerre sur la similitude qui existe entre cette écriture et celle du Bordereau, et je l'aurais peut-être retenu dans son premier élan. (*Sensation prolongée.*) (4).

Hâtons-nous, Messieurs, de mettre en face de toutes ces impressions ainsi déterminées par la prévention la plus injustifiée, les protestations que, dès la première heure, Dreyfus a opposées à l'accusation, et qu'il n'a cessé de répéter en toute occasion avec une inflexible tenacité.

Je suis absolument innocent, et je proteste énergiquement contre les mesures de rigueur qui sont prises contre moi. Jamais je n'ai communiqué à qui que ce soit la plus petite note intéressant mon service à l'Etat-Major.

(1) Rennes, I. 587. E. c. I. 187.
(2) Rennes, II, 526.
(3) Rennes. I. 584.
(4) Rennes, I. 585-586.

Je ne suis en relations avec aucune ambassade étrangère ; et si les faits qu'on me reproche étaient établis, je serais un misérable et un lâche. C'est mon honneur d'officier que je défends, et, si douloureuse que soit ma situation, je me défendrai jusqu'au bout. Je sens pourtant qu'un plan épouvantable a été préparé contre moi dans un but qui ne m'apparaît pas. Mais je veux vivre pour établir mon innocence... Jamais, je l'affirme de nouveau, je n'ai commis la plus légère faute, ni même de légèreté dans le sens que vous m'indiquez (1).

Ces protestations, il les renouvelait avec une énergie crois-sante devant le commandant Henry, lorsque celui-ci le conduisait du Ministère de la Guerre à la prison militaire du Cherche-Midi où il était chargé de le faire écrouer.

Mon commandant, lui disait-il, c'est effrayant. Je suis accusé d'une chose épouvantable... Je suis accusé d'un crime de haute trahison ! — Diable ! mais pourquoi ? — Je n'en sais rien ; je suis comme fou ; je préfè-rerais une balle dans la tête ; je ne suis pas coupable ; cette accusation est la mort de ma vie (textuel). C'est une accusation épouvantable ; elle est complètement fausse... Je comprends bien qu'au Ministère on n'a pas agi sans preuves ; elles doivent être convaincantes pour eux, et accablantes pour moi ; *mais elles sont fausses...* Je ne crois pas avoir d'ennemis capables de me poursuivre d'une haine semblable... Je n'y comprends rien. Je demande qu'on me rende justice (2).

Le même jour une perquisition minutieuse fut effectuée chez Dreyfus, en présence de sa femme, à qui M. du Paty prescrivit le silence, même vis-à-vis des siens, sous peine de perdre à tout jamais son mari, par l'officier de police judiciaire assisté de Gribelin et de M. Cochefert, chargé de les guider dans leurs opérations. Elle amena la découverte et la saisie constatée par procès-verbaux réguliers de divers documents : cours de l'Ecole de guerre, diverses lettres privées, qui sont depuis devenues aux mains de l'accusation de redoutables arguments sur lesquels j'aurai à m'expliquer, et qui, mieux que tout, prouveront la pas-sion dépensée dans cette affaire, mais qui à ce moment parurent sans aucune valeur (3).

Il en fut de même d'une autre perquisition chez M. Hadamard, beau-père de Dreyfus (4).

M. du Paty avait beaucoup compté sur ces parquisitions faites à l'improviste dès l'arrestation ; il fut très décontenancé du résultat.

A son retour au Ministère, dit le colonel Picquart, il nous dit (j'ai encore sa phrase dans l'oreille) : « Il avait tout déménagé, il n'y avait plus rien. » Derrière cette phrase il abritait le fiasco qu'il avait fait (5).

(1) Proc. Paris, cote 5. E. c. II. 395.
(2) Proc. Paris, cote 65.
(3) Proc. Paris, cotes 24 à 28, 29. 30 *bis.* E. c. II. 396.
(4) Proc. Paris, cote 27.
(5) Rennes, I. 377.

C'est dans ces conditions que M. du Paty commença son enquête. Ne croyez pas qu'il ait entendu un seul témoin ; non, pas un !

Ce qu'il cherche, ce n'est pas à former sa conviction qui est déjà faite *a priori*, par ordre, comme il l'a dit ; c'est de tout retourner contre l'accusé !

Et c'est ainsi qu'il multiplie les interrogatoires, tissant autour de Dreyfus tout un réseau de questions insidieuses, par lesquelles il essaie de le faire trébucher, de le troubler, de le démonter à l'aide de pièges indignes de sa fonction. Du 18 au 30 octobre, il n'y a pas moins de six interrogatoires de ce genre officiellement constatés, sans parler de cette autre entrevue qui s'est passée au Cherche-Midi un soir, alors que, s'y présentant avec un ordre du Ministre prescrivant au commandant Forzinetti de l'admettre à se rendre librement auprès de Dreyfus, il demanda au commandant « de faire ouvrir la porte de la cellule aussi doucement que possible et de lui procurer une lampe à projection assez forte pour surprendre Dreyfus et le démonter » (1).

M. du Paty proteste avec indignation contre cette déposition si ridicule qu'elle ne mérite pas de réfutation, dit-il, et qui, dit-il encore, ne repose que sur une demande de changement d'abat-jour (2). Sa réponse à elle seule prouve, n'est-il pas vrai ? qu'il y a bien eu un incident d'abat-jour ; et l'étrangeté de l'incident est telle qu'elle rend difficile d'admettre qu'il ait pu être inventé par le commandant Forzinetti, tandis qu'il rentre absolument dans la manière de faire de ce Gaboriau décadent qu'on nomme du Paty de Clam !

Je ne puis vous lire tous ces interrogatoires de Dreyfus singulièrement instructifs pourtant, car nous y voyons dès la première heure toutes les explications de l'accusé, sans qu'une seule variante, quoi qu'on en ait dit, se soit produite, et sans que, sur aucun détail vérifié, une inexactitude puisse être relevée (3). L'impression qui s'en dégage est si vive que j'ai tenu à les placer sous vos yeux dans leur texte même (imprimé *in-extenso* vol. II. p. 394 à 409 de l'enquête).

Ce que vous y verrez, à côté des protestations inébranlables et incessantes d'innocence de Dreyfus, ce sont les procédés d'instruction de M. du Paty.

(1) Cass. 218. Rennes, III. 105.
(2) E. c. I. 189.
(3) Proc. Paris, cotes 9 à 22.

Quand on interroge un accusé sur un fait, le premier devoir du magistrat, c'est, n'est-il pas vrai ? de lui faire connaître le fait dans tous ses détails. Ici on impute à Dreyfus d'avoir écrit le Bordereau ! Le premier soin de M. du Paty va donc être de lui montrer le Bordereau, de lui dire comment on se l'est procuré, où il a été pris, d'en rapprocher sous ses yeux les pièces de comparaison.

C'est le bon sens, c'est la loyauté qui l'exigent ; c'est le souci de la vérité qui veut qu'on ne néglige aucune précaution, si minutieuse soit-elle, pour éviter toute chance d'erreur.

C'est évident pour tout le monde, non pour M. du Paty. Lui, n'a qu'une préoccupation, qu'une idée : Dreyfus est coupable, il l'a décidé par ordre ; tout est permis pour le confondre ; toutes les ruses sont bonnes pour lui arracher l'aveu du crime. *La fin justifie les moyens.*

Le Bordereau, il ne le lui montrera jamais ! D'abord il lui en exhibe un mot, une ligne, en cachant tout le reste ; puis, c'est quelques bribes de photographies, et le 29 octobre, quand enfin il se décide à montrer toute la pièce, ce n'est pas le document original, c'est une photographie qui, dit-il par un travestissement de la vérité, a été prise à l'étranger par un de nos agents à l'aide d'un portefeuille photographique. Comme si, en une matière aussi délicate que des comparaisons d'écriture, où la moindre déformation peut conduire aux erreurs les plus grossières, où tout doit être pris en considération : le papier, l'encre, cent détails divers, il est permis de procéder sans l'original, alors que la Justice le possède !

J'entends bien que M. du Paty prétend qu'il devait redouter des indiscrétions qui eussent mis en péril la sécurité nationale. Oh, les grands mots ! En a-t-on assez abusé dans cette affaire ? C'est avec le péril national que le général Mercier essaiera de justifier son inconcevable conduite ; c'est avec le péril national que M. du Paty refuse de montrer le Bordereau à l'accusé contre lequel on l'invoque. Comme si la publication du Bordereau, quand elle a été faite, a soulevé aucune complication internationale !

M. du Paty oubliait-il donc du reste qu'aucune indiscrétion n'était à craindre à ce moment ; que l'accusé était au secret le plus rigoureux, qu'il ne pouvait voir les siens, ni leur écrire ;

qu'il était privé même d'un Conseil, dont la loi alors en vigueur ne lui permettait pas de réclamer l'assistance ?

Rien ne pouvait donc justifier une telle manière de procéder ! Aussi qui pourrait ne pas être touché des protestations de Dreyfus ?

Je jure, par ce que j'ai de plus sacré au monde, n'avoir jamais eu aucune relation avec les agents d'une puissance étrangère, n'avoir jamais rien écrit, n'avoir jamais enlevé un document des bureaux de l'Etat-Major de l'armée (1). Les experts se trompent lorsqu'ils affirment l'identité de mon écriture avec celle du document dont on ne me montre qu'une ligne (2)...

Ce qu'on montre est insuffisant. Désirant que la lumière se fasse le plus entièrement possible, qu'on me montre le document, ainsi que les documents incriminés, afin que je puisse répondre (3)...

Je jure sur la tête de mes enfants que je suis innocent. Je ne comprends absolument pas ce qu'on me veut. Si l'on me présentait les pièces incriminées, je comprendrais peut-être. Voilà onze jours que je suis au secret, et je ne sais pas encore de quoi je suis accusé... Je me crois le jouet d'un cauchemar. Rien dans ma vie, rien dans mon passé ne pouvait me faire supposer qu'on pût porter contre moi une accusation pareille. J'ai sacrifié ma situation en Alsace, pour servir mon pays que j'ai toujours servi avec dévouement. On me dit toujours que j'ai volé des documents, sans me montrer les bases de l'accusation. Je demande qu'on me montre les pièces accablantes, et je comprendrai peut-être la trame infernale qui se joue autour de moi... Je nie comme au premier jour que j'aie jamais écrit à aucun agent d'une puissance étrangère. Je n'en connais aucun, et je n'ai jamais parlé à aucun. Je ne puis m'imaginer qu'une chose, c'est qu'on m'a volé mon écriture.

Et lorsque, le 29 octobre, M. du Paty se décide enfin à lui montrer, non l'original, mais la photographie du Bordereau :

J'affirme, s'écrie Dreyfus, que je n'ai jamais écrit cette lettre infâme. Un certain nombre de mots ressemble à mon écriture ; mais ce n'est pas la mienne ; l'ensemble de la lettre ne ressemble pas à mon écriture ; on n'a même pas cherché à l'imiter... Oui, il y a des ressemblances dans les détails de l'écriture ; mais l'ensemble ne ressemble pas ; j'affirme ne l'avoir jamais écrite. Je comprends très bien que le document ait donné prise aux soupçons dont je suis l'objet (5). Je vous déclare que je suis innocent, et que je n'ai rien à avouer. Il m'est impossible entre les quatre murs d'une prison de m'expliquer cette énigme épouvantable. Qu'on me mette avec le chef de la Sûreté, et toute ma fortune, et toute ma vie seront consacrées à débrouiller cette énigme (6).

Son attitude au Cherche-Midi n'est pas moins caractéristique. On l'entendait sans cesse protester tout haut de son innocence.

(1) E. c. II, 396.
(2) E. c. II. 398.
(3) E. c. II. 401, 404.
(4) E. c. II. 404.
(5) E. c. II. 407.
(6) E. c. II. 408.

Il marchait dans sa cellule comme un égaré, se battant contre les murs sans en avoir conscience, s'y blessant au front ; il ne cessait de gémir et de pleurer, disant qu'il sentait son cerveau s'en aller, qu'il deviendrait fou avant d'avoir pu prouver son innocence (1).

Le commandant Forzinetti en était aussi préoccupé que possible. Il craignait un acte de désespoir, et l'écrivait au Gouverneur militaire de Paris (2). Et lui, qui a une si grande pratique des prisonniers au milieu desquels il a vécu tant d'années, qui sait presque à coup sûr distinguer les innocents des coupables, ne craignait pas de dire au général de Boisdeffre qui l'interrogeait :

Mon général, si vous ne me demandiez pas mon avis, je me serais bien gardé de vous le donner. Mais je crois que vous faites fausse route. Dreyfus est aussi innocent que moi (3) !

Ah ! que ne l'a-t-on écouté, Messieurs ! et que n'a-t-on évité ainsi à la justice l'abominable erreur qu'un aveuglement inconcevable l'a conduit à commettre !

M. du Paty ne s'en est pas tenu cependant à interroger Dreyfus. S'il n'a entendu aucun témoin, il a du moins fait commettre trois experts nouveaux : MM. Teyssonnières, Charavay, Pelletier, qui ont été appelés à donner leur avis sur le Bordereau et sur son attribution à Dreyfus.

M. Teyssonnières ! Ah quel expert !

Rayé à ce moment même pour les faits les plus graves par le Tribunal de la Seine de la liste de ses experts, convaincu plus tard d'avoir manqué à tous ses devoirs et à son serment, en communiquant à la presse le Bordereau qui ne lui avait été remis que sous le sceau du secret, condamné depuis par le Tribunal du Blanc et la Cour de Bourges le 8 juillet 1901, pour avoir attesté contre toute vérité qu'une pièce diffamatoire était de l'écriture d'un notaire, le sieur Labouysse, et rayé le 26 décembre 1901 de la liste des experts près la Cour d'Appel de Paris qui l'avait recueilli, il se prononce nettement contre Dreyfus. Pour lui, il y a

« similitude de graphisme, d'espacement des lignes, d'inclinaison et de longueur de mots, mêmes lignes ascendantes et descendantes, concaves et convexes. L'écriture du Bordereau présente tous les caractères d'un déguisement d'écriture dans laquelle le naturel reprend quand même le dessus... avec les tics... l'allure... la démarche, la physionomie, qui constituent la personnalité. En conséquence, nous déclarons que l'écriture de

(1) Cass. 219. Rennes, III, 111.
(2) Lettre 27 octobre 1894.
(3) Cass. 219. Rennes, III. 104, 105, 110.

la pièce incriminée N° 1 émane de la même main que toutes les pièces de comparaison N° 2 à 50 (1).

M. Charavay, un parfait honnête homme, un expert éminent, un savant !

N'ayant à ce moment que les pièces de comparaison émanant de Dreyfus, il a cru reconnaître dans le Bordereau l'écriture de l'accusé, tout en signalant jusqu'à six ordres de différences ; mais il les expliquait par cette idée qu'il est rationnel de croire à un déguisement d'écriture dans des documents de cette nature (2).

Mais combien ne s'est-il pas reproché ce rapport et cette conclusion, Messieurs, lorsqu'ultérieurement il a connu l'écriture d'Esterhazy, et qu'il a pu la rapprocher de celle du Bordereau ? Avec quels accents du cœur et de la conscience n'a-t-il pas alors rétracté son erreur première devant le Conseil de guerre de Rennes !

Je tiens à déclarer ceci, s'écrie-t-il, c'est qu'en 1894, abusé par une ressemblance graphique, je me suis trompé en attribuant la pièce appelée Bordereau à l'auteur d'une lettre anonyme qui était celle du capitaine Dreyfus. Ayant trouvé un nouvel élément d'écriture, j'ai reconnu mon erreur, et c'est pour moi un très grand soulagement de conscience de pouvoir devant vous, Messieurs, et surtout devant celui qui a été victime de cette erreur, déclarer que je me suis trompé en 1894, et que j'estime actuellement que l'écriture du Bordereau n'est pas l'œuvre graphique du capitaine Dreyfus, mais qu'elle est celle du commandant Esterhazy. (*Sensation*) (3).

Quant au troisième expert, M. Pelletier, il était, dès 1894, d'un avis diamétralement opposé à celui alors donné par MM. Teyssonnières et Charavay. Il signalait le caractère absolument naturel et franc de l'écriture du Bordereau qui n'était en rien déguisée. Sans doute cette écriture était du même type général que celle de Dreyfus ; mais il observait en même temps que ce genre de graphisme était commun à beaucoup de personnes écrivant vite et régulièrement. Et il indiquait en même temps d'une part la banalité des ressemblances, d'autre part de notables et décisives différences, le Bordereau étant d'une écriture sautillante et sobre, l'écriture de Dreyfus étant beaucoup plus posée, moins irrégulière de forme ; et comme conclusion il déclarait qu'il ne se croyait nullement autorisé à attribuer à Dreyfus le document incriminé (4).

(1) Proc. Paris, cote 36.
(2) Proc. Paris, cote 37.
(3) Rennes, II. 466.
(4) Proc. Paris, cote 38.

Ces conclusions contraires à l'accusation ont eu, en ce qui le concerne, le même résultat que celles de M. Gobert. M. Pelletier s'est vu aussitôt mettre en suspicion par l'Etat-Major, attaqué de la même façon que M. Gobert. Tout lui est imputé à crime : et le fait qu'appelé à donner en conscience son avis, il n'a pas voulu travailler avec M. Bertillon dont il savait l'opinion préconçue (1) ; et le fait qu'appelé en même temps à l'instruction et à la Cour d'assises, il s'est rendu devant cette dernière, dont l'audience ne pouvait se remettre (2). Tout lui est reproché avec la plus extrême vivacité, et suffit à éliminer son témoignage qui était gênant et ne répondait pas à ce qu'on voulait de lui (3).

On y pouvait du reste opposer un nouveau rapport de M. Bertillon, qui, poursuivant et complétant ses premières observations, persistait avec plus d'énergie encore dans ses précédentes conclusions.

Il faut lire, Messieurs, ce rapport pour se rendre compte de l'état d'esprit de cet expert, pour comprendre à quelle incurable, à quelle aveugle prévention il a, dès la première heure, obéi. Personne n'y voudrait croire, si nous n'avions sous les yeux ces lignes inconcevables, tracées de la main même de cet auxiliaire de la justice ! Il affirme la culpabilité de Dreyfus !

« En effet, écrit-il, les coïncidences étaient trop nombreuses pour laisser le moindre doute. J'ajoute même qu'elles étaient beaucoup trop nombreuses, et que l'esprit était stupéfait d'être amené à constater avec toute évidence qu'un homme incontestablement très instruit et très intelligent avait pu écrire un billet de cette gravité, sans déguiser manifestement son écriture, à l'exception du double S S que j'avais signalé dès le premier jour, mais dont *l'explication physiologique qui se rattache à l'ensemble du plan de trahison* m'avait échappé. *Par quel plan machiavélique ce criminel comptait-il donc se défendre en cas de découverte?* Pourquoi ne pas avoir employé l'écriture renversée ou de la main gauche ou avec un gant? Pourquoi l'emploi du papier pelure qui n'est utilisé à l'habitude que pour faire des économies de timbres-poste? Pour une lettre, *dont le prix se chiffrait peut-être par millions*, c'était d'une mesquinerie déconcertante. » — (Sans indiquer alors les points communs si nombreux que l'énumération, dit-il, en serait fastidieuse, il passe aussitôt aux divergences bien plus intéressantes, en ce qu'elles décèlent tout le futur plan de défense de l'auteur anonyme. Il les énumère en détail). « Pourquoi, continue-t-il, ce soin dans des dissimulations si petites, si mesquines, qui ne pouvaient évidemment pas altérer la ressemblance des deux écritures? *C'est que l'identité de l'écriture a été volontairement conservée par notre criminel, qui compte s'en servir comme sauvegarde, justement à cause de son absurdité même...* De là aussi les quelques tremblements accentués dans l'écriture qui

(1) Proc. d'Ormescheville, cote 101. Rennes, I. 90.
(2) Proc. d'Ormescheville, cote 101.
(3) Rennes, I. 90.

m'avaient tant intrigué le premier jour. Le mot *responsable* en est un bon exemple. *En tremblant volontairement les deux dernières syllabes, il pensait à sa propre responsabilité, et voulait pouvoir dire : Voyez comme c'est tremblé ; c'est calqué.* De là aussi la transposition des doubles S S... C'est une transgression voulue à une habitude absolument constante chez lui. Mon travail complet démontrera, par des agrandissements au décuple, l'hésitation de sa plume en traçant ses lettres hors place ; tandis que, si cette forme était issue d'un moment d'hésitation du calqueur, elle aurait été la perfection du naturel. La preuve est faite, péremptoire. Vous savez quelle était ma conviction du premier jour ; elle est maintenant absolue, complète, sans réserve aucune (1). »

Quelle pitié, Messieurs, que la liberté, l'honneur d'un officier français aient pu dépendre de telles élucubrations, que le moindre sens critique, que la prudence la plus vulgaire eussent dû faire écarter dès la première heure !

Le général Mercier a eu beau dire à Rennes qu' « en face de trois rapports affirmatifs Teyssonnières, Charavay et Bertillon. et d'un rapport négatif, Pelletier, il y avait présomptions suffisantes (2) », il semble bien que telle n'a pas été l'impression qui s'en dégageait.

A ce moment-là, nous dit le colonel Picquart, la situation est devenue aussi pénible ou presque aussi pénible qu'elle l'était avant que Dreyfus eût été désigné aux soupçons. On avait bien le Bordereau ; on trouvait bien la ressemblance entre l'écriture de ce Bordereau et celle de Dreyfus ; mais en dehors de cela il n'y avait rien (3) !

Le commandant du Paty partageait cette impression, de plus en plus découragé, anxieux sur l'issue de l'affaire (4). Et c'est ainsi que, le 29 octobre, il écrivait au général de Boisdeffre :

L'officier de police judiciaire chargé de l'enquête sur les faits reprochés au capitaine Dreyfus a l'honneur de rendre compte qu'il a fait connaître à cet officier que M. le Ministre est disposé à le recevoir, s'il consent à faire des aveux. Le capitaine Dreyfus a répondu que, même si on lui offrait un million, il n'avouerait pas. Il paraît certain maintenant qu'il n'avouera pas. Or, il semble très difficile d'exposer devant un Tribunal certains faits qui sont de nature à amener des complications extérieures pouvant coïncider avec le changement de plan. D'autre part, la fragilité de la preuve matérielle qui servira de base à l'accusation pourrait fort bien déterminer un acquittement.

En conséquence, l'officier de police judiciaire estime en l'état actuel de son information qu'il y aurait peut-être lieu d'abandonner les poursuites, en prenant toutefois les mesures nécessaires contre le capitaine Dreyfus, pour l'empêcher de communiquer avec les agents étrangers, jusqu'à la mise en vigueur du nouveau plan.

Signé : Le commandant Du Paty de Clam (5).

(1) Proc. Paris, cote 33.
(2) Rennes, I. 90.
(3) Rennes, I. 378.
(4) Rennes, I. 378.
(5) E. c. I. 189.

Voilà certes un document intéressant, n'est-ce pas ? Il es favorable à l'accusé, en manifestant nettement les incertitudes, les angoisses, l'impuissance de l'accusation.

Ai-je besoin de vous dire qu'il n'a pas été versé au dossier ; mais, bien plus, qu'il a disparu des Archives du Ministère et que nous l'ignorerions, si M. du Paty ne nous l'avait remis au cours de la dernière enquête, pour chercher à se disculper du reproche de passion et de partialité qui lui avait été adressé ?

C'est le procédé invariablement suivi par l'accusation dans toute cette affaire. Elle accumule, au besoin en les forgeant à l'aide de faux, les pièces accusatrices ; elle supprime tout ce qui peut servir à la défense.

Tout à coup l'affaire semble prendre une tournure nouvelle. Le colonel Boucher dit au colonel Picquart :

> Il paraît qu'on a fait des recherches au Service des renseignements, et qu'on a trouvé des pièces écrasantes contre Dreyfus (1).

C'étaient la pièce : *Doutes Preuve* et la pièce : *Ce canaille de D,* nous dit le colonel Picquart (2). Et c'est à ce moment qu'on eut l'idée de les appliquer, et non (comme l'a pensé votre Rapporteur, qui sur ce point est en contradiction avec toutes les dépositions reçues) avant de prendre la résolution d'enquêter et de désigner M. du Paty. Or, ces pièces, que l'on appliquait alors à Dreyfus, ne le concernaient pas. Tout le monde (sauf le général Mercier toujours tenace) le reconnaît aujourd'hui, et vous l'avez vous-mêmes jugé par votre arrêt du 3 juin 1899.

Mais à ce moment qui donc eût pu avoir la pensée d'élever un doute, et comment l'eût-on pu faire d'ailleurs ?

Les pièces furent tenues rigoureusement secrètes : on se garda bien de les présenter à Dreyfus et de provoquer ses explications qui en eussent fait justice, comme cela s'est produit dès qu'il les a connues. La Section de statistique affirmait qu'elles le concernaient. C'était assez ; et aussitôt tous les doutes se dissipèrent, et M. du Paty se ressaisit.

Vous venez d'entendre son rapport du 29 octobre. Voici celui que deux jours plus tard, le 31, il adressait au Ministre. Ses scrupules ont disparu. Il signale l'épreuve de la dictée, le trouble qu'avait, suivant lui, manifesté Dreyfus ; il assigne comme mobile au crime l'incurable blessure dont Dreyfus souffrirait encore par

(1) Rennes, I. 378.
(2) Rennes, I, 378.

suite du déboire cruel qu'il a subi, en se voyant, à sa sortie de l'Ecole de guerre, classé le 9ᵉ au lieu d'être le 1ᵉʳ. Il souligne les prétendus écarts de conduite de Dreyfus « avoués, dit-il, par lui ». Il invoque les rapports Teyssonnières, Charavay, Bertillon, en écartant l'opinion de Pelletier qui, suivant lui, n'a pas pris connaissance de documents importants ; il relève de prétendues contradictions de Dreyfus, commençant par nier toute ressemblance entre son écriture et celle du Bordereau, pour finir par reconnaître qu'elles ont des caractères si communs et si frappants qu'il en vient à dire :

« On m'a volé mon écriture ».

Pour lui Dreyfus est un simulateur qui ne cherche par ses grands gestes, ses manifestations emphatiques et déplacées, ses malédictions, qu'à créer une diversion aux questions gênantes, M. du Paty ne concluait pas d'ailleurs et laissait au Ministre le soin d'apprécier la suite que comportait l'affaire (1).

On ne pouvait être plus perfide sous une apparence de modération et d'impartialité.

Malgré l'habileté de cet exposé, tout cela se présentait dans des conditions si singulières, laissait planer tant d'incertitude que le général Mercier, si résolu qu'il fût, hésitait encore à passer le Rubicon. C'est lui qui nous l'apprend à Rennes :

J'aurais préféré, dit-il, que l'enquête continuât deux ou trois jours encore (2).

Mais à ce moment même un fait grave se produisait qui allait emporter sa décision. On savait son caractère, sa situation parlementaire; on savait qu'il ne résisterait pas à la douche écossaise de la presse, de la *Libre parole*, de l'*Intransigeant*. Dûment avertie, la presse parla !

Dès le 28 octobre, l'un des rédacteurs de la *Libre Parole*, M. Papillaud, avait en effet reçu la lettre suivante :

Mon cher ami,

Je vous l'avais bien dit : c'est le capitaine Dreyfus, celui qui habite avenue du Trocadéro, 6, qui a été arrêté le 15 pour espionnage, et qui est en prison au Cherche-Midi. On dit qu'il est en voyage, mais c'est un mensonge, parce qu'on veut étouffer l'affaire. Tout Israël est en mouvement.

A vous, HENRY.

Faites compléter ma petite enquête au plus vite (3).

(1) Proc. Paris, cote 70.
(2) Rennes, I. 91.
(3) E. c. I. 565.

Pas de doute sur l'existence de cette lettre ; M. Papillaud avoue l'avoir reçue ; mais il prétend qu'il n'en connaît pas le signataire et qu'il l'a considérée comme une lettre anonyme (1).

Ne suffit-il pas de voir les termes employés pour faire justice de cette prétention ? « Mon cher ami... Je vous l'avais bien dit. . . A vous... Faites compléter ma petite enquête au plus vite ! » Est-ce que tout cela n'est pas significatif, n'indique pas des relations suivies, même cordiales, entre l'auteur et le destinataire ?

La lettre est signée : Henry.

Or, Henry était employé à la Section de statistique et la Section de statistique voulait vaincre les scrupules manifestés par le Ministre ! Et Henry était en relations intimes avec M. du Paty « fort désireux, nous dit le commandant Cuignet, de forcer la main au Gouvernement et d'avoir son procès dont il entendait faire le piédestal de sa fortune (2) ».

Le général Mercier nie, il est vrai, que le document soit de la main d'Henry (3). Qu'en sait-il ? Il ne l'a pas vu, il le reconnaît. Il était du reste un moyen bien simple de s'en assurer... examiner l'original ; il y avait là quelque chose d'utile à la défense.

Naturellement la pièce a disparu. M. Papillaud a refusé de la produire, en s'abritant derrière un refus de déposer qui lui a valu une condamnation à 100 francs d'amende (art. 80 du Code d'instruction criminelle) (4). Il nous est revenu qu'il prétend l'avoir détruite.

De quelque côté que vînt la manœuvre, quel qu'en fût l'auteur, elle n'en produisit pas moins son effet. Et alors qu'on jette les lettres anonymes au feu, le 29 octobre, la *Libre Parole* publiait l'entrefilet suivant :

Est-il vrai que récemment une arrestation fort importante ait été opérée par ordre de l'autorité militaire? L'individu arrêté serait accusé d'espionnage. Si la nouvelle est vraie, pourquoi l'autorité militaire garde-t-elle un silence absolu? Une réponse s'impose (5).

L'*Eclair* annonçait de son côté le 31 l'arrestation d'un officier israélite, et le lendemain la *Libre Parole* portait en manchette et en gros caractères « HAUTE TRAHISON : ARRESTATION DE L'OFFICIER JUIF A. DREYFUS (6) ».

(1) E. c. I, 565.
(2) Cass. 235.
(3) Rennes, II. 202.
(4) E. c. II, 233, arrêt 21 mai 1904.
(5) *Libre Parole*, 29 octobre 1894.
(6) Rapp. B. B. p. 40-41.

Ce qu'avait prédit M. Hanotaux s'était accompli. Engagée, la poursuite ne pouvait plus être arrêtée. L'éclat ne permettait plus de temporiser, de reculer.

Le 1er novembre, le Conseil des Ministres se réunissait et, sur un court exposé du général Mercier, que personne ne pouvait contrôler ni contredire, à l'unanimité décidait que l'inculpé serait déféré à la justice militaire (1).

VI

Le lendemain le Gouverneur militaire de Paris signait l'ordre d'informer, et le dossier était transmis au commandant Besson d'Ormescheville, rapporteur près le 2e Conseil de guerre (2).

Il n'est pas douteux que celui-ci n'ait eu de fréquentes conférences avec M. du Paty de Clam, quoique ce dernier l'ait nié (3).

Cependant il y a une chose qui me paraît nécessaire de vous dire : c'est que même pendant l'instruction régulière, même pendant que le commandant d'Ormescheville interrogeait Dreyfus, M. Du Paty ne s'est jamais désintéressé de la question. Je sais qu'il voyait fréquemment le commandant d'Ormescheville. Personnellement, j'ai vu le commandant d'Ormescheville venir au Ministère pour voir M. Du Paty, et pour lui demander des conseils sur telles ou telles questions. Je suis persuadé, autant qu'on peut l'être quand on n'a pas vu faire les choses, que le rapport du commandant d'Ormescheville a été inspiré, au moins en partie, par M. Du Paty. Certaines particularités de ce rapport concordent tellement avec les idées que nous émettait Du Paty à ce moment-là, qu'il n'y a pour moi aucun doute à ce sujet (4).

C'est donc la même influence, le même esprit qui allait diriger l'information régulière.

On a tout dit, Messieurs, sur cette instruction et sur le rapport qui l'a terminée, et vous vous souvenez assurément de la stupeur qui a saisi tous les esprits, lorsque ce document fut publié par le journal *Le Siècle*, le 8 janvier 1898.

La preuve unique qu'il invoque, c'est le *Bordereau*, dont on ne peut établir la provenance, qui a pu être fabriqué n'importe où, n'importe par qui, dont l'écriture peut présenter une ressemblance avec celle de Dreyfus, mais aussi avec celle de combien

(1) Rapp. B. B. 40. Cass. 5, 197, 231, 457. Rennes, I. 91, 231.
(2) Proc. Paris, cote 71.
(3) Rennes, III. 810.
(4) Cass. 87. Rennes, I. 378.

26

d'autres ! que deux experts sur cinq refusent d'attribuer à Dreyfus ; il est vrai que pour M. d'Ormescheville ces deux experts sont suspects, l'un pour avoir demandé le nom de l'inculpé qu'il connaissait de par les pièces mêmes qu'on lui avait communiquées, l'autre pour avoir procédé sans avoir reçu « *certaines pelures dont la photographie n'était pas terminée* ». (1).

M. d'Ormescheville en conclut qu'à leur opinion si prudente et si sage il vaut bien mieux préférer celle du chef de l'identité judiciaire qui n'a jamais fait d'expertise en écriture, et dont nous avons vu, d'après ses rapports mêmes, l'état d'esprit inquiétant.

Le Bordereau est cependant l'unique preuve ; car que penser de toutes ces charges morales que rassemble ensuite d'Ormescheville ?

C'est l'attitude indiscrète de Dreyfus au Ministère pendant son stage ; ne s'est-il pas permis de se livrer surtout à l'étude des réseaux de la mobilisation, au point qu'en quittant le bureau il possédait tout le système de la concentration sur le réseau de l'Est en temps de guerre ?

C'était bien évidemment la preuve d'une trahison de la part d'un officier d'Etat-Major qui, appelé au Ministère pour y apprendre son métier, eût dû se borner à la paperasserie du service courant ! et surtout s'abstenir de pénétrer le mystère de la concentration.

C'est là une attitude louche qui présente une grande analogie avec celle des personnes qui pratiquent l'espionnage

M. d'Ormescheville constate ensuite avec indignation que Dreyfus s'obstinait à protester de son innocence... Il n'avoue pas! Comprenez-vous cet entêtement? Et M. d'Ormescheville d'ajouter :

Il existe dans le premier interrogatoire des réponses absolument incohérentes, telles que celles-ci : Les experts se trompent ; la lettre missive incriminée est l'œuvre d'un faussaire... On a cherché à imiter mon écriture... L'ensemble de la lettre ne ressemble pas à mon écriture... On n'a pas même cherché à l'imiter.

La découverte des lettres d'Esterhazy et leur comparaison avec le Bordereau ont prouvé, semble-t-il, que toutes ces réponses n'étaient pas si incohérentes !

Mais M. d'Ormescheville continue avec un mécontentement croissant :

Si l'on compare les réponses qu'a faites le capitaine Dreyfus avec les

(1) Proc. Paris, cote 102. Cass. 595 à 603.

dépositions de quelques témoins entendus, il en résulte cette pénible impression qu'il voilait souvent la vérité et que toutes les fois qu'il se sentait serré de près, il s'en tirait sans trop de difficulté, grâce à la souplesse de son esprit.

Voyez-vous cet accusé qui, serré de près, s'en tire sans trop de difficulté par la souplesse de son esprit ! Il est vraiment insupportable!... Et il ne peut manquer d'être coupable, puisqu'il manque ainsi d'égards envers son juge qu'il déconcerte !

Mais quel est donc le mobile de ce crime abominable, imputé à un officier français, à un père de famille, à un Alsacien français ? M. d'Ormescheville le trouve dans la conduite privée de Dreyfus, ses relations galantes avec deux femmes mariées, ses fréquentations habituelles de tripots où l'on joue.

Là encore Dreyfus nie.

Mais du moins M. d'Ormescheville s'est renseigné, a entendu des témoins ? Point !

Les cercles tripots de Paris, tels que Washington Club, le Betting Club, les cercles de l'Escrime et de la Presse, écrit-il dans son rapport, n'ayant pas d'annuaires, et leur clientèle étant en général très peu recommandable, les témoins que nous aurions pu trouver auraient été suspectés, nous nous sommes par suite dispensé de les entendre (1).

M. d'Ormescheville ne sait rien ! Il n'en fait pas moins état contre Dreyfus des témoignages qu'il eût pu recueillir, et relève comme acquis ce qu'ils auraient dû, suivant lui, lui dire, s'il les eût entendus !

Or, vous savez que, s'il eût fait son devoir d'instructeur sérieux, il eût appris de M. le Préfet de police lui-même que, dès le commencement de novembre, une enquête approfondie avait été faite à la demande de la Section de statistique sur ces allégations que M. d'Ormescheville a puisées dans des notes de Guénée; et que cette enquête, consignée dans deux rapports des 4 et 19 novembre, avait établi la fausseté complète de ces notes; qu'on avait confondu Dreyfus avec d'autres homonymes ; que lui était absolument inconnu dans ces tripots ; que personne ne l'avait jamais vu jouer, et que, quant aux relations galantes, tout était resté fort douteux (2).

Ces rapports de la Préfecture de police ont été remis à la Section de statistique, à Henry probablement. Favorables à l'accusé, ils ont été supprimés et remplacés au dossier par les

(1) Cass. 601.
(2) Stock. Cass. Ch. réun., II, p. 11.

notes de Guénée, *que le général Gonse et Henry n'ont pas craint de présenter comme émanant de la Préfecture de police.*

Pas de doute sur ce point.

Lorsque M. Wattinne, gendre du général Billot, a été chargé par son beau-père de reviser le dossier secret et d'en dresser état, Henry lui présenta les notes de Guénée comme étant les rapports de la Préfecture, et le général Gonse a osé écrire dans le rapport qu'il a joint aux pièces, après l'avoir fait approuver par le général de Boisdeffre :

> Dreyfus avait, d'autre part, la passion du jeu. Il existe à Paris des cercles en apparence régulièrement constitués, qui ne sont en réalité que des tripots et qui ne vivent que grâce à la tolérance de la police. Les noms des visiteurs ne sont pas inscrits. *La Préfecture de Police affirme cependant avec une rare énergie que Dreyfus a fréquenté successivement le cercle Washington, le Betting Club et le Cercle de l'Escrime. Il y devait des sommes importantes. On sent, en lisant ces renseignements, que la Préfecture de Police a reçu des déclarations précises et formelles ;* mais que les personnes qui ont fait ces déclarations ont averti à l'avance qu'elles refuseraient de témoigner en justice, pour conserver aux cercles leur renommée d'absolue discrétion, et pour échapper à une fermeture certaine (1).

On demeure confondu d'une telle audace !

Vous savez comment cette fraude abominable a été découverte en 1899. Le 24 avril, vos Chambres réunies ont appris par hasard du Préfet de police lui-même ce qui s'était passé, et se sont fait remettre par M. Lépine de nouvelles expéditions des procès-verbaux des 4 et 19 novembre qui sont maintenant au dossier.

Voilà ce que M. d'Ormescheville eût appris, s'il eût fait son devoir ; ce qu'il a ignoré, je le veux croire, quand il a écrit le contraire dans son rapport.

A ces mobiles du crime, dont vous savez maintenant ce qu'il faut penser, M. d'Ormescheville, avec M. du Paty, en ajoutait un autre : l'irritation profonde que Dreyfus aurait ressentie de l'injustice qu'il avait subie lors de sa sortie de l'Ecole de guerre et qu'il traitait à l'occasion d'infamie.

> La cote d'amour était secrète, dit M. d'Ormescheville ; mais, comme l'indiscrétion est le propre du caractère de Dreyfus, il l'a connue.

Il s'est plaint d'une iniquité dont il a été victime, qui est reconnue et il a obtenu gain de cause ! C'est pour cela qu'il a écrit le Bordereau ! !

M. d'Ormescheville signalait enfin dans son rapport les

---

(1) Rapp. Gonse-Wattinne *in fine.*

facilités que Dreyfus avait, suivant lui, trouvées pour se rendre en Alsace, sans être inquiété par les autorités allemandes, ses notions d'italien et « la souplesse, voire l'obséquiosité de son caractère, qui, disait M. d'Ormescheville, convient beaucoup dans les relations d'espionnage avec les agents étrangers ».

C'est sur ce rapport qui, a dit un juge sévère, « semble dû à la collaboration de Joseph Prudhomme et de Calino, soufflé par Loyola », que Dreyfus a été mis en jugement et renvoyé devant le Conseil de guerre de Paris, sous l'accusation de haute trahison.

VII

Les débats durèrent du 19 au 22 décembre 1894 (1). Ils eurent lieu à huis-clos ; et ce fut, de l'avis de tous, un grand malheur ; mais c'était alors un usage invariable ; et l'Etat-Major y tenait beaucoup.

Le huis-clos, a écrit le général Gonse, rend les réponses faciles ; il permet de supprimer toutes les discussions dangereuses (2).

Et plus loin (10 novembre 1896) :

Le huis-clos permet de ne pas accepter la discussion sur le détail des faits et de terminer l'affaire radicalement, en évitant que la question ne dévie et ne devienne brûlante au point de vue extérieur (3).

Il est difficile d'avouer plus naïvement qu'on tenait à étouffer l'affaire et à étrangler l'accusé !

Ces débats furent ce qu'ils devaient être dans de telles conditions de secret, avec un accusé, dont la voix atone, paresseuse et blanche manquait d'accent, dont l'indignation toujours comprimée par une volonté froide ne laissait jamais échapper un cri du cœur, un élan de l'âme (4), avec des témoins dont les dépositions se traînaient sur des faits misérables et sans portée ; avec M. Bertillon qui, ravi de se croire la cheville ouvrière d'une accusation redoutable devant un auditoire militaire, avait imaginé pour sa démonstration de recourir aux schémas de la stratégie la plus transcendante, et sortait son *Redan*, où « de l'arsenal habituel de

(1) Rennes, I. 66, 71 à 74, 164 à 166, 92. E. c. I, 678.
(2) E. c. I. 96.
(3) E c. I. 97.
(4) E. c. 87. Rennes, II. 92. I. 377, Ch. réunies, II. 9.

l'espion, bourré des grilles et tares graphiques, qui en résultent, des répétitions de mots, des cartogrammes, des laconismes combinés avec les prolixités et des incorrections graphiques » l'accusé se rendait

« à la *Batterie des doubles S S* avec tir à longue portée dans tous les sens, le plan de défense se déroulant en cas d'attaque venant de la droite ou venant de la gauche, soit que l'espion se tînt coi dans l'espérance que l'assaillant, intimidé par les maculatures et les signes de l'écriture rapide, recule devant les initiales et les doubles S S, soit qu'il se réfugie dans son bastion central, pour arriver par les tranchées des échancrures, de l'emploi du papier pelure ou de l'étouffement des A à la forteresse des maculatures machinées à double face ».

Tout cela était si étrange, si baroque, si cocasse, que personne n'y a rien compris.

C'est M. Lépine qui nous le dit :

Les conclusions auxquelles aboutit Bertillon après un labeur acharné étaient très savantes. Mais à l'audience ses déductions parurent embrouillées, ses raisonnements compliqués et nuageux. Il n'a pas de facilité d'élocution. M⁰ Demange ne fit dans sa plaidoirie qu'une allusion dédaigneuse à sa déposition. Le Ministère Public n'en fit pas mention. Quant aux juges, il me semblait lire sur leur figure cette pensée que je vous demande la permission de traduire en langage familier : « Il nous ennuie ce civil! nous n'avons pas besoin de tant de raisonnements pour savoir de qui est le Bordereau (1)! »

Etait-ce bien là le sentiment des juges ? Il est au moins permis d'en douter avec le colonel Picquart.

Mais l'impression certaine qui se dégageait de ces débats gris et ternes, c'était que les charges n'étaient pas suffisantes, qu'un acquittement était possible, même probable. C'était ce sentiment qu'exprimait à ce moment même le colonel Picquart chargé de suivre les débats, pour renseigner le Ministre et le Chef d'Etat-Major (2).

C'était aussi celui d'Henry qui était délégué par la Section de statistique pour la représenter suivant l'usage. Lui aussi sent que les débats prennent une mauvaise tournure. Il n'avait fait jusque-là qu'une courte déclaration, très anodine (3) ; il comprend qu'il faut frapper un coup (4).

« Picquart, vous qui êtes assis derrière Gallet (*un de ses juges*), dites-lui donc de me faire rappeler ».

(1) Cass. Ch. réunies. Stock II, 10.
(2) Rennes, I. 379. E. c. 89.
(3) Cass. Ch. réunies, II. 5, 10. Note Demange.
(4) Cass. 88. Rennes, I. 379.

Le colonel refusant de se prêter à ce rôle, Henry se fâche d'abord, profite ensuite d'une suspension d'audience pour faire lui-même sa commission. La question qu'il provoquait lui st posée. Et alors se produit cette scène sensationnelle dont on nous a fait le récit : Henry debout à la barre, la croix sur sa large poitrine, affirmant que, dès février, un personnage parfaitement honorable lui a déclaré qu'un officier du Ministère, du 2ᵉ Bureau, trahissait ; s'écriant, lorsque Dreyfus et Mᵉ Demange lui demandent violemment le nom de cette personne :

Quand un officier a dans la tête un secret semblable, il ne le confie pas même à son képi !

et se retournant vers Dreyfus qu'il désigne du doigt en criant :

J'affirme, moi, que le traître, le voilà !

C'était, a dit M. Lépine, l'apparition du Justicier ! (1).

Nous aurons à revenir sur cette déposition, quand nous étudierons l'incident Val Carlos. Nous verrons alors que ce justicier n'était qu'un faux témoin ; qu'il prêtait à son informateur un langage que celui-ci n'a jamais tenu ; qu'à aucun moment Val Carlos n'a désigné ni visé Dreyfus, n'a parlé d'un officier du deuxième Bureau ; que Guénée, qui a été l'intermédiaire entre Val Carlos et Henry, l'affirme lui-même ; que pas une note du dossier ne le contredit, que les démarches les plus pressantes, les plus menaçantes, ont été faites auprès de M. de Val Carlos pour l'amener à confirmer la fausse déclaration d'Henry, et que sur sa résistance on n'a pas osé le citer à Rennes. Nous verrons tout cela.

Bornons-nous à constater qu'à ce moment l'impression fut très vive, mais qu'elle ne fut pas encore jugée suffisante. M. Lépine sortait de l'audience, en disant à ses entours : « C'est l'acquittement. » (2).

Et tout aussitôt un second incident vint s'y ajouter, qui, long-temps dissimulé, nié avec audace sous la foi du serment, a fini par être prouvé et avoué, et qui nous montre comment la condamnation de Dreyfus, dont l'acquittement était encore possible, a été enlevée par un crime, à vrai dire sans exemple dans les fastes judiciaires (3); la communication secrètement faite aux

(1) Ch. réunies. II, 10.
(2) Ch. réunies, II, 5. Rennes I. 380. II. 192. E. c. I. 88.
(3) Rennes, I. 380. Cass. 89. Ch. des députés, 24 janvier 1898. Zola I. 382. II. 177. Lettre de Picquart au Garde des sceaux. E. c. I. 113, 114. Du Paty. Cass. 305.

juges dans la Chambre du Conseil, en arrière de l'accusé qui n'en
a rien su, au mépris des droits les plus sacrés de la défense, d'un
dossier secret composé de tout un ramassis de pièces qu'on
appliquait contre toute raison à l'accusé, qui fut ainsi poignardé
traîtreusement dans le dos par une abominable félonie.

De quoi se composait ce dossier ?

De graves divergences se sont élevées sur ce point entre le
général Mercier qui réduit la communication autant qu'il le peut,
et l'un des juges, le capitaine Freystatter, qui affirme que le
dossier contenait, outre un télégramme du 27 décembre 1893 :
« Choses... aucun signe d'Etat-Major », la réponse... « Doute
preuves », la lettre Davignon, la lettre : « Ce canaille de D »,et les
deux rapports Guénée des 25 mars et 6 avril 1894 (1) :

1° Une note biographique imputant à Dreyfus trahisons sur
trahisons à l'Ecole de Bourges (chargement des obus), à l'Ecole
de guerre, au Ministère ;

2° La traduction falsifiée d'un télégramme du 2 novembre
1894 (2) de B...à son chef d'Etat-Major : « Dreyfus arrêté... émissaire prévenu. »

Le général Mercier nie que ces deux pièces fissent partie du
dossier secret, créant équivoque entre l'obus Robin et l'obus à
mélinite (3). Il a affirmé, d'autre part, à Rennes qu'y figurait la
pièce 26, dite de l'organisation des chemins de fer (4). Lui qui
est si prompt à accuser les autres de mensonge, à leur imputer
les actes les plus abominables, dès que leurs dépositions le
gênent, est obligé de reconnaître aujourd'hui que sa déposition
de 1899 sur ce point a été erronée (5); et nous verrons toute
l'importance de cette erreur intéressée, lorsque nous nous occu-
perons de la falsification de la pièce 26.

Mais n'est-il pas singulier, Messieurs, que nous ayons à discuter sur tous ces points ?

Un inventaire, un bordereau de ces pièces communiquées
avait été dressé par Gribelin ; c'est le général Mercier qui nous le
dit lui-même (6). Pourquoi ne pas nous y reporter, pour être
fixés ? C'est qu'il a disparu, en même temps sans doute qu'une
autre pièce, dont il nous reste à parler !

(1) E. c. I. 659, 230. Rennes, II, 199.
(2) Freystatter. Rennes, II. 399, 400, 483.
(3) Rennes, II. 402. III. 532 à 534.
(4) Rennes. I. 483.
(5) Rennes, II. 402, III. 535, 541. E. c. 268, 271, 258, 280.
(6) Rennes, III. 533. E. c. I. 269.

Il ne suffisait pas en effet de placer sous les yeux du Conseil de guerre les pièces que l'on avait réunies. Il fallait, pour leur donner toute leur valeur, les accompagner d'un commentaire qui en indiquât la signification, en fît une arme mortelle contre l'accusé.

C'est M. du Paty que le général Mercier chargea de le rédiger (1), et vous connaissez assez l'officier de police judiciaire et ses procédés pour deviner ce que devait être ce factum rédigé par lui ! Son œuvre ne parut cependant pas encore assez nerveuse au Ministre, qui la fit serrer sur quelques points, compléter sur d'autres (2). Puis, sous ses yeux, dans son cabinet, il la fit mettre par le colonel Sandherr sous enveloppe scellée et porter par M. du Paty au colonel Maurel (3), Président du Conseil de guerre, avec ordre de la communiquer à ses collègues,

Parce qu'il y avait là, disait-il, des présomptions graves, dont il était indispensable que les juges eussent connaissance (4).

Ce sont les termes mêmes dont il s'est servi ; il le reconnaît, et l'ordre a été exécuté sans résistance, sans objection, sans qu'un seul scrupule se soit éveillé dans le Tribunal militaire.

Irrégularité sans importance, chicane de procédure, argutie d'avocat ! s'est écriée l'accusation quand on lui a reproché ce fait.

Nous ne saurions, nous, Messieurs, protester avec trop d'énergie contre cette monstrueuse violation des droits imprescriptibles de la défense. Elle intéresse les principes les plus indiscutables, non seulement de notre droit français, mais du droit de toutes les nations ! Ce ne sont pas seulement les principes de 1789, la Déclaration des Droits de l'Homme et du Citoyen qui sont violés ; ce sont les règles fondamentales du Droit naturel, les principes essentiels de la civilisation qui sont en jeu et qui réclament l'appui de tous ceux qui ne veulent pas voir les sociétés modernes retourner à la barbarie.

La défense des accusés, nous dit M. Faustin Hélie, résumant la doctrine de tous les auteurs dans tous les temps et dans tous les pays, ne doit être considérée ni comme un privilège que la loi aurait établi, ni

(1) E. c. I, 281 ; Rennes III, 511. Cpr. E. c. I, 230.
(2) Rennes III, 512.
(3) Rennes II, 403, 193 ; III, 533, 512.
(4) Rennes I, 99 ; II, 197, 191, 193.

comme une mesure que l'humanité aurait conseillée ; elle constitue un droit que toutes les législations, même celles qui l'ont le plus restreint, ont mis au nombre de droits naturels, que les lois positives peuvent régler sans doute, mais qu'elles ne peuvent jamais détruire. Elle est à la fois instituée dans l'intérêt des accusés et dans l'intérêt de la société ; dans l'intérêt des accusés pour qu'ils puissent faire valoir toutes les exceptions, toutes les justifications, tous les moyens de fait et de droit qui leur appartiennent ; dans l'intérêt de la Société, car le premier besoin de la Société est la justice, et il n'y a point de justice là où la défense n'est pas entière, car il n'y a pas certitude de la vérité. La défense n'est pas moins nécessaire au juge qu'à l'accusé lui-même. Est-il assuré de connaître la vérité, s'il n'a appris que les arguments de l'accusation. s'il n'a envisagé l'affaire que sous un seul point de vue... Il ne peut en être assuré que si l'accusé a été mis à portée de débattre les témoignages accusateurs, de produire des faits justificatifs, et de se livrer librement à tous les développements que la cause comporte. La défense est le droit de l'accusé ; mais elle est en même temps la garantie de la justice et le moyen le plus puissant d'arriver à la connaissance de la vérité (1).

Ce sont ces idées si justes, si vraies, qui ont inspiré toute votre jurisprudence, et dont vous n'avez en tout temps cessé d'assurer le respect avec une inflexible sévérité. J'ai là sous les yeux vingt arrêts qui les consacrent et qui les appliquent à toutes les juridictions, au criminel comme au correctionnel, à tous les tribunaux, exceptionnels comme les Conseils de guerre (article 101, loi 9 juin 1857), les juridictions disciplinaires, comme de droit commun ; Tribunaux de première instance ou Cours d'Assises (2).

Ce sont ces règles qui ont été violées ici par le plus audacieux attentat, non seulement contre la liberté et l'honneur de l'accusé, mais encore contre la bonne foi des juges, indignement trompés par cette inqualifiable manœuvre.

S'il est permis de penser que les juges du Conseil de guerre, peu habitués aux choses judiciaires, façonnés à la discipline la plus étroite, s'embarrassent peu des formes, et, habitués à trancher le plus souvent par le glaive les difficultés qui les gênent (3), ont pu ne pas se rendre compte de l'énormité de l'acte dont on les faisait les instruments et dont ils n'ont pas apprécié l'illégalité flagrante, il est au contraire impossible d'admettre que le général Mercier se soit mépris un seul instant sur le caractère condamnable de cet acte ! Et ce qui le

(1) Faustin Hélie : *Instruction criminelle* VII, 382.
(2) 14 mai 1835, B. 180; 12 décembre 1874, B. 305; 12 février 1880, B. 34; 15 juillet 1881, B. 177; 8 juillet 1887, B. 333; 19 mai 1893, B. 139; 12 juillet 1895. B. 242; 10 septembre 1899, B. 311; 9 décembre 1899, B. 361, etc.
(3) Tacite : *Agricola IX.* « *Credunt plerique militaribus ingenu sublilitatem deesse: quia castrensis jurisdictio secura et obtusior, ac plura manu agens, calliditatem fori non exerceat.* »

prouve indiscutablement, ce sont les précautions qu'il a accumulées pour que le fait restât à jamais inconnu et que l'impunité lui fût acquise.

Non seulement il n'en a pas dit un mot à ses collègues, qui eussent énergiquement protesté (1) ; mais il imposa le silence le plus absolu à tous ceux qu'il fut obligé de mettre dans ses confidences, ordonnant que les pièces communiquées lui fussent aussitôt renvoyées avec les mêmes précautions (2), les faisant aussitôt disperser dans les archives, détruisant immédiatement le commentaire, en disant au colonel Shandherr :

Quant à ce commentaire, je ne veux pas qu'il en reste trace (3).

Le colonel Shanderr en ayant cependant gardé une copie, et celle-ci ayant été retrouvée en 1896 ou 1897 et lui ayant été remise par le général Gonse sur l'ordre du général Boideffre (4), il détruit séance tenante cette copie, comme il avait fait de l'orginal.

Il est interrogé sur tout cela au procès Zola. Il nie sous la foi du serment, « *sur son honneur de soldat!* » avoir connu la pièce : « Ce canaille de D » (celle-là même qu'il a communiquée, commentée).

Il équivoque sur la communication et s'écrie :

M. le Président, je n'ai pas à revenir sur le procès Dreyfus ; mais si j'avais à y revenir, *puisqu'on me demande ma parole de soldat, ce* serait pour dire que Dreyfus est un traitre qui a été justement et légalement condamné (5).

Justement ! nous l'allons voir. Mais légalement, quand il a été condamné à l'aide de cette forfaiture !

Il paraît devant vous en 1899, et il refuse obstinément de répondre à la question posée, ajoutant un délit à tous ses crimes précédents (6), si bien que, dans votre arrêt du 3 juin 1899, je lis :

Attendu que d'autre part les généraux Mercier et de Boisdeffre, invités à dire s'ils savaient que la communication a eu lieu, ont refusé de répondre et qu'ils l'ont ainsi reconnu implicitement.

Il ne se décide enfin à s'incliner qu'alors que la vérité,

(1) Cass. 199. — 459.
(2) Rennes II, 193.
(3) Rennes II, 221 ; III, 533. E. C. I, 282.
(4) Rennes II, 221 ; Cass. 396 ; E. C. I, 481, 230.
(5) Procès Zola. I, 167 et 171.
(6) Cass. 7 et 176.

qu'il a tout fait pour voiler, s'est fait ainsi jour de toutes parts et le convainc d'imposture (1).

Est-ce là, je le demande, l'attitude d'un homme qui a la conscience d'avoir usé d'un droit, d'avoir rempli un devoir? N'est-ce pas, tout au contraire, la conduite de tout coupable? « N'avouez jamais », disait un criminel célèbre. Le général Mercier a tout fait pour nier jusqu'au bout !

A quel sentiment a-t-il donc obéi, et comment explique-t-il sa conduite?

Il parle de son anxiété patriotique ! de son dévouement au pays ! du danger qu'une communication régulière eût fait courir à la sécurité nationale ! (2).

Comme si là encore le huis clos rigoureux observé n'était pas fait pour parer à tous ces dangers et pour permettre de communiquer à l'accusé certaines pièces, en les cachant à tous ! (3).

Comme si, de plus, la communication des pièces jointes au commentaire pouvait être plus périlleuse pour la sécurité nationale que celle du bordereau lui-même ! (4).

Nous verrons enfin que le général Mercier, par une habileté qui lui est familière, a démesurément grossi le péril qu'il invoque et qu'il est sur ce point catégoriquement démenti par le Président Casimir Perier lui-même, qui nous a apporté la preuve écrite à l'heure même de ce qu'il affirme, et dont la parole ne peut être contestée par personne (5).

Non ! La communication a été faite pour éviter un acquittement des plus probables, pour enlever une condamnation des plus douteuses. Il fallait produire sur l'esprit des juges une impression sans contrepoids, parce qu'on savait que toute explication de l'accusé l'anéantirait. Et c'est de propos délibéré, uniquement dans ce but, qu'on a commis ce crime inexcusable !

Le résultat poursuivi a-t-il été atteint ?

Qui pourrait en douter, Messieurs ?

Sans doute, le colonel Maurel, qui a, dans tout ce cruel incident, une part de responsabilité bien lourde, prétend le

(1) Rennes I, 95 ; E. C. I, 457, 113 et suiv.
(2) Rennes I, 96 à 98.
(3) Rennes I, 99.
(4) Rennes II, 214.
(5) E. C. I, 676, 677.

nier; il soutient que son opinion s'est faite au cours des débats oraux, qu'il n'a attaché aucun intérêt au dossier secret, dont il n'aurait lu qu'une pièce, n'ayant écouté les autres que d'une oreille distraite ; il prétend que ses collègues ont partagé son sentiment (1).

Il reçoit le démenti le plus poli, mais le plus net, du capitaine Freystatter, du colonel Eischmann, du commandant Gallet, du capitaine Roche (2). Tous, ils ont gardé le souvenir le plus vif de la pièce « Ce canaille de D », qui les a frappés à cause de l'initiale correspondant à celle du nom de Dreyfus si bien que tous sont d'accord avec les propos tenus à Madagascar par le capitaine Freystatter devant le capitaine Duprat, et dont a déposé M. le Résident général Laroche:

Cette canaille de Dreyfus a livré à l'étranger le plan des forteresses de la région de Nice (ceux-là mêmes dont parlait la pièce : Ce canaille de D...). Voilà pourquoi nous l'avons condamné ! » (3).

Et il est aujourd'hui acquis que la pièce: « Ce canaille de D... » ne pouvait s'appliquer à Dreyfus !

Voilà, Messieurs, pourquoi le général Mercier a fait communiquer au Conseil de guerre le dossier secret et son commentaire ; voilà le but qu'il a poursuivi et qu'il a atteint.

Et l'on comprend qu'il ait tout fait pour effacer jusqu'à la moindre trace d'un acte aussi condamnable, qu'il ait tout fait pour disperser les pièces, pour détruire l'inventaire, et qu'il ait lui-même anéanti le commentaire.

Et qu'il ne nous dise pas, comme il a tenté de le faire devant la Chambre criminelle, que ce document, il l'avait fait faire pour son usage personnel, qu'il était dès lors sa propriété, qu'il n'avait été communiqué qu'officieusement, et qu'il pouvait dès lors le détruire s'il lui plaisait ! (4).

La pièce avait bien été faite sur son ordre, Ministre de la guerre ; mais elle était dès l'origine destinée au Conseil de guerre ; elle lui a été produite, parce que comme la procédure elle-même sur laquelle il avait à se prononcer :

« elle contenait des renseignements, des présomptions graves qu'il était indispensable de placer sous les yeux des juges. »

Ce sont les termes mêmes du général Mercier. Elle a servi

(1) Rennes II, 192, 195, 400.
(2) Rennes II, 401 : III, 534.
(3) Cass., 327.
(4) Rennes I, 98, 162, 484 ; II, 221 ; E. C. I, 282, 481, 230.

de base à leur décision; elle devait donc être versée au dossier où nous devrions la retrouver ; elle avait en tout cas été versée aux archives du Ministère, où elle avait sa place, où une copie y a été retrouvée en 1896-1897 (1).

C'était donc, à n'en pas douter, un de ces actes que la loi protège contre toute destruction, soit qu'on le considère, aux termes de l'article 173 du Code pénal, comme un de ces actes et titres, dont un juge, un fonctionnaire, un administrateur, un agent ou préposé du Gouvernement est responsable (le Ministre n'est-il pas compris dans ces catégories?) sa destruction par ces fonctionnaires étant alors punie des travaux forcés à temps; soit qu'on ne veuille y voir qu'une de ces minutes ou actes originaux de l'autorité publique dont la destruction est punie de la réclusion par l'article 439 du même Code.

Il n'est pas plus soutenable de prétendre que la procédure étant terminée par la condamnation de Dreyfus, il n'y avait plus aucun intérêt à conserver le commentaire (2). Ce qui se passe aujourd'hui n'est-il pas la réfutation la plus énergique de ce sophisme?

La condamnation elle-même n'empêchait pas que la revision pût être ultérieurement demandée et poursuivie, et c'est une erreur de prétendre que la loi du 8 juin 1895 est postérieure au fait. Qu'importe? Est-ce que le Code d'instruction criminelle de 1808 lui-même n'autorisait pas la revision? Estce que la loi du 28 juin 1867 n'en avait pas déjà élargi le champ? Et la loi de 1895, a-t-elle fait autre chose que d'en étendre seulement l'application?

Il était dès lors indispensable de conserver dans cette prévision toutes les pièces qui avaient servi de base à la décision, dont la production devenait alors l'élément nécessaire de l'examen nouveau, et dont la destruction devait compromettre jusqu'à l'annihiler peut-être complètement l'exercice d'un droit que la loi consacre.

Et c'est bien là le but que le général Mercier s'est proposé en jetant au feu le commentaire et sa copie. Ce n'est point une supposition de notre part: c'est le général Mercier luimême qui le dit.

Ce commentaire, lui disait Mᵉ Demange, le 14 août 1899, à l'audience, nous aurait été utile dans le débat d'aujourd'hui. Pourquoi le général

(1) Rennes I, 410.
(2) Rennes I, 162 ; E. C. I, 286.

Mercier l'a-t-il détruit? Y avait-il dans ce commentaire une raison particulière pour le faire disparaître?

Le général Mercier. — Il n'y avait aucune raison particulière, sauf qu'à
ce moment la campagne pour la revision était commencée et que, comme
je l'ai dit, par des considérations patriotiques j'estimais qu'il ne fallait
fournir aucun prétexte pour faire décider la revision! (1).

C'est bien cela: *Habemus confitentum reum!*

Oui ! le général Mercier ne se faisait, à ce moment où il dé-
truisait la copie après l'original, aucune illusion sur l'extrême gravité de l'acte qu'il commettait ! La loi accordait
au condamné un droit pour se restituer contre l'erreur commise. De par sa volonté, le général Mercier a voulu lui enlever
tout moyen d'exercer ce droit, a tout fait pour désarmer la
demande qui n'était que trop fondée, mais dont le succès comportait comme condition élémentaire la constatation du
crime dont il s'était rendu coupable.

Et au premier crime : la communication, il en a joint un
second : la destruction.

Comment ne se fût-il pas en effet rendu compte de l'argument considérable que la défense devait tirer de la production de ce commentaire qui a donné à la communication toute
sa force empoisonnée et qui a fait des pièces ainsi placées sous
les yeux des juges l'instrument même de la perte de l'accusé?

Ce commentaire, que le général Mercier a si passionnément voulu détruire, dont il a brûlé l'original, la copie, nous
l'avons retrouvé au cours de la nouvelle enquête, sinon en son
entier, du moins dans ses éléments principaux, et de telle
sorte que l'on peut aisément en apprécier toute la perfidie.

Nous savions, en effet, à n'en pas douter, que M. Du Paty
qui l'avait fait, devait en avoir tout au moins gardé le brouillon (2).

Nous l'avons mis en demeure de le représenter. Le refus a
été catégorique (3). — Mais j'étais décidé à ne rien négliger,
pour que la Justice, trop longtemps bafouée, obtînt satisfaction. Le Procureur de la République, le Juge d'instruction
étaient prêts, s'il le fallait, pour vaincre cette résistance,
délictueuse. M. du Paty et ses Conseils s'en sont rendu compte;
et le document a été déposé sur le bureau de la Cour (4).

(1) Rennes I, 163.
(2) E. C. I, 50, 169.
(3) E. C. I, 167, 168, 203.
(4) E. C. I, 203, 922.

Nous l'avons placé *in extenso* sous vos yeux (1). Vous l'avez lu, et il n'est, j'en suis sûr, aucun de vous qui ne partage le sentiment exprimé par le colonel Picquart

sur le danger effroyable qu'il y a à se fier à une impression d'un moment et à ne pas soumettre à la discussion publique des pièces, si probantes qu'elles puissent d'abord paraître (2).

Que devient en effet la vérité lorsque les documents sont commentés avec un tel parti pris ? Et comment l'accusé pourrait-il ne pas succomber, s'il n'est pas admis à répondre à tant de prévention ?

Le commentaire retrouvé, le brouillon de M. du Paty, ne porte que sur trois pièces. (A tout le moins, le général Mercier y a fait ajouter une notice biographique et les rapports Guénée.)

1° S'agit-il de la note memento de A... (Doutes. — Preuve) ?

Le commentaire porte:

Résumé: 1° Un officier a fait des propositions de trahison à A...; 2° Celui-ci se méfie; il lui faut des garanties; il ne négociera pas lui-même, et se contentera de se faire apporter les documents. L'officier ne se nomme pas, puisque A... a des doutes sur son identité; 3° A... pose en principe · si c'est un officier de troupes, c'est inutile d'entrer en rapports ; si c'est un officier du ministère, alors seulement les documents ont de la valeur.

Conclusion. — 1° A... tire des renseignements du ministère, puisqu'il fait fi des renseignements qui pourraient provenir d'une autre source, 2° Mais il y a peut-être un officier de troupes qui lui a fait des propositions ; 3° Applicable aux deux cas (3).

Réfléchissons un peu :

Le memento ainsi commenté est une réponse à un télégramme du 27 décembre 1893: « Choses — Aucun signe d'Etat-major ». Admettons, comme c'est vraisemblable, que ces *choses* soient des documents relatifs à un fait d'espionnage... transmis par A..., à qui son Etat-Major demande des explications, en lui indiquant des doutes sur la provenance des documents qui ne portent « aucun signe d'Etat-Major ». A... connaît la provenance des papiers qu'il a transmis. Si le traître est Dreyfus, il ne peut pas ignorer sa qualité d'officier attaché à l'Etat-Major. C'est ce qu'il va répondre. Pas du tout ! Le memento d'A... dit qu'il partage ces doutes. C'est donc manifestement qu'il ne s'agit pas de Dreyfus; et loin de l'accuser, le memento l'innocente.

(1) E. C. I, 253.
(2) Rennes I, 381.
(3) E. C. I, 254.

Voilà ce que **Dreyfus** ou **M⁰ Demange** n'eussent pas manqué de répondre, ce qu'un examen même superficiel eût révélé
à tout esprit impartial.

Mais le document est envoyé au Conseil de guerre par
le Ministre ! avec son avis !

Le Ministre est mieux que personne en état d'être renseigné. Personne ne discute, ne conteste... — puisque personne ne sait. Une aveugle confiance ferme les yeux du Conseil.

« Général, vous avez raison ! » et tout est dit sur ce point.
2⁰ S'agit-il de la lettre Davignon?

Le commentaire affirmait que A..., en février 1894, avait
un *ami* initié aux travaux confidentiels du premier bureau,
et que cet ami était à ce moment dans l'orbite du colonel
Davignon.

Le colonel Davignon, alors chef du deuxième bureau de l'Etat-major de
l'armée, en l'absence du colonel de Sancy, était par cela même chargé
des relations officielles avec les attachés militaires étrangers. On craint
que le colonel Davignon ne vienne à s'apercevoir que A... s'occupe de
cette question avec son ami.
Son ami ne peut être autre que l'officier dénoncé par V... qui, au mois
de mars 1894, a avisé secrètement notre service des renseignements que
ses collègues allemands et italiens (V... étant attaché espagnol) ont un
officier à leur dévotion au 2⁰ bureau de l'Etat-major de l'armée. Il tient
ces renseignements de... (se reporter à l'original). Il a confirmé son
dire devant témoin tout récemment (note jointe D).
L'officier ami de A... doit être en relation assez suivies avec le colonel
Davignon, pour que ce dernier soit en mesure de remarquer qu'il s'occupe d'une question ayant fait l'objet d'une correspondance officielle avec
B... On est donc amené à conclure que l'ami de A... est un des collaborateurs habituels du colonel Davignon, qui en dehors de l'absence du colonel de Sancy s'occupait plus spécialement de la section allemande au
deuxième bureau.
Résumé : 1⁰ A... en février dernier a un ami initié aux travaux confidentiels du premier bureau; 2⁰ Cet ami est en ce moment dans l'orbite du
colonel Davignon.
Conclusion : Grande chance pour que ce soit un stagiaire ayant passé
par le premier bureau, et à ce moment à la section allemande du deuxième
bureau.

Tout ceci, dit le **général Davignon**,

est un grimoire tellement complexe et compliqué qu'il dépasse mon
entendement. L'interprétation qu'il donne des faits est tellement tirée par
les cheveux que je n'y comprends rien !

Que devient en effet la vérité lorsque les documents sont
commentés avec ce parti pris évident? Et comment l'accusé

ne succombera-t-il pas, s'il n'est pas admis à répondre à tant
de mauvaise foi ?

Car nous verrons, lorsque nous étudierons le dossier secret,
que tout contredit le raisonnement du commentaire. Mais
comment les juges qui ignoraient les faits que nous connaissons
aujourd'hui eussent-ils découvert l'erreur en l'absence
de toute discussion ?

3° S'agit-il de la partie relative à la pièce: « *Ce canaille
de D...* ».

L'argumentation, dit le colonel Picquart, est absolument
perfide et ne supporte pas la discussion un seul instant...

« Cela peut impressionner des officiers qui ne sont pas absolument
au courant de ce qui se passe au ministère, qui ne savent pas ce que
c'est que le premier bureau, comment les dossiers des places fortes sont
conservés à ce bureau ; mais c'est monstrueux aux yeux de quelqu'un qui
connait la maison. C'est pourquoi, lorsque j'ai vu ceci, j'ai eu un sentiment d'angoisse profonde, parce que je me suis dit que ce commentaire
avait passé sous les yeux du général Gonse, du général de Boisdeffre
et du ministre qui savaient parfaitement de quoi il retournait, et qu'il y
avait là tout au moins une légèreté extraordinaire, quand il s'agissait de
la liberté et de l'honneur d'un homme. Je le répète, cette partie concernant la discussion de la valeur de la pièce: Ce canaille de D... est monstrueuse.

On écarte d'abord la possibilité que les plans directeurs aient été
pris au service géographique; on écarte la possibilité qu'ils ont pu être
pris au second bureau, à la section des places fortes, où se trouve précisément un dossier concernant la place de Nice, dont les plans directeurs
ont été livrés, et on ajoute que les mots des serrures des armoires secrètes du premier bureau n'ont pas été changés depuis l'époque où Dreyfus
appartenait à ce premier bureau, que par conséquent Dreyfus a pu revenir
au premier bureau auquel il n'appartenait plus, et cela tout exprès pour
prendre les plans directeurs. Or, au premier bureau de l'État-major de l'armée, chaque place forte a son dossier qui se compose de ce qu'en termes
de génie on appelle un discours, c'est-à-dire un texte. A l'appui de ce
texte, il y a des cartes; elles ne sont pas là en dépôt; elles sont à l'appui
d'un texte; elles sont probablement entassées, réunies; enfin elles font
un tout avec le dossier. Eh bien! imaginer qu'un officier qui veut livrer
un plan ira prendre ce dossier dont on se sert tous les jours et qu'il
s'exposera ainsi au risque d'être surpris, c'est déjà énorme; mais penser
cela d'un officier qui n'a pas appartenu depuis un an à ce bureau, penser
qu'il se glissera dans ce bureau pour faire cette œuvre stupide, et qui
le ferait découvrir, c'est impossible... Au moment où il aurait fait cela,
Dreyfus était attaché au deuxième bureau; il n'appartenait plus au premier bureau depuis un an. Donc Dreyfus aurait pénétré dans les locaux
du premier bureau, où sa présence aurait excité des soupçons; il aurait
ouvert des armoires secrètes; il aurait été prendre un dossier dont on
se servait tous les jours à ce moment-là ; le tout pour livrer un plan, qui
n'a pas une valeur énorme ? C'est absolument fou ou c'est complètement
malhonnête d'imaginer cela, et vraiment je ne comprends pas que la
chose ayant passé sous les yeux du sous-chef d'État-major, du chef
d'État-major et du ministre, ces officiers généraux n'aient pas dit: Halte-
là! cela ne tient pas debout un seul instant, ce n'est pas possible. D'ail-

leurs le dossier lui-même aurait été bien plus intéressant pour une puissance étrangère que les cartes et la pièce : « Ce canaille de D... » nous apprend qu'on n'a livré que des cartes.

Enfin le résultat voulu a été obtenu, l'impression a été faite sur l'esprit des juges (1).

Au point que le capitaine Freystatter a pu dire :

Voilà pourquoi nous avons condamné Dreyfus !

Et qu'on ne nous dise pas avec le général de Boisdeffre et M. du Paty que le commentaire n'a été présenté que sous forme de *suppositions* (2).

Ces suppositions étaient produites avec pièces à l'appui qu'elles commentaient sans contradiction et qu'elles appliquaient à l'accusé sans lui permettre de se défendre.

Comment le Conseil de guerre, qui était privé de tout moyen de contrôle, aurait-il pu supposer qu'une semblable intervention du Ministre dans ses délibérations n'était pas la preuve d'une certitude absolue, indiscutable ?

Le fait est là pour prouver que l'argument était irrésistible.

Les deux Conseils de guerre de Paris et de Rennes ont-ils hésité un seul instant à tenir les hypothèses du Ministre pour des certitudes ?

Le Ministre et l'auteur du commentaire connaissaient l'état d'esprit des juges auxquels ils s'adressaient ; ils mesuraient exactement le degré d'assurance qu'ils pouvaient se permettre.

Ils en ont usé sans scrupule ! Et cela ne saurait nous surprendre, quand nous savons que le commentaire était l'œuvre de M. du Paty, dont un homme bien placé pour être exactement informé, le gendre du général Billot, M. Wattinne a pu dire sans excès :

Du Paty était capable de tout ; je connaissais son rôle dans l'affaire *Blanche Spéranza...*, dans l'affaire de Comminges. Je savais qu'il ne reculait pas au besoin devant une lettre anonyme. J'étais édifié sur le rôle de ce personnage, et je me rappelle que, lorsque le général Gonse me dit à un moment donné : « Nous allons faire venir le colonel du Paty de Clam »; j'ai refusé énergiquement de le voir et ne lui en ai pas caché la raison (3).

Sans doute, M. du Paty de Clam proteste et présente les

(1) E. C. I, 658
(2) E. C. I, 482.
(3) E. C. I, 874.

notes que lui ont données certains de ses chefs. Je reconnais qu'elles ne sont pas moins flatteuses que celles d'Esterhazy, que je vous lirai, et qui nous donnent celui-ci comme « l'homm « du devoir par excellence..., comme particulièrement doué « pour être l'éducateur de la jeunesse ».

Et je deviens quelque peu sceptique, alors qu'en face de pareilles appréciations, je place les faits et le démenti cruel qu'ils leur donnent.   ...

Tels sont les faits qui ont masqué d'un trait ineffaçable les débats du Conseil de guerre de 1894.

Comment eussions-nous pu hésiter à vous en rappeler le souvenir ? J'entends bien qu'il est pénible au général Mercier et je comprends qu'il s'efforce de l'écarter des débats actuels : « La question de 1894 n'est plus celle que vous avez à examiner », disait-il à votre Chambre criminelle (1).

Je lui en demande de nouveau pardon. Elle est toujours celle qui s'agite ici. Il s'agit toujours de savoir si Dreyfus est innocent ou coupable, s'il a été justement ou iniquement condamné. Le poids de la condamnation prononcée en 1894 n'a cessé de peser sur tous les débats de Rennes, d'écraser en quelque sorte par avance la défense, la conscience des juges, comme elle pourrait peser sur la vôtre.

Il est donc indispensable de tout savoir, de tout comprendre, de tout juger, et tout spécialement de bien fixer les procédés qui ont été employés pour enlever une condamnation que rien ne justifiait et qui n'a pu être obtenue qu'au moyen des crimes les plus caractérisés.

C'est après ces débats en effet, que, par jugement du 22 décembre 1894 et après un délibéré qui n'a pas duré une heure, que Dreyfus a été à l'unanimité déclaré coupable des faits qu'on lui imputait et condamné à la déportation dans une enceinte fortifiée et à la dégradation militaire.

VIII

Ai-je besoin de vous dire son désespoir à la lecture du jugement ?

(1) E. c. I, 282.

Lors de l'ouverture des débats, il était plein de confiance.

> J'arrive enfin, écrivait-il à sa femme, au terme de mes souffrances, au terme de mon martyre. Demain je paraîtrai devant mes juges, le front haut, l'âme tranquille. Je suis prêt à paraître devant des soldats comme un soldat qui n'a rien à se reprocher. Ils verront sur ma figure, ils liront dans mon âme; ils acquerront la conviction de mon innocence, comme tous ceux qui me connaissent. Dévoué à mon pays auquel j'ai consacré toutes mes forces, toute mon intelligence, je n'ai rien à craindre (1)!

Et il était déclaré coupable, condamné, dégradé!

L'agent Ménétrier eut toutes les peines du monde à l'empêcher de se briser le crâne contre les murs (2).

A la vue du commandant Forzinetti, il s'écrie: « Mon seul crime est d'être né juif » et il demande à grands cris un revolver. Le commandant le console de son mieux, lui fait jurer de ne pas se tuer:

> Chacun dirait: Le traître s'est fait justice... son innocence pourra être reconnue plus tard! (3).

On lui permet enfin d'écrire à sa famille.

Vous avez tous lu ses lettres... long cri de protestation contre l'atroce injustice qui le frappe!

> Etre innocent, avoir eu une vie sans tache et se voir condamner pour le crime le plus monstrueux qu'un soldat puisse commettre, quoi de plus épouvantable! Il me semble parfois que je suis le jouet d'un horrible cauchemar. C'est pour toi seule, mon adorée, que j'ai supporté le long martyre. Mes forces me permettront-elles d'aller jusqu'au bout? Parfois aussi j'espère que Dieu, qui m'a cependant bien abandonné jusqu'à présent, finira par faire cesser le martyre d'un innocent, qu'il fera qu'on découvrira le véritable coupable! Mais pourrai-je résister jusque-là? — Avoir entendu tout ce qu'on m'a dit, quand on sait en son âme et conscience n'avoir jamais failli, n'avoir même jamais commis la plus légère imprudence, c'est la torture morale la plus épouvantable. J'essaierai donc de vivre pour toi, mais j'ai besoin de ton aide. Ce qu'il faut surtout, quoiqu'il advienne de moi, c'est chercher la vérité, c'est remuer ciel et terre pour la découvrir, c'est y engloutir, s'il le faut, notre fortune afin de réhabiliter mon nom traîné dans la boue. Il faut à tout prix laver cette tache imméritée (4).

Le 24 décembre, il pense à la dégradation militaire prochaine.

> Ce sera bien terrible, dit-il, de subir cette honteuse humiliation. J'aimerais mieux me trouver devant un peloton d'exécution. Je ne crains pas la mort: je ne veux pas du mépris. Quoi qu'il en soit, je te prie de recommander à tous de lever la tête, comme je le fais moi-même, de

(1) Lettre du 13 décembre 1894.
(2) Rennes III, 106.
(3) Cass. 220. — Rennes III, 106, 108.
(4) Lettre du 23 décembre 1894.

regarder le monde en face sans faiblir. Ne courbez jamais le front et proclamez bien haut mon innocence (1) !

Ce ne sont pas les souffrances physiques que je crains, ajoute-t-il le 26; celles-ci n'ont jamais pu m'abattre; mais c'est cette torture morale de savoir mon nom traîné dans la boue, le nom d'un innocent, le nom d'un homme d'honneur ! Crie-le bien haut, ma chérie ; criez tous que je suis innocent, victime d'une fatalité épouvantable (2).

Et la plainte continue toujours obsédante, d'une infinie douleur, jusqu'à la veille même de l'épreuve dernière :

On m'apprend que l'humiliation suprême est pour après-demain. Je m'y attendais; j'y étais préparé; le coup a cependant été violent. Je résisterai, je te l'ai promis. Je puiserai les forces qui me sont encore nécessaires dans ton amour, dans le souvenir de mes enfants chéris, dans l'espoir suprême que la vérité se fera jour. Mais il faut que je sente votre affection à tous rayonner autour de moi. Continuez donc vos recherches sans trêve ni repos (3).

Mieux que personne, le général Mercier sentait bien ce qu'une condamnation obtenue dans de telles conditions et par de tels procédés laissait d'inquiétude. Comme à la première heure, « il eût voulu rassurer sa conscience ». Il se décida à tenter secrètement un nouvel effort pour arracher à sa victime cet aveu si longtemps, si vainement poursuivi.

Le 31 décembre 1894, il lui envoya M. du Paty de Clam.

Je lui envoyai donc, dit-il au conseil de guerre de Rennes, le commandant du Paty de Clam le 31 décembre avec mission de lui dire que, sa condamnation étant prononcée et définitive, je ne pouvais rien à ce point de vue; mais que le Gouvernement pouvait encore quelque chose pour l'application de la peine, et qu'à ce point de vue, par exemple pour le choix du lieu de déportation, pour la facilité qu'il pourrait avoir à l'habiter avec sa famille ou avec certaines personnes de sa famille, le Gouvernement pourrait montrer de l'indulgence, si de son côté il voulait entrer dans la voie de repentir, et s'il disait notamment au ministre de la guerre de quels documents A... avait été mis en possession par son fait (4).

Chargé de cet honnête marchandage, M. du Paty se rend au Cherche-Midi.

Le fait fut tenu rigoureusement secret. Il n'a été connu que le 14 janvier 1898, par la lettre que Mme Dreyfus a écrite au Ministre, M. Cavaignac, à la suite de l'interpellation de la veille, dans laquelle il avait déclaré que Dreyfus avait avoué, et par la publication qu'elle fit alors de la lettre que son

(1) Lettre du 24 décembre 1894.
(2) Lettre du 26 décembre 1894.
(3) Lettre du 3 janvier 1895.
(4) Cass. 5 ; Rennes I, 100.

mari avait adressée au Ministre le 1ᵉʳ janvier 1895 (comme nous allons le voir).

L'entrevue a duré près d'une heure, les deux hommes seul à seul (1). Que s'y est-il dit ? La question est singulière, alors que M. du Paty affirme avoir dressé un procès-verbal transmis au général Mercier et que celui-ci dit avoir envoyé cette pièce à la Section de statistique. Lisons-le et nous serons fixés: Le procès-verbal a disparu ! ! (2).

On prétend le remplacer par une lettre que M. du Paty dit avoir écrite au général Mercier le 31 décembre 1894 et que le général Mercier a produite à Rennes le 12 août 1899 (3) et par deux notes: l'une du 24 septembre 1897, que M. du Paty dit avoir écrite de mémoire, et qui lui a été demandée « dans un but dont il ne se souvient plus » (4), l'autre sans date, qui est au dossier de la première revision (cote 626) (5).

Pourquoi ne dirai-je pas que j'ai une invincible défiance à l'égard de ces documents fabriqués dans ces conditions, qu'il y a tout lieu de craindre qu'ils n'aient été dressés que pour mettre le récit d'accord avec l'argumentation de l'accusation; que c'était un procédé qui était habituel à la Section de statistique et dont elle a usé dans tous les cas où elle y a vu utilité ?

Pourquoi ne pas ajouter que je suis d'autant plus porté à la défiance que ces pièces ainsi faites après coup sont en désaccord formel avec d'autres documents contemporains, ceux-là, de la scène et produits dans des conditions telles que ni leur date ni leur texte ne peuvent prêter à aucune discussion sérieuse ?

Dreyfus n'a cessé d'affirmer que M. du Paty est venu lui demander de la part du Ministre s'il n'avait pas été victime de quelque imprudence, s'il ne s'était pas livré à quelque acte d'amorçage. C'est ce qu'il a raconté au commandant Forzinetti, dès le départ de M. du Paty, en lui faisant le récit de ce qui venait de se passer.

Le commandant Forzinetti. — Parfaitement. Le commandant du Paty de Clam s'est présenté ce jour-là avec un ordre du Ministre pour que je le laisse pénétrer librement auprès du capitaine Dreyfus; je n'ai pas

(1) Rennes I, 39. E. C. I, 197.
(2) Cass. 304. E. C. I, 196, 285. Rennes III, 513.
(3) E. c. I, 197, 285. Rennes I, 100.
(4) Cass. 305.
(5) Cass. 642.

assisté à cet entretien que je n'ai connu que par la lettre et le récit de Dreyfus. Dans cette-entrevue le commandant du Paty de Clam s'est efforcé d'arracher à Dreyfus un aveu de quelque chose qui fût au moins une tentative d'amorçage. Le commandant du Paty de Clam n'y étant pas parvenu, il aurait dit en sortant : « Si véritablement vous êtes innocent, vous êtes le plus grand martyr du siècle. » (1).

Ce récit qu'il venait de faire au commandant Forzinetti, Dreyfus l'a, immédiatement après, écrit à M° Demange, et celui-ci a produit cet écrit.

Le commandant Du Paty est venu aujourd'hui lundi, 31 décembre 1894 à 5 heures et demie du soir après le rejet du pourvoi, me demander de la part du Ministre si je n'avais pas été peut-être la victime de quelque imprudence, si je n'avais pas voulu simplement amorcer les Allemands, puis que je me sois trouvé entraîné dans un engrenage fatal. Je lui ai répondu que je n'avais jamais eu de relation avec aucun agent ni attaché allemand, que je ne m'étais livré à aucun amorçage, que j'étais innocent...

(La conversation continue. M. du Paty donne ses impressions personnelles, reconnaît qu'on n'avait jamais soupçonné Dreyfus avant d'avoir reçu la pièce accusatrice... etc).

Puis, sentant qu'il en avait trop dit, il ajouta : « Nous parlons entre quatre murs. Si on m'interroge sur tout cela, je nierai tout. » J'ai conservé tout mon calme, car je voulais connaître toute sa pensée.

(M. du Paty reprend ensuite le système Bertillon, laisse entendre que Mme Dreyfus, toute sa famille étaient complices.)

A ce moment-là, sachant tout ce que je voulais, et ne voulant pas lui permettre d'insulter ma famille, je l'ai arrêté en lui disant: « C'est assez. Je n'ai qu'un mot à vous dire, c'est que je suis innocent et que votre devoir est de poursuivre vos recherches. » — « Si vous êtes vraiment innocent s'est-il écrié alors, vous subissez le martyre le plus épouvantable de tous les siècles ! » — Je suis ce martyr, lui ai-je répondu, et j'espère que l'avenir le prouvera (2) !

En même temps qu'il avisait son défenseur, Dreyfus écrivait au Ministre de la guerre.

Monsieur le Ministre,

J'ai reçu par votre ordre la visite de M. le commandant du Paty de Clam, auquel j'ai déclaré que j'étais innocent et que je n'avais même jamais commis aucune imprudence. Je suis condamné: je n'ai pas de grâce à demander ; mais au nom de mon honneur qui, je l'espère, me sera rendu un jour, j'ai le devoir de vous prier de vouloir bien faire poursuivre les recherches ; moi parti, qu'on cherche toujours : c'est la seule grâce que je sollicite.

Alfred Dreyfus (3).

(1) Rennes I, 101 ; E. C. I, 290.
(2) Revis. Stock 1899, p. 534.
(3) Rennes I, 101 ; E. C. I, 290.

Et devant le Conseil de guerre de Rennes, c'est exactement le récit qu'il a fait à M° Demange, qu'il a reproduit dans tous ses détails.

M. du Paty nie, Messieurs, qu'il ait été question entre eux d'amorçage.

Je déclare que je n'ai pas dit un seul mot d'amorçage, que le capitaine Dreyfus ne parle non plus d'amorçage dans la lettre qu'il a adressée au Ministre le soir même de notre entrevue. J'ai dit au capitaine Dreyfus qu'il effacerait bien des choses s'il indiquait dans quelles conditions les faits s'étaient passés, parce qu'on pourrait prendre les précautions nécessaires. Je lui demandai à ce propos s'il n'aurait pas commis chez madame Dery, qu'il qualifiait lui-même d'espionne, quelques indiscrétions à la suite desquelles il aurait été tenu et forcé de marcher. Le capitaine Dreyfus se leva, se promena quelques instants silencieusement, puis revenant vers moi, il me dit à peu près textuellement: « Non, non, mon commandant, je ne veux pas plaider les circonstances atténuantes. Mon avocat m'a promis que dans trois ans... (puis après une hésitation)..., peut-être dans cinq ou six ans, mon innocence sera reconnue (1).

Au milieu de toutes ces contradictions, il est au moins un fait qui apparaît indiscutable et qui ressort aussi de la déclaration de M. du Paty lui-même, c'est que, pas plus dans cette entrevue secrète que dans ses interrogatoires à l'instruction, à l'audience, Dreyfus n'a cessé un seul instant de nier les faits reprochés.

Il n'a rien voulu avouer, écrivait M. du Paty dans la prétendue lettre du 31 décembre 1894 au Ministre, me déclarant avant tout qu'il ne voulait pas plaider les circonstances atténuantes (2).

Ainsi donc, depuis la première heure, il n'a jamais fléchi sous les efforts multiples pour lui arracher l'aveu dont les accusateurs sentaient l'impérieux besoin.

Pas une défaillance ! pas une hésitation ! pas une équivoque ! pas un mot à double entente ! ni avant, ni après la condamnation !

M. du Paty, M. d'Ormescheville le constatent toujours avec dépit ! Non seulement il n'a pas avoué, mais il n'a cessé de soutenir même dans les entrevues les plus secrètes, dans les entretiens les plus confidentiels qu'il n'avait commis aucune imprudence, aucune légèreté, si mince fût-elle.

Et ce serait dans ces conditions que le jour de la dégradation, seul avec le capitaine Lebrun Renault, il aurait avoué le crime qu'on lui imputait, ce crime qu'il n'avait cessé de

(1) Rennes III, 513 ; E. C. I, 197.
(2) Rennes I, 100.

nier, ce crime contre lequel tout aussitôt, publiquement, pendant son atroce supplice, devant le front des troupes, devant la foule, il allait de nouveau protester avec de tels accents de désespoir et de sincérité que les assistants, même les plus hostiles, en ont été remués jusqu'au fond des entrailles et que les convictions les plus tenaces en ont été ébranlées.

Ah ! reconnaissons, Messieurs, que le fait est bien invraisemblable ! et qu'il le devient bien plus encore quand on le rapproche de tous les détails des circonstances dont on entend le faire résulter.

IX

Je dois m'excuser, Messieurs, de reprendre devant vous la discussion de toute cette partie du débat. C'est en vérité manquer de respect à votre arrêt du 3 juin 1899, où je lis :

Attendu qu'on ne peut écarter (les faits invoqués à l'appui de la demande de revision), en invoquant des faits également postérieurs au jugement, comme les propos tenus le 5 janvier 1895 par Dreyfus devant le capitaine Lebrun-Renault ; *qu'on ne saurait voir en effet dans ces propos un aveu de culpabilité*, puisque non seulement ils débutent par une protestation d'innocence, mais qu'il n'est pas possible d'en fixer le sens exact et complet par suite des différences existant entre les déclarations successives du capitaine Lebrun-Renault et celles des autres témoins.

Etait-il possible de dire plus nettement que les prétendus aveux de Dreyfus n'ont jamais existé ? Sur ce point, vous n'admettez pas qu'il puisse y avoir désormais de discussion ; vous affirmez ! vous jugez !

Et c'est bien ainsi que le Ministre de la guerre, le général de Galliffet, a compris votre arrêt.

Nous lisons dans les instructions qu'il a données au Commissaire du Gouvernement près le Conseil de guerre de Rennes:

Il importe, pour éviter certaines nullités, certains abus de pouvoir qui pourraient se produire d'une façon d'ailleurs involontaire, d'indiquer quelques notions supérieures qui devront dominer et régler la procédure. Il importe en premier lieu de fixer les effets de répercussion nécessaire de l'arrêt de la Cour de cassation du 3 juin 1899 sur la procédure à suivre devant le nouveau Conseil de guerre, en d'autres termes de marquer en quelle mesure cette juridiction est liée par l'arrêt qui a ordonné la revision. Il suffit pour cela faire de rechercher les points de fait qui ont été tranchés par la Cour de cassation. Son arrêt supérieur à toute contradiction échappe à tout contrôle ; mais il faut déterminer les points de fait qu'elle a jugés, ceux que, par son affirmation intangible, elle a placés pour toujours au-dessus de toute atteinte, de toute discussion...

III. Fin de non recevoir tirée de ce que Dreyfus aurait au mois de janvier 1895 tenu certains propos devant Lebrun-Renault et Depert. La Cour de cassation déclare qu'on ne saurait voir dans les premiers un aveu de culpabilité et qu'il n'y a pas lieu davantage de s'arrêter aux seconds. Il *y a là même de la part de la Cour souveraine une affirmation intangible et dont il y aura lieu à l'audience de faire respecter le caractère souverain.* A cet égard, aucun témoignage ne pourra donc être reçu par la juridiction de renvoi; aucune appréciation, ni aucune discussion ne pourront être légalement admises, la Cour suprême ayant définitivement prononcé. *Toute procédure ayant pour but d'atteindre ces constatations serait abusive et nulle pour excès de pouvoir* (1).

Est-ce bien là la vérité juridique ? On l'a contesté et c'est en effet fort discutable. Ce qu'on peut dire, c'est que votre Chambre criminelle semble avoir partagé ce sentiment au cours de la dernière enquête. C'est qu'en tout cas, les convenances les plus élémentaires aussi bien que la raison s'opposaient à tout nouvel examen de ce chef.

Le Conseil de guerre en a fait litière, sans qu'une voix quelconque, pas même celle du Commissaire du Gouvernement, se soit élevée pour le rappeler au respect de la loi et de votre arrêt.

Il n'a pas entendu moins de 17 témoins sur ce point qu'il n'avait pas le droit d'examiner pour établir un fait que vous avez souverainement déclaré inexistant.

Et vous entendez à l'heure actuelle le général Mercier vous dire avec une superbe assurance que la culpabilité de Dreyfus résulte en premier lieu et par-dessus tout de ses aveux (2). Voyons donc une fois de plus ce qu'il faut penser de cette légende ! Arrachons une fois de plus ce chiendent de l'histoire, que la passion cultive avec effronterie et qui repousse toujours. Recherchons si l'enquête nouvelle, qui sur ce point a été pourtant si réservée, n'a pas découvert de nouvelles pièces qui éclaireraient d'un jour plus vif encore ce coin déjà si clair, s'il en était besoin.

Le capitaine Lebrun-Renault, de la garde républicaine, avait été chargé de commander l'escadron de service qui, le 5 janvier 1895, alla prendre Dreyfus au Cherche-Midi pour le conduire à l'Ecole militaire où devait avoir lieu la dégradation.

(1) E. C. II, 263.
(2) E. C. II, 264.

Ce n'était pas le premier venu, à dit le colonel Risbourg ; c'est le fils d'un magistrat qui a été juge d'instruction pendant 25 ans; il a reçu une brillante éducation; il a fait des ouvrages qui ont été publiés avec l'autorisation du ministre (1).

C'était, a ajouté le Ministre dans une lettre au Procureur général à la Cour de cassation du 3 janvier 1899, un officier capable, instruit, très zélé et dévoué à ses fonctions, d'une intelligence vive et ouverte, *d'un jugement sain après réflexion, d'une nature impressionnable et d'une imagination enthousiaste qui a parfois besoin d'être calmée* (2).

Le capitaine Lebrun-Renault resta préposé à la garde de Dreyfus pendant une heure environ, dans la seconde des salles qui servent de bureau à l'adjudant de place.

La situation était des plus pénibles.

« *Usant des moyens d'humanité qu'elle comportait* (3) »

le capitaine Lebrun-Renault causait avec Dreyfus... lui parlait notamment de la Nouvelle-Calédonie, où il avait passé un mois en allant à Taïti, et sur laquelle il lui donnait quelques renseignements.

Mais le plus souvent Dreyfus causait seul.

C'était, a-t-il dit, une sorte de monologue haché, coupé, sans suite apparente, plein de décousu, où lui seul, suivant sa pensée, pouvait vraiment comprendre ce qu'il disait (4).

Au cours de ce monologue :

Le capitaine Dreyfus me dit, raconte le capitaine Lebrun-Renault, qu'il avait dans l'armée un bel avenir, et qu'avec cet avenir et la fortune dont il disposait, il ne comprenait pas qu'on l'accusât de trahison. Mais à un moment donné, vers huit heures et demie, il fit entendre cette phrase : « Je suis innocent ; dans deux ou trois ans on reconnaîtra mon innocence. Le Ministre le sait ; il me l'a fait dire il y a quelques jours dans ma cellule par le commandant du Paty de Clam, et il sait que, si j'ai livré des documents à..., ils étaient sans importance et que c'était pour m'en procurer de plus sérieux, de plus importants (5). »

Le capitaine Lebrun-Renault affirme qu'il est sûr de ce propos, de son exactitude.

J'ai été là absolument comme une espèce de phonographe, dit-il, répétant ce qu'a dit Dreyfus, sans le commenter (6).

A 8 heures 50, alors que toutes les dispositions pour la parade étaient prises, que le capitaine Bourguignon venait d'en-

(1) Rennes II, 235.
(2) Proc. 1º revis. Cass. Liasse, 1, I, 3, 114.
(3) Rennes III, 78.
(4) Rennes I, 40 ; Cayenne Cass. ; Lettre Gonse, 6 janvier 1895.
(5) Rennes III, 73.
(6) Rennes III, 78.

trer dans le bureau, pour conduire Dreyfus devant les troupes (1), Lebrun-Renault sortit et se trouva en présence du
commandant Guérin, délégué du Gouverneur militaire de Paris.

Il était très ému, dit le commandant Guérin; il était encore sous le coup
de l'émotion profonde que lui avaient faite les déclarations de Dreyfus,
et m'en rendit compte aussitôt. Il y avait là à proximité un groupe d'officiers; le compte rendu que me faisait le capitaine Lebrun-Renault
n'avait rien de confidentiel et me parut ne pas devoir rester circonscrit
entre nous. Je priai donc le capitaine de répéter à ce groupe d'officiers
les confidences, la déclaration qu'il avait reçue de Dreyfus et le capitaine
Lebrun-Renault le fit. Dans le long entretien de Dreyfus il avait été question en particulier de la colonie où il serait probablement déporté, de son
climat, de la possibilité de faire venir sa famille; mais tout cela sont des
détails. Ce que j'ai retenu, ce sont trois faits, trois déclarations importantes à mon avis et très caractéristiques: je ne les oublierai jamais. A un
moment donné Dreyfus avait montré au capitaine Lebrun-Renault les galons de son dolman et lui avait déclaré que c'était l'orgueil de ses galons
qui l'avait perdu; puis il avait avoué avoir livré des documents à une
puissance étrangère et il s'était exprimé en ces termes: — « Si j'ai livré
des documents, ces documents étaient sans valeur, et c'était pour en
avoir de plus importants. » Enfin il avait dit à plusieurs reprises que
dans trois ans on lui rendrait justice (2).

Le premier coup de 9 heures sonne.
Le commandant Guérin se porte rapidement à la droite des
troupes, voit passer Dreyfus sur le front (3).

Après la dégradation, Dreyfus passa devant le front des troupes, et
devant l'endroit où je me trouvais, il protesta de son innocence ; puis,
quand il fut revenu au même point, on le conduisit dans la cour voisine
où stationnaient la voiture cellulaire et un détachement de gendarmerie
qui devait le conduire au dépôt de la Préfecture de police, et le remettre
à l'autorité civile. Il y avait là quelques officiers ; Dreyfus se tourna vers
eux, et il leur dit: « Je ne suis pas indigne de rester parmi vous; dans
trois ans je reviendrai et on me rendra justice. » Puis il monta dans la
voiture et disparut.
Dès que la voiture eut quitté la cour, je me portai rapidement vers
le bureau de l'adjudant de garnison et rédigeai un télégramme pour le
général Saussier, lui rendant compte que la parade était terminée et que
Dreyfus avait quitté l'Ecole militaire.
Sur mon passage je rencontrai le sous-intendant, qui est aujourd'hui
contrôleur Peyrolles; je le mis au courant et lui communiquai ce que
m'avait dit le capitaine Lebrun-Renault, notamment les trois faits relatifs
à l'orgueil des galons, aux aveux et l'échéance de trois ans. J'assistai
ensuite au défilé des troupes devant le général Darras; quelques officiers
me questionnèrent, me demandèrent des renseignements, et je ne me fis
pas faute de leur dire ce que je savais. Lorsque les troupes eurent quitté
l'Ecole militaire, je revins à la place Vendôme et rendis compte immédiatement et verbalement de ce qui s'était passé au général Saussier, et des

(1) Rennes III, 88.
(2) Rennes III, 88.
(3) Rennes III, 39.

incidents de la matinée *dont les seuls importants à mon avis étaient les aveux de Dreyfus et cette échéance qu'il avait dite*, qu'il répétait qu'il ne demandait que trois ans, pour qu'on lui rende justice.

Voilà ce qui s'est passé (1).

Le capitaine Lebrun-Renault a prétendu que lorsque Dreyfus a prononcé les mots qu'il a répétés, le capitaine d'Attel, qui était de service comme attaché à la place de Paris, et qui devait voir si tout se passait légalement était entré dans la salle où il était avec le prisonnier (2)..., qu'il allait et venait..., qu'il était resté 5 ou 6 minutes. Il a ajouté que, ne le connaissant pas, il ne lui avait pas adressé la parole, et notamment qu'il ne lui avait pas raconté ce que Dreyfus lui avait dit (3).

Cependant le capitaine Anthoine a déclaré qu'au sortir de la dégradation dans l'intérieur de l'Ecole militaire au tournant d'un couloir, il s'était trouvé brusquement en face de d'Attel; que celui-ci, d'ordinaire très froid, était extrêmement ému (4), qu'il lui avait rapporté en quelques courtes paroles que Dreyfus avait avoué avoir livré des documents sans importance... pour obtenir des renseignements en échange (5). Il a déclaré qu'il n'eût même pas l'idée de lui demander comment il savait ce qu'il lui rapportait; qu'il s'était contenté de pousser une exclamation et qu'il avait continué sa route (6), — que quelques pas plus loin, croisant le commandant De Mitry, il lui avait à son tour répété ce que d'Attel venait de dire (7), De son côté, le capitaine d'Attel, s'étant dans la journée rendu au gouvernement militaire, y avait vu l'archiviste Wunenburger.

— Comment cela s'est-il passé ce matin? lui avait dit celui-ci.
— Très bien, avait répondu le capitaine d'Attel, il a avoué.
Et la conversation en était restée là (8).

La dégradation terminée, le capitaine Lebrun-Renault avait réuni ses officiers et raconté à l'un d'eux, le lieutenant Philippe, ce qu'il avait déjà dit au commandant Guérin, et dans une lettre versée au dossier à Rennes, le lieutenant Philippe a répété les propos rapportés (9).

(1) Rennes III, 89.
(2) Rennes III, 74.
(3) Rennes III, 85.
(4) Rennes III, 84, 90, 102.
(5) Rennes III, 84.
(6) Rennes III, 90.
(7) Rennes III, 86, 95.
(8) Rennes III, 95. Cass. 224.
(9) Rennes III, 74.

Depuis que je suis avec cette canaille de Dreyfus, lui avait dit Lebrun-Renault, il cherche par tous les moyens à lier conversation avec moi ; mais je ne lui réponds pas. Ainsi, il m'a dit que s'il avait livré des documents, ils étaient insignifiants et que c'était dans le but de s'en procurer de plus importants, ajoutant qu'il était innocent du crime odieux pour lequel il allait être dégradé, et que dans trois ans son innocence serait reconnue (1).

Le capitaine Lebrun-Renault s'en allait ensuite, colportant partout pendant la journée son récit agrémenté et modifié, le servant au mess devant les officiers de la garde républicaine, sur le boulevard, devant le député Chaulin Servinière (2). Le soir, assez excité, il était au Moulin Rouge, causant à tort et à travers devant MM. De Fontbrunne, Dumont, artiste peintre, Hérisson dit Clisson, journaliste qu'il ne connaissait pas (3).

Sans être poussé par aucune question : « C'est moi, dit-il, qui ai conduit ce matin Dreyfus de la prison du Cherche-Midi à l'Ecole militaire. » Puis, sans être pressé, je le répète, d'aucune question, il nous fit le récit très circonstancié de la scène qui s'était passée à la prison du Cherche-Midi, puis de la conversation qu'il avait eue avec Dreyfus à l'Ecole militaire, en attendant l'heure de la parade d'exécution. Ce récit m'a paru intéressant à moi journaliste, bien que je ne connaisse aucun des faits relatifs au procès Dreyfus, ce procès s'étant déroulé durant une longue absence que j'ai faite en 1894. Les détails que nous avait fournis M. Lebrun-Renault dans son récit ont été fixés immédiatement sur le papier dans un article qui a paru dans le *Figaro* du 6 janvier 1895. Je ne puis qu'affirmer l'exactitude la plus absolue et la sincérité la plus complète de cet article (4)

Cet article, Messieurs, sembla de la dernière inconvenance au Président de la République. Il dénotait en effet de la part de l'officier qui en avait fourni les matériaux une méconnaissance totale de ses devoirs (5).

Sur les observations du Ministre de la guerre qui lui proposa de lui envoyer le capitaine Lebrun-Renault, le général Gonse alla dès la première heure chez celui-ci et l'amena au général Mercier (6).

M. Lebrun-Renault leur refit le récit déjà connu.

On n'a pas livré de documents, aurait dit Dreyfus, mais seulement des copies. Le Ministre sait que je suis innocent ; il me l'a fait dire par M. du Paty de Clam. Si j'ai livré des documents, c'était des documents sans importance et c'était pour en avoir de meilleurs (7).

(1) Rennes III, 234.
(2) Rennes III, 74.
(3) Rennes III, 81 ; II, 627. Cass. 277.
(4) Cass. 277.
(5) Rennes I, 70.
(6) Rennes I, 64 ; Cass. 658.
(7) Rennes III, 74. I, 550.

Le général Mercier lui prescrivit d'aller rendre compte au Président Casimir Perier (1). Le capitaine se rendit à l'Elysée. Il a prétendu que, pendant qu'il attendait dans l'antichambre, il entendit dans la pièce voisine une voix qui l'injuriait, le traitant de canaille, de misérable.

Ah ! ce sale gendarme, ce cogne, qui commet des indiscrétions avec la presse, il pourra bien lui en cuire (2) !

Fort ému, il fut introduit auprès du Président de la République qui, assisté du Président du Conseil, lui adressa les plus vifs reproches (3). Il perdit la tête... ne répondit rien, ne dit rien, se retira sans avoir parlé des aveux que ne connaissait pas alors le Président et sur lesquels il n'a pu par suite l'interroger (4).

Il ne rendit pas compte de tout cela au général Mercier (5).

Mais dans l'après-midi, il fut appelé par son chef direct, le colonel Risbourg. Là encore il fut fort durement reçu.

Questionné sur ce qui s'est passé, il s'embarrassa dans les explications les plus filandreuses (6).

J'étais impatienté et énervé, a dit le colonel. Je dis à M. Lebrun-Renault : « Précisez, a-t-il réellement fait des aveux ? » Le capitaine Lebrun-Renault me répondit : « Il a dit : « Le ministre de la guerre sait bien que si j'ai livré des documents, c'était pour en avoir de plus importants ». Je lui ai demandé ensuite : « Est-il vrai qu'hier en revenant de la parade d'exécution, vous êtes allé au mess avec vos camarades et qu'au déjeuner vous leur avez raconté la conversation que vous aviez eue avec Dreyfus et les aveux qu'il vous a faits ? » Lebrun-Renault me répondit : « Oui, c'est exact. » Il me dit qu'à cette conversation assistaient les capitaines Grognet, Duflos et Panzani et d'autres qui sont encore dans la garde. Je fis de vifs reproches au capitaine Lebrun-Renault. J'ajoutai que depuis les journalistes l'avaient cherché partout; qu'ils étaient venus chez moi et que j'avais refusé de les recevoir. Je lui dis enfin : « Je vous donne l'ordre de vous taire; si on vous demande encore quelque chose, vous répondrez que vous ne savez rien. » J'ai su depuis que le capitaine Lebrun-Renault avait exécuté mes ordres. C'est pourquoi on lui a reproché souvent d'avoir dit qu'il ne savait rien.

Le capitaine Lebrun-Renault prétend qu'en sortant du cabinet du colonel il a pris note sur son carnet de ce qu'il avait dit (7) : mais il ne dressa ni procès-verbal, ni rapport. Et ce n'est que deux ans et demi plus tard, le 20 octobre 1897, que

(1) Rennes I, 403. E. C. I, 286.
(2) Rennes III 77, 81, 97.
(3) Rennes III, 75, 77, 91, 97.
(4) Rennes III, 75. I, 64, 151, 550, 64, 70, 153.
(5) E. C. I, 287.
(6) Rennes II, 232. III, 75. E. C. I, 43, 44, 45.
(7) Rennes III, 76.

le général Gonse, le faisant venir dans son cabinet, rédigea en ces termes sa déclaration:

Le capitaine Lebrun-Renault, de la garde républicaine, déclare que le 5 janvier 1895 le capitaine Dreyfus, qu'il était chargé de garder dans une des pièces de l'Ecole militaire, lui a fait l'aveu suivant : « Je suis innocent ; dans trois ans mon innocence sera prouvée. Le Ministre sait que si j'ai livré des documents sans importance, c'était pour en obtenir de plus sérieux. »

Paris le 20 octobre 1897.
Ch. Lebrun-Renault.

Le capitaine Lebrun-Renault de la garde républicaine a fait la déclaration ci-jointe en présence du général Gonse et du *lieutenant-colonel* Henry et l'a signée de sa main.

Paris le 20 octobre 1897.
Gonse — Henry (1).

Remarquons, Messieurs, que cette date du 20 octobre 1897 est manifestement fausse.

La déclaration est dite reçue en présence « du lieutenant-colonel Henry »; or Henry n'a été promu lieutenant-colonel que par décret du 10 novembre 1897.

Par décret du 10 novembre 1897 sont nommés au grade de... lieutenant-colonel...

Henry, chef de bataillon au 109e régiment d'infanterie, en remplacement de M. Babin promu (mis hors cadre, service géographique) (2).

La remarque a sa valeur; elle prouve avec quelle désinvolture le général Gonse traite les dates qu'il inscrit sur les pièces officielles qu'il dresse.

Nous verrons qu'il ne s'en tient pas aux dates seules et que, lorsque dans une déclaration qu'il consigne, quelque chose le gêne, il n'hésite pas à l'altérer et à faire dire au témoin qu'il entend exactement le contraire de ce que celui-ci a déclaré (Incident Painlevé-Hadamard).

Enfin, en juillet 1898, le capitaine Lebrun-Renault fut mandé par le Ministre Cavaignac qui lui demanda de lui redire ce qu'il avait raconté au général Mercier, au général Gonse (3).

M. le Ministre, lui répondit-il, je vais vous dire ce qui m'a été dit. Maintenant j'ai encore chez moi une petite feuille ; j'ai pris ces notes le lendemain de la dégradation vers deux heures. Si vous voulez, je vais vous les apporter.

(1) Rennes III, 75. Dossier secret, pièce 254.
(2) J. O., 12 novembre 1897, P. 6320, col. 3. E. C. I, 43.
(3) Rennes III, 76.

Il produisit en effet son memento que copia M. Cavaignac, qui le lut à la tribune, et c'est cette déclaration qui a été affichée sur tous les murs de France (1).

Retranché du monde à l'île du Diable, Dreyfus ne savait rien de toute cette légende qui se formait ainsi sur la scène du 5 janvier 1895. Personne n'avait songé à l'interroger, à contrôler auprès de lui l'exactitude du propos qu'on lui prêtait, et dont on faisait contre lui une arme si dangereuse (2).

Vous comprenez son émotion lorsqu'il apprit

> « *Ces procédés devant lesquels les honnêtes gens ne peuvent que s'indigner. (3)* »

Ce n'est que le 8 janvier 1899 qu'il fut pour la première fois questionné sur commission rogatoire de votre Chambre criminelle adressée à M. le **Premier Président** de la Cour de Cayenne.

Je n'ai pas, répondit-il, prononcé ces paroles, telles qu'elles sont relatées : j'ai dit ceci ou à peu près dans un monologue haché : « Je suis innocent ; je vais crier mon innocence en face du peuple. Le Ministre sait que je suis innocent. Il m'a envoyé M. Du Paty de Clam pour me demander si je n'avais pas livré quelques pièces sans importance, pour en obtenir d'autres en échange. J'ai répondu : Non, que je voulais toute la lumière : qu'avant deux ou trois ans mon innocence serait reconnue. » (4).

Et c'est ce qu'il a répété avec la même énergie à Rennes (5).

Tels sont les faits dont l'accusation entend faire ressortir l'aveu de Dreyfus ; il est difficile de ne pas reconnaître à ce simple récit la témérité de cette prétention.

L'aveu résulterait d'une simple phrase prononcée dans un monologue haché, coupé, au moment le plus tragique, **par un** condamné qui attend de seconde en seconde le plus atroce supplice, la dégradation militaire. Il suffit d'un mot mal saisi, mal compris, mal interprété, il suffit même que le plan de la phrase soit interverti, pour que son sens entier soit dénaturé absolument. Et combien est-il facile de se méprendre de la meilleure foi du monde ! Ces mots hachés…, sans suite apparente, Dreyfus seul à ce moment peut à vrai dire les comprendre. Des

(1) Rennes III, 76.
(2) Rennes II, 238.
(3) Rennes III, 83.
(4) Cass. 565.
(5) Rennes I, 40 ; II, 236 ; III, 82, 93, 98, 99.

faits auxquels il se référait, Lebrun-Renault ne sait rien, nous sommes au 5 janvier 1895. Le débat a eu lieu à huis clos. Rien n'a transpiré. Quelle chance redoutable de confusion, d'erreur ! Et c'est sur cette base éminemment fragile qu'est dressé tout l'échafaudage que l'on entend ériger en une preuve absolue, en une certitude de culpabilité !

Et voyez comme le propos rapporté est lui-même inconsistant. C'est un aveu de culpabilité, dit-on ! Et il commence, et il finit par une protestation d'innocence !

Bien plus, les termes mêmes qui le constitueraient varient dans la bouche de Lebrun-Renault selon ceux qui les rapportent.

Tantôt Dreyfus lui a parlé de l'entrevue du 31 décembre 1894 avec M. du Paty de Clam.

> Je suis innocent, dit-il ; dans trois ans on reconnaîtra mon innocence. Le Ministre le sait. Il me l'a fait dire par le Commandant Du Paty de Clam, et il sait que si j'ai livré des documents qui étaient sans importance, c'était pour m'en procurer de plus sérieux ! (1).

Tantôt au contraire dans la bouche du commandant Guérin, de l'intendant Peyrolles, du capitaine Anthoine rapportant ce qu'a dit d'Attel, l'allusion à la démarche de du Paty disparaît. C'est Dreyfus lui-même qui est censé parler directement. Ce qui était le récit de ce que lui a dit l'envoyé du Ministre devient l'expression de sa pensée personnelle ! et complètement transformé de la sorte, devient la plus violente des contre-vérités (2).

Il en est de même de détails moins importants.

> « C'est l'orgueil de mes galons qui m'a perdu.

rapporte le commandant Guérin sur le récit de Lebrun-Renault (3).

> Je ne me rappelle pas cette phrase, déclare Lebrun-Renault ; la conversation a duré environ une heure. *Mais il a pu la dire* (4) !

Quelle étrange réponse ! « Il a pu dire ! » Sans doute ; l'a-t-il dit ? Il a pu avouer ! sans doute ; l'a-t-il fait ? Il en est du détail comme du fond ; l'erreur en est la même ! Il est probable que la phrase a été dite devant le commandant Guérin

(1) Rennes III, 88, 96, 234.
(2) Rennes III, 73 ; I, 550.
(3) Rennes III, 88.
(4) Rennes III, 93, 94.

par Lebrun-Renault, mais comme idée personnelle à celui-ci; et ses auditeurs l'ont attribuée à Dreyfus lui-même; et voilà comment la déformation s'accuse et s'établit.

Qui ne comprend, Messieurs, ce qui s'est en réalité passé !

Dans son rapport aux Chambres réunies en 1899, M. le Premier Président Ballot-Beaupré nous l'a dit avec une limpidité que je ne pourrais qu'obscurcir, si je n'en remettais pas les termes mêmes sous vos yeux.

Dreyfus commença par protester de son innocence, par dire qu'avec la fortune importante dont il jouissait et le bel avenir qui lui était réservé, il ne pouvait avoir eu aucun intérêt à trahir. Il ajouta : « Je suis innocent ; dans trois ans on reconnaîtra mon innocence. Le Ministre le sait : *et le commandant du Paty de Clam est venu me voir il y a quelques jours dans ma cellule ; il m'a dit que le Ministre le savait. Le Ministre savait que*, si j'avais livré des documents à... ils étaient sans importance et c'était pour en obtenir de plus importants. »

Dreyfus rapportait les paroles qu'il prétendait lui avoir été adressées le 31 décembre 1894 par M. du Paty de Clam et auxquelles il avait répondu par une affirmation de son innocence.

C'est M. du Paty de Clam qui, pour provoquer des aveux, lui avait dit : « Le Ministre sait que vous êtes innocent ; le Ministre sait que si vous avez livré des documents, c'était pour en avoir de plus importants. »

Et le capitaine Lebrun-Renault a compris, comme venant de Dreyfus ce que Dreyfus, dans un monologue « coupé », « haché », indiquait comme venant de du Paty de Clam. Là est certainement le malentendu (1).

M. Cavaignac, qui trouvait que les aveux de Dreyfus sont à eux seuls un élément de conviction, traite cette démonstration si claire, si limpide de « *subtilité* (2) ».

Il est vrai qu'au même moment il admirait la clarté du système de Bertillon qu'il avait commencé par déclarer contraire au bon sens (3).

Telle était la logique de M. Cavaignac.

Quant au général Mercier, il trouve invraisemblable que la phrase rapportée par Dreyfus ait été tenue par M. du Paty 1° parce que celui-ci n'avait pas été chargé de semblable mission; 2° parce que la lettre de Dreyfus du 1ᵉʳ janvier 1895 n'en dit rien (4).

Mais nous savons comment M. du Paty s'acquitte des missions qu'il reçoit, comment il supprime dans ses rapports ce qui le gêne, grossit ce qui lui semble à charge. Et puis pourquoi avoir supprimé son procès-verbal ?

(1) Rapp. B. B., 139.
(2) Rennes I, 183.
(3) Rennes I, 193.
(4) E. C. I, 289.

Et quant à la lettre de Dreyfus, il est certain, contrairement à ce que prétend le général Mercier, que Dreyfus affirme

« n'avoir jamais commis aucune imprudence. »
J'ai reçu par votre ordre la visite de M. le commandant du Paty de
Clam, auquel j'ai déclaré que j'étais innocent et que je n'avais même
jamais commis aucune imprudence.

Comment expliquer cela si M. du Paty ne l'avait pas interrogé sur ce point ?

Le général Mercier dit que Dreyfus a fait ainsi allusion à
l'interrogatoire de M. Cochefert. Quoi ! à l'interrogatoire du
15 octobre (2 mois 1/2 plus tôt), au lieu de se référer à ce qui
vient de se passer, à ce qui fait l'objet de sa lettre même ? c'est
inadmissible (1).

Et c'est de plus inexact: M. du Paty l'a reconnu devant la
Chambre criminelle, le 27 mars 1904.

Nous avons causé une heure à peu près. *Je lui ai demandé s'il n'avait
pas commis quelque imprudence chez* Mme Dery *qu'il avait qualifiée
lui-même d'espionne. Il s'est levé, s'est promené les bras croisés pendant un moment ; puis m'a dit : « Non, je ne veux pas plaider les circonstances atténuantes... »* (2)

Le fait d'avoir parlé d'imprudence est donc bien venu de
M. du Paty, ainsi que l'avait déjà dit la lettre de Dreyfus à
Mᵉ Demange, et la critique du général Mercier manque de
base.

N'est-il pas infiniment plus raisonnable de s'en tenir à ce
que nous disait votre rapporteur de 1899. C'est conforme aux
faits rapportés par Dreyfus dès la première heure, redits par
lui à Forzinetti, par lui à Mᵉ Demange, reconnus maintenant par M. du Paty. C'est surtout conforme au bon sens;
et les critiques intéressées de M. Cavaignac et du général Mercier n'y peuvent rien.

Quant au propos rapporté par le capitaine d'Attel, sa
déformation est encore plus manifeste, s'il est possible.

Remarquons en premier lieu que la déposition de M. d'Attel n'a jamais été recueillie par la Justice. Ce n'est que deux
ans après sa mort qu'on s'est préoccupé d'en rétablir la teneur.

Les témoins qui la rapportent sont-ils au moins sûrs de
leurs souvenirs ?

(1) Rennes III, 102.
(2) E. C. I, 197.

Aucun, ni le capitaine Anthoine, ni le commandant de Mitry ne peut redire les expressions mêmes dont il s'est servi.

Ma mémoire des mots n'est pas assez fidèle, dit le capitaine Antoine, pour que je sois capable de reproduire ici d'une manière absolument certaine les expressions mêmes dont le capitaine d'Attel s'est servi (1).

Si je ne puis, dit à son tour le commandant de Mitry, rappeler ses paroles textuellement, j'en affirme le sens général et les idées qu'elles contiennent (2).

Mais tout dépend ici des mots même qui ont été employés ! Ce qu'il nous faut, c'est la teneur exacte, rigoureusement exacte, du propos tenu : un mot changé, une expression supprimée, intervertie et le propos change de sens !

Et c'est dans ces conditions que l'on entend tirer de ce qui n'est que *l'écho d'un écho*, qu'une équivoque évidente, la preuve écrasante d'un aveu qui est en flagrante contradiction avec tous les faits, avec l'attitude invariable de l'accusé, avec ses protestations d'innocence renouvelées et toujours maintenues !

Sur la tête de ma femme et de mes enfants, crie-t-il devant les troupes au même moment, je jure que je suis innocent. Vive la France ! (3).

Aux officiers de réserve qui l'injurient :

N'insultez pas un innocent, leur crie-t-il (4).

Aux officiers qui entourent la voiture cellulaire :

Je ne suis pas indigne de rester parmi vous. Dans trois ans je reviendrai ; on me rendra justice (5).

Aux journalistes :

Vive la France ! Vous, MM. les journalistes, dites que je suis innocent. Je suis innocent (6).

Au Dépôt et lorsque le directeur Durlin lui dit combien il lui est pénible d'écrouer un officier pour cause de trahison :

M. le Directeur, je comprends votre indignation. Mais je suis innocent; oui, je suis innocent et dans trois ans mon innocence sera reconnue (7).

Je dis que soutenir dans ces conditions que Dreyfus a

(1) Rennes III, 84.
(2) Rennes III, 95.
(3) Rennes I, 382.
(4) Rennes I, 382.
(5) Rennes III, 89.
(6) Cass. 262.
(7) Cass. 279.

avoué devant le capitaine **Lebrun-Renault**, c'est un défi au bon sens, à la raison.

Je dis qu'il ne peut suffire, pour écarter cette contradiction violente, inexplicable, de dire avec le capitaine Lebrun-Renault, avec le général Mercier, avec le colonel Guérin :

Je ne puis donner d'explication... C'est à Dreyfus et à la défense de le faire... Ce sont impressions personnelles dans lesquelles je n'ai pas à entrer (1).

Cela, c'est le balbutiement de gens qui, placés en face d'une absurdité criante qu'ils soutiennent et doivent expliquer, perdent la tête et ne parviennent même pas à masquer leur déroute !

C'est qu'en effet, Messieurs, si l'on pousse encore l'examen, on en vient vite à se convaincre qu'à ce moment personne n'a cru à cet aveu, qu'on a fabriqué ultérieurement de toutes pièces, comme le faux Henry, pour soutenir une accusation qui s'effondrait de toutes parts.

Personne, pas même le capitaine Lebrun-Renault!

Le 5 janvier 1895, il dresse son rapport, ce rapport que tout officier chargé d'une mission quelconque doit adresser dans les vingt-quatre heures au colonel, où il doit mentionner jusqu'aux faits les plus minces, fût-ce le déferrement d'un cheval au cours d'une promenade! Le capitaine Lebrun-Renault vient, dit-il, de recevoir l'aveu de Dreyfus... Fait inouï, impossible à taire s'il s'est produit !

« *Rien à signaler!* » écrit-il à la colonne des observations (2).

Le même jour au Moulin-Rouge, devant MM. Fontbrunne, Dumon, Clisson, il se pavane, il ne tarit pas en détails sur la scène si douloureuse à laquelle il vient d'assister le matin.

Des aveux, pas un mot ! (3).

Le lendemain, à l'Elysée, où ses chefs l'envoient pour redire au Président de la République ce qui s'est passé,

Des aveux, pas un mot ! (4).

Il se rend chez son colonel. Il n'a qu'un mot à dire: « Dreyfus a avoué ! »... Il balbutie... il patauge. « Précisez, lui dit le colonel Risbourg; a-t-il réellement fait des aveux? » Et même alors son attitude est telle que le colonel lui intime l'ordre de

(1) Rennes III, 78, 92 ; E. c. I, 285.
(2) Rennes III, 79, 80.
(3) Cass. 278 ; Rennes II, 627.
(4) Rennes I, 64, 70, 151 ; III, 75, 77, 91, 97.

se taire, alors que, s'il y avait eu aveu, c'est le soulagement
pour tous, c'est le fait à répandre *urbi et orbi* (1).

Tout le monde a si bien l'impression que ce que Lebrun-
Renault raconte est sans portée, sans valeur que personne ne
prend la peine de le faire constater, de recueillir l'explication
de l'accusé lui-même !

Non seulement on n'en dresse pas procès-verbal, mais dans
l'état signalétique qui va accompagner le condamné à l'Ile
du Diable, qui doit indiquer les faits, les circonstances qui
justifient indulgence relative ou sévérité, nous lisons :

> Dreyfus n'a exprimé aucun regret, *fait aucun aveu*, malgré les preuves
> irrécusables de sa trahison. En conséquence il doit être traité comme
> un malfaiteur endurci tout à fait indigne de pitié.

Sans doute cet état a été dressé avant la dégradation, mais
il n'a été remis qu'après: Dreyfus n'est parti que dix jours plus
tard. Quoi de plus simple qu'un post-scriptum s'il a avoué ?
Rien !

Qui pourra jamais expliquer cette inconcevable négligence si l'on a cru à l'aveu ; et suffira-t-il de dire *avec le
colonel Guérin* que Dreyfus ayant été livré à l'autorité civile
après la dégradation, l'autorité militaire était désarmée et
n'avait plus rien à faire (2). Comme si le fait ne s'était pas
passé avant la dégradation, à un moment où seule l'autorité
militaire pouvait instrumenter, où seule elle avait le droit de
constater !

Avec le colonel Risbourg qu'il était en 1895 si convaincu
de la culpabilité de Dreyfus qu'il n'avait pas pensé qu'on
arriverait un jour à la nier (3). Comme si le premier devoir
de la gendarmerie n'est pas de constater les faits, sans jamais
s'arroger le droit de les juger ;

Avec le général Mercier qui n'en a pas même rendu
compte à ses collègues et n'en a qu'incidemment et sans rien
préciser, prévenu le Président de la République, que la question des aveux n'avait plus pour lui aucune importance, le
procès étant terminé et Dreyfus condamné ! (4). Comme si le
procès n'était pas terminé et Dreyfus condamné le 31 décembre 1894, alors que pourtant, anxieux et troublé, voulant à tout

(1) Rennes II, 232 ; III, 75.
(2) Rennes III, 93.
(3) Rennes II, 235.
(4) Rennes II, 211, 238 ; E. C. I, 286.

prix arracher cet aveu qui, il le sentait bien, pouvait seul calmer sa conscience, il lui envoyait au Cherche-Midi M. du Paty pour marchander l'adoucissement de la peine.

Le 5 janvier 1895, cet aveu si ardemment poursuivi se produit, et le général Mercier ne le fait pas constater ! Faut-il Messieurs, qu'il méprise ses auditeurs, pour oser espérer de leur part une telle crédulité ?

De tout cet incident, il ne reste donc aucune trace contemporaine. Je me trompe. Il en est deux, dit-on !... Voyons.

1° C'est une lettre que le général Gonse aurait écrite au général de Boisdeffre le 6 janvier 1895, pour lui rendre compte de ce qui s'était passé en son absence, lettre que M. Cavaignac a lue à la Chambre le 7 juillet 1898 (1), (le faux l'attire, comme le cytise la chèvre !), et dans laquelle le général Gonse annonce les aveux.

Quoi ! cette lettre serait du 6 janvier 1895, et c'est seulement le 7 juillet 1898 qu'elle apparaît pour la première fois ! Alors que le général Gonse a déjà dressé tout un stock de bordereaux destinés à faire connaître les documents accusant Dreyfus, alors que notamment il a relevé dans le bordereau d'octobre 1897 toutes les pièces relatives aux prétendus aveux ! il ne dit rien de cette lettre du 6 janvier 1895 qui est de lui ! Il l'avait oubliée, dit-il, et l'a retrouvée dans son armoire de fer ! Mais comment cette lettre, qu'il a écrite au général de Boisdeffre, est-elle entre ses mains ? C'est le destinataire qui devrait l'avoir, la produire.

Et il s'embarrasse tout de suite dans ses explications !

« C'est que j'en avais gardé copie, dit-il d'abord ; et c'est cette copie que je produis (2). »

« Non, dit-il ensuite devant la Chambre criminelle..., c'est l'original... Le général de Boisdeffre me l'avait rendu en me disant: Cette pièce est importante ; il faut la garder... je l'avais oubliée (3) ! »

Vous apprécierez tout cela, Messieurs, et vous n'oublierez pas la déplorable facilité de plume et de conscience du général Gonse quand il s'agit de dater les documents, comme ce procès-verbal du 20 octobre 1897 dressé devant le *lieutenant-colonel* Henry, qui n'a été nommé lieutenant-colonel que

(1) J. O., 8 juillet 1898.
(2) Rennes I, 550.
(3) E. C. I, 231, 484 ; Rennes I, 520, 550.

20 jours plus tard, quand il s'agit même de dresser procès-verbaux des déclarations passées devant lui, comme ce procès-verbal du 8 mars 1898, où il fait dire à M. Painlevé exactement le contraire ce que celui-ci a déclaré.

Que vaudrait du reste cette lettre du général Gonse comme preuve de l'aveu?

Elle rapporterait le propos de Lebrun-Renault. Or il n'est pas douteux que Lebrun-Renault l'a tenu, que le général Gonse l'a su le 6 janvier 1895. Ce n'est pas cela que nous avons à rechercher, à établir; c'est la foi qu'il faut attacher à la portée donnée au propos, c'est la signification de ce propos même. Et à ce point de vue, le général Gonse nous donnerait raison. Car, dans sa lettre, il parle d'un monologue de Dreyfus qui s'est sans cesse repris, de « demi-aveux, de commencement « d'aveux mélangés de réticences et de mensonges (1) ». Nous savons ce qu'il faut en penser. Mais à coup sûr, même pour le général Gonse, rien de précis, rien de net, l'équivoque et non la certitude!

2° La deuxième pièce contemporaine, ce serait la note que Lebrun-Renault aurait prise le 6 janvier 1895, en sortant du cabinet du colonel Risbourg.

Quelle foi y attacher?

Lebrun-Renault vient de fournir des explications au colonel, si confuses, si embrouillées, que le colonel lui intime l'ordre de se taire. Préoccupé, il veut au moins plus tard ne plus s'embrouiller, et il rédige la version à laquelle il a fini par s'arrêter! Il le fait sur une feuille de son calepin. Singulier souci en pareil moment, singulier choix du document à garder, quand il a pour devoir bien simple de dresser procès-verbal ou rapport régulier! Non! il s'en tient à cette petite note jetée négligemment sur un calepin demeuré entre ses mains sans contrôle.

C'est cette feuille qu'il présente à M. Cavaignac, quand celui-ci l'interpelle. Le Ministre la copie, la lit à la tribune.

Ah! désormais cette feuille informe va prendre une importance sérieuse. La campagne de revision bat son plein; le Ministre a produit le document à la tribune ; la note va devenir un élément sinon grave, au moins utile du litige.

Et c'est à ce moment précis, alors que le capitaine Lebrun-

(1) J. O., 8 juillet 1898.
(2) Rennes III, 76.

Renault l'a gardée sans raisons trois ans, qu'il la détruit sans trouver pour expliquer cette conduite intempestive autre chose que ce mot:

« Cette pièce m'appartenait » (1).

C'est l'explication même que nous avons trouvée sur les livres du général Mercier, détruisant par un crime le commentaire dont il a poignardé Dreyfus devant le Conseil de guerre de 1894. Je doute qu'elle vaille mieux dans un cas que dans l'autre.

Mais enfin, Messieurs, quelle est donc l'impression qui définitivement est restée au capitaine Lebrun-Renault de tout cet incident, dont il est en somme l'unique témoin.

Ce n'est pas le premier venu ; il est intelligent, instruit, capable, « en état de savoir ce qu'il dit, de comprendre ce qu'il entend ». A-t-il considéré ce que lui a dit Dreyfus, ce qu'il rapporte, phonographe vivant, comme un aveu ?

Vous le lui avez demandé en 1899. Il est bien regrettable qu'il n'y ait pas eu alors de sténographie, si j'en juge par votre procès-verbal lui-même.

D. — Quelle est la portée que vous avez attachée aux paroles de Dreyfus ? Les avez-vous considérées comme de véritables aveux d'un crime de haute trahison ?

R. — J'ai considéré cela comme des explications de sa condamnation, mais je n'en ai pas moins retenu qu'il avait avoué avoir livré des documents. Il s'excusait ; il s'expliquait ; mais la matérialité du fait n'en existait pas moins.

D. — Cependant vous nous avez dit il n'y a qu'un instant : « Je ne m'en souviens pas. On peut très bien ne pas considérer la déclaration de Dreyfus comme des aveux ; si on m'a parlé d'aveux, j'ai pu dire qu'il ne m'en avait pas été fait. J'ai considéré que c'étaient plutôt des excuses que présentait Dreyfus. »

R. — Je n'en reconnais pas moins qu'il m'a avoué avoir livré des documents (2).

Devant le Conseil de guerre de Rennes, la même question lui est de nouveau posée par Mᵉ Demange. Comme l'impression est devenue moins précise encore !

D. — L'impression qui est restée pour vous est celle d'un aveu ?

R. — Je n'ai là-dessus aucune impression (Mouvement prolongé). Le capitaine Dreyfus a dit beaucoup de choses pendant l'heure où je suis resté avec lui, des choses moins importantes que celles-là. Entre autres choses j'ai retenu cette phrase ; je l'ai répétée à mes chefs (3).

M. Demange insiste : « Voulez-vous demander au capitaine Lebrun-Renault si en effet il a prononcé devant la Cour de Cassation cette

(1) Rennes III, 76.
(2) Cass. 187.
(3) Rennes III, 78.

phrase : « On peut très bien ne pas considérer la déclaration de Dreyfus comme des aveux ? »

Le capitaine Lebrun-Renault. — C'est une question personnelle. Il m'a dit telle phrase ; que l'on considère cela comme on voudra ! Cela peut être pour les uns des aveux, pour les autres une explication de sa conduite ; c'est l'affaire de chacun *(murmures)*. Je ne peux pas donner d'opinion là-dessus. Je ne juge pas la chose, Dreyfus m'a dit telle chose, voilà tout ! (1)

Ah ! comme je comprends les murmures qui ont accueilli cette étrange déclaration ! Comme je comprends aussi qu'en présence de tels faits, d'une telle attitude, vous ayez jugé dès 1899 que Dreyfus n'avait jamais avoué, qu'il n'y a eu là qu'une détestable équivoque née d'un propos mal entendu, mal compris, inexactement rapporté, déformé, dénaturé en passant de bouche en bouche, une équivoque entretenue et nourrie par la passion la plus révoltante, soutenue jusqu'à votre audience d'aujourd'hui avec la mauvaise foi la plus éclatante !

Cette certitude que vous avez tenu à consigner dans votre arrêt, combien ne l'eussiez-vous pas attestée avec plus de force encore s'il est possible, si vous aviez alors connu ce que l'enquête nouvelle a découvert, ce qui, je ne crains pas de le dire, jette sur tout cet incident un jour encore plus éclatant et plus triste.

Je vous ai dit que le commandant Aurèle Guérin avait été chargé par le Gouverneur militaire, le général Saussier, d'assister à la dégradation et de lui rendre compte de tous les incidents qui s'y passeraient ; qu'il avait dès 8 h. 50 reçu la déclaration de Lebrun-Renault sortant du bureau de l'adjudant de place ; qu'il la lui avait fait répéter devant tout un corps d'officiers (dont aucun du reste n'a été indiqué ni entendu); qu'il avait ensuite assisté au défilé de Dreyfus devant les troupes ; puis que, se portant rapidement au télégraphe, il avait expédié au général Saussier une dépêche pour l'instruire de ce qui venait de se passer (2).

Ce télégramme, contemporain des faits, nous l'avons recherché, retrouvé au Gouvernement militaire (3).

Profondément ému de la déclaration de Lebrun-Renault, des aveux qu'il rapporte, de ces aveux qui vont être pour tous un soulagement, en mettant fin à l'anxiété, à l'angoisse

(1) Rennes III, 80.
(2) Rennes III, 89 et suiv.
(3) E. C. I, 45.

qui opprimaient chacun, son premier soin, à n'en pas douter,
va être de le télégraphier au Gouverneur !

Voici le télégramme :

Paris de Paris, n° 24, mots 24.

Dépôt le 5/1 95 9 h. 20 matin.

Commandant Guérin à Gouverneur militaire Paris.

Parade terminée, Dreyfus a protesté de son innocence et crié : Vive
la France. Pas d'autre incident (1).

Rien à signaler ! dit le capitaine Lebrun-Renault. *Pas
d'autre incident,* écrit le commandant Guérin.

Et Dreyfus a avoué ?... avoué pour la première fois ? nous
dit-on !

On ne peut se défendre, en lisant cela, d'une douloureuse
surprise ; elle ne fait que s'accroître, quand on en rapproche
le rapport que, trois ans plus tard, le colonel Guérin adresse
sur tout cela à ses chefs et la déposition qu'il a faite en 1899
devant le Conseil de guerre de Rennes. Et l'on se demande avec
effroi ce que vaut le témoignage humain mis au service de
l'esprit de corps perverti et de la passion poussée au pa-
roxysme !

Votre Rapporteur ne partage pas sur ce point mon sentiment. N'est-ce pas qu'il se méprend sur ma pensée et sur la
portée de mes observations ? Il croit que j'entends établir que
le colonel Guérin n'a reçu le 5 janvier 1895 aucune déclaration de Lebrun-Renault.

Pas le moins du monde !

Je n'ai jamais songé à contester le récit fait par Lebrun-
Renault au commandant Guérin J'en ai redit tous les détails,
toutes les incertitudes, toutes les déformations; et il est bien
certain que le fait est exact, si bien que le commandant Guérin l'a redit au général Saussier et dans l'après-midi au colonel Picquart venant se renseigner à la Place Vendôme
dès les premiers bruits mis en circulation.

Ce que je veux établir, c'est que le commandant Guérin,
tout en ayant recueilli le récit de Lebrun-Renault, tout en se
disant en 1898 fort ému du fait, à ce point qu'il a pu déclarer,
dans sa déposition à Rennes, qu'il l'a considéré comme le *seul
important* de toute cette scène de la dégradation, a, sous la
poussée des événements, sous la pression du milieu dans le-

(1) E. C. I, 45.

quel il a vécu et dont il a épousé les passions, transformé, lui aussi, ses impressions de la première heure, jusqu'à faire de faits, qui alors lui avaient paru sans portée sérieuse, l'énorme machine de guerre dont il s'est ensuite constitué le servant complaisant et docile.

Voilà ce que je veux établir, voilà mon but !

Est-ce que tous les faits ne me donnent pas raison ?

Est-ce qu'il n'est pas démontré qu'au moment même où la scène s'est produite, il n'a pas cru à l'aveu, lui qui dans son télégramme ne relève que les protestations d'innocence, ce cri de: « Vive la France ! » lui qui ajoute: « *Pas d'autre incident !* »

Ah ! j'entends que le colonel Guérin cherche à expliquer son télégramme. Celui-ci n'aurait trait qu'à la seule cérémonie de la parade, et sur ce point il est exact, car rien ne s'est produit publiquement. Il en a réservé le récit pour le rapport oral qu'il a fait effectivement au général Saussier.

Que voulez-vous ? Cette explication me laisse à mon impression première. Jamais il ne me sera donné de comprendre qu'ayant à prévenir le Gouverneur de ce qui vient de se passer, il éprouve le besoin de le faire par télégramme, et d'y taire le *seul fait important* à son avis même.

Il fallait faire court : les télégraphistes étaient des soldats, peu expérimentés et lents ?

Mais un mot suffisait ! Dreyfus a crié : *Vive la France !* écrivait le colonel Guérin. Ne valait-il pas mieux dire : *Dreyfus a avoué*. C'était plus court. « Dreyfus n'a cessé de protester de son innocence ! Pas d'autre incident ! » Non ! jamais personne ne comprendra cela de la part de quelqu'un qui prétend avoir reçu la confidence d'un aveu qui vient d'être fait, et qui prétend y croire !

Et je m'explique l'émotion profonde qui a saisi tous ceux qui ont assisté à la découverte de ce lamentable télégramme, lorsqu'ils en ont connu la teneur et l'ont rapprochée du rapport de 1898 et de la déposition du colonel Guérin en 1899.

Pourquoi d'ailleurs le colonel Guérin n'a-t-il point dit tout cela au Conseil de guerre ?

On ne le lui a pas demandé ! dit-il.

Avait-on à le questionner sur un fait qui était ignoré de

tous, mais qu'il savait, lui? Et n'avait-il pas juré de dire toute
la vérité?

Il a parlé de son télégramme? oui! Mais avec quelle habileté de casuiste, sans un mot de ce qu'il contenait, et laissant
croire qu'il y a rendu compte de ce qui vient de se passer.
Mais il a fait un rapport verbal au général Saussier. Il lui
a dit

Les incidents de la matinée, dont les seuls importants à son avis
étaient les aveux de Dreyfus et cette échéance de trois ans qu'il fixait
pour la reconnaissance de son innocence ?

C'est vrai.

Mais pourquoi n'a-t-il pas, sur ce point encore, complété sa
déposition à Rennes?

Encore une fois, il avait juré de dire *toute la vérité*.

Pourquoi n'a-t-il donc pas dit au Conseil de guerre l'impression ressentie par le général Saussier à ce récit bizarre?

Il nous la livre aujourd'hui que le vent semble avoir
tourné.

J'eusse préféré qu'il l'eût soumise au Conseil de guerre à
qui l'on donnait le fait à juger. Et cela avait bien sa valeur,
si j'en juge par ce qu'il nous en écrit aujourd'hui.

Pour compléter les indications de ce mémoire, écrit-il le 24 juin 1905,
en ce qui concerne le compte rendu général et verbal, que j'ai fait au
Gouverneur militaire de Paris, dès mon retour place Vendôme après la
parade sur tous les incidents de la matinée du 5 janvier 1895 et en particulier sur l'entretien de Dreyfus avec le capitaine Lebrun-Renault, *je
dois à la vérité* de signaler ce fait que M. le Général Saussier manifesta
son étonnement que Dreyfus eût tenu au capitaine de la Garde républicaine chargé de le garder avant la parade, le langage qui m'avait été
rapporté par cet officier de gendarmerie, et qu'ensuite il eût protesté
de son innocence devant les troupes.

Pourquoi, encore une fois, le colonel Guérin a-t-il gardé
tout cela pour lui jusqu'à ce jour? Pourquoi n'a-t-il pas
éclairé le Conseil de guerre sur ce fait important?

N'était-ce pas qu'alors il était de bon ton et de prudente
politique au point de vue de l'avancement de ne livrer à la
justice que ce qui était à charge?

Votre rapporteur estime que la loyauté du colonel Guérin
ne peut être mise en doute, et qu'il n'y avait même aucune
raison de le mettre en cause?

Je suis d'un avis absolument différent.

Je vous dois tous les faits, toutes les impressions qui en résultent.

J'estime que le colonel Guérin a manqué à son devoir; qu'en voilant une partie de la vérité, il a manqué à son serment de témoin.

J'estime que ses réticences calculées ont faussé la vérité, et que dans les faits qui nous sont maintenant révélés, il y a un élément considérable qui devait vous être signalé.

En vain oppose-t-on votre arrêt du 3 juin 1899 et la force de chose jugée qui en résulte et ne permettait pas d'examiner la question des aveux. C'est vrai en droit, c'est faux en fait. Oui, le Conseil de guerre a violé la loi en examinant un point que votre arrêt avait rendu intangible! Mais il l'a fait, et il n'est pas douteux que dans les débats qui se sont déroulés sur ce point, dans ces 17 témoignages entendus à ce sujet, dans le réquisitoire qui a porté sur ce fait, il a pu y avoir un des éléments sur lesquels la conviction des juges de 1899 s'est formée!

Et cette possibilité suffit!

Il résulte des vérifications nouvelles que des circonstances importantes pour l'appréciation des faits ont été dissimulées au Conseil.

Elles résultent de pièces découvertes postérieurement à la condamnation. Comment refuser d'y voir un fait nouveau de nature à prouver l'innocence du condamné et rentrant dès lors dans les termes de l'article 443 § 4 du Code d'instruction criminelle?

La Cour appréciera!

X

Nous avons vu, Messieurs, que l'attitude de Dreyfus avait fait naître la conviction de son innocence dans l'esprit du directeur du Cherche-Midi.

Cet homme est aussi innocent que moi, disait-il au général de Bois-deffre qui l'interrogeait.

Il n'est pas sans intérêt d'observer que cette conviction n'est pas demeurée isolée, et qu'elle a été partagée par tous

ceux qui ont approché Dreyfus, par le directeur du dépôt
Durlin, par le directeur de la Santé Patin, par le contrôleur
de la Santé Pons, par le gardien qui a conduit Dreyfus à l'île
de Ré.

Tous ont dit à M. Fournier, l'inspecteur général des services administratifs au Ministère de l'Intérieur, qu'ils étaient
convaincus de l'innocence de Dreyfus (1).

Cette opinion de gens qui, par profession, passent leur vie
avec les accusés, avec les condamnés, qui les connaissent bien,
qui les jugent presque à coup sûr, ne vaut-elle pas d'être relevée avec soin ?

Et quant à ce mince détail d'une copie du Bordereau trouvée à l'île de Ré sur Dreyfus par l'agent Piquet, et dont l'accusation a cherché à faire un argument contre l'accusé, n'est-
il pas bien plus raisonnable de dire avec M. Puybaraud, Directeur des recherches à la Préfecture de police :

Si Dreyfus avait été coupable, il n'aurait pas eu besoin de prendre
le texte de cette pièce qu'on disait avoir été écrite par lui. — Il l'eût
bien connue. — S'il en avait pris copie, c'est qu'il ne la connaissait pas,
c'est qu'il n'en était pas l'auteur, c'est qu'il voulait l'étudier pour chercher à comprendre, à deviner ce mystère pour lui inexplicable (2).

Et c'est en vérité une amère dérision que de lui reprocher
avec le général Roget (3) de s'en être, du lieu de sa déportation, tenu

à de vagues protestations d'innocence, sans jamais parler des motifs de
l'accusation, ni du bordereau, gardant ainsi un silence voulu et parfaitement calculé,

quand on lui a précisément arraché cette copie du Bordereau, que l'article 112 du Code de justice militaire lui donnait
le droit d'avoir en sa possession (le Président Jouaust le reconnaissait lui-même) (4) et qu'on le mettait ainsi dans l'impossibilité de se défendre avec quelque précision.

XI

Du séjour de Dreyfus à l'île du Diable, je me suis promis
de ne rien dire.

(1) Cass. 280.
(2) E. C. I, 162.
(3) Cass. 46 ; Rennes I, 338.
(4) Rennes I, 26.

Que de pensées nous envahiraient en effet en songeant à
l'atroce supplice qui lui a été infligé pendant cinq ans sous
cette surveillance haineuse, la palissade, la double boucle; à
tous ces raffinements de cruauté qui, avec une lenteur savante,
désorganisaient la cervelle, la moëlle de l'homme, usaient sa
substance nerveuse, et, avec une certitude qui pouvait presque
escompter les heures, le menaient à la mort par la solitude
systématique, par la réclusion dans une cage obscure, sous un
toit de zinc, dans ce pays de soleil torride, sans que rien, pas
même une tentative d'évasion qui n'a jamais été préparée,
justifiât de tels excès vis-à-vis de ce condamné, dont la sou-
mission, la résignation n'ont pas donné lieu à la plus légère
observation, qui, enfermé vivant dans une véritable tombe,
souffrant des mille misères de chaque jour, plus encore de
toutes les tortures devinées de sa famille que de celles qu'il
sentait lui-même, s'est courbé docilement sans réserve sous la
plus inflexible discipline, sans qu'une plainte échappât de
ses lèvres, et qui, soutenu par le sentiment de sa dignité et de
son innocence, a su opposer aux efforts du supplice méthodique de méthodiques résistances, et triompher du climat qui
l'opprimait, de la fièvre qui le rongeait, de la folie qui l'assié-
geait, à force de ressort physique et de puissance morale !

Mais je me suis promis de ne pas faire appel à la pitié, de
ne rien devoir à l'indignation, de ne rien demander au cœur,
de ne m'adresser qu'à votre raison ; je tiendrai parole

Et de ce temps maudit, où la cruauté des hommes a sans
aucune nécessité restauré des tortures dignes des âges de barbarie, je ne retiendrai que cette correspondance que nous
avons tous lue, que Dreyfus a échangée avec sa femme, dont
l'amour, la constance, la fidélité ont fait l'admiration du
monde entier, avec le Président de la République à la justice
duquel il n'a cessé de s'adresser.

Là encore, là toujours ce n'est qu'une longue protestation,
qu'un infatigable cri d'innocence !

Ce cri, je le jetterai de tout mon cœur de Français, de soldat, frappé
dans ce qu'il a de plus précieux au monde, dans son honneur ; je le
jetterai de tout mon cœur d'époux et de père, frappé dans ses affections
les plus chères, tant qu'on n'aura pas éteint ce cœur à tout jamais,
à force de le martyriser, de le torturer, tant qu'on n'aura pas jeté dans
la tombe un Français, un soldat qui non seulement a toujours et loyalement servi sa patrie, mais qui lui a tout sacrifié, situation, fortune, pour
lui consacrer toutes ses forces, toute son intelligence, pour la servir

de toute son âme. Ma vie certes importe peu. S'il la fallait, elle est à mon pays, mais pas de cette façon-là, Monsieur le Président ; car mon honneur ne m'appartient pas : c'est le patrimoine de mes enfants, le bien propre de deux familles. Au nom de ma femme, de mes enfants, des miens, je jette encore mon cri d'appel à la Patrie, au magistrat suprême du pays pour lui demander mon honneur, la vie de mes enfants, la revision enfin de mon procès ! (1)

Et ce déchirant leitmotiv se répète chaque jour au milieu des larmes, des sanglots et des spasmes !

Je ne sais rien de plus touchant, rien de plus décisif que cette plainte incessante, que cette protestation qui s'élève angoissante, mais inlassable de ce calvaire et de cette agonie !

XII

L'exposé chronologique m'amènerait ici à analyser devant vous tous les faits qui se sont produits de la dégradation à la première revision, à rappeler comment celle-ci a été imposée par les événements qui ont tour à tour sillonné la nue et peu à peu fait apparaître la vérité si longtemps voilée.

J'aurais ainsi à vous redire dès ici les investigations nouvelles du lieutenant-colonel Picquart sur l'ordre du général de Boisdeffre; la découverte du Petit Bleu et les premiers soupçons dressés contre Esterhazy, devenus bientôt une certitude par suite de la confrontation de son écriture avec celle du bordereau et de l'examen du dossier secret ; les efforts que l'Etat-Major, les généraux Gonse et de Boisdeffre, multiplient pour étouffer l'affaire, et la disgrâce de Picquart, bientôt suivie d'une véritable persécution qui n'a pas duré moins d'un an; l'entrée en scène de M. Scheurer-Kestner et la dénonciation de Mathieu Dreyfus; l'incroyable procès et l'acquittement d'Esterhazy sous la pression de l'Etat-Major; le procès Zola et ses écrasantes révélations; le discours du Ministre de la guerre partout affiché, puis, six semaines à peine écoulées, le coup de foudre du faux Henry renversant tout l'édifice, imposant à tous la revision; les efforts tentés pour empêcher pourtant celle-ci; l'abominable campagne menée contre la Cour de cas

(1) Lettre au Président de la République, 20 juin 1898, 1re revis. Cass. I, 2, 14.

sation elle-même, et pour couronnement l'arrêt des Chambres réunies ordonnant à l'unanimité cette revision tant redoutée.

Sur tout cela j'aurai à revenir !

Mais en ce moment je ne veux me laisser détourner de mon but, de la preuve de l'innocence de Dreyfus par l'examen des charges articulées contre lui, et j'ai hâte d'en venir aux débats de Rennes, de les scruter, de les peser avec vous, de vous montrer l'inanité des preuves de l'accusation, d'étaler à cette barre l'illégalité montant de toutes parts, la passion, la violence, la fraude se déchaînant avec une nouvelle fureur, le crime triomphant enfin et la condamnation de l'innocent maintenue.

Comment en vérité, Messieurs, eût-il pu en être autrement en présence de la situation où l'habileté des uns, l'imprudence des autres, la force des choses et la loi même avaient placé la juridiction de renvoi ?

Au lendemain de votre arrêt du 3 juin 1899, attestant la communication secrète faite au Conseil de guerre de 1894, le Garde des Sceaux avait déposé sur le Bureau de la Chambre des députés une demande de mise en accusation contre l'ancien Ministre de la guerre qui s'en était rendu coupable.

La Chambre avait sans doute adopté l'ordre du jour Pourquery de Boisserin, se déclarant résolue à respecter la complète liberté du Conseil de guerre; mais ce n'était bien évidemment qu'un ajournement !

Dès lors, qu'on le voulût ou non, la question était ainsi complètement transformée, dénaturée.

Et là où la Justice n'aurait dû voir qu'une chose à rechercher, qu'un point à vider : « *Dreyfus est-il coupable ?* » se posait désormais comme contre-partie nécessaire, inévitable de l'acquittement du condamné, la condamnation forcée de l'ancien Ministre de la guerre.

C'est bien cela, si j'en juge par l'*Intransigeant* du 3 août 1899, ce que disait le général Mercier lui-même, quatre jours avant l'ouverture des débats de Rennes.

Dreyfus sera certainement condamné de nouveau ; car dans cette affaire il y a un coupable, et le coupable c'est lui ou moi. Comme ce n'est pas moi, c'est Dreyfus.

Et la question était ainsi posée devant un Conseil de guerre, c'est-à-dire devant un Tribunal militaire formé d'offi-

ciers dont le plus élevé en grade, le Président, est un colonel,
d'officiers qui tous, qui donc en doute! sont d'honnêtes, de
braves gens, mais qui sont aussi des hommes, des soldats rom-
pus à la discipline, placés en face de cette phalange des plus
hauts chefs de l'armée, de tous ces généraux qui les tiennent
dans leurs mains, dont ils dépendent corps et âme dans le
présent et dans l'avenir, et qui sont aux débats, non pas en témoins calmes et impartiaux, déposant des faits seuls dont ils
ont personnellement connaissance, mais en ardents accusateurs, intéressés au verdict autant que l'accusé lui-même,
accumulant faits sur faits, détails sur détails, présomptions sur
présomptions qu'ils grossissent à plaisir, imposant leurs hypothèses comme des certitudes par leur ton, leur audace d'affirmation, se répétant à l'envi et donnant l'aspect de témoignages multiples à ce qui n'est que la répétition incessante
d'un témoignage unique qui n'est lui-même qu'une théorie;
intervenant sans cesse aux débats que, forts de l'autorité de
leurs grades vis-à-vis d'inférieurs, de subordonnés, ils diri-
gent à leur guise, en se substituant au Commissaire du gouvernement qui ne compte pour rien, au Président qui, quoi
qu'il fasse, est débordé; transformant l'accusation qu'ils éten-
dent indéfiniment, au mépris non seulement des instructions
du Ministre qui s'en réjouit, mais de votre arrêt, mais de la
loi que tous foulent aux pieds, à des faits que ni le rapport
ni l'ordre de mise en jugement n'ont visés, qu'il leur est interdit d'examiner, qu'ils dénaturent, qu'ils falsifient, et à l'aide
desquels ils cherchent à créer autour de l'accusé une atmosphère irrespirable.

De toutes ces violations criantes de la loi, qui eussent dû
entraîner la nullité de ces débats adultérés, je n'ai rien de plus
à dire en ce moment, puisque le recours qu'elles autorisaient
n'a pas été exercé et que ce n'est pas de cassation, mais de revision qu'il s'agit aujourd'hui devant vous.

Mais, non moins que votre rapporteur, je devais mettre en
lumière, dès le début de mon observation sur ce qui s'est fait
à Rennes, cette étrange situation qui a écrasé tout le débat, et
qui a trompé toutes vos prévisions.

Lorsque, par un admirable sentiment du droit, vous avez
sur la demande de Dreyfus lui-même remis à la Justice militaire le soin d'assurer elle-même noblement la réparation

nécessaire, vous attendiez avec confiance un verdict d'acquittement, de paix et de concorde. C'est une condamnation qui
vous a répondu. Et tous ceux qui ont suivi le procès affirment
que le Conseil de Rennes a jugé comme jugera toujours en
condition pareille tout tribunal d'officiers !

Ce n'est pas sur ces impressions pourtant que nous avons
ici à nous décider, et pour apprécier le jugement qui a été
rendu et qui vous est soumis, nous devons reprendre un à un
et, *comme si la procédure avait été régulière*, tous les arguments qui ont été portés à la barre du Conseil de guerre.

J'ai l'absolue conviction que, cet examen terminé, il ne
restera rien, absolument rien de l'accusation portée contre
Dreyfus, rien qui puisse servir de base à la seconde condamnation qui l'a frappé avec la même injustice que la première,
rien en dehors des faux que l'on a commis contre lui, et dont
la découverte postérieure à la condamnation nous permettra
d'assurer l'œuvre de réparation, à laquelle nous vous convions
pour la seconde fois.

Toutes les charges invoquées par l'accusation à Rennes
peuvent se grouper sous quatre chefs différents :

Examen graphique et examen technique du bordereau :

Dossier secret;

Charges morales.

Reprenons-les et voyons les réponses qui y ont été faites.

XIII

Le Bordereau a joué dans l'affaire un rôle de premier ordre;
c'est sa saisie qui est le point de départ de la poursuite, c'est
la similitude de son écriture avec celle de Dreyfus qui, jointe
au raisonnement des colonels d'Aboville et Fabre, a désigné
Dreyfus aux soupçons. Sans doute d'autres présomptions s'y
sont ajoutées ultérieurement; ce n'en est pas moins le Bordereau qui a toujours constitué la base de l'accusation.

Aussi que de discussions ne se sont-elles pas agitées autour
de lui ! C'est par vingtaine que les experts se sont évertués
devant la justice. Et je ne parle pas de tous ceux qui bénévole-

ment ont joint leurs efforts à ceux des auxiliaires officiels de la justice.

Trois systèmes se sont ainsi fait jour.

Le premier— Charavay-Teyssonnières en 1894 — a soutenu que l'écriture du Bordereau était l'écriture courante de Dreyfus, mais simulée avec une tendance à revenir au naturel.

La mise en accusation d'Esterhazy, la comparaison de son écriture inconnue des experts en 1894 avec celle du Bordereau, ont amené la condamnation définitive de ce système. Il est impossible de contester en effet la similitude absolue, l'identité parfaite de l'écriture du Bordereau avec celle d'Esterhazy. Et dès lors qu'on continue à considérer l'écriture du Bordereau comme une écriture courante (ce qui est évident), il ne peut y avoir aucune bonne raison pour l'attribuer plutôt à Dreyfus dont l'écriture ne lui ressemble que de loin, qu'à Esterhazy dont l'écriture est identique. C'est ce qu'a déclaré M. Charavay à Rennes en 1899, lorsqu'il a confessé l'erreur où il est tombé en 1894.

Le deuxième système a pour base au contraire la ressemblance de l'écriture du Bordereau avec celle d'Esterhazy: elle est trop frappante en effet pour être niée.

Mais alors MM. Belhomme, Couard, Varinard s'en emparent, ainsi que de ce fait que le Bordereau est écrit sur papier pelure pour soutenir que le Bordereau est un faux, l'écriture étant imitée de celle d'Esterhazy et, pour quatre ou cinq mots, avec tant de perfection qu'elle a été vraisemblablement calquée. Comme il est inadmissible qu'Esterhazy ait calqué sa propre écriture, il faut attribuer, nous dit-on, le Bordereau à un tiers qui l'a copié pour détourner les soupçons. Et le tiers, c'est Dreyfus!

Cette hypothèse est encore à rejeter.

Comment admettre qu'un homme assez habile pour imiter à main levée l'écriture de toute la lettre ait été arrêté par quatre ou cinq mots seulement et les ait calqués ?

Le calque est du reste impossible pour le verso dont certaines lignes sont exactement recouvertes par les lignes du recto. Les mots redoublés signalés par les experts ne sont pas superposables.

Si enfin Dreyfus était l'auteur du Bordereau, il eût donc connu l'écriture d'Esterhazy? Or d'une part le général Roget lui-même reconnaît que c'est absolument improbable (1). Et alors comment admettre que Dreyfus en fabriquant une écriture artificielle ait justement produit l'écriture d'Esterhazy ?

Est-ce que d'autre part si Dreyfus avait pris l'écriture d'Esterhazy pour dérouter les soupçons, il ne s'empressera pas, lorsqu'on lui présentera l'écriture, en lui demandant s'il en devinait l'auteur, de désigner Esterhazy ? Il n'en dit pas un mot. Et s'il lui vient un nom sur les lèvres, ce n'est pas celui d'Esterhazy ; c'est, à l'état d'hypothèse aussitôt retirée, celui du capitaine Bro (2).

Ce système n'a plus d'autres partisans que ses auteurs. Et encore ont-ils été singulièrement plus réservés en 1899 qu'en 1898 !

Ces deux premiers systèmes se sont donc évanouis. Mais ils en ont suscité un troisième intermédiaire, qui, comme le premier, considère le Bordereau comme étant d'une écriture courante, mais qui, comme le second, croit à l'emploi de procédés artificiels destinés à altérer l'écriture.

Le Bordereau n'a pas été calqué, mais la main du scripteur a été guidée par un *transparent* ou *gabarit* placé sous le papier pelure et dont le tracé a donné aux mots leurs emplacements et leurs dimensions.

Tel est le principe, dont l'application a produit deux versions différentes absolument contradictoires du reste, inconciliables et se détruisant l'une l'autre.

La première, *celle de MM. Bertillon et Valerio;* le gabarit consistant en une chaîne formée du mot: *Intérêt* indéfiniment répété et mis bout à bout, emprunté à une lettre écrite par Mathieu Dreyfus à son frère et retrouvée dans le buvard de ce dernier.

La seconde, *celle du commandant Corps;* l'écriture étant, selon celui-ci, moulée sur un quadrillage, dont les carrés seraient de 1 m/m 25 de côté, et seraient coupés par des diagonales menées de l'angle inférieur gauche à l'angle supérieur droit.

Ce double système s'est dès le premier examen effondré.

1° *Il est ruiné par sa contradiction même, Corps étant la négation de Bertillon.* (Pour réfuter le système de l'un, il suf-

(1) Cass. 48.
(2) E. C. II, 399.

fit de lui opposer l'autre et vice versa.) Bien mieux encore, *Bertillon détruisant Bertillon lui-même !* car il y a deux versions, celle de la planche 6 et celle de la planche 9 de la brochure verte, et si les coïncidences de la planche 9 étaient réelles, elles prouveraient que le Bordereau n'a pas été écrit sur le gabarit de la planche 6, c'est-à-dire sur le mot : Intérêt (1).

2° *Il est ruiné par le sens commun.*

Comment Dreyfus, voulant truquer son écriture, pour qu'on ne puisse la reconnaître, se serait-il imaginé d'aller emprunter comme type à imiter *sa propre écriture*, en se bornant à la mélanger quelque peu avec celle de son frère qui ressemble à la sienne d'une façon si frappante qu'aussitôt les soupçons le désignent ?

Pourquoi se donner tout ce mal pour ce résultat absurde ?

J'entends que M. Bertillon prétend que Dreyfus a voulu ainsi se réserver un double moyen de défense, et se mettre en état, suivant le cas, ou de nier purement et simplement l'écriture, si on n'a pas trouvé le document incriminé chez lui, ou, dans le cas contraire, d'alléguer que le Bordereau avait été forgé par un de ses ennemis, en décalquant son écriture, ce que M. Bertillon appelle dans cette affaire où les mots heureux foisonnent « *l'alibi de persécution* ».

En réalité le procédé inventé par M. Bertillon n'eût assuré à Dreyfus ni l'une ni l'autre de ces lignes de retraite.

Dans le cas où le Bordereau aurait été saisi après son expédition (ce qui est l'espèce), il n'aurait pas suffisamment modifié son écriture, pour se mettre à l'abri de tout soupçon. Dans l'autre hypothèse, il n'eût pas fait suffisamment apparaître l'artifice prétendu pour rendre vraisemblable l'alibi de persécution..

Mais il y a mieux. Si telle a été la pensée de Dreyfus, s'il a voulu se créer cette double ligne de retraite, surpris, accusé, il va employer le procédé qu'il aura imaginé ? Rien de semblable. Au lieu de se borner à nier purement et simplement, obstinément, son attitude est toute naturelle, celle d'un homme qui, tantôt frappé par les divergences de l'écriture, affirme que le document n'est pas de lui, tantôt au contraire, impressionné par certaines ressemblances qu'on lui oppose et

(1) E. c. II, 338, 339.

qu'il n'a jamais niées, croit pouvoir émettre à titre d'indication l'hypothèse que quelqu'un aurait pu chercher à imiter son écriture. Cette attitude est en vérité trop naturelle, pour qu'on puisse songer à en tirer un argument sérieux contre lui.

3° Le système que nous exposons est en troisième lieu ruiné par les réfutations qui de toutes parts affluent.

C'est M. Bernard Lazare, l'ingénieur Bernard, M. Paraf-Javal, M. Havet, M. Gabriel Monod, le général Sébert, M. Painlevé; ce sont les trois experts que la Chambre criminelle a commis en 1899, MM. Meyer, Giry et Molinier, qui tous avec MM. Gobert, Pelletier et Charavay en 1899, dès qu'il a connu l'écriture d'Esterhazy, affirment que l'écriture est naturelle, courante, normale, sans trace de truquage, qu'elle est celle d'Esterhazy, de sa main.

4° Ce système est ruiné enfin par ce fait considérable, qui s'est produit depuis 1899 sous la poussée de l'évidence, l'aveu d'Esterhazy, reconnaissant avoir écrit le Bordereau tout en disant l'avoir écrit sous la dictée du colonel Sandherr.

C'en était trop vraiment pour qu'il pût subsister le moindre doute sur l'inanité d'un système ainsi démoli de toutes parts; et c'est ce que, dès 1899, vous disait déjà votre Rapporteur, lorsqu'il écrivait dans son rapport :

Messieurs, après un examen approfondi, j'ai acquis pour ma part la conviction que le Bordereau a été écrit, non par Dreyfus, mais par Esterhazy (1).

Mais Mirabeau prétendait

qu'il n'est si grossière sottise qu'on ne puisse faire adopter, même à un homme d'esprit, en la lui faisant répéter pendant un mois chaque matin par son valet de chambre.

C'est pendant des années que MM. Bertillon, Valério et consorts se sont chargés de ce rôle auprès de la foule d'autant plus crédule qu'elle comprenait moins.

Ils ont été aidés dans leur tâche par tous ces gens qui les entourent, les acclament, et qui, par le bruit qu'ils font, cherchent à étourdir la raison.

C'est le général Mercier, le général Roget, le général Zurlinden, M. Cavaignac, qui écrasent M. Bertillon de leurs louanges. Quel homme de génie! Les preuves sont des preuves

(1) Rapp. B. B., p. 144.

de premier ordre, des preuve géométriques, des preuves mathématiques. Personne n'y comprend rien ! C'est ce qui en fait la beauté, et c'est là qu'est le génie !

Et puis accourent à la rescousse tous les gens masqués: *Un ancien élève de l'Ecole polytechnique et sa brochure verte.* Entendez-le, nous dit-on; c'est la clarté même. Nous le recherchons ! On refuse de nous en dire le nom !

Un autre pseudonyme qui lance le factum « Scio ».

Ce sont des conférences, des distributions d'imprimés à profusion !

Devant cette nouvelle levée de boucliers, la Chambre criminelle s'est dit qu'il n'était pas permis d'en rester aux constatations pourtant si décisives de la première enquête. A l'audace effrontée, à l'obscurité voulue et épaissie, elle a voulu opposer la science vraie et son autorité, la lumière répandue à profusion.

On prétendait transporter la lutte sur le terrain scientifique, mathématique. Que les maîtres en cette science soient donc appelés à nous dire ce qu'ils pensent de la science de MM. Bertillon et consorts, de leurs calculs, de leurs déductions ! Et elle a chargé de cet examen trois des principaux membres de l'Institut:

MM. Darboux, secrétaire perpétuel de l'Académie des Sciences,

Appel, doyen de la Faculté des Sciences de Paris,

Henri Poincaré, dont le nom seul suffit à sa gloire.

Elle a remis à ces savants, devant qui tous s'inclinent dans le monde entier, et qui sont l'honneur de notre pays, tous les documents, leur a permis de s'entourer de tous les renseignements, d'entendre tous témoins, de procéder à toutes vérifications.

C'est leur travail, Messieurs, que nous vous apportons, que nous vous soumettons. Qui donc osera encore élever le moindre doute ?

Vous n'attendez pas de moi que je reprenne ici dans le détail tout leur rapport, que je ne pourrais mieux faire que de vous lire. C'est une étude que vous avez déjà faite et qui abrège nécessairement ma tâche. Pour en suivre toutes les déductions, il me faudrait le tableau noir, et je ne veux pas en cette audience solennelle me donner ce ridicule.

Je dois et je puis me borner à résumer les idées générales qui dominent toute la discussion, à faire toucher du doigt les erreurs grossières qui ont été commises par M. Bertillon et ses adeptes, les impossibilités matérielles auxquelles ils se heurtent de toutes parts.

Cela suffira, je n'en doute pas, à prouver une fois de plus qu'il est impossible (pour prendre les expressions de M. Poincaré), que « la prétendue démonstration de MM. Bertillon et consorts fasse une impression quelconque sur des hommes sans parti pris et ayant reçu une éducation scientifique solide ».

Cherchons tout d'abord à bien comprendre le système de M. Bertillon.

Suivant lui, le Bordereau est un document forgé (1). Pour le créer, son auteur a formé une ligne par la répétition d'un mot, du mot: *Intérêt*, mis bout à bout. C'est ce que M. Bertillon appelle le *gabarit*. A l'aide de ce gabarit qu'il place comme transparent sous la feuille de papier sur laquelle il veut écrire, le scripteur écrit tous les mots, toutes les phrases du document, en donnant à ces mots, aux syllabes, aux lettres une même dimension. Voilà comment il a procédé, affirme M. Bertillon.

Pour le prouver, qu'a-t-il fait ? Il a pris le Bordereau et l'a *réticulé*, c'est-à-dire qu'il a divisé le bordereau par des lignes verticales séparées de 5 en 5 millimètres; puis, ce travail fait, il a remarqué que les mots polysyllabiques redoublés qui se trouvaient dans le Bordereau étaient touchés au même endroit par la grille formée par les réticules. Il en a conclu, *en empruntant alors son appui au calcul des probabilités*, qu'il était impossible qu'avec la loi du hasard, c'est-à-dire avec l'écriture naturelle, ces mots polysyllabiques redoublés pussent être tous frappés au même endroit dans les conditions où ils le sont : ce qui impose dès lors l'idée du truquage du Bordereau sur gabarit !

Voilà résumé aussi succinctement et aussi clairement que possible le système de M. Bertillon.

Que d'observations et d'objections ne suscite-t-il pas ?

En premier lieu, quelle complication pour la mise en œuvre du procédé ! Si habile que soit le scripteur, si familier qu'il puisse être avec le maniement du gabarit qui, nous le ver-

(1) Rennes II, 319.

rons, ne peut servir qu'à l'aide de coups de pouce successifs, l'avançant, le reculant, le redressant ou l'inclinant suivant les cas, la confection du Bordereau dans ces conditions prendra nécessairement un temps considérable, d'autant que ce ne sera pas le Bordereau seul que l'auteur sera tenu d'écrire ainsi, mais également toutes les pièces dont il annonce l'envoi ; et, quoique nous n'en connaissions pas la teneur, le seul fait de se borner à les énumérer dans le Bordereau indique déjà qu'elles étaient nécessairement longues. C'est donc un temps considérable qu'il faudra pour truquer tout cela.

Où donc Dreyfus, qui est stagiaire à l'Etat-Major de l'armée, qui y est occupé du matin au soir, dont tous les moments sont pris, aura-t-il trouvé le temps nécessaire pour ce travail de galérien ? On ne nous le dit pas. — Mais tout au moins aura-t-il cherché, pour diminuer ce travail forcé, à serrer son style, à économiser les mots de nature à ne pas prolonger l'effort sans nécessité ? Tout au contraire, le style du Bordereau est lâche sans précision ; le scripteur répète à chaque instant les mots qu'il aurait pu se dispenser d'écrire, se sert de phrases d'une longueur étonnante. C'est au moins singulier et peu d'accord avec l'idée du truquage.

Soit pourtant ! Les documents sont truqués ! Et ce qui le prouve, nous dit M. Bertillon, c'est (comme je viens de vous l'indiquer), toute une série de petites coïncidences qu'il prétend relever dans l'écriture du Bordereau, les mots répétés commençant, finissant toujours de la même manière, avec mêmes dimensions, même écartement. L'écriture naturelle, nous affirme M. Bertillon, ne comporte pas de telles coïncidences. Si nous les trouvons dans le Bordereau, c'est donc qu'elles ont été imposées au scripteur par un transparent, le *gabarit*. Voilà ce qui prouve l'existence du truquage !

Mais, Messieurs, pour que les coïncidences ainsi signalées soient sérieuses, il faut, vous le comprenez, procéder à leur vérification sur un document rigoureusement exact. Le Bordereau est écrit sur une feuille de papier pelure de la dimension d'une lettre ordinaire. L'écriture en est extrêmement fine ; les coïncidences se feront donc forcément, non pas par centimètres, non pas même par millimètres, mais par fractions de millimètre.

Il faut, par suite, de toute nécessité, ne procéder que sur un

Bordereau rigoureusement reconstitué et de dimensions rigoureusement exactes et conformes à l'original.

M. Bertillon n'a pu se servir pour cela de l'original: malgré
ses demandes réitérées, l'autorité militaire n'a pu se décider à
le lui confier de nouveau (1). D'autre part, le Bordereau original est parvenu déchiré à la Section de statistique. Henry l'a
recollé, mais les morceaux chevauchent l'un sur l'autre, ou
s'écartent, laissant des vides entre eux. Il a fallu rétablir tout
cela avec une extrême précision ! Les experts vous disent comment M. Bertillon reconnaît avoir procédé à cette fort délicate
opération: par agrandissements et réductions photographiques
successives, en prenant pour instrument, non pas même un
mètre ou un décimètre de commerce, si grossier fût-il, mais le
quadrillage du papier irrégulier et incertain, en tripotant alors
ses épreuves pour amincir le halo photographique qui avait
épaissi les traits, en les retouchant, en les gouachant, puis en
réduisant à quatre fois l'original l'épreuve primitive obtenue
d'abord au décuplé (2).

Quelles garanties peut offrir une telle reconstitution? dirai-je avec les experts (3).

M. Bertillon tient que le quadrillage filigrané du papier
qu'il a pris comme unité de mesure était exactement un carré
de quatre millimètres de côté, et c'est sur cette donnée qu'il
a pris ses dimensions (4).

*Or, cette affirmation de M. Bertillon est sans discussion
possible radicalement fausse.*

Les experts ont eu recours, eux, pour leurs mesures, aux
instruments de précision les plus perfectionnés, les plus sûrs,
aux instruments de l'Observatoire, maniés par le directeur de
cet établissement, M. Loewy, de l'Institut, assisté de ses ai-
des habituels pour ses admirables travaux, MM. Puiseux et
Morvan (5).

Rien de plus irrégulier que le quadrillage du papier. Point
de rectilignité ni de parallélisme des filigranes. Les carrés
situés sur la même ligne varient à l'infini. Et qu'on ne dise
pas que depuis dix ans le papier a pu s'altérer et subir un léger
retrait. Non ! Nous avons les clichés de M. Bertillon de 1894,

(1) E. c. II, 182, 183, 240.
(2) E. c. II, 339 ; II, 182.
(3) E. c. II, 340.
(4) E. c. II, 182, 340.
(5) E. c. II, 340.

où les filigranes sont apparents: les dimensions de ces filigranes ont été mesurés avec les mêmes instruments et les
mêmes procédés que ceux de l'original même. On a constaté
que le papier n'a subi aucun retrait depuis 1894 (1).

Et les experts de dire dans ces conditions avec l'évidence
même :

M. Bertillon a pris toutes ses mesures avec un mètre faux, parce que
les divisions étaient trop petites, parce qu'elles étaient irrégulières, parce
qu'elles étaient mal définies par suite de l'épaisseur des traits de
division (2).

*Faite avec des données fausses, la reconstitution du bor-
dereau par M. Bertillon est donc fatalement fausse.*

L'importance de l'erreur n'est pas en moyenne de moins de
0 mm. 404 par rapport au document original; et c'est énorme,
alors que les calculs se font, vous ai-je dit, non pas même par
millimètres, mais par dixièmes de millimètres, et que les raisonnements ultérieurs prennent pour base ces calculs. *La base
est fausse* (3.).

Cette simple constatation suffit à enlever toute valeur aux
repérages et aux coïncidences signalées, à détruire tout le système.

Première erreur capitale et décisive !

En voici une seconde plus grosse encore, colossale. M. Bertillon fait intervenir le calcul des probabilités pour démontrer que le repérage des initiales des mots du bordereau par
rapport à son réticulage demi-centimétrique ne peut être le
résultat du hasard.

Le calcul des probabilités en pareille matière ! alors que
les probabilités dont il s'agit ici sont ce qu'on appelle les
probabilités des causes, et que celles-ci, uniquement formées
d'éléments moraux, échappent à tout calcul ! C'est là, Messieurs, ce qui faisait dire à Auguste Comte avec tant de raison
que « l'application du calcul de probabilités aux sciences morales est le scandale des mathématiques ! » (4).

Vouloir éliminer les éléments moraux, ajoutent les experts, et y
substituer des chiffres est aussi dangereux que vain. En un mot le
calcul des probabilités n'est pas, comme on pourrait le croire, une
science merveilleuse qui dispense le savant d'avoir du bon sens (5).

(1) E. c. I, 341.
(2) E. c. II, 341.
(3) E. c. II, 342.
(4) E. c. II, 337.
(5) E. c. II, 337.

Comment, d'autre part, deviner et prendre en considération toutes les causes possibles ?

Les experts nous citent l'exemple de la mémorable erreur à laquelle Laplace s'est laissé entraîner ainsi au sujet du sens probable de la rotation des planètes. S'agissant dans notre espèce de rechercher et de deviner toutes les manières possibles de truquer un document, qui donc, avant M. Bertillon et consorts, eût jamais imaginé leur invraisemblable système ? Et comment le concilier avec tel autre qui conduit à des résultats diamétralement contraires ?

Il est par conséquent certain que le calcul des probabilités appliqué à une matière qui ne le comporte pas, qui ne rentre pas dans son domaine, ne peut donner que des approximations extrêmement incertaines et vaines (1).

Passons cependant; admettons ici même le calcul de probabilités. Au moins ce calcul devra-t-il être établi sur des principes justes ! *Celui de M. Bertillon est basé sur des principes absolument faux !!*

C'est M. Poincaré qui s'est chargé le premier de le démontrer.

Sur 13 mots redoublés ; a-t-il dit, correspondant à 26 coïncidences, l'auteur constate 4 coïncidences réalisées. Évaluant à 0,2 la probabilité d'une coïncidence isolée, il conclut que celle de la réunion de 4 coïncidences est de 0,0016. C'est faux; 0,0016, c'est la probabilité pour qu'il y ait 4 coïncidences sur 4. Celle pour qu'il y ait 4 coïncidences sur 26 est 400 fois plus grande, soit 0,7. *Cette erreur colossale rend suspect tout ce qui suit* (2).

Cette sévère appréciation, que le calcul rend indiscutable, est partagée par MM. Darboux et Appel.

L'examen le plus superficiel montre, disent-ils, que c'est là la probabilité pour qu'il y ait 4 coïncidences sur 4 ; celle de 4 coïncidences sur 26 est de 0,7, c'est-à-dire 400 fois plus grande. Quand cette erreur a été signalée, on a répondu qu'il y avait en réalité plus de 4 coïncidences et que la probabilité de chacune était plus petite que 0,2. Le raisonnement n'en demeure pas moins faux, puisqu'il conduit l'auteur à un résultat 400 fois plus faible que celui que donnerait un calcul correct fait avec les mêmes données (3).

Le calcul de M. Bertillon est donc faux.

Sa méthode de raisonnement ne vaut pas mieux que ses calculs ! Il met en évidence certaines coïncidences qu'il a

(1) E. C. II, 337 ; Broch. Bernard, 13.
(2) Rennes III, 329.
(3) E. C. II, 336.

choisies précisément, parce qu'il les a préalablement constatées ; il montre qu'il y avait *à priori* peu de chances de les voir
se réaliser ; il en conclut qu'elles ne peuvent être l'effet du
hasard. Si je me promène dans les rues de Paris, je croise un
grand nombre de personnes sur mon chemin ; il y a *à priori*
une probabilité extrêmement faible pour que je rencontre ces
personnes et non pas d'autres. M. Bertillon en déduit que ces
rencontres ne sont pas fortuites, qu'elles sont toutes truquées.
S'il raisonnait correctement, il en tirerait cette seule conséquence que, si je faisais de nouveau les mêmes promenades,
j'aurais très peu de chances de rencontrer les mêmes personnes. De même, s'il avait raisonné correctement sur le Bordereau, il serait arrivé à cette conclusion incontestable que,
s'il était établi une copie de ce document, il serait très improbable qu'elle renfermât les mêmes coïncidences (1). Renouvelant la même opération pour toutes les copies qui pourraient
en être faites, il aurait conclu que, sur un nombre considérable
d'entre elles, il n'y en aurait pas qui auraient chance de se
ressembler. C'est cette vérité indiscutable que mettent en lumière les remarques faites par M. Bertillon. Son raisonnement
ne peut avoir d'autre portée ; il ne prouve en aucune façon
que le Bordereau soit truqué.

Veut-on, Messieurs, contre l'évidence même, que les calculs et les raisonnements de M. Bertillon soient exacts ?

Les constatations sont assurément du moins erronées ! En
effet :

1° Pour démontrer le truquage du Bordereau, M. Bertillon
avait commencé par appliquer sur la pièce, reconstituée par
lui faussement, un réticulage composé d'une série de lignes
continues, tirées du haut en bas de la feuille, espacés de 5 en
5 millimètres à partir du bord idéal droit du recto. C'est sur
cette base qu'il discute à Paris en 1894, et c'est la planche 6
de la brochure verte.

A Rennes, il change son système et il établit son réticulage, non plus uniforme pour tout le bordereau, mais ligne
par ligne, — non plus en partant du bord idéal droit, mais en
partant du bord réel du papier. C'est ce système qu'il emploie
devant vous en 1899, à Rennes, au Conseil de guerre, et c'est
la planche 9 de la brochure verte (2).

(1) E. C. II, 336.
(2) Rennes II, 443 : Broch. Bernard, p. 11 ; Broch. Painlevé, p. 41.

Il procède ainsi sans paraître attacher d'importance à ce changement, sans rien en dire, en tout cas, alors que ce second réticulage contient les causes d'erreur les plus multiples et les plus graves (1).

Le bord réel, par suite de manipulations excessives, est altéré, mal défini. Ainsi le bord réel du cliché Bertillon n'est pas celui du cliché Tomps. Et il est plus que probable que celui du cliché Tomps n'était pas celui du papier pelure du bordereau avant que celui-ci ne fût déchiré. Les lignes du second réticulage sont tracés arbitrairement; les différences qui en résultent par rapport au premier réticulage sont considérables (2).

M. Bertillon, malgré ce changement de méthode, dont il ne dit rien, ne tire pas moins argument à Rennes de toutes les coïncidences qu'il avait signalées à Paris en 1894 et qui n'existent plus avec son nouveau procédé! (3).

Ce n'est pas tout!

2° Pour que la démonstration soit sérieuse, elle doit porter sur tous les éléments, sur tous les mots du Bordereau ; s'il s'agit par exemple de polysyllabes redoublés, sur tous ces polysyllabes (4).

Mais les uns ne présentent pas de coïncidences! Ils vont tout à l'envers du système qu'ils détruisent! C'est bien simple, M. Bertillon n'en tient pas compte! Il prend ce qui lui donne raison, écarte, en se taisant, tout ce qui le condamne!

MM. Darboux, Appel et Poincaré ont, eux, refait sur des données exactes tout ce qu'a négligé M. Bertillon. Ils sont arrivés à des résultats diamétralement opposés aux siens. Et c'est identiquement ce qu'avait déjà dit avant eux M. l'ingénieur des mines Bernard dans son excellente brochure (5).

Tous ils arrivent à cette conclusion : que rien ne prouve que le Bordereau ait été truqué, que toutes les particularités relevées par M. Bertillon ont pour point de départ et pour cause les dimensions fausses du bordereau par lui reconstitué (6) ; que les superpositions de mots qu'il allègue n'ont pas d'existence et ne révèlent aucun rythme kutschique, que non

(1) E. c. II, 341.
(2) E. c. II, 342.
(3) E. c. II, 344.
(4) E. c. II, 344.
(5) Broch. Bernard, p. 15-16.
(6) E. c. II, 349.

seulement les coïncidences qu'il signale n'ont aucune existence objective, mais encore que, lorsque, par exception, elles
se réalisent, elles se produisent dans les parties du Bordereau
où l'écriture n'a aucun rapport ăvec le gabarit imaginé ;
enfin que M. Bertillon n'hésite pas à donner un coup de pouce,
pour arriver aux coïncidences qu'il relève ensuite gravement (1).

De tous les arguments invoqués par MM. Bertillon et consorts pour établir que le Bordereau est un document forgé,
aucun ne résiste donc à un examen critique un peu sérieux.
Un raisonnement correct, accompagné de vérifications sincères, montre que les particularités signalées sont sans consistance et que la lettre incriminée présente tous les caractères d'une écriture naturelle et normale.

Que si l'on s'attache cependant encore à l'examen de l'artifice de construction imaginé par M. Bertillon, si l'on en
discute les éléments, tout s'écroule de même !

1° M. Bertillon soutient que le mot-clef « Intérêt » présente, sur sa longueur, une dimension de 12 mm. 5, tout à fait
remarquable, dit-il, à raison de ses rapports avec la distance réticulaire : 5 mm.

Il n'y a qu'un malheur ! L'observation est inexacte ! Comme
le prouvent les mesures prises par M. Lœwy avec ses instruments de précision (2), la longueur du mot est de plus de 15^{mm}.

Sans doute on peut dans ce mot repérer deux points dis-
tants de 12 mm. 5; mais cela est possible aussi pour tous les
mots dont la longueur serait supérieure à cette mesure. Ce qui
revient à dire, avec les experts, que Dreyfus n'aurait pas été
moins coupable, si au lieu de la lettre dite « du buvard » où
M. Bertillon a pris le mot: Intérêt, on avait trouvé chez lui
n'importe quelle autre lettre (3).

Et il n'est pas davantage exact que tous les éléments de ce
mot clef soient nettement des multiples de 1 mm. 25, et qu'il
puisse être facilement reconstitué à l'aide de la règle et du
compas.

Tout n'est encore ici que fantasmagorie dissipée par les
experts observant que les mesures de M. Bertillon ont été obte-

(1) E. c. II. 370.
(2) E. c. II, 350, 362.
(3) E. c. II, 350.

nues sur des photographies agrandies et altérées, en prenant pour base des points de départ et d'arrivée qui varient avec chacune d'elles, suivant les besoins de la cause (7 lettres... 7 dimensions), sans qu'aucun rythme géométrique apparaisse dès qu'on s'en tient à une définition fixe de la longueur d'une lettre (1).

En résumé, concluent les experts, le mot : *Intérêt* ne présente aucune particularité géométrique que ne puisse présenter tout mot écrit d'une écriture courante, et son soi-disant rythme kutschique provient de mesures incorrectes et incomplètes, de définitions arbitraires et contradictoires et même d'erreurs ! (2)

2° S'agit-il de la construction de la double chaîne avec les mots intérêt *placés bout à bout de façon à ce que l'*i *de chacun vienne s'imbriquer, se caler contre le t final du précédent ?*

Les experts observent d'une part que c'est là une création de pure fantaisie, non seulement arbitraire, mais exigeant pour sa mise à exécution un coup de pouce. — Ils ajoutent en second lieu que, si le prétendu moulage du tracé des mots du Bordereau sur le gabarit est inévitable puisqu'entre les lettres du gabarit il ne reste aucun espace blanc, ce moulage n'obéit du moins à aucune coïncidence systématique, et qu'il n'existe que dans l'imagination d'esprits prévenus. Malgré l'examen le plus scrupuleux fait avec M. Bertillon lui-même, les experts n'ont pu le constater.

Quant aux localisations des initiales du Bordereau sur certaines lettres, M. Bertillon, suivant sa tactique ordinaire, ne signale que celles qui sont favorables à sa thèse, laissant de côté toutes celles qui ne répondent pas à son système, et n'expliquant en outre rien de ce qu'il signale. Il ne les obtient enfin qu'en rompant onze fois la chaîne par coups de pouce.

Ces coups de pouce, M. Bertillon est bien obligé de les avouer ; ils condamnent tout son système !

L'auteur anonyme de la brochure verte cherche à les excuser en les assimilant aux ruptures de clef dans les dépêches chiffrées. Le vice du raisonnement est manifeste. La dépêche chiffrée est nécessairement un document truqué. Dès lors, si on ne réussit pas à la déchiffrer entièrement, il faut bien admettre qu'il y a rupture de clef. Notre situation est ici toute différente. Si le gabarit n'explique pas toutes les parti-

(1) E. c. II, 362.
(2) E. c. II, 363.

cularités du Bordereau, cela ne veut pas dire que le Bordereau soit truqué, car il reste toujours cette explication plus naturelle et plus simple que le document n'est pas forgé.

Ajoutons enfin que les experts ont refait toutes les opérations de M. Bertillon et qu'ils les ont trouvées inexactes, le nombre *probable* de localisations étant supérieur au nombre *réalisé* qui ne présente par suite rien d'insolite.

On peut donc conclure avec certitude que, contrairement à ce que dit M. Bertillon, les initiales des polysyllabes sont placées au hasard, et ne sont en aucune façon localisées sur la double chaîne.

Toutes ces observations infirment entièrement la théorie de M. Bertillon sur la construction du Bordereau dans le *sens horizontal* .

M. Bertillon s'en était tenu là. Le capitaine Valério a voulu pousser la preuve plus loin. Ce que M. Bertillon avait fait pour le repérage horizontal, M. Valério l'a tenté pour le *repérage vertical* des lignes du Bordereau.

A première vue, le Bordereau paraît écrit négligemment, dit-il, aucune des lignes n'est droite ; au recto, toutes sont descendantes ; au verso toutes sont montantes. Mais à examiner de près, on voit que le Bordereau porte sur son bord libre (à droite), une *petite encoche.*

M. Valério s'est dit que cette encoche ne pouvait être naturelle, ni l'effet du hasard, et qu'elle devait, combinée avec le bord supérieur et le bord inférieur du Bordereau, avoir été faite volontairement pour servir de repère au tracé des lignes.

Enfin il a cru trouver qu'en prenant ces trois points de repère : encoche, bord supérieur, bord inférieur, le tracé des lignes n'a plus rien d'arbitraire ; qu'au verso l'intervalle des lignes est constant et rigoureusement de 6 mm. 66, soit deux tiers de centimètre, qu'au recto il est, soit de 10 mm. ou 6/6 de tiers de centimètre ; qu'au recto il est, soit de 10 mm. ou 6/6 de dant dans un ordre uniforme : un intervalle de 10 mm., deux intervalles de 8 mm. 33. D'où il conclut que toutes les lignes sont entre elles à des distances qui sont des multiples de 1/6 de centimètre.

Si l'on transporte ensuite le Bordereau sur un transparent dont les lignes sont espacées de 1/6 de centimètre, on s'aperçoit que non seulement toutes les lignes du Bordereau viennent s'appliquer sur des réglures du transparent, mais qu'il en est de même pour l'encoche, le bord inférieur et le bord supérieur. En outre toutes les lignes du Bordereau s'appliquent à un nombre entier de centimètres ou de demi-centimètres de l'un de ces repères, en se succédant suivant un ordre invariable: nombre impair, nombre demi-centimétrique, nombre pair. Enfin, la différence entre le repérage des lignes du recto et de celles du verso, due à l'encoche, aurait pour but d'empêcher leur coïncidence par superposition du versa sur le recto et par suite de rendre le moulage plus facile. Tout cela, dit M. Valério, est contraire à la probabilité. Donc cela prouve que le Bordereau est truqué verticalement, comme il l'est horizontalement.

Nous avons vu que le repérage horizontal est faux; que penser du vertical et du raisonnement Valerio?

Tout ce raisonnement suppose, n'est-ce pas, que l'encoche est contemporaine à la confection du bordereau, ou même à précédé l'écriture à laquelle elle a servi de repère.

Or, Messieurs, nous savons maintenant avec certitude que l'encoche n'a été faite que bien postérieurement à la confection du document, et qu'elle est l'œuvre, *non pas du scripteur* cherchant à se créer ainsi un point de repère pour les lignes, mais *de celui-là même qui a recollé le Bordereau*, lorsqu'il est arrivé à la Section de statistique. *c'est-à-dire d'Henry.* Pas de doute sur ce point. L'expertise en a fait la preuve avec la dernière évidence (1).

En effet, l'encoche est due manifestement à un coup de ciseau qui a été donné obliquement par rapport au bord libre du bordereau. Or voici ce qui s'est passé, et comment ce coup de ciseau a été donné.

Henry, pour recoller le bordereau, s'est servi de bandes de papier pelure (2). L'une d'elles recouvrait le mot « *extrêmement* »; dans le but de raccommoder la déchirure oblique qui le traversait. Mise de biais, elle dépassait primitivement le bord, une fois le bordereau recollé. L'opérateur a voulu naturellement enlever le dépassement; mais son coup de ciseau, ayant été donné un peu obliquement par rapport au bord du papier, a entamé légèrement ce papier, dont il a détaché une petite languette qui ne tenait plus qu'en tête, et qui, étant ultérieu-

(1) E. c. II, 380.
(2) E. c. II, 381, 382.

rement arrachée, a produit la petite encoche triangulaire (1).

Comment M. Valério ne s'en est-il pas aperçu?

Pour la raison la plus simple : c'est que quelques-unes des bandes appliquées par Henry, et notamment celle qui recouvrait le mot: *extrêmement*, étaient tombées soit d'elles-mêmes, soit enlevées par M. Bertillon. Mais leur existence n'est pas douteuse; nous en trouvons la preuve sur la photographie de Temps, où elles sont visibles, et M. Bertillon le reconnaît lui-même (2). Nous comprenons fort bien que M. Valerio ait pu se tromper sur l'origine de l'encoche. Elle est aujourd'hui indiscutable!

Aussi, en l'état de ces constatations que personne ne peut plus nier, les experts n'ont-ils pas hésité à conclure:

Que l'encoche a été faite après la constitution du bordereau, qu'elle n'existait pas sur le document original.

Elle n'a donc pu servir au scripteur pour le repérage et l'inclinaison des lignes. Et il ne reste rien sur ce point des affirmations erronées de M. Valerio, ni de ceux qui, comme M. Bertillon, ont déclaré en accepter les conclusions que la preuve à la fois de leur redoutable ingéniosité et de leur grossière erreur (3).

C'est qu'en effet M. Bertillon et ses adeptes ont toujours eu le tort d'attacher à des expériences qui ne sont nullement probantes la plus grosse importance.

Tout leur a semblé bon, même les expériences les plus ridicules. Je fais ici allusion notamment à la *Photographie Composite*, que M. Bertillon nous donne comme une vérification expérimentale de son système, et qu'il considère comme décisive.

Vous savez en quoi cette photographie composite consiste.

M. Bertillon impressionne trois plaques sensibles.

Sur la première, il fait passer par sections de 12 mm. 5 de longueur et avec une pose de 5 secondes par section toutes les lignes du Bordereau placées bout à bout sur une bande de 3 mètres.

Sur la seconde, il procède de la même manière, en faisant une sélection, et en ne reportant sur la bande que la partie

(1) E. c. II, 380.
(2) E. c. II, 382.
(3) E. c. II, 380.

du Bordereau qui aurait été écrite sur ce qu'il a appelé la chaîne rouge.

Sur la troisième, même opération pour ce qui a été écrit sur la chaîne verte.

Tous ces mots venant ainsi s'accumuler les uns sur les autres par sections de 12 mm. 5, forment, vous le comprenez sans peine, des empâtements de traits noirs se superposant les uns sur les autres, *de grosses taches informes* en somme, et rien que cela.

M. Bertillon avoue lui-même ne rien pouvoir tirer de la première qui, pour lui comme pour nous, ne présente qu'un tel enchevêtrement de traits qu'il est impossible d'y rien retrouver des deux chaînes imbriquées.

N'insistons pas sur ce premier et inévitable échec. Il prétend au contraire reconnaître dans la succession des masses alternativement noires et blanches des deux autres épreuves un écartement et un rythme semblables à ceux des lettres du mot : *intérêt* dans la chaîne, si bien qu'en superposant un calque à l'une ou l'autre de ces épreuves il reconstitue la chaîne. D'où il conclut qu'il y a preuve d'un rapport absolu entre les mots du Bordereau et le mot *intérêt* de la lettre du buvard (1).

C'est, dit-il, *un contrôle matériel* de sa théorie, *la preuve matérielle* que le Bordereau a été écrit sur son gabarit, sur le mot *intérêt* (2).

Que de réponses ! et combien irréfutables !

1° Tout est truqué dans la composition du gabarit; on y dispose quarante et une fois de l'origine du Bordereau : trente fois à raison du nombre des lignes, onze fois par suite des glissements ou coups de pouce au milieu des lignes, et on profite de ces facilités qu'on se donne pour amener le plus de coïncidences possibles entre les lettres du Bordereau et celles du mot: *intérêt* (3).

2° M. Bertillon avoue n'avoir obtenu de résultats qu'en faisant une sélection entre les lettres du Bordereau, et en séparant celles qui s'appliquaient sur une chaîne de celles qui s'appliquaient sur une autre. Et, comme l'ont fait observer Mᵉ Demange et le commandant Corps, cette sélection, dont la

(1) Rennes II, 368.
(2) 2° dépos. devant les experts, p. 5 et 6.
(3) E. C. II, 356.

base est précisément le mot *intérêt*, pourrait être considérée comme l'unique cause de l'apparition du mot *intérêt* sur la photographie composite, si cette apparition était réelle (1).

3° Mais, en fait, cette apparition existe-t-elle donc?

Regardez la photographie composite, et dites s'il est possible de ne pas dire avec les experts « *qu'elle ne présente qu'un ensemble d'apparences confuses et fuyantes,* » dans lequel il est impossible de dégager des traits visibles (2), et que M. Bertillon n'y a vu apparaître le mot *intérêt* que par un phénomène véritable *d'auto-suggestion* (3).

Il faut lire sur ce point la démonstration, lettre à lettre, des experts. Toute la prétendue reconstitution de M. Bertillon est de pure fantaisie. L'*n* n'est pas à sa place; les traces de *t* sont également distribuées, sans que rien de particulier apparaisse là où M. Bertillon dit le voir; un *a* serait plutôt où il voit un *e*, un *r* là où il indique un *n; un a*, là où il désigne le second *e;* sur l'*i*, rien qu'une masse noire imprécise... etc.

La conclusion s'impose à tous les gens de bonne foi:

La photographie composite ne nous montre rien que ce qu'elle pouvait donner, c'est-à-dire *rien*.

Mais il est une autre expérience qui semble avoir frappé beaucoup d'esprits, et qui leur a paru tout à fait convaincante de l'exactitude du système de M. Bertillon. Il est si juste, si vrai, nous dit-on, que M. Bertillon l'a appliqué publiquement à l'audience du Conseil de guerre de Rennes. Le 25 août 1899, il a pris son gabarit et une feuille de papier pelure, et là, séance tenante, devant les juges, devant le public, il a écrit lui-même en vingt minutes les onze lignes du verso. Et cette reproduction s'est superposée à l'original, ligne sur ligne, mot sur mot, trait sur trait. Stupéfiant résultat! s'écrie-t-on, qui prouve que nous sommes bien en possession de la véritable clef du truquage du Bordereau, puisque la clef permet de reproduire ainsi le document strictement conforme à l'original (4).

Messieurs, je sais qu'en effet M. Bertillon s'est livré à l'audience à cet essai de reconstitution du verso du Bordereau. Le compte rendu sténographique l'atteste. L'expérience a été

(1) E. C. II, 356.
(2) E. C. II, 357.
(3) E. C. II, 357.
(4) Broch. verte, p. 37.

faite. Voyons-en donc les résultats! Où est la feuille écrite par M. Bertillon à l'audience? Elle est précieuse : Ligne sur ligne, mot sur mot, trait pour trait? Voyons!

La pièce a disparu!

C'est, nous le savons, la règle en pareil cas. Ce n'en est pas moins fâcheux. Car enfin, quand nous vérifions la dictée de M. Du Paty, si décisive, nous disait-on, tout s'évanouit, et rien n'apparaît de ce qu'on prétend y voir. N'en serait-il pas de même cette fois encore, si nous avions la pièce?

Tout permet de le croire.

Ecoutez donc le compte rendu de l'incident par les journaux de l'époque. L'épreuve est loin d'avoir été satisfaisante!

Voici le *Petit Bleu* du 26 août 1899.

> A l'aide de son système, M. Bertillon se fait fort de reproduire identiquement sous les yeux du Conseil, s'il le désire, une page du Bordereau. Et passant de la parole à l'acte, il s'installe à la table située contre la barre et se met à refaire le Bordereau sur du papier pelure à l'aide d'un gabarit grillé (l'opération se prolonge... je passe sur l'impatience du Conseil). A 11 h. 50 M. Bertillon s'arrête, n'ayant écrit que quelques lignes. Le Conseil examine l'œuvre en présence de l'accusation et de la défense ; l'examen par le Conseil se prolonge ; les juges se passent de mains en mains les lignes du Bordereau écrites par M. Bertillon. Le Président et plusieurs membres du Conseil font observer à M. Bertillon que s'il copie exactement les termes du Bordereau, les caractères de l'écriture n'offrent qu'une ressemblance approximative avec ceux de l'écriture du Bordereau. M. Bertillon objecte qu'il était mal placé.

Quoi! c'est là la reproduction stupéfiante, ligne sur ligne, mot pour mot, trait sur trait!

Et voici d'autre part ce que je lis dans une réfutation de la brochure verte, qui m'a été envoyée par M. Javal, Directeur honoraire du laboratoire d'ophtalmologie de la Sorbonne, membre de l'Académie de médecine, et par M. Héricourt, chef adjoint du laboratoire de physiologie de la Faculté de médecine, dont M. Bertillon ne contestera pas la compétence, alors que dans un mémoire fort documenté qu'il a écrit en 1896 et publié dans la Revue scientifique du 18 décembre 1897 et du 1er janvier 1898, il dit que

> A sa connaissance MM. Javal et Héricourt sont les seuls savants qui aient étudié la physiologie de l'écriture.
> L'un de nous, écrivent ces Messieurs, a conservé le souvenir très net d'une photographie de 12 lignes qui lui fut montrée dans l'après-midi du 25 août dans la cour de l'Hôtel de France à Rennes par un rédacteur du *Voltaire*. D'après ses souvenirs, ces 12 lignes étaient écrites d'une main assez ferme, mais étaient loin de rappeler le graphisme du Bordereau.

Je le répète! Il est vraiment fâcheux que l'original de M. Bertillon ait disparu!

Et qu'on ne prétende pas le remplacer par le prétendu fac-similé que nous trouvons dans l'Atlas de la brochure verte sous le n° 13. Rien n'atteste l'authenticité de ce fac-similé; et nous sommes payés en cette affaire pour nous défier de tout ce qui n'est pas authentique, alors que nous devons même nous défier de ce qui l'est!

A qui veut d'ailleurs se donner la peine d'examiner de près, il est évident que ce fac-similé n'est pas celui des lignes tracées par M. Bertillon à l'audience du 25 août 1899, mais purement et simplement la reproduction d'un feuillet écrit antérieurement par M. Bertillon tout à loisir, et retouché sur le cliché pour l'approcher davantage de l'original.

M. Bertillon avait à l'audience en mains plusieurs de ces reproductions qu'il avait faites hors de l'audience.

> Voici, disait-il à Rennes, le 25 août, les lignes du verso du Bordereau que j'ai reproduites dans ces conditions (avant l'audience), et je demanderai à M. le Président l'autorisation de faire tout à l'heure sous ses yeux une expérience semblable (1).

Ces lignes du verso ainsi présentées au Conseil ne sont pas non plus au dossier. Il est vraisemblable que ce sont celles qui ont été remises au représentant du *Petit Bleu* qui les a publiées dans son n° du 26 août.

Qu'en tirer, je le demande, pour établir le résultat de l'expérience faite à l'audience ?

L'original de M. Bertillon a disparu; mais puisque le gabarit est là, ou bien facile à reconstituer, puisqu'il suffit à obtenir la reproduction du Bordereau incriminé, rien de plus simple. Offrons-le à M. Bertillon, et qu'il recommence l'expérience sous nos yeux! Nous allons voir et juger!

C'est ce que lui demandent les experts. *Il s'y refuse obstinément*, non seulement en ce qui touche le mot *intérêt*, mais aussi pour la reconstitution de la chaîne imbriquée et pour celle du Bordereau avec un gabarit qui lui est offert tout préparé, tout établi (2).

Pourquoi ce refus? puisque l'expérience est décisive et doit nous convaincre, puisqu'elle doit établir la vérité incon-

(1) Rennes II, 349.
(2) E. C. II, 365.

testable du système. Pourquoi cette retraite ? cette reculade ?

C'est, nous dit M. Bertillon, *que mes souvenirs ne sont plus suffisamment précis !* (1)

Et du même coup, voilà, Messieurs, l'explication de l'expérience faite à Rennes et la preuve de l'inanité des conclusions qu'on prétend en tirer !

Qu'est-ce donc, en effet, que l'écriture, sinon un dessin ? C'est avec un pinceau que les Chinois écrivent, et notre plume n'est qu'un pinceau métallique à deux becs. Or, qui ne voit qu'un dessin peut être imité et reproduit, non pas seulement par approximation plus ou moins grande, mais avec une rigoureuse fidélité et même de souvenir dès que la main qui le fait est suffisamment habile, et surtout alors que la mémoire est bonne et qu'on emploie pour la guider des repères plus ou moins caractéristiques, des procédés plus ou moins variés.

C'est ce qu'a fait M. Bertillon en 1899, après cinq années d'exercice, en faisant appel à sa mémoire; voulant reproduire le Bordereau, il a glissé son gabarit sous chaque ligne, et s'en est servi pour repérer les lettres les plus caractéristiques; il a ensuite relié ses repérages à l'aide des remarques mnémotechniques qui lui ont paru les plus frappantes, et en disposant à chaque ligne la chaîne pour obtenir le plus de coïncidences possibles.

Ces coïncidences quoique fortuites, nous dit très justement M. Painlevé, peuvent néanmoins une fois constatées servir de moyens mnémotechniques. Quoi d'étonnant qu'après trois ans d'apprentissage elles puis-permettre de reproduire le bordereau. *Un peintre peut faire de mémoire le portrait d'un homme, sans que cet homme soit truqué* (2).

Et c'est aussi ce qui explique que M. Bertillon, dont la mémoire s'est émoussée depuis 1899, ne puisse plus aujourd'hui recommencer l'expérience, qui, n'étant que le résultat d'un phénomène de mémoire, ne prouve plus rien — et surtout ne prouve pas que le Bordereau soit truqué et n'ait pu être fait qu'à l'aide du gabarit Bertillon.

N'est-il pas d'ailleurs une autre remarque qui a été faite et qui ruine encore l'opinion de M. Bertillon ?

Il reconnaît lui-même que la lettre dite « des obligations » (c'est-à-dire la lettre de Mathieu Dreyfus où il a pris le mot: *intérêt)*, que certaines lettres d'Esterhazy s'adaptent exactement, comme le Bordereau, sur son gabarit.

(1) E. C. II, 365.
(2) Rennes III, 330. — Broch. Bernard, p. 38.

Ces lettres sont pourtant authentiques. Aucune d'elles, c'est certain, n'a été exécutée sur le gabarit, et elles cadrent avec lui! Elles se moulent sur lui! Comment expliquer cela?

Voici qui n'est pas moins curieux :

L'épreuve a été faite à l'audience du Conseil de guerre de Rennes même, par M. Bernard, avec une pièce prise au hasard sur le bureau du greffier du Conseil, avec une copie faite par celui-ci d'une annexe du dossier. M. Bernard fait passer sous cette pièce le réticulaire Bertillon. L'écriture est naturelle assurément, n'a pas été écrite sur le gabarit non moins certainement, et cependant elle frappe aux mêmes endroits, aux mêmes réticules que l'écriture du Bordereau dans l'expérience de M. Bertillon !!

Que conclure de tout cela, Messieurs, sinon que c'est la preuve manifeste, irrécusable que le système imaginé par M. Bertillon s'applique à une foule d'écritures, mais qu'il ne prouve aucunement que ces écritures, pas plus que celle du Bordereau, et celle-ci pas plus qu'elles, soient des écritures truquées.

Aucun des arguments invoqués par M. Bertillon et ses adeptes pour établir que le Bordereau a été écrit suivant le système qu'ils préconisent ne résiste donc (nous en avons maintenant la certitude) à un examen sérieux, à une étude rationnelle. *C'est et ce n'est que du charlatanisme!*

Les arguments à l'aide desquels M. Bertillon entend démontrer que le Bordereau est de la main de Dreyfus sont-ils plus concluants? M. Bertillon a, vous le savez, construit son système en prenant pour point de départ que le transparent dont le scripteur s'est servi pour écrire le Bordereau, le *gabarit*, a été constitué avec le mot *intérêt* mis bout à bout.

Ce mot, il l'a pris dans une lettre que le commandant D'Ormescheville lui a remise, lettre de Mathieu Dreyfus à son frère Alfred, que M. Bertillon appelle *la lettre des obligations*, parce qu'elle a trait à la mise en actions de la filature de la famille, lettre devant laquelle M. Bertillon a ressenti le *coup de foudre*, dès qu'il l'a aperçue. Car, nous dit-il, elle a été trouvée dans le *buvard* d'Alfred Dreyfus, dans ce portefeuille qu'il avait toujours sous la main, tant elle était importante pour lui et d'un usage constant (1).

(1) Enq. Stock 1899, I, 690.

Que la *lettre des obligations* ait été trouvée chez Dreyfus lors de la perquisition du 15 octobre 1894 ! c'est certain. Qu'elle l'ait été dans le buvard, le sous-main de Dreyfus ! c'est plus que douteux, quoi qu'en dise M. du Paty de Clam (1). Aucune mention des procès-verbaux de saisie ne constate le fait.

D'autre part, Mme Dreyfus affirme que ce n'est point la lettre des obligations qui s'est trouvée dans le buvard de son mari, mais bien une autre lettre de Mathieu à son frère, relative à l'achat d'un fusil de chasse, la lettre des obligations ayant été trouvée au contraire dans un portefeuille serré dans un des tiroirs du bureau (2).

Et cette assertion semble bien confirmée par toute une série de menus faits qui lui donnent une force singulière.

1° C'est d'abord l'incident que rapporte M. du Paty lui-même en en reconnaissont toute la portée que nous lui donnons.

Dans l'entrevue du 31 décembre 1894 au Cherche-Midi, comme il faisait allusion à la lettre « trouvée dans le buvard » : « La lettre du fusil de chasse, n'est-ce pas? » lui dit aussitôt Dreyfus (3).

2° Voyez en second lieu la date des lettres.

Celle du fusil de chasse est du 19 septembre 1894; celle des obligations, quoique non datée en chiffres, l'est par ses termes mêmes et par les faits auxquels elle se réfère; elle est antérieure à la mort du père de Dreyfus qui est décédé en décembre 1893; elle parle de lui vivant; et elle est d'août 1893; car Mme Dreyfus y est invitée à venir occuper chez son beau-frère Mathieu un appartement qui ne devait être libre que vers le 10 septembre 1893. N'est-il pas dès lors plus vraisemblable que Dreyfus ait gardé dans son buvard la lettre récente du fusil de chasse à laquelle il n'avait pas répondu que celle des obligations qui remontait à plus d'un an (4) ?

3° Une troisième circonstance appuie enfin le dire de Mme Dreyfus.

La lettre des obligations, lors de la saisie, a été cotée sous le *n° 12*, la lettre du fusil de chasse sous le *n° 13*. Or les pièces 8, 9, 10, 11 ont été trouvées dans le tiroir du bureau, M. du Paty le reconnaît. N'est-il pas plus que probable que le

(1) E. c. II, 180.
(2) E. c. II, 177.
(3) E. c. II, 180.
(4) E. c. II, 177.

n° 12, la lettre des obligations, y était aussi, plutôt que d'admettre que ce fût la lettre du fusil, qui, trouvée dans le tiroir en même temps que les n°° 8, 9, 10 et 11, n'eût été cotée que sous le *n° 13*, alors que la lettre des obligations qu'on aurait trouvée dans le buvard aurait été interposée dans l'opération et cotée sous le *n° 12* ?

Toutes ces considérations, ces contradictions entre Mme Dreyfus et M. du Paty nous obligent au moins à ne tirer argument de la prétendue présence de la lettre des obligations dans le buvard qu'avec la plus grande circonspection. Rien n'est moins sûr que le fait. Mais je reconnais que cette lettre a été tout au moins trouvée dans le tiroir du bureau de Dreyfus, et cela peut à la rigueur suffire pour que nous ayions à examiner les preuves de culpabilité qu'on entend en tirer contre Dreyfus.

Quelles sont-elles ?

M. Bertillon les tire de deux ordres de faits:

1° Des relations d'écriture qui existeraient suivant lui entre la lettre des obligations et le bordereau ;

2° Des rapports de dimensions qui existeraient entre ces deux documents.

Voyons !

1° Les relations d'écriture ?

Certains mots de la lettre des obligations : *couvert, dernier, difficulté, intérêt, moins, quelques renseignements*, se superposent réticule sur réticule sur les mots similaires du Bordereau, nous dit M. Bertillon.

Rien de moins probant, répondent les experts.

a) Cette superposition n'est constatée que sur une reconstitution erronée, fausse du bordereau, cela lui enlève déjà toute valeur.

b) Puis une *superposition ?* Qu'est-ce que cela ?

M. Bertillon l'applique à des mots de longueur différente, de formes dissemblables : *couvert* sur *couverture; difficulté* sur *difficile, intérêt* sur *intéressant*.

Les écritures de Mathieu Dreyfus sont de la même famille. Quoi d'étonnant à ce qu'elles coïncident partiellement ? Si l'on y regarde de près d'ailleurs, les discordances apparaissent nombreuses et typiques, et M. Bertillon est obligé de convenir lui-même qu'il n'est arrivé à faire cadrer qu'à l'aide de *coups de pouces* successifs. Qu'est-ce que cette superposition prétendue dans de telles conditions ?

c) M. Bertillon dit avoir été si frappé des relations d'écriture entre le Bordereau et la lettre des obligations qu'il en est venu à croire que cette lettre n'est pas de la main de Mathieu Dreyfus, mais qu'elle a été artificiellement construite sur le gabarit (1).

Cela devient de la démence ! M. Mathieu Dreyfus affirme que la lettre est de lui. Tout le prouve ; elle a trait à une affaire qu'il a traitée (2).

M. Bertillon avait du reste le moyen bien simple de s'assurer du fondement de son opinion. C'est par centaines qu'il avait sous la main des lettres de M. Mathieu Dreyfus, des écrits authentiques de sa main; que ne lui a-t-il fait faire un corps d'écriture sous ses yeux ? qu'il se livre sur les documents ainsi obtenus à la contre épreuve ! Il verra si les mêmes analogies se rencontrent. L'a-t-il fait ? non. Pourquoi ? Est-ce parce que, comme nous le lui entendrons dire tout à l'heure pour l'écriture d'Esterhazy, « *cela va trop bien* » ?

Disons-le donc avec les experts :

Les superpositions alléguées par M. Bertillon n'ont pas d'existence réelle et ne révèlent aucun rythme kutschique (3).

2° Mais, ajoute M. Bertillon, (dont l'idée a été développée, corrigée et considérablement augmentée par ses adeptes et notamment par M. du Paty de Clam), il existe des *relations de dimension* qui sont des plus compromettantes entre la lettre des obligations et le Bordereau.

Le Bordereau a été écrit sur une feuille double, dont la seconde page a été partiellement arrachée. Grâce aux filigranes et aux maculatures qui, sur cette seconde page, sont placées symétriquement aux caractères tracés sur le verso de la première page, M. Bertillon a reconstitué les dimensions de la feuille double qu'il a évaluée à 206 m/m 9 sur 266 m/m. Les dimensions de la lettre des obligations sont sensiblement les mêmes: 211 m/m sur 270 m/m 8. Or de même que le Bordereau a sur son bord libre une petite encoche située à

(1) E. c. II, 367.
(2) E. c. II, 363, 364.
(3) E. c. II, 337.

53 m/m 43 du bord inférieur, la lettre des obligations présente également, mais en son bord inférieur, une *encoche* prolongée par une petite fente ou *surencoche*.

Si on prend une feuille de papier pelure ayant exactement les dimensions du bordereau déplié, et si on applique son bord supérieur contre le bord droit de la lettre des obligations, l'encoche en bas, on s'aperçoit que cette encoche vient se placer avec la plus extrême précision sur la surencoche de la lettre et que le bord opposé de la pelure s'applique exactement au milieu du bord supérieur de la lettre. Si ensuite on fait glisser l'angle extérieur de l'encoche de là pelure le long du bord gauche de l'encoche triangulaire de la lettre et un peu au-dessous du bord inférieur de cette lettre, on amène le bord inférieur de la pelure en coïncidence avec le bord gauche de la lettre.

Ces rapports de dimensions ne peuvent, disent MM. Bertillon et consorts, être attribuées au hasard. *Ce sont des signes de reconnaissance entre l'expéditeur et le destinataire du Bordereau équivalant à une signature.*

La signature secrète du bordereau, disent Scio et M. du Paty, était cachée sous une serrure compliquée et l'on a trouvé la clef de cette serrure chez Alfred Dreyfus (1).

C'est cette même idée que développait M. du Paty de Clam, devant la Chambre criminelle le 22 mars 1904, quand il disait :

Je ne retiens qu'une chose, c'est qu'il y a deux documents, que ces deux documents portent un signe, une coupure au même point ; elles ont été superposées à un moment donné et coïncident mathématiquement. Vous avez trois coïncidences partielles dont une seule serait suspecte, et dont l'ensemble constitue une preuve très grave que *les pièces ont cohabité* (2).

Et appelé à expliquer le but qu'aurait poursuivi Dreyfus après ou avant d'avoir écrit le Bordereau en mettant cette encoche sur le Bordereau correspondant mathématiquement à l'encoche d'une lettre qu'il conservait, il ajoutait :

Je me l'explique de la façon suivante. Dans les campagnes les boulangers ont deux morceaux de bois. Ils donnent l'un au client, et ils gardent l'autre ; cela s'appelle une taille. On rapproche les deux tailles, on fait une encoche, et chaque encoche dit qu'il y a un pain livré. Plus

(1) Broch. Scio, p. 26 ; E. c. I, 198.
(2) E. c. I, 196.

lard le boulanger, au lieu d'aller toucher son dû, peut envoyer quelqu'un avec le morceau de bois, on rapproche les deux tailles, et le client comprend que celui qui doit toucher l'argent est bien envoyé par son boulanger. J'estime que cette encoche qui était sur le côté était un signe de reconnaissance entre les deux correspondants (1).

Voilà le système dans toute sa beauté. « C'est du Bertillon, a dit un des membres de la Cour. » J'ajoute : Et même du plus mauvais Bertillon! du Bertillon doublé de du Paty (2).

Réfléchissons un peu et tout de suite à cette belle invention nous aurons à opposer la question préalable !

1° Les rapports de dimensions, dont on raisonne ainsi, ont été établis, en se référant aux dimensions d'une reconstitution qui diffère notablement de l'original (3).

2° Pour y parvenir, il a fallu faire intervenir la partie du deuxième feuillet du Bordereau, qui manque, qui a été arrachée.

Pour rétablir cette seconde feuille, on s'est basé sur sa symétrie prétendue par rapport au pli du papier et sur la symétrie des maculatures qui, du verso du premier feuillet, se seraient reportées sur le recto de la deuxième feuille.

Or d'une part le pli manque de netteté et ne peut assurément donner rien de précis; d'autre part comment parler de la symétrie des maculatures, alors que M. Bertillon lui-même, dans une autre partie de son rapport invoque comme un argument en faveur de son système et comme la preuve de je ne sais quelle ténébreuse machination la dissymétrie de ces mêmes maculatures (4)?

3° L'un des points de repère qui sert de base au raisonnement, ce que M. du Paty appelle « la taille du boulanger », c'est l'encoche du bord droit du Bordereau. Nous savons maintenant que cette encoche est l'œuvre, non pas de Dreyfus avant ou lors de la confection du Bordereau, mais d'Henry reconstituant le Bordereau à son arrivée à la Section de statistique.

Mais qu'est-ce que tous ces arguments, si topiques pourtant déjà, à côté de celui qu'il me reste à vous rappeler et qui donne à notre réfutation une force irrésistible?

L'encoche du Bordereau est l'œuvre d'Henry; celle de la lettre des obligations (l'autre point de repère) est l'œuvre de

(1) E. c. I, 198.
(2) E. c. I. 196.
(3) E. c. II. 381.
(4) E. c. II, 342.

Gribelin agissant sous la direction de M. du Paty lui-même (1).

Oh! non par un calcul malchiavélique ayant pour but de créer une charge ainsi utilisée contre Dreyfus! Non! de la façon la plus naturelle, la plus simple, qui a été établie dans l'enquête dirigée sur ce point par M. le Conseiller Petitier de la façon la plus certaine (2).

Voici les faits !

Lors de la perquisition du 15 octobre 1894 chez Dreyfus, on a saisi chez lui tout ce qui était lettres et papiers. L'on était pressé ; on n'a rien coté ni paraphé sur place, et l'on s'est borné à faire du tout en vrac quelques *scellés couverts* (3).

C'est le lendemain 16 et le surlendemain 17 que le tri a été fait au Ministère de la guerre en présence de Mme Dreyfus par MM. du Paty de Clam et Gribelin qui ont réparti les papiers en 22 scellés *découverts*, ainsi que le constate le procès verbal régulier qui figure au dossier.

De ces papiers les uns ont été conservés et figurent toujours à la procédure; les autres sans importance, sans rapports avec l'affaire, ont été après le procès de 1894 rendus à Mme Dreyfus par le greffier du Conseil de guerre, M. Valecalle.

M. le Conseiller Petitier a eu l'idée de demander ce qu'é-taient devenus les papiers ainsi remis à Mme Dreyfus.

Celle-ci les avait conservés; elle les a apportés au magistrat (3).

Ils étaient tous contenus dans le *scellé 119*, et *renfermés dans la chemise même du scellé* que le greffier Valecalle avait remise à Mme Dreyfus en même temps que les papiers restitués (4).

Et tout de suite une remarque des plus graves est faite par notre collègue. *Toutes ces pièces, ces lettres..., la chemise elle-même portent la même encoche que la lettre des obligations* (5) !

Et il suffit de regarder pour comprendre ce que cela signifie ! C'est M. Cochefert qui nous le dit (6).

L'encoche ! c'est purement et simplement l'échancrure que

(1) E. c. II, 382 et suiv.
(2) E. c. II, 382 et suiv.
(3) E. c. II, 185.
(4) E. c. II, 185.
(5) E. c. II, 185.
(6) E. c. II, 186.

l'on fait à la Préfecture de police et spécialement au service
de la Sûreté quand des pièces ayant été saisies on veut en faire
ce qu'on appelle un *scellé découvert*, c'est-à-dire un paquet
qui, tout en conservant les pièces et ne permettant d'en dis-
traire aucune, laisse cependant la faculté de les feuilleter pour
y puiser librement les renseignements qu'elles contiennent.

C'est bien cela. Voici ce que nous dit M. Cochefert !

J'ignore complètement qui a fait ces encoches ; mais je sais qu'il est
d'un usage à peu près constant dans les services de la Police et notamment de la Sûreté de confectionner les scellés découverts, c'est-à-dire
ceux qui se composent de documents destinés à être feuilletés, et qui
sont insérés dans une chemise servant d'enveloppe, en pratiquant à l'emplacement même des encoches que vous me faites remarquer, une
entaille triangulaire, qui est destinée à retenir la ficelle du scellé à sa
place. Les extrémités de la ficelle sont alors fixées au dos de la chemise et cachetées. De cette façon chacune des pièces peut être examinée
en détail, sans qu'il soit nécessaire de briser le scellé, en faisant glisser
la ficelle sur le côté, quand on la sort de son encoche... Ce qui me confirme dans cette idée, c'est l'existence à la partie supérieure des pièces
que vous me représentez d'un trou dont la position correspond sur chacune des pièces et qui paraît avoir été produit à l'aide d'un poinçon pour
le passage de la ficelle. J'incline à penser qu'au Ministère de la guerre
on devait employer le même procédé soit pour le classement des pièces,
soit pour la confection des scellés (1).

Et pour préciser les termes de sa déposition, M. Cochefert
confectionne en présence du magistrat un scellé dans les conditions qu'il vient d'indiquer.

C'est bien là, Messieurs, ce qui s'est passé le 16 et le 17 octobre 1894 lors de la confection des 22 scellés découverts.
Car, après cette constatation de l'état des pièces remises par
Mme Dreyfus et cette explication donnée par M. Cochefert,
l'archiviste Gribelin, dont les souvenirs se sont alors réveil-
lés tout naturellement, est venu à son tour reconnaître qu'en
effet, comme il ne savait pas comment s'y prendre pour faire
les scellés, M. Cochefert ou son adjoint lui avait fourni le 15
des indications auxquelles il s'est conformé le 16 et le 17 (2).

Tout cela est aussi net que possible !

Il est donc bien établi de la façon la plus indiscutable que
l'encoche de la lettre des obligations, pas plus que l'encoche
du Bordereau, n'est l'œuvre de Dreyfus; qu'elle a été faite
postérieurement à la saisie, lors de la confection des scellés;
qu'elle est l'œuvre des instructeurs.

(1) E. C. II, 186 et 187.
(2) E. C. II, 187, 188.

Il est donc impossible d'en faire un argument contre Dreyfus ! Et ainsi s'évanouit toute cette fantasmagorie que, nourris des rêveries d'Edgar Poë, M. Bertillon, M. du Paty de
Clam, l'anonyme Scio et tutti quanti, se sont évertués à faire
miroiter devant nos yeux !

Ainsi se démontre une fois de plus l'effroyable danger de
ces affirmations téméraires dont on fait dépendre la perte ou le
salut d'un accusé, quand on atteste avec un aplomb, auquel les
faits donnent un si cruel et si complet démenti, que le hasard
ne peut produire d'aussi singulières coïncidences que celles
qu'on prétend relever. C'est lui seul pourtant qui a ici tout
fait, en y joignant l'ingéniosité maladive de ceux qui s'achar-
nent de parti pris à dénaturer les faits les plus simples et les
plus naturels.

Et certes les experts ne font qu'exprimer le sentiment unanime, qui ressort de tout ce triste incident, quand ils disent:

En résumé les encoches du Bordereau et de la lettre des obligations
ont été faites toutes deux après la saisie de ces pièces. Les théories
développées à ce sujet par M. Bertillon et ses disciples non seulement
n'ont aucun fondement ; mais elles montrent par un exemple qui peut
être compris de tout le monde le parti pris, le manque absolu de critique
et d'esprit scientifique, le goût de l'absurde, que nous avons constaté
dans toutes les parties du système soumis à notre examen (1).

J'ai pitié de vous, Messieurs, et non moins de moi-même,
à nous voir obligés de discuter ensemble et si longtemps de
semblables aberrations. Mais nous connaissons l'inépuisable
fertilité, la ténacité irréductible des adversaires de Dreyfus.

Utque leves Proteus modo se tenuebat in undas
Nunc leo, nunc arbor, nunc erat hirtus aper (2).

Il faut que l'onde soit fixée ! Il faut qu'au lion les griffes
soient arrachées ! à l'arbre, ses rameaux ! au sanglier, ses
défenses ! Il faut que tout soit repris, pesé, disséqué, réfuté.
Il faut que de toutes parts, l'évidence apparaisse, que la
lumière éclate, et je ne puis rien négliger de ce qui doit assurer le triomphe éclatant de la vérité et la confusion définitive de ses obscurs blasphémateurs !

Que dire cependant, Messieurs, de cette idée, dont après
tant de folies déjà réfutées, nous trouvons l'expression sur
les lèvres de M. Bertillon ?

(1) E. C. II, 383.
(2) Ovide.

Ce qui prouve, pour lui, que Dreyfus a écrit le Bordereau, c'est que, dans les minutes écrites de sa main et que nous trouvons au Ministère de la guerre, il existe des mots similaires à certains des mots du Bordereau, et sur lesquels ces derniers viennent se superposer: *Artillerie, manœuvre, modification, copie, déposition, vouloir.*

Et pour expliquer ces prétendues coïncidences, voilà que M. Bertillon imagine que Dreyfus a introduit *intentionnellement* dans les minutes qu'il a rédigées quelques mots qu'il a construits et repérés comme ceux du bordereau « ce qui démontre sa culpabilité d'une manière indiscutable », conclut gravement M. Bertillon (1).

1° Quoi! Dreyfus a eu la folle audace d'utiliser dans un étroit bureau, où il n'est pour ainsi dire jamais seul, au milieu des collègues allant et venant sans cesse autour de lui, qui ne peuvent pas ne pas voir ce qu'il fait, son gabarit pour écrire des lettres de service?

Cette nouvelle hypothèse, dit M. Molinier (p. 8), est en vérité un bel exemple des ravages qu'une idée fixe peut faire dans un cerveau mal équilibré.

2° Mais du moins faut-il que le papier des minutes se prête à ce calquage? Non! il est trop épais et ne permet pas l'écriture sur gabarit, nous affirment les experts (2).

3° Et quant aux soi-disant superpositions, elles sont de pure fantaisie, plus imparfaites encore que celles qui ont été signalées dans la lettre des obligations où elles n'ont aucune réalité. Celle du mot *Artillerie* n'est qu'approximative. Pour *manœuvres*, la coïncidence n'existe que pour l'*m* et l's. Pour tout le reste, il faut des coupures de plus d'un millimètre, des coups de pouce qui ne parviennent à établir la coïncidence ici que pour la détruire tout aussitôt là. Tout est absolument arbitraire, le choix des mots, la coïncidence des réticules, aucune contre-épreuve n'est faite. C'est de la pure fantasmagorie! (3).

M'arrêterai-je enfin davantage à l'argument tiré par M. Bertillon de l'attitude qu'il prête à Dreyfus aux débats de 1894, de l'émotion violente que l'accusé a, suivant lui, manifestée devant le détail des opérations de l'expert, de ce cri

(1) Rennes II, 334, 356 ; Broch. verte, p. 41 ; E. c. II, 370.
(2) E. c. II, 377.
(3) E. c. II, 377.

qui lui est alors échappé: « *Ah! le misérable!* » et qui ne peut s'expliquer, suivant M. Bertillon, que par la certitude dès ce moment acquise par lui qu'il allait être démasqué et qu'il était irrémédiablement perdu! (1)

Oui, Messieurs, c'est là l'explication unique trouvée par M. Bertillon!

D'autres se seraient dit que cette émotion, cette indignation se comprenaient bien plus simplement comme une protestation contre tout cet échafaudage, où le parti pris éclate de toutes parts, où tout est tourné contre l'accusé avec une passion sans exemple, où tous les faits sont altérés, dénaturés comme à plaisir, où les hypothèses les plus folles sont substituées aux explications les plus raisonnables et les plus sensées, où l'argumentation la plus spécieuse et la plus fausse se donne les apparences du raisonnement mathématique et cherche à s'imposer avec d'autant plus de poids qu'elle s'entoure de nuages plus épais et se rend plus incompréhensible.

Ah! le misérable!

Qui donc, ici et à cette heure, verra dans ce cri d'indignation et de protestation l'aveu de la culpabilité de Dreyfus?

De tous ces raisonnement accumulés par Bertillon contre Dreyfus, il était du reste un procédé de vérification qui s'imposait à tout esprit soucieux, à tout homme de bonne foi, un *recoupement*, comme l'on dit à l'Etat-Major, c'était la contre-épreuve à faire sur l'écriture d'Esterhazy.

Quels en seront les résultats, si on applique tous ces procédés à cette écriture?

M. Bertillon a-t-il fait ce travail nécessaire? « *Ah! non!* s'écrie-t-il quand les experts lui posent cette question. *Non! cela va trop bien!* » (2)

C'est ce qu'il avait déjà écrit dans un rapport que, le 8 juillet 1898, il avait adressé spontanément à l'Etat-Major, lorsqu'à paru le fac-similé publié par le *Matin:*

L'observateur, *convaincu de la culpabilité de Dreyfus,* disait-il qui compare l'écriture d'Esterhazy avec celle du Bordereau, est tout d'abord frappé de l'impossibilité théorique de rencontrer autant de points communs entre deux écritures de mains différentes. Supposons ce sosie graphique découvert ; il resterait à prouver comment cette heureuse rencontre a pu tomber précisément sur un officier manifestement taré et notamment connu par ses relations avec des hautes personnalités israé-

(1) Rennes II, 351 ; Rapp. B. B., p. 119.
(2) E. c. II, 378.

lites. Pour rendre admissible une accumulation de qualités aussi diverses sur une seule tête, il faudrait au moins qu'il fût possible de rencontrer dans le monde militaire plusieurs dizaines de sujets doués d'une écriture semblable à celle du Bordereau. Je ne crois pas m'avancer beaucoup, en déclarant que l'enquête la plus laborieuse n'y réussirait pas... (1).

On ne saurait donner, Messieurs, de preuves plus fortes que le seul auteur possible du Bordereau soit Esterhazy. Et c'est tellement évident que voilà les conclusions de ce même rapport:

Pour rester conforme à la méthode scientifique, nous nous bornerons à constater que les choses se passent comme si Esterhazy avait appris à écrire, en prenant pour modèle la photographie erronée du *Matin*. Il y a là, ajoute gravement M. Bertillon, une hypothèse des plus sérieuses qui donnerait la clef de l'imbroglio actuel, et qu'il importerait de vérifier sans plus tarder par une enquête poursuivie sur d'autres éléments que ceux qui ont servi à en jeter les bases (2).

Ah! je comprends, Messieurs, qu'en lisant tout cela, M. le général Gonse, qui aime à consigner au fur et à mesure toutes ses impressions de peur d'en perdre le souvenir, ait écrit sur le document cette mention:

Rapport apporté par M. Bertillon auquel aucun rapport de cette nature n'avait été demandé.

Il est, en effet, plutôt gênant, ce rapport!

Et comme il est bien d'accord avec le cri de M. Bertillon, lorsque, antérieurement à la publication du *Matin*, le colonel Picquart lui présente l'écriture d'Esterhazy, la lettre d'Esterhazy au capitaine Calmon: « *Ah! c'est l'écriture du Bordereau!* »

Quant à prétendre qu'Esterhazy a modifié son écriture après la publication du *Matin*, c'est de la déraison.

L'écriture est demeurée la même, après comme avant. Toutes les prétendues observations contraires sont erronées. Les constatations les plus minutieuses l'établissent. Comme il est encore des gens qui, tels que M. Rochefort (3), se cramponnent à ce point, permettez-moi de vous lire le relevé qui a été fait de toutes les critiques, et leur réfutation.

En ce qui concerne le mot: *vous*, on le retrouve dans une lettre d'Esterhazy de 1882 avec la séparation du *v* et de l'*o*, tandis que les deux lettres sont au contraire liées dans une lettre du 11 septembre 1899. La remarque relative aux deux *t* de « *détenteur* » repose sur une observation erronée. Le premier *t* n'est barré ni dans l'original ni dans le

(1) Dossier secret proc. 8 ; E. c. II, 378.
(2) E. c. II, 379.
(3) E. c. I, 416.

fac-similé, et dans la lettre de 1882, on constate de fréquentes omissions de barres sur les *t* de la part d'Esterhazy. Pour les *J* initiaux, dont Esterhazy aurait reproduit la tare supprimant le délié à dater de 1896 et contrairement à des habitudes antérieures, on aperçoit un *j* sans délié dans la lettre de 1882 et des *j* avec délié dans de nombreuses lettres postérieures à 1896. Quant à la remarque relative aux *i* doublement pointés dans le fac-similé et les minutes d'Esterhazy à partir de cette publication, elle est sans valeur. Cette particularité n'existe pas dans la photogravure où l'*i* de « *manière* » a trois points et celui de « *disposition* » un point et un trait, et elle n'est pas constante dans les minutes d'Esterhazy, où elle n'apparaît ni dans la lettre à M. Cabanes de septembre 1898 ni dans les lettres à Christian Esterhazy de 1897 ; un *m* mal raccommodé dans le mot : « *extrêmement* » qu'Esterhazy aurait imité après 1896 se retrouve identique dans une lettre de 1882 ligne 16, etc... (1).

À quoi bon d'ailleurs toute cette discussion, quand nous avons sous les yeux les deux lettres d'Esterhazy du 17 avril 1892, et du 17 août 1894, celle-là contemporaine du bordereau, dont l'écriture et le papier sont de tous points identiques à ceux du Bordereau.

Ah ! sans doute, elles sont si gênantes pour l'accusation, si décisives que le général Mercier, qui ne recule devant aucune audace et croit **en imposer par cette audace** même, cherche à les arguer de faux.

Mais vous savez dans quelles conditions elles ont été retrouvées et saisies: l'une écrite par Esterhazy à son tailleur Rieu, qui, impayé, l'a remise pour recouvrement à Schmidt chez qui elle a été saisie ; l'autre écrite par Esterhazy à l'huissier Callé qui était chargé de poursuivre l'encaissement des loyers de la maison dotale de madame Esterhazy; toutes deux reconnues par Esterhazy comme écrites par lui, toutes deux attestées par l'examen minutieux de MM. Giry, Meyer et Molinier en 1899; dont l'authenticité ne peut dans ces conditions être contestée que par la mauvaise foi aux abois.

Or, l'identité de leur écriture avec celle du Bordereau est telle qu'elle est reconnue par M. Bertillon, par le commandant Corps eux-mêmes. Elle est si éclatante, si décisive que, comme le général Mercier, ils ne peuvent l'expliquer que par un faux dont tout démontre l'inexistence.

Il n'en faut pas davantage pour répondre à tout le système Bertillon qui, j'ai la conviction de l'avoir une fois de plus démontré, ne résiste pas à un examen sérieux.

(1) Broch. Molinier, p. 11 et 12.

A côté du système Bertillon en est né un second, celui du commandant Corps.

Né de l'examen du premier, il est avec lui en contradiction flagrante; c'est l'inconciliabilité même.

Il repousse l'idée que le Bordereau ait été écrit sur le gabarit formé du mot *intérêt*. Il pousse non moins vivement l'idée saugrenue de l'alibi de persécution qui lui semble « enfantine » (1).

Il reconnaît que l'écriture du Bordereau a un caractère cursif indéniable, mais il la dit pourtant tracée sur un transparent formé par un quadrillage dont les carrés de 11 mm. 25 de côté étaient traversés par une diagonale menée de leur angle inférieur gauche à leur angle supérieur droit.

La construction de ce gabarit est facile à réaliser. Prenez une feuille de papier quadrillé à 5 millimètres répandu dans le commerce, et découpez-y un rectangle de 40 à 50 mm. de long sur 10 à 15 mm. de haut; puis faites-le circuler sous le papier pelure sur lequel vous écrivez. Vous écrirez ainsi presque aussi vite qu'à la main courante en transformant votre écriture.

Le procédé est assurément plus simple, moins nuageux que celui de M. Bertillon; mais remarquons qu'il est tout d'abord pitoyable quant au résultat que le scripteur est censé avoir poursuivi. *Il ne dénature à vrai dire pas l'écriture.*

Il est, de plus, tout aussi hypothétique et inexact que celui de M. Bertillon et repose sur la même erreur de méthode.

Pas plus que M. Bertillon, le commandant Corps ne donne la loi suivant laquelle son quadrillage aurait été employé. D'où toutes les coïncidences qu'il signale sont arbitraires et inopérantes.

En quoi donc le commandant Corps prouve-t-il d'ailleurs que le Bordereau ait été écrit sur son gabarit?

Comme l'a très judicieusement fait observer M. Monod:

L'hypothèse que le Bordereau aurait été écrit sur un transparent n'est en rien démontrée par la possibilité d'appliquer au Bordereau un réseau de lignes d'un écartement régulier. En effet toute écriture un peu régulière peut rentrer dans un système de réseau mathématique de ce genre... D'ailleurs si le Bordereau avait été écrit sur un transparent, les lignes seraient espacées également, et surtout les lignes du verso seraient écrites dans les interlignes du recto. Or les lignes du verso sont indifféremment écrites dans les interlignes ou sur les lignes mêmes du recto.

(1) E. c. II, 389.

Dans de telles conditions l'usage du transparent devient impossible et inadmissible (1).

La reconstitution du quadrillage sur les lignes du Bordereau opérée par le commandant Corps fait également apparaître combien l'emploi de son procédé est inadmissible.

Le commandant Corps reconnaît lui-même que les fragments de quadrillage qu'il a dessinés sur la photographie du Bordereau sont tout ce qu'il y a de plus inégaux. Il en conclut que le scripteur a dû imprimer à son transparent des déplacements fréquents. Je le crois bien! il n'y en a pas moins de six nécessaires pour écrire la seule première ligne du bordereau: « Sans nouvelles m'indiquant que vous... » !

Mais *ces coups de pouce*, c'est le commandant Corps qui les donne! Qu'est-ce qui prouve que le scripteur y ait eu recours, pour écrire son bordereau?

La vérité, c'est que *ce n'est pas le quadrillage du commandant Corps qui a guidé l'écriture, c'est l'écriture qui impose au quadrillage ses positions successives.* Le commandant a placé son quadrillage comme il le faut pour qu'il cadre à peu près avec l'écriture. Et voilà tout!

Mais il a ainsi tout confondu et il a pris pour la *cause* ce qui n'a été que l'*effet*.

Et encore avec toutes les facilités même qu'il se donne, avec toutes les confusions qu'il commet, il n'a pu obtenir qu'une coïncidence des plus imparfaites! C'est bien la preuve que son système est inapplicable et c'est ce que disent les experts :

Ce qu'il y a de particulièrement grave à objecter au système, disent-ils, en dehors de l'absence de toute définition, c'est le déplacement continuel que le commandant Corps est obligé d'imprimer à son transparent... En réalité le commandant Corps place son quadrillage, comme il l'entend, sous chaque mot et même sous chaque partie de mot, et malgré tout, malgré l'épaisseur même de certains jambages qui est parfois considérable, le résultat obtenu n'est nullement probant. A part quelques observations sur les barres des *t*, le commandant Corps n'a fait aucun calcul précis : ce qui ne l'empêche pas de conclure qu'il a établi avec une probabilité voisine de la certitude (il dit même égale à la certitude) que c'est à l'aide de son quadrillage que le Bordereau a été écrit. Cette première conclusion, nous nous accordons à la repousser de la manière la plus absolue (2).

Nous pourrions nous arrêter là ! Poussons cependant l'exa-

(1) Broch. Monod, p. 12.
(2) E. c. II, 384.

men et nous allons aisément reconnaître que tout le reste ne vaut pas mieux.

Le commandant Corps signale en premier lieu *la forme des lettres, leur irrégularité.* Tantôt elles sont inclinées à 45°, tantôt elles sont droites; c'est que tantôt elles sont écrites sur la diagonale, tantôt sur la verticale du quadrillage.

Mais à ces observations, que d'exceptions signalées? A quelles règles donc tout cela obéit-il? Ne le demandez pas au commandant Corps; il l'ignore.

Quand il y a des coïncidences de jambages, il les note à l'actif du système ; mais quand il y a des discordances, il répond qu'il ne s'ag.t pas de suivre les traits du quadrillage avec une rigoureuse précision, comme si l'on voulait tracer un modèle d'écriture, ce qui décèlerait aussitôt le procédé qui devait rester caché, puisque l'auteur avait pour unique but de modifier son écriture. Ici comme dans bien des points du système Bertillon, tout est porté à l'actif du système, les exceptions elles-mêmes, qui sont voulues et préméditées (1).

Comme M. Bertillon, le commandant Corps signale en second lieu les *superpositions des polysyllabes redoublés.* Nous sommes fixés sur ce point. Tout manque de précision ici comme là. Quelle valeur d'ailleurs attacher à ces prétendues superpositions relevées sur le Bordereau reconstitué par M. Bertillon, c'est-à-dire sur un document inexact?

Je ne m'attarderai pas à l'argument que le commandant Corps avait d'abord pensé à tirer de la *photographie composite,* de cette série de taches informes que M. Bertillon avait accumulées par trois épreuves successives.

Le commandant Corps n'avait pas hésité à reconnaître que *contrairement à ce que prétendait M. Bertillon,* il est impossible de reconstituer à l'aide de la photographie composite les mots *intérêt* qu'y voit apparaître l'auto-suggestion de M. Bertillon.

Il avait également constaté que l'opération ne peut avoir aucune portée, lorsqu'elle procède par sélection des mots. Mais il avait cru trouver entre les taches un écartement uniforme de 1 mm. 25 prouvant que les lettres avaient dû être écrites sur un quadrillage semblable au sien.

Les experts lui ont fait observer qu'*on ne voyait rien du tout,* et le commandant Corps, se rendant à l'évidence, a abandonné complètement cet argument (2).

(1) E. c. II, 384.
(2) E. c. II, 389.

Après avoir trouvé comment le Bordereau a été écrit (et nous sommes maintenant fixés sur le succès de cette découverte), le commandant Corps s'est demandé *par qui il a été écrit.*

Est-ce par Dreyfus ou par Esterhazy?

On pourrait observer que l'énumération n'est pas complète, qu'il faudrait, suivant les règles d'une bonne méthode, examiner s'il ne peut avoir été écrit par d'autres aussi.

Mais passons! et acceptons le dilemme, tel que le commandant Corps le pose.

C'est à Dreyfus que le commandant Corps attribue la confection du Bordereau. Pourquoi?

C'est la lettre des obligations qui est pour lui le trait de lumière et qui désigne le coupable. Les deux documents: lettre des obligations et Bordereau, ont été constitués par le même procédé. Le quadrillage s'applique aux deux. Or la lettre des obligations a été trouvée en la possession d'Alfred Dreyfus. C'est donc qu'il connaissait le système d'écriture, et c'est aussi la preuve qu'il est le coupable.

1° Pour juger si le quadrillage s'applique à la lettre du buvard, répondent les experts, il suffit de jeter un coup d'œil sur la planche agrandie que nous présente le commandant Corps, où les mouvements de tangage du quadrillage ont une amplitude inusitée, sans que d'ailleurs on ait obtenu entre le quadrillage et l'écriture des coïncidences dont la définition même n'est pas donnée (1).

C'est déjà décisif!

2° D'autre part, si l'auteur du Bordereau est l'auteur de la lettre du buvard, comme celui-ci est Mathieu Dreyfus, c'est donc Mathieu et non Alfred Dreyfus qui est l'auteur du Bordereau!

Pas du tout, répond le commandant Corps; la lettre du buvard n'est pas de Mathieu, quoique celui-ci l'affirme. Elle est d'Alfred, qui s'est appliqué à en recopier l'original sur gabarit, pour s'habituer à la formation graphique qu'il voulait ultérieurement employer pour la confection du Bordereau (2).

Et les preuves sont multiples, ajoute-t-il.

a) Comparez la signature Mathieu de la lettre du buvard avec une signature authentique de Mathieu sur son accusé de

(1) Corps, p. 30 ; Réponse à Monod, p. 5, 11, 23.
(2) Corps, p. 29.

réception d'une convocation. Vous n'y verrez aucune ressemblance. D'où la signature de la lettre est fausse (1).

b) Voyez en second lieu les mots qui commencent la lettre: « *Mon cher Alfred* ». Le *d* final d'Alfred se termine par un paraphe qui ne s'explique pas à cette place et qui ressemble à celui de Dreyfus, quand il signe de son prénom. Il s'est oublié là dans son exercice d'écriture (2).

c) Et puis rappelez-vous le trouble manifesté par Dreyfus au Cherche-Midi, le 31 décembre 1894, et son désir de couper court à l'entretien quand du Paty lui a demandé d'expliquer la ressemblance d'écriture des deux documents (3).

d) N'oubliez pas non plus l'émotion très vive qu'il a montrée à l'audience quand Mᵉ Demange a fait allusion à la suspicion dont était l'objet la lettre du buvard, l'insistance avec laquelle il a fait appel au témoignage de son frère et de sa femme, dont pourtant ultérieurement il s'est abstenu de réclamer l'audition.

C'est, Messieurs, toujours le même système d'argumentation, toujours la même auto-suggestion que dans le système Bertillon.

1° *La lettre des obligations trouvée chez Dreyfus serait calquée sur quadrillage?*

Mais elle est écrite sur papier fort, assez épais, à la fois sur recto et sur verso. Ce calquage est impossible (4).

2° *Le commandant Corps affirme que les deux signatures Mathieu qu'il compare ne se ressemblent pas?*

C'est tout à fait inexact, nous disent les experts. Les deux signatures ont au contraire la plus grande analogie: même rythme, mêmes formes des lettres (5).

Au surplus, en voici vingt autres prises dans un copie de lettres, remis à la Cour par notaire. Comparez avec la signature de la lettre des obligations; la similitude est complète; enfin Mathieu affirme que la lettre est son original même et personne n'élève le moindre doute sur son honorabilité (6).

3° *Le paraphe du* d *dans* « *Mon cher Alfred* » *?*

(1) Corps, p. 30.
(2) Corps, p. 30.
(3) Corps, p. 30.
(4) E. c. II, 385.
(5) E. c. II, 385.
(6 E. c. II, 385.

Cela n'a pas de sens quand on prend la peine de rapprocher le trait signalé des signatures *Alfred* apposées par l'accusé sur nombre de lettres qui sont au dossier. Aucune ressemblance n'existe (1).

4° *L'argument tiré de l'entrevue du 31 décembre 1894?*

C'est purement imaginaire.

A un autre moment, dit M. du Paty, dans sa déposition recueillie
sur commission rogatoire, je demandai au capitaine Dreyfus comment il
expliquait que certains mots de la lettre de M. Mathieu Dreyfus trouvée
dans son bureau et certains des mots figurant dans des minutes écrites
de sa main au Ministère eussent tant de ressemblance avec certains
mots du Bordereau. Le capitaine Dreyfus me répondit que c'était recommencer le procès, et il changea de sujet. Au moment où je le quittai,
ses derniers mots furent : « Cherchez » (2).

Nous estimons avec les experts qu'il est impossible de donner à cet entretien une interprétation défavorable à Dreyfus,
et nous ne pouvons accepter le commentaire hypothétique qu'en
a fait le commandant Corps (3).

5° *L'incident d'audience dont le commandant Corps fait
état?*

Le voici :

M. Bertillon ayant, sur interpellation de Mᵉ Demange, affirmé, au cours de sa déposition que la lettre des obligations
avait été écrite sur gabarit et laissé entendre qu'elle pourrait
être imputable à l'accusé, celui-ci a protesté en ces termes:

Cette lettre est absolument authentique ; si le Conseil le désire, je
lui demande de faire citer l'auteur de la lettre qui est mon frère, ensuite
Mme Dreyfus qui a reçu la lettre en même temps que moi. Je suis convaincu qu'ici personne ne doutera de la parole de Mme Dreyfus, vous,
Messieurs, moins que personne (4).

L'audition de Mme Dreyfus et de M. Mathieu Dreyfus
n'ayant pas été ordonnée, il faut admettre que le Conseil
s'est tenu comme suffisamment éclairé par la déclaration de
l'accusé (5). Dreyfus montrait ainsi qu'il ne craignait pas de
prolonger les débats sur ce terrain, et de cet incident, il est
absolument impossible de recueillir une impression qui lui soit
contraire .

Que reste-t-il de tout cela après ces réponses si précises, si
catégoriques, que la preuve de l'état d'esprit singulièrement
inquiétant de celui qui a inventé de telles folies?

(1) E. c. II, 385.
(2) Rennes III. 513.
(3) E. c. II, 386.
(4) Rennes II, 376, 386.
(5) Broch. Monod, p. 16.

Aussi ne serez-vous pas étonnés que, dans une note qu'il a remise aux experts, le commandant Corps ne se soit pas attaché, tout autant que M. Bertillon, à l'*encoche du bordereau*, *à l'encoche de la lettre des obligations*. Non pas qu'il admette pourtant que l'encoche du bordereau ait pu servir au repérage vertical. Il n'y croit pas. Mais pour lui comme pour M. Du Paty, les encoches préexistantes à la confection du bordereau étaient des signes de reconnaissance entre l'écrivain et le destinataire. Nous savons ce qu'il faut en penser, et nous n'avons rien à ajouter sur ce point.

Le commandant Corps s'est-il rendu compte de l'inanité de tous ses raisonnements ? Il a tenu tout au moins à les fortifier devant les experts et il leur a soumis un moyen nouveau qu'il n'avait pas indiqué dans sa brochure. Sa bizarrerie me rend craintif. Je redouterais de l'altérer et je préfère lui laisser la parole.

On sait, dit-il, qu'à l'Ile du Diable Dreyfus dans ses moments de loisir faisait des dessins et couvrait ses cahiers de figures et de calculs mathématiques. Or, au dossier, il y a une feuille où se trouve toute une série de dessins qui pour moi ont été faits sur un canevas analogue au mien. Sur une autre feuille il y a toutes sortes de choses bizarres, des bouteilles, des vases de formes extraordinaires et toujours ces dessins dégénèrent en deux réseaux de quadrillages. Sur un de ces dessins il y a cette réflexion **répétée trois fois** : *Mortuus est : rien à faire*. Et les mots sont écrits les uns sur les autres avec des connexions absolument semblables à celles que nous déclarons exister, quand on calque l'un sur l'autre les mots du bordereau. Pour moi j'explique cela ainsi : « Voilà comment j'ai été découvert : « Mortuus est : rien à faire. » C'est la conclusion (1).

Ne suffit-il pas, Messieurs d'énoncer de telles choses pour les juger, pour en voir le parti pris, la volonté de tirer contre l'accusé argument des choses les plus simples, les plus insignifiantes, en les grossissant, en les dénaturant, en donnant un sens à ce qui n'en a pas, en découvrant des coïncidences accusatrices, là où, de par la nature même des choses, il n'y a qu'incohérence et désordre.

Ces affirmations, disent avec infiniment de raison les experts, sont à rapprocher du schéma et du redan de M. Bertillon ; nous ne les discuterons pas (2).

Nous ferons comme eux, c'est tout ce que cela mérite.
Telles sont cependant toutes les *raisons* pour lesquelles

(1) E. c. II, 388.
(2) E. c. II, 389.

le commandant Corps tient Dreyfus pour l'auteur du Bordereau. Vous pouvez en mesurer toute la *déraison.*

Est-il plus heureux dans la partie de sa discussion par laquelle il prétend établir qu'Esterhazy ne peut avoir écrit le Bordereau?

Il en donne deux motifs: l'un accessoire, le quadrillage ne s'appliquerait pas à l'écriture d'Esterhazy; l'autre qu'il dit décisif: Esterhazy ignore absolument la manière dont le Bordereau a été écrit.

Comment donc alors Esterhazy avoue-t-il être l'auteur du Bordereau? C'est que c'est un *homme de paille.* Il est d'intelligence avec la famille Dreyfus, peut-être même avec les agents de l'étranger, désireux de détourner les soupçons du condamné et de continuer aussi à nier vis-à-vis de leurs chefs, à qui ils étaient alors inconnus, leurs rapports avec Dreyfus. Et c'est pour rendre vraisemblables ses aveux qu'il a, depuis la publication du *Matin,* transformé son écriture, et qu'il a frauduleusement, mais maladroitement introduit les tares du fac similé du *Matin.*

Vous savez déjà, Messieurs, à quoi vous en tenir sur tout cela. 1° Le quadrillage cadre aussi bien, je devrais dire aussi mal, avec l'écriture d'Esterhazy qu'avec celle du Bordereau et celles d'Alfred et de Mathieu Dreyfus, *qu'avec toutes les écritures de même famille, dont les types sont nombreux.* J'ai été effrayé, dans les recherches que j'ai faites dans les archives du Ministère, de voir combien d'officiers du service ont des écritures qui toutes pourraient répondre aux systèmes Bertillon ou Corps, et qui devraient, par suite, être réputés coupables si l'on s'arrêtait à toutes ces aberrations que nous venons d'examiner ensemble.

2° Qui ne voit, de plus, que le raisonnement du commandant Corps consistant à soutenir qu'Esterhazy ne peut être l'auteur du Bordereau parce qu'il ignore le procédé du quadrillage contient une véritable pétition de principe !

Il part d'un fait douteux, qu'il reste à démontrer, à savoir la confection du bordereau grâce à un quadrillage sous jacent, pour en tirer une conséquence qu'il élève à la hauteur d'une certitude: la non participation d'Esterhazy à cette confection du Bordereau. C'est résoudre la question par la question.

3° Quant à prétendre qu'Esterhazy est l'homme de paille

32

de la famille Dreyfus, c'est aussi faux que de soutenir que Cernuszky ait été suscité à l'audience par la défense.

Tout en repousse l'idée. Comme l'a fait très justement
observer M⁰ Demange à Rennes, si Esterhazy avait été acheté
par la famille Dreyfus, *ce n'est pas en 1899* qu'il eût fait
un aveu tardif plein de réticence, inutile à Dreyfus, *c'eût été
en 1897* qu'il se serait reconnu hautement l'auteur du bordereau, au moment psychologique, alors que M. Scheurer-
Kestner portait la question à la tribune, alors que Mathieu
Dreyfus formulait sa dénonciation. En possession de son salaire, c'est alors qu'il fût passé à l'étranger où, à défaut d'extradition qui ne s'applique pas à ce genre de crimes, il eût
été en sécurité.

Cela se fût compris à la rigueur ! C'est tout le contraire
qui se produit ! Esterhazy n'est pas aux mains de la famille
de Dreyfus, il est en celles de ses pires ennemis, d'Henry, de
Du Paty. Ce sont eux qui le soutiennent dans son affolement;
ce sont eux qui le poussent à tout ce chantage contre le Président de la République, ce sont eux qui le guident dans toute
cette instruction qui, véritable comédie, est érigée contre lui,
qui lui dictent ses réponses, qui cuisinent les experts.

C'est lui qui nie à ce moment avec acharnement être l'auteur du Bordereau.

Qui ne comprendra jamais qu'au même instant, acheté par
la famille de Dreyfus pour se substituer à lui, il passe son
temps à imiter l'écriture du fac-similé pour sauver Dreyfus?

C'est déraisonnable, contraire à l'évidence, au sens commun, et nous avons le droit de conclure avec les experts sur
ce point :

Les affirmations fondamentales du commandant Corps n'ont aucune
base solide ; elles sont complètement inadmissibles et elles ne peuvent
servir en rien à la manifestation de la vérité (1).

Remarquons enfin que les deux systèmes en présence Bertillon et Corps sont absolument incompatibles l'un avec l'autre. Ils ne sont d'accord ni sur le procédé qui aurait été employé pour la confection du bordereau, ni sur les motifs qui
auraient déterminé son choix. Et pourtant, les deux inven-
teurs accumulent les coïncidences, multiplient les arguments.
Or, si les coïncidences de M. Bertillon ne sont pas dues au ha-

(1) E. c. II, 388.

sard, sa théorie est exacte, et le commandant Corps a tort. Si, au contraire, les coïncidences de Corps sont justes, il a raison et Bertillon se trompe.

Les deux systèmes se contredisent et s'infirment mutuellement. C'est que le mode de raisonnement lui-même de tous deux est vicieux, et c'est la conclusion des experts.

C'est aussi ce qui explique que, malgré tous ses efforts répétés, soit auprès du Ministre de la Guerre, soit auprès du commissaire du Gouvernement et du Conseil de guerre, l'accusation ait systématiquement écarté le commandant Corps des débats.

L'impression qu'elle comptait produire à l'aide des démonstrations soi-disant géométriques et mathématiques de M. Bertillon n'eût-elle pas été annulée, si l'on avait vu que des considérations de même nature conduisaient un officier du génie, ancien élève de l'Ecole polytechnique à repousser les parties du système de Bertillon que celui-ci regardait comme les plus essentielles et les mieux établies (1).

C'est évidemment à cette crainte que le commandant Corps a dû de ne pas avoir, malgré son insistance, été appelé à déposer en 1899.

Nous n'avions pas les mêmes raisons, nous qui ne voulons que la vérité; nous l'avons fait entendre comme M. Bertillon, et le résultat ne s'est pas fait attendre. C'est la confusion de tous deux!

Dois-je après toute cette démonstration remettre encore sous vos yeux les conclusions pétillantes d'esprit mordant et de bon sens impeccable par lesquelles les experts résument tout leur travail, en s'excusant d'avoir été obligés d'examiner tous ces systèmes, comme s'ils étaient sérieux ?

Quelques lignes nous suffiront.

Sur presque tous les points le système du commandant Corps est en désaccord avec celui de M. Bertillon, ce qui constitue un argument à la fois contre les deux systèmes.

Ce que nous venons de dire suffit pour comprendre l'esprit de la *méthode* de M. Bertillon ; il l'a résumée lui-même d'un mot : *Quand on cherche, on trouve toujours.* Quand une coïncidence est constatée ; c'est une preuve accablante : si elle fait défaut, c'est une preuve plus accablante encore ; car cela prouve que le scripteur a cherché à détourner les soupçons. On ne s'étonnera pas des résultats qu'il a obtenus par cette méthode. *La naïveté avec laquelle il en a dévoilé les secrets porterait à croire à sa bonne foi* (2).

Je me reprocherais d'ajouter un seul mot à cette exécution.

(1) E. c. II, 383.
(2) E. c. II, 391.

Mais en même temps, et pendant que je revoyais avec vous toutes les constatations et toutes les conclusions ue cette admirable expertise, une idée s'imposait à mon esprit avec une force qui me semble invincible. Ne sommes-nous pas en face d'un fait nouveau dans toute la force des termes employés par l'art. 443 § 4, C. I. C. ? Voyez donc !

Le Bordereau est assurément demeuré jusqu'à la dernière heure l'argument capital de l'accusation : c'est sa base même. Et à cette heure encore, nous entendons le général Mercier nous dire qu'avec l'examen technique et les aveux, l'examen graphique du Bordereau est la charge décisive contre Dreyfus.

Et voici que, de par l'expertise Darboux, Appel et Poincaré, il est établi avec une évidence que personne ne peut plus contester, que toute cette argumentation a reposé et repose, non seulement sur un raisonnement faux, mais encore sur un document faux !

Sur un document faux ! car il est établi par les mensurations de M. Loewy, par l'examen des planches et des clichés de M. Bertillon saisis au cours de la dernière enquête, par les aveux de M. Bertillon lui-même, que le Bordereau soumis au Conseil de guerre de Rennes a été reconstitué dans des conditions qui l'ont profondément altéré. Ce ne sont pas seulement des erreurs involontaires. C'est le tripotage le plus effronté. C'est le calquage, le décalquage, le recalquage; c'est le découpage nouveau des morceaux qui ne se prêtent pas aux superpositions cherchées. C'est le gouachage des planches sur lesquelles seront ensuite tirées ces épreuves qui vont servir de base à toute l'argumentation et qui vont fabriquer ainsi les preuves invoquées contre Dreyfus, comme ce prétendu tremblement de la main du scripteur effrayé par la responsabilité qu'il encourt, tremblement qui est l'œuvre du seul Bertillon et de son truquage. Ce sont tous ces coups de pouces employés par M. Bertillon pour faire cadrer le Bordereau et le gabarit. Et, grâce à tout cela, cette inéluctable conclusion des experts :

La reconstitution du Bordereau est inexacte (II, p. 342), est fausse (II, p. 341) et tout le système Bertillon est absolument sans valeur parce que son auteur a raisonné mal sur un document faux.

De ces considérations si graves rien n'a été connu du Conseil de guerre de Rennes et c'est la seule expertise Darboux,

Appel et Poincaré qui les a fait apparaître au cours de la dernière enquête. Comment hésiter dès lors à y relever un fait
nouveau justifiant la revision?

M. le Rapporteur résiste: Le fait ne serait pas nouveau.
Pourquoi?

1° Devant le Conseil de guerre, M. Paraf-Javal aurait
dit tout cela.

C'est ne pas connaître sa déposition que de le prétendre.
Comment l'eût-il fait, puisqu'il ne connaissait pas les documents qui l'établissent: les planches Bertillon, qui n'ont été
saisies qu'au cours de la dernière enquête, les aveux Bertillon qui n'ont été produits que devant MM. Darboux, Appel
et Poincaré? Et c'est d'autre part renouveler l'erreur fondamentale de votre rapporteur qui se croit le droit et le pouvoir
de scruter la conscience des juges du Conseil de guerre pour
y découvrir les motifs qui les ont déterminés, quand vos arrêts, nous le verrons, le lui défendent absolument.

2° Le Conseil de guerre a eu sous les yeux le Bordereau:
il a pu par suite se rendre compte de la valeur des arguments,
notamment de l'encoche, de la surencoche!

Est-ce sérieux quand on sait le parti que l'accusation a
tiré de tout cela à Rennes; quand on sait la peine que l'expertise et l'enquête ont eue à découvrir la vérité sur ce point? Et
pensez-vous vraiment que le Conseil de guerre ait été éclairé
sur ces points si graves et que sa conviction n'eût pas été singulièrement ébranlée s'il eût su ce que nous savons maintenant, tout ce qu'on lui a caché?

Il est donc tout à fait inexact de prétendre que l'expertise
de MM. Darboux, Appel et Poincaré se soit bornée à fournir
une réfutation scientifique plus décisive que les précédentes.
Elle a révélé le fait nouveau le plus grave, le plus caractéristique, le plus décisif en faveur de Dreyfus. Inconnu jusqu'à
elle, ce fait satisfait à toutes les exigences de la loi; et, ajoutant à mes réquisitions écrites, je vous demande avec Me Mornard qui y conclut formellement, d'en faire l'examen d'office avec la conviction que vous le retiendrez comme l'une des
bases essentielles de votre arrêt.

XIV

Je passe à l'examen technique du Bordereau.

C'est, nous dit M. Cavaignac, l'élément essentiel du débat. La nature des pièces énumérées au Bordereau dénonce à elle seule l'auteur de la trahison. Elles sont telles en effet, à n'en pas douter, que celui qui les a livrées est un officier d'artillerie attaché à l'Etat-Major de l'armée. Dreyfus remplissait ces conditions ; Esterhazy était dans l'impossibilité absolue de se procurer les documents. Donc c'est Dreyfus qui est le coupable !

Car nous ne saurions nous arrêter un instant à cette idée que, si l'on admet qu'Esterhazy ait écrit le Bordereau, Dreyfus pût être son complice et pût lui avoir remis les pièces communiquées.

Si Gribelin a risqué cette insinuation après le rapport Gonse-Wattinne (p. 34), il reconnaît lui-même que rien ne l'appuie. Il est certain d'autre part que Dreyfus et Esterhazy ne se connaissaient pas, ne se sont jamais vus. La base manque donc absolument. Que le coupable soit Dreyfus ou Esterhazy, l'un ou l'autre, soit ! Assurément ce n'est pas tous deux ensemble !

Comment donc entend-on prouver que ce soit Dreyfus?

Deux observations qui reviennent à une seule en réalité dominent toute la discussion sur ce point, auxquelles il faudrait commencer par répondre avant de pousser plus avant :

Quelle est donc la date du bordereau ?

Et quels sont les documents qui ont été communiqués?

1° *La date du Bordereau?*

Le Bordereau n'est pas daté. Il est pourtant nécessaire d'être fixé sur l'époque à laquelle il a été fait, les charges changeant absolument suivant qu'il a été écrit à tel ou tel moment. Or sur ce point capital il y a toujours eu divergence; et, pour prendre l'expression de Gribelin: « *pour le déterminer on n'a tenu compte que des besoins de la cause* » *(1).*

A l'origine on le plaçait au mois d'avril ou mai 1894.

(I) E. c. I, 145.

C'est ce que disait Henry; c'est que le colonel Picquart a toujours entendu répéter au Ministère : c'est ce que soutenait l'accusation à Paris en 1894; c'est encore cette date qui était admise en 1898 au procès d'Esterhazy qui, guidé par du Paty et Henry, sous leur dictée, en faisait l'argument de sa défense devant le général de Pellieux et devant le commandant Ravary.

Brusquement tout change.

C'est qu'un examen attentif des charges a été fait. La phrase finale du Bordereau « *Je vais partir en manœuvres* » n'a plus de sens, si l'on persiste à l'appliquer au voyage d'Etat-Major que Dreyfus a fait en juin 1894, et qui n'a jamais pu être considéré comme des « *manœuvres* ».

Comment aussi soutenir sans rire que les documents du Bordereau sont sérieux, importants, s'il s'agit soit de la note Bernollin sur Madagascar, soit du projet de suppression des pontonniers voté en 1894, soit des modifications apportées aux troupes de couverture qui n'ont été intéressantes qu'à partir des études de l'été 1894?

Aussi l'accusation a changé de système, brûlé ce qu'elle avait adoré, et, tant devant vous en 1899 qu'à Rennes sous la direction du général Roget qui a fait une élégante volte-face, elle a fixé le Bordereau à la fin d'août 1894, sans que rien permette de voir là plus que dans l'autre version autre chose qu'une hypothèse, dont rien ne démontre la vérité. Cette incertitude de l'accusation, combien plus grande encore ne va-t-elle pas se manifester, lorsque nous allons nous demander quels sont les documents auxquels le Bordereau s'applique?

Leur nature prouve, affirme-t-on, qu'ils émanent d'un officier d'artillerie, mieux encore d'un stagiaire d'Etat-Major.

Leur nature? Mais quels sont donc ces documents?

Nous ne le savons pas ! L'accusation ne les a jamais vus !

Elle en a toujours ignoré la teneur ! Et nous n'en savons pas davantage aujourd'hui même !

C'est ce que vous disait déjà avec une force singulière M. le Président Ballot-Beaupré en 1899.

Nous ne sommes nullement fixés sur la nature et la valeur réelles, soit des renseignements fournis, soit des documents transmis par l'auteur de la trahison ; ou du moins nous ne sommes fixés que sur un point, en ce qui touche le « projet de manuel de tir de l'artillerie de campagne » ; tout le monde s'accorde à reconnaître qu'il n'était ni secret, ni même confidentiel et qu'Esterhazy a pu aussi bien que Dreyfus l'avoir entre les mains.

Mais pour le surplus, pour la « note sur le frein hydraulique du 120 et la manière dont s'est conduite cette pièce », pour la « note sur les troupes de couverture », pour la « note sur une modification aux formations de l'artillerie » ; pour la « note relative à Madagascar », on en est réduit aux conjectures. Les renseignements fournis étaient-ils en fait d'une importance et d'une gravité telles qu'ils dussent nécessairement émaner d'un officier de l'Etat Major de l'armée comme Dreyfus ? Ou bien pouvaient-ils à raison de leur médiocre valeur ou de leur insuffisance émaner d'une autre personne ? Il faudrait, pour s'arrêter à une solution certaine avoir sous les yeux les notes elles-mêmes, et on ne les a pas !

Dans le « questionnaire » adressé par le Ministre de la Guerre au Général Déloye, directeur de l'artillerie, on lit (p. 780) : « De quelles formamations pouvait-il être question dans le Bordereau ? » Le Général Deloye a répondu le 12 février 1899 : « On ne peut faire que des suppositions, puisqu'on n'a pas vu la dite note. » Rien de plus juste ! Mais par la même raison on ne peut faire que des suppositions aussi pour les autres notes, puisqu'on ne les a pas vues davantage.

Et cela est si vrai que, dans le procès de 1894, on supposait (le rapport du commandant d'Ormescheville l'indique) qu'il s'agissait de documents antérieurs à avril ou mai, date présumée alors du Bordereau, tandis qu'on suppose aujourd'hui qu'il s'agissait de documents postérieurs à juillet ; la date du Bordereau étant placée au mois d'août (1).

On ne saurait mieux dire. Et tout cela est resté aussi vrai aujourd'hui qu'en 1899. Pas un renseignement nouveau, pas une indication nouvelle ne sont fournis. Ce n'est partout que vide et fluidité, dès qu'on veut tâter le fond. C'est partout l'insaisissable éther des hypothèses psychologiques qui ne sont basées que sur la *teneur inconnue de documents inconnus;* bien plus ! qui écartent systématiquement la *teneur connue* du Bordereau dont elles torturent et transforment les termes pour leur faire dire le contraire de ce qu'ils expriment.

Comme par exemple lorsque le *frein hydraulique du 120,* qui désigne quelque chose de précis dans la langue technique, devient *le frein hydropneumatique du 120 court,* ce qui est dans cette même langue technique tout différent !

Comme encore lorsque les « *quelques renseignements intéressants* » dont parle le bordereau deviennent pour le général Roget « *des rapports officiels du Ministère de la guerre* » sans qu'il puisse donner de cette interprétation d'autre raison que sa propre supposition !

Et cette incertitude sur la nature des documents n'existe-t-elle pas par la même raison et à un degré plus grand encore, lorsqu'il s'agit d'apprécier la valeur de ces pièces ?

(1) Rapp. B. B., p. 142.

L'accusation soutient que ces pièces fournies par l'auteur du Bordereau, ces renseignements qu'elles contiennent, sont de la plus haute importance !

Qu'en sait-elle, puisqu'elle ne les a pas vues ? Bien plus ! toutes les données de l'information ne démentent-elles pas son appréciation sur ce point ?

1° L'attaché militaire B... disait au comte Tornielli que:

des quatre documents ; l'un était sans valeur ; que l'autre (évidemment la note sur Madagascar) avait peu de jours après paru dans un journal et que le troisième (sans doute la loi sur les pontonniers ou le manuel de tir, s'il avait été transmis) aurait pu être trouvé quelque temps après chez un libraire quelconque et B... ajoutait que ces documents ressemblaient bien plutôt à des documents d'amorçage, d'escroquerie qu'à des documents constituant une véritable trahison (1).

2° C'est ce qui résulte également d'une lettre de A... à B... dans laquelle celui-ci convenait que les renseignements fournis par l'auteur du Bordereau étaient souvent de peu de valeur (2).

3° C'est ce que Cuers disait au commandant Lauth, lorsqu'il lui racontait à Bâle que le correspondant d'A... était suspect et que la plupart de ses renseignements paraissaient faux ou falsifiés (3).

4° C'est ce que le colonel Schneider disait à M. Émile Picot, lui déclarant que :

parmi les documents du Bordereau il n'y en avait que deux qui avaient un intérêt : la note sur le frein et la note sur les formations de l'artillerie, les autres n'ayant été envoyées que pour grossir le paquet (4).

5° C'est ce que le prince Lichnoswski, ami personnel d'A... racontait à M. Gabriel Monod, A... lui ayant affirmé que les papiers mentionnés au fameux Bordereau dont on parlait tant n'avaient qu'une faible valeur (5).

Renseignements fournis par l'étranger, s'écrie-t-on ! c'est suspect ! soit !

6° Mais le colonel Henry est-il aussi suspect, lorsqu'il dit à M. Cavard, directeur de la Sûreté générale:

« Cela n'a pas un gros intérêt, les renseignements qui sont là dedans, sauf peut-être la note sur les troupes de couverture, et encore. » (6)

(1) E. c. I, 552.
(2) Rennes III, 425.
(3) E. c. I, 552. — Enq. Tavernier : déposition Lauth.
(4) Rennes III, 52.
(5) Cass. 318.
(6) E. c. I, 892.

7° M. le Président Casimir-Perier est-il suspect, lorsqu'il nous rapporte que le général Mercier, lui rendant compte de l'affaire, lui a dit que « les documents étaient sans grande importance » ? (1).

Ah! sans doute le général Mercier conteste! (2) Que ne nie-t-il quand un témoignage le gêne; ce n'est ni son serment, ni son honneur de soldat qui l'embarrassent:

Ce ne sont pas davantage ses propres déclarations à la *France militaire :*

> « Je n'hésite pas à vous affirmer, dit-il à son correspondant, qu'il n'y a pas eu une seule pièce détournée et que les documents livrés n'ont pas l'importance qu'on leur attribue. Le capitaine Dreyfus au cours de son stage n'a eu entre les mains et sous les yeux que des documents d'ordre secondaire » (3).

Le général Mercier nie donc. Mais M. Casimir-Perier affirme. Il est sûr de l'exactitude absolue de sa mémoire.

> Le général Mercier m'a dit, je l'ai même déclaré à Rennes, quand je lui ai témoigné mon inquiétude au sujet des documents livrés à une puissance étrangère, il m'a dit : « Ce sont des pièces sans grande importance, et en prenant quelques précautions on peut s'arranger pour qu'elles n'en aient aucune ; il suffit en effet de changer quelque chose dans la mobilisation et dans les rouages militaires pour que les pièces n'aient plus aucun intérêt » Je maintiens mon affirmation (4).

Vous choisirez, Messieurs, entre ces déclarations contradictoires, et je ne suis pas inquiet sur votre option.

Le général Roget s'élance, il est vrai, à la rescousse et rappelle la gravité des fuites signalées au Ministère de la guerre (5). Oublie-t-il donc qu'il s'agit précisément de savoir si les documents du Bordereau proviennent du Ministère, que c'est ce qu'il faut prouver et que rien ne permet de l'affirmer?

Il insiste et remarque que le destinataire du Bordereau n'était pas un homme à qui l'on pût adresser des documents sans valeur, sachant parfaitement ce qu'ils valent et capable de les apprécier (6).

Oublie-t-il donc que le Bordereau commence précisément par ces mots : « *Sans nouvelles de vous, m'indiquant que vous* « *désirez me voir, je vous adresse cependant...* », indiquant bien qu'A... tenait en piètre estime les renseignements déjà

(1) Rennes I, 150.
(2) Rennes I, 109. — E. c. I, 277.
(3) France militaire du 20 novembre 1894.
(4) E. c. I, 679.
(5) Rennes I, 265, 284.
(6) Rennes I, 285.

fournis et n'attachait pas grand prix à la continuation d'une collaboration peu fructueuse pour lui ?

Devons-nous davantage nous attacher à l'appréciation de M. Hanotaux, déclarant qu'il a considéré les documents du Bordereau comme d'une réelle importance ? Il suffira de retenir que ce qui pour lui, Ministre des Affaires Etrangères, donnait au Bordereau son intérêt c'était *la note sur Madagascar*, sans qu'aucune indication nous permette de savoir l'objet direct de cette note, et alors que celle-ci ne présentait assurément aucun intérêt pour la nation de A...

Aussi l'impression qu'elle a faite sur le Ministre des Affaires étrangères laisse-t-elle froid le commandant Bertin-Mourot. Pour lui, commissaire militaire du réseau de l'Est, « passionnément attaché à son service, il ne voyait que son « réseau autour duquel la terre tournait tout entière ». Pensez-y donc, Messieurs, « *c'est le robinet de l'armée!* » (1) et son robinet coule! Tout est perdu !

Qu'il se rassure ! Tout cela n'a, suivant le propos rapporté par le colonel Schneider, été envoyé que pour grossir le paquet, et Henry lui-même n'y voit qu'un mince intérêt !

N'est-il pas enfin curieux, j'allais dire amusant, d'entendre le général Mercier déclarer qu'il tient le manuel de tir pour le moins important des documents du Bordereau (2), quand l'auteur de ce Bordereau le présente au contraire comme le seul qui donne à sa communication sa véritable portée?

Concluons donc sur ce point, comme nous avons commencé. Rien ne nous permet en l'état de connaître la nature, d'apprécier la valeur des documents du Bordereau. Nous en sommes réduits à de pures hypothèses, à de simples suppositions, à un véritable jeu d'esprit évidemment dénué de toute force probante..

Est-ce, je le demande, pour le juge une base solide, qui puisse le rassurer, que cette base sans consistance qui varie avec les années, se modifie avec les circonstances, que cette trame illusoire qui prétend substituer des probabilités incertaines aux réalités mêmes que nous devons exiger impérieusement ?

Et combien cette inquiétude ne s'accroît-elle pas encore

(1) E. c. I, 545 et suiv.
(2) E. c. I, 293, 294.

lorsque nous voyons les arguments par lesquels l'accusation entend justifier ses hypothèses ?

Trois des documents du Bordereau sur cinq s'occupent de questions d'artillerie? c'est donc un artilleur qui a écrit le Bordereau. Une note sur les troupes de couvertures? Les études sur la couverture ne se font qu'à l'Etat-Major de l'armée. C'est donc un artilleur de l'Etat-Major, probablement un stagiaire.

Et c'est bien cela: car le Bordereau reproduit en ce qu'il a de technique le langage de la maison et s'adapte avec exactude aux travaux qui se sont faits cette année à l'Etat-Major.

Voilà tout le raisonnement de l'accusation dont, depuis l'origine, tous les témoins à charge n'ont cessé de répéter à l'envi le refrain !

Si l'on veut pourtant se donner la peine de raisonner quelque peu, comme toute cette ombre de dialectique va vite s'évanouir !

Un artilleur, l'auteur du Bordereau, parce que trois des documents sur cinq ont trait à l'artillerie?

Quoi ! Déterminer l'arme du traître par la majorité des pièces qu'il a dû livrer? Et qui nous dit que dans les envois précédents la proportion ne fût pas inverse? Est-ce la preuve que ces autres envois auraient été l'œuvre d'un fantassin, d'un cavalier ? C'est de l'enfantillage !

Un artilleur? l'auteur du Bordereau qui annonce que « le manuel de tir de l'artillerie de campagne » est extrêmement difficile à se procurer et qu'il ne pourra l'avoir à sa disposition que quelques jours, alors que tout officier d'artillerie n'a qu'à le demander pour l'avoir, alors que Dreyfus et tous ses camarades attachés à l'Etat-Major en avaient à leur absolue disposition deux exemplaires dans le bureau du capitaine de service.

Un artilleur? l'auteur du Bordereau, qui ne sait pas même la langue de l'arme à laquelle il appartient, qui parle de son *corps* pour dire son *régiment*, de *la fin des manœuvres* pour *la fin des écoles à feu*, du *frein hydraulique du 120* pour le *frein hydropneumatique du 120 court;* de la manière dont la pièce s'est *conduite,* quand tous disent dans l'artillerie « *s'est comportée* »; du « *manuel de tir de l'artillerie de campagne* » alors que le titre vrai est « *Manuel de tir d'artillerie de cam-*

« *pagne* »; et que l'erreur ainsi commise montre qu'il ne comprenait même pas ce titre et ne pouvait par suite être un artilleur.

Un artilleur ? l'auteur du Bordereau, qui ne sait pas même indiquer à son correspondant ce qui peut l'intéresser dans le manuel qu'il lui propose, et ne s'empresse pas de lui signaler qu'il introduit dans l'armée, en même temps qu'un instrument nouveau, la réglette de correspondance, le *réglage à la hausse*, en renonçant au *réglage à la manivelle* jusque-là seul en usage.

S'il a dit à son interlocuteur, officier d'infanterie, voyez ce qui vous intéresse dans ce manuel, c'est qu'il ne sait pas le premier mot d'artillerie, a dit le général Sébert (1).

Et cet auteur du Bordereau, si ignorant des choses de l'artillerie, ce serait Dreyfus que tous s'accordent à déclarer l'un des officiers les plus instruits de son arme, j'ajoute l'un des officiers dont la langue, la plume sont remarquables de netteté, de précision, de correction grammaticale, exemptes de tout germanisme, alors que le Bordereau, en quelques lignes, accumule les fautes, les incorrections, les tournures germaniques, que nous retrouvons du reste toutes dans les lettres d'Esterhazy ! (2).

Et quant à dire qu'un officier de l'Etat-Major de l'armée seul pouvait se procurer les renseignements que l'auteur du Bordereau a livrés, c'est de la pure fantaisie.

C'est oublier en premier lieu que rien n'établit que les documents vinssent du Ministère de la guerre.

Et le contraire fût-il prouvé (ce qui n'est pas), c'est oublier ce qui est démontré avec la dernière certitude, à savoir que les documents les plus confidentiels étaient à la disposition de tout un personnel de secrétaires d'Etat-Major, sous-officiers et même simples soldats qui, contrairement aux circulaires, mais *en fait* copiaient les minutes des ordres relatifs même à la couverture (3).

« Un officier du bureau, le capitaine Desprez, m'a dit un jour, dit le colonel Picquart : un agent étranger n'aurait qu'à confesser N (un secrétaire) et il saurait beaucoup de secrets » (4).

Et tout en rendant hommage à l'honorabilité de ces

(1) Rennes III, 175.
(2) Rennes III, 168, 252 et suiv.
(3) Rennes I, 395, 396.
(4) Cass. 124. Rennes I, 176.

hommes, dont rien ne m'autorise à suspecter la fidélité, je ne puis m'empêcher de rappeler les diverses affaires qui ont conduit devant la Justice Thomas en 1888, Boutonnet en 1891, Greiner en 1892 et motivé la condamnation de ces agents subalternes de la Guerre et de la Marine.

Tout cela doit nécessairement, me semble-t-il, nous mettre en sérieuse défiance, nous porter à exiger des preuves, non pas des suppositions plus ou moins vagues, mais de vraies preuves qui correspondent à la certitude matérielle de la peine dont le coupable sera frappé, mais qui ne saurait atteindre l'innocent.

Ces preuves, où sont-elles donc ?

Le général de Boisdeffre se refuse à les discuter devant vous (1). C'est commode, mais peu décisif.

Le général Mercier trouve aussi plus simple et plus rapide de nier votre compétence en fait d'examen technique, de nous rappeler qu'il est artilleur, général de division, ancien Ministre de la guerre. Et si quelqu'un de nous se permet d'opposer à son opinion celles des officiers tels que le général Sébert et le commandant Hartmann qui, à Rennes, se sont permis de ne pas partager son sentiment et de le démolir, pièces à l'appui,

Le général Sébert, le commandant Hartmann ! riposte dédaigneusement le général Mercier, ce sont des officiers très distingués sans doute, mais ce sont surtout des officiers de bureau nourris dans le sérail de la nomenclature ! (2).

De son côté, le général Deloye (qui, de son aveu même, ne sait rien, absolument rien des faits, qui veut ne se considérer que comme un expert venant dire son avis sur les prétendues impossibilités signalées par la Défense, sans vouloir en aucune façon se faire juge de celle-ci) (3), a été appelé à s'expliquer devant la Chambre criminelle sur diverses pièces inconnues du Conseil de guerre de Rennes, telles que les rapports de la Commission de Calais livrés à l'étranger dès 1892 par Greiner, l'espion de la Marine, diverses notes de la direction de l'artillerie ou les bulletins des questions à l'étude qui ont été retrouvés dans les archives du Ministère de la guerre et semblent contredire absolument les indications qu'il

(1) E. c. I, 483.
(2) Rennes I, 107. — E. c. I, 271, 277.
(3) Rennes III, 236 et suiv.

a fournies à Rennes. Le général Deloye a bien été obligé de reconnaître que les rapports livrés par Greiner (notamment), fournissaient déjà tout ce qu'il y avait d'utile sur le frein de 120 court. Il n'en a pas moins reproduit, en l'accentuant, toute sa discussion (1).

Mais, l'avouerai-je, au risque de me faire prendre une fois de plus en pitié par le général Mercier, je n'ai pas été convaincu par toute cette dissertation qui m'a paru en contradiction formelle avec le texte même des documents qui lui étaient opposés.

Il fallait en avoir le cœur net !

Incompétents ! nous le sommes. Sachons donc l'avis des égaux du général Mercier, du général Deloye ! Que des généraux, des généraux d'artillerie, que les chefs de l'armée viennent nous donner leur sentiment, nous éclairer de leurs lumières ! S'ils donnent raison à l'accusation, qui donc s'en plaindra de ceux qui, comme nous, ne cherchent que la vérité ? S'ils la condamnent, qui donc, de bonne foi, refusera de s'incliner ?

Et c'est ainsi que nous nous sommes adressé à M. le Ministre de la guerre, lui demandant de mettre la Cour en état de se prononcer en pleine connaissance de cause, de lui fournir tous les éléments d'une décision éclairée.

Et c'est ainsi qu'une commission a été composée de généraux, dont les titres vont, je suppose, donner toute satisfaction au général Mercier.

C'est le général de division BALAMAN, ancien Président du Comité technique de l'artillerie, le successeur du général Deloye, et son égal;

C'est le général de division VILLIEN, inspecteur permanent des fabrications de l'artillerie.

C'est le général de brigade SÉARD, ancien directeur de l'Ecole centrale de Pyrotechnie, ancien chef du matériel de l'artillerie au Ministère de la guerre.

C'est le général de brigade BRUN, hier commandant l'Ecole supérieure de guerre, aujourd'hui chef d'Etat-Major de l'armée, « le Boisdeffre du jour ».

Vous voulez des gens compétents, des spécialistes, je le

(1) E. c. I, 461 et suiv.

comprends, et je m'incline devant ceux qui ont été ainsi désignés.

Que nous disent-ils donc?

Ils ont examiné les quatre points qui rentraient dans leur spécialité:

Le frein hydraulique du 120,

Les formations de l'artillerie,

Le manuel de tir,

L'obus Robin.

Sur ces quatre points, ils ont *à l'unanimité* condamné les hypothèses du général Mercier, fait justice des explications du général Deloye.

« C'est bien mon rapport, dit le général Balaman; il y a
« eu à la commission unanimité pour la rédaction du rap-
« port, et il n'y a eu de discussion que sur des points de style.
« Nous étions tous d'accord (1). »

« C'est notre avis, dit le général Villien, il n'y a pas de
« doute pour nous (2). »

« J'approuve complètement les termes de ce rapport qui a
« été rédigé à l'unanimité, dit le général Brun (3). »

« J'atteste la parfaite conformité de ce rapport avec les
« décisions prises par mes collègues et par moi-même, dit le
« général Séard (4). »

Voyons donc ce rapport.

1º S'agit-il de la *note relative au frein hydraulique du 120 et à la manière dont la pièce s'est conduite?*

Le général Mercier soutenait qu'il ne pouvait être question du frein hydraulique du canon de 120 long ou de siège et place, mais seulement du frein hydropneumatique du 120 court (5), et le général Deloye, partant de cette même idée, disait que celui qui fournissait de tels renseignements ne pouvait être qu'un « gros seigneur » (6).

Leur opinion dénuée de toute preuve était combattue par le général Sebert, par le commandant Hartmann (7).

« Si l'on s'en tient au texte du Bordereau, répond la commission des

(1) E. c. I, 971.
(2) E .c. I, 974.
(3) E c. I, 975.
(4) E. c. II, 255.
(5) Rennes I, 118 ; II, 207.
(6) Rennes III, 236.
(7) Rennes III, 189.

généraux, on doit croire qu'il s'agit du canon de 120 long de siège et place qui a longtemps existé seul, et qu'on avait par suite l'habitude de désigner sous le nom de canon de 120 sans addition d'autre épithète. C'est de ce canon que l'expression *canon de 120* fait naître l'idée dans l'esprit de tout artilleur (1). Et l'expression : *Frein hydraulique* confirme cette idée, car le frein de 120 long était simplement hydraulique (2).

Sans doute, *si l'on part de l'idée que le Bordereau est écrit par un artilleur*, à l'esprit duquel il ne pouvait venir de prétendre renseigner personne sur le canon long de 120 et son frein hydraulique depuis long-temps universellement connus, on est amené à penser qu'il ne peut, *malgré l'impropriété des termes*, être question que du 120 court et du frein hydropneumatique. Mais la justesse de cette interprétation est loin d'être démontrée.

Comment en effet, si l'auteur était un artilleur, eût-il négligé d'être plus précis? Il n'était pas indifférent d'employer des termes exacts. L'introduction du 120 court à frein hydropneumatique dans notre artillerie de campagne avait la plus sérieuse importance. C'était une nouveauté des plus caractérisées. Comment expliquer qu'un traître, livrant sa réalisation, ait pu négliger les expressions mêmes qui en étaient comme l'étiquette?

Les marchands n'ont pas l'habitude de déguiser de bonnes marchandises sous des appellations qui les déprécient. Si cependant cela se produit, on peut être certain qu'il s'agit de marchandises de hasard, dont ils ignorent la valeur.

Et les généraux d'en conclure avec le bon sens qu'il paraît presque impossible d'admettre que la phrase qui se rapporte au frein hydraulique de 120 ait été écrite par un artilleur (si elle s'applique au frein hydropneumatique du 120 court) (3).

Etait-il du reste, dans cette hypothèse difficile, *impossible* (on est allé jusque-là) à un officier quelconque de se procurer des renseignements suffisants pour faire une note sur le 120 court et son frein?

Tout au contraire, affirme la commission des généraux, chacun avait à sa disposition jusqu'à six ordres de documents fournissant à ce moment même des renseignements intéressants, utiles, jusqu'à des dessins schématiques du frein et de sa pompe de rechargement:

1° C'étaient les rapports 1 et 2 de la Commission de Calais du 7 janvier 1890, tirés à 20 exemplaires communiqués aux officiers;

2° C'était le bulletin n° 9 des questions à l'étude du 1er mai 1899, tiré à 130 exemplaires, non confidentiel;

(1) E. c. I, 958.
(2) E. c. I, 959.
(3) E. c. I, 959.

3° C'étaient les cours des écoles de Fontainebleau et de Versailles;

4° C'était une conférence de St-Cyr;

5° C'était une brochure autographiée du 26° d'artillerie de février 1894, point confidentielle;

6° C'était le règlement provisoire envoyé à tous les corps d'armée en avril et mai 1894 à 300 exemplaires non numérotés, point confidentiel.

En dehors de ces documents écrits que tout officier pouvait se procurer, que de renseignements ne pouvait-il y ajouter, soit recueillis *de visu*, soit puisés dans des conversations échangées avec des camarades ayant assisté aux manœuvres à Calais, à Bourges, à Poitiers, à Châlons, aux exercices de tir du 120 court, qui avaient eu lieu non seulement devant les officiers d'artillerie, mais même devant les autres officiers de la garnison invités à y assister.

Et à ce sujet, une parenthèse n'est pas inutile, qui prouve bien l'état d'esprit de certains officiers qui se sont constitués les témoins à charge contre Dreyfus.

L'accusation avait prétendu que les précautions les plus sévères avaient été prises pour écarter tous les témoins, même les officiers, des batteries de 120 court. Elle avait notamment fait grand état de la déposition du capitaine Le Rond (1), qui, officier d'ordonnance du général Thiou, directeur des manœuvres, avait déclaré que le général tenait expressément à ce qu'on n'approchât pas des batteries, à ce point qu'un jour il avait été envoyé au galop de son cheval auprès de trois colonels d'artillerie, appelés pourtant à suivre officiellement les manœuvres, pour leur rappeler la volonté du général.

Cette déposition avait paru singulière. Quoi! L'on convoque des officiers pour voir, et on leur défend de regarder? C'est peu logique!

Le capitaine Le Rond était de plus contredit catégoriquement par divers témoins, notamment par M. Bruyerre, sous-lieutenant de réserve du 29° d'artillerie, qui affirmait que non seulement on n'éloignait pas les officiers, mais qu'ils avaient reçu l'ordre d'assister aux exercices, qu'il en était ainsi des officiers de toutes armes, qu'il avait ainsi vu six officiers supérieurs d'infanterie, un de cavalerie, assistant aux tirs du

(1) Rennes III, 117.

120 court dans les mêmes conditions qu'au tir du 80 et du 90 (1).

Le capitaine Le Rond était contredit non moins vivement par le capitaine Carvallo, qui avait entendu maintes fois, aux écoles à feu, le directeur de la manœuvre dire à des officiers étrangers à la batterie: « Messieurs, je vous en prie, allez causer plus loin! » (2), ce qui prouve qu'ils étaient là, et que le capitaine Le Rond exagérait singulièrement l'importance de sa prétendue mission.

Sur ce point encore, l'enquête nouvelle a apporté un élément nouveau qui remet définitivement les choses au point.

Ecoutez le général Balaman qui, spectateur, assistait aux manœuvres de Châlons en août 1894. Le 13 juin 1904, je rappelle au général Balaman la déposition du capitaine Le Rond, l'ordre qu'il prétendait avoir reçu et transmis; je lui demande:

Pouvez-vous nous indiquer les ordres qui avaient été donnés et quelle était leur raison d'être ? (3).

A mon avis, répond-il, il n'a été donné au moins à nous, officiers supérieurs suivant les manœuvres, aucun ordre en ce sens... *Les ordres passaient par moi*, et je n'ai jamais vu l'indication que nous ne devions pas regarder les canons de 120 court. J'avoue que cet ordre nous aurait paru bien singulier. Voilà des officiers qu'on envoyait à Châlons pour y voir ce qui s'y passait et suivre toutes les choses intéressantes : une des choses intéressantes, c'était le canon de 120 court. Si on nous avait défendu de le regarder, nous aurions trouvé cela prodigieux. *Cet ordre n'a jamais été donné.*

Quant à ce qu'a dit le capitaine Le Rond, il a fait une confusion. Dans les manœuvres les batteries prenaient des positions différentes ; avant le feu proprement dit, on envoyait des reconnaissances faites par des officiers; comme nous étions en spectateurs, il est arrivé que nous troublions un peu la manœuvre, parce que nous arrivions sur la position avant la reconnaissance, de sorte qu'elle ne se rendait pas bien compte de ce qui se passait ; on nous a interdit alors de devancer les batteries sur les positions... Le capitaine Le Rond a peut-être été envoyé pour faire circuler des officiers, et il aura attribué cela au canon de 120 court. De là peut venir son erreur ; mais ce qu'il a dit ou du moins son interprétation n'est pas conforme à la réalité (4).

C'est ainsi, Messieurs, que tout se déforme dans cette affaire. Dieu merci, il suffit d'y regarder de près pour que la vérité se redresse.

Revenons au rapport de la commission des généraux et concluons avec elle de tous ces détails:

(1) Rennes III, 145.
(2) Rennes III, 157.
(3) E. c. I, 971.
(4) E. c. I, 972.

qu'il était possible (on peut même dire), facile pour un grand nombre d'officiers, artilleurs ou non, de se procurer les moyens de former une note donnant des renseignements intéressants sur le canon de 120 court et son frein hydropneumatique (1).

Est-ce à dire que les documents qu'on pouvait ainsi se procurer fussent assez complets, assez précis, pour permettre de construire un frein hydropneumatique·pareil à celui de 120 court?

Assurément non! et rien n'autorise à penser que le secret ait été livré, ce qui n'eût pu être que le fait d'un attaché à l'Etat-Major agissant à l'aide de complicités dont aucun indice n'a été découvert.

Et le texte du Bordereau prouve lui-même qu'il ne s'agissait que d'une simple « *note* », donnant peut-être dans l'esprit de son auteur des renseignements « intéressants », mais ne pouvant permettre en aucune façon la construction de l'engin secret, qui EN FAIT *n'a pas été reproduit à l'étranger*, d'une note en un mot qui pourrait être faite par un officier quelconque, et non pas seulement par un artilleur attaché à l'Etat-Major comme Dreyfus.

Quant à l'expression du Bordereau: « *La manière dont la pièce s'est* CONDUITE », la commission fait observer que d'habitude dans l'artillerie, on dit: « *s'est comportée* ». Aucun des généraux n'a le souvenir d'avoir entendu dire « *conduite* ». Pour mieux éclairer la question, ils ont fait du reste vérifier trente rapports pris *au hasard* dans les archives des Commissions de Calais et de Bourges chargées des essais du matériel depuis longtemps. On y a trouvé quinze fois l'expression « *se comporte, s'est comportée* », pas une fois « *s'est conduite* ».

On peut dire, en concluent-ils, que l'expression « *s'est conduite* » serait dans la bouche et surtout sous la plume d'un artilleur une expression tout à fait anormale (2).

Et quelle force ce petit fait ne prend-il pas, quand on se souvient que Dreyfus, artilleur des plus instruits, à la langue et à la plume d'une extrême correction, n'a jamais vu tirer le 120 court, tandis qu'Esterhazy, officier d'infanterie à la plume incorrecte, était à Châlons en 1894, lors des exercices des batteries du 120!

Je pense que, sur ce premier point, il ne saurait plus y

(1) E. c. I, 961.
(2) E. c. I, 961.

avoir le moindre doute dans l'esprit de personne. L'hypothèse de l'accusation, les suppositions du général Mercier et de sa phalange ne reposent sur rien; elles sont contraires non seulement à la vraisemblance, mais aux faits mêmes qui ont pu être constatés .

2° S'agit-il de la « *note relative aux formations de l'artillerie* ».

On ne s'entendait pas sur le sens de ce mot « *Formations* », et, pour prendre l'expression du général Roget, « *tout le « monde a d'abord pataugé* » (1).

L'auteur du Bordereau entendait-il par ce mot: « *La dis-« position des troupes pour marcher, manœuvrer ou com-« battre?* » ou bien voulait-il désigner « *la création d'unités nouvelles, de batteries nouvelles en temps de paix?* » ou mieux encore, avait-il employé ce mot dans le sens spécial qui, nous le dit le général Roget lui-même, n'est guère employé qu'à l'Etat-Major de l'armée et au 3° bureau, et qui désigne « *la « répartition des unités d'une arme dans les divisions et les « corps d'armée au moment de la mobilisation? (2).* »

Vous comprenez bien que, du moment où le général Mercier veut prouver que le Bordereau est l'œuvre de Dreyfus, c'est ce dernier sens qu'il adopte.

Et c'est en effet ce qu'il a fait, en s'appuyant sur ce que cette seule question intéressait l'étranger, et sur cette circonstance qu'une circulaire secrète aurait été envoyée à ce sujet, le 4 juillet 1894, au colonel Mercier-Milon dans les mains de qui Dreyfus avait dû la voir.

Le général Deloye, tout en faisant observer que « pour « savoir d'une façon certaine et précise les formations dont il « s'agissait dans la note du Bordereau, il faudrait voir la « pièce », ne trouvait cependant aucune impossibilité à l'hypothèse du général Mercier.

Mais, répondaient le colonel Hartmann, le général Sébert, pourquoi voulez-vous qu'il en soit ainsi? Parce que vous partez d'un point de départ que vous supposez prouvé, alors qu'il ne l'est aucunement. Pourquoi ne pas préférer à cette acception du mot *Formations* que vous reconnaissez vous-mêmes inusité, si ce n'est au 3° bureau de l'Etat-Major, le sens

(1) Rennes II, 290.
(2) Rennes II, 290.

courant normal, que tout le monde peut employer et qui
s'adapte tout aussi bien à l'expression du Bordereau? Pourquoi, si ce n'est que vous êtes de parti pris et que vous prenez
vos suppositions, dont rien n'établit la vérité, pour des certitudes démontrées par votre seule affirmation? si ce n'est
parce qu'en un mot, sur ce point comme sur tous les autres,
vous procédez toujours par pétition de principe, et résolvez
la question par la question même?

Qu'est-ce qui prouve en outre que Dreyfus ait connu votre
circulaire du 4 juillet 1894?

Il le nie, et il est établi qu'il a raison, car cette circulaire
envoyée au colonel Mercier-Milon a été émargée par tous les
officiers qui en ont eu communication; elle ne porte pas
l'émargement de Dreyfus; c'est donc qu'il ne l'a pas vue (1).

La circulaire du 4 juillet 1894 peut-elle du reste servir de
trait d'union entre la dépêche et le Bordereau, sous prétexte
que le mot de « *Formations* » y serait appliqué dans le sens
de *formation* de campagne de l'artillerie?

Si vous voulez bien vous reporter au texte de cette dépêche, vous dit
le commandant Hartmann, vous constaterez que le mot *Formation* n'y
a nullement la signification de *Formations de campagne de l'artillerie*,
ni celle de *Répartition des unités de l'arme dans les divisions et les corps
d'armée*. Bien mieux! le mot « *Formations* » n'y est même pas appliqué
à l'artillerie (2).

Tels étaient les arguments en présence. Qu'en pense la
commission des généraux?

Pour soutenir, dit-elle, que le mot: *Formations* se rapporte
aux unités techniques formées à la mobilisation, le général
Mercier s'appuie sur le dossier du Ministère de la guerre relatif à la question de la mobilisation. Or

il est tout d'abord à remarquer qu'aucune des pièces du dossier indiqué
n'a pour titre : « *Formation de l'artillerie* ». Le titre est tantôt *Mobilisation des régiments d'artillerie*, tantôt *Organisation de l'artillerie dans
le plan de 1895*. Un traître qui aurait pu livrer cette organisation n'aurait
certainement pas manqué de l'indiquer bien clairement et de le faire
sonner bien haut. Personne n'ignore quelle extrême importance on
attache à juste titre à tout ce qui se rapporte au plan de mobilisation.
Est-il vraisemblable que le traître ait employé l'expression tout à fait
modeste de « *formations* », sans souffler mot ni de la *mobilisation* ni du
plan de 1895, lorsque les titres des documents eux-mêmes étaient formés
de ces mots infiniment plus imposants ? De plus, en dévoilant une partie
si importante de la mobilisation générale, il aurait fourni un renseigne-

(1) Mornard, p. 129.
(2) Rennes III, 207.

ment d'une importance telle qu'il n'eût pas un instant senti le besoin de corser son envoi, de battre les buissons pour réunir un assemblage disparate de documents quelconques, comme l'a fait l'auteur du Bordereau. s'efforçant visiblement de remplacer la qualité par la quantité.

Cette acception du mot *Formations* doit donc être rejetée.

Reste la seconde interprétation qui se rapporte à la disposition des divers éléments d'une troupe les uns par rapport aux autres dans les manœuvres: « Formation en bataille, en colonne ».

Rappelez-vous, Messieurs, que les régiments de la 3e brigade d'artillerie étaient chargés d'essayer à Chalons en juillet-août 1894 un projet de revision du règlement sur les manœuvres de batteries attelées.

Examinez alors ce document dans sa partie relative aux manœuvres de guerre, et soit pour la batterie, soit pour le groupe de batteries de guerre, soit pour les manœuvres de ces groupes, soit pour les sections de munition et de parcs, partout vous allez retrouver ces expressions: *formation de la batterie de guerre, formation de rassemblement, formation de marche, formation préparatoire du combat, formation de combat, formation sur le champ de bataille* (1).

Supposez maintenant au camp de Châlons un officier, artilleur ou non, en quête de documents à livrer, de nouveautés. Le règlement des manœuvres d'artillerie est une nouveauté ! Il est journellement mis en œuvre sous ses yeux. Le texte est sous ses yeux, sous sa main, court, facile à copier !

Faisant son envoi, ne va-t-il pas naturellement employer ce mot : *Formation d'artillerie* vingt fois répété comme titre des paragraphes.

On reconnaîtra, ajoute la commission, que cette hypothèse prend un singulier caractère de probabilité, si l'on veut bien remarquer que les trois nouveautés essayées au camp de Châlons en 1894 étaient le manuel de tir, le canon de 120 court (et le canon de 120 long a été tiré aussi à Châlons avec son frein hydraulique), le projet de règlement sur les batteries attelées, nouveautés qui se trouvaient ainsi faire justement l'objet des trois notes du bordereau se rapportant à l'artillerie (2).

Je crois encore que sur ce point la lumière est pleinement faite. Remarquez du reste que, pas plus ici qu'ailleurs, l'accusation n'a fait la preuve que Dreyfus ait été en état de fournir

(1) E. c. I, 962.
(2) E. c. I, 963.

les renseignements auxquels le général Mercier rattache le Bordereau.

Le général Mercier a bien essayé de le faire en produisant à Rennes une lettre du général Lefort du 20 juillet 1899, rapportant qu'en juillet ou août 1894, il avait eu sur la plateforme du tramway de l'Alma à la gare de Lyon une conversation avec Dreyfus au sujet des changements qui venaient d'être apportés à la mobilisation des régiments d'artillerie, sans que d'ailleurs le général soit entré dans les détails et ait donné des indications précises (c'est lui qui le dit) (1).

Le général Mercier en conclut qu'il est incontestable que Dreyfus *a pu* avoir et a eu connaissance des documents relatifs aux formations de l'artillerie. Comment se fait-il alors, ajoute-t-il, que, dans un de ses interrogatoires de 1894, Dreyfus ait nié avoir jamais eu connaissance des modifications aux formations de l'artillerie ?

Une fois de plus, Messieurs, voilà le même système d'équivoque et de travestissements cher au général Mercier !

Il suffit pour en faire justice de lire l'interrogatoire même auquel il est fait allusion. Est-il vrai, comme le dit le général Mercier, que Dreyfus ait nié avoir jamais eu connaissance des modifications aux formations de l'artillerie ? Écoutez !

Quand, lui demande M. du Paty le 20 octobre 1894, quand avez-vous eu connaissance des nouvelles formations de l'artillerie de campagne par suite de la suppression des pontonniers?

R. — J'en ai eu connaissance par les racontars et les conversations (il ne nie donc pas !)

D. — Connaissez-vous la nouvelle mobilisation de l'artillerie de campagne ?

R. — Non, je connaissais *à fond* l'ancienne mobilisation de l'artillerie de campagne, ayant eu à m'occuper de cette question au premier bureau (2).

Ainsi « je connaissais à fond l'ancienne organisation: la nouvelle, je la connais seulement par les racontars et les conversations. » Voilà ce dont le général Mercier fait une dénégation systématique ! Ce que Dreyfus a dit à M. du Paty, il l'a toujours répété; et il l'a dit dès le 20 octobre 1894, et non pour se mettre d'accord avec la lettre du général Lefort qui n'est venue que cinq ans plus tard, le 20 juillet 1899.

C'est cette réponse si simple, si nette, si conforme aux

(1) Rennes I, 124, 125.
(2) E. c. II, 400.

fait vérifiés que le général Mercier travestit. Voilà la légende des dénégations systématiques, comme pendant à la légende des aveux. C'est toujours la même tactique, le même mot d'ordre, les mêmes armes ! J'ai la certitude qu'ils ne sauraient conduire qu'au même résultat négatif.

Mais poursuivons l'examen du rapport de la commission des généraux.

3° Après le frein hydraulique du 120, après les formations de l'artillerie, il s'occupe du « *Projet de manuel de tir de l'artillerie de campagne* ».

Nous aurions pu sur ce point nous en tenir à cette déclaration du général Mercier lui-même :

> J'aborde, disait-il à Rennes le 12 août 1899, la discussion du manuel de tir. J'en dirai très peu de mots parce que la discussion ne peut donner que des résultats assez confus, en raison du très grand nombre des exemplaires qui ont été distribués à ce moment et que de plus, puisque le manuel de tir n'a pas été livré par le fait même du texte du Bordereau, il ne constitue pas un fait de trahison proprement dit (1).

De l'aveu même du général Mercier, tout n'est donc sur ce point que confusion ! Et il n'y a pas eu de trahison, le manuel n'ayant pas été livré !

N'en disons donc plus rien, serait-on tenté de dire !

Mais si le général Mercier lâche pied sur ce point, d'autres resaisissent l'argument et y insistent. C'est le général Roget, c'est le colonel Jeannel, c'est le général Deloye.

Voyons donc ce qu'on oppose à Dreyfus.

Il a toujours soutenu qu'il n'avait jamais eu en main le projet de manuel dont il s'agit. Il l'a toujours dit, et le général Roget déclare qu'il aurait pu « *sans le moindre inconvénient* » reconnaître qu'il l'avait eu à sa disposition. Pourquoi donc l'eût-il nié inutilement si ce n'eût été vrai ? (2)

On lui oppose cependant le témoignage du lieutenant-colonel Jeannel qui prétend lui avoir communiqué pendant deux ou trois jours le manuel. Dans quelles conditions? à quelle époque? il ne peut préciser. Mais il avait reçu de ce manuel deux exemplaires dans le courant de mai ou juin 1894. Il ne peut se rappeler quand Dreyfus est venu le lui demander, ni s'il était alors ou non de son bureau (3).

(1) Rennes I, 117.
(2) Cass. 42, 43.
(3) Rennes II, 77.

C'est bien vague !

Dreyfus nie absolument le fait. Il n'en a gardé aucun souvenir et il a ajouté :

Je suis convaincu de la bonne foi du colonel Jeannel; mais il est pour moi certain que ses souvenirs doivent le tromper. Il a rappelé qu'au mois de février ou mars 1894, alors que j'étais au deuxième bureau, et que je m'occupais d'une étude sur l'artillerie allemande, nous avons parlé de cette étude ; je lui ai même soumis mon travail ; car j'estimais que le colonel Jeannel avait une compétence plus grande que la mienne. *Je lui ai demandé à ce moment-là le manuel de tir de l'artillerie allemande, et c'est peut-être là la cause de la confusion qui s'est faite dans son esprit* (1).

Est-ce vrai ? Le colonel ne s'en souvient pas. Dreyfus insiste. On recherche dans les bureaux du Ministère et l'on retrouve le travail fait par Dreyfus sur l'artillerie allemande. *Il est au dossier* (2).

Que reste-t-il de tout cela dans ces conditions, sinon la certitude de la confusion qui s'est faite dans l'esprit du colonel Jeannel, qui avait, il le reconnaît, prêté le manuel à plusieurs officiers, mais qui se trompe, quand il croit l'avoir prêté à Dreyfus à qui il n'a prêté que le manuel allemand !

Pourquoi en effet Dreyfus se serait-il adressé au colonel Jeannel pour se procurer le manuel de 1894 ?

C'est, dit l'accusation, qu'il était très difficile de se le procurer et le Bordereau en donne la raison.

Ce dernier document est très difficile à se procurer, et je ne puis l'avoir à ma disposition que très peu de jours. Le Ministre de la guerre en a envoyé un nombre fixe dans les corps, et ces corps en sont responsables ; chaque officier détenteur doit remettre le sien après les manœuvres.

Et à l'envi les témoins à charge, le général Mercier, le général Deloye de soutenir que le projet de manuel de 1894 était *confidentiel* (3) ainsi que le portait l'original produit devant le Conseil de guerre (4).

Mais tout aussitôt le contraire était établi par de nombreuses dépositions.

C'était le colonel Picquart qui soutenait que le document n'avait rien de confidentiel (5).

(1) Rennes II, 82.
(2) Rennes II, 83.
(3) Rennes I, 117, 118 ; III, 66, 227.
(4) Rennes III, 22.
(5) Rennes I, 391.

C'était le sous-lieutenant Bruyerre (dont la déclaration était depuis confirmée par une lettre du général Leclerc à la Direction d'artillerie, lettre du 19 avril 1899, que le général Deloye s'est bien gardé de communiquer au Conseil de guerre de Rennes, et que nous avons retrouvée dans ses archives) (1) qui racontait que le manuel était si peu confidentiel qu'au 29ᵉ d'artillerie, on l'avait tiré à la presse régimentaire et distribué aux sous-officiers, même à de simples soldats (2).

C'était le capitaine de Fonds Lamothe, ancien camarade de bureau de Dreyfus, qui apprenait qu'en 1894 il y avait à l'Etat-Major dans le bureau du capitaine de service deux exemplaires du manuel à la libre disposition des officiers, donc de Dreyfus (3).

C'était le commandant Hartmann qui affirmait que le projet avait été tiré à plus de *3.000 exemplaires* non numérotés et que tous les officiers pouvaient se le procurer (4).

Que croire au milieu de toutes ces contradictions?

La commission des généraux va nous le dire, Messieurs:

Le projet de manuel de tir était-il confidentiel ? C'est ici qu'il faut distinguer soigneusement entre la théorie et la pratique, entre la lettre et l'esprit. Le bordereau d'envoi émané de la 3ᵉ direction portait bien la rubrique « *Confidentiel* »; mais il ne semble pas que le mot soit arrivé à tous les échelons de la hiérarchie. En tout cas le manuel lui-même ne portait pas cette indication et aucun exemplaire n'en était numéroté. Il n'est même pas exact, contrairement à ce que dit le Bordereau, qu'il dût être retiré après les manœuvres. On l'a retiré, paraît-il, sans qu'on en saisisse bien la raison (à laquelle l'affaire Dreyfus ne peut pas être étrangère), lorsqu'on l'a remplacé par le manuel de 1895.

Quoi qu'il en soit, le projet de manuel de 1894, dont plus de deux mille exemplaires avaient été envoyés par la troisième direction, ne pouvait être confidentiel. Il devait en effet servir aux écoles à feu, et par suite être l'objet d'instructions faites non seulement aux officiers de l'armée active, mais aussi à ceux de réserve qui, tous les ans, sont appelés en grand nombre à cette époque, et même aux sous-officiers que l'on doit exercer à remplir les fonctions de chefs de section. Du reste on avait un peu abusé dans les divers services de la Guerre du mot *confidentiel*, tellement qu'il avait fallu introduire ensuite les mots *très confidentiel*, *confidentiel numéroté*, et enfin le mot *secret*.

L'usage de ces diverses expressions n'avait pas manqué de beaucoup affaiblir la valeur première du mot *confidentiel*. Aussi cette qualification appliquée à un document non numéroté aussi banal que les nombreux manuels de tir, qui, à cette époque, se succédaient régulièrement d'année en année, ne pouvait-elle avoir qu'une importance assez médiocre. Cela

(1) E. c. I, 65, 66.
(2) Rennes III, 146 ; E. c. I, 66.
(3) Rennes III, 287, 296.
(4) Rennes III, 211.

est si vrai que, dans un régiment au moins, le 29ᵉ d'artillerie, on n'avait pas hésité à faire autographier le projet de 1894 par la presse régimentaire. Il semble qu'il y ait été distribué à profusion, même aux sous-officiers ; car l'exemplaire parvenu à la commission porte la suscription : *Maréchal des logis fourrier.*

Bien rares eussent été les officiers disposés à refuser la communication ou même le prêt de leur manuel à un officier d'une autre arme, et surtout aux officiers supérieurs convoqués pour assister aux écoles à feu; ces officiers n'y viennent pas seulement pour voir les effets des projectiles, mais aussi pour se rendre compte de la plus ou moins grande facilité de réglage, du temps qu'il exige, et par suite des règles de tir.

Les difficultés signalées par l'auteur du Bordereau indiquent seulement qu'ici au moins il a voulu faire valoir sa marchandise. Si par hasard il avait été sincère, en s'imaginant des difficultés qui n'existaient pas, il faudrait simplement en conclure qu'il se faisait une idée bien imparfaite des habitudes de l'artillerie, de la préparation et du fonctionnement des écoles à feu (1).

C'est ce que nous avait dit le général Sébert, vous vous en souvenez. L'auteur du Bordereau ne signale même pas à son correspondant la réglette de correspondance, cet instrument nouveau à l'aide duquel la méthode de réglage au tir va être changée. C'est qu'il ne sait pas le premier mot de l'artillerie ! (2)

Ainsi donc le projet de manuel de tir n'était pas confidentiel. Non seulement il n'eût existé pour Dreyfus aucune difficulté pour se le procurer, mais il n'avait qu'à tendre la main pour le prendre ; il l'avait à sa libre disposition. Artilleur instruit, il était mieux que personne en mesure d'en signaler tous les points intéressants, toutes les nouveautés.

A aucun point de vue il n'a donc pu écrire la phrase du Bordereau, qu'on lui impute contre tout bon sens.

Et tandis que le Bordereau prouve que celui qui l'a écrit est ignorant des choses de l'artillerie, nous verrons qu'Esterhazy étonnait ses interlocuteurs par son ignorance des choses élémentaires de l'arme. Le Bordereau atteste que son auteur se propose d'emprunter le manuel dans le corps où cela est difficile, dit-il, parce que chaque officier en est responsable. Et voici que, dans la première quinzaine d'avril 1894, Esterhazy demande au lieutenant d'artillerie Bernheim de lui prêter son manuel de 1894.

Je lui répondis, dit le lieutenant, que je ne pourrais pas lui envoyer le manuel, *parce que je m'en considérais comme personnellement responsable* (3).

(1) E. c. I, 964.
(2) Rennes III, 175.
(3) Rennes III, 141.

Et c'est l'explication même que le Bordereau donne de la prétendue difficulté que son auteur rencontre à se le procurer !

Pourquoi insister davantage sur ce point ?

Non ! l'accusation n'a rien prouvé contre Dreyfus ; toutes ses hypothèses ne reposent que sur le vide, ne sont justifiées par rien ; elles se heurtent à d'autres hypothèses infiniment plus naturelles, plus conformes aux faits, plus vraisemblables, par suite infiniment plus acceptables.

Qui donc oserait jamais sans un parti pris monstrueux s'en armer contre l'accusé ?

La commission des généraux ne s'est occupée que de questions techniques concernant l'artillerie (nous reviendrons tout à l'heure sur la partie de son rapport relative à *l'obus Robin).*

Elle n'a pas traité de la note sur les troupes de couverture, de la note sur Madagascar, de la phrase finale: « *Je vais partir en manœuvres* ». Sur ces divers points il n'est pas en effet besoin de lumières spéciales et les pièces seules suffisent à tout homme raisonnable pour se faire une opinion.

Voyons donc ce que l'accusation a prétendu en tirer contre Dreyfus, et ce que vaut son argumentation, à ce triple point de vue.

3° *Une note sur les troupes de couverture (quelques modifications seront apportées par le nouveau plan)* nous dit le Bordereau.

C'est la pièce capitale pour le commandant Bertin-Mourot (1). Rien que la phrase sur les troupes de couverture lui donne sa marque d'origine certaine, a dit le général Roget (2). Et suivant M. Cavaignac, en ce qui concerne la note sur les troupes de couverture, le Bordereau contient lui-même, par lui seul, indépendamment des documents qui y sont joints, un acte de trahison fondamental et funeste (3).

Pourquoi ?

C'est le général Mercier qui va nous le dire, en affirmant que « nous allons nous trouver en présence d'une discussion qui va faire ressortir nettement, *brutalement*, que la trahison a été préparée dans le Ministère même (4).

(1) E. c. I, 345.
(2) Rennes I, 245. E. c. I, 606.
(3) Rennes, I. 185-187.
(4) Rennes I, 126.

Au commencement de 1894, le Conseil supérieur de la guerre avait, sur son initiative, décidé un nouveau groupement des troupes de couverture, et ces modifications avaient été mises en vigueur à partir du 1er mars 1894. Mais ce ne devait être que *provisoire*, à cause du nouveau plan général qui devait contenir un dispositif spécial pour les troupes de couverture. Et la note du Bordereau *a dû* se référer à ce règlement provisoire qui a été livré à l'impression le *30 août*, pour être mis en vigueur du 1er octobre suivant (1).

C'est toujours, vous le voyez, le même système de raisonnement, la même pétition de principe. C'est ainsi, parce que nous voulons que Dreyfus soit coupable et que cette supposition nous permet de l'affirmer. Mais, encore une fois, personne ne sait ce que c'est que cette note du Bordereau.

Je dois déclarer quant à moi, disait le commandant Cuignet lui-même, que j'ignore ce que l'auteur du Bordereau a pu envoyer comme renseignement à son correspondant (2).

Tout officier peut faire une note sur les troupes de couverture plus ou moins complète, intéressante, exacte, mais enfin une *note!* Que de documents n'a-t-il pas à sa disposition à ce sujet? Ce sont les journaux militaires, tels que « *le Journal des sciences militaires* », qui, dans son numéro de mai 1894 publie une « *étude sur le 6e corps et les troupes de couverture* », y donne les renseignements les plus circonstanciés sur la couverture de ce corps et propose quelques modifications. Ce sont les conversations quotidiennes du camp de Châlons avec les officiers des régiments frontières. Et Esterhazy est là, qui cause et qui écoute. Ce sont les documents mêmes qu'un major, comme lui, a dans les mains pour son propre régiment, et peut aisément se procurer pour tous ceux de sa division (3).

Le général Mercier fait fi de tout cela. Il veut à tout prix que la note fournie par l'auteur du Bordereau soit rigoureusement exacte, soit conforme aux documents les plus secrets, qu'elle dévoile tout le mystère de la couverture, telle qu'elle est constituée. Il a commandé trois ans une division de couverture; il peut certifier que seul son chef d'Etat-Major était au courant de certaines choses, et encore! pas du quart des documents secrets! (4).

(I) Rennes I, 126 et suiv.
(2) Cass. 242.
(3) Cass. 376.
(4) Rennes I, 129, 130.

Rien de mieux ! qui le contredit ?

Mais qui nous dit que la note du Bordereau fût rien de semblable, que ce ne fût pas un simple. exposé de ce qui se dit, de ce qui s'écrit, des indiscrétions plus ou moins fondées qui se colportent ? Est-ce que ce n'est pas aussi vraisemblable, tout aussi raisonnable que ce qu'affirme sans preuve le général Mercier ?

Comment donc Dreyfus se fût-il procuré d'ailleurs ces documents absolument secrets, qui lui eussent été nécessaires pour faire la note telle que l'imagine le général. Mercier ?

La note, nous dit celui-ci, s'appliquait au dispositif nouveau qui fut communiqué aux corps d'armée le 17 octobre, et dont *l'impression* avait commencé le *30 août sous la surveillance de Dreyfus.* Or celui-ci, par une inadmissible erreur, et pour se procurer sans doute la facilité de conserver une ou plusieurs épreuves annulées, avait fait faire ce travail au *service intérieur,* au lieu de le faire faire au service géographique. Voilà la prétention du général Mercier !

Elle est de tous points controuvée et je ne crois pas qu'il soit difficile de l'établir, ni même, comme semble le penser votre Rapporteur, qu'il y ait quelque imprudence à chercher à vous le faire comprendre. Il suffit de lire les pièces et de réfléchir, et ce point ne précise rien de technique.

1° Il est inexact que Dreyfus ait été chargé de faire imprimer le dispositif visé par le général Mercier.

Ce qui lui a été confié pour l'impression, c'était uniquement des notes sur la constitution des approvisionnements des troupes de couverture et le commandant Cuignet reconnaît lui-même que

cette instruction sur la constitution des approvisionnements des troupes de couverture ne contient pas à beaucoup près des renseignements précis et détaillés sur la couverture... Uniquement destinée en effet aux services administratifs, elle se borne à indiquer pour chaque centre d'approvisionnements la quantité de vivres et de munitions qu'il y a lieu d'entretenir. Sa lecture ne permet pas de connaître quelles sont les troupes qui seront alimentées par le centre d'approvisionnements ; elle ne donne pas non plus l'emplacement de ces troupes : elle fait seulement connaître que, dans un rayon indéterminé autour du centre d'approvisionnement, il y aura tant d'hommes à pourvoir (1).

2° L'erreur qu'a commise Dreyfus et dont parle le général Mercier est certaine; mais elle était toute naturelle, et c'est

(1) Cass. 122 ; Rennes I, 389 ; II, 549 ; III, 492.

le capitaine Junck qui l'atteste. Tous deux étaient en 1893 au premier bureau, dont les tirages se faisaient au service intérieur. Dreyfus est envoyé au troisième bureau:

> Pendant ce passage au troisième bureau, Dreyfus fut chargé de surveiller le tirage des instructions sur la couverture. Croyant — lui-même me raconta l'incident le lendemain matin — croyant que ce tirage devait se faire dans les mêmes conditions que celui que nous avions surveillé l'année précédente au premier bureau, il se rendit à la lithographie du service intérieur ; mais ce tirage aurait dû se faire au service géographique où une presse avait été immobilisée à cet effet. Le directeur du service géographique se plaignit, et le lendemain matin le sous-chef du troisième bureau qui était alors le commandant Picquart demanda des explications. Il dit à Dreyfus : « C'est vous qui avez fait la bêtise, allez vous expliquer avec le général de La Noé, vous recevrez ses reproches (1).

Dans l'enquête nouvelle, le capitaine Junck est revenu sur cette même idée (2). Assurément une erreur a été commise; mais, affirme-t-il, elle a été toute naturelle, et le colonel Jouaust a eu raison de dire: « *Cela n'a pas d'importance* (3) ».

3° Mais, insiste le général Mercier, comment expliquer la phrase entre parenthèses: « quelques modifications seront apportées par le nouveau plan » ? voilà *la marque de fabrique*, le *secret intime et de famille* qui n'était encore connu que de quelques officiers de l'armée, ceux employés aux 3° et 4° bureaux. Or, Dreyfus était au 3° depuis le 1er juillet (4).

Le lieutenant colonel Picquart a refuté cette argumentation dès l'information Ravary:

> Pour la note relative aux troupes de couverture, avait-il dit, je trouve que la manière dont cette note est annoncée au Bordereau dénote quelqu'un qui n'est pas tout à fait au courant de la question, qui ne la connaîtrait que par ouï dire. Il y est dit en effet : *Quelques modifications seront apportées par le nouveau plan.* Or des modifications très importantes venaient d'être précisément apportées à la couverture en avance sur le plan. J'en suis d'autant plus certain que c'est moi qui ai été chargé de rédiger ces modifications. Il n'y avait donc pas à prévoir de changement de quelque importance pour le nouveau plan (5).

Ainsi, le général Mercier suppose que la note est de Dreyfus, qu'il l'a écrite sur les documents du Ministère ? Il est alors impossible qu'il ait écrit la phrase du Bordereau, puisqu'elle est en contradiction formelle avec ces documents mêmes, tandis qu'au contraire cette phrase, je me l'explique tout natu-

---

(1) Rennes I, 641.
(2) E. c. I, 510.
(3) Rennes I, 652.
(4) Rennes I, 128, 185, 285 ; Cass. 243 ; E. c. I, 483.
(5) Proc. Ravary : cote 170 ; Rennes I, 389.

rellement de la part d'un officier étranger au Ministère, d'un officier de troupes, surtout d'un major, qui, lisant la circulaire du 20 juin 1894, adressée aux corps d'armée et annonçant un nouveau plan de mobilisation a pu et dû croire et dire que des modifications seraient apportées au dispositif des troupes de couverture.

4° Poussons au reste l'examen. La circulaire que vise le général Mercier est la *marque de fabrique* du Bordereau? C'est *là* que l'auteur du bordereau a *copié* la phrase: « *Quel-* « *ques modifications seront apportées par le nouveau plan* « *aux troupes de couverture.* »

Lisons la circulaire! La phrase n'y est pas!! Elle n'y pouvait pas être!! elle eût été en contradiction flagrante avec le texte même du document *qui contient lui-même les modifications du nouveau plan.* Si, comme le soutient le général Mercier, l'auteur du Bordereau eût eu la circulaire sous les yeux, ce n'est pas des modifications futures qu'il eût parlé, c'eussent été les modifications actuelles qu'il eût livrées! Il n'eût pas copié la phrase: « Quelques modifications seront apportées » qui n'y est pas, mais celle que je lis: « *Le dispositif que je vous envoie n'entrera en vigueur qu'avec le nouveau plan.* »

Ajoutons enfin que, si la circulaire annonce pourtant quelques modifications *futures*, elle précise nettement l'objet sur lequel celles-ci porteront: non pas la couverture, comme le dit le Bordereau, mais « *la constitution des centres de fabrication* ».

Disons-le donc sans crainte! Pour fonder son raisonnement, le général Mercier dénature le document qu'il invoque, en altère le sens, en falsifie les termes! Une fois de plus, c'est la même bonne foi qui l'inspire pour les besoins de la cause!

Je passe à: « 4° *Une note relative à Madagascar.* » Ce sont les termes mêmes dont le Bordereau se sert pour désigner ce document. Pas un mot de plus!

Reconnaissons qu'ils ne nous fournissent aucune indication sur la nature de la note, et que, si l'attention de M. Hanotaux, ministre des Affaires Etrangères, a été particulièrement éveillée par elle, M. Cavaignac déclare au contraire « *qu'elle pouvait avoir un intérêt d'actualité et de curiosité*

34

« *pour les gouvernements étrangers, mais que ce n'était peut-*
« *être pas un document tout à fait essentiel au point de vue*
« *du secret et de l'intérêt qu'il présente* » (1).

C'est qu'en effet on s'explique bien ce qui, très vraisemblablement, a dû se passer pour cette note.

A ce moment, l'attention publique se portait vivement sur
les complications diplomatiques qui s'étaient élevées entre la
France et le gouvernement Hova... On parlait tout haut d'une
expédition possible. Et tous les journaux, toutes les revues
fourmillaient d'articles donnant sur Madagascar des renseignements de toutes sortes: géographiques, statistiques, militaires même, si bien que rien n'était plus facile à n'importe
qui de faire sur la grande île de l'Océan Indien une note
précise et détaillée, sans que pour cela aucun des renseignements y contenus dût venir du Ministère de la guerre!

Ainsi le *Gaulois* du *14 juillet 1894* faisait connaître qu'il
savait de source certaine qu'on étudiait en haut lieu l'expédition...; il parlait de l'envoi de 10 à 12.000 hommes.

Le Mémorial de l'artillerie de la marine (livraison fin juin
1894) donnait un article très complet du capitaine Jeannet,
intitulé: « *Etude géographique et militaire sur Madagascar.* »

La *France militaire* publiait toute une série d'articles
sur la même question, de M. Jules Méot:

15-16 août: Aperçu géographique et historique. Les **Hovas.**
Les droits de la France. Une expédition s'impose.

19-20 août: Les forces militaires Hovas.

22 août: Nouvelles de Madagascar. Agitation.

14 septembre: A Madagascar. Nécessité d'une expédition.
Sa préparation, par Hip. Zédix.

23-24 septembre: Sur l'expédition. Base de Majunga. »

Et remarquons que ces mêmes numéros s'occupent des manœuvres du 120 à Châlons, du manuel de tir et des modifications aux formations de l'artillerie, manœuvres de masse,
formations de marche, projet de règlement sur les manœuvres
de batteries attelées!!

Au même moment, la *Revue bleue* raconte le voyage à
Madagascar du prince Henry d'Orléans, la reconnaissance
effectuée de Tamatave à Majunga par le colonel de Beylié.

Enfin le journal *Le Yacht* (22 septembre 1894) publiait

(1) Rennes I, 184.

un article de M. Emile Weil, ancien lieutenant de vaisseau, sur l'expédition projetée, renseignements si précis qu'un journal du soir le dit inspiré par le Ministère de la Marine, et que M. le Député Castelin (18 novembre 1896) ne craint pas de prétendre qu'il y avait évidente connexité entre le vol commis par Dreyfus au Ministère de la guerre et l'article Weil.

La marine, M. Weil s'en sont émus, Messieurs... Une enquête a été faite, et le jour même, M. Weil remettait à l'amiral Humann tous les documents dont il avait fait usage: article d'Archibald Forbes, du *Daily News*, décrivant la route de Tamatave à Majunga par Tananarive, ouvrage de Mme Zélie Colville « *Round the black man's garden* », renseignements personnels pris sur place par M. Weil. Rien, ai-je besoin de le dire, ne provenait ni de la Marine ni de la Guerre !

Quoi de plus facile, je le demande, *à n'importe qui*, de prendre dans tous ces documents, partout répandus, à la disposition de tous, les éléments d'une *note sur Madagascar*, même si l'on veut sur l'expédition militaire projetée, alors que nous entendons le colonel Schneider nous dire que la note sur Madagascar n'a été envoyé que pour grossir le paquet (1).

Mais tout cela, c'est trop simple, trop naturel ! surtout cela ne répond pas du tout à la prévention qu'il faut nourrir !

Il faut pour elle que la note soit faite avec les documents secrets du Ministère de la guerre, pris là, nulle part ailleurs !

Quelle preuve nous en donne-t-elle? Aucune ! Elle s'en tient à sa tactique habituelle, elle nous donne ses suppositions pour des certitudes. Et ce ne sera pas sans vous inquiéter quelque peu sans doute, quand vous la verrez changer de suppositions suivant les années, *affirmer en 94* telle hypothèse *qu'elle affirme en 1899* absurde et à laquelle elle substitue une autre qui ne vaut pas mieux.

En 1894, alors qu'elle fixait le Bordereau en mars ou avril, la note sur Madagascar du Bordereau, c'était la note Mollard, faite au printemps par le commandant Mollard, copiée par le caporal Bernollin dans l'antichambre du colonel De Sancy, qui servait de passage à tous les officiers venant voir celui-ci. Elle avait *pu* rester à découvert parfois. Dreyfus avait donc *pu* la lire, s'en servir. Donc il est coupable.

Ainsi on laisse traîner un document dans une anticham-

(1) Rennes III, 52.

bre, à la merci de toutes les curiosités ; et l'on a la prétention dans ce désordre de dire que ce document n'a pu être
connu que d'une catégorie de personnes, et dans cette catégorie que de Dreyfus.

Pour prouver que Dreyfus a pu connaître la note Mollard,
on est obligé d'avouer qu'elle pouvait être connue de tous.

Singulière logique !

Puis, qu'est-ce que cette note Mollard Bernollin ? Le relevé de quelques renseignements techniques, topographiques,
géographiques, de quelques indications sommaires sur l'armée
hova qui traînent partout. C'est là ce qui mérite de faire
l'objet d'une note d'espionnage ? C'est dérisoire ! et c'est cependant ce qu'on a soutenu, admis en 1894 !

En 1899, le général Roget comprend que c'est insoutenable. Il change tout cela. Le Bordereau est d'août ou septembre.
La note sur Madagascar c'est le rapport que M. du Paty a fait
sur l'expédition projetée pour le compte d'une commission
d'études constituée au Ministère de la guerre à ce moment. Ce
rapport a été terminé le 20 août, tiré à quelques exemplaires
le 29. Du Paty était comme Dreyfus au troisième bureau.
Dreyfus a donc pu en avoir connaissance, soit par conversation
avec du Paty, soit par furetage. Il a *pu...* donc cela est !

Mais ce rapport a été fait dans des conditions de secret
qui permettent d'affirmer qu'aucune violation n'a été commise. Le colonel Picquart, le chef du bureau, ne l'a pas même
connu. M. du Paty affirme qu'il n'en a parlé à personne, pas
plus à Dreyfus qu'à tout autre, que personne n'a vu ce rapport,
qu'il le renfermait dans une armoire à secret de son cabinet
dont seul il connaissait le mot. Comment donc Dreyfus l'eût-il
connu ?

Je sais bien que devant la Chambre criminelle, revenant
sur une indication qu'il avait jadis fournie dans son enquête
et dans l'instruction d'Ormescheville ainsi qu'au Conseil de
guerre de 1894, il a raconté qu'un soir vers six heures, rentrant à l'improviste dans son cabinet qu'il venait de quitter, il
y avait trouvé Dreyfus qui avait paru surpris. Mais il a lui-
même réfuté tout ce qu'une accusation aussi soupçonneuse
que celle contre laquelle Dreyfus se débat eût pu être tentée
de tirer de ce fait, en disant que Dreyfus, qui faisait partie du
bureau, lui avait déclaré qu'il cherchait une pièce (ce qui
était tout naturel), et que la surprise qu'il avait manifestée

n'avait rien d'étonnant, parce que lui, du Paty, était rentré
« *en coup de vent.* »

Je n'en ai fait aucune induction, ajoute-t-il, et vous remarquerez que
je n'en ai pas parlé dans ma déposition à Rennes et devant la Cour de
Cassation... Je constate simplement le fait... Je ne veux pas en inférer
qu'il ait pu trouver ainsi les éléments d'une note sur Madagascar. Je
constate simplement qu'il y avait à ce moment dans le tiroir de mon
bureau des notes sur Madagascar. Je n'en ai tiré aucune conclusion contre Dreyfus, et je n'en avais parlé ni à Rennes ni à la Cour de Cassation
en 1899.

M. *le Procureur Général.* — Vous avez retrouvé d'ailleurs toutes les
notes que vous cherchiez ?

M. *du Paty de Clam.* — J'ai pris les notes dans mon tiroir. J'ai dit
au capitaine Dreyfus : « Faites votre affaire », et je suis parti. Nous
n'avions pas de suspicion les uns vis-à-vis des autres, et je n'ai vu là rien
de mal à ce qu'un stagiaire de mon bureau, bien qu'il ne fût pas de ma
section, vienne chercher un papier. Cela n'a aucune importance (1).

C'était du reste ce que Dreyfus lui-même avait dit déjà
le 20 octobre 1894 à M. du Paty, le 15 novembre à M. d'Ormescheville.

D. — Le commandant du Paty de Clam, lisons-nous dans ce dernier
interrogatoire, vous a trouvé seul dans son bureau un soir de septembre
dernier, et vous lui avez dit spontanément que vous y cherchiez quelque
chose : qu'y cherchiez-vous ?

R. — Autant que je me le rappelle, c'était pour chercher le capitaine
Corvisart auquel je voulais rendre compte des travaux dont il m'avait
chargé de faire faire l'autographie ; quand le commandant du Paty m'a
trouvé seul dans son bureau, il pouvait être 5 h. 1/2 du soir à 6 heures.
Ma mémoire ne me permet pas de dire si j'ai répondu spontanément
que je cherchais quelqu'un ou quelque chose (2).

Ainsi expliqué, le fait n'a donc aucune valeur. Il n'en a
jamais eu pour M. du Paty, pour l'accusation pourtant si
prompte à saisir les indices les plus légers. Ni de près ni de
loin il ne prouve que Dreyfus ait *pu* avoir ni ait eu connaissance du rapport du Paty. Et une fois de plus nous sommes
en face d'une pure hypothèse, dont rien ne démontre la réalité. Mais en même temps remarquons, Messieurs, quel redoutable danger fait courir à l'accusé un tel système d'accusation !

Que répondre à ces suppositions contre lesquelles *à priori*,
nul témoin ne peut être produit ? Comment faire cette preuve
négative qu'elles imposent à l'accusé ? Contre cette tactique,
c'est déjà une imprudence que de se défendre, car après des
heures de discussion contre cette *possibilité fantôme*, on a
perdu de vue que c'est à l'accusation à faire la preuve, plus

(1) E. c. I, 199.
(2) Proc. Paris, cote 73 ; E. c. II, 412.

encore ! ce que l'accusation doit prouver ; et par une illusion naturelle la preuve à faire ne semble plus porter que sur cette possibilité. Si l'accusation produit cette preuve, et si Dreyfus ne produit pas la preuve contraire, s'il n'a pas formellement le dernier mot, il paraît battu et il sera condamné ! Dieu merci ! il n'en est rien devant vous. Ce ne sont pas des possibilités que vous demandez, ce sont des faits précis, positifs, démontrés ! Et vous le voyez, même sur le terrain des possibilités, l'accusation est ici confondue !

N'en est-il pas de même, Messieurs, lorsque nous nous attachons à la dernière phrase du Bordereau: « *Je vais partir en manœuvres* ».

Ici encore même évolution de l'accusation. En 1894, alors que la date du Bordereau était fixée en avril ou mai, on traduisait à l'Etat-Major ce mot : *manœuvres* par *voyage d'Etat-Major.*

Dreyfus avait fait en effet un voyage de ce genre dans l'Est sous la direction du général de Boisdeffre en juillet. Et comme Me Demange demandait comment on pouvait appliquer à ce voyage le mot: *manœuvres:*

C'est la même chose, répondait le colonel d'Aboville ; il y a les manœuvres avec troupes et les manœuvres avec cadres. Or le voyage d'Etat-Major auquel le chef d'Etat-Major présidait chaque année peut-être rangé dans la catégorie des manœuvres avec cadres. Cela n'a rien d'extraordinaire (1).

C'est ce qu'avait déjà dit le colonel Fabre au colonel d'Aboville (2).

C'est absolument inadmissible ! dit en 1899 le général Roget en s'appuyant sur une note ministérielle du 28 mai 1898, *faite pour les besoins de la cause et qui désormais va donner le mot d'ordre.*

Il n'y a pas un officier de l'armée française, qui, partant pour les écoles à feu ou un voyage d'Etat-Major, dirait : Je vais partir en manœuvres !

Et l'on soutient, plaçant le Bordereau en août ou en septembre que le mot « *manœuvres* » désigne manifestement les grandes manœuvres de septembre (3).

Mais aussitôt on se heurte à une objection bien plus grave

(1) Rennes I, 531.
(2) Cass. 569, 748. Rennes I, 580.
(3) Rapp. B. B., 80.

encore. Les manœuvres de septembre? Dreyfus n'y est pas allé. Comment eût-il pu écrire alors : « *Je vais partir en manœuvres* ». C'est, répondit-on, qu'il croyait devoir y aller, quand il a écrit le Bordereau, qu'il l'a cru jusqu'à la dernière heure, jusqu'au 27 ou 28 août, à la veille même des manœuvres, et que, si son espoir a été déçu, c'est que, par exception cette année, et à la dernière heure les stagiaires ont été retenus à l'Etat-Major à cause de la restauration de la règle commune et aussi à cause des travaux du nouveau plan qui se faisaient alors et pour lesquels on a utilisé leurs services (1).

Voilà ce que répétaient à l'unisson le général Roget, M. Cavaignac, le général Zurlinden, le commandant Cuignet (2).

C'est absolument faux, répliquent aussitôt Dreyfus et Mᵉ Demange. Ce n'est pas le 27 août que les stagiaires, que Dreyfus ont su qu'ils n'iraient pas cette année aux manœuvres: *c'est dès le mois de mai,* par une note officielle qui a porté à leur connaissance la décision prise à leur égard.

Et ils insistent pour que cette note soit recherchée, rapportée.

Le Conseil de guerre de Paris refuse toute investigation. Vous avez, vous en 1899, prescrit ces recherches. Et la note a été retrouvée, produite. Préparée par une première du 15 mai, elle est du 18 mai 1894, formelle, catégorique, conforme à ce qu'a dit Dreyfus. Vous en avez le texte sous les yeux, p. 170 de mon réquisitoire écrit.

Dès le 18 mai, Dreyfus et tous les stagiaires ont su qu'ils n'iraient pas aux manœuvres, et que, suivant la règle commune (l'article 13 du décret du 3 janvier 1891), ils seraient astreints à faire deux périodes de service régimentaire d'une durée de trois mois chacune.

Dreyfus n'a donc pu écrire la phrase finale du bordereau : « *Je vais partir en manœuvres* ».

C'est évident, indiscutable !

Le général Mercier discute. Il ne peut nier ! Il interprète ! La circulaire a bien dit aux stagiaires qu'ils n'iraient pas aux manœuvres, mais aux manœuvres de troupes, non aux manœuvres d'Etat-Major. Et ils ont pu croire que cette dernière faveur pourrait leur être accordée. Beaucoup l'ont demandée.

(1) Cass. 52.
(2) Cass. 52, 22, 23, 30, 241 ; Rennes I, 502.

Certains l'ont obtenue, tels que les capitaines Janin et De Pouydraguin. Dreyfus en a fait autant, il a demandé, il a cru jusqu'à la dernière heure qu'il obtiendrait satisfaction. Il l'a cru, comme le capitaine Junck qui n'est parti en permission que le premier septembre, n'ayant su à quoi s'en tenir qu'à cette date.

Tout cela n'est qu'un trompe-l'œil nouveau.

Dreyfus n'a jamais pensé qu'on reviendrait sur la décision du 18 mai. Il l'affirme, il n'a jamais fait de démarches à cet effet. Et le général Roget est obligé de reconnaître qu'en effet on n'en a retrouvé nulle trace (1). Et le lieutenant-colonel Picquart confirme l'affirmation de Dreyfus. Dreyfus ne lui a rien demandé de semblable (2). Le colonel ajoute:

> Il ne pouvait être question pour les stagiaires d'aller aux manœuvres de septembre; le temps qu'ils devaient passer au 3e bureau était déjà très court, de trois mois seulement. et s'ils avaient été aux manœuvres pendant ces trois mois, leur stage se serait trouvé restreint d'une façon tout à fait anormale (3).

Le capitaine de Fonds Lamothe, comme Dreyfus, stagiaire de deuxième année en 1894, n'est pas moins catégorique.

> Jamais il n'a été question de nous envoyer aux manœuvres à un titre quelconque. (4).

Et sur interpellation, le lieutenant-colonel Brongniart lui demandant

> si un stagiaire de la section des manœuvres ne pouvait pas supposer qu'il serait envoyé aux manœuvres avec l'Etat-Major ?

il a répondu:

> Non, mon colonel ; c'est une chose précise dans mon esprit. A ce moment la section des manœuvres était très occupée ; on préparait des manœuvres exceptionnelles en Algérie... Je ne crois pas que le colonel Boucher, chef du 3e bureau, aurait donné à un officier de cette section l'autorisation d'aller aux manœuvres (5).

Quant aux deux officiers qui seraient allés aux manœuvres de 1894 et que cite le général Mercier, les capitaine Janin et De Pouydraguin, c'est une équivoque volontaire.

Non! ils ne sont pas allés aux manœuvres; mais lors de la dislocation des troupes, ils ont été envoyés 24 à 48 heures à

(1) Rennes III, 307, 308.
(2) Rennes I, 500.
(3) Rennes I, 398.
(4) Rennes III. 291, 287, 303.
(5) Rennes III, 295.

la gare de Courtalain, pour surveiller l'embarquement des troupes ayant pris part à la revue finale de Châteaudun. Et voici la note du capitaine De Pouydraguin qui l'atteste sur notre demande.

L'enquête nouvelle a, Messieurs, sur tous les points confirmé ces indications.

1° Quel jour nouveau n'a-t-elle pas aussi jeté sur la façon dont ont été cuisinés les témoignages invoqués contre Dreyfus !

C'est M. le conseiller Le Grix qui a tiré tout ce triste épisode au clair.

Le capitaine de Pouydraguin avait fourni sur deux incidents de 1891 et de 1894 des renseignements qui témoignaient de la mémoire heureuse et du savoir de Dreyfus (1): on les avait aussitôt, contre le gré de M. Pouydraguin, utilisés contre l'accusé.

Stagiaire de seconde année comme Dreyfus, n'aurait-il pas la complaisance d'attester ce qu'on veut établir au sujet des manœuvres, à savoir que jusqu'à la fin d'août les stagiaires avaient cru qu'ils iraient aux manœuvres?

Le lieutenant-colonel Henry et le général Gonse l'interrogent :

Ayant été interrogé (répond-il), sur la date à laquelle nous devions partir aux manœuvres en 1894, j'avais répondu par une *note remise au lieutenant colonel Henry*, que DÈS LE PRINTEMPS DE 1894 nous avions été avertis, et nous savions formellement que les stagiaires ne devaient pas aller aux manœuvres cette année-là, et que les manœuvres avaient été remplacées par un stage de trois mois dans les armes différentes en octobre, novembre et décembre (2).

La note était favorable à Dreyfus ; elle a disparu.

On ne se décourage pas.

Le capitaine de Pouydraguin n'a pas compris ce qu'on avait attendu de lui... Il a dit naïvement la vérité...; cette fois on va mettre les points sur les *i*, lui souffler ce qu'il doit répondre, et le capitaine Janin lui écrit:

10 mai, fort de Châtillon.

Mon cher ami,

Vous avez sans doute vu dans les journaux la continuation des histoires de notre camarade d'école, ainsi que la perspective où nous sommes de nous revoir pour Mme Vve Henry.

On aurait besoin de vos souvenirs ; pouvez-vous les rappeler pour

(1) Rennes I, 114.
(2) E. c. II, 211.

dire dans quelles conditions vous avez eu connaissance de la fameuse circulaire du 17 mai faisant faire trois mois de stage aux stagiaires, et vers quelle date nous comptions aller aux manœuvres n'importe où, ou dans un E. M., comme les années précédentes. Vers quelle date avons-nous su ferme que nous n'irions pas et nous a-t-on fait choisir l'endroit pour le stage?

Mes souvenirs à moi sont en résumé ceux-ci : Durant le 3ᵉ bureau, pas connu la circulaire officiellement, l'avons eue peut-être par des gens amis avec M. Monnet. Au moment de la venue au 2ᵉ bureau, on savait qu'on ne ferait que trois mois, ou au moins on nous l'a dit comme chose acquise à l'histoire, mais sans explication. La question de l'allée aux manœuvres n'était pas rejetée. N'avons-nous pas fait des demandes, des démarches ou quelque chose? Il me semble que nous avons entendu dire oui à Bouzon, qui nous conviait à Courtalain, de savoir que nous n'allions pas aux manœuvres, ni vous ni moi.

Rassemblez, s'il vous plaît, vos souvenirs et envoyez-moi le résultat. C'est pour le bien public (G. R.).

Bien affectueusement à vous, et à bientôt peut-être.

M. Janin (1).

Le capitaine de Pouydraguin n'a pas voulu comprendre la leçon :

Je lui ai répondu, dit-il, comme je l'avais déjà fait dans la déclaration par moi remise précédemment au colonel Henry pour le général Gonse, déclaration qui, me dites-vous, n'a pas été retrouvée, que *dès le printemps nous savions d'une façon certaine que nous n'irions pas aux manœuvres cette année 1894*, les manœuvres devant être pour nous remplacées par un stage. Ces renseignements qui m'étaient demandés par le capitaine Janin l'étaient pour le général Roget.

C'était le démenti catégorique de l'accusation !

Soyez tranquilles ! *Ces renseignements ne verront pas le jour*. Non seulement la lettre de Pouydraguin n'a pas été produite à Rennes ; non seulement le général Roget n'en a pas dit un mot; mais il n'a pas craint de reproduire *sans réserves* ses affirmations précédentes qu'il savait désormais fausses, mais qui accusaient Dreyfus.

Voilà comment l'accusation recherche et fausse la vérité !

On ne s'en est pas tenu là.

2° Et un autre effort a été tenté pour nourrir l'équivoque. On ne pouvait plus nier la circulaire du 18 mai 1894, nous l'avons vu ; mais le général Zurlinden, M. Cavaignac ont cherché à lui opposer une note du 27 ou 28 août qui seule, disaient-ils, avait fixé les stagiaires sur leur situation.

Deux réponses peuvent être faites, aussi topiques l'une que l'autre.

a) Il n'y a jamais eu de circulaire du 27 ou 28 août 1894.

(1) E. c. II, 211.

Mᵉ DEMANGE. — J'ai à poser une question au sujet de la circulaire qui a prescrit que les stagiaires n'iraient pas aux manœuvres. M. Cuignet reconnaît-il qu'il n'y a pas eu de décision ministérielle au mois d'août ?

COMMANDANT CUIGNET. — *Il n'y a pas eu de décision ministérielle au mois d'août à ce sujet* (1).

b) Comment donc parler d'une note, d'une circulaire du 27 août? C'est par confusion volontaire avec une note qui a été en effet envoyée à cette date aux stagiaires de 2ᵉ année, pour leur demander d'indiquer le régiment où ils désiraient faire leur stage de 3 mois.

Or d'une part elle ne les informait pas qu'ils n'assisteraient pas aux manœuvres, ce qu'ils savaient depuis le 18 mai, et d'autre part il ne pouvait y avoir en effet le moindre doute pour eux à ce sujet ; car non seulement la circulaire du 18 mai n'avait jamais été rétractée, mais bien plus! elle avait reçu son exécution dès le 1ᵉʳ juin par la désignation des régiments où les stagiaires du 1ᵉʳ et du 4ᵉ bureau allaient faire leur stage. Et voici la note qui l'atteste et vous donne les affectations faites. Vous en avez le texte dans mon réquisitoire écrit, p. 175.

Vous le voyez donc, l'échafaudage s'écroule de tous points. De toutes les allégations au général Mercier, du général Roget, du général Zurlinden, il ne reste que la preuve de leurs inadmissibles confusions:

Criminelles, si elles sont volontaires; car elles travestissent frauduleusement la vérité, pour perdre l'accusé;

Inexcusables, si elles sont involontaires ; car la moindre vérification devait les dissiper, et cette vérification ils n'avaient pas le droit de négliger de la faire, quand il suffisait de prendre les pièces qui étaient sous leurs mains et qu'il suffisait de les lire, pour y voir la vérité qu'ils faussaient.

Concluons.

Il est impossible, je ne dis pas de retenir une charge contre Dreyfus de ce chef, je dis d'admettre qu'il ait pu écrire la phrase finale du bordereau: « *Je vais partir aux manœuvres* », quand il est établi qu'il n'est pas allé aux manœuvres, et qu'il savait dès le 18 mai, au plus tard dès le 1ᵉʳ juin, *date où la décision du 18 mai a été exécutée,* qu'il n'irait pas à ces manœuvres !

(1) Rennes I, 513.

Tout l'effort tenté par l'accusation de ce chef tourne directement contre elle ; non seulement elle ne fait pas sa preuve ; mais l'accusé fait jusqu'à la preuve négative qui ne lui incombe pas. Et voici que, par surcroît, non seulement il est établi que le régiment d'Esterhazy est allé aux manœuvres de septembre à Vaujours, mais qu'Esterhazy est allé lui-même aux manœuvres du camp de Châlons en août 1894.

Voici qu'au même moment, dans la détresse noire, il écrit à M. de Rotschild pour lui demander un secours d'argent, et que dans deux lettres (avril 1886 et 29 juin 1894) nous lisons *dans la première :*

« Non seulement je pars pour le camp ; *mais je pars en manœuvres* ».

Dans la seconde du 29 juin 1894:

« *Au moment de partir en manœuvres* ».

C'est-à-dire que nous retrouvons sous sa plume, à toute époque, et tout spécialement à la veille même du jour où le Bordereau va être écrit, cette formule incorrecte, qui lui est familière; *la phrase finale du Bordereau lui-même!*

Quel trait de lumière ! quel éclair illuminant la nuit d'un trait brusque et rapide !

C'est que rien ne prévaut contre la vérité ! Les passions peuvent l'obscurcir, la mauvaise foi peut la voiler ! Mais ce n'est que pour peu de temps, elle reparaît bientôt dans son énergique nudité et il lui suffit d'un regard pour dissiper et confondre tous les mensonges.

XV

L'accusation a fait grand état aux débats précédents de ce qu'elle a appelé le DOSSIER SECRET ; et elle a exploité avec une habileté redoutable le mystère dont elle a su en entourer la communication aux juges seuls.

Ces pièces étaient si graves, disait-on, que la moindre indiscrétion pouvait faire courir au pays les périls les plus terribles. C'était peut-être la guerre déchaînée. Regardez, mais surtout taisez-vous ! disait-on au Conseil, et l'on se taisait en prenant des airs épeurés ! L'effet de cette tactique, qui affirmait la culpabilité en refusant d'en discuter les éléments ainsi soustraits à l'appréciation de tous, a été prodigieux.

Il n'est pas un homme de bon sens, qui, comparant l'inanité des charges invoquées publiquement contre Dreyfus et la condamnation pourtant prononcée n'ait en effet été convaincu qu'il y avait autre chose que ce que l'on montrait, et que, dans ce dossier secret caché avec tant de soin à tous les yeux, se trouvaient les preuves vraies connues des seuls initiés. C'est ce sentiment qu'exprimait avec une vérité saisissante l'un des juges du procès Esterhazy, le colonel Bougon, qui, pas plus que le public ne connaissait le dossier secret, quand, dans une lettre qu'il adressait au *Siècle* le 18 novembre 1901, il écrivait :

Votre rédacteur ne sait pas comment s'est formée l'opinion des juges de Dreyfus ; il a le droit de faire des hypothèses à ce sujet, mais il ne fera jamais croire, surtout après le jugement de Rennes, que les Conseils de guerre ont condamné Dreyfus à cause du Bordereau et de la prétendue similitude d'écritures (1).

Oui, tous, nous avons été pénétrés de cette même pensée. Et pour ce qui me concerne, j'avais, je l'avoue, quand j'ai commencé l'examen de cette affaire, la conviction profonde que j'allais trouver dans ce dossier secret la preuve inutilement attendue jusque-là.

J'ai éprouvé la même stupeur que le colonel Picquart, quand il a procédé à ce même examen, que tous ceux qui ont eu à passer par la même épreuve.

« *Le mystère est à la malignité ce que le manche est au couteau*, disait autrefois l'avocat général Servan, *il en conserve la pointe.* »

Déjouons, Messieurs, cette tactique, et trompons ce calcul. Etalons au grand jour ces prétendus secrets, mortels, dit-on, pour la défense. Il faut que personne ne puisse croire que la condamnation a pu se justifier par des causes ignorées. Montrons que rien dans ce dossier, non seulement ne se dresse contre Dreyfus, mais même ne mérite cet effroi simulé, dont on a joué avec une habileté perverse et dans un but désormais évident!

Nous avons déjà vu comment la première idée de la constitution du dossier secret était née.

Il nous arrivait très souvent, a dit le colonel Cordier, d'avoir des pièces que nous ne pouvions appliquer à personne... Il y avait telle

(1) *Siècle*, 18 novembre 1901.

chose. Qu'était-ce ? Nous n'en savions rien... Alors nous avions un certain nombre de pièces qui étaient pour ainsi dire en réserve et à mesure qu'un fait se présentait, on voyait s'il y avait lieu de l'appliquer à la personne qui était poursuivie à ce moment-là ; non pas dans le but de nuire à la personne en particulier, mais pour la recherche de la vérité. Or on a recherché tout ce qui pouvait intéresser l'affaire. — C'étaient des choses sans importance, tout le *caput mortuum* de la section ; nous ne pouvions attribuer des morceaux de pièces secrètes, et vous pensez bien qu'on n'arrive pas toujours à avoir des pièces entières ; on en garde de petites bribes, de petits morceaux, dont on comprend le sens à moitié, et on attend que d'autres pièces viennent vous fixer sur le sens. Eh bien ! Sandherr a examiné à ce moment-là le monceau de pièces ; on en a écarté, on a élagué : Sandherr a refait trois ou quatre fois le paquet, et en définitive il ne devait plus y rester grand'chose. En tous cas il restait la pièce : « Ce canaille de D. » (1).

De toutes ces pièces ainsi triées, on avait fait le dossier secret (2).

Nous avons dit les divergences qui ont éclaté sur sa composition. Le général Mercier et le colonel Picquart reconnaissent qu'il contenait:

1° Le télégramme: « Chose... aucun signe d'Etat-Major » ;

2° Et sa réponse: « Doutes... preuves » ;

3° La lettre Davignon ;

4° La lettre: « Ce canaille de D... » ;

5° Les deux rapports de Guénée du 28 mars et du 6 avril 1894 (3) ; le tout encarté dans le commentaire aggravé de M. Du Paty de Clam.

Le capitaine Freystatter y ajoute la traduction falsifiée du télégramme du 2 novembre 1894:

Dreyfus arrêté... Emissaire prévenu (4).

Le général Mercier le nie (5).

Le général Mercier a d'autre part affirmé à Rennes qu'il contenait la pièce 26 (organisation des Chemins de fer (6). Il est obligé de reconnaître qu'il a sur ce point induit le Conseil de guerre en erreur (7).

Ce dossier embryonnaire, renvoyé au Ministre par le colonel Maurel dès la fin des débats de 1894 a été, après le procès Zola en 1898, repris, complété, considérablement augmenté (8).

(1) Rennes II. 514.
(2) Rennes I, 513.
(3) E. c. I, 659, 230.
(4) Rennes II, 394, 400, 403.
(5) Rennes II, 402 ; III, 532.
(6) Rennes I, 483.
(7) E. c. I, 258, 280.
(8) E. c. I, 50.

Il a fait l'objet de cinq rapports successifs, jusqu'au jour où, sur l'ordre du général Billot et par les soins de son gendre M. le substitut Wattinne, officier de réserve procédant avec le général Gonse et le colonel Henry, il a été remanié profondément.

Tous les cartons de la Section de statistique ont été ouverts, fouillés; tout ce qui, parmi les 13 ou 15.000 pièces qui s'y trouvaient en vrac, sans inventaire ni classement, pouvait de près ou de loin sembler fournir un indice, si mince fût-il, contre Dreyfus a été recueilli, classé, catalogué, et à la petite liasse primitive contenant au maximum une dizaine de pièces absolument sans valeur, s'ajouta une masse d'autres documents rognés, déchirés, recollés, qui ont fourni un dossier de 217 pièces réparties en 14 cotes. Avant de clore l'inventaire, on a encore ajouté un dossier annexe sur l'obus Robin, l'obus à la mélinite, l'artillerie lourde de la 9ᵉ armée. Le tout montant à 299 pièces fut agrémenté d'un rapport rédigé par M. Wattinne, signé par le général Gonse, approuvé et visé par le général de Boisdeffre (1).

C'est ce qu'on appelle le rapport Gonse-Wattinne du *1ᵉʳ juin 1898*, document des plus intéressants !

Car, outre qu'il nous montre bien l'inanité du dossier et des arguments qu'on prétend en tirer, il nous en donne en même temps la composition exacte et nous permet de répondre pièces en main aux allégations plus que téméraires, vous le verrez, du commandant Cuignet.

Vous seriez surpris assurément que nous l'eussions trouvé au Ministère de la guerre. *Il n'y était plus ! Il avait disparu !*

Heureusement le Ministre a su de source certaine qu'un exemplaire (l'original peut-être) était entre les mains du général Billot. Il se l'est fait remettre, non sans quelques difficultés, le général Billot le disant « *sa propriété personnelle* » (comme le général Mercier pour le commentaire de 1894). Et vous l'avez aujourd'hui au dossier (2).

Ces 300 pièces ainsi colligées, classées et commentées n'avaient pas encore donné satisfaction, (je le comprends sans peine !) à M. Cavaignac, qui avait chargé le capitaine Cuignet de refaire le travail et d'établir un nouveau rapport. C'est cet examen qui amena la découverte du faux Henry. Mais le

(1) E. c. 870, 875.
(2) E. c. I, 50, 448 ; Rennes III, 353.

rapport était à peine ébauché, quand M. Cavaignac se retira.
Il n'a jamais été terminé (1).

Enfin, lors de la première revision, le dossier fut encore
remanié. De nouvelles pièces y furent ajoutées. En son état
définitif, il contient 374 documents, plus une annexe de
11 pièces. Tel il a été présenté à la Cour de Cassation en 1899,
tel il a été porté à Rennes par le général Chamoin, tel il
est encore aujourd'hui (2).

Ai-je besoin d'ajouter qu'il est rigoureusement en l'état
où il se trouvait à ce moment, je ne dis pas seulement quant
au nombre de pièces, je dis bien plus encore quant à leur
état matériel. Vous voyez à quoi je fais allusion.

Il est un homme, j'ai nommé le commandant Cuignet,
qui, grisé par un premier succès retentissant et par l'influence
néfaste qu'il avait su acquérir auprès de plusieurs Ministres
de la guerre, heureux de trouver en lui le *Professeur en dossier secret*, et un guide qu'on pouvait croire éclairé, pour se
mouvoir dans le labyrinthe de ce dossier et de l'affaire Dreyfus, s'est peu à peu exalté, hypnotisé par la contemplation exclusive d'une idée fixe, et en est venu à une véritable manie
soupçonneuse, aux accusations les plus folles contre tous ceux
qui ne partagent pas son sentiment.

C'est ainsi que vous l'entendez accuser de faux le Ministre
des Affaires Etrangères, le Ministre des Postes, le sous-chef de
cabinet du Ministre de la Guerre, le Ministre de la Guerre lui-
même, accuser de forfaiture et de trahison votre Chambre criminelle !

Quoi d'étonnant que, cédant aux suggestions d'une imagination maladive, si elle n'est profondément perverse, il ait,
dans une lettre du 2 juillet 1904, lue à la Chambre des Députés, osé prétendre que le dossier secret a été falsifié pour rendre possible la revision que nous vous demandons d'ordonner !

Se plaignant que le Ministre se fût permis d'ouvrir le
dossier secret sans l'avoir convoqué, lui, Cuignet !! il écrivait:

J'aurais sans doute réclamé communication de ce dossier secret, qui
a été constitué par moi, dont j'ai vérifié, contrôlé et coté toutes les
pièces, et dans lequel le général André prétend avoir découvert des
faux ignorés des juges de Rennes. Et alors j'aurais dénoncé devant le

(1) Rennes III, 350.
(2) Rennes III, 351.

général André les falsifications dont le dossier secret a été l'objet depuis qu'il est entre ses mains (1).

Il eût été facile et peut-être suffisant de lui répondre que le dossier est là, que les pièces en sont cotées, inventoriées, paraphées par bien d'autres que par lui, par le général Gonse notamment, qu'elles sont décrites dans des inventaires successifs, que leur seul aspect prouve qu'elles sont intactes et dément une accusation qui se présente sans l'ombre de preuve.

Le général André n'a pas voulu s'en tenir là !

Ce n'était pas lui, qui, depuis pris directement à partie par le commandant Cuignet, était alors en réalité visé ; c'était le commandant Targe, qui était chargé de la garde du dossier depuis le jour où, devant M. le contrôleur général Crétin, le général André avait brisé les scellés.

A la demande de ce digne officier qui,

quelque indifférent qu'il pût être aux calomnies et aux insinuations, ne pouvait laisser passer sans protestation une telle allégation, sans que son silence pût nuire peut-être aux intérêts de Dreyfus (2).

le général André a, par arrêté du 10 juillet 1904, chargé le général Chamoin, qui vous a présenté le dossier et l'a porté à Rennes,

d'en examiner une à une toutes les pièces et de faire ressortir, par un procès-verbal, les différences existant entre ces pièces telles qu'elles se présentent aujourd'hui et ce qu'elles étaient en 1899, lorsqu'elles furent communiquées à la Cour de Cassation et au Conseil de guerre de Rennes (3).

Assisté des capitaines Hallouin et Moreau qui lui avaient été adjoints en 1899, le général Chamoin a procédé minutieusement à ce travail, et voici le procès-verbal qui a été dressé de l'opération le 11 juillet 1904.

Après l'examen successif des pièces du dossier, les officiers ci-dessus désignés ont constaté : 1o que les pièces sont au complet ; 2o qu'elles se présentent aujourd'hui *dans l'état où elles se trouvaient en 1899* lors de leur production devant le Conseil de guerre de Rennes ; 3o les officiers soussignés tiennent d'ailleurs à décliner toute espèce de responsabilité en ce qui concerne la constitution du dossier. En particulier le général Chamoin déclare qu'il a pris possession des pièces en 1899 *dans l'état où elles se trouvaient*, lorsque le commandant Cuignet a quitté le Ministère ; il les a communiquées par ordre devant les juridictions compétentes, sans y rien ajouter, sans y rien retrancher.

Signé: Général Chamoin, Hallouin, Moreau (4).

(1) J. O., 2e séance du 5 juillet 1904. J. O., du 6., p. 1856, col. 2
(2) E. c. II, 260.
(3) E. c. II, 260, 261.
(4) E. c. II, 621.

Cet incident, joint à tous ceux auxquels nous avons fait allusion tout à l'heure et que nous aurons à examiner en détail ultérieurement, vous donne la mesure de la confiance que mérite le commandant Cuignet, dont la passion haineuse encouragée par une indulgence et par une pitié que je me suis permis de trouver excessive, ne recule devant aucune témérité.

Que contient donc ce dossier secret, et que prouve-t-il ? Si nous nous en tenons au rapport Gonse-Wattinne et à son appréciation, il démontrerait la trahison de Dreyfus péremptoirement et voici pourquoi:

Je lis!

D'une façon générale les conclusions qui se dégagent de cette étude sont les suivantes :

1o Les attachés militaires A... et B... se sont livrés à un espionnage des plus actifs au cours des années de 1890 à 1894. Après l'arrestation de Dreyfus, on ne voit pas que des documents importants leur aient été livrés. Tous les actes de trahison antérieurs à 1894 ne sont cependant pas imputables à Dreyfus.

2o Dreyfus doit avoir trahi dès 1890 ; mais c'est en 1894 que la trahison bat son plein et devient certaine. Une note écrite de A... indique que le traître est au Ministère de la Guerre ; une déclaration verbale d'une grave importance confirme la note. Les lettres de B... viennent préciser les soupçons et accuser Dreyfus. La découverte du Bordereau et l'instruction judiciaire permettent de le condamner.

3o Au moment où l'arrestation de Dreyfus est connue, B... envoie à son chef d'Etat-Major un télégramme chiffré relatif à cette arrestation. Le lendemain il adresse deux rapports dans lesquels il cherche visiblement à tirer son épingle du jeu. Après la condamnation, le comte de Münster écrit à A... pour le rassurer sur l'affaire Dreyfus. Rien dans ces documents, pas plus que dans les rapports de A... ne trahit la pensée que le condamné pourrait être innocent.

4o De janvier 1895 à septembre 1896, la correspondance ne nous indique aucun nouveau fait grave de trahison, et pas un mot n'est dit qui puisse se rapporter à Dreyfus.

5° En septembre 1896, la campagne en faveur du condamné commence. Le bruit d'une interpellation à la Chambre des Députés se répand. Une personne sûre nous révèle les préoccupations de B... Presque en même temps un mot écrit sur une carte de visite nous apprend que B... cherche à rencontrer A... Enfin, le 31 octobre, nous arrive une lettre qui est l'aveu formel des relations des deux attachés militaires avec Dreyfus et de leurs inquiétudes à ce sujet. Une nouvelle lettre de B... confirme encore ses inquiétudes, et nous en donne l'explication.

6o En 1897, au moment de l'intervention de M. Scheurer-Kestner, le colonel Schneider, attaché militaire d'Autriche, écrit à son Gouvernement qu'il ne croit pas à l'innocence de Dreyfus ; et notre attaché à Berlin nous signale qu'on n'y croit pas davantage et que le régiment commandé par A... est appelé le « régiment Dreyfus ». L'examen approfondi de la correspondance et des faits qui s'y rattachent démontre l'exactitude de ces conclusions (1).

(1) Page 8.

En lisant cela, Messieurs, on éprouve un sentiment analogue à celui qui a saisi tout le monde, lorsque pour la première fois a été publié le rapport d'Ormescheville. *Ejusdem farinœ!*

Quoi! c'est là tout ce qui ressort de ce dossier secret, et ses auteurs pourtant si ingénieux n'y trouvent que cela?

Mais ce n'est rien, absolument rien!

Que les attachés militaires A et B se soient livrés à l'espionnage de 1890 à 1894?

C'est certain, mais en quoi cela prouve-t-il que ce soit Dreyfus?

On ne voit pas que depuis l'arrestation de Dreyfus des documents aient été livrés?

C'est absolument inexact, et le dossier lui-même le prouve. Ainsi, *au cours du procès de 1894 lui-même*, alors que Dreyfus est au Cherche-Midi, le même espionnage continue; c'est si vrai que le chef d'Etat-Major de B... lui reproche cette imprudence; nous avons son télégramme. *Alors que Dreyfus est à l'île du Diable*, les fuites continuent, et le dossier secret le prouve (pièces 253, 254, 310, 318 à 322); elles établissent que A... et B... ont continué les mêmes manœuvres, ont toujours des indicateurs et reçoivent d'eux des plans directeurs comme par le passé.

Le rapport Gonse-Wattinne reconnaît que tous les actes antérieurs à 1894 ne sont pas imputables à Dreyfus?

C'est heureux, alors que nous connaissons les condamnations Thomas, Boutonnet, Greiner, Milescamps, pour ne parler que des plus retentissantes.

Mais le rapport ajoute que Dreyfus doit avoir trahi dès 1890. La formule vous indique à elle seule qu'il n'en peut donner aucune preuve, et vous verrez en effet ce qu'il faut penser des faits de Bourges.

C'est en 1894 que la trahison bat son plein, A... indique que le traître est au Ministère de la guerre?

La pièce: *Doutes preuves* démontre péremptoirement le contraire, comme nous allons le prouver.

Une déclaration verbale d'une grande importance confirme la note de A...?

C'est la déclaration Val Carlos. On ne peut lui donner cette portée qu'en la falsifiant. A aucun moment, M. de Val Carlos n'a parlé de Dreyfus.

La découverte du Bordereau et les instructions judiciaires permettent la condamnation?

Nous savons dès maintenant ce qu'il en faut penser. C'était l'acquittement sans le crime de la communication secrète !

Le télégramme du 2 novembre 1894 et les rapports de B... à ses chefs hiérarchiques?

On n'en peut tirer aucun argument contre Dreyfus qu'en en altérant frauduleusement la traduction et en leur donnant un sens diamétralement contraire au leur.

Après la condamnation, rien dans la correspondance de M. de Münster, ni dans les rapports de A... ne trahit la pensée que le condamné pouvait être innocent?

C'est ce que, par un trait de génie à faire rêver Pascal, le général Roget a appelé « la preuve de la culpabilité par prétérition d'innocence ! » C'est démenti par tous les faits, par tous les témoignages, que je vais faire passer sous vos yeux dans un instant.

De janvier 1895 à septembre 1896, rien n'accuse Dreyfus, le rapport le reconnaît:

> Pas un mot n'est dit, qui se rapporte à Dreyfus.

Le dossier n'en contient pas moins une centaine de pièces pour cette période. Pourquoi ?

En septembre 1896, la campagne de revision commence. B... manifeste de vives préoccupations.

Ne se comprennent-elles pas, sans que rien y accuse Dreyfus ? B... et A... se sont livrés à l'espionnage au mépris des ordres de leurs chefs. N'ont-ils pas à craindre que leur conduite ne soit blâmée par ceux-ci ?

Mais, le 31 octobre 1896, arrive à la S. S. une lettre qui est l'aveu formel des relations de Dreyfus avec A... et B...?

Certes, le nom de Dreyfus y est en toutes lettres ! C'est le faux Henry !

En 1897, le rapport de Schneider ne croit pas à l'innocence de Dreyfus.

Le colonel Schneider, attaché autrichien, proteste. Le fait fût-il vrai, en quoi prouve-t-il que Dreyfus soit coupable, alors que le colonel Schneider se base sur la condamnation pour fonder son opinion, et dit attendre les événements pour se former un avis définitif?

Mais le régiment que A... commande depuis qu'il a quitté la France s'appelle le régiment Dreyfus?

C'est par cette pasquinade que le rapport termine son résumé des preuves que, suivant lui, le dossier secret fournit contre Dreyfus.

N'ai-je pas raison de dire que c'est se moquer de la justice et de la crédulité publique?

Les auteurs du rapport ont-ils du moins oublié quelque chose, quelque preuve, quelque pièce dont on puisse tirer quoi que ce soit?

C'est peu vraisemblable, quand on voit l'ardeur avec laquelle ils ont colligé jusqu'aux moindres documents; jusqu'aux plus légères présomptions, torturé jusqu'aux indications les plus nettes, pour en extraire un argument, un soupçon.

Voyons cependant!

Vous m'accorderez qu'il n'y a rien à tirer contre Dreyfus des 142 pièces qui n'ont été versées au dossier (on le reconnaît), que comme pièces de comparaison et pour établir l'identité de l'écriture des documents, dont on veut se servir, avec celles de A... (141 à 158 — 352 à 354) de ses familiers (323 à 325 — 355 à 364), de B... (236 à 317), de ses correspondants (318 à 322), du comte de Münster (335 à 338), de M. Resmann (339 à 351), du colonel Schneider (326 à 354).

Nous ne nous attarderons pas davantage aux 76 pièces cotées sous les numéros 159 à 235. Pouvons-nous cependant ne pas signaler à votre sévérité le calcul abominable qui a fait verser au dossier cette correspondance amoureuse d'un témoin, dont on pouvait craindre les déclarations et à qui l'on a voulu fermer la bouche par la menace de révélations mettant en péril l'honneur d'une femme mariée et la paix d'un ménage!

Et qu'on ne dise pas que nous n'avons pas le droit d'imputer une aussi laide pensée à ceux qui ont versé ces pièces au dossier. C'est M. du Paty de Clam qui l'a dénoncée à la Chambre criminelle en ces termes:

On a voulu, a-t-il dit, faire usage à un moment donné de pièces saisies dans les mêmes conditions que le Bordereau, et qui pouvaient toucher à la vie intime d'un attaché militaire étranger et... d'une personne de la société. J'ai trouvé que cela n'était pas possible, quelles que fussent les circonstances, de jeter pareille chose au débat (1).

(1) E. c. I, 178.

D. — N'était-ce pas le général Gonse précisément qui avait demandé cela ?

R. — Non, autant que je puis me le rappeler, c'était le colonel Henry qui avait proposé cela au général Gonse, et je me suis élevé très vivement contre cette idée ; j'ai même déclaré que, si on en faisait usage, je donnerais ma démission (1).

M. Wattinne, Messieurs, n'a pas eu les mêmes scrupules ou mieux il explique qu'il n'a pas compris la portée de cet acte regrettable, et qu'il n'a voulu prouver que « *la pureté de la source* » à laquelle ont été puisés les documents accusateurs. Le mot serait amusant s'il ne s'agissait de choses aussi pénibles. On ne saurait trop regretter que M. Wattinne n'ait pas été plus perspicace.

Mais ne tenait-il pas le général de Boisdeffre pour un travailleur, le général Gonse pour une haute intelligence, Henry pour un honnête homme ? Comment s'étonner qu'une telle naïveté, qui n'a reculé que devant la notoriété pourtant trop grande de M. du Paty de Clam, se soit laissé prendre à la rouerie d'Henry ?

Le même sentiment a fait verser au dossier et nous fait rejeter avec dégoût les pièces 236 à 317, dont aucune ligne ne peut s'appliquer à Dreyfus, et dont on entendait également faire un instrument de chantage contre leurs auteurs auxquels on voulait imposer un silence forcé sous menace de révélations qu'on tenait pour honteuses et qui n'étaient probablement que de grossières plaisanteries de corps de garde.

Vous penserez encore comme moi, je n'en doute pas, que nous n'avons aucun compte à tenir de tous ces rapports qui ont été faits par le commandant Cuignet (9, 10, 42, 67), pour exposer et grouper les charges invoquées contre Dreyfus. C'est le canevas brodé depuis par l'accusation. Il n'a d'autre valeur que celle-là même.

Nous savons déjà à quoi nous en tenir sur les rapports de Guénée (33 à 39, 85 à 95), ce policier de bas étage congédié par la Préfecture de Police, ramassé par Henry, dont il est devenu le bras droit, bourrant ses rapports de tous les propos de la valetaille, des tripots et des filles galantes, mieux encore, de tout ce qu'il supposait répondre au désir des gens qui l'employaient.

Le commandant Cuignet reconnaît lui-même qu'il n'y a rien à tirer soit des lettres de Dreyfus à sa famille (102 à 114),

(1) E. c. I, 872.

soit des rapports de l'administration pénitentiaire sur son séjour à l'île du Diable (115-116).

Tout cela, c'est 300 pièces dont il n'y a rien à dire, où il n'y a rien à puiser.

Vais-je m'attarder, d'autre part, à analyser ici une à une toutes les autres pièces.

J'ai déjà fait ce fastidieux travail dans mon réquisitoire écrit que je vous ai distribué et qui sera publié *in extenso* (1).

Me Mornard, dans son mémoire, a, de son côté, donné l'inventaire complet du commandant Cuignet (2).

Le commandant Targe a fait défiler un à un tous les documents sous vos yeux.

Qui de vous me démentira, lorsque j'affirmerai qu'à part une douzaine de pièces dont nous allons nous occuper, il n'y a rien absolument dans ce fatras indigeste qui puisse, même à l'aide de l'interprétation la plus tendancieuse être invoqué contre Dreyfus?

Et comment nous en étonner, quand nous savons que, dès qu'une pièce a pu, de près ou de loin, paraître accusatrice, elle a aussitôt été extraite du dossier, produite à l'audience par le général Mercier, par le général Roget, par le commandant Cuignet, sans souci du péril prétendu, commentée à satiété, transformée, dénaturée, pour être tournée contre l'accusé qu'elle ne concerne pas!

Avec quel soin au contraire n'a-t-on pas fait le silence sur tout ce qui peut être à décharge!

Ce n'est pas l'accusation qui vous signalera toutes ces pièces (60 à 65), où toutes les dates ont été systématiquement arrachées après le recollage et remplacées par d'autres indications reconnues inexactes.

Ce n'est pas l'accusation qui signalera au Conseil la pièce 267 dite du télémètre qui nous servira de pièce de comparaison, quand nous examinerons la pièce 26 (organisation des chemins de fer) et nous permettra d'établir sans discussion possible le faux qui a fait de celle-ci une arme contre Dreyfus.

Ce n'est pas l'accusation qui appellera votre attention sur la pièce *256, datée du 1er septembre 1894,* et portant:

J'ai oublié de vous dire que la troisième partie du règlement sur les bouches à feu de siège et place, dont hier nous avons parlé avec S. d n'est pas encore sortie.

(1) Réquis., p. 180 et suivantes.
(2) Mémoire Mornard, p. 378 et suivantes.

Car si nous nous rappelons qu'à ce même moment, *fin d'août 1894*, Esterhazy réclamait *cette troisième partie du règlement sur les bouches à feu de siège et place* au lieutenant Bernheim qui ne lui avait prêté que la seconde partie, nous y trouvons assurément un indice grave de culpabilité non contre Dreyfus, n'est-ce pas ? mais contre Esterhazy.

Non! l'accusation s'en est tenue à ce qui lui paraît accuser Dreyfus, qu'elle veut perdre. Et à ce point de vue, elle n'a rien négligé, soyez-en certains !

Que retient-elle donc, et que peut-il sortir contre Dreyfus de tous ces logogriphes soumis même à l'interprétation la plus tendancieuse ? Tout au contraire, même dans ce qu'on invoque contre lui, ne tourne-t-il pas à sa décharge, ne prouve-t-il pas son innocence ?

1° Le premier groupe de pièces dont nous ayions à nous occuper est composé des n°ˢ 22, 23 et 24, dont le 2ᵉ est la réponse au 1ᵉʳ et le 3ᵉ le commentaire des deux autres.

Le n° 22 est un télégramme du 27 décembre 1893 adressé à l'attaché militaire A... par son chef d'Etat-Major en langue étrangère, mais en clair et ainsi conçu:

Choses... aucun signe d'Etat-Major.

Le n° 23 est <u>un</u> memento saisi chez A... écrit par lui au crayon dans la langue de son pays.

Doutes ; preuves. Lettre de service (ou brevet.). Situation dangereuse pour moi avec un officier français. Ne pas conduire personnellement négociations. Apporter ce qu'il a, Absolue (absoluté ge...). Bureau des renseignements (ces mots en français)... aucune relation avec corps de troupes... Importance seulement... sortant du Ministère. Déjà quelque part ailleurs.

Ce memento apporté à la Section de statistique au commencement de janvier 1894 est évidemment le brouillon du rapport de A... en réponse au télégramme du 27 décembre 1893. Que signifie tout cela ?

L'Etat-Major à qui A... a envoyé diverses « *choses* » (pièces) remarque qu'elles ne portent « *aucun signe d'Etat-Major* » (français)... s'en inquiète, le dit à A...

A... répond: Comme vous j'ai des *doutes*; je recherche des *preuves*... comme la *lettre de service*, le *brevet* de l'officier avec qui je suis en rapport; *mais la situation est dangereuse pour moi avec un officier français, je ne puis conduire personnellement* les négociations. Je lui dis *d'apporter ce qu'il a.* Mon correspondant me dit qu'il y a *absolue certitude*, qu'ils viennent du *bureau de renseignements* — (ou bien qu'ils ont une *absolue valeur* comme venant *du bureau des renseignements. Je n'ai aucune relation avec le corps de troupes* (Comment me renseigner?). Comme vous, je n'attache d'*importance* qu'*à ce qui sort du Ministère.* Mais j'ai *déjà* vu ou connu mon correspondant *quelque part ailleurs.*

Que tirer de tout cela contre Dreyfus?

Le télégramme du 27 décembre 1893 indique lui-même que les pièces ne portent aucun signe d'Etat-Major. N'est-ce pas singulièrement risqué que de prétendre alors en tirer la preuve qu'elles sont fournies par un officier d'Etat-Major?

D'autre part il est certain que A... connaissait son correspondant « *déjà quelque part ailleurs* ».

S'il s'agissait de Dreyfus et si A... doutait qu'il fît partie de l'Etat-Major, quoi de plus simple pour lui que de s'en assurer aussitôt, sans démarche compromettante d'aucune sorte?

Les attachés militaires ont libre accès au Ministère de la Guerre, y sont reçus par le colonel de Sancy avec une facilité qui paraît excessive au colonel Davignon. Dreyfus est à l'Etat-Major. A... n'a qu'à s'y rendre. Il l'y verra en fonctions et ses doutes seront aussitôt dissipés (1).

S'il écrit son memento dans les termes où nous le lisons, c'est donc que ce n'est pas de Dreyfus qu'il s'agit. Il ne pourrait, en ce qui le concerne, avoir le moindre doute, penser à demander sa lettre de service. Il aurait eu bien mieux que cela à sa disposition.

Tandis que tout s'explique au contraire naturellement s'il s'agit d'Esterhazy, *officier de troupes à Rouen.* Et le memento rappelle qu'A... n'a pas de relations avec les officiers de troupe, ne peut par suite se renseigner.

Le memento ajoute: « *déjà quelque part ailleurs* ». Et il est établi que A... a déjà vu Esterhazy en Bohême chez des parents.

Nous savons d'autre part par le comte Tornielli qui l'a raconté à M. Scheurer-Kestner et à M. Trarieux que A..., mis en éveil sur la valeur des documents par B... qui les lui dit frelatés, avait exprimé ses doutes à Esterhazy sur sa qualité; que celui-ci lui avait répondu:

(1) E. c. I, 358 ; Cass. 92 ; Rennes I, 405.

Soyez tel jour au bois de Boulogne ; vous m'y verrez en uniforme à côté de tel général ;

que l'épreuve avait eu lieu et que le fait s'était réalisé (1).

Mais, dit-on, A... se préoccupe d'autre part de la provenance des documents? Il n'attache d'importance qu'à ce qui vient du Ministère? Et il semble ajouter qu'il a lieu de croire que ce qui lui a été fourni en vient?

N'est-ce pas très naturel, même si les pièces lui sont remises par Esterhazy?

Celui-ci ne *peut-il* pas, ne *doit-il* pas le lui avoir affirmé (pour parler comme l'acusation)? et vous savez comme il aime se vanter de ses relations avec le colonel Sandherr, son ami, avec Henry, son camarade, avec Maurice Weil, qui était autrefois à la Section de statistique avec lui, officier d'ordonnance du généralissime, qui a ses entrées libres au Ministère, à la Place Vendôme, et dont les allures ont été si suspectes qu'à deux reprises, dans les conditions les plus inquiétantes, il a dû quitter l'armée malgré les appuis considérables qui le soutenaient? (2).

Quand on rapproche tout cela, peut-on, Messieurs, ne pas partager le sentiment du colonel Picquart, et ne pas dire avec lui que ces pièces 22 et 23 pouvaient assurément s'appliquer *à Esterhazy bien mieux qu'à Dreyfus, qu'elles ne pouvaient manifestement pas concerner?* (3).

2º La pièce 40 est *la lettre Davignon*, ainsi désignée parce qu'elle contient le nom de cet officier.

C'est une lettre de B... à A...; elle est écrite en français, et est ainsi conçue:

Mon cher,

Je vous envoie ce que vous savez... Dès que vous êtes parti... j'ai étudié la question... appels ; et j'ai vu que certaines questions du domicile, etc... sont toutes subordonnées à celle principale dont voici la direction. Sur un appel partiel... dire limité seulement... ques régions, les manifestes publiés seulement dans les régions intéressées ou dans tout l'état? J'ai écrit encore au... colonel Davignon; et c'est pour ça que je vous prie, si vous avez l'occasion... ne s'occuper de cette question avec votre ami, de le faire en façon que Davignon ne vient pas à le savoir. Du reste, il répondrait pas ; car il faut jamais faire voir qu'un at... s'occupe de l'autre.

A...

Adieu, mon cher...

La lettre n'est pas datée. Le service y a inscrit deux dates:

(1) E. c. I, 567.
(2) E. c. I, 690.
(3) Cass, 105.

l'une sur l'original: janvier 1894, l'autre sur la copie: 15 février 1894.

Le rapprochement qu'on en doit faire avec deux autres lettres de B... au colonel Davignon, l'une du 4, l'autre du 9 février, dans lesquelles il est question (comme dans la pièce 40) de l'appel des réservistes, laisse croire qu'elle doit avoir été écrite au plus tôt le 9 février.

Vous n'avez pas oublié le commentaire de M. du Paty sur cette lettre:

Ce grimoire, auquel le général Davignon déclare ne rien comprendre..., tellement complexe et compliqué qu'il dépasse son entendement (1)

Le général Mercier a cherché à le clarifier: il a conclu de cette lettre que:

A... a ou va avoir un ami au 2ᵉ bureau et que B... lui recommande particulièrement, s'il s'adresse à cet ami, pour avoir des renseignements, de faire en sorte que le colonel Davignon, auquel on demande les mêmes renseignements, ne vienne pas à le savoir. Il y a donc intérêt à ce que le colonel Davignon ne connaisse pas les relations qui existent entre A... et un ami qu'il a au 2ᵉ bureau, et cet intérêt ne peut être justifié que par des relations illicites. Cette lettre est du commencement de 1894; or le capitaine Dreyfus a pris le service au 2ᵉ bureau le 1ᵉʳ janvier 1894, et y est resté jusqu'au 1ᵉʳ juillet 1894 (2).

Mais que de réponses!

Le lieutenant-colonel Picquart a très justement fait observer que

les termes dans lesquels B... parle de l'ami de A... excluent l'idée d'un informateur secret, et ne peuvent désigner qu'un des officiers qui dans le service se sont trouvés tout naturellement en relations habituelles et cordiales avec les attachés militaires, d'Astorg, de Sancy, du Paty, sans qu'il y ait du tout là-dedans une question d'espionnage (3).

Et voici tout de suite ce qui vient à l'appui de cette idée toute naturelle.

Le 29 décembre, au même moment, A... écrivait à l'un de ses collaborateurs ce billet que le général Mercier a produit à Rennes:

Cher S......d,
Au moment de partir, je reçois *la réponse de Sancy* au sujet du nettoyage du fusil Schombin; j'emporte la chose et je répondrai (4).

Aussi, à n'en pas douter, il y a des relations personnelles amicales entre A... et le colonel de Sancy..., à ce point que le nom du colonel cité dans ce billet n'y est pas même précédé

(1) E. c. I, 859.
(2) Rennes I, 81, 496; Cass. 39, 24, 248.
(3) Cass. 92; Rennes I, 405.
(4) Rennes I, 77.

de son titre... N'est-ce pas là vraisemblablement *l'ami*, dans ce milieu où le mot est assurément un peu banal?

De son côté, le commandant Cuignet reconnaît que

Dreyfus n'avait pas et ne pouvait pas avoir de relations mondaines avec A... ni avec B... en raison de sa qualité d'israélite (1).

Comment enfin B... dans sa lettre s'adressant à A... pourrait-il bien lui parler de Dreyfus comme de « *son ami* », alors que, dans un autre billet (pièce 62, dossier secret), il manifeste au même moment son mépris pour les juifs, à ce point que M. Wattinne, dans son rapport, juge utile de le relever:

Bien que la lettre soit banale en elle-même et ne fournisse aucun élément de preuve (écrit-il), on ne peut s'empêcher d'être frappé à la lecture de la manifestation de ce sentiment de mépris qu'on retrouvera plus tard;

alors que, surtout, à la même époque contemporaine, A... lui-même, suivant l'accusation, traiterait Dreyfus de « ce canaille de D... »

Il faudrait cependant un peu de logique dans les raisonnements ! Et tout cela devient singulièrement incohérent !

3° Que vous dire de la pièce 25, que la Cour ne connaisse?

C'est la lettre: « *Ce canaille de D...* », celle qu'Esterhazy appelait le « *document libérateur* ».

C'est une lettre de A... à B..., écrite en français, et ainsi conçue:

Mon cher ami,

Je regrette bien de ne pas vous avoir vu avant mon départ, du reste je serai de retour dans huit jours. Si *(sic)* joint douze plans directeurs de Nice que ce canaille de D... m'a donnés pour vous. Je lui ai dit que vous n'aviez pas l'intention de reprendre les relations. Il prétend qu'il y a eu un malentendu, et qu'il ferait tout son possible pour vous satisfaire. Il dit qu'il s'était entêté, et que vous ne lui en vouliez pas. Je lui ai répondu qu'il était fou, et que je ne croyais pas que vous voudriez reprendre les relations avec lui. Faites ce que vous voudrez. Au revoir, je suis très pressé.

Alexandrine.

Cette lettre porte la date du *16-4* (avril) *1894* (2).

Date manifestement fausse !

Car Lauth déclare que c'est lui qui a recollé la pièce, *à la fin de l'année 1893*, quand on a commencé à acheter au Bon Marché du papier gommé transparent pour cette besogne (3).

(1) Cass., 248.
(2) Rennes I, 400, 81, 83, 282.
(3) Rennes II, 531.

Et cèla cadre avec cette autre indication fournie par le colonel Cordier que « cette pièce était une *antiquité... une très vieille pièce qu'on devait avoir maquillée pour la rajeunir* (1) ».

Si nous remarquons d'autre part qu'elle a été produite à la tribune par M. Cavaignac, le 7 juillet 1898, en même temps que la pièce « *Car D... m'a porté...* », que sur celle-ci le D a été substitué à un P, pour pouvoir l'appliquer à Dreyfus, et qu'elle a reçu de la main d'Henry la date: « mars 1894 », nous nous demanderons s'il n'en est pas de même de la lettre: « *Ce canaille de D...*, et de la date *16 avril 1894* qui y a été portée pour l'appliquer avec quelque vraisemblance à Dreyfus.

Mais ce qui du moins ne fait plus de doute pour personne, si ce n'est pour le général Mercier et pour le général Roget, c'est que la pièce: « *Ce canaille de D...* » ne peut s'appliquer à Dreyfus, et que tout se réunit pour le prouver.

D'une part, il est certain que les fuites de plans directeurs, auxquelles la pièce 25 se rapporte, avaient commencé (contrairement à l'allégation du commandant Cuignet), bien avant l'entrée de Dreyfus au Ministère (2).

Elles étaient mêmes antérieures à *1892*, puisque nous avons un mot de A... du *25 mai 1892*, transmettant à son chef huit nouveaux plans directeurs d'Arras, de Laon et de Toul, et puisque la pièce 17 du dossier secret qui est du *12 décembre 1892* et qui émane de Dufour, pseudonyme du chef du service des renseignements étrangers, offrant 5 à 6.000 francs à A..., ajoute:

On pourrait *renouveler* les relations *avec l'ancien fournisseur des plans directeurs*, attendu que tous les desiderata que l'on a ici relativement à ces plans n'ont pas encore été remplis (3).

Je vous ai lu d'autre part la note d'A... que la Section de statistique a reçue en avril 1893 :

Restituerai les feuilles 24 et 27 de Toul déjà livrées en noir (4). (Voir mon réquisitoire écrit, p. 5).

et celle de A... de janvier 1894:

Vous avez encore 600 francs d'avances... (5).

(1) Cass., 203 ; Rennes II, 514, 511, 531.
(2) Rennes I, 494.
(3) E. C. I, 10.
(4) Mon réquisitoire, p. 5.
(5) Mon réquisitoire, p. 5.

Vous savez que cette dernière établit que les plans étaient payés au fournisseur *10 francs* l'un..., prix peu tentant, on l'avouera, pour un homme dans la situation de Dreyfus.

Il est enfin établi que les livraisons de plans directeurs ont continué après l'arrestation de Dreyfus, alors qu'il était à l'île du Diable. Vous n'avez qu'à vous référer, pour vous en convaincre, aux notes que nous avons publiées (1). Si les unes, arrivées le 30 novembre 1897, remontent probablement à 1893 (note 7), l'autre (note 6) est assurément au moins de *1895* et transmet 55 plans directeurs de Calais et de Mézières.

La 3ᵉ (note 8) *de mars 1896*, de la main d'A... montre que les relations d'A... ont continué avec son fournisseur, dont il est mécontent.

On a tenu ses engagements, y écrit-il, lui ne les a pas tenus. Pas un seul mot dans lequel on puisse avoir confiance... n'est pas confirmée, les dossiers concernant les forteresses se contredisent. Noms des employés du lieutenant-colonel... Canon. Voyage d'état-major (2).

Comment tout cela pourrait-il s'appliquer à Dreyfus? alors que d'autre part les vérifications les plus minutieuses ont montré qu'aucun plan directeur ne manquait au Ministère. (C'est le colonel Picquart, c'est Cuignet qui l'affirment) (3); alors qu'il était impossible que Dreyfus pût s'introduire dans le bureau, y prendre les plans et les emporter, sans que personne ne s'en aperçût; alors enfin que nous savons par le comte Tornielli que le fournisseur des plans « *Ce canaille de D...* » ne pouvait être qu'un nommé *Dubois* qui avait eu des relations avec les attachés militaires, pour leur procurer, « non pas à proprement parler des éléments d'espionnage caractérisant la hautre trahison, mais des plans et cartes topographiques qu'on pouvait quelque temps après se procurer dans le commerce (4) ».

En présence de toutes ces preuves accumulées, l'entêtement intéressé du général Mercier seul essaie encore de soutenir que « *ce canaille de D...* » peut être Dreyfus.

Le commandant Cuignet lui-même déserte sur ce point.

Quant à la pièce « Ce Canaille de D..., » dit-il, rien ne prouve qu'elle désigne Dreyfus, et je serais plutôt de l'avis de M. Picquart, qui estime

(1) E. c. I, 10 et 11.
(2) E. c. I, 10.
(3) Rennes I, 306, 514.
(4) Rennes III, 426 ; Cass. 323.

qu'elle ne peut s'appliquer à lui, étant donné le sans-gêne avec lequel l'auteur de la lettre traite ce D... (1).

C'est ce que vous avez dit vous-même par votre arrêt du 3 juin 1899.

C'est cependant sur la production de cette pièce et sur les affirmations du commentaire du Paty que Dreyfus a succombé en 1894.

L'erreur du commentaire, vous dit votre rapporteur, est aujourd'hui reconnue ; mais elle demeure inexpliquée, et n'est pas moins étrange... Un examen même superficiel l'eût révélée : il n'a pas eu lieu... et elle est devenue (le capitaine Freystatter l'atteste et tout le prouve), l'un des éléments essentiels de la conviction des juges, et de la condamnation de Dreyfus.

Pauvre justice humaine !

4° à 9°. Je réserve, Messieurs, pour une discussion ultérieure approfondie les pièces 84 (minute Bayle) ; 371 (car D... m'a porté) ; 26 (organisation des chemins de fer) ; 365 à 370 (le faux Henry) ; 44 (le télégramme du 2 novembre 1894) ; 27 à 32 (les cours de l'Ecole de guerre). Les trois premières constituent la base même de la revision que nous vous demandons de prononcer, et nous vous ferons toucher du doigt les moyens que · nous en tirons, et qui prouvent l'innocence de Dreyfus.

La fabrication frauduleuse des autres, comme le faux Henry, ou l'altération tentée, mais dévoilée des dernières ne sont pas moins certaines et viennent à l'entière décharge du condamné !

10° Je me reprocherais de vous retenir longtemps sur la pièce 14 « *Dreyfus bois...* » Quel effort n'a-t-on pas tenté pourtant pour faire de ce document où nous trouvons le nom de Dreyfus en toutes lettres cette fois, une arme meurtrière contre l'accusé ? C'est un brouillon en langue étrangère de la main de A... et dont la traduction a été donnée en ces termes par M. Cavaignac à Rennes :

Dreyfus bois... (un morceau de papier manque sur lequel se trouvait la fin du nom : Boisdeffre)... Je ne peux pas ici... (un autre morceau de papier manque)... La pièce est arrivée entre les mains de l'attaché militaire ou au grand Etat-Major à Be... Ce que je puis affirmer verbalement, c'est qu'elle est arrivée entre les mains d'un des attachés militaires, et qu'elle a fait ensuite retour au bureau des renseignements. Berger, Constantinople, Bogoluboff. Discours. Je porte un toast chaleureux à la réunion des drapeaux franco-russe sur le prochain champ de bataille. Régiment n° 48. Giovaninelli, Saussier, de Négrier, Hervé,

(1) Cassation, 245.

19e corps. Recrutement des zouaves, 6e corps bis écarté cette année. Je ne comprends pas pourquoi on est si circonspect à B... officiers russes (1).

Et voici le commentaire du rapport Gonse-Wattinne, que le général Roget reprendra ensuite à son compte, et agrémentera de ces formules, dont il a le secret, et qui donnent aux choses toute leur valeur (2).

> Ce rapport qui, d'après les événements auxquels il fait allusion, doit être de la fin d'août 1895 montre que A... a lu ou entendu une explication de l'affaire Dreyfus. *Il dit :* « Je ne puis expliquer comment Boisdeffre peut affirmer que la pièce est parvenue entre les mains de l'attaché militaire, ou du grand Etat-Major à B. Ce que je puis comprendre, c'est que d'après lui elle serait réellement parvenue à l'un des deux, et serait ensuite retournée au bureau des renseignements. » Une chose qui frappe (poursuit M. Wattinne), c'est que pas plus dans ce rapport que dans la lettre de M. de Munster ou dans celle de B..., *on ne trouve la moindre réticence sur la culpabilité* de Dreyfus. Elle est implicitement et tacitement reconnue. *Le silence dans un pareil moment est à lui seul singulièrement accusateur.*

C'èst ce que le général Roget va appeler *la preuve de la culpabilité par prétérition d'innocence* (3) », médaille si bien frappée qu'elle va désormais avoir cours partout dans l'Etat-Major et que vous allez la retrouver désormais aux mains de M. Cavaignac aussi bien que dans celles du commandant Cuignet (4).

Soyons donc sérieux et souvenons-nous que nous parlons dans l'enceinte de la Justice ! Ne suffit-il pas de lire le texte même du brouillon, pour voir l'étrange erreur de ces commentaires, qui, avec une superbe assurance, l'altèrent et le transforment, pour lui faire dire le contraire même de ce qu'il atteste !

Qui, de bonne foi, ne voit ce que A... a voulu dire ? Il est aux manœuvres auxquelles assistent le général russe Bogoluboff, et, avec lui, de nombreux généraux français, Saussier, Giovaninelli, de Négrier, Hervé, *le général de Boisdeffre.*

La conversation tombe sur l'affaire Dreyfus, et le *général de Boisdeffre de dire:* « Je ne peux pas ici (vous dire comment) la pièce (le bordereau) est arrivée aux mains de l'attaché militaire A... ou du grand Etat-Major à B...) *Ce que je puis affirmer verbalement* (ou *sous serment* ou *enfin),* c'est

(1) Rennes I, 201.
(2) Cass. 43.
(3) Cass. 47.
(4) Cass. 249.

« qu'elle est arrivée entre les mains d'un des attachés mili-
« taires et qu'elle a fait ensuite retour au bureau des rensei-
« gnements. » Suit l'énumération des incidents du dîner, notamment le toast du général Bogoluboff.

Mais, on le voit, c'est le général de Boisdeffre qui parle,
et dont les paroles sont notées pour le prochain rapport, et
non pas A..., par une interversion qui rend tout incohérent,
tout inintelligible, qui fait que A... parlerait de lui dans la
même phrase, tantôt à la première, tantôt à la troisième personne. C'est évident, simple, naturel, conforme au texte même.
Mais alors tout disparaît. L'accusation n'y trouve plus de base !
Et cela ne peut plaire au général Roget; voulant voir une
preuve dans les pièces mêmes qui ne disent rien, il invente la
« *preuve de la culpabilité par prétérition d'innocence.* » Esco-
bar a trouvé son maître !

11° C'est une preuve de même acabit que le commandant
Cuignet et M. Cavaignac ont trouvée dans la pièce 45.

Le colonel de L. faisait partie du même Etat-Major que
A... *Le 18 novembre 1894* et *non le 5*, comme le porte la traduction de la main du général Gonse, qui ne peut toucher une
date sans l'altérer, à un moment où la presse du monde entier
retentissait du bruit des poursuites intentées contre Dreyfus,
ce colonel De L. écrivait à A... pour se plaindre de la mauvaise
volonté que, suivant lui, l'Etat-Major français mettait à lui
fournir les renseignements que, chef de la section historique
de son pays, il lui demandait. Faisant tout spécialement allusion à une réponse du colonel Collard, chef du deuxième bureau, à l'une de ses questions, il disait:

> En ce qui concerne la réponse du colonel Collard, c'est un modèle.
> Mais je ne m'en étonne pas autrement ; car c'est une manifestation du
> vieux levain de haine qui existe toujours et qui ne fait que croître avec
> les années, ou bien Dreyfus joue-t-il un rôle dans cette affaire ?

C'est là ce que le commandant Cuignet, rééditant le mot du
général Roget, appelle « un aveu de culpabilité par prétérition d'innocence (1) ».

Et M. Cavaignac d'ajouter:

> Je déclare que, quant à moi, ce n'est pas le langage qu'il me paraît
> qu'on tiendrait d'un homme qu'on ne connaîtrait pas. Il me paraît singu-
> lier, tout à fait singulier qu'au lendemain de la publication donnée à cette
> arrestation il se trouve tout à coup que dans les ambassades, dans les

(1) Cass. 249.

ministères étrangers, à Berlin, à Rome, à Paris, chez les attachés militaires, on parle de l'accusé comme d'une vieille connaissance (1).

Ainsi le commandant Cuignet, M. Cavaignac ne comprennent même pas, tant la passion les aveugle, l'ironie du colonel de L. Qu'est devenu, Messieurs, l'esprit français, qui ne sent même plus le persiflage où, jadis, il était pourtant maître, et que penseraient Voltaire ou Rivarol, Beaumarchais ou Paul-Louis Courier de ces compatriotes dégénérés ?

Je me refuse absolument, Messieurs, à continuer la discussion de toutes ces inepties ; je me refuse à discuter « *Hanotaux retors* », « *Le petit poisson* » et tutti quanti.

Mᵉ Mornard leur a fait l'honneur de les éplucher un à un dans son mémoire (2). Je m'associe à tout ce qu'il en dit si justement ; mais nous n'en finirions jamais, si nous consentions à prendre au sérieux tout cet amoncellement de fantaisies, égrenées par des imaginations en proie au délire des persécutions, quand elles ne prennent pas pour base de véritables crimes, comme tous ces faux, dont le dossier est bourré.

Le dossier secret ne nous fournit pas une preuve, si mince soit-elle, de la culpabilité de Dreyfus. Pas une des pièces qu'il contient ne peut justifier la condamnation. Mais il reste une des pires hontes de toute cette affaire. C'est un amas d'ignominies et de crimes, et l'on comprend trop le sentiment que la révélation de toutes ces turpitudes a arraché à l'un des officiers les plus droits, les plus loyaux que je connaisse, au général Chamoin, quand, devant votre Chambre criminelle, le 29 mars 1904, il s'est écrié :

J'éprouve en ce moment le besoin de vous dire, puisque je parle du dossier, combien j'ai été attristé, peiné et même écœuré quand, après avoir pris connaissance du rapport de M. le Procureur Général, j'ai vu que j'avais, moi, par ordre c'est vrai, mais, somme toute, moi, apporté un dossier qui contenait des faux, des faux si faciles à reconnaître, et que j'avais peut-être, dans une certaine mesure, été l'artisan d'une impression qui avait pu amener, si légère soit-elle, une conviction dans l'esprit des juges, qui étaient appelés à connaître, et à donner leur avis, leur oui ou leur non dans l'affaire Dreyfus. J'avoue que, depuis que j'ai lu ce rapport, je suis profondément attristé, je suis profondément écœuré. Je tenais à le dire à la Chambre Criminelle ; car enfin après une carrière heureuse, pleine de satisfactions, quand je rencontre sur ma route un devoir aussi pénible que celui-là à accomplir, que j'ai accompli dans des conditions dans lesquelles ma conscience ne me reproche

(1) Rennes I, 196, 197.
(2) Mémoire.

rien,... avoir été peut-être dupe; mais complice jamais !... Je vous demande pardon de mon émotion (1).

Qui donc, Messieurs, eût pu croire à cette complicité de tant de loyauté ? mais qui donc aussi peut ressentir un autre sentiment que le général au spectacle de tant de vilenies et de tant de crimes accumulés pour perdre un innocent ?

XVI

Jusqu'ici, que nous ayions examiné le Bordereau au point de vue graphique ou au point de vue technique, que nous ayions fouillé le dossier secret, nous n'avons absolument rien relevé contre Dreyfus. Tout au contraire, nous avons constaté l'inanité des charges invoquées contre lui. C'est là pourtant que nous eussions dû surtout trouver la preuve recherchée.

Allons-nous la découvrir dans les autres charges relevées à Rennes contre Dreyfus ?

Je vous ai déjà dit quelle ampleur inadmissible l'on avait donnée aux débats à cet égard !

Au mépris de la loi, l'accusation a relevé toute une série de faits qui n'étaient compris ni dans l'ordre de mise en jugement, ni dans le rapport, qui ne pouvaient juridiquement faire l'objet d'aucun examen, et qui pourtant (tout permet de le craindre en raison de l'importance extrême qu'on leur a donnée, et du silence du jugement qui n'est pas motivé, sans que nous ayions aucun moyen d'en pénétrer le mystère) sont devenus les éléments mêmes de la condamnation.

Passons-les donc rapidement en revue, et voyons ce qu'on en peut tirer contre Dreyfus.

1° et 2°. — Je n'ai plus rien à dire de l'attitude de Dreyfus lors de la dictée que lui a fait faire M. du Paty le 15 octobre 1894, ni des prétendus aveux du 5 janvier 1895. Vous êtes fixés sur l'inanité absolue de ces arguments.

3° Vous parlerai-je davantage de l'indiscrétion qu'on lui a reprochée lors d'une conférence faite au printemps de 1893 par le général Vanson sur la concentration d'une armée de réserve conformément aux données du plan alors en vigueur.

Le général Vanson avait fait observer à ses auditeurs combien les indications fournies par les documents produits par

(1) E. C. I, 321.

lui étaient confidentielles. Il avait ajouté que, la leçon terminée, ils devaient oublier le secret du déplacement stratégique.
Il avait été surpris de voir cependant Dreyfus prendre des
notes et lui avait vivement rappelé ses recommandations précédentes. « C'est tellement intéressant, mon général », avait
répondu Dreyfus, qui en même temps avait déchiré et jeté ses
notes.

Que tirer d'un pareil fait ?

Le fait que cet officier commettait cette grave indiscrétion en public
et même sous mes yeux, a dit le général Vanson, me parut exclure toute
intention coupable (1).

Ce fut aussi l'impression du général Gonse, lorsque le général Vanson, questionné par lui, lui raconta l'incident (2).

Et le général Mercier lui-même déclare « qu'il n'attache
pas plus d'importance qu'il ne convient à ce récit, qui indiquait non un acte de trahison, mais un acte d'indiscrétion
allant jusqu'à la désobéissance (3) ».

Pourquoi donc parler de cette vétille sans valeur ?

Le but est aisé à discerner; on veut créer peu à peu autour
de l'accusé une atmosphère de suspicion qui l'étouffe, permette d'insinuer, comme le fait le rapport Gonse-Wattinne,
comme le dira le commandant Cuignet « que partout où Dreyfus a passé, on a constaté des fuites » (4), et faire de l'accusé,
suivant l'expression de Guénée, « une tête de Turc » (5).

4° Nulle part ce plan ne s'est plus nettement révélé qu'à
l'occasion des faits de Bourges relatifs à l'obus Robin, et à
l'obus à la mélinite (6).

En 1889-1890, on poursuivait à l'arsenal de Bourges des
expériences qui ont conduit à l'adoption en 1895 de l'obus à
balles dit obus Robin, du nom du contremaître qui en a trouvé
le procédé de fabrication.

En février 1891, une puissance étrangère avait, dit-on,
adopté ce projectile.

Et ce qu'il y a de singulier, ajoutait le général Roget, c'est que la
construction de l'obus était due, non pas à des calculs de savants, pouvant
se rencontrer en des pays différents, mais à un tour de main du contremaître Robin (7).

(1) Rennes I, 112.
(2) Rennes I, 112.
(3) Rennes I, 114.
(4) Cass. 254.
(5) Cass. 506.
(6) Rapp G. W., p. 22 ; Rennes I, 134, 188.
(7) Cass. 44.

D'autre part, le général Deloye, dans une note rédigée en février 1899, dont il a reproduit les affirmations à Rennes et lors de la dernière enquête, attestait l'identité des deux projectiles.

Or, Dreyfus était à l'Ecole de pyrotechnie de Bourges du 12 septembre 1889 au 1er novembre 1890.

Il avait *pu* connaître l'obus Robin, sinon à l'Ecole, au moins par conversations de café ou de pension. Par suite, il avait *pu* en livrer le secret à l'étranger.

Et ce qui vient à l'appui de cette idée, ajoutait-on, c'est que pendant l'hiver 1890-1891, alors qu'il était à l'Ecole de guerre, il avait écrit au capitaine Rémusat, qui ne lui a pas répondu, pour lui demander, *au nom de ses professeurs d'artillerie,* qui ne l'en avaient pas chargé, des renseignements sur l'état des expériences relatives à l'obus Robin.

On doit rapprocher de ce fait cet autre que, pendant que Dreyfus était à Bourges, fut livrée à l'étranger une copie de l'instruction confidentielle sur le chargement des obus à la mélinite, dont les fragments calcinés, saisis chez l'un des prédécesseurs de A..., ont été transmis à la Section de statistique, et où l'on peut reconnaître l'écriture de Dreyfus (1).

Voilà l'accusation !

Retenons tout d'abord qu'elle n'a pas été relevée ˆcontre Dreyfus en 1894. La pensée de lui imputer cette fuite n'est née qu'en 1897, alors que le capitaine Rémusat eut appris la constatation de la prétendue similitude de l'obus Robin et du Schrapnell C/91 et C/96.

Ne nous arrêtons pas plus qu'il ne convient à l'observation de Dreyfus, rappelant sa vie à Bourges, le labeur assidu auquel il était astreint non seulement par le cours uont il était chargé, mais encore par la préparation de son examen pour l'Ecole de guerre, son mariage le 20 avril 1890, tout cet ensemble de circonstances qui l'absorbaient et ne lui permettaient ni d'aller au café, ni de s'occuper d'affaires étrangères à son service.

Mais remarquons que l'Ecole de pyrotechnie, où était Dreyfus, et l'arsenal, où l'on fabriquait l'obus Robin, étaient distincts l'un de l'autre ; que personne n'a signalé pendant tout le séjour de Dreyfus à Bourges une démarche suspecte, une conversation douteuse, une question indiscrète.

(1) Cass. 781. Rennes III, 67. E. c. I, 460.

. Pas un témoin n'en dépose.

.Bien mieux, M. Robin a lui-même déclaré:

Le capitaine Dreyfus ne m'a jamais rien demandé de ces affaires, rien, rien, rien, encore rien. Le seul renseignement qu'il m'ait demandé une fois, c'est quel moyen on pourrait employer pour faire tourner un peu plus vite des broches de filature. Voilà tout (1).

Singulière attitude, on l'avouera, d'un traître qui veut se renseigner. Il ne demande rien à qui peut lui donner ce qu'il cherche !

Autre lacune non moins significative !

L'accusation invoque la lettre que Dreyfus a écrite au capitaine Rémusat.

Où donc est cette lettre, quels en sont les termes ?

Il est nécessaire de les connaître exactement. Dreyfus demandait-il les renseignements *au nom de ses professeurs ?* C'est invraisemblable, puisqu'ils ne l'en avaient pas chargé;

Ou pour ses professeurs ? Ce qui s'expliquerait dé soi, Dreyfus venant de l'Ecole de pyrotechnie, aimant à étaler ses connaissances spéciales, et pouvant avoir eu tout naturellement le désir de fournir à ses professeurs des renseignements inédits sur une nouveauté. Tout dépend des termes employés. Comment se fait-il que la lettre ne soit pas produite ? qu'on s'en serve, alors qu'elle a disparu ?

Mais on insiste. Dreyfus a demandé ces renseignements dans l'hiver 1890-91, et l'obus a été livré à l'étranger qui s'est mis à le fabriquer en 1891.

La coïncidence pourrait paraître singulière si les faits ne se chargeaient de répondre et de dissiper l'équivoque.

Le général Deloye veut, affirme que l'obus Robin et le schrapnell C/91 ne sont qu'un seul et même projectile « le « dernier présentant avec le premier la plus grande analo- « gie, une analogie telle qu'on ne connaît pas de projectiles « d'autres puissances étrangères qui soient fondés sur le même « principe » (2).

Le commandant Hartmann contestait énergiquement à Rennes cette affirmation.

Je suis en mesure, avait-il dit, de démontrer que non seulement les deux projectiles n'ont aucune analogie sérieuse, mais encore qu'ils diffè-

(1) Rennes III, 234.
(2) Cass. 773, 781 ; Rennes III, 67.

rent profondément comme principe, comme fonctionnement, comme mode de construction (1).

Et en audience à huis clos, il avait fait cette démonstration.

Au cours de la dernière enquête la discussion s'est ravivée.

Le général Deloye a persisté à affirmer que le schrapnell C/91 était en quelque sorte la traduction de l'obus Robin (2).

Le commandant Targe a opposé à cette affirmation les documents de la direction d'artillerie elle-même, qui non seulement n'avait point signalé cette similitude prétendue en 1893-1896, mais qui, même après la déclaration du capitaine Rémusat, avait dans une *note du 23 mai 1898* (qu'on s'est gardé de communiquer à Rennes, où elle eût infirmé la déposition du général Deloye,) relevé les différences profondes qui séparaient les deux obus (3).

Le commandant Targe ne s'en est pas tenu là. Il a montré, pièces en mains, que le bulletin des questions à l'étude (n°⁸ 8, 11, 12, 13, 15) qui contenait les renseignements les plus circonstanciés sur l'obus Robin, plus encore les dessins schématiques de ce projectile, avaient été livrés à l'étranger par Boutonnet, *qui l'avait avoué* et avait été condamné le 23 août 1890; que de même parmi les documents livrés par Greiner, figurait un rapport de la Commission de Calais, contenant, outre les détails de la construction de l'obus Robin, le plan à grande échelle du projectile (4).

Comment donc attribuer à Dreyfus un fait, une divulgation dont on connaissait, dont on avait fait condamner les auteurs ?

C'était irréfutable.

Le général Deloye s'obstine (5).

Soit ! Que la commission des généraux se prononce !

Vous avez dans les mains son rapport.

Point à point elle discute et réfute toutes les allégations du général Deloye. Sans doute l'obus Robin et le schrapnell C/91 ont un *principe commun* consistant à maintenir les balles par de la poudre comprimée ; mais il était impossible

(1) Rennes III, 315..
(2) E. c. I, 460.
(3) E. c. I, 463.
(4) E. c. I, 956.
(5) E. c. I, 465.

que ce principe fût tenu secret. Il était, on peut le dire, *dans l'air*, connu de tous à Bourges.

On ne cherchait pas d'ailleurs à le tenir secret.

Le bulletin des questions à l'étude le prouve surabondamment, puisque, non confidentiel, en permanence sur les tables des écoles d'artillerie, il donnait la description de l'engin, plus encore, ses dessins.

Mais, ajoute le rapport, aucun des dispositifs employés par l'Allemagne pour la réalisation du principe ne concorde avec ceux de l'obus Robin, ni même avec aucun de ceux qui ont été essayés en divers moments à l'Ecole de pyrotechnie (1).

Que deviennent, je le demande, dans ces conditions les affirmations du général Deloye, qui sont manifestement le contre-pied de la vérité? Et que penser d'une accusation qui cherche contre toute évidence à ressaisir en 1899 contre Dreyfus un acte de trahison qu'elle sait ne pas le concerner, bien plus encore! dont elle connaît les auteurs, Boutonnet et Greiner, qu'elle a fait condamner dès 1892 pour ce fait même?

Voilà pour l'obus Robin.

Et quant au procédé de chargement des obus à la mélinite, dont les généraux Mercier, Gonse et Roget ont essayé d'imputer la divulgation à Dreyfus (2), nous savons que l'instruction du 12 juin 1899 a été tirée à 200 exemplaires et que, lorsqu'on a voulu les faire rentrer, il en a manqué 90 sur 100, tant on a mis de soin à les conserver (3).

Nous savons par l'enquête faite à Bourges que l'exemplaire de l'Ecole de pyrotechnie est toujours dans les archives et que rien n'indique qu'il ait été jamais communiqué à Dreyfus, ce qui eût été facile à constater, si le fait s'était produit (4).

Nous savons par le commandant Hartmann et par la procédure de 1892 que cette même instruction se trouvait en 1890 dans les archives de la section technique que Boutonnet a livrées à cette époque (5).

Et si vous voulez comparer l'écriture des fragments calcinés que présente la Section de statistique avec celle de Boutonnet, dont vous trouverez de nombreux spécimens dans la

(1) E. C. I, 966.
(2) Rennes I, 134 ; II, 403 ; Cass. I, 65.
(3) Proc. Greiner.
(4) Pièce 80 du dossier secret.
(5) Rennes III, 226.

procédure suivie contre lui, vous serez frappé de la similitude qu'elles présentent.

Si vous remarquez d'autre part qu'un procès-verbal du 13 mai 1898 dressé par le général Gonse, le lieutenant-colonel Gaudin, le capitaine Junck et l'archiviste Gribelin constate « *que le copiste de l'instruction était un homme peu intelli-* « *gent, ne paraissant pas se rendre un compte exact du sens* « *du texte par lui copié* », et si vous rapprochez de cette cons-tatation cette autre que Boutonnet était un employé civil subalterne, ne connaissait pas les questions militaires, vous serez fixés sur l'auteur de cette trahison.

Comment d'ailleurs les esprits les plus soupçonneux pour-raient-ils encore l'imputer à Dreyfus ?

Les fragments calcinés de la copie ont été remis à M. Ber-tillon, peu suspect assurément d'une bienveillance exagérée pour Dreyfus.

Voici son rapport : Il y signale entre l'écriture du docu-ment et celle de Dreyfus toutes sortes de différences: diffé-rences dans les lettres, dans l'allure générale.

Je n'hésite pas à déclarer, dit-il, que les experts en écriture seraient unanimes à déclarer qu'il n'y a pas identité possible entre les écrits carbonisés et ceux attribués à Dreyfus (1).

Son avis personnel n'est toutefois pas aussi absolu. Reve-nant à son idée que l'écriture du Bordereau est une écriture artificielle, il se demande jusqu'à quel point celle-ci diffère de l'ancienne, et risque quelques hypothèses qu'il discute. Mais il ajoute aussitôt :

Inutile de faire ressortir que si ces conjectures sont à mes yeux suffisantes pour m'empêcher d'affirmer catégoriquement que les pièces carbonisées ne sont pas de la main de Dreyfus, elles ne sauraient par contre corroborer *de la moindre façon* l'hypothèse inverse...

Et il conclut:

Mon opinion est que l'attribution à Dreyfus des documents carbonisés n'est pas fondée en fait ; que c'est une conjecture qui est certainement des choses possibles, mais qu'il serait grandement téméraire de la mettre en avant.

Voilà ce que le général Roget déclare « *ne pas aboutir à un résultat décisif !* »

Aussi, avec le commandant Cuignet et le général Gonse, est-il à Rennes revenu avec insistance sur le fait qu'ils ont persisté à imputer à Dreyfus. Il est vrai qu'ils y ont été en-

(1) Mém. Mornard, p. 168 ; Min. Guerre : cote 82.

couragés par un document considérable, que nous nous re-
procherions de passer sous silence et qui leur a fourni des
indications redoutables sur l'attitude de Dreyfus à Bourges !

Le commandant Rivals, faisant fonction de directeur de
l'Ecole de pyrotechnie, avait trouvé que ce qu'on avait dit jusque-là était bien mince, qu'il fallait corser tout cela ! Il a
écrit au commandant Carrière une lettre qui a été versée à la
procédure, où je la retrouve.

Croirez-vous, Messieurs, que Dreyfus était si soucieux de
cacher ce qu'il avait chez lui qu'il s'était permis d'interdire
aux ordonnances, même au planton civil de l'Ecole qu'il ne
connaissait pas, d'entrer chez lui dans son bureau en son
absence !

N'est-ce pas la preuve qu'il y amoncelait des documents de
trahison et qu'il avait peur qu'on ne le surprît ?

Et le commandant Rivals ajoute:

« Il y a dans ces précautions, surtout si on les rapproche de l'habitude
qu'avait Dreyfus d'avoir des poches sur la poitrine ou des gilets de
flanelle à grandes poches, quelque chose de vraiment singulier, et il
est difficile d'expliquer les motifs qui peuvent porter un capitaine en
second, même candidat à l'Ecole de guerre, à tenir si caché ce qu'il
peut faire dans son bureau. Quant aux poches, ce fait me paraît à moi,
qui connais les habitudes de l'établissement, réellement grave ! » (1).

Je vous en supplie, Messieurs, croyez que je parle sérieusement, et que c'est bien un document versé à la procédure que
je vous lis ! Mais lorsque vous saurez que son auteur, le commandant Rivals est l'un des juges qui ont acquitté Esterhazy
en 1898, vous serez peut-être moins étonnés de son extraordinaire perspicacité.

5° Vous venez d'entendre reprocher à Dreyfus (avec quelle
verdeur !) son extrême prudence pour mettre à l'abri de toute
indiscrétion les documents que ses études l'obligeaient à consulter, comme vous lui entendrez reprocher plus tard avec la
même justice de ne pas avoir fait relier ses cours de l'Ecole de
guerre dans leur partie manifestement confidentielle.

Vous allez maintenant voir dresser contre lui tous les
efforts qu'il a pu faire pour se mettre à la hauteur de sa délicate fonction: l'instruction qu'il a acquise à l'Etat-Major où
on l'a appelé pour cela, sa compétence spéciale sur tous les
sujets qu'il doit étudier et approfondir. Plus il s'appliquera,

(1) E. c. II, 450.

plus il réussira, et plus ce sera la preuve qu'il est coupable de l'odieuse trahison qu'on lui impute. Telle est la logique de l'accusation et tels sont les procédés de discussion.

C'est ainsi que le général Mercier a signalé la facilité avec laquelle Dreyfus dessinait, *même de mémoire*, les graphiques de la concentration (1).

Il a fait appel à ce sujet, au témoignage du capitaine Junck, à celui du capitaine de Pouydraguin, celui-ci racontant « qu'au cours du premier semestre de 1894, il avait entendu « Dreyfus critiquer les dispositions prises pour la concen- « tration des armées françaises à la frontière de l'Est, et « l'avait vu, prenant un morceau de fusain qui traînait sur la « table, se mettre à dessiner en quelques traits à l'appui de « ses dires sur une carte des chemins de fer appuyée au mur « la position générale des armées » (2). C'est un fait tout à fait exceptionnel ! s'écrie M. Cavaignac (3). Si exceptionnel, Messieurs, que le capitaine Junck, tout en confirmant le fait, déclaré que :

tous les officiers stagiaires qui étaient avec Dreyfus, connaissaient la concentration, et qu'ils étaient à peu près tous capables d'en dessiner le tableau de mémoire sur la carte; — que sans doute tous avaient remar- qué la facilité avec laquelle Dreyfus faisait ce travail et les détails qu'il connaissait; mais que c'était très naturel, puisqu'au réseau de l'Est où aboutissent tous les transports, il avait plus de renseignements que ceux de ses camarades qui se trouvaient dans les réseaux d'où partaient les transports (4).

Et c'est également ce qu'a dit le capitaine De Pouydra- guin lui-même.

Je n'ai attaché sur le moment aucune importance à cet incident ; car nous avions tous passé au 4e bureau, et nous connaissions tous la con- centration qui figurait dans les notes du plan que nous avions à notre dis- position. La plupart d'entre nous étaient d'ailleurs pourvus de fonctions, en cas de mobilisation, qui rendaient nécessaire la connaissance de cette concentration (5).

Le général Roget, M. Cavaignac insistent.

En 1893, Dreyfus au 4e bureau a dessiné sur l'ordre du *capitaine Linder* 3 cartes donnant la concentration des armées françaises et les quais de débarquement (6). Comment en

(1) Rennes I, 110, 114.
(2) Rennes I, 114, 115. Doss. secret nos 11 et 12.
(3) Cass. 22. Rennes I, 188.
(4) Rennes I, 653.
(5) Rennes I, 115.
(6) Rennes I, 290, 318.

présence de ce fait a-t-il pu nier connaître la concentration ?
S'il le nie, c'est qu'il a intérêt à le faire (1).

Quoi ! répondrai-je, vous reprochez à Dreyfus l'exécution
d'un travail que vous lui avez vous-même commandé, et l'expérience qu'il a pu en acquérir !

Quant à prétendre qu'il ait nié connaître la concentration,
c'est travestir toutes ses déclarations. Et la procédure vous
donne le démenti le plus formel.

Devant M. du Paty il déclare connaître le plan de transport ; et M. du Paty se vante comme d'un beau succès de cette
réponse (2). Devant M. d'Ormescheville (4 novembre 1894).
devant le Conseil de guerre de Rennes, en face de Pouydraguin
qui l'approuve, partout il répète :

« On connaissait toutes les lignes de transport au 4e bureau ; par conséquent je les connaissais (3). Il ajoute : « Il n'y a pas d'officiers dans
l'armée connaissant notre réseau des chemins de fer et connaissant notre
frontière, qui ne soit capable de tracer sur une carte dans ses lignes
générales la concentration. Le fait est tellement exact qu'il est reconnu
par le capitaine de Pouydraguin qui connaissait la concentration, comme
il le dit lui-même. Le second fait est relatif aux tableaux que j'ai pu
avoir à faire pour le capitaine Linder. Je ne puis pas me souvenir de
tous les travaux que j'ai fournis à l'Etat-Major de l'armée ; mais je ne
connaissais pas dans ses détails le débarquement (4).

Voilà ce qu'on appelle ses dénégations ! Il est impossible
d'être plus net, plus vrai, de mieux réfuter l'objection qu'on
lui oppose !

Mais le général Roget a gardé d'un autre fait une mauvaise impression contre Dreyfus. Il avait pendant le second semestre de 1893 donné aux stagiaires un plan *fictif* de transport à faire.. Dreyfus ne s'est-il pas permis de lui faire
observer qu'il serait bien plus intéressant et profitable de
faire un plan de transport *réel?* Le général a refusé d'accéder
à ce désir, et en a conservé un mauvais souvenir.

Que voulez-vous, Messieurs ? Sans croire être un traître,
ni donner contre moi aucune preuve que je le deviendrai
jamais, je partage l'opinion de Dreyfus; je crois qu'il vaut
mieux travailler sur le vif qu'en l'air! Je crois que si la théorie est une belle chose, elle vaut surtout par l'application
qu'on en fait, et que la pratique n'a pas moins d'avantages

(1) Rennes I, 188.
(2) Rapp. 31 octobre 1894.
(3) Rennes I, 34.
(4) Rennes I, 339, 573, 574 ; II, 90.

quand il s'agit en somme d'opérations qui ne sont pas destinées à rester de pures spéculations, mais qui doivent se faire
sur le terrain.

Et c'est en vérité faire preuve d'un singulier état d'esprit
que de voir dans ce désir de Dreyfus une preuve de culpabilité.

Dans ce carrousel de suppositions tendancieuses, le commandant Cuignet a voulu cueillir sa palme comme les autres.
A son tour il raconte qu'alors qu'il était titulaire à l'Etat-Major où il avait à traiter des questions se rapportant au dispositif des mines établies sur les voies ferrées pour interrompre la
circulation au moment opportun, Dreyfus se disant chargé
d'un travail sur ce sujet par son chef direct, le commandant
Bertin-Mourot, était venu lui demander des renseignements
qu'il possédait seul. Il avait d'abord refusé; mais sur l'insistance reproduite pendant plusieurs jours de Dreyfus, il avait
fini par céder, et par lui faire une sorte de conférence à laquelle Dreyfus avait pris le plus vif intérêt et sur laquelle il
avait pris de nombreuses notes: on ne les a pas retrouvées
chez Dreyfus lors de la perquisition du 15 octobre 1894 (1).

Vous voyez la conclusion qu'il en veut insinuer.

Mais écoutons Dreyfus,

Le fait est vrai. Les renseignements auxquels le commandant Cuignet fait allusion lui ont été demandés par Dreyfus pour faire un travail dont son chef Bertin-Mourot l'avait
chargé. Est-ce exact? Oui, le *commandant Bertin-Mourot le
reconnaît.*

Lorsque le capitaine Dreyfus est arrivé dans mon service, a-t-il dit,
un des premiers travaux que je lui aie confiés était une étude sur les
ouvrages minés, question touffue, difficile, à propos de laquelle un règlement venait d'être publié ou allait être publié. Je n'ai donc pas trouvé
étonnant que le capitaine Dreyfus, chargé de cette étude sur les ouvrages
minés, ait été en relations avec le capitaine Cuignet qui était chargé de
la première section (2).

Sans doute lors de la perquisition du 15 octobre 1894, on
n'a pas retrouvé les notes prises par Dreyfus à son domicile.
Est-ce là qu'il fallait les chercher? ou bien au Ministère où
on les eût alors sans aucun doute trouvées annexées au travail fait par Dreyfus?

(1) Rennes I, 485 et 116.
(2) Rennes II, 42.

Les lauriers d'Alexandre empêchaient, dit-on, César de dormir. Le succès du commandant Cuignet a troublé le sommeil du commandant Bertin-Mourot. Aussi entendez-vous, celui-ci reprocher avec aigreur à Dreyfus d'avoir en 1893 au 4ᵉ bureau connu le mot et eu toutes les clefs de toutes les armoires (1).

Et tout autour de lui s'élève comme un chœur d'officiers rappelant que Dreyfus s'attachait à l'étude des documents les plus secrets, journal de mobilisation, transports de concentration, transports de couverture.

C'est le commandant Boullenger, attestant que Dreyfus connaissait tout le réseau de l'Est, et y recherchait des missions pour mettre les plans à jour ; c'est le capitaine Maistre, le commandant Dervieu disant que sa curiosité était grande, sa mémoire merveilleuse ; c'est le commandant Roy, disant qu'il ramenait volontiers la conversation sur les questions de mobilisation et de concentration, encore que celles-ci fussent étrangères aux travaux de son bureau (2).

Mais comment lui reprocher encore une fois ses efforts pour s'instruire, alors qu'on l'a fait venir à l'Etat-Major pour cela ?

Comment lui reprocher d'avoir eu les clefs comme les mots des armoires quand c'est le commandant Bertin-Mourot lui-même qui les lui a données, dès son arrivée au Bureau ?

« Lorsque le capitaine Dreyfus arriva parmi nous, a dit le commandant Bertin-Mourot, lui-même, je lui traçai les mêmes méthodes de travail qu'à ses nombreux prédécesseurs, c'est-à-dire d'une part la collaboration immédiate, directe à tous les travaux de la Commission du réseau, et *d'autre part l'étude méthodique, forcément progressive, de tous les dossiers renfermés dans les armoires. Je donnai au capitaine Dreyfus la clef et le secret de toutes nos armoires.* » (3). Et plus loin : « J'ai dit dans ma déposition que la première chose que j'avais faite avait été de lui donner le mot de toutes nos armoires » (4).

C'est ce qu'il a répété dans la nouvelle enquête (5). Comment ! voilà le fait d'une indiscrétion coupable ou mal placée de Dreyfus ? S'il s'est attaché à l'étude méthodique et progressive du dossier, c'est lui qui a obéi à son chef. Et c'est ce chef qui le lui reproche ! Quelle justice ! !

(1) Rennes II, 45, 46.
(2) Rennes II, 74. 84 ; 92 à 94.
(3) Rennes II, 37.
(4) Rennes II, 44.
(5) E. c. I, 547.

Et c'est pourtant d'un bout à l'autre la même chose. Dès qu'un fait précis est articulé, et dès qu'une vérification est possible, elle tourne à la confusion complète des accusateurs.

Ainsi le capitaine Besse a révélé un fait où l'on a voulu voir une grave indiscrétion de Dreyfus. .

« Un jour de septembre 1894, Dreyfus était venu dans son « bureau lui demander communication de la liste des quais « militaires des différentes lignes des réseaux français (1). » Et le sergent Lévêque a confirmé l'indication (2).

On interroge Dreyfus. Le fait est exact... ; mais s'il est allé trouver le capitaine Besse, c'est qu'il a été envoyé par son chef le commandant Mercier-Milon, son chef de section au 3ᵉ bureau, pour mettre à jour la carte dont il s'agit (3). On vérifie. C'est vrai.

Eh bien plus ! loin qu'il y eût là indiscrétion blâmable, Dreyfus a fait au contraire tout son possible pour éviter ce travail qu'il jugeait inutile ; et voici ce que dit le commandant Mercier-Milon :

Dans la première quinzaine de septembre dernier, j'ai envoyé Dreyfus, alors sous mes ordres au 4ᵉ bureau, pour y mettre à jour un document secret établi en 1889. Je me souviens également que le capitaine Dreyfus, en recevant ce document, m'a dit, après y avoir jeté un coup d'œil, que cette mise à jour ne lui paraissait pas nécessaire. Cette observation n'avait rien de surprenant, le capitaine Dreyfus ayant pu, pendant qu'il faisait son stage au 4ᵉ bureau, prendre probablement connaissance du document. J'insistai néanmoins, voulant être sûr que le document en question était réellement à jour. Quand il fut revenu du 4ᵉ bureau, me rapportant le document, il m'a fait voir les corrections qu'il y avait apportées. Il avait écrit de sa main la mention : « Mis à jour au mois de septembre 1894. » (4)

Dreyfus avait donc dit la vérité, nettement, dès la première heure et de tout cela il ne reste que son explication qui le justifie complètement.

Il en est de même de cette autre allégation du commandant Dervieu, le signalant comme étant venu du 16 août au 22 septembre 1894 au bureau des renseignements où il s'est trouvé seul de 11 heures et demie à 2 heures tous les jours (5).

C'est vrai ! Mais là, encore rien d'anormal. Dreyfus explique que sa famille était alors à Houlgate ; que sa maison

(1) Rennes II, 71.
(2) Rennes II, 296.
(3) Rennes II, 72, 73, 296, 297 ; Proc. Paris cote 73.
(4) Cass. 577 ; Rennes II, 73.
(5) Rennes II, 95 ; Proc. Paris, cote 97 ; Rennes I, 115

étant fermée, il avait demandé au colonel Boucher et obtenu de lui de venir au bureau et d'y rester seul (1). Et c'était tout naturel; car le capitaine Junck nous apprend que « il était de « règle absolue, qu'un officier restât toujours de service dans « chaque bureau pendant que les autres allaient déjeuner de « midi à 2 heures; il arrivait à 11 heures et demie et restait « jusqu'au moment où la signature revenait du bureau du « chef d'Etat-Major. Les stagiaires contribuaient à ce ser- « vice » (2).

L'inquisition tenait pour maxime que plus le crime est atroce, moins il faut de preuves pour le condamner. N'est-il pas cependant dérisoire qu'on en vienne à reprocher à l'accusé jusqu'aux sentiments les plus légitimes et qu'on cherche à en faire contre lui la preuve du crime qu'on lui impute ?

Croyez-vous qu'on est allé jusqu'à faire à Dreyfus un grief du désir qu'il aurait éprouvé, son stage terminé, de rester au 2º bureau de l'Etat-Major de l'armée (3) ?

Quoi de plus naturel pourtant qu'un tel désir de la part d'un officier intelligent, instruit, actif, qui a la conviction d'avoir réussi dans son stage, *qui a des notes parfaites*, comme celle-ci du général Lebelin de Dionne, lors de l'instruction générale de 1891 :

Officier capable, servant avec zèle et correction. Les notes de cet officier ne parlent pas de son jugement qui paraît très sûr et très sain. Ce n'est pas une qualité si commune.

cette autre lors de l'inspection de 1892:

A obtenu le brevet d'Etat-Major avec la mention « Très bien »; très bon officier, esprit vif, saisissant rapidement les questions, ayant le travail facile et l'habitude du travail, très apte au service de l'Etat-Major (4).

comme ces autres notes qui lui ont été données par le général de Boisdeffre lui-même en 1894, écrivant au moment où il allait terminer ses deux années de stage :

Bon officier, esprit vif, saisissant rapidement les questions ; zélé, travailleur, favorablement apprécié partout où il a passé. Fera un bon officier d'Etat-Major.

Qu'un tel officier ait désiré rester au service pour lequel il était si bien qualifié ! quoi de surprenant, alors surtout qu'il

(1) Rennes II, 34, 96 ; Cass. 597.
(2) E. c. I, 517 et 987.
(3) Rennes III, 520, 528, 531.
(4) Rennes II, 60.

était, ainsi que le capitaine Junck, l'objet d'une proposition favorable (1) ?

Mais quand on est prévenu, rien ne dissuade, tout confirme et la crédulité humaine ne peut se décider que bien difficilement à se dessaisir de l'objet qu'elle a serré !

Cependant à côté de tous ces témoignages qui sont venus dénoncer ainsi le zèle de Dreyfus, les habitudes d'indiscrétion qu'on lui reproche, que d'autres autrement significatifs peuvent être invoqués, qui démontrent sa correction, qui rendent hommage à sa réserve !

C'est le *colonel Mercier-Milon* qui affirme que Dreyfus a été un soldat fidèle et scrupuleux.

C'est le *colonel Collard* qui tout en trouvant qu'il était trop sûr de lui pour son âge, le tient pour un officier laborieux, ayant acquis des connaissances sérieuses et qui n'a jamais eu aucune indiscrétion à lui reprocher (2).

C'est le *capitaine Tocanne*, celui de tous les témoins qui a le mieux connu Dreyfus, dont il était le camarade à l'Ecole de guerre, au Ministère, et qui, interpellé sur ce qu'il pensait de lui, répond sans hésiter :

Je le crois incapable de félonie (3) !

C'est le commandant *Hartmann*, qui a appartenu neuf ans à la section technique, de 86 à 95, a passé par le service du matériel, par celui des études sur les bouches à feu, a dirigé l'atelier de précision; il a eu dans ces services à sa disposition, les documents les plus confidentiels, et nombre d'officiers sont venus lui demander des renseignements. Il n'a jamais vu Dreyfus ; il n'a jamais entendu parler de lui (4).

C'est le *commandant Ducros*, qui s'occupait d'études sur le matériel d'artillerie de campagne. Inventeur d'un canon qu'il faisait construire en 1891 à l'atelier de Puteaux, il rencontre Dreyfus qui lui parle des leçons qu'on vient de leur faire à l'Ecole de guerre sur son matériel. Le commandant s'aperçoit que les renseignements donnés étaient arriérés. Désireux de faire passer ses idées à l'Ecole de guerre d'où elles se répandront partout, il invite Dreyfus à venir le voir à Puteaux, l'invite à déjeuner. Si Dreyfus est l'espion qu'on nous dépeint,

(1) Rennes III, 528.
(2) Cass. 577.
(3) Note Demange. Débats de la C. Cass. en 1899, p. 606.
(4) Rennes III, 227.

quelle bonne fortune pour lui! quelle mine à exploiter! avec quel empressement n'y va-t-il pas courir?

Il ne se rend pas à l'invitation. Elle est renouvelée sans plus de succès.

> Il m'est resté de là (dit le commandant Ducros), et c'est pour moi une impression très nette, que Dreyfus ne s'occupait pas des questions d'artillerie de campagne (1).

C'est le *commandant Galopin,* qui est un autre inventeur aux talents duquel tous rendent hommage. Il a notamment imaginé tout un système de tourelles destiné à la fortification des forteresses. Il a fréquemment rencontré Dreyfus, avec qui il faisait souvent le trajet de la place de l'Alma au Ministère. Jamais Dreyfus ne lui a demandé un renseignement sur ses découvertes ni sur ses tourelles (2).

Tout cela n'est-il pas nécessaire à rappeler? Et ne serait-ce pas le cas de dire, en la retournant, la phrase célèbre de M. d'Ormescheville?

> *Cette attitude est nette et ne présente pas une grande analogie avec celle des personnes qui pratiquent l'espionnage.* »

6° Vous me permettrez de renvoyer à la fin de notre examen l'argument que le général Gonse a tiré de la prétendue disparition de la *note Bayle* sur l'artillerie lourde de la 9ᵉ armée.

C'est un des faits qui, suivant nous, justifie la revision. Bornons-nous pour l'instant à rappeler que l'accusation imputait à Dreyfus la disparition de cette note, et en concluait qu'il l'avait livrée à A... alors que la minute est retrouvée..., là où elle devait être, où elle a toujours été, et qu'avec elle disparaît toute possibilité d'accusation de ce chef.

7° Mais l'accusation est inlassable, sa fécondité est inépuisable.

Uno avulso, non deficit alter. Le général Mercier et le général Gonse ont fait appeler devant le Conseil de guerre de Rennes un nommé Ferret, ancien garde républicain, secrétaire permanent du 4ᵉ bureau, qui, à titre de renseignement, est venu déclarer que:

> Vers la fin de 1893... revenant de déjeuner vers une heure, il avait aperçu dans le 4ᵉ bureau un civil qui était assis à droite du bureau du commandant Bertin-Mourot qui faisait face au capitaine Dreyfus, lequel

(1) Rennes III, 182, 183.
(2) Rennes III, 491.

(employé à ce moment même à ce bureau) était debout devant l'armoire où sont renfermés les documents (1).

Il a cru reconnaître aux gros traits qu'elles portent extérieurement, dans les pièces qu'il consultait, le graphique des transports de couverture (2).

« C'est extrêmement grave » vous disent les généraux Mercier et Gonse (3).

Comment donc se fait-il que Ferret, qui prétend en avoir été ému, n'eût rien dit au commandant Bertin-Mourot dès le retour de celui-ci (4) ? qu'il se soit encore tû pendant toute l'information de 1894, alors que, comme tous au Ministère, il savait l'extrême embarras de l'accusation faute de preuves (5) ; qu'il n'en ait parlé pour la première fois qu'en 1898, non pas à ses chefs, mais à un agent de la Compagnie de l'Est (6), qu'il se soit tû de nouveau pendant toute votre enquête de 1899, et qu'il n'ait parlé qu'à la dernière heure, à la sollicitation des généraux Mercier et Gonse à un moment où toute vérification était à vrai dire impossible.

Dreyfus nie absolument le fait (7), et l'explication qu'il en donne prouve à l'évidence ce qui a dû se passer, et l'équivoque dont on cherche à le rendre victime.

Les ingénieurs et agents de la Compagnie de l'Est venaient sans cesse au Ministère conférer avec le commandant Bertin-Mourot (l'homme au robinet de l'armée) des questions de mobilisation concernant leur réseau. Introduits auprès du commandant quand il était là, ils entraient même quand il était sorti et l'attendaient, assis sur une chaise près de son bureau. C'est là qu'était l'homme qu'a vu Ferret (8).

On ne l'a pas retrouvé depuis. Comment eût-ce été possible ? Le jour, le mois même de la scène n'est pas précisé. Et le fussent-ils, qui donc se fût volontiers mis en avant, quand on sait les poursuites exercées pendant toute une année contre Me Leblois, pour une démarche semblable auprès du colonel Picquart ?

Qu'on ne dise pas davantage qu'on n'entre pas dans

(1) Rennes I, 115, 543 ; II, 29 et suivantes.
(2) Rennes II, 30, 31.
(3) Rennes I, 115, 543 ; E. c. I, 235.
(4) Rennes II, 32..
(5) Rennes II, 32 ; I, 542.
(6) Rennes II, 33 ; I, 543.
(7) Rennes II, 33, 34, 36.
(8) Rennes II, 34.

les bureaux de l'Etat-Major, sans que le fait soit aussitôt signalé.

C'est le général Gonse qui se charge de prouver le contraire :

J'ai expliqué au Conseil, dit-il, qu'il y a dans les bureaux des agents de chemins de fer, du réseau de l'Est par exemple. Quand ces messieurs ont besoin de voir les inspecteurs du chemin de fer, on ne les fait pas attendre indéfiniment à la porte. Quand ils viennent, ce n'est pas pour causer de la pluie ou du beau temps. On cherche à faciliter leur entrée le plus possible. Il y en a qui ont des laissez-passer permanents, et alors cela va de soi. Mais pour faire entrer un ami au 4e bureau avec un laissez-passer, c'est facile en raison de ce qu'il y a des employés de chemin de fer qui viennent fréquemment au Ministère.

Le Président. — Est-ce que ces laissez-passer permanents ont des photographies ? Est-ce qu'il n'y a pas de cartes d'identité ?

Le général Gonse. — Ce sont des laissez-passer permanents. Je crois que les laissez-passer du Ministère de la Guerre sont des laissez-passer sans photographie.

Le capitaine Dreyfus. — Encore fallait-il avoir demandé un laissez-passer, et j'affirme que je n'en ai jamais demandé pour personne.

Le général Gonse. — On peut parfaitement laisser entrer quelqu'un sans laissez-passer, et cela est très facile.

Le capitaine Dreyfus. — Dans ces conditions, on peut faire entrer tout ce qu'on veut. Il n'y a pas de discussion possible (1).

Ce fait, que nous apprend ainsi le général Gonse, est corroboré par les attestations de M. Lechatellier, ingénieur en chef des ponts chargé du contrôle de l'Est, et de M. Revoil, ingénieur de la marine, qui affirment être entrés plus de cent fois au Ministère sans avoir eu à présenter leurs permissions (2); par la déclaration du capitaine Junck qui, à maintes reprises, a vu des officiers en civil, ayant ou non appartenu au Ministère, entrer librement par la porte de la rue Saint-Dominique, et qui ajoute que le fait était possible pour des civils aussi bien que pour des militaires (3) ; par la déposition du commandant Bertin-Mourot rappelant que les députés et sénateurs entraient sans laissez-passer (4).

Il est donc établi que, si les instructions ministérielles interdisaient l'entrée dans les bureaux sans permission spéciale, il en était de celles-là comme de tant d'autres qui ne sont faites que pour être violées. « *On entrait au Ministère comme au moulin* », a dit Me Labori (5). C'est peut-être aller un peu

(1) Rennes I, 562, 563.
(2) Rennes II, 35, 36.
(3) Rennes I, 651, 654.
(4) Rennes II, 42.
(5) Rennes II, 206.

loin. Mais tout au moins les ingénieurs de l'Est entraient librement, sans que rien permît de signaler ou de relever ultérieurement leur présence. Ils entraient tout spécialement dans le cabinet du commandant Bertin-Mourot, et c'est là que s'est produit le fait signalé par Ferret. Il perd dans ces conditions toute signification, et rien, contrairement à l'allégation des généraux Mercier et Gonse, ne permet d'en tirer quoi que ce soit contre Dreyfus.

8° Jusqu'ici nous avons discuté une à une toutes les allégations de l'accusation, sans nous préoccuper d'autre chose que des faits avancés et aussitôt détruits par les vérifications auxquelles ils ont été soumis.

N'est-il pas temps de se demander, Messieurs, la cause de toute cette accusation?

La raison a ses principes directeurs et ses règles, et au premier rang de ces principes le bon sens indique qu'*il n'y a point d'acte sans mobile*.

Point de grand crime sans un intérêt proportionné, disait autrefois l'Avocat Général Servan ; un grand intérêt est la même chose qu'une grande passion ! Et ce qui est encore vrai, c'est qu'une grande passion ne peut pas plus se cacher que se vaincre. Si donc un homme, accusé d'un grand crime, n'est convaincu par tous ceux qui l'environnent d'aucune passion violente, s'il est impossible de trouver au crime qu'on lui reproche aucun intérêt capital et décisif, rappelez-vous la maxime : Point de grand crime sans un grand intérêt. Point de grand intérêt sans une grande passion. Point de grande passion sans éclat. Voilà la route du cœur ; nous ne devons jamais nous en écarter.

Le général Mercier s'est bien rendu compte de cette nécessité qui s'impose à l'accusation de dénoncer le mobile qui a poussé l'accusé: il a cherché à s'y soustraire:

Je ne m'occupe pas, disait-il à Rennes, du mobile de la trahison : le mobile de la trahison peut avoir de l'intérêt au point de vue psychologique. Je ne m'occupe que du fait matériel et brutal (1).

Et à sa suite les témoins à charge ont emboîté le pas ! J'admettrai volontiers cette théorie, Messieurs, et je reconnaîtrai que la recherche du mobile peut ne présenter qu'un intérêt purement psychologique, qui ne saurait entraver la répression, lorsque nous nous trouvons en face d'un fait positif, dont l'auteur est connu, sans qu'aucune discussion soit possible, comme par exemple lorsqu'un meurtre a été commis dont l'auteur est pris en flagrant délit, sans qu'on puisse dé-

(1) Rennes I, 142.

couvrir le mobile qui a armé son bras. Le fait est là dans sa matérialité brutale, et le coupable n'est pas douteux puisque le flagrant délit le dénonce et le confond.

Mais qui donc admettra qu'il en puisse être de même, lorsque l'accusation n'est plus basée que sur des présomptions toutes plus incertaines les unes que les autres ? Le défaut de mobile devient et reste alors manifestement une présomption morale d'innocence de premier ordre. C'est à l'accusation qu'il incombe de la combattre et de la détruire. Et son aveu d'impuissance devient contre elle l'argument le plus décisif, l'objection la plus péremptoire.

Or qu'a donc prouvé l'accusation contre Dreyfus à ce point de vue, et comment a-t-elle satisfait à cette inéluctable nécessité à laquelle elle ne saurait, quoi qu'elle en dise, se soustraire ?

Dreyfus avait-il des besoins d'argent ? Entretenait-il de coûteuses maîtresses ? cédait-il à la passion du jeu ? Etait-il dévoré de quelque passion monstrueuse qui pût expliquer l'acte abominable qu'on lui impute ?

Il était riche ; il possédait 25 à 30.000 francs de rente ; il avait dans la filature de sa famille un crédit à tout instant réalisable de plusieurs centaines de mille francs.

Son genre de vie était proportionné à sa fortune. Ses comptes étaient tenus avec une admirable régularité. M. du Paty de Clam déclarait lui-même que, dans un ménage aussi ordonné, un trou au budget ne peut passer inaperçu, et qu'il n'en a trouvé aucun. Il est vrai que, désolée de son impuissance, sa perfidie soupçonneuse ajoute aussitôt :

Si ce trou a existé un moment donné soit par le jeu, soit par les femmes, comment le boucher ? On a pu se confier à une amie ! (I)

de sorte que du même coup, et sans que rien puisse étayer cette ignominieuse supposition, voilà Dreyfus accusé et, pour M. du Paty, convaincu non seulement d'avoir eu des maîtresses, mais même de s'être fait entretenir par elles ! Quel homme que celui qui peut naturellement imaginer de pareilles infamies !

Mais enfin ce jeu ? ces maîtresses ? où donc en est la preuve ? Le commandant d'Ormescheville refuse de rechercher et d'entendre aucun témoin à ce sujet : « Ils ne seraient

(I) Rapp. du Paty, Proc. Paris, cote 70.

« pas recommandables ! » mais il affirme tout de même, et cela suffit à sa conscience ! (1).. Je doute que vous partagiez ce sentiment.

Nous attacherons-nous alors aux rapports de Guénée ?

Mais vous êtes fixés ; vous savez ce que vaut ce ramassis de propos de concierges, de cancans de filles, de racontars de tripots, détruit, anéanti par l'enquête de la Préfecture de police, dont les procès-verbaux ont été supprimés, parce qu'ils prouvaient que tout ce qu'avait recueilli Guénée s'appliquait à des homonymes de Dreyfus qui n'avaient avec lui de commun que le nom, reniés par Guénée lui-même qui, devant vous en 1899, a été obligé de reconnaître que tout ce qu'il avait avancé n'était que bruits de tripots qu'il n'avait pu contrôler.

Si bien que voici l'inexplicable expliqué par le mensonge.

Ah ! je comprends que le général de Boisdeffre ait été, même après la condamnation, préoccupé de tout cela ! qu'il ait trouvé l'instruction concernant Dreyfus absolument « insuffi-« sante en ce qui concerne sa moralité, ses relations de femmes « et de cercles, etc... » (2), et qu'il ait donné au lieutenant-colonel Picquart « l'ordre de reprendre tout cela » (3).

Lui non plus ne sentait pas sa conscience rassurée !

Devant le Conseil de guerre de Rennes un nouvel effort a été tenté. Il a misérablement échoué.

Tout ce qui a été précisé, a dit le lieutenant-colonel Cordier, c'est que le capitaine Dreyfus, le jour de son mariage, n'aurait pas pu porter la couronne d'oranger, si toutefois on en donne aux hommes. C'est le cas de bien des gens. Et il a ajouté : Il résulte de l'examen complet du rapport, il résulte de tout ce que nous avons su qu'après son mariage il n'en a plus été de même. Moi, je crois devoir en conclure que s'il y a eu certaines choses, le capitaine Dreyfus s'est plutôt vanté. Le capitaine Dreyfus, comme beaucoup d'autres, aimait à se vanter et, quand on a été, comme nous, jeunes dans les pensions, on sait parfaitement que généralement ce sont ceux qui se vantent le plus qui en font le moins. Eh bien ! je crois que le capitaine Dreyfus était absolument dans ce cas. Pour cela comme pour le reste, il se vantait et il s'est beaucoup vanté. Dieu sait s'il doit s'en repentir maintenant (4) !

Et tous les faits, qui ont été apurés, viennent à l'appui de cette appréciation si juste, si vécue.

Ils sont au nombre de quatre.

Le premier est signalé par M. du Breuil, ancien procureur

(1) Cass. 601.
(2) Cass. 179. Rennes I, 522.
(3) Rennes I, 384, 385.
(4) Rennes II, 512, 513.

de la République à Saint-Brieuc, entendu à titre de renseignements sur l'indication de M. Quesnay de Beaurepaire, son ancien procureur général de Rennes (1).

En 1885, cet ancien magistrat était en rapport avec les
époux Bodson, propriétaires du magasin « *La redingote
grise* ». Il racontait qu'il avait dîné chez eux avec Dreyfus et
un attaché d'ambassade allemand, dont il n'a pu d'ailleurs
donner

ni le nom, ni le signalement, et qu'il ne reconnaîtrait pas suivant toutes
probabilités (2).

Il s'était promis de cesser toute relation avec cette maison
et l'avait même dit à M. Bodson,

en lui déclarant qu'il n'aimait pas les Allemands, et qu'il lui était désagréable de rencontrer ces gens-là. — « Mais je suis très heureux de ce
que vous me dites, avait répliqué M. Bodson ; ne croyez pas que ces
gens-là sont mes amis et, vous avez dû vous en apercevoir, Dreyfus est
l'amant de ma femme (3). »

M. Bodson avait ensuite consulté sur son désir de divor-
cer. Et, comme M. du Breuil l'informait qu'en pareille matière
la justice exigeait des preuves positives :

Des preuves, mais j'en ai, avait répondu M. Bodson ; j'en aurais
même pour faire chasser Dreyfus de l'armée française. Il est indigne de
porter l'uniforme (4).

Qu'est-ce que cela signifie, Messieurs, alors surtout que
M. du Breuil ajoute :

J'attribuai, je le dis très franchement, l'exclamation de M. Bodson
tout d'abord à son mécontentement de mari trompé, et je lui répondis
que, si on chassait de l'armée française tous les officiers qui ont pris
la femme de leur voisin, peut-être pourrait-on éclaircir beaucoup les
cadres (5).

Dans une brochure qu'il a publiée depuis sur sa déposition
de Rennes, M. du Breuil est revenu sur son impression :

Ma déposition ne pouvait servir que comme indication. Pourquoi
Dreyfus ne répondit-il pas ? « Il est parfaitement exact que j'ai dîné
chez Bodson avec du Breuil et un attaché allemand. » Il eût pu ajouter :
« Qu'est-ce que cela prouve ? » J'aurais répondu moi-même: *Rien* (6).

Faut-il insister dans ces conditions, ajouter avec le commis-

(1) Rennes II, 101, 105, 106.
(2) Rennes II, 103, 107 à 110.
(3) Rennes II, 103.
(4) Rennes II, 104, 105.
(5) Rennes II, 104.
(6) 4 p. 4.

saire du gouvernement que dans cette déposition « *tout est étrange* » (1); que les faits qu'il signale sont de 1885, alors que Dreyfus était célibataire, que le milieu n'était pas si suspect que du Breuil n'y allât lui-même (2) ; que la sœur de M. Bodson a protesté avec la dernière énergie contre ces propos imputés à son frère décédé (3), que M. Linol, liquidateur au Tribunal de commerce de Paris, atteste que devant lui M. Bodson a démenti catégoriquement la déclaration de M. du Breuil et protesté qu'il considérait Dreyfus, qu'il n'aimait pas pourtant, comme incapable de trahir (4).

Faut-il ajouter que si M. du Breuil a connu la magistrature dont il a fait partie, mais qu'il a dû quitter, il est plus encore connu d'elle comme justiciable ; que, par arrêt du 8 février 1896, la Cour de Caen a jugé

qu'il avait sciemment surpris la confiance de son adversaire et qu'il avait obéi à une pensée de fraude ;

que cette même Cour, par arrêt du 5 mai 1904, l'a condamné à un mois d'emprisonnement et 100 francs d'amende pour injures et diffamation en constatant qu'il avait déjà subi trois condamnations en police correctionnelle dont deux pour injures et diffamation, et en relevant « le caractère odieux de la diffamation », qu'elle réprimait ?

C'en est trop pour réduire *au néant* ce qui, d'après le témoin lui-même, n'était *rien !*

Le second fait est plutôt comique.

Le lieutenant-colonel Gendron, celui qu'Esterhazy appelle « *l'invraisemblable Gendron* », celui qui raconte de lui-même les mystifications par trop fréquentes dont il a été victime à la Section de statistique, notamment de la part d'une Italienne et d'une femme Malebranche (5), est venu déclarer à Rennes qu'il avait été conduit en 1892 chez une Austro-Hongroise fort intelligente, Mme Derry, par un ami qui était son « protecteur »; que le milieu lui avait paru suspect; que, sans en avoir eu d'ailleurs la moindre preuve, il ne serait pas surpris que cette femme, « *qui ne lui avait pas paru une courtisane complète* », fût une espionne et que devant son refus de retourner chez elle, son ami lui avait dit :

(1) Rennes II, 107.
(2) Rennes II, 107.
(3) Rennes II, 103, 104.
(4) Rennes II, 190.
(5) Rennes II, 69.

Après tout je ne comprends pas vos scrupules ; d'autres officiers bre·
vetés comme vous ou de l'Ecole de Guerre fréquentent cette personne,
entre autres Dreyfus (1).

On se renseigne. Le fait est vrai. Dreyfus est allé deux ou
trois fois chez Mme Derry (2). Savez-vous pourquoi? Parce
qu'on lui avait dit qu'il y rencontrerait le commandant Gendron (qui passait, c'est lui qui nous le dit, pour le confident
absolument intime du colonel Sandherr !) (3).

Et voilà ce qui prouve que Dreyfus est un traître ! C'est
simplement grotesque !

Le troisième fait est relatif à une dame Cron, à qui Dreyfus
aurait offert de louer une villa de 4.000 fr. de loyer annuel, et
dont on a retrouvé lors de la perquisition une lettre adressée
à Dreyfus et finissant par ces mots : « *A la vie, à la mort!* »

Dreyfus reconnaît qu'il a rencontré cette femme au concours hippique (4), mais il ajoute qu'il n'a jamais eu de rapports intimes avec elle, et que, s'il avait eu un instant la ten-
tation d'en faire sa maîtresse, il avait reculé quand il s'était
rendu compte qu'on en voulait plus à sa bourse qu'à son
cœur et M. du Paty de Clam a dû reconnaître lui-même que
le contraire n'a pas été prouvé (5).

Le dernier fait est plus misérable encore, s'il est possible.

En juillet 1894, Dreyfus revenait d'un voyage d'Etat-Major et ramenait avec le capitaine Duchâtelet le détachement
d'ordonnances et les chevaux. Ils passent de grand matin rue
de Miromesnil, les volets commencent à s'ouvrir.

Si nous allions chez une telle lui demander une tasse de chocolat ?
dit Dreyfus à Duchâtelet... Je vous présenterai. On voit chez elle du
monde amusant, des femmes connues... La dernière fois que je suis
allé chez elle, j'ai perdu la forte somme (6) !

Le tout, affirme le capitaine Duchâtelet, *sur le ton de la
plaisanterie,* et sans avoir eu évidemment l'intention de quitter le détachement.

Aussitôt l'Etat-Major d'en tirer la preuve que Dreyfus est
l'amant de cette femme, que c'est un joueur forcené.

Le capitaine Duchâtelet n'a pu, Messieurs, retenir son indignation, en entendant ainsi travestir sa pensée. Honteux du

(1) Rennes II, 67 et 69.
(2) Cass. 422.
(3) Rennes II, 68.
(4) Rennes I, 36 ; Proc. Paris, cotes 20 et 73 ; E. c. II, 394.
(5) Rapp. du Paty ; Proc. Paris cote 70.
(6) Rennes II, 97, 98 ; I, 36, 37.

rôle qu'on essayait de lui faire jouer au procès, il s'est écrié, quand on lui a demandé pourquoi il n'avait rien dit de cela en 1894 :

Je le dirai franchement au risque même de détruire ma déposition d'aujourd'hui. Comment! voilà un officier qui est accusé du plus grand des crimes, et moi j'irais dire : « Il m'a dit qu'il était allé chez une femme et qu'il y a perdu de l'argent. » Non! je n'ai rien dit!

Le témoin précise ainsi la valeur du propos qu'il a répété : *C'était une plaisanterie.*

Et il faut toute la psychologie à la fois grossière et compliquée de l'accusation pour voir dans ce bas déballage de faits insignifiants, de conversations banales ou de plaisanteries de mauvais goût ce mobile puissant que nous cherchons et qui seul pourrait expliquer le crime atroce qu'elle impute à Dreyfus.

Va-t-elle au moins le trouver dans la rancune inoubliable que Dreyfus aurait conservée de la cote d'amour?

Lors des examens de sortie de l'Ecole de guerre, dit le commandant d'Ormescheville dans son rapport, Dreyfus a prétendu qu'il devait à la cote dite d'amour d'un général examinateur d'avoir eu un numéro de sortie inférieur à celui qu'il espérait obtenir : il a cherché alors à créer un incident, en réclamant contre cette cote et partant contre le général qui la lui avait donnée. Il prétendit alors que cette cote, qui était 5, lui avait été donnée de parti pris et en raison de la religion à laquelle il appartient. Il attribua même au général examinateur en question des propos qu'il aurait tenus à ce sujet. L'incident qu'il créa n'eut pas la suite qu'il espérait. Mais depuis cette époque il n'a cessé de se plaindre, se disant victime d'une injustice qu'il traite même à l'occasion d'infamie (1).

C'est ainsi que M. d'Ormescheville écrit l'histoire.

Sur ce point, pas plus que sur la question « femmes », « jeu », il n'a entendu un témoin, recueilli un renseignement. C'est lui qui nous le dit. S'il avait fait son devoir de magistrat qu'il était, il eût appris que Dreyfus avait eu raison de se plaindre, qu'il avait été victime d'une criante iniquité, et qu'il avait obtenu la satisfaction qui lui était due.

Oui! il est vrai que, lors des examens de sortie de l'Ecole de guerre, il s'est trouvé un examinateur, dont le nom doit être conservé, le général Bonnefond, pour donner à Dreyfus et à un de ses camarades, isréalite comme lui, une note mauvaise en disant :

Je ne veux pas de juifs dans l'Etat-Major; je leur donnerai 5 comme cote d'amour.

(1) Rapp. d'Ormescheville, Cass. 601.

Dreyfus a su le fait et s'en est plaint au Directeur de l'Ecole, le général Lebelin de Dionne. Celui-ci n'a pas voulu croire d'abord à tant de partialité. Il s'enquiert. Le fait est vrai, et le général constate

qu'il est (c'est lui qui le dit) *en face d'une injustice à réparer!* (1)

Savez-vous comment il répare ?

Je laissai, dit-il, à la note donnée par l'examinateur tout son effet L'effet de cette note était en effet minime, et le dommage presque nul. Au lieu de sortir le 5e, Dreyfus est sorti le 9e, et il a pu rester à l'Etat-Major (2).

Dans son désir de répondre au sentiment du milieu ambiant dans lequel il dépose, le général Lebelin de Dionne en vient à Rennes jusqu'à oublier les notes excellentes qu'il a données alors à Dreyfus et qui le dépeignent

comme un très bon officier, de caractère facile, de conduite très bonne, d'esprit vif, ayant l'habitude du travail, très apte au service d'Etat-Major.

Il n'est pas moins certain qu'il a reçu fort aimablement Dreyfus après son enquête et que Dreyfus s'est retiré satisfait (3).

Ah! sans doute il a dû garder de ce pénible incident un souvenir douloureux! Sans doute à l'occasion une plainte est revenue sur ses lèvres, quand il a pensé à l'injustice criante dont il avait failli être la victime (4).

Mais quoi d'étonnant! Et qui de nous n'en eût pas fait autant? Et de là à faire de ce misérable incident aussitôt réparé le mobile capital, unique, qui l'aurait poussé au crime de trahison, lui qui à 35 ans était, malgré tous les obstacles semés sur sa route, capitaine breveté d'Etat-Major, lui qui, à toutes les satisfactions d'amour-propre, joignait toutes les joies de la vie: un heureux mariage, de charmants enfants, la richesse, lui qui avait quitté le sol natal, ses intérêts locaux pour opter pour la France et suivre son drapeau, c'est en vérité défier le bon sens que de tirer de cette misère réparée cette monstrueuse conclusion!

L'accusation l'a senti elle-même, et par tous les moyens, a

(1) Rennes II, 178, 179.
(2) Rennes II, 180.
(3) Rennes II, 180, 181 et I, 31 à 32.
(4) Rennes II, 529.

tenté de ressaisir l'accusé, en lui imputant des *sentiments an-*
tipatriotiques.

C'est ainsi que le commandant Bertin-Mourot rapporte
que, revenant d'une mission sur la ligne des Vosges, il avait
raconté les impressions pénibles qu'il avait ressenties près de
cette frontière qu'il lui était interdit de franchir.

> Fumant ma pipe, je me disais : « Quelle misère ! Là-haut tant de ma-
> jesté, tant d'ordre, tant d'harmonie ; et en bas une race, et mes compa-
> triotes, suivant le côté où ils se trouvent, engagés dans une armée dif-
> férente *avec un Dieu des armées différent !*

Dreyfus l'interrompit :

> Cela ne pourrait pas être pour nous autres juifs. Partout où nous
> sommes, notre Dieu est avec nous (1).
> J'éprouvai, dit M. Bertin-Mourot, un profond malaise, je brisai là, et
> je me remis au travail (2).

Soit ! En quoi cela prouve-t-il que Dreyfus soit un traître ?
Quel est donc le sens antipatriotique que le commandant Bertin-Mourot attribue à ces paroles ? on le lui demande.

> Je n'y attribue aucun sens, répond-il ; mais je voyais la question
> brusquement dévier. J'avais parlé de l'immensité, des astres qui tournent
> et du service militaire des Alsaciens... Et brusquement je vois ce simple
> récit d'une impression se transformer en idée théologique, ce qui m'était
> désagréable. Quel est le fond de cette phrase ? Qu'a-t-il voulu dire ?
> Je n'en sais rien. On m'a dit : « Vous avez blessé les juifs. » J'ai cité
> simplement ; je voulais expliquer pourquoi il m'avait laissé une mauvaise
> impression (3).

Que ce sentiment s'explique, Messieurs, de la part de
M. Bertin-Mourot, s'il est vrai, comme on l'a dit, qu'il soit le
fils d'une juive mariée à un catholique, c'est fort bien ; mais
encore une fois, il ne m'est pas donné de comprendre en quoi
le propos imputé à Dreyfus prouve de sa part un sentiment
antipatriotique.

Et j'en dirai tout autant de cet autre mince détail rapporté par le général Lebelin de Dionne. Dreyfus aurait dit un
jour que les *Alsaciens étaient plus heureux sous la domina-*
tion allemande que sous la française (4). Ce propos fâcheux,
blessant, Dreyfus l'a toujours nié (5). Il a fait appel à toute sa
vie, à toute sa correspondance, à ses lettres de l'île du Diable

(1) Rennes II, 38, 39.
(2) E. c. I, 548.
(3) E. c. I, 549.
(4) Rennes II, 179.
(5) Rennes I, 36 ; E. c. II, 394.

écrites alors que la révolte eût été pourtant pardonnable et qui toutes cependant vibrent de l'amour ardent de la patrie.

Voulez-vous que j'accepte la version de l'accusation, et que le propos ait été tenu ?

N'est-ce pas tout au moins le grossir démesurément, au delà de toute raison, que d'y voir la preuve d'un sentiment de haine furieuse contre la France ?

Et comment l'accusation peut-elle se montrer si rigoureuse contre Dreyfus pour cette insignifiante parole, alors qu'elle est si tendrement indulgente pour Esterhazy dont personne n'a oublié les lettres à Mme de Boulancy, cette monstrueuse éjaculation de haine féroce, d'outrages sanglants contre tout ce que nous aimons et respectons ?

Pourquoi ces deux poids et ces deux mesures ?

Et comment ce qui, énorme, n'a pour l'Etat-Major aucune portée accusatrice contre Esterhazy, devient-il, infime, contre Dreyfus l'argument capital et décisif ? ?

Non, non, concluons sur ce point.

Constatons une fois de plus l'impuissance radicale de l'accusation de satisfaire à l'impérieuse obligation qui lui incombe. Elle ne peut, elle n'a jamais pu découvrir le motif plausible de l'acte abominable qu'elle impute à Dreyfus, alors que tout s'accumule ici comme partout, et sans qu'elle veuille le voir, contre Esterhazy, ruiné, traqué par ses créanciers, réduit aux pires expédients, aux spéculations de bourse, aux fraudes dotales, à l'escroquerie, tendant sans vergogne la main à ces juifs qu'il vilipende, mais dont il reçoit l'aumône et dont il mange le pain, vomissant l'injure et les menaces contre l'armée, contre la France, signalé de tous côtés comme le pourvoyeur attitré de l'espionnage étranger, et contraint enfin par l'évidence même qui l'écrase d'avouer qu'il est l'auteur du Bordereau, c'est-à-dire du seul document dont l'accusation puisse faire sortir la preuve de la trahison, et qu'il l'a écrit de sa main.

9° Battue sur tous les points, l'accusation a voulu du moins établir que Dreyfus avait des relations suspectes, non pas avec les attachés A... et B... (sur ce point elle confesse son impuissance absolue), mais avec l'étrange in genere sans précision; et son effort n'a pas été moins infructueux quand les résultats n'ont pas été tout bonnement ridicules.

Bruxelles est un centre d'espionnage important dont l'action s'exerce surtout en France. Comme il eût été bon de prouver que Dreyfus y fréquentait!

C'est ce que le général Roget a voulu lancer sur la foi d'un renseignement fourni par M. d'Ocagne (1).

Celui-ci racontait qu'un de ses amis, M. Lonquéty, ingénieur civil des mines, ancien camarade de Dreyfus à l'École polytechnique, avait rencontré celui-ci à *deux reprises* à Bruxelles en *avril 1894*; que la première fois Dreyfus lui avait dit quelques mots après avoir eu l'air fort ennuyé de le rencontrer; que la seconde fois il avait fait semblant de ne pas le voir (2).

M. Lonquéty est appelé devant vous.

Le fait s'amenuise aussitôt. Ce n'est plus qu'une fois que la rencontre a eu lieu à la Taverne royale. Point d'entretien entre les deux hommes. Quant à la date où elle s'est produite, M. Lonquéty, qui va sans cesse à Bruxelles, et pour qui un voyage dans cette ville n'est point un événement marquant, est dans l'absolue impossibilité de l'indiquer, malgré toutes les démarches multipliées auprès de lui pour l'amener à préciser (3).

J'ai pris, dit-il, la date de 1894 parce qu'on m'a parlé de cette époque-là... Je ne peux rien préciser.

Dreyfus reconnaît le fait; mais lui précise la date, ce qui lui est facile. Il n'est allé qu'*une fois dans sa vie à Bruxelles;* et c'est en revenant de l'exposition d'Amsterdam (4).

Tout en trouvant que c'est un peu loin, M. Lonquety déclare qu'il lui est impossible de contester (5).

Dans ces conditions le fait en lui-même, et abstraction faite de toute circonstance qui le rende suspect et lui donne une signification fâcheuse, n'a plus absolument aucune portée.

6° M. le Conseiller Rapporteur ne sait qui a provoqué le témoignage d'un sieur Mertian de Muller, avocat à Lille.

Nous non plus. Ce qu'il y a de certain pourtant, c'est

(1) Cass. 527, 43 ; E. c. I, 647.
(2) E. c. I, 647.
(3) Cass. 356, 357 ; Rennes II, 183.
(4) Rennes II, 184 ; I, 37. E. c. I, 991.
(5) Rennes II, 183.

qu'il n'est pas venu de lui-même à Rennes, qu'il n'a pas demandé à être entendu, et que cependant il a été appelé et entendu à titre de renseignements, sans prestation de serment (1). Est-ce l'Etat-Major qui a signalé l'intérêt de la déposition ? Je l'ignore ? Qu'importe.

Ce qui nous intéresse, c'est de peser la valeur de l'information fournie.

Que nous dit donc M. Mertian de Muller ?

Il était à Potsdam le 5 novembre 1894; on l'a introduit dans une chambre qu'on lui a dit être la chambre de l'Empereur; et, sur un guéridon, il a vu un numéro de la *Libre Parole* portant au crayon bleu ces mots en allemand «*Der Kap. Dreyfus ist...* » « *Le capitaine Dreyfus est...* »

Est quoi ? M. Mertian de Muller ne sait le mot qui suit, ne s'en souvient plus, mais ce doit être, dit-il, un mot qui signifie: *pris (gefangen).* Il ne peut l'affirmer, « mais il y a « 80 probabilités sur 100 pour que ce soit cela' » (2). A son retour à Lille, il était tout joyeux d'avoir quelque chose d'inédit à raconter ; mais le mot manquant le gênait ; et il s'en allait de confrère en confrère demandant à chacun : « *Dites-moi donc ce mot que j'ai oublié!* » Et c'est ainsi qu'il en est arrivé à trouver que ça doit être *pris* (3).

Dans ces termes quelle portée cela peut-il avoir ? Dans l'annotation au crayon bleu, il n'y aurait à l'extrême rigueur qu'un mot intéressant, c'est celui que M. Mertian de Muller a oublié et qu'il se fait souffler par ses auditeurs.

Voulez-vous que son souvenir et sa version soient exacts? Qu'en tirer contre Dreyfus ?

A ce moment, 5 novembre 1894, la presse du monde entier retentit de l'arrestation de Dreyfus ; elle raconte les poursuites dont il est l'objet à raison de la trahison qu'il aurait, disent les journaux, commise au profit de l'Allemagne.

Et l'on s'étonnerait que le service de la presse qui est fait là-bas, comme partout, comme chez nous, pour l'Empereur, pour tout chef d'Etat, pour tout Ministre, pour tout Procureur général même, signale *au crayon bleu* et *d'un mot* le fait !

Le fait est à tout le moins insignifiant, si l'on veut qu'il

(1) Rennes II, 275.
(2) Rennes II, 276.
(3) Rennes II, 277.

soit prouvé ; et je comprends que M. Mertian de Muller ait tenu à dire de lui-même au Conseil de guerre qu'il n'avait pas demandé à être entendu (1). C'est de sa part preuve de bon sens !

c) Mais voici qui est bien plus grave ! Cette fois nous savons d'où cela vient. C'est le général Billot qui l'a ramassé, en se promenant à Caen et à Saint-Malo, et qui l'a produit à Rennes (2).

Un sieur Villon, boyaudier à Lyon, prétend qu'*au printemps de 1894,* en voyage pour son commerce, il se trouvait à Berlin à l'Hôtel central où il déjeunait à la hâte. Dans la pièce voisine de celle où il se trouvait, deux officiers supérieurs ou généraux allemands s'installent et se mettent à causer *en français... de Dreyfus, du frein hydraulique.*

L'un disait à l'autre :

C'est écœurant de voir des officiers français vendre leur pays de la sorte.

L'autre répliquait :

Que veux-tu, mon ami ; pour nous c'est un bien. Tu sais, nous attendons le plan de mobilisation de Dreyfus (3).

Il faut voir, Messieurs, de quelle orthographe sont écrites ces choses dans la lettre que Villon a écrite au Président du Conseil de guerre pour lui en faire le premier récit. Mais on peut être un fort honnête homme, et un témoin très véridique, tout en ne sachant pas l'orthographe.

Tout au moins, pour être cru, faut-il dire des choses sensées et des choses exactes !

Quoi ! dans un hôtel, qui à Berlin sert de lieu de rendez-vous aux Français, deux officiers supérieurs allemands viennent causer *en français* du frein hydraulique et du plan de mobilisation de Dreyfus ? et cela sans même s'assurer qu'à côté d'eux ne se trouvent pas des oreilles pour les écouter et les entendre ?

Quoi ! Villon a entendu cela au printemps de 1894, et il n'en a rien dit lors du procès de 1894, lors de votre enquête de 1899, et c'est seulement à la dernière heure qu'il se décide à parler ? Et quand on lui demande le nom de l'hôtel où il

(1) Rennes II, 275.
(2) Rennes I, 176.
(3) Rennes III, 136.

est descendu, quand on le met en demeure de fournir la justification de sa présence dans cet hôtel au printemps de 1894, ses explications et les pièces qu'il présente sont telles qu'il est à peu près certain qu'il n'était pas à Berlin à l'époque qu'il indique. « Eh bien ! alors ? » n'a pu s'empêcher de s'écrier le greffier lui-même, après avoir donné lecture des pièces édifiantes produites par le sieur Villon (1). C'est là pourtant le fait qui « *a vivement frappé* » le général Billot (2).

« *Ab uno disce omnes* » ; où nous arrêterons-nous en vérité dans cette voie ?

d) Il en est pourtant de même de la déclaration du sieur Germain, piqueur à Paris, qui, appelé à Rennes sur l'insistance de M. Quesnay de Beaurepaire, et la recommandation de M. Millevoye (3) a attesté qu'étant en 1886 au service de M. Kulmann, industriel à Mulhouse, il avait accompagné à cheval son maître et l'un des amis de celui-ci aux manœuvres d'Habsheim, et que l'ami de M. Kulmann avait dit à celui-ci que la veille il avait été reçu aimablement par le général allemand. Il a ajouté qu'il avait ultérieurement, sans pouvoir préciser la date, rencontré l'ami de M. Kulmann au Bois de Boulogne et que le commandant d'Infreville lui avait dit que c'était le lieutenant Dreyfus (4).

On vérifie. Tout est inexact. Le commandant d'Infreville affirme qu'il n'a jamais rien dit de semblable à Germain qui s'incline devant ce démenti si catégorique (5). M. Kulmann déclare de son côté que la scène racontée par son ancien piqueur est « *absolument ridicule* ». Jamais il n'est monté à cheval avec Dreyfus, et si l'un de ses amis lui a dit une fois en effet qu'il avait été l'objet d'attentions gênantes de la part du général allemand, ce n'est pas Dreyfus, *c'est le colonel Sandherr !* (6). Pourquoi n'accuse-t-on pas Sandherr de trahison ?

e) En réponse à la fable de Germain, Dreyfus avait dit n'avoir jamais suivi les manœuvres allemandes. On lui oppose aussitôt le capitaine Lemonnier qui l'avait entendu dire en août 1894, au cours d'une conversation à l'Etat-Major, qu'il

(1) Rennes III, 138, 139.
(2) Rennes I, 176.
(3) Rennes III, 121 ; Proc. Rennes : liasse 2, pièce 16.
(4) Rennes III, 120, 127.
(5) Rennes III, 126, 127.
(6) Rennes III, 128 à 131.

connaissait bien la position d'armée choisie par l'Etat-Major
pour s'opposer à l'offensive des troupes françaises débouchant de
Belfort.

Cette position, disait-il, je la connais fort bien ; j'ai suivi un jour à
cheval des manœuvres exécutées par les Allemands (1).

Dreyfus explique qu'il est de Mulhouse, qu'il en a par-
couru à cheval tous les environs, qu'il connaît admirablement
toutes les positions qui s'y trouvent, notamment celle d'Altkirch sur laquelle il a fait, pendant qu'il était à l'Ecole de
guerre, un travail qui doit être encore dans le carton, qu'il a vu
manœuvrer vingt fois les régiments allemands de Mulhouse
dans tout ce pays et que c'est là ce qu'il a dit au capitaine Lemonnier (2). Quoi de plus simple, et quel soupçon fondé en
concevoir ?

f) Vais-je, Messieurs, m'arrêter aux papotages incohérents du colonel Fleur, venant ressasser à Rennes les bavar-
dages qu'il a recueillis en chemin de fer ou les conversations
d'inconnus ? (3) Il suffit de connaître le personnage pour traiter sa déposition comme elle le mérite. « *Dis-moi qui tu hantes,
je te dirai qui tu es!* » L'ami du colonel Fleur à Versailles, où
il s'est retiré depuis sa mise à la retraite, c'est un sieur Judeaux, dit de Barre, repris de justice maintes fois frappé de
peines graves pour abus de confiance, diffamation, injures,
chantage, être taré qui ne peut inspirer aux honnêtes gens
que dégoût et mépris, et dont le colonel Fleur a, dans je ne
sais quel but politique, fait son confident et son agent.

Un jour, l'un des collaborateurs de Judeaux, un sieur Sogler, est arrêté pour attentats à la pudeur à raison desquels il
a été du reste acquitté par la Cour d'assises de Seine-et-Oise
le 31 janvier 1903. Judeaux qui, suivant son habitude, était
en mal d'injures, ayant publié d'odieux articles contre son
ami, celui-ci, exaspéré de cette trahison, remit au juge d'instruction divers documents carcatéristiques de la moralité de
son agresseur. J'y trouve entre autres la lettre suivante du colonel Fleur (que le journal de Versailles a publiée le
27 avril 1904).

Cher Monsieur,
Je viens de rencontrer le colonel Marchand qui m'a dit avoir reçu

(1) Rennes II, 87, 132.
(2) Rennes II, 90, 91 ; III, 134, 135.
(3) Rennes II, 257 et suivantes.

de vous la nouvelle que le *Petit Seine-et-Oisien* allait marcher pour la *Patrie française*, qu'il y avait des fonds pour cela. Je regrette bien vivement que de Barre ne vous ait pas dit que la chose devait rester absolument secrète, et que c'était une des conditions essentielles de l'arrangement. J'ai nié la chose à mon ami Marchand. De votre côté n'en parlez plus, je vous en supplie, et si on vous interroge à ce sujet, veuillez bien dire que c'était un renseignement qu'on vous avait donné pour certain, mais que, vérification faite, vous n'avez rien trouvé. Si vous en avez parlé à d'autres personnes, tâchez de les voir, et parlez-leur dans le sens ci-dessus.

Pour que de Barre conserve son influence, pour que cette influence puisse grandir, il faut qu'il ait l'air absolument indépendant. Je lui ai même recommandé de ne pas me saluer dans la rue. Il ne sera un appui pour la bonne cause qu'à la condition de paraître ne dépendre de personne.

Bien merci à l'avance au sujet de ce que vous voudrez bien faire pour démentir le bruit, s'il existe.

Veuillez agréer...

Fleur. (1)

Rien ne peut mieux dire la mentalité du colonel Fleur en fait de franchise. Et lorsqu'à Rennes vous l'entendez déclarer qu'il n'a d'autre but en déposant que de démolir le colonel Cordier qu'il déteste (2), vous êtes fixés sur la foi qu'il mérite, et vous passez avec dédain !

g) Le commandant d'Ormescheville avait dit enfin

que Dreyfus pouvait se rendre en Alsace en cachette à peu près comme il le voulait, et que les autorités allemandes fermaient les yeux sur sa présence ; que cette faculté de voyager clandestinement contrastait beaucoup avec les difficultés qu'éprouvaient à la même époque et de tout temps les officiers ayant à se rendre en Alsace, pour obtenir des autorisations ou des passe-ports des autorités allemandes : elle peut avoir une raison que le peu de temps qu'a duré l'enquête ne nous a pas permis d'approfondir (3).

Sur quoi tout cela est-il donc basé ?

Ne le demandez pas à M. d'Ormescheville ! Il vient de vous dire qu'il n'a rien contrôlé, rien vérifié. Ne suffit-il pas qu'il affirme despotiquement ! Telle est l'attitude d'un rapporteur qui se respecte !

Si, plus soucieux de l'exactitude rigoureuse, sans laquelle il n'y a point de justice, vous vous renseignez, vous, Messieurs, qu'apprenez-vous ?

Que Dreyfus n'est jamais allé à Mulhouse sans permission avant la loi des passeports; que depuis cette loi le passeport lui a pendant sept ans toujours été refusé; qu'une fois pourtant,

(1) Versailles, Proc. Sogler 1904, cotes 73 et 74.
(2) Rennes II, 260.
(3) Cass. 601, 602.

en décembre 1893, on lui a permis de venir voir son père mourant; mais que la durée du permis étant épuisée le jour même où son père expirait, il a été sommé de partir et n'a pu, malgré ses prières, être admis à suivre les obsèques, et qu'il a dû laisser les siens dans le deuil accompagner sans lui la dépouille de celui qui leur était si cher à sa dernière demeure (1).

Voilà la bienveillance dont il a joui là-bas, et qu'on a le cœur et l'audace de lui reprocher !

h) Nous avons encore à étudier ensemble les déclarations du nommé Cernuszki, produites à la dernière heure devant le Conseil de Guerre, et dont la fausseté, dévoilée postérieurement à la condamnation, nous semble constituer un des moyens de la revision.

Et nous en aurions fini sur ce point si au cours de la dernière enquête deux incidents nouveaux ne s'étaient produits, renouvelant devant votre Chambre criminelle le scandale, qui s'était déjà donné carrière à Rennes avec la déposition Cernuszki.

i) Alors que Dreyfus n'a cessé de soutenir qu'il n'a jamais eu de relations avec l'attaché militaire A... et ses collaborateurs, alors que l'accusation a toujours reconnu qu'elle n'avait absolument rien trouvé de ce chef (2), la femme Bastian est venue au cours de la dernière enquête déclarer à votre Chambre criminelle qu'elle avait un soir vu Dreyfus dans la maison où elle servait.

Je l'ai vu, a-t-elle dit, chez le comte d'A... qui demeurait (dans la maison). Je l'y ai vu une fois dans la soirée. D'A... donnait deux soirées, une la veille de Noël, l'autre la veille du jour de l'An : c'est à une de ces deux soirées-là, mais je ne puis préciser. Un domestique nommé Joseph, dont j'ignore le nom de famille, m'a montré un monsieur avec un binocle et le nez busqué, habillé en civil, et m'a dit que c'était un capitaine français très bon pour allemand. Tout le monde était en habit et en cravate blanche. Il pouvait y avoir 100 ou 150 personnes, rien que des hommes. J'ai répondu au domestique : « Très bon, très bon », mais c'était ironiquement : car j'ai le cœur français.

D. — A quelle époque ?

R. — La veille de Noël ou du jour de l'An, peut-être sept ou huit mois avant l'arrestation de Dreyfus. Je l'ai dit au colonel Henry la première fois que je l'ai vu après cette soirée, et il m'a répondu : « Vous n'avez pas demandé son nom ? »

D. — Comment avez-vous su que c'était Dreyfus ?

R. — Lorsque le colonel Henry m'a montré la photographie de celui-ci après son arrestation, j'ai répondu : « C'est bien ce type de figure-là ! »

(1) Rennes I, 32, 33 ; III, 123 ; E. c. I, 990.
(2) E. C. I, 146, 670.

Il m'a montré cette photographie un soir aux Champs-Elysées sous un bec de gaz. C'était au moment où Dreyfus a été arrêté ; je ne puis pas dire si c'est un ou deux jours après (1).

Je voudrais que vous eussiez entendu, Messieurs, le ton sur lequel fut faite cette déclaration ; que vous eussiez constaté vous-mêmes l'exaltation maladive de cette malheureuse, qui se manifestait par les propos les plus incohérents, les injures les plus grossières, les menaces les plus violentes contre les juifs, contre Dreyfus, contre le Ministre, contre les magistrats.

Je mourais de faim à cause de ces sales Juifs, s'écriait-elle. Tout le monde a peur des Juifs et personne ne veut voir cette pauvre femme que je suis. On me traite comme un chien. Il n'y a plus de Français en France. *Je suis contente d'être venue ici, je vais pouvoir dormir cette nuit.* Vous ne m'auriez pas laissée dans cette situation, si vous m'aviez connue. Je suis toute petite ; mais je ne vous crains pas. Si vous aviez agi comme cela et m'aviez laissée mourir de faim, vous seriez tous des lâches. Dire que c'est un sale coco de Dreyfus qui est cause que je suis dans cet état. Ah ! Si je le tenais dans mes mains ! Oh ! les sales Juifs ! Je voudrais être en face d'eux pour leur cracher à la figure. Je leur f... sur la gueule (2).

Ce procès-verbal ne donne encore qu'une impression insuffisante. Le jour où la femme Bastian a été entendue, les sténographes n'étaient pas là ; je n'ai jamais tant regretté leur absence. Mais ce qui est constaté suffit déjà à vous donner la mesure exacte de cet étrange récit où tout se heurte aux faits les plus certains aussi bien qu'au bon sens le plus vulgaire.

Comment admettre, pour qui connaît les Allemands, ces relations mondaines entre le comte d'A... et un Juif ? (3).

Comment admettre cette présence de Dreyfus dans cette maison qui était surveillée de jour et de nuit, où personne n'entrait sans être signalé et où cette surveillance n'a jamais révélé le moindre indice le concernant, alors qu'elle a maintes fois dénoncé la présence d'Esterhazy ?

Que vaut cette reconnaissance prétendue faite de Dreyfus par la femme Bastian sur une photographie qui lui a été montrée par Henry dix mois après le fait ; après l'arrestation de Dreyfus, un soir aux Champs-Elysées, sous un bec de gaz, et dans laquelle elle dit reconnaître « *ce type de figure-là* » ?

Comment admettre qu'Henry n'ait rien dit de tout cela à personne, n'en ait gardé aucune note ? Comment se fait-il que

---

(1) E. c. I, 307 ; Cpr. E. c. II, 190, 191.
(2) E. c. I, 309, 310.
(3) E. c. I, 671.

le signalement, que la femme Bastian donne de celui qu'elle a
vu chez le comte d'A... et qui d'ailleurs ne cadre pas avec celui
de Dreyfus, ait été donné par elle à Brucker, transmis par celui-ci au Ministère de la guerre, et qu'il ait lui aussi, comme
tant d'autres pièces favorables à Dreyfus, disparu des archives ?

Enfin et surtout, Messieurs, comment expliquer et admettre que Dreyfus eût jamais pu avoir la pensée d'assister
à la soirée de décembre 1893, chez le comte d'A... alors que
son père venait de mourir à ce moment-là même, alors qu'il
avait été arraché de son chevet sans qu'on lui eût permis d'assister aux obsèques, et que cette soirée était donnée par l'un
des représentants de ceux qui lui avaient infligé cette cruelle
douleur ?

Il est évident que tout ce récit de la femme Bastian n'est
qu'une invention maladroite de cette pauvre femme que tous
ceux qui la connaissent, Lhomeau, Bailli, Druon, Macaire, la
femme Lecocq, dépeignent unanimement comme « une exaltée,
une névrosée, une hystérique, amenée par une sorte d'auto-
suggestion à s'illusionner sur le rôle qu'elle a joué, à en exagérer l'importance, allant jusqu'à inventer des faits qui
n'existent pas » (1).

Et certes cette impression est loin d'être affaiblie, lorsqu'on se rappelle les démarches qui ont été faites auprès de
cette femme par des reporters de la « Libre Parole » (2), et les
secours qu'elle a reçus tant du général Mercier que de diverses
personnes connues par leur ardente propagande antidreyfu-
siste, et leur active collaboration à la campagne antirevision-
niste (3).

j) Si de la femme Bastian nous passons à Kadur, nous
allons constater une fois de plus l'inlassable ténacité de l'accusation.

Jamais on n'aura vu dans aucun procès une telle phalange de faux témoins; jamais non plus on n'aura joint plus
de maladresse à tant d'audace.

Le 25 janvier 1904, le général commandant le 19e corps
d'armée recevait de Sidi-Bel-Abbès une lettre anonyme désignant un légionnaire du 1er régiment étranger, un nommé

(1) E. C. II, 190 à 193.
(2) E. C. I, 309.
(3) E. C. I, 310, 312 ; II, 228.

Kadur, comme pouvant fournir, sur l'affaire Dreyfus, d'utiles, de précieuses indications. Ancien officier prussien, attaché au grand Etat-Major, ami intime de A..., il avait copié tous les documents de la trahison, et dénonçait Dreyfus (1).

Entendu par commission rogatoire, puis à Paris pendant dix heures consécutives par M. le Conseiller Laurent-Atthalin, Kadur a confirmé d'abord les indications de la lettre anonyme ; mais tout aussitôt il était confondu sur tous les points, pris en flagrant délit de mensonges, se rétractait, se ressaisissait, se contredisait (2).

Vais-je être obligé de le suivre dans toutes ses évolutions, dans tous les avatars par lesquels il a successivement passé, d'abord *comte de Hohenau*, lieutenant du 1er grenadiers, attaché comme officier d'ordonnance au Cabinet impérial, puis au grand Etat-Major;

se tranformant, quand on lui prouve qu'il ment, en *Von Gablentz*, porte-épée au premier grenadiers, puis aux grenadiers de la Garde, attaché au Bureau des renseignements;

devenant, quand pour la seconde fois il est convaincu d'imposture, *Félix-Paul-Oscar Diezelski*, porte-épée au 1er régiment de la Garde, puis *Arthur-Hans Aumuller*, employé civil au bureau des renseignements;

se reprenant pour avouer qu'il a jusqu'ici menti, qu'il est tout bonnement *Félix Kadur*, né à Franstatt, et que toutes les histoires qu'il a racontées n'avaient eu d'autre but que de le rendre intéressant;

et finissant par déserter de nouveau et mettre la frontière entre lui et la justice, quand il a pu croire qu'elle serait peut-être tentée de lui demander compte de tous ses mensonges.

Il serait sans objet de discuter tout cela. *Le coup a fait long feu*, et ce n'est pas cela qui pourra faire douter de l'innocence de Dreyfus.

k) A voir ainsi dérouler devant vous et s'évanouir, dès que nous y touchons, les charges de l'accusation, comment, Messieurs, ne pas se rappeler l'apologue du fabuliste?

> On avait mis des gens au guet,
> Qui, voyant sur les eaux de loin certain objet,
> Ne purent s'empêcher de dire
> Que c'était un puissant navire;
> Quelques moments après l'objet devient brulôt;

1) E. c. II, 14.
(2) E. c. II, 14 à 40.

> Et puis nacelle et puis ballot ;
> Enfin bâton flottant sur l'onde,
> J'en sais beaucoup de par le monde
> A qui ceci conviendrait · bien :
> De loin c'est quelque chose, et de près ce n'est rien !

Il en est de même de toutes ces rumeurs qu'une presse complaisante a colportées à grand fracas, et que, suivant la remarque de Tacite le public accueillait, comme il arrive dans toutes les grandes impostures, par cette disposition naturelle qui adopte tout avec joie et sans examen (1).

On avait ainsi raconté qu'un sieur Paumier, ancien ordonnance d'un officier allemand, avait dit à l'un de ses voisins d'hôpital, qu'il avait vu chez son maître des plans directeurs, signés Dreyfus. On s'informe. Le fait est faux.

Paumier n'a jamais rien vu, rien dit de semblable. Mais le procès-verbal de M. Hennion, qui a reçu son démenti catégorique, a disparu des archives, où il a été remplcé par une note du commandant Cuignet, attestant *inexactement* que la police a vainement recherché Paumier (2).

A la vérité un autre procès-verbal du commissaire spécial Desvernines constate alors la protestation de Paumier (3).

Il est aussitôt assorti d'une note du commandant Cuignet.

Il n'est peut-être pas inutile d'ajouter, porte-t-elle, que Paumier est admis seulement à domicile en France, qu'il est en instance de naturalisation, et qu'il sollicite l'exonération des droits de chancellerie (4) !

A bon entendeur, salut !

l) Vous ne me pardonneriez pas de m'attarder à discuter la légende du syndicat de trahison et des millions de l'étranger, sur laquelle le général Mercier a pourtant tant insisté. Les investigations les plus minutieuses n'ont rien découvert (5). Je me trompe: le général Zurlinden signale que des collectes ont été faites en Pologne et à Bayonne par des rabbins ! (6) Quelle preuve redoutable contre Dreyfus !

m) Et quelle autre aussi tirer de cette calomnie qui a été mise en circulation par un sieur Penot, prétendant que les

___
(1) « *Vagus primum et incertus rumor : mox, ut in magnis mendaciis, credula fama inter gaudentes et incuriosos.* » Tacite : Histoires I, XXXIV.
(2) Rennes III, 372, 373, 375.
(3) M. G. Dossier Paumier, cote 11.
(4) M. G. Dossier Paumier, cote 16.
(5) E. c. I, 890 ; Rennes II, 556 et suivantes ; III, 558, 447, 448.
(6) E. c. I, 344, 345.

frères d'Alfred Dreyfus avaient cherché à corrompre le colonel Sandherr ? (1).

Si celui-ci est mort, il a du moins laissé une note qui est au dossier secret et qui raconte l'incident. Il a reçu en effet un jour la visite de MM. Mathieu et Léon Dreytus.

M. Mathieu Dreyfus, porte la note, protestait de l'innocence de son frère, de sa conviction profonde à cet égard se disant prêt à tous les sacrifices pour le faire réhabiliter. « Notre fortune, s'était-il écrié, est à votre disposition, si vous pouvez nous y aider! » — « Comment dites-vous? avait répliqué le colonel : Je vous prie de faire attention! » M. Mathieu Dreyfus [d'un air désolé]; « Mais pardon! nous avons voulu dire qu'au besoin nous dépenserions toute notre fortune, pour trouver le véritable traître, pour arriver à la découverte de la vérité. » (2)

Voilà le fait! A aucun moment le colonel Sandherr n'a eu la pensée que ces messieurs eussent voulu le corrompre. C'est ce qu'il dit dans la note qu'il a rédigée séance tenante, ce qu'il a dit au colonel Cordier (3) ; ce qu'il a raconté au général Mercier lui-même, le jour même.

Je lui ai demandé, dit celui-ci, quelle était l'impression générale qui était résultée pour lui de son entretien avec M. Mathieu Dreyfus, il m'a répondu : « Mon Dieu! Il m'a fait l'effet d'un brave homme, disposé à tous les sacrifices pour sauver son frère! » (4).

Et certes, rien de plus légitime!

Telles sont, présentées, dans leur ensemble et dans tous leurs détails, toutes les charges morales invoquées contre Dreyfus et les réponses qui y ont été faites.

Est-ce témérité de partager, dans ces conditions, l'inquiétude profonde qu'ont ressentie tous les collègues du général Mercier, dans le cabinet du 4 avril 1894, MM. Poincaré, Leygues, Barthou, Guérin, Delcassé, et dont ils ont à maintes reprises échangé l'impression (5), plus encore le sentiment qu'exprimait un jour le Président du Conseil, M. Charles Dupuy, devant MM. Poincaré et de Lanessan, quand il s'écriait :

Je me demande si nous n'avons pas été victime en 1894 d'une immense mystification! (6).

Oui, c'est bien là la pensée qui se dégage invinciblement de tous ces faits que nous venons de passer en revue. Et c'est

(1) Rennes II, 185 ; Cass. 742, 743, 744.
(2) Cass. 740 à 742.
(3) Rennes II, 517, 518.
(4) Rennes II, 554.
(5) Cass. 200, 459.
6) Cass. 459, 200.

le mot qui restera pour flétrir tout cet amas de mensonges, de délits, de crimes, de forfaitures, toute cette conjuration organisée pour maintenir à jamais à l'île du Diable un homme illégalement condamné pour le crime d'un autre.

Mais, Dieu merci! la bataille des idées est éternelle; on ne les tue pas et la vérité a une force incomparable de rayonnement. De jour en jour, sa puissance d'abord maîtrisée par la fraude, reprend son empire. Hier, de brusques éclairs sillonnaient seuls la nuit d'une lueur rapide aussitôt éteinte. Aujourd'hui la grande lumière monte tranquillement, et remplit le ciel tout entier, tout l'édifice artificièusement construit chancelle et s'écroule, les pierres elles-mêmes parlent, ces pierres du sépulcre où l'innocent avait été enseveli vivant. Et Esterhazy est en fuite !!!

Imp. R. Mouos, Poirré & Cⁱᵉ, 21, rue Ganneron, Paris.

LIGUE FRANÇAISE POUR LA DÉFENSE
DES DROITS DE L'HOMME ET DU CITOYEN

LES DOCUMENTS JUDICIAIRES

DE

L'AFFAIRE DREYFUS

POUR PARAITRE PROCHAINEMENT :

Paris. — Imprimeries Monod, Poirré et Jehlen réunies, 21, rue Ganneron.

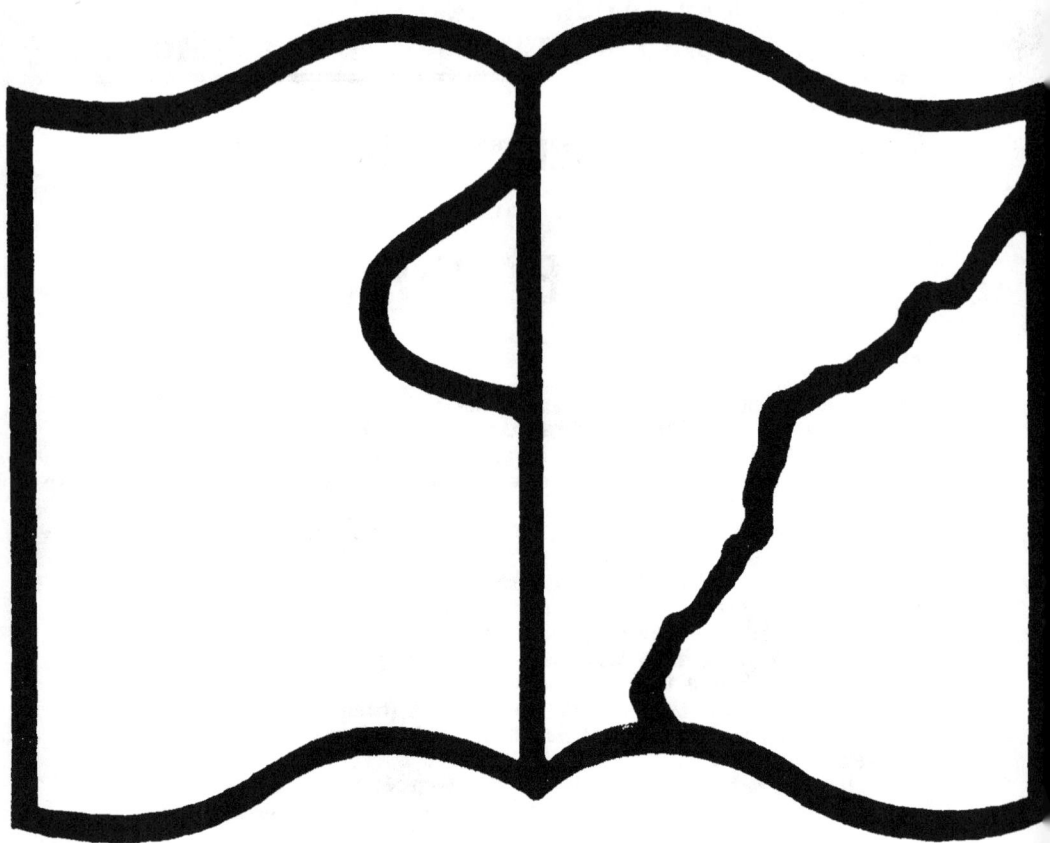

Texte détérioré — reliure défectueuse

NF Z 43-120-11

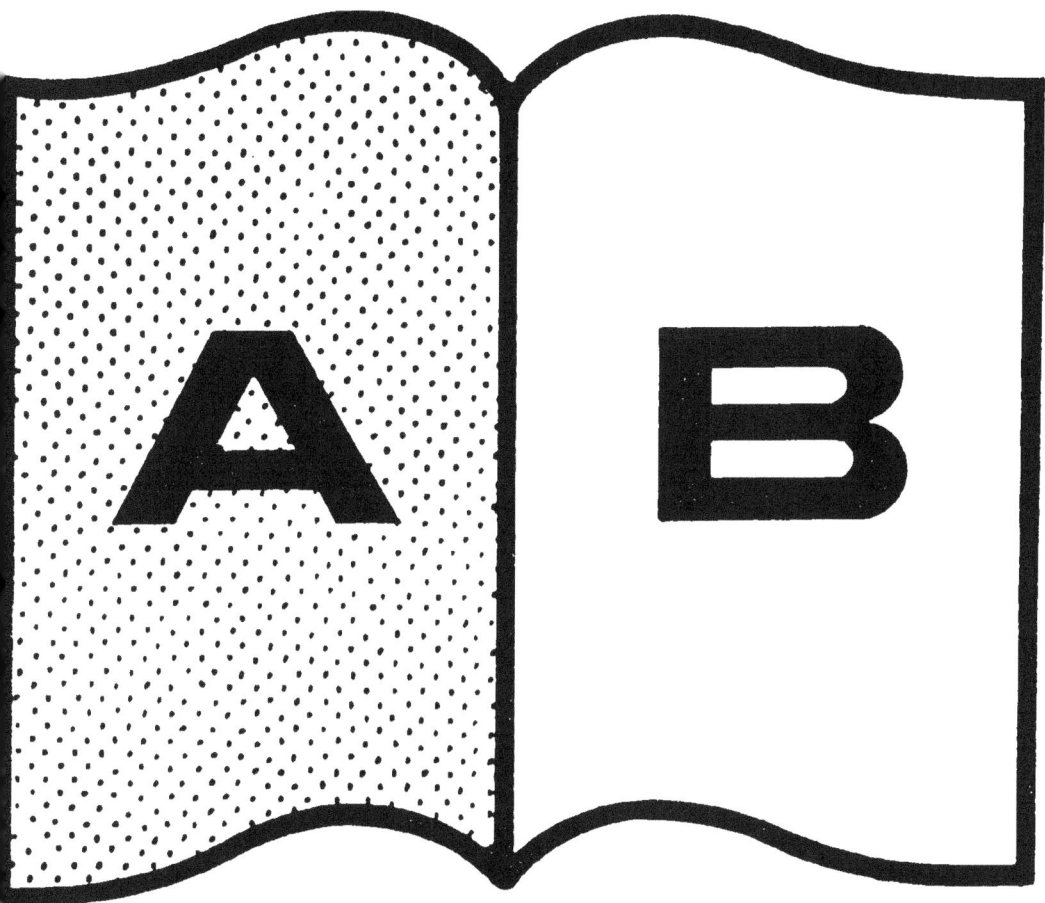

Contraste insuffisant

NF Z 43-120-14

www.ingramcontent.com/pod-product-compliance
Lightning Source LLC
Chambersburg PA
CBHW060823220326
41599CB00017B/2263